船舶工匠系列教材
国家级重点技工学校推荐教材

船舶辅机与轴系

主编　李　斌

HEUP 哈爾濱工程大學出版社

内容简介

全书共分十一章，包括船用泵、船用活塞式空气压缩机、船用海水淡化装置、船舶辅助锅炉、液压甲板机械、舵机、船舶起货机、锚机和绞缆机、船舶制冷装置、船舶空调装置、船舶轴系。

本书可用作中等职业院校船舶类专业教材，也可供船舶企业管理人员、操作人员、船舶安全人员与研究人员使用。

图书在版编目(CIP)数据

船舶辅机与轴系／李斌主编．—哈尔滨：哈尔滨工程大学出版社，2017.12
ISBN 978-7-5661-1763-2

Ⅰ．①船… Ⅱ．①李… Ⅲ．①船舶辅机②船舶轴系
Ⅳ．①U664.5②U664.2

中国版本图书馆 CIP 数据核字(2017)第 310189 号

选题策划 史大伟
责任编辑 雷 霞
封面设计 博鑫设计

出版发行 哈尔滨工程大学出版社
社　　址 哈尔滨市南岗区南通大街 145 号
邮政编码 150001
发行电话 0451-82519328
传　　真 0451-82519699
经　　销 新华书店
印　　刷 哈尔滨市石桥印务有限公司
开　　本 787 mm×1 092 mm　1/16
印　　张 21.5
字　　数 549 千字
版　　次 2017 年 12 月第 1 版
印　　次 2017 年 12 月第 1 次印刷
定　　价 52.00 元
http://press.hrbeu.edu.cn
E-mail:heupress@hrbeu.edu.cn

前 言

为深入贯彻《国务院关于大力发展职业教育的决定》,积极推进课程改革和教材建设,为职业教育教学和培训提供更加丰富、多样和实用的教材,更好地满足我国造船工业快速发展的需要,江南造船集团职业技术学校联合江南造船(集团)有限责任公司,与国内其他开办船舶技术类专业的职业院校及其骨干教师,编写了中等职业教育建设项目船舶制造专业改革发展特色示范校建设规划教材。

本系列教材注重以就业为导向,以能力为本位,面向市场,面向社会,体现了职业教育的特色,满足了高素质的实用型、技能型船舶制造类专业中等职业技能人才培养的需要。本系列教材在组织编写过程中,形成了如下特色:

(1)认真总结了全国开办船舶技术类专业的职业学校多年来的专业教学经验,并采纳了部分企业专家的意见,代表性强,适用性广;

(2)以职业岗位的需求为出发点,适当精简了教学内容,减少了理论描述,具有较强的针对性;

(3)本系列教材是针对三年制中等职业教育编写的,二年制的可参考使用。同时,本系列教材还适用于船厂职工的自学以及其他形式的职业教育。

《船舶辅机与轴系》是中等职业教育船舶工程技术类专业教材之一,按照“船舶辅机与轴系”教学大纲的要求而编写的。全书共分十一章,包括船用泵、船用活塞式空气压缩机、船用海水淡化装置、船舶辅助锅炉、液压甲板机械、舵机、船舶起货机、锚机和绞缆机、船舶制冷装置、船舶空调装置、船舶轴系。

本书可用作中等职业院校船舶类专业教材,也可供船舶企业管理人员、操作人员、船舶安全人员与研究人员使用。

本书由江南造船集团职业技术学校改革发展特色示范校建设教材编写组以及江南造船(集团)有限责任公司等企业共同完成,在此表示感谢!

限于编者经历和水平,教材内容难以覆盖全国各地的实际情况,希望各教学单位在积极选用和推广本系列教材的同时,注重总结经验,及时提出修改意见和建议,以便再版修订时改正。

江南造船集团职业技术学校专业建设指导委员会

2017 年 9 月

目　　录

第一章　船用泵 …… 1
第一节　船用泵基础知识 …… 2
第二节　往复泵 …… 5
第三节　齿轮泵 …… 11
第四节　螺杆泵 …… 17
第五节　水环泵 …… 21
第六节　离心泵 …… 24
第七节　喷射泵 …… 35
复习思考题 …… 37
第二章　船用活塞式空气压缩机 …… 39
第一节　活塞式空气压缩机工作原理 …… 39
第二节　活塞式空气压缩机的结构 …… 44
第三节　空压机的自动控制和管理 …… 49
复习思考题 …… 54
第三章　船用海水淡化装置 …… 55
第一节　船用海水淡化装置 …… 55
第二节　船用海水淡化装置管理 …… 59
复习思考题 …… 62
第四章　船舶辅助锅炉 …… 63
第一节　船舶辅助锅炉的基本知识 …… 63
第二节　船舶辅助锅炉的基本结构与附件 …… 65
第三节　辅助锅炉的燃烧装置和燃油系统 …… 78
第四节　船舶辅助锅炉的汽水系统 …… 86
第五节　船舶辅助锅炉维护 …… 90
复习思考题 …… 96
第五章　液压甲板机械 …… 97
第一节　液压甲板机械基础知识 …… 97
第二节　液压泵 …… 99
第三节　液压马达 …… 108
第四节　液压控制阀 …… 112
第五节　液压辅助元件及系统类型 …… 124

复习思考题 …… 128
第六章　舵机 …… 129
第一节　舵的作用原理和对舵机的要求 …… 129
第二节　液压舵机的工作原理和基本组成 …… 131
第三节　液压舵机的转舵机构 …… 136
第四节　液压舵机的遥控系统 …… 140
第五节　液压舵机的管理 …… 145
复习思考题 …… 147
第七章　船舶起货机 …… 148
第一节　船用起货机的主要类型和技术要求 …… 148
第二节　起货机的液压系统 …… 151
复习思考题 …… 156
第八章　锚机和绞缆机 …… 157
第一节　锚机 …… 157
第二节　绞缆机 …… 161
复习思考题 …… 165
第九章　船舶制冷装置 …… 166
第一节　概述 …… 166
第二节　蒸气压缩式制冷的工作原理 …… 167
第三节　制冷剂及冷冻机油 …… 170
第四节　船舶制冷系统 …… 175
第五节　制冷压缩机 …… 177
第六节　其他制冷设备 …… 189
第七节　船舶制冷装置的管理 …… 210
复习思考题 …… 216
第十章　船舶空调装置 …… 218
第一节　概述 …… 218
第二节　船舶空调系统及其设备 …… 220
第三节　船舶空调系统的自动调节 …… 225
第四节　船舶空调装置的管理 …… 229
复习思考题 …… 230
第十一章　船舶轴系 …… 231
第一节　船舶推进装置的形式及其特点 …… 231
第二节　船舶轴系的功用及其组成 …… 237
第三节　轴系传动轴 …… 241
第四节　推力轴承和中间轴承 …… 249

第五节 艉轴管装置 …… 256
第六节 轴系联轴器 …… 278
第七节 船舶轴系安装工艺概述 …… 283
第八节 船舶轴系理论中心线的确定 …… 284
第九节 轴系孔的镗削 …… 296
第十节 艉轴管装置的安装 …… 307
第十一节 螺旋桨的安装 …… 312
第十二节 轴系的校中 …… 319
第十三节 轴系的固定 …… 329
复习思考题 …… 331
参考文献 …… 332

第一章　船　用　泵

泵是用来提高液体机械能(位能、动能、压力能)并输送液体的设备。泵在现代船舶上有着十分广泛的应用,根据不同的分类方法,其习惯称呼也不同。

一、船用泵以其应用或输送工质命名分类

1. 船舶主、辅动力装置用泵

有燃油泵、滑油泵、海水泵、淡水泵、舵机或其他液压甲板机械中的液压泵、锅炉给水泵、制冷装置中的冷却水泵、海水淡化装置中的海水泵和凝水泵等。

2. 船舶安全及生活设施用泵

有舱底水泵、压载水泵、消防水泵、日用淡水泵、饮用水泵、热水循环泵;还有兼作压载、消防、舱底水泵用的通用泵等。

3. 特殊船舶专用泵

某些特殊用途的船舶,还设有为其特殊营运要求而设置的专用泵,例如油轮的货油泵、挖泥船的泥浆泵、打捞船上的打捞泵、喷水推进船上的喷水推进泵等。

二、船用泵按工作原理分类

1. 容积式泵

容积式泵依靠工作部件的运动造成泵工作容积的周期性变化来向液体提供压力能,并吸入和压出液体。根据运动部件的运动方式不同,容积式泵分为往复泵和回转泵(齿轮泵、螺杆泵、叶片泵、水环泵等)两类。容积式泵主要使液体的压力能提高。

2. 叶轮式泵

叶轮式泵依靠叶轮带动液体高速回转而把机械能传递给所输送的液体。根据叶轮和流道的结构不同,叶轮式泵分为离心泵、轴流泵、混流泵和漩涡泵等。叶轮式泵主要使液体的动能增加并部分转换成压力能。

3. 喷射式泵

喷射式泵依靠工作流体产生的高速射流引射需要排送的流体,然后通过动量交换向其传递能量并将其排出。根据所用工作流体不同,喷射式泵有水喷射泵、空气喷射器、蒸汽喷射器等。

后两类非容积式泵亦称为动力式泵,是指靠增加液体动能而使液体能量增加的泵。

泵还可以按泵轴方向不同分为立式泵和卧式泵;按吸口数目分为单吸泵和双吸泵;按原动机不同分为电动泵、汽轮机泵(某些油船的货油泵)、柴油机泵(应急消防泵)和由工作机械附带驱动的机带泵等。

第一节　船用泵基础知识

一、船用泵的性能参数

流量、扬程、转速、功率、效率和允许吸上真空度等参数称为泵的性能参数，船用泵的选择用和使用管理，需要应用这些参数。泵装置的工作原理简图如图 1－1－1 所示。

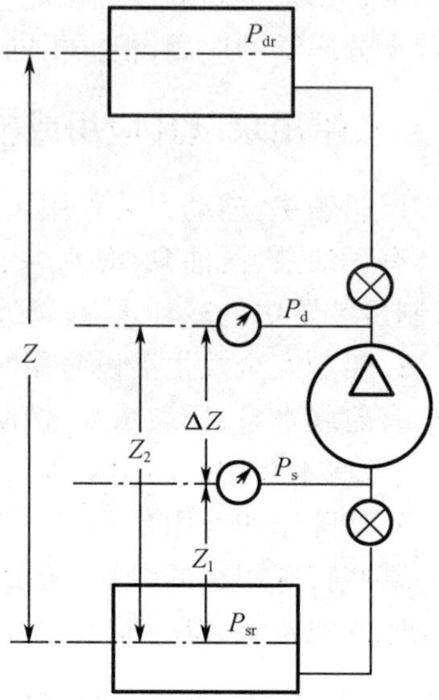

图 1－1－1　船用泵工作原理简图

1. 流量

流量是指泵单位时间内所排送的液体量，分为体积流量和质量流量。体积流量用 Q 表示，单位是 m^3/s 或 L/min，m^3/h，公式计算用 m^3/s。质量流量用 G 表示，单位是kg/s 或kg/min，t/h。

泵铭牌上标注的是额定容积流量，当输送不同液体时，由于密度不同，质量流量不一样，而泵实际工作时的流量则与泵的工作条件有关，不一定等于额定流量。

2. 扬程

扬程是指单位重力液体（单位：N）在泵的吸、排口间增加的机械能（单位：N · m），用 H 表示，单位为 m（液柱），可由 N · m/N 导出。扬程俗称压头。

单位重力液体所具有的机械能转换为水柱的高度又称能头，所以泵的扬程即为泵吸、排口间的能头之差。

叶轮式泵的铭牌上标注的扬程是额定扬程，即泵在设计工况时的扬程。

容积式泵的铭牌上往往不标注额定扬程，而标注额定排出压力。它是按试验标准使泵连续工作时所允许的最高压力。容积式泵工作时的实际排出压力不允许超过额定排出压力。

泵实际工作时的扬程不一定等于额定扬程，它取决于泵装置的具体工作条件（吸入阻力、吸高、吸入液面压力、排出高度、排出液面压力、排出管路阻力等）。

3. 转速

泵的转速是指泵轴每分钟的回转数，用 n 表示，单位是 r/min。大多数泵是由原动机直接传动，二者转速相同。但电动往复泵往往需经过减速，其泵轴（曲轴）的转速比原动机要低。泵铭牌上标注的转速是泵轴的额定转速。

4. 功率和效率

（1）功率

泵的功率主要有输出功率和输入功率。

输出功率：又称有效功率，是指泵在单位时间内实际传给排出液体的能量，用 P_e 表示，单位是 W 或 kW。

输入功率：也称轴功率，即单位时间内原动机传给泵轴的功率，用 P 表示。

其他几类功率：

水力功率：泵传给液体的功率，用 P_h 表示。

配套功率：所配原动机的额定输出功率，用 P_m 表示。

泵铭牌上标注的功率指的是额定工况下的轴功率。

(2)效率

泵的效率(总效率)是指泵的输出功率和输入功率之比。它包括以下三个效率：

泵的容积效率：实际流量 Q 与理论流量 Q_t 之比，由泵容积损失造成。

泵的水力效率：实际扬程 H 与理论扬程 H_t 之比，由泵的水力损失造成。

泵的机械效率：理论流量和理论扬程计算的水力功率 P_h 与输入功率 P 之比，由泵的机械损失造成。

泵铭牌上标注的是总效率。

5. 允许吸上真空度

泵要能吸入液体，吸入口处应有一定真空度，但此真空度高到一定程度时(即泵的吸入压力 p_s低到一定程度时)，液体在泵内的最低压力就可能等于或小于其饱和蒸汽压力 p_v，液体就会汽化，造成气蚀，使泵不能正常工作。因此就需要规定泵的允许吸上真空度。

允许吸上真空度是指泵在额定工况下保证不发生气蚀时泵进口处能达到的最大吸入真空度，用 H_s 表示，单位是 MPa。

需要注意以下几点：

(1)允许吸上真空度是衡量泵吸入性能(抗气蚀性能)好坏的重要标志。

(2)不同的泵，液体进入泵后压力进一步降低的程度不同。泵的允许吸上真空度主要与泵的结构和工况有关。

(3)对于既定的泵而言，大气压力 p_a 降低、泵流量增大(使泵内压降增大)、液体温度增高(使饱和蒸汽压力 p_v 提高)，都会使泵的允许吸上真空度减小。

(4)泵铭牌上标注的允许吸上真空度 H_s，是由制造厂在标准大气压(101.325 kPa)下，以常温(20 ℃)清水在额定工况下进行试验而得出的。

(5)试验时逐渐增加泵的吸入真空度，容积式泵以流量比正常工作时下降3%时所对应的吸入真空度为 H_s 的标定值，而叶轮式泵则以扬程或效率下降规定值为临界状态，再留一定余量，以必需气蚀余量 Δh_r 的形式标注。

(6)允许吸上真空度 H_s 的单位是 MPa，不是 m。

6. 其他几个参数

允许吸上真空高度：水泵的允许吸上真空度常用水柱高度(m)来表示，称为允许吸上真空高度，用$[H_s]$表示。

最大允许吸上高度：泵的最大可以吸上液体的高度，即许用吸高，用$[Z_s]$表示。

在常温和吸入液面上作用的压力近似等于标准大气压时，水泵的许用吸高可以用允许吸上真空高度$[H_s]$减去吸入速度头和吸入管路阻力损失的水头来计算，且$[Z_s]<[H_s]$。

二、船用泵的正常工作条件

1. 泵的正常吸入条件

(1)泵本身能够形成的吸入真空度必须足够高，液体才能在吸入液面压力作用下，克服吸高、吸入管路的速度头和管路阻力而进入泵内，否则液体就吸不上来。泵本身能够形成的吸入真空度主要取决于泵的密封件的密封性能和运动件的技术状态。

(2)泵工作时的实际吸入真空度不能高于允许吸入真空度,否则液体就会汽化。

泵工作时的实际吸入真空度(或吸入压力)主要取决于泵的工况。影响泵吸入压力的因素有吸入液面压力、吸高、吸入管流速 V_s 及阻力、液体密度 ρ、液体温度、惯性水头、原动机的转速等。

2. 泵的正常排出条件

(1)泵能够产生的排出压力必须足够高,否则液体就排不出去。这就要求泵的密封件性能良好,承压件耐压性能良好,运动件技术状态良好,能够向液体提供足够的能量。泵的排出压力由管路特性决定,主要取决于排出高度、排出液面上压力和排出管路阻力。

(2)泵实际工作时的排出压力不能过高。容积式泵排出压力过高时可能造成原动机过载,甚至使泵的密封件、部件损坏或管路破裂。故规定容积式泵的排出压力不得超过额定排出压力。叶轮式泵和喷射式泵,排出压力的最大值是有限的。当排出压力超过额定值时,虽不会造成机损,但会使流量和效率急剧下降,直至为零。

三、船用泵运行中各种故障出现的原因

管理中,当泵处于正常运行工况时,在泵的吸排压力表上做好标记,有助于判断泵的运行工况。

(1)泵的吸入条件不变,在启动或运行中真空度降低,可能的原因有:

①泵内漏泄:密封不良或元件损坏等。

②泵外漏泄:吸入管路破损漏气、吸入阀杆填料漏气、吸入管口或滤器露出液面、其他已吸空容器的吸入阀没有关死等。

(2)泵的吸入条件不变,运行中真空度增大,可能的原因有:

①滤器堵塞。

②吸入阀未开足或阀头脱落。

③输送油液温度降低。

(3)泵运行中,导致汽化的原因有:

①吸入液面压力太低。

②吸高过大。

③吸入管路阻力太大。

④液体温度升高。

(4)泵运行中排压下降的原因:泵的流量减小使管路阻力降低。

(5)泵运行中排压过高的原因:排出液面压力或排出高度过大、排出阀未开或阀头脱落等使排出阻力太大。

船用泵启动时,除了注意有无异常噪声、排出压力是否超高外,还要关注吸入压力的大小,看泵能否达到所要求的真空度。运行过程中,注意泵的真空度,真空度太大或不足,都要及时停泵处理。

为了减少吸入管路阻力损失,设计时应尽量减小吸入管路长度,减少管路弯头、附件,避免选用太细的管径和使用太高的流速。使用中,应开足吸入阀门,以减小吸入管路阻力损失,注意观察吸入真空度的大小,及时清洗滤器。

第二节 往 复 泵

往复泵属于容积式泵,具有较强的自吸能力,在船上一般用作舱底水系统的污水泵和油水分离器的输送泵。

一、往复泵的工作原理

图1-2-1是单缸双作用往复泵的工作原理图,它主要由活塞、泵缸、吸入阀和排出阀等部件组成。

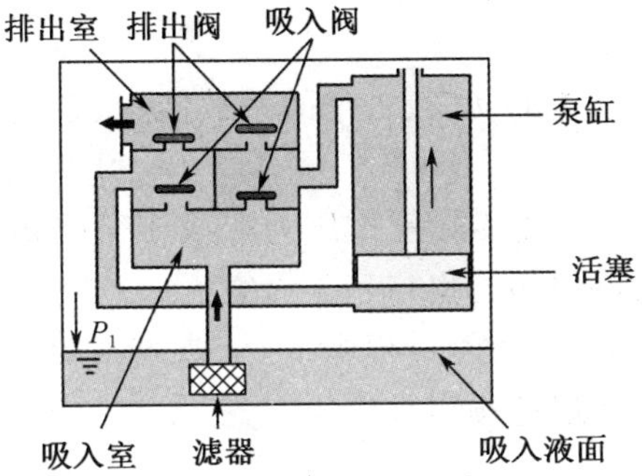

图1-2-1 单缸双作用往复泵工作原理

当活塞从下向上运动时,泵缸上腔容积减小,上腔和与之相通的阀箱中层内的气体压力随之升高,顶开右侧排出阀,经阀箱上层排出室的排出管排出。相反,泵缸下腔容积增大,下腔和与之相通的阀箱中层内的气体压力降低,阀箱下层吸入室中的气体顶开左侧吸入阀,进入泵缸。于是吸入室和吸入管中压力降低,液体在吸入液面的气压作用下,将沿吸入管上升。当活塞向下运动时,开启的是右侧吸入阀和左侧排出阀,而前述开启的吸、排阀将关闭,泵经吸、排口的吸排方向不变。这样活塞连续往复运动,吸入管中气体将不断被排往排出管,最后液体将进入泵缸,泵就开始排送液体。

往复泵曲轴每转吸排液体的次数称为作业数。上述往复泵每一往复行程活塞两侧各吸排一次液体,是双作用泵。每一往复行程吸排一次液体,是单作用泵。由两个双作用泵缸或三个单作用泵缸组成的往复泵称为四作用泵和三作用泵。

二、往复泵的性能特点

往复泵属于容积式泵,有以下性能特点:

1. 自吸能力强

泵的自吸能力,是指泵依靠自身能力抽出泵内及吸入管路中的空气而将液体从低于泵处吸上,并开始排送液体的能力。

自吸能力可用自吸高度和吸上时间来衡量。泵在排送气体时能在泵吸口造成的真空度越大,则自吸高度越大;造成足够真空度的速度越快,则吸上时间越短。

自吸能力的好坏与泵的结构形式和密封性能有重要关系。容积式泵都有自吸能力。电动往复泵活塞到达止点时,泵缸和阀室内尚存的容积(余隙容积)较大,活塞从排出止点回行时,余隙容积中的气体会膨胀而降低自吸能力。泵阀、泵缸等密封性变差也会降低自吸能力。当往复泵因初次使用或长期停用而泵腔干燥时,因泵阀或泵缸密封不佳而自吸能力降低时,就应在启动前向缸内灌满液体,这样有利于提高泵的自吸能力,同时也减少摩擦和磨损。

2. 理论流量

理论流量仅与泵的转速、泵缸尺寸和作用数有关,与工作压力无关。实际流量小于理论流量的原因如下:

(1)泵阀关闭不严、活塞环漏泄(内漏)、活塞杆填料漏泄(外漏)。

(2)由于吸入压力降低,溶解在液体中的气体逸出,液体汽化,空气从轴封漏入。

(3)活塞换向时泵阀关闭滞后造成内漏。

3. 压力

额定排出压力仅与泵原动机的功率、轴承的承载能力、泵的强度和密封性能有关,与泵的尺寸和转速无关。

往复泵是容积式泵的一种,其实际工作压力取决于管路负荷,当排出管阀门关闭或堵塞时,管路负荷趋于无穷大,排出压力也将趋于无穷大。

实际上,在排出压力趋于无穷大的过程中,不是造成原动机过载、堵转、烧毁,就是造成管路破裂。因此必须为容积泵规定额定排出压力,工作时的实际排出压力不得超过额定工作压力。

以上是容积式泵的共同特点。

4. 流量不均匀

因往复泵活塞的运动速度不均匀,在上、下死点位置时为零,在行程中间位置时速度最大,所以其瞬时流量在不同时刻是不相同的。

对于单作用泵,由于活塞在上、下死点时的瞬时流量 q 为零,在上、下死点中间时 q 为最大,故单作用泵的流量最不均匀。

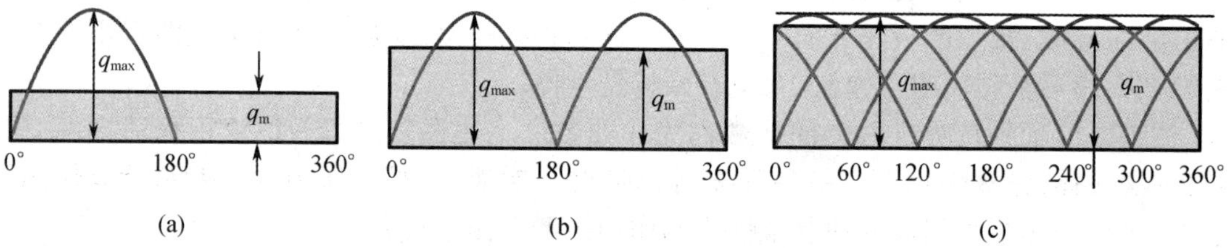

图 1-2-2 往复泵瞬时理论流量曲线

(a)单作用泵;(b)双作用泵;(c)三作用泵

对于多作用往复泵,由于其瞬时流量为各缸在同一时刻排出的瞬时流量的叠加,显然多作用往复泵瞬时流量的均匀程度要比单作用泵好。一般而言,增加作用数能够改善往复泵的流量均匀性,但也使结构趋于复杂,故往复泵的作用数最多为四作用。其中三作用泵因曲柄间各差 120°,其瞬时流量的均匀程度比单、双、四作用泵都好。

往复泵流量脉动大,因而管路阻力变化也大,还会产生惯性能头,于是导致吸入和排出压力波动,严重时会妨碍往复泵的正常工作。为减轻这种弊端,常用吸入空气室和排出空气室来减轻往复泵吸、排管中的流量脉动和相应的压力脉动。

5. 转速

转速不宜太快。泵的转速过高,泵阀迟滞造成的容积损失就会相对增加;泵阀撞击更为严重,引起的噪声增大,磨损也将加剧;此外,液流和运动部件的惯性力也将随之增加,从而产生液击和恶化吸入条件。所以,电动往复泵转速多在 200 ~ 300 r/min,一般最高不超过 500 r/min,高压小流量泵最高为 600 ~ 700 r/min。

6. 适用性

主要适用于流量不大,对流量均匀性要求不高和需要自吸能力强的场合,在船上主要用作舱底水泵。

7. 简易性

结构复杂,管理麻烦。往复泵因转速不宜太快,故常在原动机和泵之间装有减速机构,这使得结构复杂,管理量也相对增加。

8. 耐用性

易损件(活塞环、泵阀、填料等)多,输送含固体杂质的液体时,活塞环、泵阀、填料更加容易损坏,故往复泵用作舱底水泵时要装吸入滤器。

三、往复泵主要部件

1. 泵缸与阀箱

泵缸与阀箱常用铸铁铸成一体,结构如图 1 - 2 - 3所示。

往复泵的泵缸是一个内表面经过加工的圆筒体,其一端做成喇叭形,以便于安装活塞组件。大中型泵,为防止海水腐蚀和磨损后便于更换,常在泵缸内膛衬有青铜或不锈钢缸套。

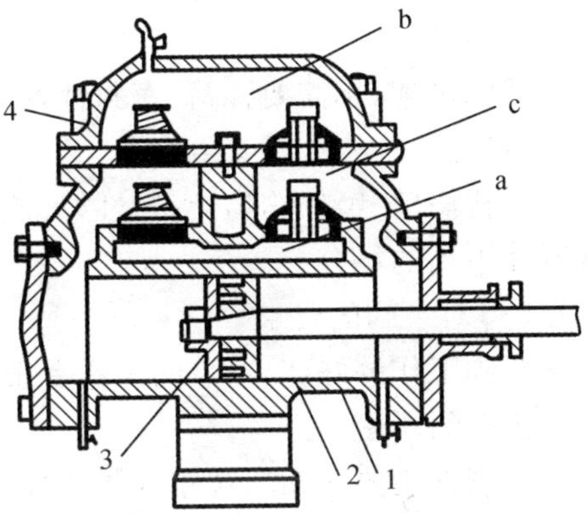

图 1 - 2 - 3 往复泵的泵缸与阀箱

1—缸体;2—缸套;3—活塞;4—阀箱盖

泵缸缸套的圆度和圆柱度应符合要求。活塞环装入后用灯光检查,整个圆周上的漏光不应多于两处,且与开口距离不小于 30°的弧长,每处径向间隙不大于 45°的弧长。必要时可用内径千分卡测量缸套的圆度和圆柱度,如发现磨损超过标准,即需镗缸,并换新活塞。缸套磨损或镗缸后若厚度减少大于 15%,则应换新。

阀箱 4 分三层:底层 a 是吸入室,与吸入管连接;上层 b 是排出室与排出管连接;中间一层 c 用隔板隔成两个互不相通的工作室,分别和泵缸两端的工作空间连通,吸、排阀分组安装在中层空间上下层隔板的阀孔座上。

《船用电动往复泵》(GB/T 11034—1989)规定泵缸、阀箱等受压零件应进行水压试验,试验压力为安全阀排放压力(见后述)的 1.5 倍,试验时间不少于 5 min,不应有渗漏现象。

2. 阀与阀座

(1)阀与阀座的结构

往复泵的泵阀有吸入阀和排出阀,它们的作用是使泵缸工作容积交替地与吸排管接通或隔断,以完成泵的吸排过程。常见的泵阀结构形式有盘阀、锥阀、球阀、环阀等几种,如图 1 - 2 - 4 所示。

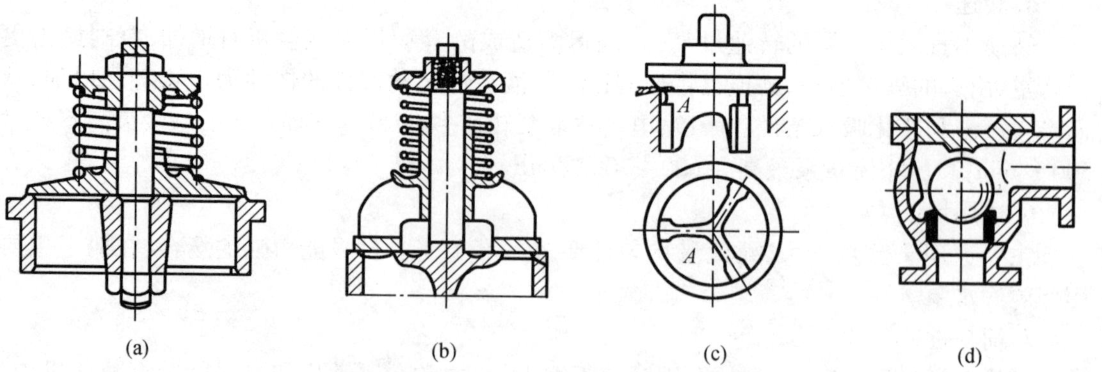

图1-2-4　往复泵泵阀的结构形式

(a)盘阀;(b)环阀;(c)锥阀;(d)球阀

(2)泵阀的特点

①盘阀

结构简单,易于加工,经久耐磨,应用广泛,但水力损失较大,适用于清水低压场合。

②环阀

结构简单,易于加工,流阻较小,应用较广,但刚性较差,适用于低压、大流量场合。

③锥阀

关阀迅速,不需要弹簧,密封性好,阻力很小,但加工要求高,适用于高黏、高压场合。

④球阀

结构简单,磨损均匀,密封性好,流阻较小,但尺寸不宜过大,适用于高黏、低压、小流量和泵速不高的场合。

(3)对泵阀的要求

泵阀工作的好坏,对泵的工作有很大影响,因此对泵阀有以下要求:

①关闭严密

严密性主要靠阀与阀座的加工精度及接触面的研配质量来保证。关闭不严会使容积效率下降,泵的自吸能力变差。因此,当阀与阀座的接触面上出现伤痕或磨损不均时,就需重新研磨或更换新阀件。研磨或更新后,对阀与阀座的接触面必须进行密封试验,即将二者倒置后注入煤油,5 min 内应无渗漏。

②启闭迅速

阀的启闭滞后角过大,泵的容积效率下降,自吸能力变差。为此,应适当降低转速,增大比载荷,以限制阀的最大升程。

③关闭时撞击要轻,工作无声

为减轻阀关闭时的撞击,须限制阀落到阀座上时的速度。阀落到阀座上时的速度与阀的最大升程 h_{max}(mm)和泵转速 n(r/min)的乘积成正比。试验得出泵阀无声工作的条件为 $h_{max}\cdot n$ 为600~650。

当 n 较大时,$h_{max}\cdot n$ 可增大到 700~750;对有橡胶密封面的阀,$h_{max}\cdot n$ 允许增大到800~1 000。

④泵阀的阻力要小

吸入阀阻力小不仅可以提高泵的水力效率，而且还有助于使泵的允许吸上真空度增大。这就要求阀的质量和阀的比载荷都不宜过大。

可见，提高泵的转速，虽可增加泵的流量，但也会使阀的升程增加，使阀关闭滞后敲击加重，严重时会损坏阀的升程限制器。故应限制往复泵转速的提高。

3. 活塞与活塞环

活塞是泵工作的主要部件，用青铜或铸铁铸成，一般设两道活塞环槽，其结构如图 1－2－5 所示。活塞 2 靠螺母 4 固定在活塞杆 1 上，为了防止螺母松动，螺母常用开口销锁死。活塞直径一般比缸径小 1～2 mm。泵缸与活塞间的气密靠活塞上装设的活塞环 3 来保证。活塞环（又叫胀圈）在环槽中要能松动自如，活塞环借助本身外张弹力与缸壁贴紧。活塞环磨损后可以换新。

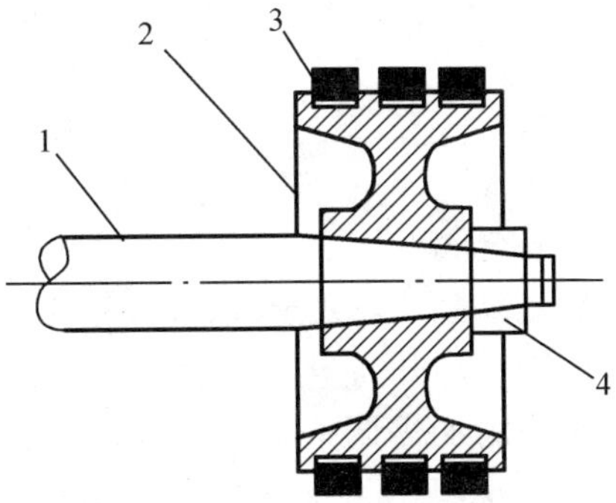

图 1－2－5　活塞和活塞环

1—活塞杆；2—活塞；3—活塞环；4—螺母

活塞环材料应比缸壁软，常用材料有铸铁、青铜和非金属材料（如夹布胶木）等，根据输送液体性质选定。一般水泵多用夹布胶木做活塞环，是重要密封件和易损件。它的缺点是在水中浸泡会胀大，长期缺水又会干缩。工厂制造这种活塞环时，是先经热水浸泡后才进行加工。活塞环的切口通常切成 45°～60°。

活塞环关系到泵缸两端工作空间的气密，它的弹力好坏和在环槽中的松紧程度，势必直接影响泵的吸、排工作。因此活塞环在安装时必须注意以下两点：

(1) 先测量后安装

安装新胶木活塞环或干缩的旧环时，应先用热水浸泡至软后取出，将开口撑到 8 mm 左右，等冷却后放入缸内及环槽内，测量各间隙值，确认间隙正常后再安装使用。安装活塞环时，上、下两环的搭口要错开 120°或 180°。

(2) 安装间隙要合适

一定要注意有关间隙，间隙过大会漏气，间隙过小又会卡死，也会漏气。

4. 填料函与填料

填料函的构造如图 1－2－6 所示，由内套、填料和压盖组成。内套和压盖接触填料的端面处都做成倾斜面的称双斜面式，仅压盖做成倾斜面的称单斜面式。做成斜面形式是为了便于在上紧压盖螺母时把填料挤向活塞杆，保持密封。在船用泵的管理中经常要做此项工作。填料一般用浸油棉纱、麻丝或石棉等材料制成，也叫软填料。

填料函与填料的作用是防止泵缸中液体沿活塞杆孔处漏出，或外部空气从杆孔处进入，以保证泵的正常吸、排工作。当填料用久变质发硬而失去密封作用时，必须更换。

更换填料时，新填料的宽度应按活塞杆与填料函的径向间隙选取，稍宽可适当锤扁；长度应根据活塞杆直径周长截取填料，切口最好为 45°。填料要逐圈安装，相邻填料的切口要错开。填料圈数不要随意增减。填料装满后其松紧程度可借压盖螺母进行调整。安装螺母时要注意用力均匀，防止单边用力，使压盖倾斜，碰到活塞杆。填料的松紧程度以填料箱不发热，并能有少许液体渗出以满足活塞杆的润滑和冷却为宜。漏泄量不应超过泵额定流量的万分之一。当泵的额定流量小于 10 m^3/h 时,漏泄量不大于 1 L/h(约每分钟 60 滴)。

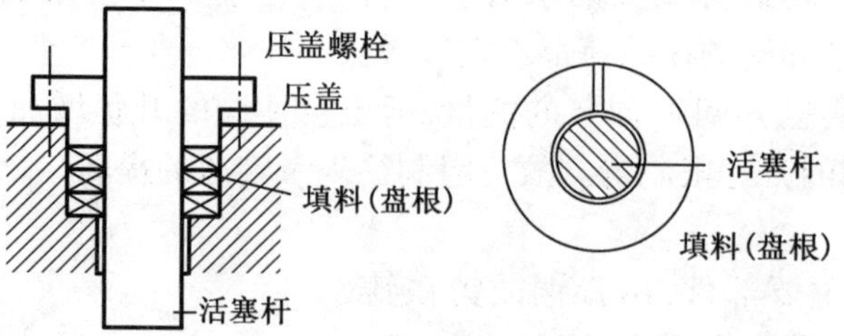

图 1－2－6　往复泵填料函

5. 安全阀

往复泵必须设安全阀,能在排出压力过高时自动开启,使排出室和吸入室相通,从而限制排压进一步升高。

工作时如需调整安全阀开启压力,可将安全阀上的调压螺钉松开,然后关闭泵的排出阀,再逐渐将调压螺钉上紧使排出压力上升,直到表压力达到泵工作压力的 1.1～1.15 倍。

GB/T 11034—1989 规定安全阀的开启压力应为泵的额定排出压力的 1.1～1.15 倍。当泵排出管路阀门全闭时,安全阀的排放压力一般应不大于泵额定压力加 0.25 MPa。安全阀在泵出厂时经调试合格,必要时可重新验证。即在泵运转时渐关排出截止阀,当排压升高到规定的开启压力时,安全阀应立即开启;在全关排出截止阀时,泵的排出压力(即安全阀的排放压力)也应符合上述规定。

6. 空气室

装设空气室是往复泵用来减轻流量和压力波动的常见措施之一。空气室通常设在尽量靠近泵的吸、排口处,故有吸入空气室和排出空气室之分,如图 1－2－7 所示。

空气室是一个内部充有空气的容器,当泵的瞬时流量达到最大值与最小值时,通过空气室中空气被压缩和膨胀来存入和放出一部分液体,使管路中的流量与压力趋于均匀,其均匀性取决于空气室的容积与空气的存放量。双缸四作用往复泵空气室容积应大于液缸行程容积的四倍。

装设空气室后,空气室和泵之间的短管内流量仍不均匀,但空气室之外的排出(或吸入)管中的流量变得比较均匀。

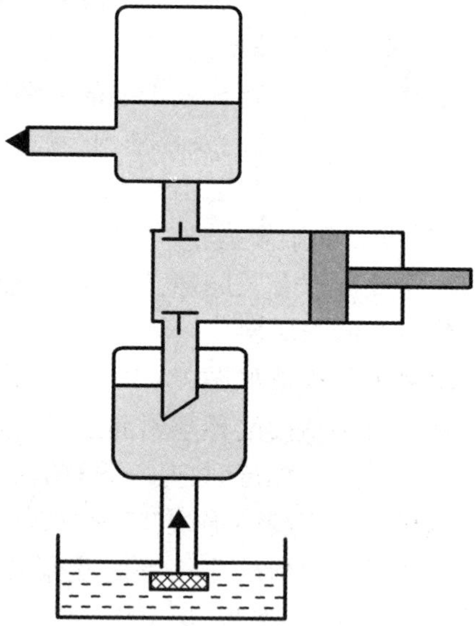

图 1－2－7　往复泵空气室

对于排出空气室,由于其工作压力较高,在工作过程中室内气体会不断溶于水中并被带走。因此,在排出空气室上设有充气阀,在工作过程中应及时充气。

对于吸入空气室,由于其工作压力较低,在工作过程中,溶解在液体中的气体会不断逸出,使室内的气体逐渐增加,当气体增加到一定量时,如果大量气体被泵吸入,就会使泵吸入出现短时断流。因此，吸入空气室的吸入管下端常钻有小孔或做成锯齿口状等形状，其目的是让泵在不断流的情况下将逸出的多余气体吸走。

四、电动往复泵

图1-2-8是海船上应用的LD-INSB型往复式舱底水泵的结构图。该泵额定排出压力为0.20 MPa，吸入压力为-0.05 MPa，流量为1 m^3/h，转速为290 r/min。电动机电压为440 V，功率为0.4 kW，转速为1 800 r/min。

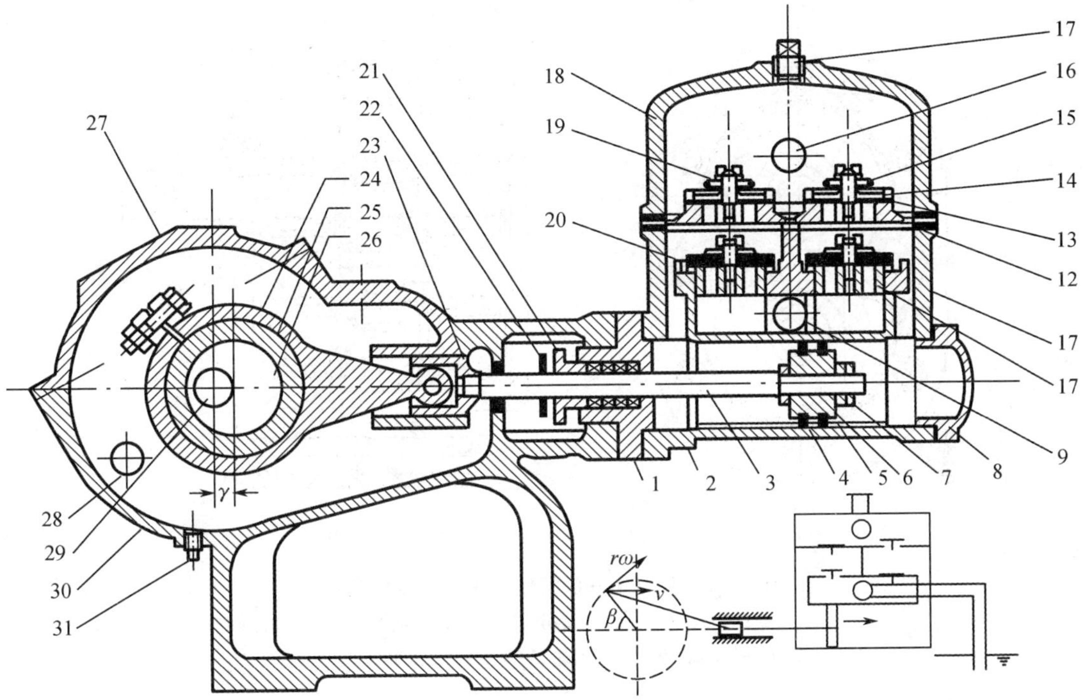

图1-2-8　LD-INSB型往复泵的结构图

1—填料函；2—泵缸体；3—活塞杆；4—活塞环；5—泵缸套；6—活塞；7—螺母；8—泵缸盖；9—吸口；10—吸入阀座；11—阀箱；12—排出阀座；13—排出阀；14—弹簧座；15—弹簧；16—排口；17,31—螺塞；18—阀箱盖；19—阀导杆；20—吸入阀；21—填料函压盖；22—挡水板；23—十字头；24—连杆；25—球轴承；26—偏心轮；27—曲轴箱盖；28—油位镜；29—泵轴；30—曲轴箱

电动机经皮带减速传动，带泵轴29和装在轴上的偏心轮26一起回转，经球轴承25、连杆24、十字头23和活塞杆3，带动活塞6在泵缸套5内做往复运动。

第三节　齿　轮　泵

齿轮泵属于回转式容积泵，在船上一般用作燃油驳运泵、燃油输送泵、燃油增压泵和滑油驳运泵等。齿轮泵主要工作部件是互相啮合的齿轮，按其啮合的方式可分为外齿轮泵、内齿轮泵和转子泵等，按齿轮的形式可分为直齿轮泵、斜齿轮泵和人字齿轮泵等。

图 1 –3 –1 为国产 CB – B 型外啮合齿轮泵的结构图。图中互相啮合的主动齿轮 7 和从动齿轮 9 结构相同，分别用键安装在平行的主动轴 6 和从动轴 8 上，而轴 6、8 的两端则由滚针轴承 10 支承。齿轮的齿顶和端面分别被泵体 2 和前、后端盖 3、1 所包围。后端盖 1、泵体 2 和前端盖 3 由定位销 12 定位，用 6 根螺栓固定在一起。泵体 2 上铣有油槽 c，将端面漏油引回吸入腔，可降低泵体与端盖间油压力，防止外泄。部分端面油可进入各轴承腔帮助润滑，漏往轴承腔的油又可经前后端盖上铣有的油槽 a、b 吸回吸入腔。三只闷盖 11 和油封 5 可防止轴承腔漏入空气或向外漏油。国 1 –3 –2 为 CB – B 型外啮合齿轮泵实物图。

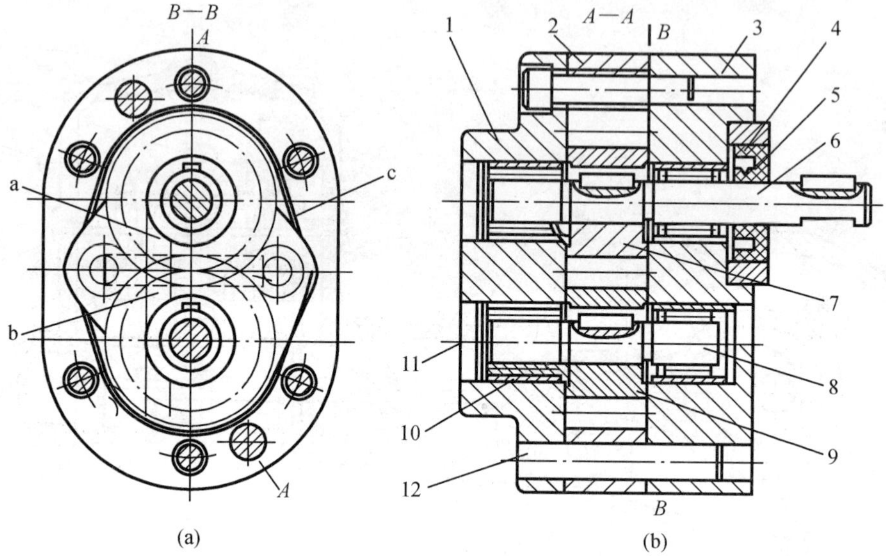

图 1 –3 –1　CB – B 型外啮合齿轮泵结构图

1—后端盖；2—泵体；3—前端盖；4—轴封套；5—油封；6—主动轴；
7—主动齿轮；8—从动轴；9—从动齿轮；10—滚针轴承；11—闷盖；12—定位销

一、齿轮泵的工作原理

图 1 –3 –3 为外啮合齿轮泵工作原理图。主、从动齿轮分别被齿轮泵泵壳和两侧端盖所包围，形成密封空间，啮合的齿轮又把密封空间分割为左右两个舱室。当主动齿轮和从动齿轮旋转时，齿轮的轮齿退出啮合的一侧工作容积将增加，压力将降低，从而将液体吸入齿谷空间并随齿轮旋转被带到另一侧；齿轮的轮齿进入啮合的一侧工作容积将减少，被齿谷带来的液体就被挤出泵壳上的出口，这样便形成了连续地吸入与排出。

图 1 –3 –2　CB – B 型齿轮泵实物图

显然，齿轮的轮齿退出啮合的一侧为吸入侧，进入啮合的一侧为排出侧。

二、齿轮泵的困油现象

1. 困油现象产生的原因

为了保证齿轮泵平稳传动与吸、排口间的有效隔离，要求齿轮的重叠系数 ε 大于1，亦即要求齿轮泵工作时前一对啮合齿尚未完全脱离时，后一对齿就已开始进入啮合，这样，在某一小段时间内，就会有相邻两对齿同时处于啮合状态，它们与两侧端盖之间就会形成一个封闭空间，使一部分油液困在其中，而这一封闭空间的容积又会随齿轮的转动而先变小后变大地变化，从而产生困油现象。

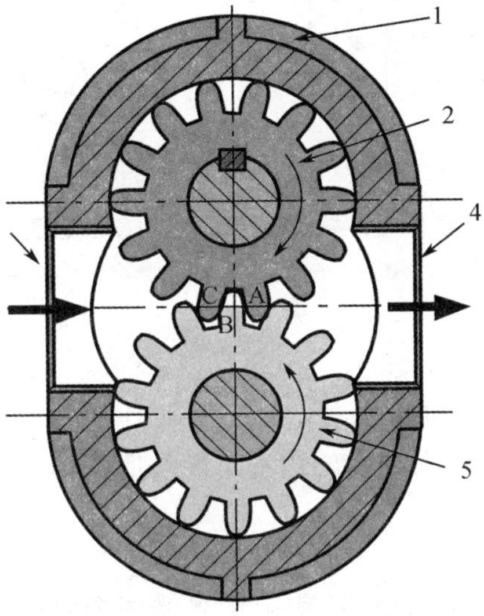

图1-3-3 外啮合齿轮泵工作原理

1—泵壳；2—主动轮；3—吸放腔；4—排出腔；5—从动轮

2. 困油现象的危害

图1-3-4为齿轮泵的整个困油过程，新的一对齿刚啮合时，前一对齿尚未脱开，于是在它们之间就形成了一个封闭容积 $V = V_a + V_b$，由于存在齿侧间隙，V_a，V_b 是相通的。当齿轮按图示方向回转时，V_a 逐渐减小，V_b 逐渐增大，而它们的容积之和 V 则是逐渐减小的，当齿轮转到图1-3-4(b)所示位置时，封闭容积 V 达到最小。在困油容积变小的过程中，留在封闭空间中的油液被挤压，压力急剧上升(可达排出压力的10倍以上)，使齿轮、轴和轴承受到很大的径向力，同时油液将从零件密封面的缝隙中被强行挤出，造成油液发热，促使油液变质，产生噪声和振动，增加功率损失，从而降低轴承寿命。其后，齿轮继续回转，V_a 继续减小，V_b 继续增大，V 则逐渐增大，直至前一对齿即将脱离啮合前，V 增加到最大。在困油容积变大的过程中，封闭空间的压力将会下降，使溶于油中的气体析出而产生气泡，这些气泡被带到吸入腔，不但妨碍油液进入齿间，而且随压力升高又会消失，导致容积效率降低和振动噪声加剧。这就是困油现象对齿轮泵的工作性能和使用寿命的危害。

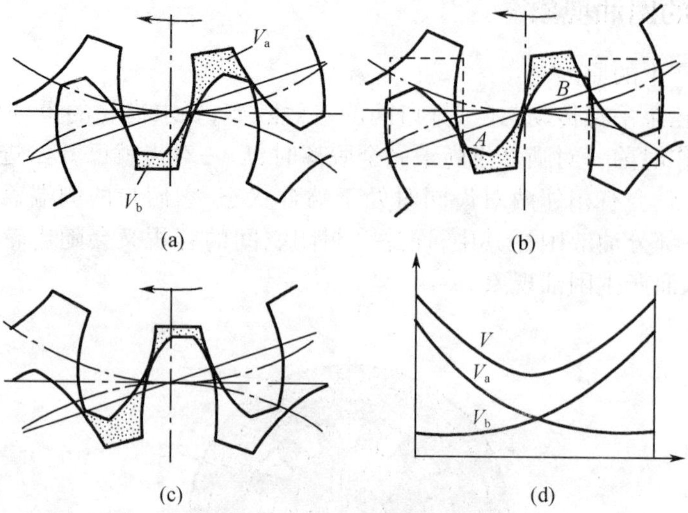

图 1-3-4　齿轮泵困油现象示意图

3. 消除困油现象的方法

（1）解决思路

只要能在不使吸、排腔沟通的前提下，设法在封闭容积 V 变小时使之与排出腔沟通，V 增大时使之与吸入腔沟通，使一对啮合的齿轮不能形成困油空间，即可消除困油现象。

（2）解决方法

①对称卸荷槽法

该法是在与齿轮端面接触的两侧端盖内侧，各铣两个对称于节点（节圆的交点）的矩形凹槽（即卸荷槽），位置如图 1-3-4(b)的虚线所示。这两个卸荷槽的间距不能过大或过小，它是这样确定的：当封闭容积 V 最小时，两个卸荷槽的内边缘正好与两对啮合齿的啮合点 A，B 相接，这时封闭容积和任何一个卸荷槽都不通，从而既避免了两卸荷槽通过困油空间直接沟通，又保证了其他任何时间总有一个卸荷槽与困油空间相通。即：当封闭容积减小到最小值前，它通过右边的卸荷槽与排出腔始终相通，以便将多余的油液排出；而当封闭容积逐渐增大时，它又通过左边卸荷槽与吸入腔相通，使油液得以补充。

②不对称卸荷槽法

对称布置的卸荷槽不够完善，因为当齿轮转过 V 最小位置后，封闭容积 V 开始增大，而容积 V_a 还在继续减小。由于齿侧间隙很小，V_a 液体来不及排到 V_b 中去，而困油空间容积减小时产生的危害比容积增大时严重，这就需要让 V_a 再有一小段时间能通过右边的卸荷槽与排出腔相通，以更彻底地消除困油现象。为此，就需将卸荷槽布置成非对称，稍偏向吸口，或只在排油侧开单卸荷槽，如图 1-3-5 所示。

③卸压孔法

该法是在从动齿轮的每一个齿顶和齿根上均径向钻孔，通过从动轴上的两条月牙形沟槽与吸、排腔相通，以消除困油。

④修正齿形法

该法是在从动齿轮的工作齿廓上加工一个呈 50°角的泄压斜面，使齿轮在相互啮合时的线性接触变成点性接触，从而不能形成密封空间，达到卸压目的。

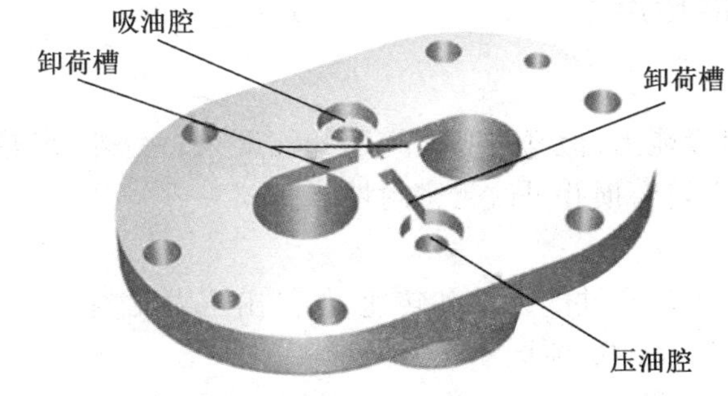

图 1－3－5　CB－B 型齿轮泵卸荷槽

采用斜齿轮和人字齿轮也能消除困油现象，因此困油现象仅产生于正齿轮泵中。

三、齿轮泵的径向不平衡力

齿轮泵工作时，吸、排腔油液存在压差，通过齿顶与泵壳间的间隙，作用在齿轮四周的液体压力从排出腔到吸入腔沿齿轮外周是逐级降低的，其合力 F_0基本通过齿轮中心指向吸入端，如图 1－3－6 所示。而啮合的主、从动齿轮上又作用着大小相同、方向相反的啮合力 F_m。F_0与 F_m的合力为 F_1（主动轮上）和 F_2（从动轮上）。显然，主、从动齿轮所受径向力的合力 F_1 及 F_2 大小和方向都不同，从动齿轮受径向力大。

图 1－3－6　齿轮泵的径向力示意图

径向力会使齿轮泵泵轴弯曲，轴承径向负荷加大。

显然，泵的径向力大小与工作压力有关，对高压齿轮泵应设法加以限制。减小径向力的方法有在泵体上开压力平衡槽、缩小排油口。前者因会使漏泄增加，仅在一些老型号的泵中有使用。

四、齿轮泵的性能特点

1. 自吸能力

齿轮泵有一定的自吸能力,但其自吸能力不如往复泵。另外,齿轮泵摩擦面多,启动前必须保证泵内有油,防干转磨损并可改善密封性能。

2. 流量

理论流量仅取决于工作部件的尺寸和转速,与排出压力无关。

实际流量小于理论流量的影响因素:

(1)密封间隙。齿轮泵的漏泄主要发生在齿轮端面与两侧盖板之间的轴向间隙处、齿顶与泵壳之间的径向间隙处、啮合齿之间的间隙处。其中,齿轮端面的漏泄途径短而宽,漏泄量占总漏泄量的70% ~80% 。由于漏泄量与间隙值的三次方成正比,因此对齿轮泵容积效率影响最大的是齿轮的端面间隙。

(2)排出压力。漏泄量与间隙两端压差成正比,排出压力高,漏泄量大,容积效率降低。

(3)吸入压力。当吸入真空度增加时,吸油中气体析出量增加,容积效率降低。

(4)油液的温度和黏度。所排送油液的油温越高,黏度越低,漏泄量越大。但油温过低则黏度太大,又会使吸入条件变差,吸入真空度变大,析出气体增多,也会使容积效率下降。

(5)转速。漏泄量与转速关系不大。但转速过高会造成吸入困难,使容积效率下降,转速过低也会使容积效率降低。

3. 流量均匀性

流量连续,但有脉动。齿轮分度圆直径相同时,齿数越少,流量越大,但脉动也越大。

4. 压力

额定排出压力与工作部件尺寸、转速无关,主要取决于泵的密封性能和轴承承载能力。防止泵超过额定工作压力应设安全阀。

5. 转速

转速较高,一般为 1 500 r/min。高于 3 000 r/min 或低于 300 r/min 都会使容积效率下降。

6. 效率

效率主要受密封间隙、吸排压力、温度转速影响较大。

7. 适用性

适用于排送不含固体颗粒并具有润滑性的油类,因为其摩擦面较多。

8. 维护性

结构简单紧凑,管理方便,价格低廉。

9. 耐用性

虽然摩擦面较多,但用于中低压滑油泵时寿命较长。

五、齿轮泵维护要点

1. 转向与连接

检修时应注意电动机接线不要接错。泵和电动机应保持良好对中,联轴器不同心度应在0.1 mm 以内。

2. 重要部件

齿轮、端盖以及轴封是齿轮泵的重要部件。检修时应仔细检查齿轮和端盖的工作面有无擦伤、划痕,如有应进行研磨加以消除。

机械轴封属于较精密的部件,拆装时要防止损伤密封元件。

3. 重要间隙

检查各配合间隙。

端面间隙(轴向间隙)是齿轮泵最重要的间隙,它对齿轮泵的自吸能力和容积效率影响最大。它可用压软铅丝的方法测出,一般外齿轮泵的端面间隙为0.04~0.08 mm,内齿轮泵的端面间隙为0.02~0.03 mm。压力较低的滑油泵和驳油泵的端面间隙可增至0.1~0.25 mm。压力较高的锅炉燃油泵或液压泵则应遵照说明书要求严格掌握。必要时可调整端盖与泵体之间的垫片厚度,磨损过大时可将泵体与端盖结合面磨去少许,以资补救。

检查泵轴与轴承的间隙。轴与轴承的径向间隙一般为0.03~0.08 mm,间隙超过磨损极限时,应换新。

泵检修装复后,用手转动泵轴,应转动灵活。手感为既无卡阻也不松动时,说明间隙正常。

齿轮泵在船上用作燃油驳运泵和输送泵,在启动和运行中只要保证不干磨,一般很少出现故障。注意负荷变化和轴承温度,若出故障,应及时更换电动机和泵轴承。

4. 注意事项

齿轮泵用作燃油驳运泵时,操作时要防止齿轮泵吸空,提前加温油舱和及时换舱。运行中要注意吸入真空度的变化,及时清洗吸入滤器。清洗齿轮泵的吸入滤器时一定要小心谨慎,滤芯取出以后不能打开进口阀冲洗或放残等,防止脏物进入滤器后的管路,在泵运行时进入泵内,卡死齿轮。

第四节　螺　杆　泵

螺杆泵属于回转式容积泵,根据泵内工作螺杆的数目,有单螺杆泵、双螺杆泵和三螺杆泵。船上最常用的是三螺杆泵和单螺杆泵。

三螺杆泵在船上一般用作主机滑油泵。现代船舶采用深井式离心泵代替螺杆泵作为主机滑油泵,而螺杆泵由于其密封性能良好,常应用于主机燃油系统作为燃油驳运泵、燃油输送泵、燃油增压泵等。

单螺杆泵用作舱底水系统污水泵、污油泵等。

一、螺杆泵的种类与结构

1. 单螺杆泵

单螺杆泵的实物图和结构图分别如图1-4-1和图1-4-2所示。单螺杆泵的螺杆由一金属圆柱体旋转而组成,为单头螺纹螺杆。泵缸为双头螺纹泵缸,由橡胶制成。单螺杆泵螺杆和泵缸的啮合能将吸、排口完全隔断,属于密封型螺杆泵。

单螺杆泵运转时,泵缸和传动轴的轴线位置不变,而螺杆轴线相对于泵缸轴线按与螺杆相反转向做圆周运动,螺杆在运行过程中有摆动现象,故驱动轴与螺杆间设有一个万向联轴器。万向轴的销轴靠润滑脂润滑。

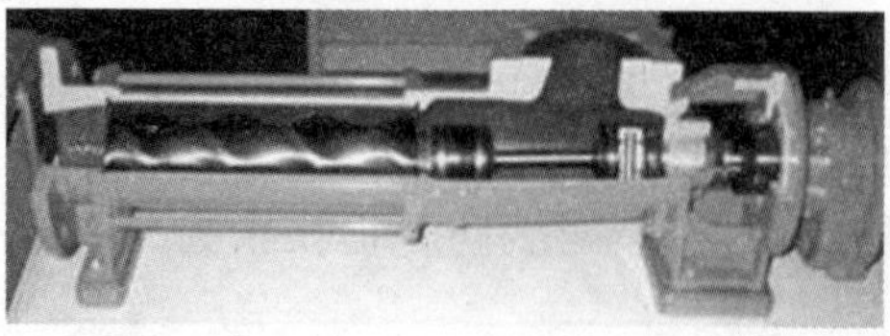

图 1－4－1　单螺杆泵实物图

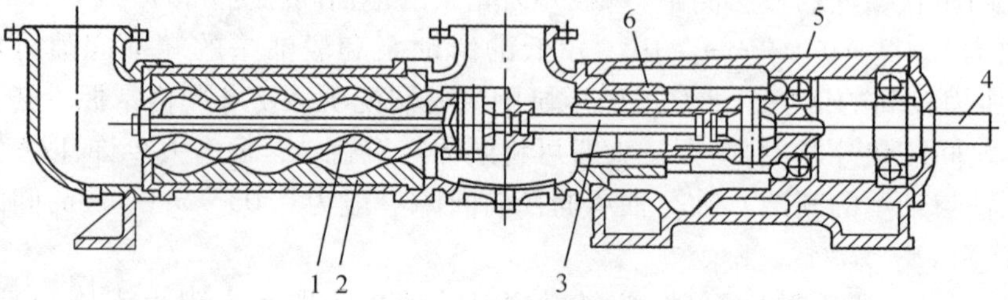

图 1－4－2　单螺杆泵结构图

1—螺杆;2—泵缸;3—万向轴;4—主动轴;5—轴承;6—填料箱

2. 三螺杆泵

图 1－4－3 所示为船上应用较多的立式三螺杆泵结构图。它主要由固定在泵体 6 中的衬套 7 以及安插在缸套中彼此啮合、转向相反的主动螺杆 4 和从动摞杆 3,5 组成。三螺杆泵的主动螺杆是凸螺杆,从动螺杆是凹螺杆,它们都是双头螺杆,其常用齿形为摆线齿形,其啮合线是连续的,能形成封闭容腔将排出腔和吸入腔完全隔开,所以三螺杆泵为密封型螺杆泵。

和其他容积式泵一样,该泵设有安全阀 16,但该泵的安全阀除具有超压时开启使排出腔油返回吸入腔外,还具有关排出阀卸压启动和通过调节手轮 18 适当调节工作压力的作用。但需注意不能大范围调节流量,否则会引起油液发热。

该泵吸入口设于泵体中部,为了停车后使泵内有存液以防再启动时干转,否则泵在短时间就会严重磨损。

二、螺杆泵的工作原理

螺杆泵的工作原理与齿轮泵相似,只是在结构上用螺杆取代了齿轮。当螺杆旋转时,泵的一端由于主、从螺杆的脱开啮合而容积增大,压力下降,被输送的液体在内外压差的作用下,经吸入口进入螺杆的凹槽中,并随着螺杆的旋转沿轴向输送至泵的另一端,在泵的另一端,主、从螺杆进行啮合,容积减小,油液受挤压,克服外阻力经排出口排出。

对于密封型的螺杆泵,各啮合螺杆之间以及螺杆与缸套之间间隙很小,形成多个彼此分割的密封空间,这些密封空间就像一个个旋在主螺杆上的液体螺母,随着主螺杆的旋转,液体螺母从吸入端向排出端移动。

三螺杆泵的各密封段的轴向长度略大于一个导程。为了避免吸排两端直接沟通,理论上螺杆的最小工作长度为 1.09 t,实际上螺杆最小工作长度一般取导程的 1.2 ~ 1.5 倍。由于液体总会从排出端向吸入端泄漏,所以密封空间内液体压力从排出端向吸入端逐渐降低。在三螺杆泵中,主要的泄漏产生于螺杆与衬套之间的径向间隙。

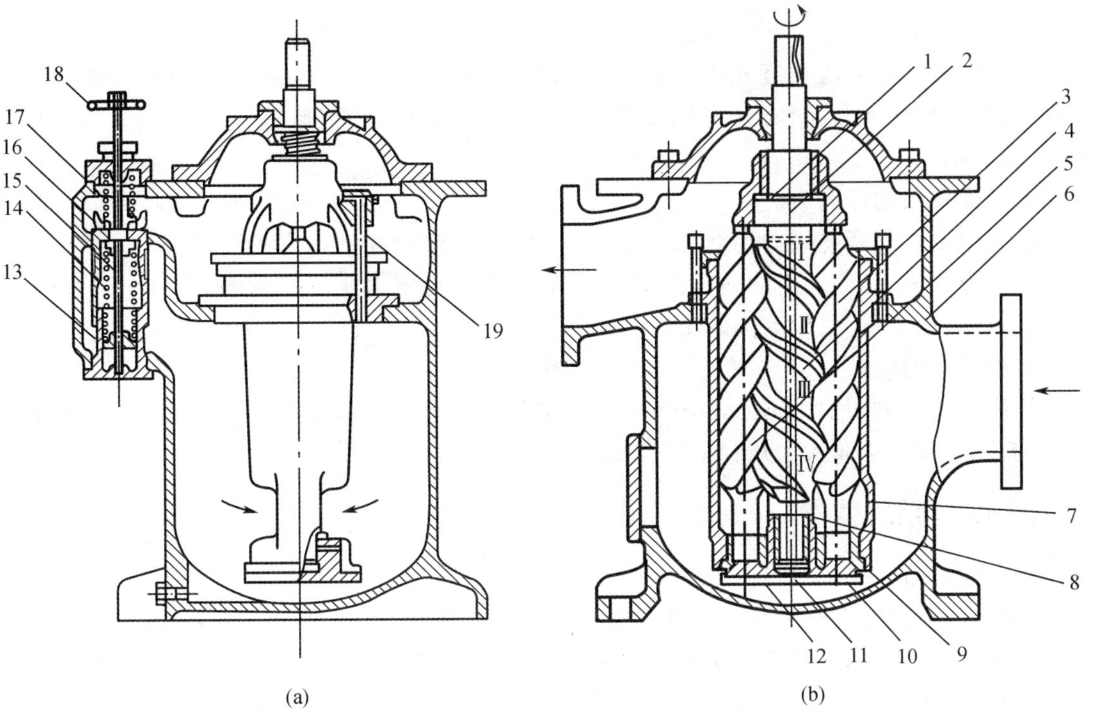

图1-4-3 立式三螺杆泵结构图

1—推力垫圈;2—平衡活塞;3,5—从动螺杆;4—主动螺杆;6—泵体;7—衬套;8—平衡轴套;9—推力垫块;10,11—盖板;12—推力垫块;13—端盖套筒;14,17—弹簧;15—调节螺杆;16—安全阀阀芯;18—调节手轮;19—泄油管

三、三螺杆泵的受力分析

1.三螺杆泵的轴向力

三螺杆泵在尚未开始排液的空转期间,主动螺杆通过棱边的啮合线向从动螺杆传递转矩以克服其摩擦扭矩,这时传给从动螺杆的力会产生指向排出端的轴向力。而在开始排送液体后,会因螺杆两端液压力不同而产生指向吸入端的轴向推力,主动螺杆所受轴向液压力比从动螺杆大。

平衡轴向力的方法有:

(1)安装止推轴承

止推轴承通常装在轴向推力较大的凸螺杆上,而凹螺杆则靠螺杆端面来承受轴向力,这种方法适用于工作压力小于1.6 MPa的泵。

(2)采用液力平衡装置

如图1-4-3所示,由于主动螺杆截面积比从动螺杆大,故对于较大的三螺杆泵,往往在主动螺杆排出端设一直径较大的平衡活塞2,在平衡活塞2另一侧的主动螺杆轴上有泄油孔与吸入腔相通,使平衡活塞的背压接近吸入压力。因此作用在平衡活塞上的轴向力,是从吸入腔指向排出腔,从而抵消了大部分轴向力。此外,通过主动螺杆中心导孔引入压力油到各螺杆下端的平衡轴套8,产生向上的平衡力。适当设计平衡活塞承压面积的大小,即可使各螺杆的轴向力平衡。推力垫圈 1 和推力垫块 9 用于弥补液力平衡系统可能出现的平衡力不足。

(3)采用双吸结构

每根螺杆都由两段长度相等、旋向相反的螺旋组成。泵从两端吸入,中间排出。这样不仅可以平衡轴向力,同时还可以降低吸入流速,改善吸入性能,适用于大流量泵,如图 1-4-3所示。

2. 三螺杆泵的径向力

由于主动螺杆所受径向力对称分布,处于平衡状态,故它与衬套的磨损很小;从动螺杆只有一边处于啮合,截面上的液压力又不平衡,故它的径向力是不平衡的,由整个衬套的工作表面承受,比压不大,故磨损较小。

3. 螺杆上的转矩

三螺杆泵只要设计合理,从动螺杆在工作时基本上不依靠主动螺杆驱动,而由液压力产生的转矩驱动,从而大大减轻了啮合线的磨损。

四、螺杆泵的特点

1. 自吸能力

密封式螺杆泵(三螺杆泵和单螺杆泵)有一定的自吸能力,非密封式螺杆泵(双螺杆泵)无自吸能力。尽管密封式螺杆泵具有自吸能力,但是为防止启动时的干磨,泵内也必须有一定的存油。轴向吸入,吸入流体基本不受离心力影响,故吸入性能好。

2. 流量

理论流量仅取决于工作部件的尺寸和转速,与排出压力无关。流量范围广,由于属于容积式泵,所以适合用回流法调节流量,但由于大流量回流会造成液体发热,所以只适合小流量调节。

3. 流量均匀性

流量连续,无脉动,无困油现象,噪声小。

4. 压力

额定排出压力与工作部件尺寸、转速无关,主要取决于泵的密封性能、结构强度和原动机功率。为了防止泵在超过额定工作压力的情况下工作,一般在泵体上设有安全旁通阀。三螺杆泵因轴承不承受径向液压力和封密性能好,故允许的工作压力高。单螺杆泵和非密封型双螺杆泵承受径向液压力,额定排出压力不宜太高。

5. 转速

转速较高。

6. 效率

主要受密封间隙、吸排压力、温度、转速影响较大。三螺杆泵密封性好,容积效率高;单螺杆泵次之;双螺杆泵最低。

7. 适用性

由于油液在吸、排过程中无搅拌现象,水力损失可忽略,所以三螺杆泵适合输送润滑性好的清洁油类,单螺杆泵、双螺杆泵则可输送非润滑性液体和含固体杂质的液体。

8. 维护性

结构简单,零部件少,相对质量和体积小,维修工作少,管理方便。

9. 耐用性

磨损轻,使用寿命长。但螺杆的轴向尺寸较长,刚性较差,在安装和存放时要谨防螺杆变形。

五、检修维护要点

1. 转向与连接

检修时应注意电动机接线不要接错。泵和电动机应保持良好对中,联轴器不同心度应在0.1 mm以内。

2. 重要部件

螺杆为细长构件,刚度低,易变形,故在拆装起吊中要注意防止受力弯曲。备用螺杆保存时宜悬吊固定,以免放置不平而变形。机械轴封属于较精密的部件,拆装时要防止损伤密封元件。密封元件常为石墨制造,要防止落地摔碎。

3. 重要间隙

检查螺杆与螺杆、螺杆与泵体之间的间隙,间隙应均匀。

检查泵轴与轴承的间隙。轴与轴承的径向间隙一般为0.03~0.08 mm,间隙超过磨损极限时,应换新。

泵检修装复后,用手转动泵轴,应转动灵活。手感为既无卡阻也不松动时,说明间隙正常。

螺杆泵作为主机滑油泵时,对滑油温度(黏度)较敏感,滑油温度较低时,由于螺杆泵的自吸能力较强,造成吸入真空度较大,滑油中溶解的空气大量逸出,产生强烈的噪声和振动。备车时要注意滑油温度,在停泊期间,特别在气温较低时,不要停止滑油分油机运行,这样不仅可以提高分离效果,而且也保证了正常的滑油温度。

第五节　水　环　泵

一、水环泵的基本结构和工作原理

1. 基本结构

水环泵有单作用式和双作用式两种。单作用式在船上较为常见,故我们以单作用式为例来说明其基本结构。

图1-5-1所示为一台单作用式水环泵。它主要由叶轮、侧盖和泵体组成。叶轮必须偏心安装,其上装有叶片,叶片采用前弯叶片(也可采用径向叶片)。侧盖上开设有吸、排口,吸入口较大,排出口较小(其他泵也通常如此)。

2. 工作原理

泵内充有一定数量的工作水是水环泵能够工作的必要条件。向泵内充水后,当叶轮旋转时,液体被带动而构成紧贴泵体的与泵体同心的水环。水环内表面与叶轮轮毂表面及两侧盖端面之间形成一个月牙形的工作空间。该空间被叶片分隔成若干个互不相通的腔室。这些腔室的容积随着叶轮的回转将会周期性地变大和变小。显然腔室容积变大时将吸入流体,腔室容积变小时将会挤压和排出流体。吸入、挤压和排出三个工作阶段便组成了水环泵的一个工作循环。

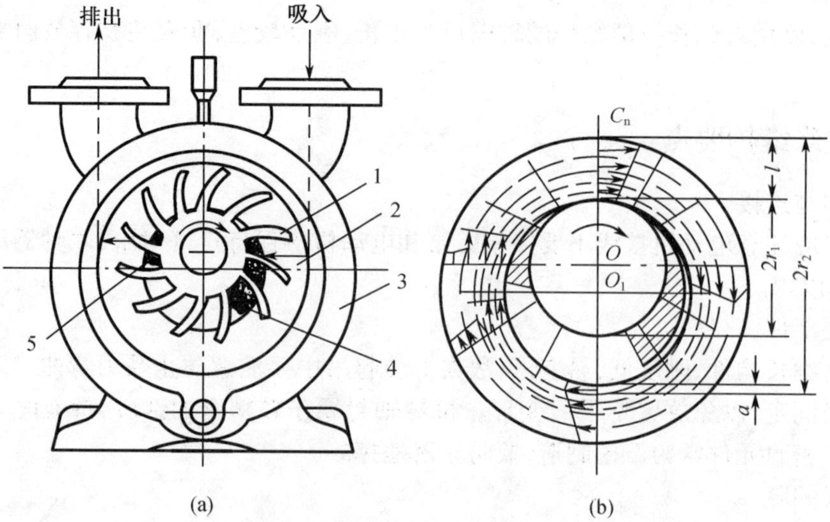

图 1－5－1　单作用式水环泵结构及其工作原理

(a)结构图;(b)工作原理图

1—叶轮;2—侧盖;3—泵体;4—吸入口;5—排出口

3. 水环泵的三个工作阶段

我们前面所学的容积式泵一个工作循环只包含吸入和排出两个阶段,而水环泵为什么含有三个工作阶段？为了弄清水环泵的工作机理,从而弄清水环泵在工作性能上与其他容积泵的重大差别,现将水环泵的三个工作过程分析如下(以输送气体为例):

(1)吸入过程

当叶间转过图 1－5－1(b)中的右半转时,由于叶片外端与偏心的泵壳间的距离增加,叶间的工作液体就会被甩出,使叶间腔室的容积逐渐增大,气体(或被输送液体)便通过侧面的吸入口被吸入。

(2)挤压过程

当叶间转过吸入口开始进入图 1－5－1(b)的左半转时,由于泵壳与叶片外端的距离逐渐缩小,叶轮外高速流动的工作液流便会挤入叶间。当叶间尚未与排出口相通时,其中的气体便受到压缩(若输送液体时,则其中的被输送液体就会被挤压,因液体不可压缩,故被吸液体便被挤入水环,被旋转的水流从排出口挤出。显然当输送液体时,工作液体和被吸液体必须是同种液体,工作中工作液体与被吸液体不断相互置换,水环是紊乱的,水力效率极低,工作效率小于 20%,故在船上很少用水环泵来输送液体)。

(3)排出过程

当叶间转到与排出口相通时,叶间腔室中的压力即会在瞬间与排出压力相平衡,并在叶轮随后的转动过程中,由于叶外的液体不断挤入叶间,将气体(或液体)排出。

可见,水环泵与叶片泵的工作原理有非常相似之处,即都是靠工作腔室的容积变化来产生吸、排,但两者却有着重要的差别。水环泵中的定子是由一个旋转水环构成的,而这个水环是由叶轮给予工作水的动能所形成的。水环中的液体在图 1－5－1(b)所示的右半转中是靠叶轮带动其回转而获得了一定的能量,并被甩到叶外的流道中;而在其进入左半转后,也就只能凭借其已获得的动能挤入叶间,压缩气体。这样,叶轮外的液体流速必然会随着压力的增加而降低。当排出压力升高到一定的数值时，叶轮外液体的速度也就会降到很低，从而不能进入叶间去压缩气体。也就是说，水环泵中的气体在压缩阶段压力能的增加，完全是靠工作水获自叶轮的动能转换而来的。因此，水环泵的排出压力不会像其他容积泵那样会随排出负荷增加而不断增加到危险的程度，即水环泵的最高工作压力（排出阀全关时的压力）有限。

水环泵也可像叶片泵那样做成双作用式，以增加流量，并使作用在叶轮上的径向力得以平衡。

二、水环泵的性能特点

1. 自吸能力

自吸能力很强。当工作水温为 15 ℃时，单级水环真空泵可达到的最大抽空能力是将绝对压力降到 4 kPa。但启动前，泵内必须存有供形成水环的液体，这通常可通过合理的管路布置来实现。

2. 流量

理论流量主要取决于叶轮的尺寸和转速。水环泵的最大流量约为 300 m^3/min。

3. 流量均匀性

流量较均匀。

4. 压力

压力以压力比衡量，临界压力比、前后压力比变化规律不一样。

所能达到的压力比（排出与吸入绝对压力之比）取决于叶轮的结构尺寸和转速。水环泵的压力比 x 通常都是逐渐增大的。当 $x \leqslant x_{cr}$（临界压力比）时，理论流量不变，随着 x 的增加，实际流量会因漏泄的增加而相应降低；当 $x > x_{cr}$ 后，流量就会迅速减小；而当 $x = x_{max}$（极限压力比）时，流量即降为零。故水环泵即使在关闭排出阀的条件下工作，其排出压力也不会无限地升高，因而无须设安全阀。这是与其他容积式泵最大的不同点。

5. 转速

转速为 1 500 r/min 左右。

6. 效率

效率较低。这不仅是因为水环泵容积效率不高（一般为 0.65 ~ 0.82，压缩比小、尺寸大的泵容积效率取较大值），更主要的是由于水力效率较低。在排送气体时水环泵的总效率一般为 30% ~ 50%，最高不超过 55%。如用来排送液体则效率更低（不超过 20%），故一般都不用水环泵来排送液体。

7. 适用性

工作过程接近于等温压缩，因此它适用于输送易燃、易爆、有毒或温度升高时容易分解的气体。水环泵输送的气体不受滑油污染。

水环真空泵对工作水温度很敏感。工作水温增加，流量和所能造成的真空度将随之减小。因为水温越高，水的饱和蒸汽压力越高，工作水的汽化速度也就增加，从而使抽气流量和可达到的真空度减小；反之，当工作水温较低时，由于吸气中的部分水蒸气可能液化，因而能使实际流量和可达到的真空度增加。

8. 维护性

水环泵结构简单，没有相互直接摩擦的零件，没有吸、排阀，容易维护。工作平稳，噪声小,使用寿命长。

三、水环泵的维护与管理

1. 启动、运转和停车

水环泵除与前述回转泵类似以外,应注意以下几点:

(1)水环泵的径向间隙很大,主要靠水环密封,所以泵在使用前,必须灌入适量的水。

(2)水环泵作为抽气泵用时,运行中需不断补充工作水,以弥补由排气、汽化、漏泄而减少的水,同时可置换部分工作水,以限制水温升高。

(3)水环泵不允许长时间封闭运转,因为封闭运转时压力虽不会很高,但会引起工作水温度升高。

2. 检修维护要点

(1)转向与连接。检修时应注意电动机接线不要接错,转向必须与标定转向一致。泵和电动机应保持良好对中。

(2)重要部件。拆装时叶轮方向不能装反;叶轮两侧端盖的位置决不能改变,否则会引起吸排口错位而不能正常工作。

(3)重要间隙。水环泵叶轮和侧盖之间的轴向间隙对容积效率影响甚大,一般轴向间隙应保持在 0.1 ~0.25 mm,必要时可改变垫片厚度予以调整。

泵检修装复后,用手转动泵轴,应转动灵活。手感为既无卡阻也不松动时,说明间隙正常。

第六节　离　心　泵

离心泵属于叶轮式泵,在船舶上应用最广。离心泵根据其安装形式分为立式和横卧式两种;按泵壳的形式分为蜗壳式和叶轮式两种;按级数又有单级和多级之分。船上的海水泵淡水泵、压载泵、消防泵等大部分泵都用离心泵。现代船舶用深井式离心泵作为主机滑油泵。

一、离心泵结构与工作原理

图 1 -6 -1 和图 1 -6 -2 分别为蜗壳式离心泵实物和结构图,从图中可知,蜗壳式离心泵由叶轮 1、叶片 2、泵壳 3、吸入管 4 和扩压管 5、泵轴 6 及轴封等组成。叶轮用键和固定螺母 7 固定在泵轴 6 的一端,轴的另一端穿过填料函伸出泵壳由原动机驱动右旋回转,固定螺母 7 通常采用左旋螺纹,以防反复启动因惯性而松动。

图 1 -6 -1　单级蜗壳式离心泵实物图

图 1 -6 -3 为离心泵工作原理图。在泵内充满水的条件下,离心泵工作时,高速旋转的叶轮及其叶片带动叶间的液体一起回转,在离心力作用下,液体从叶轮的中心

向四周甩出，然后由具有渐扩截面的泵壳流道汇集，经扩压管降速，将其中的大部分的速度能变成压力能（以减少因高流速而造成的阻力损失），从排出管排出。与此同时，叶轮中心处形成一定的真空，液体在吸入液面和叶轮中心处形成的压力差作用下吸入离心泵叶轮。只要叶轮能保持匀速地回转，离心泵就可以连续不断地吸排液体。

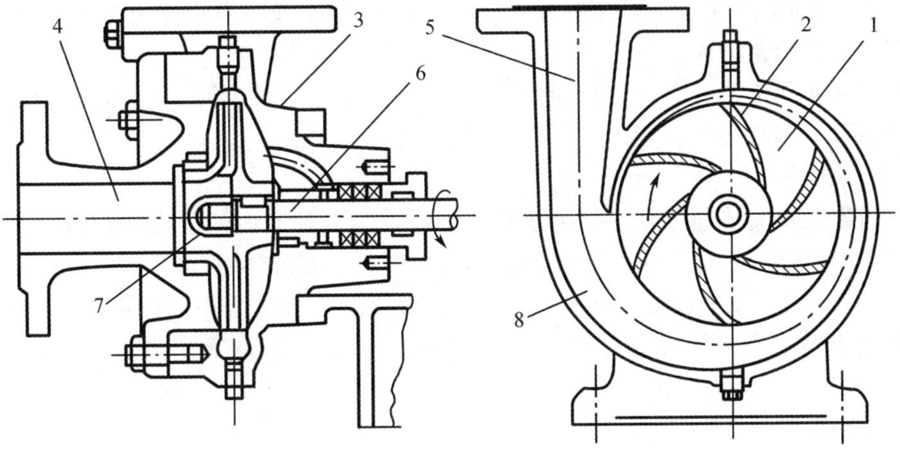

图1-6-2 单级蜗壳式离心泵结构图

1—叶轮；2—叶片；3—泵壳；4—吸入管；5—扩压管；6—泵轴；7—固定螺母；8—蜗室

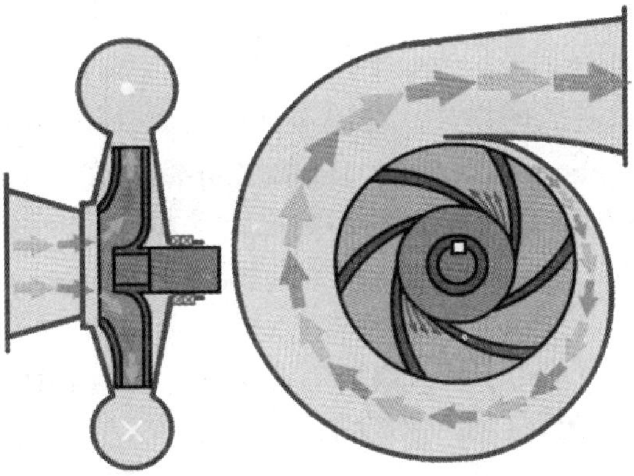

图1-6-3 离心泵工作原理图

二、离心泵的性能特点

1. 离心泵的扬程

离心泵属于叶轮式泵，其工作原理是依靠叶轮带动液体高速回转而把机械能传递给所输送的液体，其性能与容积式泵有显著的差异。

离心泵扬程主要取决于叶轮的直径及转速，要提高泵的扬程就须增大叶轮外径或提高叶轮转速。前者会使泵的尺寸和质量增加，后者受限于泵的气蚀性能和转子材料的强度。一般采用将叶轮串联的多级泵来提高泵的扬程。

离心泵扬程随流量而变，并与叶片出口角有关。采用后弯叶片时，流量增大会使扬程减小;采用前弯叶片时,流量增大会使扬程增加;采用径向叶片时,流量与扬程无关。

离心泵理论扬程与输送流体的性质无关。但是,流体的黏度会影响泵的实际扬程和排量,因为黏度不同,水力损失和容积效率会有所不同。

流体的密度会影响泵所能产生的压差,流体的密度 ρ 越小,泵所能产生的压差越小。因此当离心泵启动时不进行引水驱气的话,泵的叶轮带动空气旋转所能产生的压差仅为带动水旋转时的 1/800($\rho_{空}/\rho_{水}$ 约为 1/800),故可认为离心泵是没有自吸能力的。

2. 离心泵的能量损失

离心泵在实际工作时会有各种能量损失,从而使离心泵的实际扬程和流量总是低于理论扬程和流量。离心泵的能量损失主要有以下几部分:

(1)水力损失

水力损失是指流体通过泵内时由于摩擦、旋涡、撞击等造成的损失,通常由沿程摩擦损失和冲击损失两部分组成。水力损失是影响离心泵效率的主要因素。其中,沿程摩擦损失与流量的平方成正比;冲击损失与液体流动的冲角有关,通过合理设计可使泵在额定工况时的液流冲角为零,从而使冲击损失为零。泵的实际流量偏离额定工况越远则冲击损失越大。

(2)摩擦损失

摩擦损失又称机械损失,是指由轴封及轴承与轴之间的机械摩擦和由液体与叶轮外表面之间的圆盘摩擦造成的损失。轴封及轴承摩擦损失占轴功率的 1% ~5%,采用机械轴封时损失较小;圆盘摩擦损失较大,占轴功率的 2% ~10%,它与叶轮外径 D_2 的五次方和转速 n 的三次方成正比。

(3)容积损失

容积损失是指由漏泄造成的损失。漏泄包括内漏和外漏。内漏是指发生在泵壳内部的吸排区域之间的漏泄;外漏是指泵内部与外部之间经动、静部件间隙的漏泄。总漏泄量一般为理论流量的 4% ~10%,其中内漏的影响比外漏大。

3. 离心泵的性能特点

(1)自吸能力

离必泵本身无自吸能力。为了扩大离心泵的使用范围,在结构上采取特殊措施可以制造出各种自吸式离心泵,如在离心泵上附设抽气引水装置。

(2)流量

流量随工作扬程而变。一般工作扬程升高,流量减小;当工作扬程达到封闭扬程时,泵即空转而不排液。因此,它不宜作为滑油泵、燃油泵和液压泵等要求流量不随扬程而变的泵使用。但其流量范围很大,常用范围是 5 ~20 000 m^3/h。

(3)流量均匀性

流量连续均匀,工作平稳。

(4)压力

泵所能产生的扬程有限,主要由叶轮外径和转速决定,不适合小流量、高扬程。无须设置安全阀。

(5)转速

转速高,可与电动机或汽轮机直接相联。

(6)效率

主要受水力损失,机械损失和内、外漏影响,效率比一般容积式泵低(除了水环泵)。

(7)适用性

离必泵对杂质不敏感,在船上主要用作各种冷却水泵、货油泵,或采用配备了自吸装置或结构的离心泵作为压载泵、舱底水泵、油船扫舱泵等。

(8)维护性、耐用性

结构简单,管理方便,尺寸和质量比同样流量的往复泵小得多,价格低廉。可以采用节流法调节流量,非常方便。易损件少(仅密封环、轴封和轴承),寿命较长。

三、离心泵的主要部件及维护

1. 叶轮

叶轮是离心泵的主要运动部件,其功能是将原动机的机械能传递给排送流体。

叶轮按是否具有前后盖板可分为闭式、半开式和开式三种,如图 1-6-4 所示。具有前、后盖板的叶轮称为闭式叶轮,如图 1-6-4(a)所示。它工作时液体漏泄损失少,效率较高,使用最普遍。只有后盖板的叶轮称为半开式叶轮,如图 1-6-4(b)所示。而开式叶轮则只有叶瓣和部分后盖板,如图 1-6-4(c)所示。后两种叶轮铸造比较方便,但工作中液体容易漏失,多用于输送含固体颗粒或黏性较高的液体。

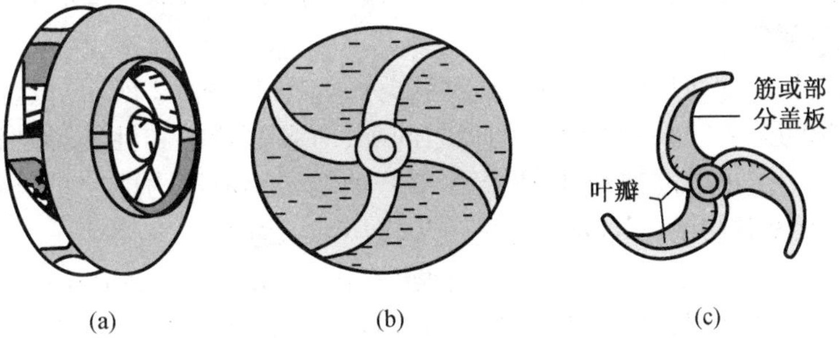

图 1-6-4　离心泵的叶轮

(a)闭式叶轮;(b)半开式叶轮;(c)开式叶轮

叶轮按吸入方式可分为单侧吸入式和双侧吸入式。当泵的流量和吸入管径较大时多采用双吸叶轮,以限制叶轮进口流速,提高抗气蚀性能。图 1-6-5 所示为双吸式离心泵结构图。双吸式叶轮安装时要防止装反,否则成为前弯叶轮,运行时过载或由于水力损失太大而使泵的扬程降低。

叶轮遇有下列情况之一时应予换新:

(1)出现裂纹而无法补焊;

(2)因腐蚀或气蚀而损坏严重,形成较多的孔眼;

(3)盖板及叶片因冲刷而显著变薄,不能保证足够的机械强度;

(4)进口靠密封环处严重偏磨而无法修复;

(5)因吸入固体杂物将叶片打坏。

如叶轮的裂纹或腐蚀孔眼不太严重,可用黄铜补焊来修复。焊补时应注意先把被焊件加热到 600 ℃左右,在补焊处挂锡,再用黄铜气焊。焊完后使其逐渐冷却回火,以免产生裂

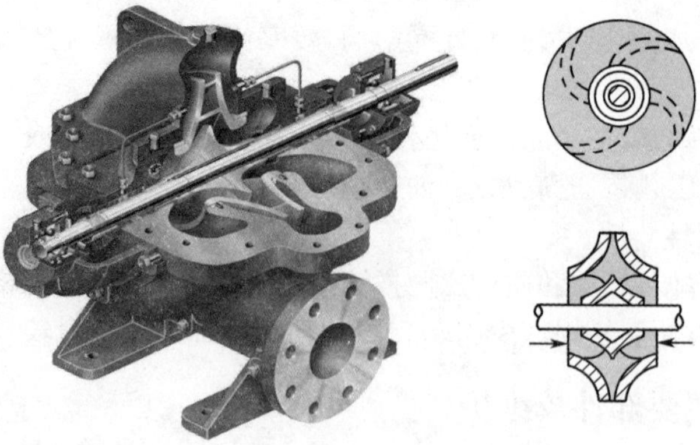

图 1 -6 -5　双吸式离心泵结构图

纹。冷却后再进行机加工。如叶轮进中处偏磨不太严重，可用砂布打磨，在厚度允许时亦可光车。修复的叶轮应进行静平衡试验，不平衡超过允许限度时可铣去部分盖板以资校正，但铣去的厚度不得超过盖板厚度的1/3，切削部分应与盖板平滑过渡。

2. 泵壳

泵壳的主要作用是以最小的水力损失汇聚从叶轮中流出的高速液体，将其引向泵的出口或下一级，并使液体的流速降低，将大部分动能转换成压力能。离心泵的泵壳主要有蜗壳式和导轮式两种。

蜗壳式泵壳包括螺线形蜗室和扩压管两部分，如图 1 -6 -2 所示。这两部分的分隔处的流道最窄处称为泵舌。泵舌与叶轮的径向间隙，对泵的效率和性能影响较大。蜗室的作用是汇集从叶轮中流出的高速液体，并将少部分动能转换成压力能。扩压管的作用是进一步降低液流速度，将其中的大部分动能进一步转换为压力能。

导轮式泵壳如图 1 -6 -6 所示，导轮有两个圆环形壁面及夹在其中的若干导叶，导叶的流道正好对准叶轮的外周，其 *BH* 段形状是一条对数螺线，以平稳地汇集液体，*HC* 以后段起扩压作用。导轮背面的反导叶是用以将处在泵壳内壁区域的排出液体引导到下一级叶轮的中心吸入区。

理论上蜗壳比导轮水力性能更完善，高效率工作区较宽。但蜗壳内表面铸造精度和光洁度不易保证，实际效率与导轮差不多。单、双级泵多为蜗壳式。双级蜗壳泵的泵壳轴向剖分，吸排口都铸在半个泵壳上，无须拆卸接管即可打开另一半泵壳，便于检修泵内零件。

三级以上离心泵多采用导轮，由各级叶轮、导轮和径向剖分的各段泵壳沿轴向组装而成。目前，铸造工艺提高，高扬程的单级泵和多级泵的末级也有在导轮之外再加蜗壳，做成组合式。

泵壳在工作过程中由于振动、碰敲等原因而出现裂纹。一般可用手锤轻敲听是否有破哑声来判断，通常在进行初步检查后，可在可疑处浇上煤油，然后擦干再涂以白粉，再轻击壳体让煤油渗出，以显示裂纹。如裂纹较短并发生在不承受压力或不起密封作用的地方，可采用打止裂孔的方法，即在裂纹两端各钻一个直径约 3 mm 的不穿透的小孔，以防裂纹继续扩大；如裂纹较长并出现在承压的地方，应进行焊补。

泵壳应经过水压试验，试验压力应为泵的最高工作压力的 1.5 倍，试验时间不少于 10 min，铸件表面不得有渗漏现象。焊补后的受压零件应重新做水压试验，试验压力应为最

高工作压力的 1.7 倍。(见 GB 10832—89《船用离心泵、旋涡泵通用技术条件》)

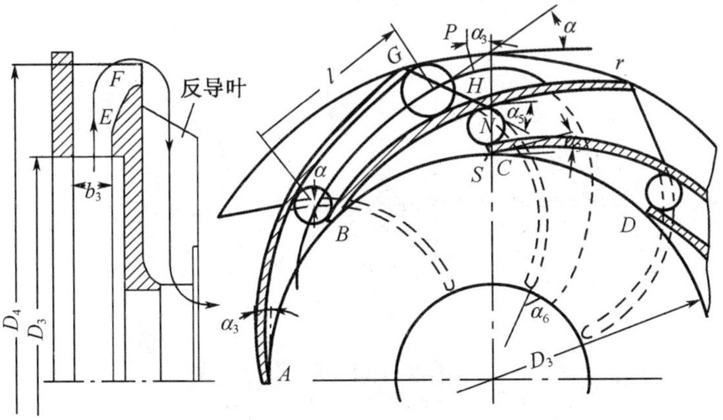

图 1－6－6　离心泵的导轮

3. 泵轴

泵轴一端用于安装叶轮,另一端通过联轴器与原动机相连,是接受功率和传递转矩的部件。泵轴一般由碳钢或合金钢制成。用于输送海水的泵,常在其轴外加装青铜轴套以防腐蚀。

叶轮与泵轴的周向位置采用键与键槽方式固定;叶轮与泵轴的轴向位置,小型单吸悬臂式离心泵通过泵轴端部锥面和反向细牙螺母固定,多级泵采用定位套固定,且泵轴在每个叶轮两侧均有轴承支承。

经常工作在非额定工况下的泵轴受到由不平衡径向力产生的交变负荷的作用,泵轴易发生弯曲。泵轴弯曲量超过 0.06 mm 即应校直。校直可用手动螺杆校直机进行。当泵轴较粗而弯曲度较小时,也可用铜质捻棒捻打轴的凹部,使其表面延展而校直。对直径较大而直接校直比较困难的泵轴,可用气焊将弯曲处 20～40 mm 的长度范围缓慢均匀地加热,而在此范围以外的部分缠上石棉绳或包上玻璃棉。加热至 600～650 ℃后校直,然后再保温,使之缓慢冷却至室温。

当泵轴产生裂纹、严重磨损影响强度、弯曲严重无法校直时应予换新。

4. 密封装置

(1)密封环

离心泵叶轮与泵壳吸入口之间不可避免地存在着间隙。离心泵叶轮所排出的液体可能会从叶轮与泵壳之间的间隙漏向吸入口。这种内部泄漏会降低泵的容积效率,使泵的流量减小,扬程降低。

为了减少内部漏泄,必须使泵壳和叶轮进口处的间隙做得很小,而磨损后又容易修复。这样,在叶轮入口处就需装设密封环(也叫阻漏环)。密封环是离心泵的易损件,通常多用铜合金制成,也有用不锈钢或酚醛树脂制作的。安装在叶轮与泵壳上的密封环分别称为动环和静环,它们可成对使用,也可只装设静环。

根据密封环的形式,有平环和曲径环两大类,如图 1－6－7 所示。曲径越多,阻漏效果越好,但制造和装配的要求也越高。因此,曲径环多用在单级扬程较高的离心泵中。离心泵转子在工作中难免有抖动和偏移,排送热的液体时还会受热膨胀。若密封环的径向间隙过小，则容易产生摩擦，甚至咬死；但若间隙过大，漏泄又会显著增加。实验表明，当密封环间隙由 0.30 mm 增至 0.50 mm 时，效率下降 4% ~4.5%。

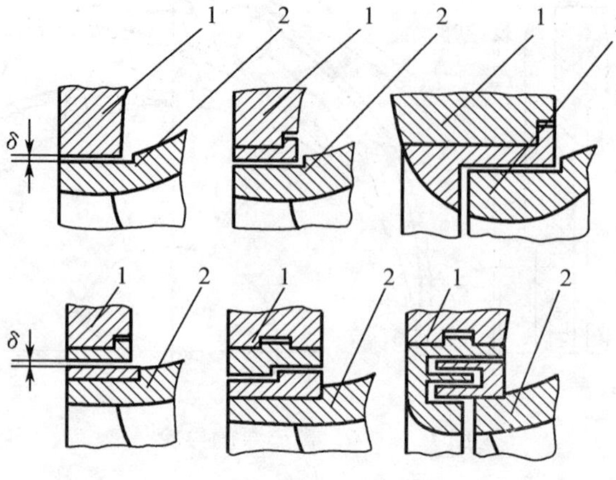

图 1 -6 -7　密封环的形式

1—泵壳；2—叶轮

泵工作约 2 000 h 后，应检查密封环的间隙，当半径方向的间隙超过允许值时即应更换。也可以在内表面堆焊后光车，或涂敷塑料后再进行机械加工。密封环新装后，必须检查安装间隙，其值应符合表中所列的数值。必要时可用涂色法（在静环内侧或动环外侧的环形面上涂以很薄的红铅油，然后盘车）检查密封环是否彼此碰擦。

（2）轴封

泵轴伸出泵壳处必定有间隙，叶轮排出的液体可能由此漏出或外界空气由此漏入，称为外漏。外漏不仅会降低容积效率，还可能污染环境；有时泵壳出轴处的内侧压力低于大气压，这时空气可能漏入，而增加噪声和振动，严重的甚至会使泵失吸。因此，在泵轴伸出泵壳处都设有轴封装置。目前离心泵中使用最广泛的轴封形式是填料密封和机械密封。机械密封的结构特点在回转泵中已经述及，这里不再重复。

填料密封是船用泵中最常用的密封装置，但一般在离心泵中所用的填料密封装置与容积式泵中的有所不同，即针对离心泵泵壳内泵轴处的压力往往低于大气压，空气容易漏入的问题，采用了带水封的密封结构，如图 1 -6 -8 所示，其由填料、填料环（水封环）、填料压盖等所组成。

水封环是由断面呈 H 形的两个半圆合成的圆环，水封环与泵轴（或轴套）之间留有 0.4 ~0.5 mm的径向间隙。水封环的安放位置应对准轴封壳体上的水封管，以便引入压力水。密封水既能防止空气吸入泵内，又能给泵轴和填料适当的润滑和冷却。

密封水的压力应比密封内腔的压力略高而又不致将填料中的润滑剂冲走，一般以高出 0.05 ~0.1 MPa 为宜。当离心泵输送洁净液体时，可直接从泵的排出侧引出液体来进行密封；但当离心泵输送含有杂质的液体时，则密封水在引至水封管前应予以过滤。

轴封的严密性可用松紧填料压盖的方法来调节。填料密封合理的漏泄量是漏泄液体应保持每分钟不超过 60 滴。漏泄量太大可适当对称地压紧填料压盖，但要避免压得过紧，以防填料箱发热。

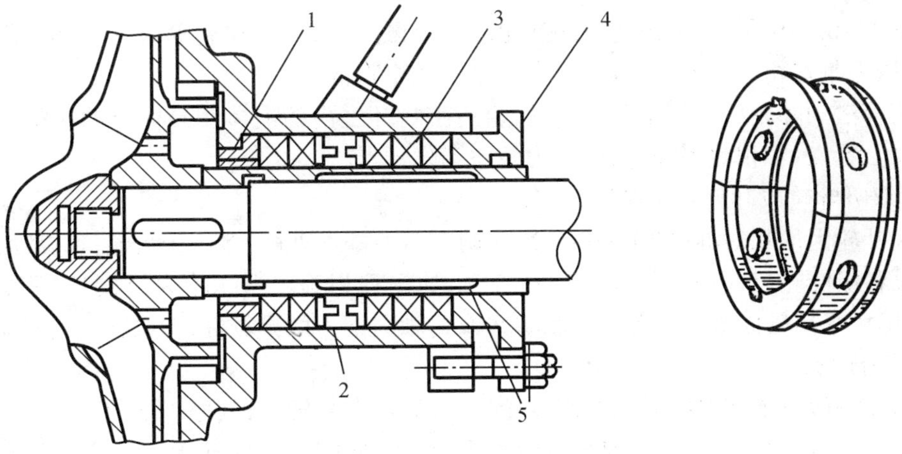

图 1－6－8　离心泵的填料密封装置

1—填料内盖；2—水封环；3—填料；4—填料压盖；5—轴套

填料老化变硬应及时更换。与填料相接触的轴或轴套表面应进行硬化处理。轴的径向跳动量一般允许值为 0.03 ~ 0.08 mm。

填料密封的优点是结构简单、成本低廉、更换方便；缺点是磨损和漏泄相对较大，使用寿命较短，一般只能用在低速（泵轴的回转线速度≯20 m/s）、低压（3 ~ 5 MPa）和液体温度不高（≯200 ℃）的场合。

5. 离心泵的轴向力平衡

如图 1－6－9 所示，在密封环（静环内径、动环外径）以外，叶轮两侧压力是对称的。但在密封环以内，由于作用在叶轮左侧为进口压力，两侧的压力不对称，因此，单级式叶轮工作时必将受到一个由叶轮后盖板指向叶轮进口端的轴向力 F_A。轴向力的大小与工作压头、密封环半径、液体密度有关。液体在叶轮进口处从轴向变为径向流动时，还会对叶轮产生方向与 F_A 相反的动反力，它与 F_A 相比数值较小，但泵刚启动排压尚未建立时，F_A 未形成，动反力可能引起转子窜动。

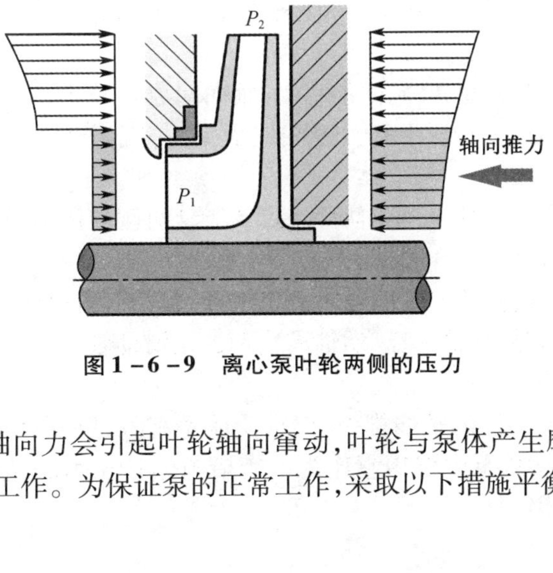

图 1－6－9　离心泵叶轮两侧的压力

离心泵的不平衡轴向力会引起叶轮轴向窜动，叶轮与泵体产生摩擦，破坏机械轴封产生泄漏，影响泵的正常工作。为保证泵的正常工作，采取以下措施平衡轴向力：

(1)平衡孔或平衡管法

如图 1－6－10 所示,平衡孔法的叶轮后盖板设后密封环,在后盖板密封环以内开平衡孔,前后压力基本相等。缺点:容积效率和水力效率降低。

平衡管法的叶轮后盖板不开平衡孔,将后密封环之内的液体用泵体外的平衡管引回叶轮吸入口。特点:容积效率降低,但水力效率不降低。

(2)双吸叶轮或叶轮对称布置

双吸叶轮因形状对称(图 1－6－5),故两侧压力基本平衡,多用于大流量的离心泵。多级离心泵各级叶轮尺寸一般相同,各叶轮产生的扬程相等。当叶轮为偶数时,只要将其对称布置,即可平衡轴向推力。此法平衡多级泵的轴向推力效果较好,但泵壳结构复杂。

(3)平衡盘

平衡盘一般设置在多级泵的末级叶轮后,并固定在泵轴上,其原理如图 1－6－11 所示。平衡盘装置上有两个间隙,一个是轴套外圈形成的径向间隙 b,一个是平衡盘内端面与固定板之间的轴向间隙 b_0,轴向间隙可以随着叶轮的轴向位移变化。

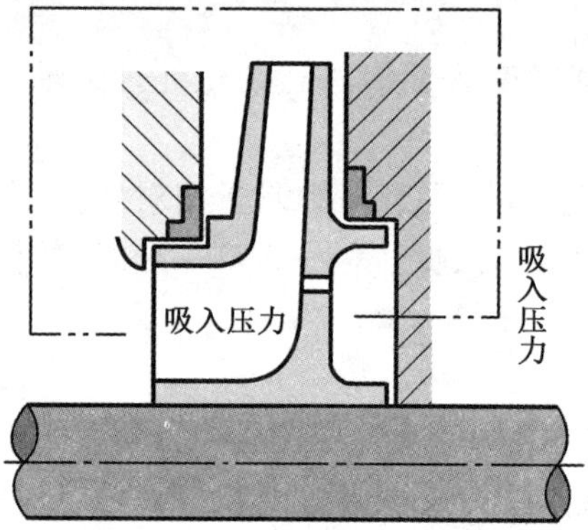

图 1－6－10　离心泵的平衡孔或平衡管

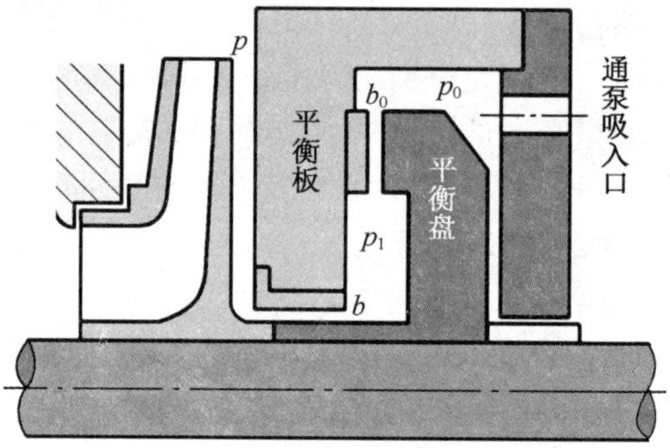

图 1－6－11　离心泵的平衡盘

当泵工作时,压力为 p 的液体流经 b 和 b_0时,产生流动损失,压力分别降为 p_1 和 p_0,平衡盘后的空腔与泵的吸入口相连,压力 p_0稍大于泵进口压力。由于平衡盘两侧存在压力差 Δp,故液体在平衡盘上产生一个压力,其大小与轴向推力相等,方向相反,轴向推力得到平衡。

当轴向推力大于平衡力时,叶轮向前移动,轴向间隙 b_0减小,液体流经 b_0时的阻力损失增加,平衡盘两侧的压力差增大,平衡力也相应增大,一直到平衡力与轴向推力相等,达到平衡。

当轴向推力小于平衡力时,叶轮向后移动,平衡盘两侧的压力差减小,平衡力也相应减小,直到与轴向推力达到平衡。

由于转子的轴向位置会随工作扬程的变动而自动调整,所以带有平衡盘的泵不能使用具有定位作用的轴承(如止推轴承、滚动轴承),而使用滑动轴承。

(4)止推轴承法

止推轴承虽能承受一定的轴向推力,但承受能力有限,故只有小型泵才能用它来承受全部轴向推力,而在大多数泵中仅用它作为平衡措施的补充手段,以承受少数剩余的轴向推力,并起轴向定位作用。

6. 离心泵的径向力

蜗壳式离心泵仅在非额定流量下工作时才产生不平衡径向力。在非额定流量下,由于蜗室中的液流速度和叶轮出口的绝对速度大小和方向也会发生变化,造成从叶轮流出的液体与蜗室中的液流发生撞击产生能量交换,使蜗室中的压力分布发生变化,压力分布不均又使叶轮流出液体的流量沿周向分布不均,从而使产生的动反力也不相等。作用在叶轮上的径向力就是不均匀的液压力和动反力的合力。显然,实际流量偏离额定流量越多,泵的扬程越高或泵的尺寸越大,则产生的径向力也就越大。

导轮式多级泵由于导叶沿圆周均匀分布,理论上无论在何种工况下运行,各导叶产生的径向力都将平衡。

四、离心泵的自吸

离心泵一般没有自吸能力,但在船上许多泵的位置都可能高于吸入液面,如压载泵、应急消防泵、日用海水泵和淡水泵、油轮扫舱泵等,这些泵都需要自吸。船用离心泵实现自吸的方法有三种:

1. 一体式自吸装置

一种是将泵壳做成特殊的结构形式,使在排出端具有气水分离作用,以便在启动期间能利用预先存留在泵内的液体,使其能反复进出叶轮,将泵和吸入管内的气体携带出去。结构特点:吸排管在上方,保证停车存液;双流道蜗壳;吸口有单向阀,防虹吸;半开式叶轮。第二种是自带真空泵,将真空泵与离心泵组合为一体来抽气引水。常用的真空泵有水环泵等。自吸式离心泵虽能解决离心泵的自吸问题,但会使泵的结构复杂、体积增大、效率减低。

2. 分体式抽气装置

在普通的离心泵上附设用以抽气的自动引水装置(水环泵、空气喷射器等)。该装置采用独立动力源,自吸成功后自动脱离工作,灵活方便,新船应用较多。

3. 集中式抽气装置

采用真空箱集中引水系统,即由一台真空泵自动控制一个真空箱并保持足够的真空度,用若干抽气管分别通至所有需要引水的离心泵的吸入口。真空箱集中引水适合于一条船有较多离心泵需自吸的情况。

离心泵除了采用上述三种自吸装置进行自动引水外,还可采用:人工引水,吸入管上加装吸入底阀,启动前进行人工灌水;利用吸入液面高于泵的安装位置(即具有负吸高),使被吸液体倒灌入泵内;利用其他管系液体进行引水。

五、离心泵的气蚀

离心泵在吸入过程中,如果泵进口处的吸入压力接近或低于被输送液体温度下的饱和蒸汽压力,液体会汽化,溶于液体中的气体也会逸出,而产生许多气泡,俗称气穴。当气泡随液体流到高压区时,由于压力升高,蒸汽就会迅速凝结,气体也会重新溶入液体,气泡在周围压力的作用下迅速破裂,周围的液体质点会以极高的速度冲向气泡原来占有的空间,并且互相撞击,产生局部高达几十兆帕的压力,引起频率为 600 ~ 25 000 Hz 的噪声和振动。这时泵的流量、扬程和效率都将降低,严重时还会导致吸入中断。气穴破灭区的金属因受高频高压的液击而发生疲劳破坏;此外,由液体中逸出的氧气等借助气泡凝结时的放热,也会对金属起化学腐蚀作用;在叶轮外缘的叶片及盖板、蜗壳或导轮等处会产生如图 1-6-12所示的麻点和蜂窝状的破坏。这种气泡的形成、发展和破裂致使材料受到破坏的现象,称为气蚀现象。

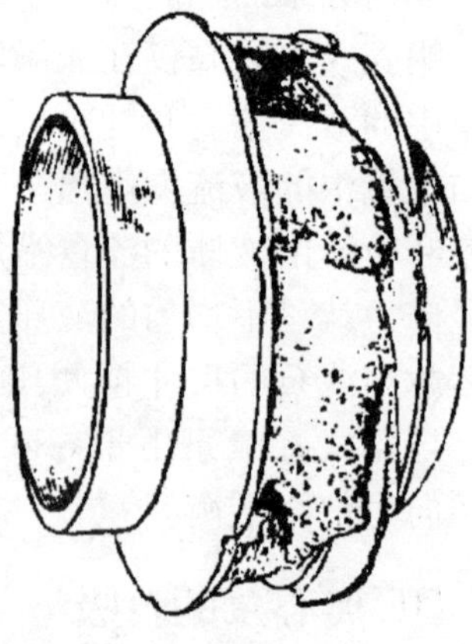

图 1-6-12　因气蚀而损坏的叶轮

为了使离心泵正常工作,避免发生气蚀现象,离心泵应有一定的气蚀余量。气蚀余量是指泵入口处液体所具有的总能头与液体的汽化压力头之差,用 Δh 表示。气蚀余量又可分为有效气蚀余量 Δh_a 和必需气蚀余量 Δh_r。

有效气蚀余量 Δh_a:是泵工作时实际具有的气蚀余量,取决于吸入条件和液体饱和压力 p_v,与泵无关。它表示液体在泵进口处能头超过汽化水头的富裕能量。

必需气蚀余量 Δh_r:是指泵为了避免气蚀所必需的气蚀余量。取决于泵进口部分的几何形状、转速和流量,反映液体进泵后压力进一步降低的程度,与吸入条件及所吸液体的 p_v 值无关。Δh_r 越小,泵的气蚀性能越好。

Δh_r 值随 Q 的增大而增大,因为流量增大,液体进泵后的压降也增加。Δh_r 很难计算,用气蚀试验确定:逐步增大吸入真空度,扬程或效率下降$(2+K/2)\%$时的气蚀余量称为临界气蚀余量 Δh_c。Δh_c 加上不小于0.3 m 的余量定为必需气蚀余量 Δh_r。使用时 Δh_a 比 Δh_r 具有大于10%(不小于0.5 m)的余量。

气蚀有如下三种类型:

(1)潜伏气蚀

当有效气蚀余量接近必需气蚀余量时,气泡虽已产生但流量变化、噪声、振动等外在表现不明显,称为潜伏气蚀。泵长期处于此种工况下工作,对泵的工作部件有一定损害,因此应避免其发生。

(2)不稳定气蚀

当有效气蚀余量降到低于必需气蚀余量时,气泡大量产生,气蚀现象的外在表现明显,称为不稳定气蚀。此时泵的流量、扬程和效率都明显下降,泵在不稳定气蚀区工作,工作部件容易受到损坏。

(3)稳定气蚀

当有效气蚀余量进一步降低时,气泡大量产生,开始出现液流脱流,形成气、液两相区域,气泡破灭时的液压冲击明显减轻,振动和噪声减轻,流量和压头的脉动消失,称为稳定气蚀。此时气蚀对泵的损害不明显。

防止气蚀的预防措施:提高 Δh_a;减小 Δh_r;用抗气蚀材料制造叶轮,提高光洁度;采用双吸叶轮;泵进口设诱导轮等。

管理中防止发生气蚀的措施:降低液体温度;减小吸高或增加流注高度;减小吸入阻力(开足吸入管路上的阀门、清洗滤器);关小排出阀(不能关小吸入阀)或降低转速减小流量。

第七节 喷 射 泵

喷射泵的工作原理与前述容积式泵、叶轮式泵不同，它是依靠工作流体产生的高速射流引射需要排送的流体，然后通过动量交换向其传递能量并将其排出。喷射泵常用的工作流体有水、蒸汽、空气，被引射流体可以是气体、液体和有流动性的固液混合物。

喷射泵在船上主要用作压载水和货舱污水系统扫舱泵、造水机真空泵、离心泵的引水泵等。

一、喷射泵的结构与工作原理

喷射泵主要由喷嘴、吸入室、混合室和扩压室组成。如图 1－7－1 所示。

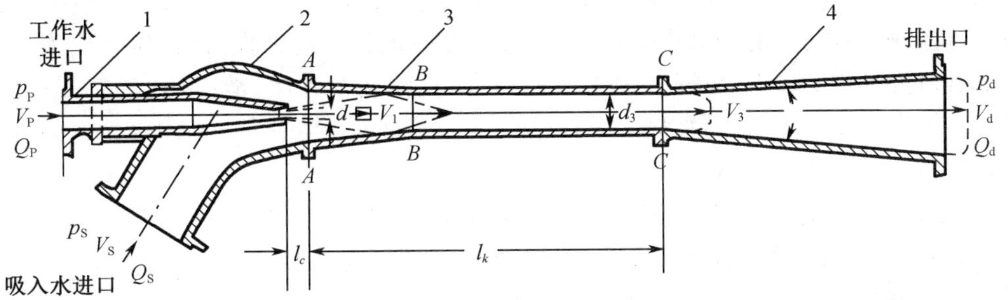

图 1－7－1 喷射泵原理图

1—喷嘴；2—吸入室；3—混合室；4—扩压室

喷射泵的基本工作原理可由其主要部件的首字概括为“喷、吸、混、扩”四个字。即：喷射泵是利用高压工作流体经喷嘴产生 25 ~ 50 m/s 的高速射流（喷）；在吸入室形成低压，引射被输送的流体（吸）；工作流体裹带被引射流体共同进入混合室进行充分混合与能量交换（混）；再经扩压室将动能转换成压力能排出（扩）。

水喷射泵的喷嘴是由一段流线型或圆锥形的收缩流道和一小段圆柱形管道构成。工作水由离心泵（通用泵或消防泵）供应，工作压力为 0.3 ~ 1.5 MPa。

混合室通常做成圆柱形或圆锥形与圆柱形相组合，进口做成圆锥形则进口能量损失较小。从喷嘴射出的流束和圆锥壁面相交后，在随后的锥形段的流动中压力还会下降，故最低压力在混合室圆柱段进口截面。

二、喷射泵的性能特点

1. 水喷射泵的特性曲线

喷射泵的特性通常用无因次特性曲线来表示，它是流量比 μ 与压差比 h、效率 η 的函数曲线。

流量比亦称引射系数，是被引射流体和工作流体的体积流量之比，即 $\mu = Q_s/Q_e$。

压差比 h 是喷射泵所形成的压力差 Δp_d（排出压力 p_d − 吸入压力 p_s）与工作流体的压力降 Δp_p（工作流体压力 p_p − 吸入压力 p_s）之比。

喷射泵的效率 η 是有效功率（被引射流体单位时间所得到的能量）与输入功率（工作流

体单位时间所失去的能量)之比。

喷射泵的混合室圆柱段截面积与喷嘴出口截面积之比称为喉嘴面积比 m。它是影响喷射泵性能的最重要的尺寸参数,水喷射泵的 m 为 0.5 ~ 25。m 小则引射的流量相对较小,即 μ 较小,故可达到的扬程比则较大。通常 $m<3$ 属高扬程水喷射泵;$m>7$ 属低扬程水喷射泵;m 介于 3 ~ 7 的属中扬程水喷射泵。

2. 水喷射泵的特点

(1)自吸能力　自吸能力极强,能造成很高的真空度。

(2)流量　引射流量小,受工作流体压力、吸排压力和结构参数影响。

(3)流量均匀性　流量连续均匀,工作平稳。

(4)扬程　泵所能产生的扬程有限,取决于工作流体的扬程和流量比。

(5)转速　无运动部件。

(6)效率　效率低。喷射泵无机械损失和容积损失,但喷射泵工作过程中存在大量水力损失,包括喷嘴损失、混合室进口损失、混合室摩擦损失和混合损失、扩压室损失。中、高 m 的泵引射流量相对较大,故混合损失最大;低 m 的泵扬程比大,故扩压室损失最大,其次才是混合损失。m 为 3 ~ 5 的水喷射泵可达到的效率较高,其中 $m=4$ 的水喷射泵在 $\mu=1$ 时效率最高。

(7)适用性　能输送包含固体杂质的任何流体。即使被水浸没也能工作。

(8)维护性　结构简单,管理方便,体积轻小,价格低廉。

(9)耐用性　易损件少,寿命较长,工作可靠。

三、水喷射泵的管理要点

要使水喷射泵工作正常,能保持设计的引射流量或抽真空能力,应注意以下各点:

(1)保持工作流体的压力 p_P 在适宜范围内。p_P 下降,引射流量会急剧减小,这是因为相对压差 h 随 p_P 下降而增加,以致引射系数 μ 减小;再加上工作流体流量也随 μ 下降而减小。p_P 增加引射流量虽可能增加,但不宜过分增大,否则引射系数达到临界值之后,效率会急剧降低。

(2)要防止排出止回阀卡阻、排出截止阀未开足或其他原因导致排出压力增大,以致相对压差增大,使 μ 减小,引射流量减小。

(3)要防止吸入止回阀卡阻或其他原因引起吸入压力 p_s 不必要的降低。p_s 降低则相对压差增加,会使引射系数 μ 减小,引射流量也会减小。排送液体时 p_s 过分减小还会导致液体汽化。吸入止回阀卡阻也会使真空泵可达到的真空度下降。

(4)工作液体或引射液体温度不宜过高。液温过高泵内低压处可能产生气穴。

(5)喷嘴出口截面距混合室进口截面的距离称为喉嘴距(用 l_c 表示)。其最佳值通常由试验确定,拆装时不宜随便变动。l_c 太大则被引射进入混合室的流量太多,以致无法使这么多的液体的压力全都升高到要求的排出压力,混合室中靠外周部分会出现倒流;l_c 过小则引射流量不足,或混合室有效长度缩短,这些都会使能量损失增加。

(6)特别要注意保证喷嘴、混合室和扩压管三者的同心度,尤其是喷嘴和混合室的同心度,否则会产生较大的能量损失,以致不能达到设计要求。

(7)如果喷嘴口径因磨损而过分增加(相当于 m 值减小),将影响泵的工作性能,往往使工作流体耗量增加,工作效率降低,必要时应予换新。

四、其他喷射器

除水喷射泵外,船上常用的还有水射抽气器、蒸汽喷射器和空气喷射器等。

1. 水射抽气器

水射抽气器是以压力为0.25~0.4 MPa的水为工作流体,用来抽除空气或空气与水蒸气的混合物。水射抽气器用来产生真空时,亦称为水射真空泵。水射抽气器的工作流体和被引射流体的密度相差悬殊,为能提高被引射气体的质量流量,有些水射抽气器设计成多喷嘴形式,以便增加工作水与吸入室中气体的接触面积。

水射抽气器的工作水与所吸空气接触时,将会蒸发出水蒸气,并因此而使实际的抽气量和所能达到的真空度降低。工作水温越高,泵实际抽气量和所能达到的真空度也就越低。

水射抽气器抽吸蒸汽和空气的混合物时,由于水流和蒸汽之间的换热强度较大,可使绝大部分蒸汽凝结成水,因而其抽气量会明显增大。

水射抽气器在船上一般用作造水机的真空泵。

2. 蒸汽喷射器和空气喷射器

蒸汽喷射器用10~20 ℃低过热度蒸汽作为工作蒸汽,一般用作船舶蒸汽动力装置冷凝器的抽气器。蒸汽喷射器也可用来抽水,工作蒸汽与水应有足够温差。抽水时适合用于既吸水又须使水加热的场合。

空气喷射器在船上多用作离心泵的自吸装置。由于气源有限,空气喷射器的尺寸和流量都较小。

气体喷射器和液体喷射泵不同的是喷嘴都做成缩放形的拉伐尔喷嘴,以便能在较大的压降下使喷嘴出口的工作气流速度达到超音速。

复习思考题

1. 泵在船上有哪些应用?

2. 液体的机械能可分为哪几种?它们是否可以相互转换?

3. 泵的分类方法有哪几种?

4. 泵按工作原理可分为哪几种?

5. 何谓泵的性能参数?泵的主要性能参数有哪些?

6. 哪些因素会影响泵的正常吸入?

7. 何谓往复泵的作用数?某泵有两只缸,泵轴转一周每只缸吸排两次,该泵为几作用泵?

8. 何谓往复泵的流量脉动率?它是怎样产生的,如何改善?

9. 对往复泵泵阀有哪些要求?安装往复泵活塞环时有何要求?

10. 往复泵为何要设空气室?空气室的大小对改善往复泵的流量脉动率有何影响?

11. 何谓困油现象?哪些齿轮泵会产生困油现象?消除困油现象的方法有哪些?为什么卸荷槽要采用非对称式的?开卸荷槽对齿轮泵的容积效率有何影响?

12. 绘出机械轴封的结构草图,说明机械轴封的三个主要密封面。机械轴封在安装时要注意什么?

13. 带月牙形隔板的内啮合齿轮泵的结构特点是什么?

14. 三螺杆泵的轴向力和径向力是怎样平衡的?

15. 水环起何作用?

16. 离心泵为什么没有自吸能力?

17. 离心泵的泄漏分为哪两种形式,分别采取什么措施来加以防止泄漏?

18. 离心泵的自吸措施有哪些?

19. 平衡离心泵轴向力的常用方法有哪些?绘图说明离心泵平衡盘式轴向力平衡装置的工作原理。

20. 离心泵有哪些重要部件,拆检时应注意哪些问题?

21. 描述喷射泵的基本结构和工作原理。

第二章　船用活塞式空气压缩机

空气压缩机是用于压缩空气的机械。最简单的空压机是自行车打气筒，它利用人力将空气压缩并排到自行车轮胎内。在商船上，空压机可分为主空压机（一般 2 ~ 3 台）、应急空压机（一般 1 ~ 2 台）和甲板空压机（一般 1 台）。

主空压机将压缩空气供入主空气瓶，主空气瓶的压力一般保持在 2.4 ~ 30 MPa。根据造船规范的要求，供主机启动用的空气瓶至少 2 个，其容量在保证充满压缩空气后，在不补充空气的情况下，对每台可换向的主机能在冷态下连续启动不少于 12 次，对不能换向的主机，在冷车条件下连续启动不少于 6 次；主空气瓶中的空气也用于启动辅机。主空气瓶中 2.4 ~ 30 MPa的压缩空气经减压阀减压至 0.55 ~ 7.5 MPa 后，作为主、辅机气动遥控系统的控制空气，还可作为某些气动设备的气源；减压为 0.4 MPa 左右的压缩空气用作填充压力水柜、鸣放汽笛、吹洗机件和海底阀等。

应急空压机是在主空气瓶没有足够压力的启动空气并进行瘫船启动时，向应急空气瓶供气，为发电辅机提供启动气源，它是船舶应急设备之一，也是 PSC（Port State Contro 港口国检查）中关注的设备之一。由此可见，空压机在船舶设备中具有举足轻重的作用。

在现代化远洋船舶上，经常还配有甲板空压机和甲板空气瓶，甲板空气瓶压力一般保持在 0.5 ~ 0.7 MPa，以满足甲板部日常工作中对压缩空气的需要。

活塞式空压机按额定排气压力分为低压（0.2 ~ 1.0 MPa）、中压（1 ~ 10 MPa）、高压（10 ~ 100 MPa）。船舶上，高压空压机可用于向呼吸器气瓶补气。

第一节　活塞式空气压缩机工作原理

一、空压机的理想工作循环

为了便于分析，我们首先分析空压机的理想工作循环。

理想工作循环是指假设空压机在工作循环过程中无能量损失和容积损失。具体而言，即满足 5 个假设：气缸没有余隙容积，即活塞到达上止点时气体全部排出气缸；吸、排气过程没有压力损失和压力脉动；吸气过程气体与缸壁无热交换；工作过程无气体漏泄；被压缩气体是理想气体，压缩过程状态方程指数不变。理想空压机的 $p-V$ 图如图 2－1－1 所示。

当活塞 2 在气缸 1 中从死点 a 向右移动时，活塞 2 左边的气缸容积增大，缸内形成真空，大气中压力为 p_1 的空气就压开吸气阀 3，等压进入气缸，一直到活塞移到右死点 b 为止。这是吸气过程，在 $p-V$ 图上如直线 $a-b$ 所示。

当活塞 2 改变运动方向从右死点向左移动时，吸气阀 3 关闭，活塞 2 左边的气缸容积减小，气体受到压缩，压力升高，直到活塞左移至点 c，缸内压力上升至 p_2 为止，这是等温压缩过程，如曲线 $b-c$ 所示。当活塞由点 c 继续左移时，排气阀 4 开启，空气等压排出气缸，直至活塞左移至死点 d 为止，这是等压排气过程，如直线 $c-d$ 所示。至此，空压机已完成一个工作循环，即吸气→压缩→排气三个过程。只要活塞不断在缸内做往复运动，空气就不断被吸入、压缩和排出。

根据热力学知识，在 $p-V$ 图上由过程线所围成的面积 $abcd$ 表示空压机一个理想循环所消耗的压缩功。根据压缩过程的不同，空压机一个理想循环所消耗的压缩功也不相同，如图2－1－2所示，等温压缩耗功最小，绝热压缩耗功最大。实际工作中，压缩机一般采用水冷或风冷，压缩过程属于多变压缩过程。

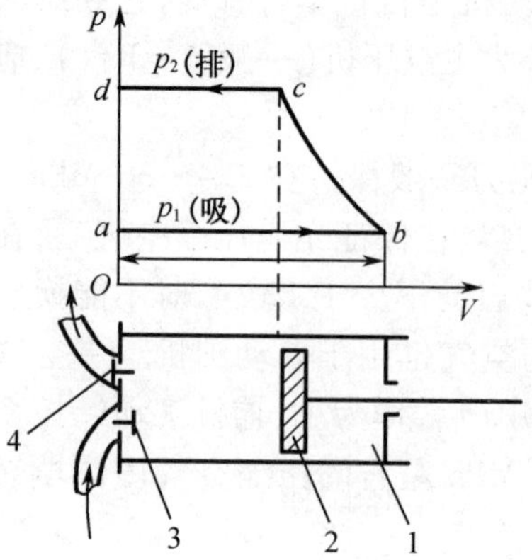

图2－1－1　单级空压机的理论示功图

1—气缸；2—活塞；3—吸气阀；4—排气阀

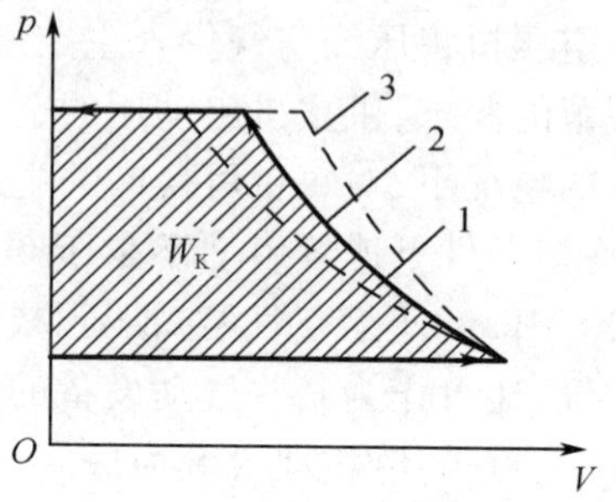

图2－1－2　三种不同压缩过程示功图

1—等温压缩；2—多变压缩；3—绝热压缩

二、空压机的实际工作循环

空压机实际工作循环与理想工作循环有以下主要差别：

1. 余隙容积

活塞排气冲程结束时，缸内的剩余容积由三部分组成：

(1)活塞顶至第一道活塞环的环形空间；

(2)活塞处于上止点时与气缸盖底的空间；

(3)气阀阀窝空间。

其中以第(2)项为最大。

活塞式空压机必须有余隙，以免曲柄连杆机构受热膨胀或连杆轴承松动等，引起活塞撞击气缸盖，或空气中的水蒸气被压缩时会凝结成水，产生“液击”而造成机损事故。由于余隙容积的存在，排气过程结束时，缸内就会残留一部分压缩空气。如图2－1－3所示，当活塞从左死点右移时，残存在余隙容积 V_0 中的压缩空气就沿曲线4－1膨胀，直至活塞右移至点1，缸内压力低于大气压时，新鲜空气才压开吸气阀进入气缸。因此，空压机实际工作循环由膨胀→吸气→压缩→排气四个过程组成。由于在吸气冲程中多了一个膨胀过程，吸气过程由 $a-b$ 缩短到 $1-b$，吸气容积相应地由 V_h 减小到 V_s，显然，余隙容积 V_0 越大，膨胀过程越长，吸气容积越小。为了提高空压机的排气量，应尽量减小余隙容积。余隙容积的影响用容积系数 λ_v 表示。

在衡量空气压缩机性能时常用相对余隙容积。相对余隙容积是余隙容积与活塞行程容积之比 V_0/V_h。一般低压级为0.07～0.12；中压级为0.09～0.14，高压级为0.11～0.16。容积系数 $\lambda_v=0.65\sim0.9$。余隙容积 V_0 和压力比 $\varepsilon=p_2/p_1$ 越大，容积系数 λ_v 越小。

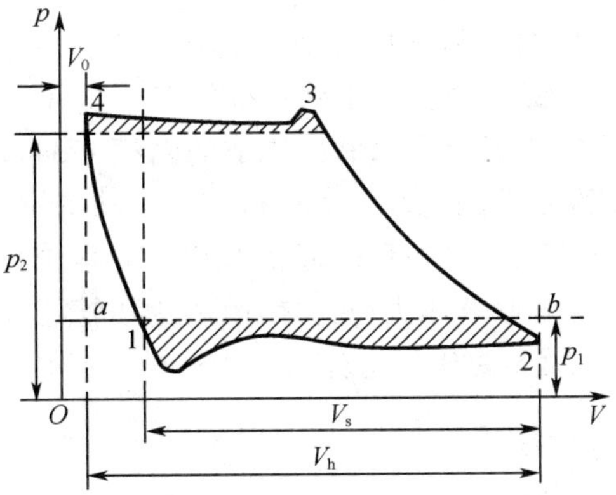

图 2-1-3　活塞式空压机的实际示功图

在使用中,空压机的余隙容积会因轴承的磨损、连杆弯曲变形或更换较厚的气缸垫床而变大。为了便于测检,余隙容积大致可用余隙高度来衡量。余隙容积高度是指活塞位于气缸上死点位置时,活塞顶与缸盖底之间的距离,其高度一般为 0.4 ~2.5 mm。对同一台空压机而言,一般高压级气缸的余隙容积值要比低压级取大些。

检修时,余隙容积高度一般采用压铅法进行测量,并可通过调节气缸体与气缸盖或曲轴箱之间的垫片厚度来进行调整,对各种不同型号船用空压机的余隙容积高度取值范围,一般如表 2-1-1 所示。

表 2-1-1　船用空压机气缸余隙容积高度的一般范围

气缸直径/mm	余隙容积高度/mm	气缸直径/mm	余隙容积高度/mm
55 ~90	0.40 ~0.55	120 ~150	0.60 ~0.75
90 ~120	0.5 ~0.55	150 ~200	0.70 ~1.00

2. 阻力损失

空气流经吸入滤器,吸、排气阀和管路时均有阻力损失,且与气流速度的平方成正比。吸入端的阻力损失,使吸气阀开启延迟,膨胀过程延长,吸气压力降低,气缸的吸气量将由于吸气行程的缩短和吸气比容的增大而减小;排出端的阻力损失势必使排气压力升高,不但会使膨胀过程延长,而且压缩耗功将随之增大。在点 1 处出现波谷,点 3 处出现波峰,这是启阀时需克服气阀弹簧力和阀片惯性力之故。图 2-1-3 中,1-2 为实际吸气过程线,3-4为实际排气过程线。这部分影响常用压力系数 λ_p来表示,空压机第一级 $\lambda_p=0.95\sim0.98$,第二级 $\lambda_p=0.98\sim1.00$。

3. 空气与气缸壁等有热交换

由于空气与缸内存在着温差,进入气缸的新鲜空气因吸热而膨胀,比容增大,吸气量减小,使排气量降低,这部分损失称为预热损失,用温度系数 λ_t来表示,$\lambda_t=0.95\sim0.98$。

4. 泄漏损失

由于气阀和活塞环等处密封不严,空压机工作时,空气总会通过活塞环和气阀等不严密处泄漏,这些泄漏只能尽量减小,而不可能消除。泄漏使空压机排气量减少的程度可用

气密系数 λ_l 来衡量，一般 $\lambda_l=0.90\sim0.98$。

从以上讨论可知，空压机的实际排量总是小于理论排量，实际压缩耗功总是大于理论耗功；空压机的实际循环包括膨胀、吸气、压缩和排气四个过程，在活塞一个往复冲程内完成。由于图 2-1-3 所示的实际循环各过程线围成的面积 1234，表示一个工作循环的压缩耗功，所以图 2-1-3 有实际示功图之称。空压机实际示功图可用示功器测出。空压机的实际体积流量 Q 与理论体积流量 Q_t（单位时间活塞扫过的容积）之比，称为输气系数，用 λ 来表示；空压机排气压力（p_2）与吸气压力（p_1）之比，称为压缩比，用 ε 来表示。在条件相同的情况下，ε 愈大，λ 愈小，一般 λ 为 0.8 左右。

三、多级压缩和中间冷却

通过对压缩机实际工作循环的分析得知：压缩比越大，输气系数越低，压缩机的工作效率越低。为了保证较高的输气系数，当压缩比达到 6~7 时，一般采用多级压缩和中间冷却。船用主空气瓶的压力高达 2.5~3.0 MPa，因此船用主空压机一般选用多级压缩和中间冷却；通常，水冷空压机多采用两级压缩，风冷空压机有用三级压缩的。两级压缩按气缸布置可分为并列气缸式与级差活塞式两类，如图 2-1-4 所示。并列气缸式的一级缸与二级缸并列布置，由双拐曲轴带动；级差活塞式由直径较大的活塞上部与气缸和缸盖间形成低压级工作空间；直径较小的活塞下部与气缸之间的环形空间为高压级工作空间。外界空气经滤器 A 由低压级吸入，压缩后经中间冷却器 E 进入高压级，排出后通过后冷却器 H 进入气瓶。

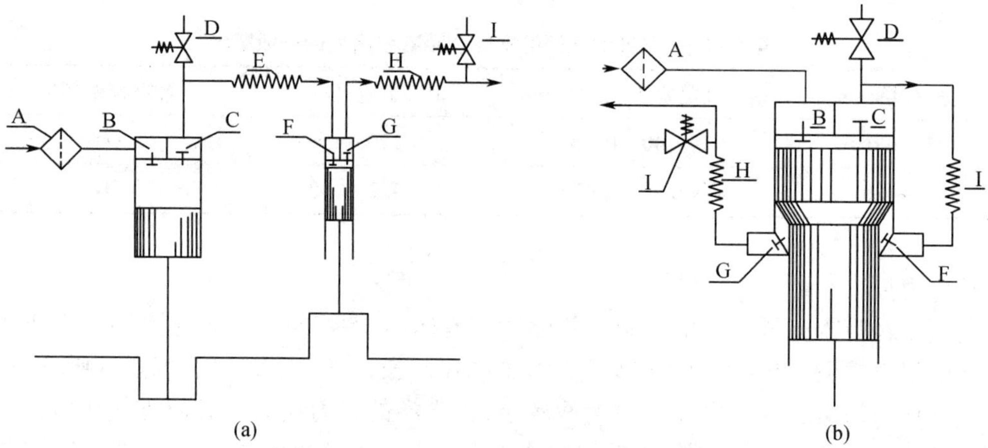

图 2-1-4　二级压缩活塞式空压机的气流流程图

A—吸入滤器；B—一级吸入阀；C—一级排出阀；D—一级安全阀；E—中间冷却器；F—二级吸入阀；G—二级排出阀；H—后冷却器；I—二级安全阀

采用多级压缩和中间冷却的好处如下：

1. 降低排气温度和改善润滑条件

空压机压缩过程不可能是等温的，排气温度必然随排气压力的升高而升高。当排气压力达一定值时，排气温度就会接近或超过润滑油的闪点使润滑条件恶化，润滑油变质、裂化和结焦，不但加剧了气缸和活塞的磨损，而且还会使吸排气阀发生故障，严重时还可能引起爆炸事故。为了保证空压机安全可靠地工作，一般规定固定式排气温度不超过 160 ℃，移动式排气温度不超过 180 ℃。降低排气温度的最有效措施是采用多级压缩和中间冷却，它既可使每级压缩比不超过 6 ~7，又降低了后一级吸气温度，还改善了气缸的润滑条件。

2. 提高输气系数

由于余隙容积的存在，单级压缩时，随压缩比（或排气压力）的升高，膨胀过程就增长，吸气容积减小，输气系数迅速下降。采用多级压缩，使单级压缩比降低，余隙容积的影响减小，从而使输气系数提高。

3. 节省压缩机耗功

由于采用中间冷却，使实际压缩过程更有效地接近等温过程，因此减少了压缩耗功。由图 2 – 1 – 5 可见，单级改成两级加中冷后，理论上省功为面积 *cbde* 与 *opmn* 之差。多级压缩之所以省功，主要在于中间冷却。理论分析表明，冷却不完善，空气冷却后的温度比原始温度每降低 3 ℃，下一级的压缩耗功约减少 1%。

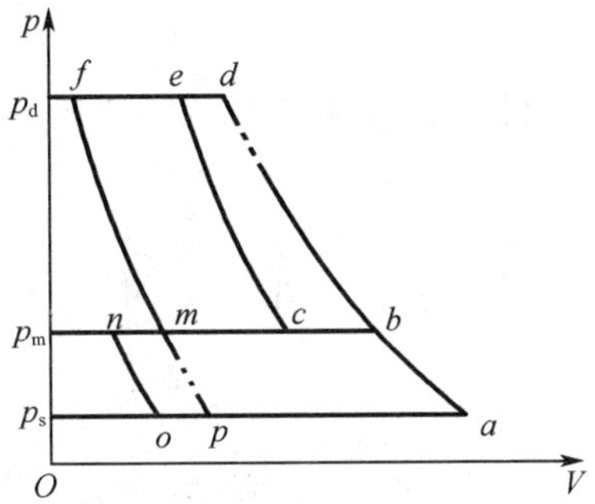

图 2 – 1 – 5　单级与两级压缩理论工作循环

4. 减小活塞上的作用力

采用多级压缩，只有尺寸较小的高压级活塞承受高压，这就减小了有关机件的质量和尺寸。

空压机多级压缩时，理论上各级压缩比按均匀分配原则，级数越多，再加上良好的中间冷却，则压缩机耗功最省。但在商船多级空压机的实际设计时，额定排气压力多为 3 MPa，为使空压机体积小、质量较轻，装置简洁，一般不以省功为主要依据，而以控制排温为主要依据。在排气温度允许的范围内，尽量采用较少的级数。一般商船空压机多为水冷，多用二级（每级压力比最高可达 6 ~7）。风冷可用三级，并且各级的压缩比设计成逐级略降的。这是因为：后级空气密度大，后级冷却比前级相对差些；后级进气温度比前级高，若采用相同压力比，后级的耗功会较大，排气温度会较高；后级的相对余隙容积要大一些，若采用相同的压力比，余隙容积也会较大。

四、空压机的性能参数

1. 排气压力

空压机排气压力由排气管处压力表测出。空压机的排气压力是变化的，铭牌上标出的排气压力指的是额定排气压力。一般来说，空压机宜在低于额定排气压力下运行。运行中，空压机的排气压力不取决于其本身，而是取决于空气瓶的压力和排气管路阻力（两者之和称为排气背压）。空压机排气压力是随排气背压的增大而增大，排气量是随排气背压的增大而减少。

2. 排气量或流量

空压机的理论排气量由下式决定：

$$VT = \pi D^2 \cdot S \cdot n \cdot i/240 \tag{2-1-1}$$

实际排气量可用末级排出空气容积换算成第一级进口状态（压力、温度、湿度等）下的容积值。

3. 排气温度

排气温度指的是各级排气管处或排气阀室内测得的温度，其值低于缸内压缩终了空气的温度。排气温度随压力比的增大而升高。

4. 功率和效率

空压机所消耗的功率，一部分用于压缩空气，另一部分用于克服机械摩擦，前者称为指示功率(P_i)，后者称为摩擦功率，两者之和称为轴功率(P)。一般空压机铭牌上标注的或说明书给出的为轴功率。

第二节 活塞式空气压缩机的结构

图2-2-1和图2-2-2为SAUER WP240型并列式二级空压机实物图和结构图。

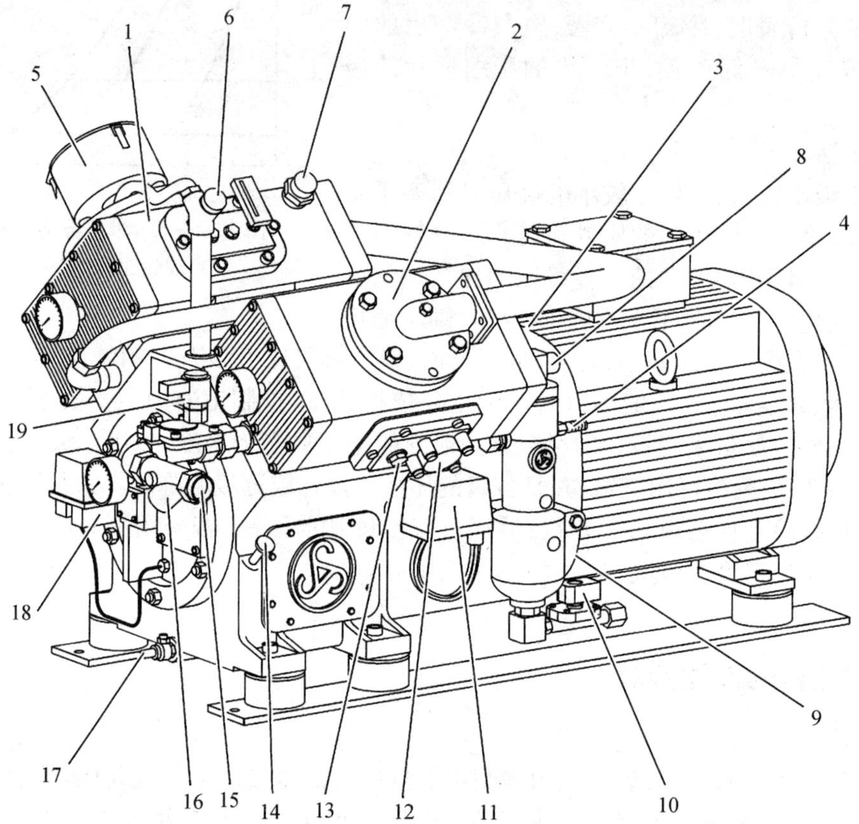

图2-2-1 SAUER WP240型并列式两级空压机实物图

1—第一级气缸；2—第二级气缸；3—第一节安全阀；4—第二级安全阀；5—空气滤清器；6—滑油滤器；7—冷却水出口；8—压缩空气出口；9—第一级放残阀(不可见)；10—第二级放残阀；11—压缩空气温度监测器；12—防爆膜；13—防腐锌块；14—油尺；15—冷却水进口；16—冷却水过滤器；17—放油旋塞；18—油压监测器；19—冷却水止回阀

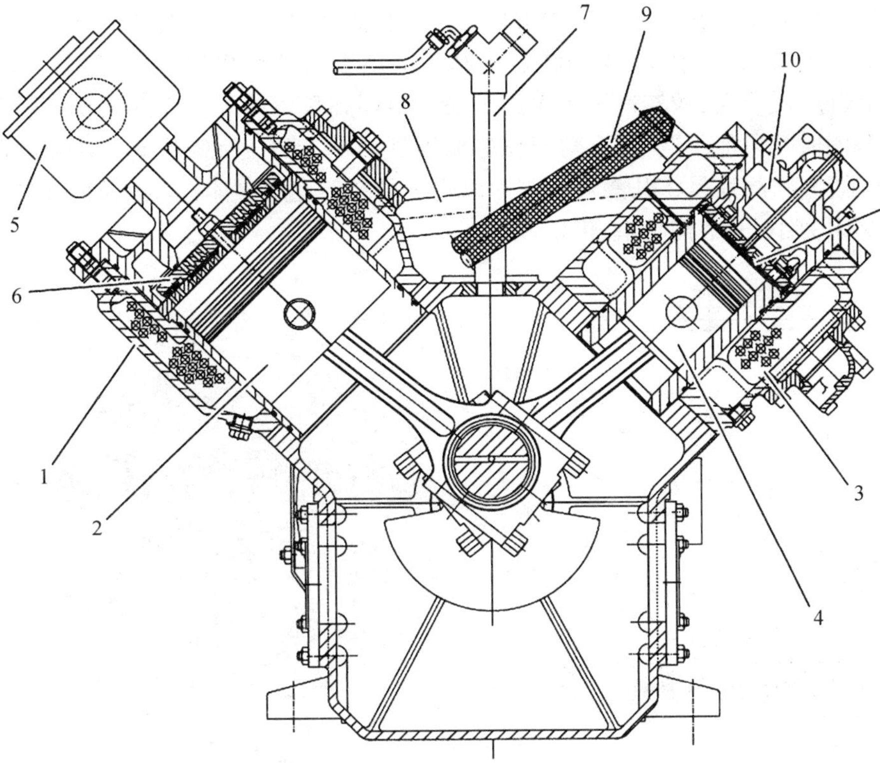

图 2-2-2　SAUER WP240 型空压机结构图

1—第一级气缸组件(带缸头和阀组);2—第一级活塞;3—第二级气缸组件(带缸头和阀组);4—第二级活塞;5—空气滤清器及第一级气阀阀套;6—板阀;7—曲轴箱透气管;8—空气管;9—冷却水管;10—第二级气阀阀套;11—薄片阀

活塞式空压机的基本结构,大致可分为三部分,参见图 2-2-2。

(1)基础部分　机身、曲轴、连杆部件。其作用是传递动力,连接气缸和基础部分。

(2)气缸部分　气缸、气阀、活塞以及装在气缸上的排气量调节等部分。其作用是构成工作容积和防止气体泄漏。

(3)辅助部分　冷却器、气液分离器、滤清器、安全阀、油泵、注油器及管路系统。这些是保证压缩机正常运转的必要条件。

下面重点介绍气阀、安全阀、冷却器、润滑系统、卸载阀、气液分离器的构造。

一、气阀

气阀是压缩机中最重要的易损件,其工作好坏直接影响压缩机的输气系数和效率。气阀的工作寿命是决定压缩机检修周期的主要因素。国标 GB 12928—91 规定,气阀阀片和气阀弹簧的使用寿命应不低于中修期限(1 000 h)。质量差的气阀,其能量损失可达到压缩机轴功率的 20% 以上。

对气阀的要求是:关闭严密、启闭及时、阻力小、寿命长、易于加工及安装维修方便等。空压机转速比往复泵高得多,不可能要求阀片无声工作,只能要求阀片与阀座撞击速度不要太大,以保证较长的工作寿命。此外,还要求气阀通道形成的余隙容积要小。

气阀的结构主要由阀座、阀片、弹簧和升程限制器等组成。图 2－2－3 为低压级气阀，采用环状阀，吸排气阀组装在同一个气阀组件中。环状阀的结构简单，制造方便，流通面积大，且便于顶开吸气阀卸载。环状阀的缺点是阀片运动导向的摩擦阻力大，且阀片为保证足够的刚性而较厚，质量大，故转速不宜太高。采用多环阀片可以加大流通面积，适用较大的流量，然而各圈阀片可能不同步，会对工作造成不良影响。高压级吸排阀采用网状阀，如图 2－2－4 所示，网状阀片是将几圈环状阀片以若干径向条连成一体，这样各环运动能保持一致，导向摩擦阻力小，但结构复杂，价格较高。

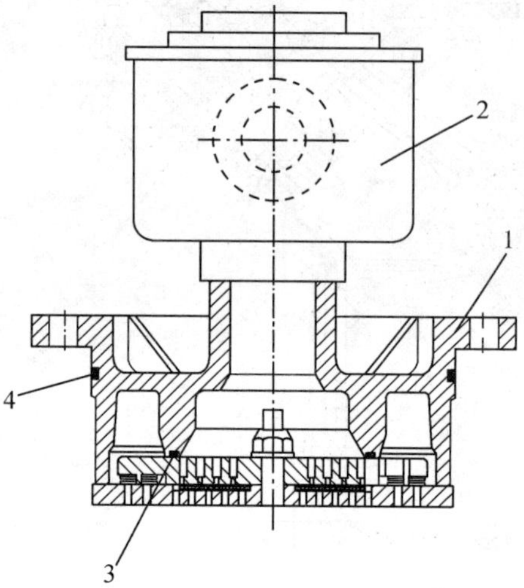

(a)

(b)

图 2－2－3　低压级气阀套及气阀组件

(a)结构图；(b)阀芯实物

1—阀套本体；2—空气滤清器组件；3，4—O 形密封圈

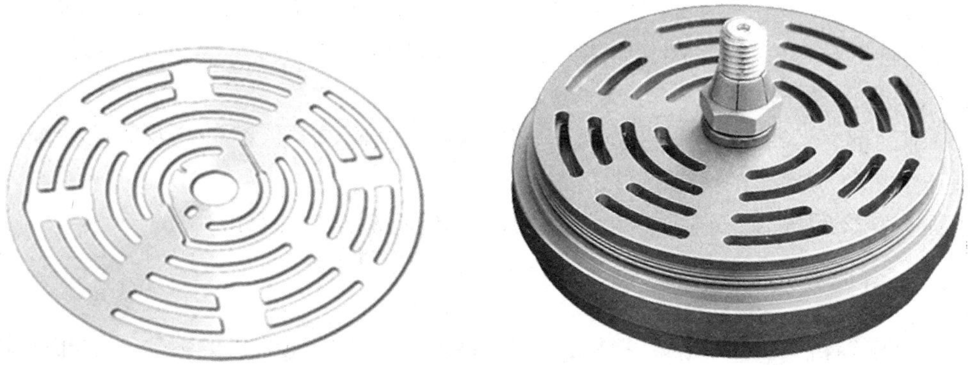

图 2－2－4　网状气阀

气阀弹簧的主要作用是使气阀关闭及时，阀关闭后使阀片与阀座贴合更紧密，缓和阀片与升程限制器的冲击。气阀工作时，弹簧被周期地压缩和伸长，故多用具有较高疲劳强度的高级弹簧钢丝制造。

气阀弹簧软硬应合适。太硬，阀开启迟滞，阻力损失和阀片对阀座的冲击均大；太软，阀关闭不及时，空气回流，排气量降低；更为严重的是，由于阀片延迟落座，活塞回行，此时气流作用力变成与弹簧力的作用方向一致，促使阀片以更大加速度落座，从而引起更大的冲击。应当指出，太软的弹簧对排气阀工作的影响尤甚。所以，一般排气阀的弹簧比吸气阀弹簧硬。

升程限制器用以限制阀片的升程，并兼作阀片的导向和弹簧承座。阀片的升程对气阀的工作影响很大，一般为 2 ~ 4 mm，转速高及工作压力大的空压机，气阀的升程相应较小。升程过大，阀关闭时的冲击大，且关闭延迟；升程过小，气流流经气阀时的阻力损失大。所以，使用管理中不要随便改变气阀的升程。

二、活塞环

活塞环分为气密环和刮油环，是保证空压机容积效率，防止滑油消耗过大、产生结焦、爆燃的重要部件。并列式空压机，每个活塞都必须装气密环和刮油环。串缸式空压机，上部气缸的活塞只装气密环，下部气缸的活塞需装气密环和刮油环。安装刮油环时，刃口必须朝下。

SAUER WP240 型空压机每运行 8 000 h 或大修时，需要检修活塞环。当第一级活塞气密环和刮油环搭口间隙达到 1.80 mm 时，需要更换活塞环；当第二级活塞气密环搭口间隙达到 0.75 mm 和刮油环搭口间隙达到 0.65 mm 时需要更换。

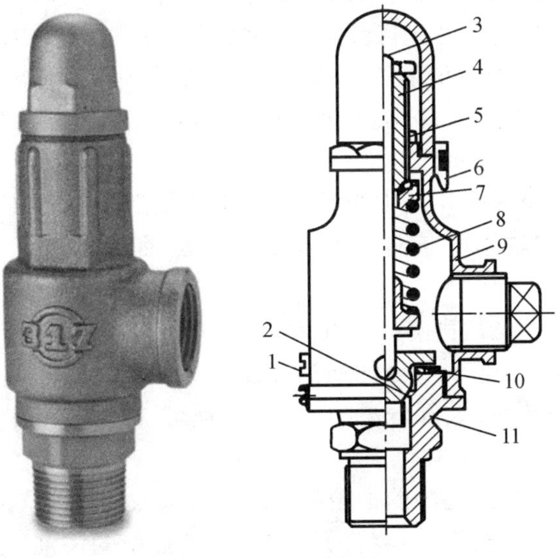

图 2－2－5　安全阀

1—止动螺钉；2—阀盘；3—顶杆；4—调整螺钉；5—锁紧螺母；6—铅封；7—弹簧座；8—弹簧；9—阀体；10—调整环；11—阀座

三、安全阀

为了防止空压机的排气压力超过容许值而发生机损事故，一般空压机各级均设置安全阀。国标规定当排气截止阀关闭后，空压机的排气压力升至额定排气压力的 110% 时，最后一级安全阀开启则排气压力不再上升；级间安全阀的起跳压力不应超过该级额定排气压力的 120%。安全阀开启压力出厂时已调好，并已铅封，只要校验一下即可，不可随意更改。修理后的安全阀，必须进行压力试验，以确保安全。

四、润滑系统

空压机润滑的目的在于减小运动部件相对运动的摩擦阻力，带走部分摩擦热，增强气缸与活塞环的气密性，从而减小机件的磨损和压缩耗功，提高排气量。

空压机通常采用飞溅润滑或压力润滑。压力润滑需设专门的润滑系统，油量可调节，送入润滑部位的滑油经过滤器过滤，杂质较少，润滑效果好；飞溅润滑结构简单，但润滑效果较差。

船用小型空压机多采用飞溅润滑。空压机中润滑油的飞溅，通常是借助于悬挂于曲轴上甩油环或装于连杆大头下端的油勺。气缸和活塞靠飞溅的油和油雾润滑。溅落于箱壁上的一部分油则沿箱壁流下去润滑主轴承。有些连杆大小头上开有导油孔，以便把溅落的油引至大小头轴承。采用甩油环溅油时，甩油环旁的曲臂上往往设有储油槽或圈，借助于离心力的作用和曲轴上的油道，可把溅入并积聚于储油槽（或圈）内的油压入连杆大头轴承；采用油勺溅油时，常利用油勺击油的冲击力和连杆大端的油道，把油压入连杆大头轴承，以确保该轴承的润滑。

采用飞溅润滑的空压机，润滑油量不能调节，曲轴箱的油位应严格控制在油标尺两刻线之间。油位过低，溅油量不足，则会造成润滑不良；油位过高，击溅厉害，飞溅的油太多，不仅耗功增大，油温升高，加速滑油的变质，而且滑油的耗量和压缩空气中的油分均增加。更为严重的是过多的滑油窜入气缸会产生结焦，使气阀、活塞环失灵，排气携油过多还会使气道中积炭过多，产生燃烧和爆炸。

船用新型空压机轴承多采用压力润滑，由曲轴自带滑油泵，油压通常为 0.1 ~ 0.3 MPa，通过曲轴内钻孔润滑主轴承和连杆大小头轴承。滑油系统还设有吸入滤器、压力调节阀等。

一级气缸与活塞之间的润滑有以下几种方式：

（1）滴油杯式　由设在吸气口处的滴油杯以 4 ~ 6 滴/分的速度将滑油滴入，由吸气带入气缸。此方式耗油量较大，大部分滑油以油雾的形式被排气带走，在气液分离器中分离出来。

（2）油雾吸入式　通过一路与曲轴箱相通的细管吸入部分油雾润滑一级气缸。

（3）气缸注油式　用气缸注油器将滑油均匀送到缸壁的注油点，能得到满意的润滑效果，并可减少滑油消耗。

五、冷却系统

船用空压机一般多采用水冷，冷却水可采用海水或淡水。海水腐蚀性强，容易污染冷却水腔，现已较少采用。淡水冷却腐蚀轻，维护管理方便，可自设淡水冷却系统，由空压机自带淡水泵,也可用中央冷却系统。

空压机的冷却主要包括以下几个方面:

(1)级间冷却　主要目的是降低下一级的吸气温度、减少压缩耗功和利于减小下一级气缸的缸径。级间冷却效果越好,降低排气温度和减少功耗的效果越显著,故总是让冷却水(或风)最先通过级间冷却器。

(2)压后冷却　主要目的是缩小压缩空气的容积,减轻其在空气瓶中因冷却而造成的气压降低程度,提高储气瓶的储气量;并使排气中的油和水蒸气冷凝而便于通过气液分离器把油和水从压缩空气中分离出来,从而提高压缩空气的质量。

(3)气缸冷却　主要目的在于移出压缩过程中空气传给缸壁及摩擦产生的热量,使压缩过程趋于等温,以利于减少压缩功;同时降低排气温度及避免滑油温度过高,改善气缸的润滑条件。气缸和缸盖都需要冷却,但过度冷却会使缸壁温度过低,湿空气会在缸壁结露,可能造成水击。通常气缸冷却水温不宜低于 30 ℃,多串联于级间冷却器和后冷却器之后。

(4)滑油冷却　使滑油保持良好的润滑和气密作用,又有助于带走摩擦面产生的热量,并能减缓油氧化变质的速度。

六、气液分离器

空压机气缸中排出的压缩空气含有油和水蒸气,经冷却后就会凝结成液滴。油滴和水滴若随空气进入下一级气缸,就会黏附在气阀上,使气阀工作失常,寿命缩短;水滴黏附于缸壁上,会使润滑恶化;管路中油滴的大量积聚,则有引起爆炸的危险。若冷却后的压缩空气直接充入储气瓶,则会降低压缩空气的品质。为此,各级冷却器之后一般都设气液分离器,以分离压缩空气中的油和水。

分离器和冷却器都设有自动和手动泄放阀,工作中应定时开启,以排放分离出来的油和水。

第三节　空压机的自动控制和管理

一、空压机的自动控制

船舶上,主空压机一般配有 2 ~ 3 台。平时只有一台处在自动控制状态,它根据气瓶压力,自动启停向气瓶供气,以维持气瓶压力在 2.5 ~ 3.0 MPa。但船舶进出港口、通过狭窄水道等机动航行时,船长下达备车指令,这时需要考虑电网负荷状况,有可能在增开发电机机组后,将所有主空压机转换至自动控制状态,以便在主机频繁启停时,及时快速地向气瓶补气。

船舶空压机现大多采用自动控制,只有在应急和检修试车时才用手动控制。全自动的空压机应满足以下基本要求:

1. 自动启动和停机

对用电动机作动力源的空压机来说,利用装在空气瓶上的压力继电器即可实现自动启停,如图 2 - 3 - 1 所示。当储气瓶压力达上限值时,继电器触头跳开,使空压机停转;当气瓶压力降至下限值时,继电器触头闭合,电路接通,使空压机转向气瓶充气。每台空压机各由一个压力继电器控制,其接通和切断值都相差一定值。例如一台空压机 2.45 MPa 启动,

2.94 MPa停车;另一台空压机则 2.35 MPa 启动,2.84 MPa 停车。当前者单独工作不足以维持气瓶压力,气压降至2.35 MPa时,另一台空压机启动加入工作。在船上,一般应定期(如每月)将压力继电器与其所控制的空压机的主、次关系转换,以保证两台空压机的工作负荷和寿命基本一致。

图 2-3-1　压力继电器

2. 自动卸载和泄放

停车时及停车后,打开各级冷却器泄放管路的泄放电磁阀。启动时将各级冷却器的泄放电磁阀延迟关闭,同时用卸载电磁阀控制压缩空气使第一级吸气阀常开,从而实现卸载启动。如图 2-3-2 中的泄放电磁阀 8 就是为了实现这一功能。运行中泄放电磁阀通常还能定时(例如每 15 min)开启一小段时间(例如 15 s),泄放从空气中分离出来的油和水。同时,电动机启动时线路按星形—三角形转换,可使启动电流减小 2/3,能减轻对电站的负荷冲击。

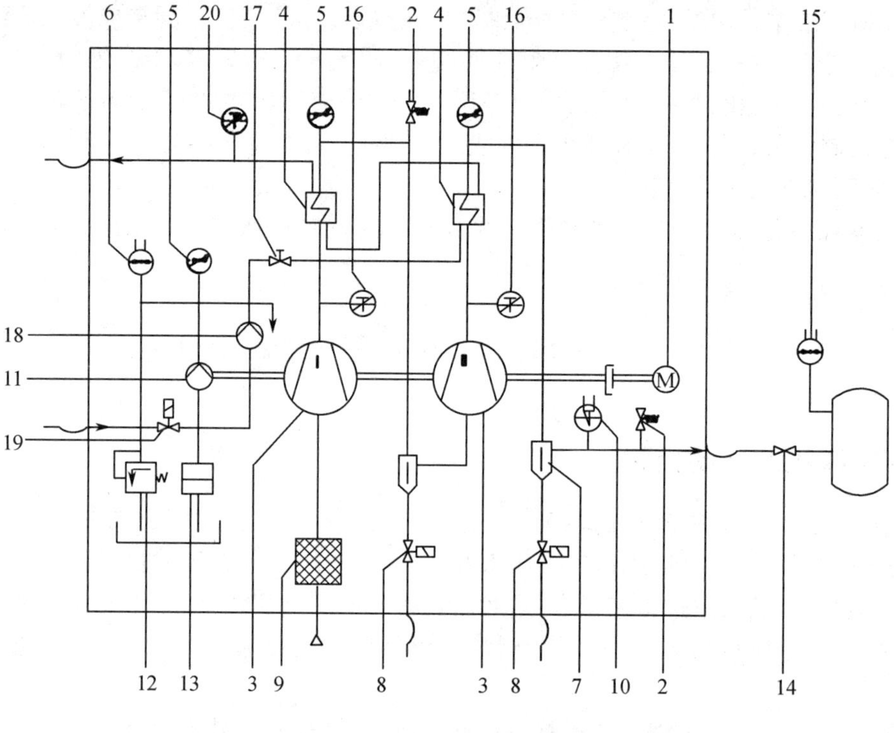

图 2-3-2　SAUER WP240 型空压机系统图

1—电机;2—安全阀;3—压缩机;4—中间冷却器和后冷却器;5—压力表;6—滑油压力继电器;7—气液分离器;8—电磁阀;9—空气滤清器;10—温度继电器;11—滑油泵;12—超压保护阀;13—滑油滤器;14—止回阀;15—空气瓶压力继电器;16—温度表;17—截止阀;18—冷却水泵(可选);19—冷却水控制阀;20—冷却水温度表

3. 自动保护和报警

通常设有下列自动保护，其中有的有显示故障的报警指示灯。

(1)滑油低压保护

压力润滑的空压机当滑油压力低于调定值时，油压继电器即断电停机。由于启动时滑油泵建立油压需一定时间，故设有时间继电器使低油压保护延时动作。

(2)排气高温保护

国标规定空压机后冷却器出口应备有小型易熔塞，或设报警装置，当空气温度超过设定值时应发出报警(应急空压机除外)。有的机型以冷却水高温保护来代替排气高温保护，当冷却水温超过设定值时，温度继电器动作使压缩机停机。

(3)电机过载保护

常用热继电器实现，同时还兼有电源缺相保护作用。

(4)过电流保护

常用空气开关或过电流继电器实现。

4. 冷却水自动供给与停止

在冷却水供水管路上设电磁阀与压缩机启、停同步接通和切断。也可在供水管路上设气动薄膜阀，启动后靠第一级排气使之开启，停车时排气泄放，则气动阀自动关闭切断供水，还可利用排气压力升高时对阀开度做比例调节。

5. 滴油润滑自动供给与停止

当低压缸吸气管设有滴油润滑时，可设供油电磁阀和压缩机同步启、停。

二、活塞式空压机检修与保养要点

国标规定空压机的气缸、气缸盖、冷却器、液气分离器等的气腔和活塞等承受气压的部件应以等于1.5倍的额定工作压力进行水压试验；冷却水系统的水压试验压力为0.5 MPa，各种水压试验应历时30 min，不许渗漏。空压机中修期(1 000 h)内，主要零件不应发生影响正常运转的损坏或损伤，各主要间隙值不应超过允许的极限值。

空压机的管理应注意以下几方面：

1. 转向与连接

检修时应注意电动机接线不要接错，否则，对于兼作风扇的飞轮，将改变风向，因此飞轮方向也不能装反；对于强力润滑系统，油泵供油方向将相反。泵和电动机应保持良好对中，联轴器不同心度应在0.1 mm以内。

2. 重要部件

气阀、活塞环、大端轴承、中间冷却器是空压机的重要部件。

(1)气阀

视阀片的磨损情况决定是否研磨或更换阀片。研磨要领：研磨砂应先粗后细，研磨手法应用8字形。

吸排阀弹簧不要换错或漏装。自由状态弹簧高度允许误差为 $+2.0 \sim -0.5$(高度 $\leq$ 20 mm)、$+2.5 \sim -0.5$(高度为21 ~ 40 mm)、$+3 \sim -1.0$(高度为41 ~ 70 mm)。连压三次弹簧至各圈互相接触，其自由高度残余变形应 $<0.5\%$，不合格者换新。

气阀研磨修复组装后，应用煤油试漏，滴漏不得超过20 min。

固定螺栓与螺母之间应穿上开口销，以免由于振动而使螺母松出使气阀不能正常工作,甚至使气阀零件掉入气缸,造成重大事故。

气阀装入阀室前,应用螺丝刀拨动阀片,检查阀片是否在导向面内滑动,有无卡阻现象。吸、排阀不可互相装错。检查阀片升程,应符合说明书要求。

应保证气阀室与阀座的接触面清洁、平整,它们之间有垫片的不要遗漏,以保证气阀的气密性,紫铜垫圈在安装前应加热退火。无垫片者,不要加装垫片,以免增大余隙容积。

气阀装入阀室后,气阀的定位螺栓或螺套应旋到位,然后用锁紧螺母拧紧,以保证气阀工作时不会在阀室内跳动。

(2)活塞环

安装活塞环时,气密环和刮油环的搭口应互相错开,一般互成120°。对于有倒角的刮油环,有刮油刃口的一面应朝下安装。各运动件的摩擦面都应抹一些润滑油。

拆装小直径的高压缸的活塞环时,应特别小心,不能采用一般拆装活塞环的方法。一般采用3~4 mm宽的白铁皮(或铜片)3~4片,一片一片地从搭口处套入环内,并慢慢移动,使白铁皮沿活塞的外圆柱面均匀分布,这样就可以把活塞环一道一道地拆出,而不易折断。安装时,可先把活塞环轻轻地装入第一道环槽内,然后按拆时的方法把活塞环装在相应的环槽内。

(3)连杆大端轴承

拆连杆大端轴承盖时,应注意其上的垫片不要失落,两边的垫片也不要弄混。连杆装好后,用螺丝刀拨动大头,其轴向位移不超过1 mm,即认为松紧合适。

(4)中间冷却器

中间冷却器对于空气压缩机正常高效地工作非常重要,但中间冷却器常会被海水中的泥沙、海生物堵塞,故须定期清通。它也会因腐蚀而漏泄,故在清通时须检漏。清通时要用专用通条,否则会损伤冷却铜管;清通并冲洗干净后,要检漏,对破漏要及时修复;对防腐锌块要检查清洁,对小于原始体积1/3的要换新。安装时密封面上的密封槽要清洁,密封面要涂油脂后放垫片。

3. 重要间隙

检查各配合间隙。气缸余隙和轴承间隙是空压机最重要的间隙。用压铅法测量气缸余隙容积时,铅丝应放在避开气阀的位置,铅丝直径以略大于余隙为佳,一般为标准余隙的1.5倍。气缸上下端面垫片厚度会影响余隙,因此必须采用符合说明书要求的垫片,最好用厂供备件。

检查泵轴与轴承的间隙。轴与轴承的径向间隙一般为0.03~0.08 mm,间隙超过磨损极限时,应换新。

检修装复后,用手转动飞轮一周,应转动灵活,既无卡阻也不松动。手动盘车时应特别注意安全,避免船上手指被三角皮带压断的事故发生。盘动皮带盘的正确手法是:手在大皮带轮的外侧。严禁手抓皮带盘车。传动皮带的松紧度应合适。一般用手或直尺压在皮带中间,皮带的下沉量为10~15 mm较为合适。最后,千万不要忘记加油,曲轴箱内的油位应严格保持在油尺的两刻线间。

4. 润滑油的选择和更换

空压机润滑油必须选择专用的空压机油,其主要要求如下:

(1)有适当高的闪点。国标规定闪点应比气缸内的最高压缩温度高20 ℃以上。空压机油闪点并非越高越安全,一般以高于压缩终了气温20~40 ℃为宜。因为油的闪点越高其碳氢化合物的分子链也越长,热稳定性能越差,容易产生积炭。积炭会加剧运动件磨损,影响活塞环和气阀的密封性能,甚至造成活塞拉缸、气道中炭沉积物自燃等严重大事故。

(2)高温下应保持适当的黏度。足够的黏度才能保证足够的承载强度和密闭性能,但黏度太高不仅摩擦功增加,而且积炭会更多。

(3)有良好的抗氧化积炭能力。空压机中空气温度高,氧气压力大,并有冷凝水和铜管起催化作用,润滑油比在大气中更容易氧化变质,导致积炭。故要求空压机油有良好的抗氧化能力,在高温下积炭倾向小,生成的积炭松软易脱落。

(4)有良好的抗乳化性。空压机工作期间及停转后,气缸及曲轴箱内易凝结水分,如果油发生乳化,会降低润滑能力,且在金属表面失去油膜容易生锈。

根据国标 GB 12691—90,国产空压机油有 L－PDA(适于低压)和 L－PDB(适于中压)两种。按 40 ℃ 时运动黏度分为 N32,N46,N68,N100,N150 五个等级,相应闪点是 175 ℃,185 ℃,195 ℃,205 ℃,215 ℃,倾点一般≯－9 ℃(N150 应≯－3 ℃)。

应定期检查曲轴箱内的滑油,当发现脏污变质时,应予全部更换。

5. 防火与防爆

压缩机着火爆炸的原因是油在高温下分解形成的积炭沉淀物发生自燃。油渗入积炭、铁锈就会滞留在排气通道中。若排气温度高到一定程度,吸收了油的积炭沉淀物,氧化加剧,而氧化是放热反应,促使油积炭沉淀物的局部温度进一步升高,就可能发生自燃。自燃并不一定要空气温度达到油的闪点,有时可能气温在 180～200 ℃或更低时发生。自燃加剧了油的蒸发,空气中油的浓度达一定程度就可能爆炸。

防止着火与爆炸的措施是:

(1)选用抗氧化安定性好、黏度和闪点适当的滑油。

(2)防止排气温度过高,压缩机必须保证工作温度低于滑油闪点 20 ℃ 以上。

(3)完全避免油的氧化和分解是不可能的,因此,应及时清除气道中的积油积炭。积炭厚度不超过 3 mm 是安全的。

(4)消除其他触发自燃的因素。例如:压缩机应接地,避免静电积聚引起电火花;不允许运动部件异常摩擦和咬死;不允许容器和管道零部件松动产生撞击;不应采用可燃性密封材料;不允许气阀严重漏气;不允许活塞环严重漏气导致曲轴箱高温,这时若箱内运动部件局部过热,可能引起曲轴箱爆炸。

(5)防止空气中油分达到爆炸浓度。为此,压缩机空转的时间不可过长,因为这时油气集聚浓度增长较快。

空压机的保养工作关系到船舶营运的可靠性。如果对空压机缺乏保养,主空压机不能保持较高的输气效率,船舶在机动航行频繁启停主机时,空气瓶气压不能维持在较高数值,导致主机启动失败,影响船舶操纵性能,在狭窄水道和进出港时,容易发生船舶碰撞搁浅等海难事故。此外,对应急空压机,如果存在缺乏保养、无法启动或输气失常,会造成无法通过 PSCO(港口国检查官)的检查,而导致船舶滞留。

为保持空压机的良好性能,应从"密封"和"冷却"两个方面加以重视。

密封:做好进排气阀的保养工作,特别是高压级进排气阀必须定期拆检。有的型号,进排气阀的压盖衬套长度不一样,安装时要注意区分,否则会引起压盖损坏和紫铜垫片碎裂。低压级进排气阀拆检周期相对长一些,螺钉不能硬拆,如用除碳剂浸泡,应注意化学剂使用安全,如发生化学剂飞溅入眼,应迅速用淡水冲洗。也要充分考虑缸内密封情况,必要时更换活塞。

“冷却”:空压机机体内的冷却器(包括中间冷却器)对空压机运行性能影响也较大,须要及时清洗,如因漏泄孔道堵塞较多时,应及时更换。

只有在保证活塞缸套密封和冷却器冷却效果良好前提下,才能保证空压机良好的运行性能;否则,只能是被动修理,劳民伤财。

复习思考题

1. 活塞式空压机余隙容积的作用是什么?
2. 空气压缩机采用多级压缩中间冷却有何意义?
3. 空气压缩机的多级压缩对压缩过程有何影响?
4. 何谓空压机的“级差式活塞”,有何应用意义?
5. 活塞式空压机的冷却有哪些,各有何功用?
6. 活塞式空压机反转能否吸排气体?
7. 活塞式空压机实际流量小于理论流量的主要原因是什么?
8. 影响空压机排气量的因素有哪些?
9. 怎样判断空压机高低压之间的漏泄?
10. 空压机的排气温度过高的原因有哪些?
11. 对级间安全阀和排气安全阀的启阀压力有何要求?
12. 如何区分吸、排气阀? 如何进行气阀研磨与检查?
13. 试述影响输气系数的因素。
14. 应急空压机的作用是什么?
15. 如何测量和调整空压机余隙容积高度?
16. 试述空压机排气压力和排气背压及它们对空压机效率的影响。
17. 活塞式空压机由哪些部分组成?
18. 活塞式空压机气阀的基本要求是什么?
19. 船用活塞式空压机的冷却主要包括哪几个方面?
20. 空压机的运行管理应注意哪几个方面?

第三章　船用海水淡化装置

船舶在大海中航行，每天须要消耗大量淡水。远洋船舶的航线长，若淡水完全靠携带，势必要减少船舶的装载能力。因此，远洋船舶一般都设有海水淡化装置（俗称造水机），以提高船舶续航能力，增加货运量，满足船舶航行中的多变性。

对海水淡化装置主要有以下要求：

（1）要满足船舶的日耗水量。船舶对淡水的需要量是：生活用淡水每人每天 150 ~ 250 L，动力装置用水以主机功率计，船舶动力装置耗淡水每天 0.2 ~ 0.3 L/kW，汽轮机船每天需 0.5 ~ 1.4 L/kW；辅锅炉的补水量可按蒸发量的 1% ~ 5% 计，中、高压锅炉按蒸发量的 1% ~ 3% 计。对 7 500 kW 左右的柴油机货船，造水机的容量大多为 20 ~ 25 t/d。机舱设备采用中央淡水冷却系统，厕所采用淡水冲洗的船淡水消耗较多，造水机的容量要大一些。

（2）淡水质量要满足锅炉用水的要求。根据用途不同，船舶对淡水质量的要求也不同，其中对锅炉补给水含盐量要求最为严格，故船舶海水淡化装置对所造淡水含盐量的要求一般都以锅炉补给水标准为依据。我国船用锅炉给水标准规定补给蒸馏水的含盐量应 < 10 mg/L（NaCL）。饮用水要求清洁无菌，无异味，无有害物质，含盐量不大于 500 ~ 1 000 mg/L（CL^-），并可加入一些矿物质。洗漱水必须清洁无污染，无恶臭，含盐量不大于 750 mg/L（Cl^-），硬度不大于 7 mg 当量/升。

（3）要利用余热，节能增效。现在的海水淡化方法主要有蒸馏法、电渗析法、反渗析法和冷冻法，除某些缺少热能的作业船和潜艇采用电渗析海水淡化装置外，一般船舶几乎都采用能够利用冷却水余热的真空蒸馏式海水淡化装置。

（4）装置的自重要轻，工作可靠性高，便于维护管理。

第一节　船用海水淡化装置

一、真空蒸馏海水淡化装置工作原理

蒸馏法淡化海水，是利用盐分几乎不溶于低压水蒸气的特性，使海水受热汽化，然后将海水产生的水蒸气冷凝获得含盐量很少的淡水，即蒸馏水。所以海水淡化装置又称为蒸馏装置。

船用海水蒸馏装置一般都采用真空式，其目的是便于利用温度不太高的柴油机缸套冷却水作热源，提高经济性。例如当真空度为 93% 时，对应的海水沸点为 38.6 ℃，而一般柴油机缸套冷却水为 60 ~ 65 ℃，足够用作真空式蒸馏装置的热源。第二是保持较低的加热温度能使蒸发器换热面上结垢明显减少，便于清洗。第三是有利于蒸汽净化，提高淡水品质。装置真空度越高，蒸汽密度越小，蒸汽与水滴的密度差越大，越有利于水滴的分离。

如图 3 - 1 - 1 所示为板式造水机的工作原理图。工作时，造水机壳体内保持较高的真空度，海水从海水进口 4 首先进入冷凝器 9，在吸收热量后一部分经海水出口 5 排出，先作为喷射泵（图中未示出）的工作水，然后排出舷外；一部分进入蒸发器 10，海水受加热工质缸

套水的加热而沸腾汽化，所产的水蒸气 7 经汽水分离器 8 进入冷凝器 9 与冷却海水相间隔的空间被持续冷凝成淡水，经淡水出口排往淡水舱柜。水蒸气中含有的细小水珠被汽水分离器分离聚集后形成大水滴，落到造水机下部与盐水混合，从盐水出口 11 处排出。

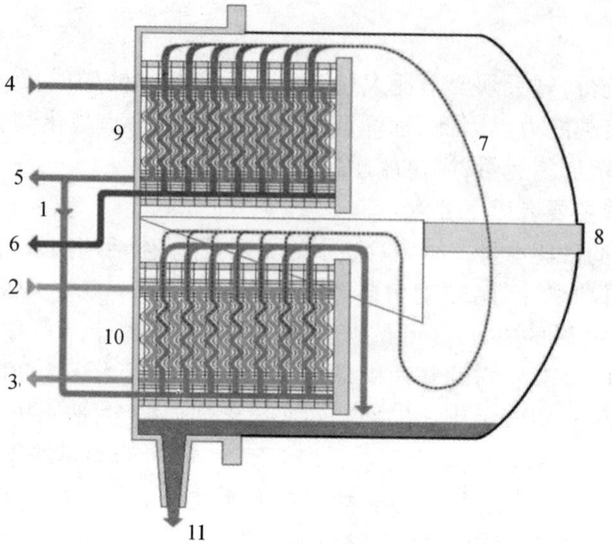

图 3－1－1　板式换热器真空沸腾式海水淡化装置原理

1—海水(给水)；2—加热工质进口；3—加热工质出口；4—冷却海水进口；5—冷却海水出口；6—淡水出口；7—水蒸气；8—汽水分离器；9—冷凝器；10—蒸发器；11—盐水出口

二、船用真空蒸馏式海水淡化装置

目前，船舶真空蒸馏式海水淡化装置主要有管式换热器和板式换热器两种。由于板式换热器优于管式换热器，故在老旧船上采用管式的多，在新造船上大多数采用板式换热器真空蒸馏式海水淡化装置(简称板式造水机)。如图 3－1－2 和图 3－1－3 所示为板式造水机本体结构和剖面结构。真空蒸馏式海水淡化装置的本体，也称为蒸馏器。壳体由左右两部分构成，左侧青铜材质的壳体带有各工作系统和附件接口，右侧为不锈钢材料制作的半球面壳体，二者之间设有橡胶垫片，并用螺栓紧固在一起。本体内部被水平隔板分隔成上下两个空间，两个空间分别设有板式换热器的冷凝器和蒸发器。为了使盐水和水蒸气能够从蒸发器的上方流出，在蒸发器换热板海水一侧的上部不设密封垫。换热板上的载荷，由板上的许多相间的金属触点来支承。最下方为盐水空间，盐水水位附近设有观察镜。盐水空间上方为蒸发器，蒸发器上方是隔板，隔板上方为冷凝器。蒸发器和冷凝器均为钛合金板式换热器。隔板右侧与不锈钢壳体之间设置有汽水分离器。汽水分离器由不锈钢丝填充而成，透气阻水。

图 3－1－4 所示为采用板式换热器的真空蒸馏式海水淡化装置系统图。装置的系统由海水子系统、加热子系统、抽真空和排盐子系统、淡水子系统、海水投药子系统和盐度控制子系统等 6 个子系统组成。

图3-1-2　板式换热器真空沸腾式海水淡化装置正面图

(a)外观及管系;(b)内部构造

1—加热工质进口;2—加热工质出口;3—淡水出口;4—盐水出口;5—给水进口

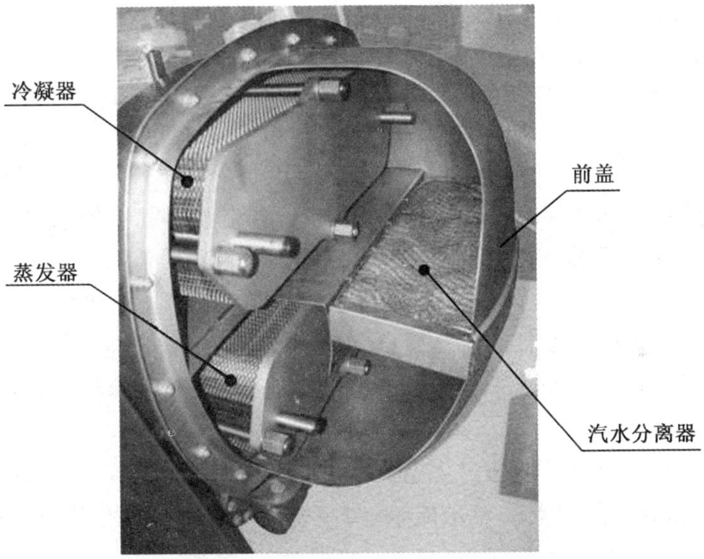

图3-1-3　板式换热器造水机内部结构

1. 海水系统

如图3-1-4所示,海水泵18提供的海水首先进入冷凝器31冷却与海水相间隔的水蒸气,海水流经冷凝器31后分为两路。一路经弹簧加载阀24和节流孔板25后进入蒸发器29,海水吸热后沸腾,部分水转变为水蒸气,剩下的海水盐度升高称为盐水;另一路供给到喷射泵21作为其工作水,引射盐水和不凝性气体后一起排至舷外。

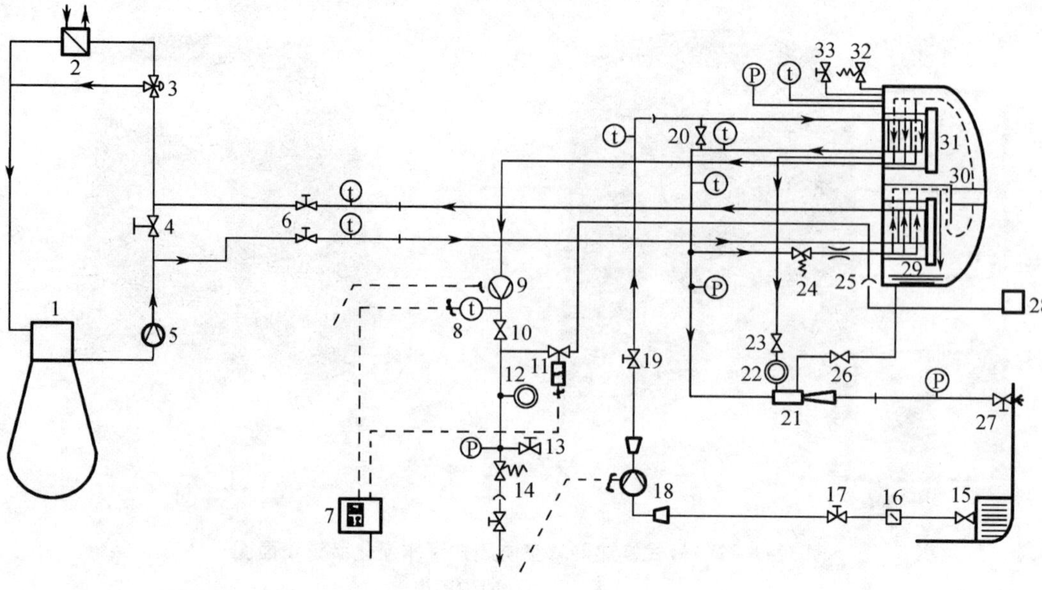

图 3－1－4　采用板式换热器的真空沸腾式海水淡化装置工作系统图

1—主柴油机;2—缸体水冷却器;3—缸套水调节阀;4—加热水旁通阀;5—主机缸套水泵;6—加热水进出阀;7—盐度计;8—盐度传感器;9—凝水泵;10,23,26—止回阀;11—回流电磁阀;12—流量计;13—凝水泄放阀;14,24—弹簧加载阀;15—海底门;16—造水机海水泵吸入滤器;17—海水泵进口阀;18—造水机海水泵;19—海水泵出口阀;20—冷却海水旁通阀;21—喷射泵;22—观察镜;25—节流孔板;27—出海阀;28—加药柜;29—蒸发器;30—汽水分离器;31—冷凝器;32—安全阀;33—真空破坏阀

2. 加热系统

通过调节加热水旁通阀 4,可人工调节主机缸套水流经蒸发器的水量,缸套水流经蒸发器的过程中对海水放热降温,然后到达三通温控阀 3。由三通温控阀 3 控制主机缸套水流经缸套水冷却器 2 的流量。正常航行时,如海水淡化装置停用,加热水旁通阀 4 全开,主机水不进入海水淡化装置的蒸发器。如要运行海水淡化装置,则先将加热水进出阀 6 打开,关小或关闭加热水旁通阀 4。加热水旁通阀 4 的开度越小,进入蒸发器的热水流量越大,产水量越大。

加热水旁通阀 4 只能手动调节进入造水机蒸发器的流量,当主机缸套冷却水温度较高时减小开度,以增加流过蒸发器的热水流量,对主机而言,蒸发器相当于主机冷却水系统的附加冷却器。

目前在柴油机船上,海水淡化装置的加热工质一般都为主机缸套冷却水,只有在主机停车而又须淡化装置工作时,才采用辅锅炉的减压蒸汽来加热。对某些淡水耗量较大的船舶,当其动力装置的余热不足以满足装置的需要时,则可使用低压蒸汽作为补充热源。

3. 抽真空和排盐水系统

喷射泵 21 兼作真空泵和排盐泵,所以设两个吸入口。排盐吸入口将造水机壳体底部的盐水及时排走,防止盐水水位、盐水浓度过高。抽真空吸入口通过冷凝器 31 将造水机壳体内的空气排走。在抽真空管路上设置液流观察镜 22,造水机正常工作期间观察镜 22 内应无液体流动。此外,喷射泵两个吸入口管路上均设置止回阀 23 和 26,以防止喷射泵故障无法产生真空时海水倒灌进入造水机壳体。造水机启动期间,真空度是靠喷射泵抽除壳体内的空气建立的。在工作期间,真空度是靠冷凝器、盐水泵、凝水泵和真空泵共同维持的。冷凝器负责及时地将蒸汽冷凝为淡水,保持内部绝对压力不升高,即真空度稳定;喷射泵负责抽除海水中溢出的不凝性气体以及经壳体等处漏入的空气。

4.淡水系统

淡水系统由凝水泵9、流量计12等组成。凝水泵9将冷凝器31内凝结的淡水排出。凝水泵出口设置盐度传感器8来检测淡水含盐量,该信号送至盐度计7。流量计12用于计量累积淡水体积(m^3)。流量计之后的管路上还设有压力表和凝水泄放阀13等。凝水泄放阀既可用于泄放凝水,也可用于取水样。

5.海水投药系统

为了减轻蒸发器加热表面结垢,延长造水机解体清洗周期,设置海水投药系统。化学药品有两个作用:

(1)使海水中的难溶物质不形成水垢,而形成易于被喷射泵排走的细小松散晶体;

(2)消泡剂成分能消散小气泡,防止海水沸腾过于剧烈,减少淡水含盐量。

通过流量指示计上的调节阀控制化学药品溶液的流量。

6.盐度控制系统

盐度控制系统主要由盐度传感器8、盐度计7和回流电磁阀11组成。盐度传感器8实际上是一对测量水溶液导电性的电极,设在淡水泵的排出管内,利用水的导电率随盐度增大而增大的特性,测出水的电阻值,转换成淡水的含盐量,并由盐度计显示,单位是ppm(mg/L)。可在盐度计上设定盐度的报警值,如果淡水盐度值超标,盐度计就会报警,同时输出信号控制回流电磁阀11开启,淡水返回蒸发器重新沸腾汽化,或人工打开凝水泄放阀13泄放到舱底水舱;如果盐度符合要求,则回流电磁阀关闭,淡水流经流量计后顶开弹簧加载阀14,此时打开截止阀即可将淡水送至造水机淡水舱。

第二节　船用海水淡化装置管理

一、运行中的管理

船舶起航后,当船舶进入定速航行、离岸至少20 n mile以上的开阔清洁海域时,一般须由造水机的主管轮机员启动造水机并调整到正常运行状态,各值班轮机员负责每小时巡检一次,每两小时记录一次运行参数,确认其工作状态正常。当船舶离岸小于20 n mile时或造水机淡水舱已满或备车航行前,应停止造水工作。

1.真空度调节

真空度一般控制在90%~94%,对应的蒸发温度为45~35 ℃。装置的真空度可通过调节冷凝器的冷却水流量来控制。一般冷却海水流量控制在冷却海水温升为5~6 ℃。真空度太低,海水沸点升高,会使结垢加剧,产水量减少;而真空度太高,则沸腾过于剧烈,又会使产水的含盐量增加。

夏季工况冷却水温度较高,冷凝能力不足,可加大冷却水量,但冷却水流量一般不宜超过额定流量的130%,冷却水流经冷凝器的温升一般不宜小于4 ℃,否则冷却水管的冲刷侵蚀会过于严重。不得已时只能适当减少加热量,降低一些产水量,以使真空度维持在允许范围内。

冬季工况冷却水温低，冷凝能力强，可适当减小冷却水量，当产水量达设计值时，真空度仍很高，可稍开真空破坏阀，使真空度降低。

2. 盐水水位调节

装置工作时，盐水水位一般控制在盐水水位计的 1/2 处，过高会使淡水质量变差，过低影响产水量。盐水水位可通过调节给水阀 15 和排盐阀 31 来控制。调节水位时要注意给水倍率。

3. 凝水水位控制

冷凝器凝水水位一般维持在水位计的 1/3 ~ 1/2 处，水位太高，冷凝能力下降，水位过低，泵会抽空。凝水水位取决于冷凝器单位时间的凝水量和凝水泵流量，二者相等水位就稳定。装置运行中若凝水水位不合适，可通过调节凝水泵出口阀开度来调节。

4. 产水量控制

装置的产水量由进入蒸发器的加热量和冷凝器的冷凝量所决定。加热量可通过加热水进出口阀开度来调节，这是控制产水量的主要方式。冷凝量可通过改变冷却水进出口阀开度来调节，两者要保持平衡，加热水进出口温降为 6 ~ 9 ℃。

综上所述，海水淡化蒸馏装置运行中的管理，主要是保持适当的给水量，维持蒸发器水位适合；调节凝水泵流量，维持适当的凝水水位；控制冷却海水流量，维持适当的真空度；控制加热水流量，保持适当的产水量。其中真空度又是管理中的关键，只要真空度稳定，其他参数也就容易稳定。

二、盐度计的使用与调试

盐度计的种类很多，图 3 - 1 - 5 为某常见板式造水机控制面板，以此为例，说明盐度计的使用与调试。

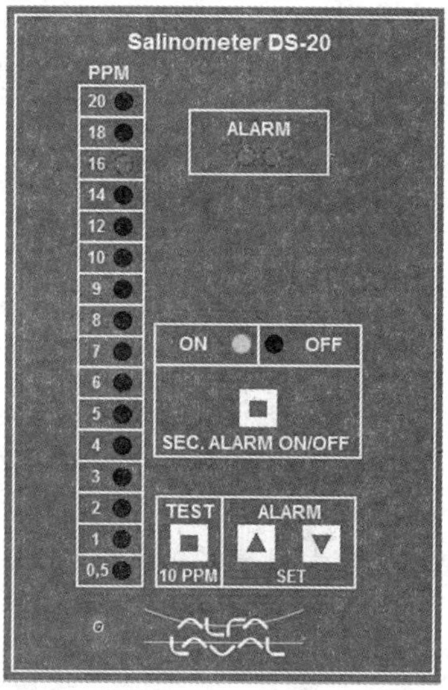

图 3 - 1 - 5　板式造水机控制面板

1. 启用盐度计

使用时，按下造水机控制面板上盐度计接通按钮(ON)，盐度计即投入工作，可直接显示淡水的盐度值。按下报警器按钮，报警器投入工作。当盐度达到设定值时，将发出声光报警，并将使回流电磁阀打开，使超标淡水回流蒸发器，并使淡水出口管路上的弹簧加载阀因启阀压力降低而自动关闭，停止向淡水舱供水。关闭报警开关，即可关闭报警蜂鸣器。不论报警器是否接通电源，都不影响盐度计对回流电磁阀的控制。

2. 确认报警器和电磁阀工作

按下试验按钮，显示 10 ppm(10 mg/L)，报警器发出声光报警，电磁阀动作。再按一次，恢复常态。

3. 清洁盐度计传感器电极

电极的尺度、间距和表面状态，对被测参数都有一定的影响，因此，使用时对电极应定期(约一个月)进行清洁。清洁时，应在热淡水中浸泡，勿用硬物刮刷，防止铂铑镀层受到损伤。

三、给水投药处理

为减轻和防止造水机结垢，除了正确调节参数外，还需利用防垢药剂对给水进行化学处理。某常见的造水机给水投药系统如图 3 –1 –6 所示。

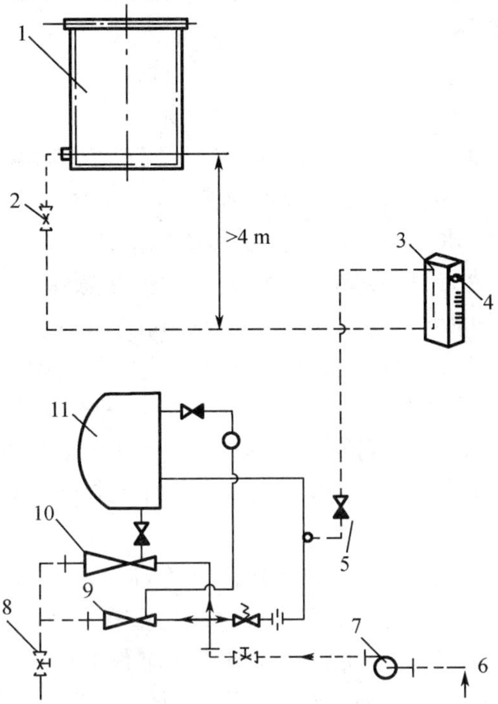

图 3 –1 –6　海水淡化装置给水投药系统简图

1—储液桶；2—药液出口阀；3—流量指示计；4—流量调节阀；5—流量指示计出口阀；6—海水进口；7—造水机海水泵；8—舷外阀；9—真空泵；10—排盐泵；11—蒸馏器

造水机给水投药系统的功能主要是调节并计量给药流量，从而按说明书确定每天投药量连续 24 小时均匀不断地加入给水。每天投药量与每天产水量相匹配，从而避免了像一般锅炉水处理那样向热水井投药造成的药剂浓度波动的问题。

这些药剂大多对眼睛、皮肤有刺激，必须密封储存，操作时应戴手套和护目镜，一旦接触皮肤或溅入眼睛要及时用清水冲洗。

四、漏水检查与预防

检验冷凝器是否漏水，可停用造水机，关闭凝水泵出水阀，继续供给冷凝器冷却水，如果凝水水位逐渐升高，则表明冷凝器漏泄。这一点可短时间关闭通往淡水柜的截止阀，启动凝水泵，检验盐度予以证实。

五、漏气检查与预防

检查装置的密封性可用真空保持法来检查。方法是先将蒸馏器通外界的各阀关闭，然后启用真空泵，直至真空度达到 93% 时停止抽气，如在 1 h 内真空度下降超过 10%，则表明密封不符合要求，必须检查漏点。

通常最易漏气的地方是淡水泵的轴封和有关各阀的阀杆填料箱处。运行中，可采用线香法检漏，持线香沿各接合面慢慢移动，如发现香烟向内移动，即表明该处有漏点。

对填料函的渗漏，可通过调整紧度或更换填料的方法来解决；对固定部件接合处的漏泄，可采用涂布密封或油漆的办法来解决；对漏缝或漏孔，则可先充塞适当的填充物，再在表面涂敷油漆、沥青或环氧树脂。

六、板式换热器的清洁

当使用太久，淡水产量减少时，应及时对换热器进行清洗除垢。可打开壳体，测量并记录换热器拆卸前的厚度，拆下蒸发器或冷凝器的换热板，按序放入足够大的容器内，不可乱放。用专用的化学药剂与淡水按一定的比例混合成的溶液（含抑制剂的酸溶液）浸泡。最里边和最外边的换热板应放好，以免装错。浸泡过的换热板上的水垢很容易清除，用软刷和不高于 50 ℃的温水刷洗即可。刷洗过程中注意防止密封垫片的脱落，若换热板的密封垫片脱落，应该用专用胶黏好。因换热板成对配合使用，所以如果个别换热板损坏而无备件，可以暂时将与其相邻的换热板一起拆除。清洁好换热板后，按原来的顺序装复。盖板上紧不能偏压，应分次、交叉、轮流、对称上紧螺母。上紧后，换热器厚度应符合要求或与拆前厚度一样。若拆除个别换热板，尺寸相应减少。工作 8 000 h 的汽水分离器也须用含抑制剂的酸溶液浸洗。

蒸发器和冷凝器装复后，分别打开加热热水和冷却海水的进出口阀，启动主机缸套水泵和造水机海水泵，检验是否漏泄，确信不漏后再装好前盖。在换热器保养的同时，应检查防腐锌板的腐蚀情况，耗蚀过半应予换新。一般要求工作 2 000 h 至少检查一次蒸馏器底部的防腐锌块。造水机停用后易受海水腐蚀，若计划停用两周以上，则在停用时用淡水将内部清洗干净。

复习思考题

1. 画简图说明真空蒸馏式制淡装置的组成及工作原理。
2. 船舶制淡装置除本体外尚需哪几个工作系统？
3. 试述影响蒸馏装置淡水产量的因素。
4. 试述影响蒸馏装置产水含盐量的因素。
5. 试述影响蒸馏装置加热面结垢的因素。
6. 造水机蒸发器处理剂的作用是什么？
7. 在真空蒸馏式造水装置中，回流电磁阀何时通电打开？
8. 在真空蒸馏式造水装置中，锌块安装在哪些位置？
9. 试述盐度计的维护保养要点。
10. 船舶真空蒸馏式海水淡化装置主要有哪几种形式？
11. 抽真空和排盐水系统的作用是什么？
12. 船用海水淡化装置运行中的管理应注意哪些方面？

第四章　船舶辅助锅炉

锅炉是通过加热锅炉内的水变成水蒸气和热水或加热锅炉内的热油的设备。在以柴油机为主机的船上，锅炉产生的饱和蒸汽用于加热燃油、滑油，以及满足日常生活的需要，或驱动蒸汽辅机。

第一节　船舶辅助锅炉的基本知识

一、锅炉的基本构造

船舶辅助锅炉的构造形式很多，但锅炉最基本最原始的构造是上锅下炉（图 4－1－1）。在生产实践中，勤劳智慧的人民为了增加受热面积、提高换热效果，对锅炉做了种种改进。例如，将炉子的烟道变成管束从锅中穿过，使水的受热面增加，这就产生了烟管锅炉。

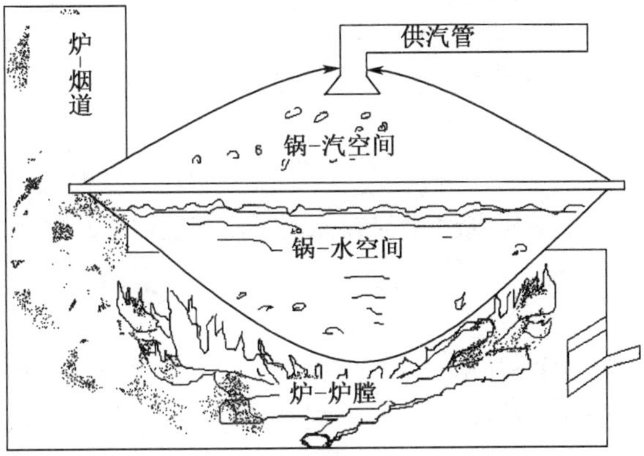

图 4－1－1　锅炉的基本构造

二、锅炉的分类

对于众多的锅炉，按主要结构形式，可分为火管锅炉和水管锅炉两种；按所产蒸汽在船上是否作为推进船舶的动力，可分为主锅炉和辅助锅炉；按所产蒸汽压力高低，可分为高、中高、中、低压锅炉，所对应的蒸汽压力分别为 >6 MPa，4～6 MPa，2～4 MPa，<2 MPa；按水循环方式，可分为自然水循环和强制水循环两种；按加热工质，可分为燃油锅炉和废气锅炉；按被加热工质，可分为蒸汽锅炉（被加热工质为水）和热油锅炉。

三、锅炉的水循环

锅炉的水循环是指水和汽水混合物连续不断地通过蒸发受热面循环流动将热量带走。在火管锅炉中，管内是高温的烟气，管外是大量的水，紧贴受热面的水沸腾汽化上升离开受热面,周围的水及时地补充过来,就这样水不断地受热汽化产生蒸汽。可见火管锅炉中的水循环是紊乱的、无序的和很弱的。在水管锅炉中,管内是数量有限的水,管外是高温的火焰与烟气,如果不设法造成良好的水循环,在管内的水受热变为蒸汽后就迟滞在管中,由于蒸汽的热阻比水大得多,无法及时将热量带走,受热面金属就会因过热而损坏。可见,水管锅炉必须要有良好的水循环。

水管锅炉的水循环可以有两种方式:一种是利用水与汽水混合物的密度差使它们经蒸发受热面循环流动,叫自然循环;另一种是利用泵使水和汽水混合物经受热面循环,叫强制循环。自然循环需要专门的循环泵,设备和管理都比较简单,目前大多数船用锅炉采用自然循环。

四、锅炉主要性能指标

锅炉的主要性能指标有:蒸发量、蒸汽参数、锅炉效率、蒸发受热面积、蒸发率和炉膛容积热负荷等。

1. 蒸发量

蒸发量是指锅炉在设计状态下每小时生产的蒸汽量,用 D 表示,单位是 t/h 或 kg/h。

2. 蒸汽参数

蒸汽参数是指锅炉产生的蒸汽质量。当锅炉供应饱和蒸汽时,蒸汽参数用蒸汽的工作压力表示,单位是 MPa。锅炉一般标注名义工作压力,使用的工作压力范围上限可稍超过它,但不应超过锅炉最大许用工作压力(设计压力)。当锅炉供应过热蒸汽时,还应同时标注蒸汽温度。

3. 锅炉效率

锅炉效率是指锅炉内有效利用热量与投入炉内的燃料完全燃烧时所发出的热量之比,用符号 η 表示。

4. 受热面积

受热面积包括蒸发受热面积(炉水被加热产生饱和蒸汽的受热面积)和附加受热面积(过热器、空气预热器和加热给水的经济器等附加设备的受热面积),单位是 m^2。辅锅炉通常设有上述附加设备,故受热面积即为蒸发受热面积。

5. 蒸发率(产汽率)

蒸发率是指单位蒸发受热面积的蒸发量,单位是 $kg/(m^2 \cdot h)$,用来评价锅炉蒸发受热面和平均传热强度。蒸发率越高,锅炉结构越紧凑。

6. 炉膛容积热负荷

炉膛容积热负荷是指每单位炉膛容积在单位时间内燃料燃烧放出的热量,用符号 q_v 表示。燃油锅炉在燃油耗量和热值一定的条件下,q_v 值越大则炉膛的相对容积越小,燃油在炉膛内燃烧停留时间越短,炉膛内的烟气平均温度也越高。q_v 是影响燃烧质量、锅炉效率、工作可靠性以及锅炉尺寸和质量的一个重要参数。

选择燃油锅炉的依据主要是蒸发量和蒸汽参数;选择废气锅炉的依据则是受热面积和蒸汽工作压力。

第二节　船舶辅助锅炉的基本结构与附件

一、燃油辅助锅炉

锅炉按受热面的特点大致可分为水管锅炉和烟管锅炉两大类。目前船舶辅助锅炉绝大多数采用水作为热载体,但也出现了以矿物油作为热载体的热油锅炉。船舶常用辅锅炉及热油锅炉的结构和性能介绍如下。

1. D形水管锅炉

D形水管锅炉以其本体形状类似英文字母“D”而得名。它结构简单、操纵方便、效率高,且适宜高温高压蒸汽。图4-2-1示出了D形水管锅炉的结构简图。其本体由汽包、水筒、联箱、炉膛、水冷壁、沸水管束、过热器、经济器及空气预热器(位于经济器后面的烟道中,图中未示出)等部件组成。现将其主要部分的结构和功能介绍如下。

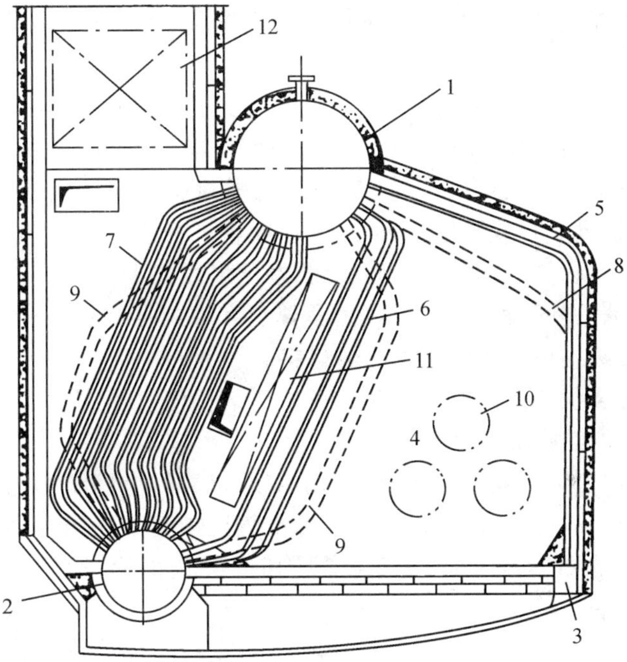

图4-2-1　D形水管锅炉

1—汽包;2—水筒;3—下联箱;4—炉膛;5—水冷壁;6,7—蒸发管束(沸水管束);
8—联箱供水管;9—水筒供水管;10—燃烧器;11—过热器;12—经济器

(1)水和蒸汽空间

汽包和水筒前后横置,前端均有圆形人孔。垂直布置在炉膛四周,以焊接方法连接汽包1、上联箱和水筒2、下联箱3的密集管排称为水冷壁5。水冷壁是锅炉的辐射受热面,吸热约占全部受热面传递热量的1/3,同时还保护炉墙不致过热烧坏。为了防止水冷壁管子中发生汽水分层现象,水冷壁管子水平倾角一般应大于30°,特殊情况下最小不得小于15°。

沸水管也称蒸发管6,7,布置在水冷壁后面的炉膛出口侧,管子两端与汽包和水筒用胀管法固定。它与烟气的换热方式主要是对流。烟气横向冲刷管束，设计上应避免出现烟气冲刷不到的滞流区。前三排的管距应不小于250 mm，以防结渣堵塞烟道。沸水管束受热面积所占比例虽然较大，但平均蒸发率较低，为15～20 kg/(m^2·h)。

汽包、上联箱和水筒、下联箱之间还连有设在炉墙外不受热的供水管9，其中的水比水冷壁和沸水管中的汽水混合物的密度要大，成为水自然循环的下降管。

(2)燃烧和烟气空间

炉膛是燃油燃烧的场所，顶部装有燃烧器，底部和烟气出口侧设置两个泄放孔，用于水洗时泄水。锅炉前部安装两套专门给蒸发管束吹灰的手动操作蒸汽吹灰器。

烟气在炉膛内的理论燃烧温度可达到1 700 ℃左右。水冷壁5的下部分前后排成较疏的管束，烟气从下部离开炉膛后，从隔板分隔的流道扫过蒸发管束。炉膛出口烟气温度不宜太高，以免高于烟气中灰分的熔点温度，会使灰分熔解，黏附在蒸发管束的管壁上形成积渣；同时又不能太低，以免燃烧过程进行得不充分。D形锅炉炉膛出口烟气温度为1 100 ℃左右。烟气在上部离开蒸发管束进入烟道处的温度约为420 ℃。

炉墙是炉膛和高温烟道处的锅炉外壳，要求其能耐高温和抗灰渣侵蚀，并有很好的隔热性能；为了防止外界空气漏入炉膛或烟气漏至炉舱，应保持气密。炉墙由耐火层、隔热层和气密层叠加而成。

与火焰接触的耐火层通常采用耐火砖。隔热层可用硅藻土砖或石棉板做成。在新式锅炉中，只设一层兼有耐火和隔热性能的矿物玻璃纤维成型板，其主要成分为氧化铝和氧化硅，这样不但质量减小，且施工简单。最外面的密封层是薄钢板或镀锌铁板。风口等不规则造型部位可用耐火塑料或异形耐火砖砌成，前者抗灰渣侵蚀能力不及耐火砖。炉底的耐火层受灰渣侵蚀严重，一般均由耐火砖砌成，厚度可以减半。

低温烟道处的锅炉外壳称为炉衣，仅由隔热层和密封层组成。密封层由3 mm厚的薄钢板制成，内设耐热纤维板或矿渣棉的隔热材料。

我国《钢质海船入级规范》规定，炉墙和炉衣外表面温度不应大于60 ℃，以免烫伤工作人员，同时也可避免散热损失过大。

新式的水管锅炉在耐火隔热层外面采用了双层罩壳的炉墙结构，它的两层壳板中间通以去燃烧器助燃的空气。由于风机送来的助燃空气比炉膛烟气压力高，从而消除了烟气漏至炉外的可能，而且在提高助燃空气温度的同时，可减少锅炉散热损失，故隔热层可以减薄。

(3)尾部受热面

在D形水管锅炉烟道的后部，有的在蒸发受热面之后安装有经济器(加热给水)和空气预热器。由于它们能回收锅炉排烟的余热，减少排烟所带走的热量，因而它们能使锅炉效率得以提高。研究表明锅炉效率随着排烟温度的降低而提高。

由于尾部受热面使锅炉装置的尺寸、造价增加，管理工作量(吹灰、防低温腐蚀等)也增加，所以一般只用于蒸发量较大、蒸汽参数较高的大、中型锅炉。

2. 立式直水管锅炉

立式直水管锅炉体积小、产汽快、蒸发率高、锅炉循环水强劲有力、循环效率高、管内炉水积垢细微，除定期检验外，平时无须特别保养与维护。图4-2-2所示为此型锅炉，蒸发量为1.8 t/h，蒸汽压力为0.7 MPa，效率为80%。

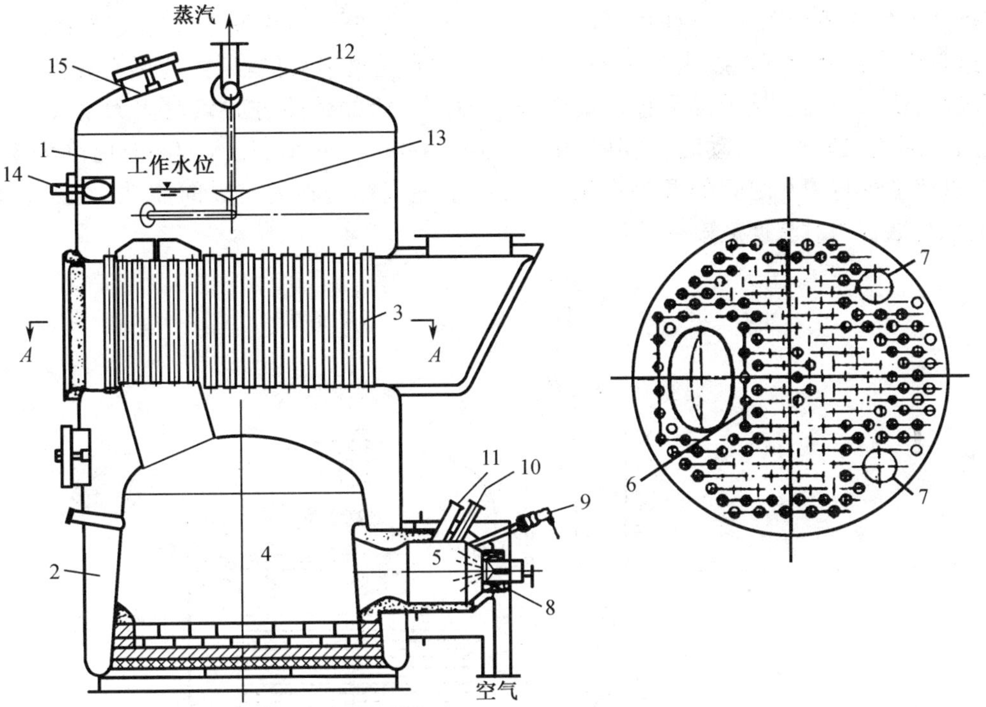

图4-2-2　立式直水管锅炉

1—上锅筒;2—下锅筒;3—直立沸水管束;4—炉膛;5—预燃室;6—挡烟墙;7—下降管;8—喷油调风装置;9—点火器;10—点火喷油器;11—火焰感受器;12—汽水分离器;13—上排污漏斗;14—自动水位调节;15—人孔门

锅炉的整个锅壳分为上、下两个锅筒1,2,中间连接着直立沸水管束3和下降管7,水管中充满炉水,烟气在各管之间横向流过,传热效果较好。炉膛4位于下锅筒中,前方加装一个没有受热面的小容积预燃室5,供入的燃油和空气先在此处混合燃烧,再进入炉膛,使炉膛中的燃烧过程进行得更为完善,整个炉膛的热负荷更趋均匀,不会产生局部过热现象;由于预燃室中工作温度很高,即使在燃用劣质重油或渣油时,也能获得良好的燃烧,并且在低负荷时,也能保证较好的燃烧。此外,水管受热面的外壁上设有清理门,清垢方便。

3.立式横烟管锅炉

图4-2-3所示是一种较典型的立式横烟管锅炉。它的不同型号的蒸发量为1~4.5 t/h,最大工作气压为1.0~1.7 MPa。

锅炉整体结构为一个直立的圆筒形锅壳1,由20 G(20号钢)或15 G(15号钢)卷制焊接而成。为能较好地承受内部蒸汽压力,其顶部和底部均为椭圆形封头2。在锅壳中的下部设有一由钢板压成的球形炉胆3,炉胆顶部靠后有一圆形出烟口4,与上面的方形燃烧室5相通。在燃烧室5与烟箱12之间,设有管板6和7,两管板之间装有数百根水平烟管8。烟管与管板采用扩接或焊接相连。

炉胆和烟管将整个锅壳内部分成两个互相隔绝的空间,其里面是烟气,而外面则充满着水。燃油和空气分别由喷油嘴和鼓风机送入炉膛。油被点着后,在炉胆内燃烧,未燃完的油和烟气经出烟口向上流至燃烧室继续燃烧,然后顺烟管流至烟箱,最后从烟囱排入大气。烟管锅炉中的炉胆、燃烧室和烟管都是蒸发受热面,只是烟管部分虽占锅炉总受热面积的

90%,但其传热效果较差,传热量不到总量的一半,一般蒸发率仅为 25 ~ 40 kg/(m^2 · h),而炉胆和燃烧室仅占整个锅炉受热面的 10% 左右,但其传给炉水的热量却占总吸热量的一半以上。这是因为该处烟气温度为 1 300 ~ 1 400 ℃,炉胆受火焰直接辐射,传热十分强烈,炉壁温度较高,所以是火管锅炉最易损坏的部位。而烟气管的传热方式以对流为主,属于对流受热面。烟气在烟管中流动时,其温度在进口处为 600 ~ 700 ℃,流入烟箱时已降为 300 ℃左右,以致烟气与炉水之间的温差不很大,又由于烟气在烟管内沿纵向流动,流速也小,因此,烟气对烟管的对流换热效果不佳。

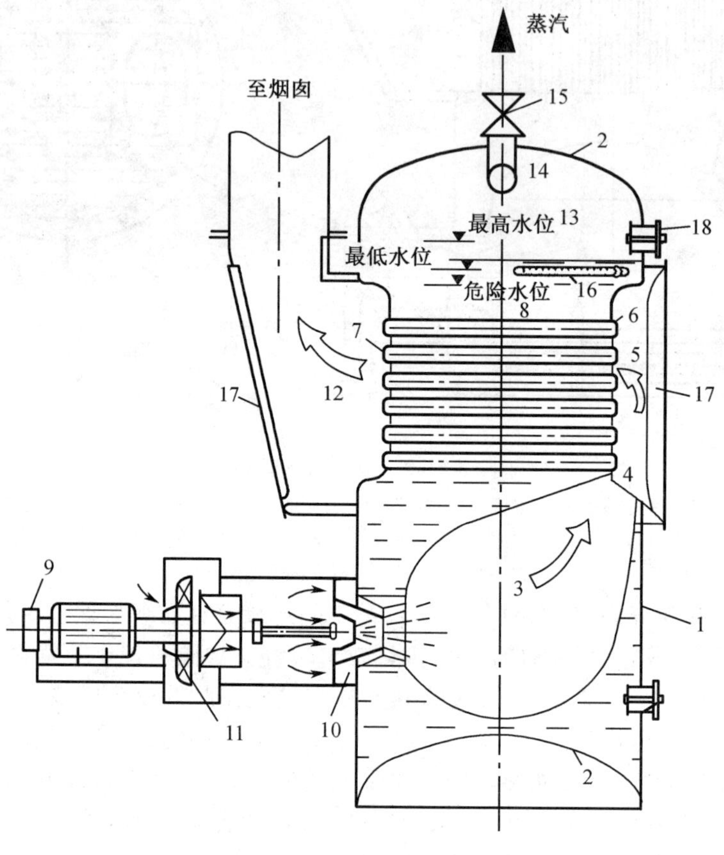

图 4－2－3　立式横烟管锅炉

1—锅壳;2—封头;3—炉胆;4—出烟口;5—燃烧室;6—后管板;7—前管板;8—烟管;
9—电动油泵;10—燃烧器;11—鼓风机;12—烟箱;13—汽空间;14—集汽管;
15—停汽阀;16—内给水管;17—检查门;18—人孔门

锅炉在工作时,锅壳中的水面只须比蒸发受热面高一些即可,在水面上部为汽空间 13。炉水吸热沸腾而汽化,在水中产生大量蒸汽气泡。蒸汽自水面逸出后,聚集在锅壳上部的汽空间中,经顶部的集汽管 14 和停汽阀 15 输出,由蒸汽管道送至各处使用。

由于炉内的水不断蒸发成汽,水量便会减少,致使水位下降。当水位下降至最低工作水位(至少应高出受热面 100 mm 以上)时,调节器发生作用,启动给水泵。当水位上升到最高工作水位时,调节器又发生作用,停止给水泵。

为便于清除锅炉烟管中的烟垢和进行内部维修,除了在燃烧室背后和烟箱前面都有可开启的检查门 17 外，还在锅壳上部设有人孔门 18，在锅壳下部设有手孔门。

4. 针形管锅炉

针形管船用燃油辅锅炉是一种兼有火管和水管锅炉特点的一种新型船用锅炉。其基本构造如图 4－2－4 所示。锅炉的炉膛 4 呈圆筒形，炉膛上面是汽包 2，下部有一个环形联箱 7（水筒），两者间通过围绕在炉膛周围的水冷壁 8 和若干根不受热的下降管 6 连接，形成良好的自然水循环。拱形的炉膛顶部可防止炉水中的杂质存积在汽包底部而引起局部过热。辐射热由炉膛周围的水冷壁吸收，对流换热通过汽包内一圈特殊的针形管 3 实现。

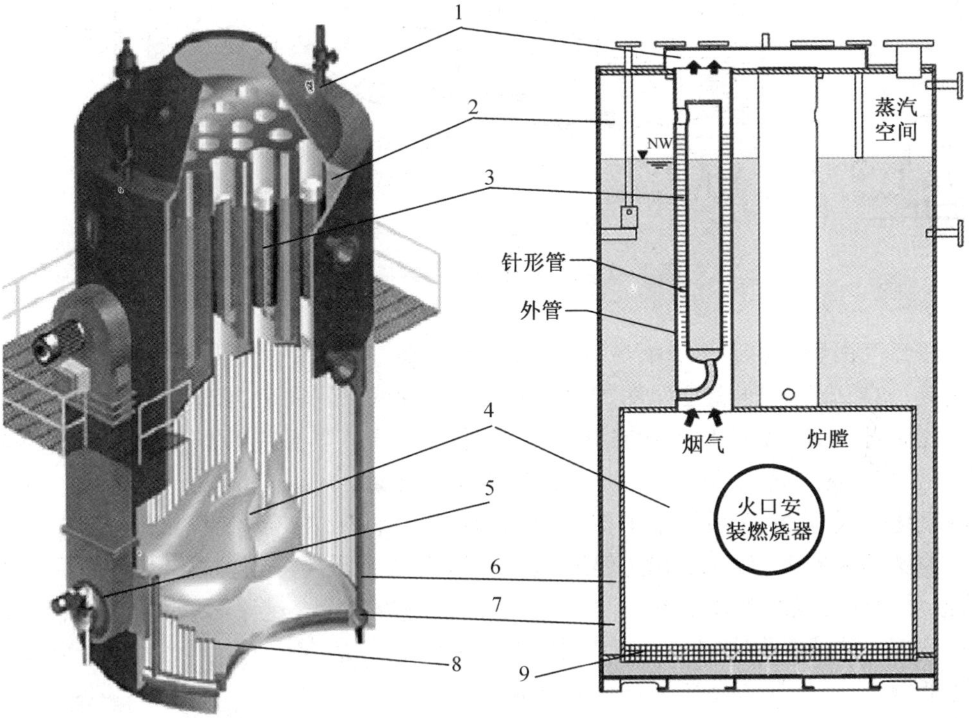

图 4－2－4　针形管燃油锅炉

1—烟箱；2—汽包；3—针形管；4—炉膛；5—燃烧器；6—下降管；7—环形联箱；8—水冷壁；9—耐火砖

针形管是一种高蒸发率的元件，外管相当于立式烟管，套装在其中的内管（针形管）下端和汽包的水空间相通，上端与汽包的汽空间相通。内管外壁上焊接大量钢棒，在烟气温度较高的下部钢棒长度较短，上部的钢棒较长。工作时来自炉膛的烟气经内、外管的夹层向上流入烟箱 1，烟气既直接加热汽包中的水，又冲刷钢棒将热量传给内管中的水。内管中的炉水吸热产生蒸汽，并经上侧管进入汽包，形成良好的汽、水自然循环回路。

5. 热油锅炉

热油锅炉也称有机热载体锅炉，是一种新型的热能转换设备。它的基本结构和工作原理是具有较高热容量和较低黏度的矿物油在锅炉内的受热面管子中流动，被燃油或柴油机废气加热后，输送到用热设备释放热量，再由热油循环泵泵入锅炉中重新被加热。热油在锅炉、用热设备之间通过泵及管系形成闭式循环，不断向外供热。

热油锅炉可以设计成燃油辅锅炉和废气锅炉，其供热系统如图 4－2－5 所示，主要由热油锅炉、循环泵、膨胀器、储存器、过滤器、氮气器、紧急冷却器、管系和用热设备等组成。

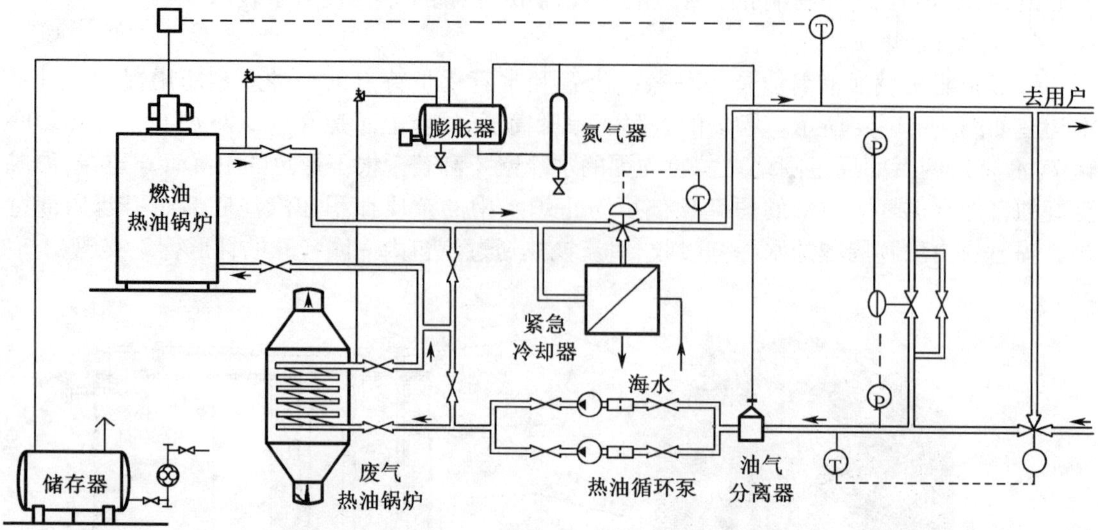

图 4－2－5　热油锅炉供热系统原理图

热油废气锅炉和热油燃油锅炉平行安装，形式和组合锅炉相似。热油首先吸收主机废气的热量，如果废热不能满足船舶加热所需时，热油燃油辅锅炉自动点燃。系统中油液随温度变化而发生的体积变化由膨胀器调节，膨胀器的调节容积应不小于热油容积变化量的 1.3 倍，膨胀器内油温不得超过 70 ℃，膨胀器为闭式时，膨胀气体由氮气器提供，氮气可防止油液氧化变质；需放净系统油液时，可由存储器接纳存储；为避免油过热设有紧急冷却器。热油循环泵的工作条件恶劣（温度高），其运行状态需要连续监测，并使备用泵随时可用，热油泵启动阶段的温升以 50 ℃/h 为宜。油泵的吸口设有过滤器，滤去高温下形成的聚合物和残渣。热油锅炉在启动过程中，随着油温升高，可能存在的其他气体、少量水汽和油气会逐渐析出，这些气体会产生热阻和流阻，设油气分离器加以分离。在启动时应通过反复打开排气阀排除这些气体。突然停电时或其他原因油液不能循环供热时，为防止热油停留在锅炉中高温裂解与氧化，应将热油紧急冷却到 150 ℃以下，再送入储存器中储存。

二、废气锅炉

一般大型低速增压二冲程柴油机的排气温度为 250 ~ 380 ℃，四冲程中速柴油机的排气温度可达 400 ℃，具有大量余热回收，因此在机舱顶部柴油机排气管中安装了废气锅炉，同时还可以起到柴油机排气消音作用。由于装设废气锅炉后会增加主机的背压而引起功率下降，所以废气锅炉在实际选用上，应与主机匹配。

常见的废气锅炉有立式烟管式和强制循环式。

1. 立式烟管式废气锅炉

图 4－2－6 示出立式烟管废气锅炉的结构简图，它是我国海船上普遍使用的—种废气锅炉。

由图可见，在圆筒形锅壳中贯穿着数百根烟管，锅筒两端的封头兼作管板。为了使封头不致凸起变形和减少烟管所承受的拉力，在管群中用少量厚壁增厚 1 mm 管子与封头强固连接，这些厚壁管称为牵条管。烟管往往采用麻花管，可增加烟气的扰动和传热。锅炉

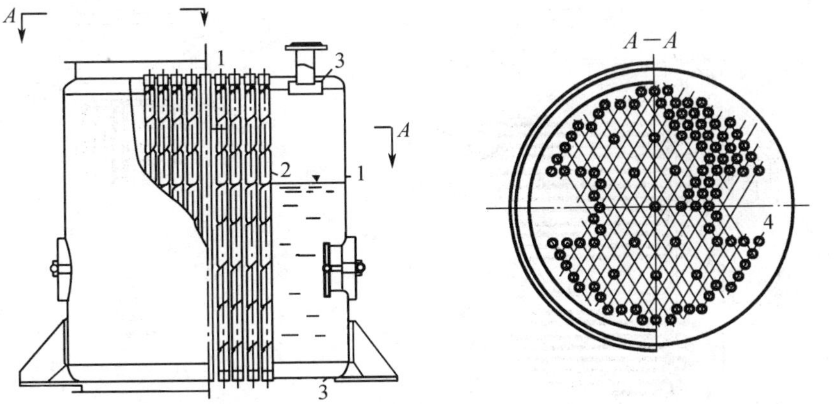

图4-2-6　立式烟管式废气锅炉

1—锅壳;2—烟管;3—封头;4—牵头

的上下两端还装有出口和进口联箱。柴油机排气从下烟箱流经烟管,然后从上烟箱排出,将一部分热量传给炉水,并产生蒸汽。

它与辅助锅炉一样,也装有压力表、水位表、安全阀、停汽阀、给水阀等附件。这种废气锅炉的优点是结构简单,制造方便;缺点是蒸发率低,体积和质量比较大,水垢也不容易清除。

2. 强制循环废气锅炉

强制循环水管废气锅炉有盘管式废气锅炉与翅片管式废气锅炉。盘管式废气锅炉的结构如图4-2-7所示。

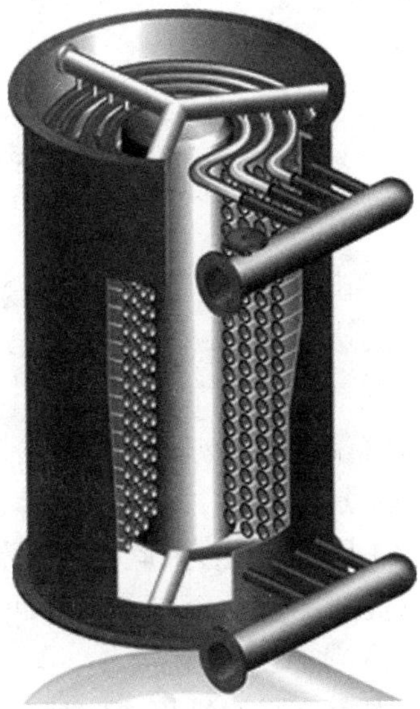

图4-2-7　盘管式废气锅炉

图4-2-8所示为翅片管式废气锅炉的结构图。在废气锅炉本体1内,布置有多组垂直并列的翅片管2(水管外部焊接有翅片,以提高传热效果)。

各组翅片管的进、出口分别与水平布置的进口联箱3和出口联箱4相连。两个联箱均布置在废气锅炉本体内,只有进、出口接口5和6露在外面。

在有联箱的一侧,各水管都被焊接到废气锅炉本体上,而水管的另外一端是浮动的,以便各管有热胀冷缩的余地。各组翅片管紧贴在一起,构成了废气锅炉的主体。每上、下两层水管之间由弯管7相连。

废气锅炉本体上覆盖有隔热层,并包有铁皮外罩8。整个废气锅炉坐落在钢架9上,而废气烟箱10则焊接于本体上、下两端的法兰上。本体的侧面分布有上、中、下三个检修道门11,而正面则分布有三个蒸汽吹灰器12,各检修道门与吹灰器位于同一高度,以方便检修和清洁。

在工作过程中,柴油机排气在翅片管的外侧流过,而水则由专门的循环水泵从燃油锅炉水腔吸入,压送到废气锅炉进口联箱,再进入各翅片管内部被加热,然后以汽水混合物的

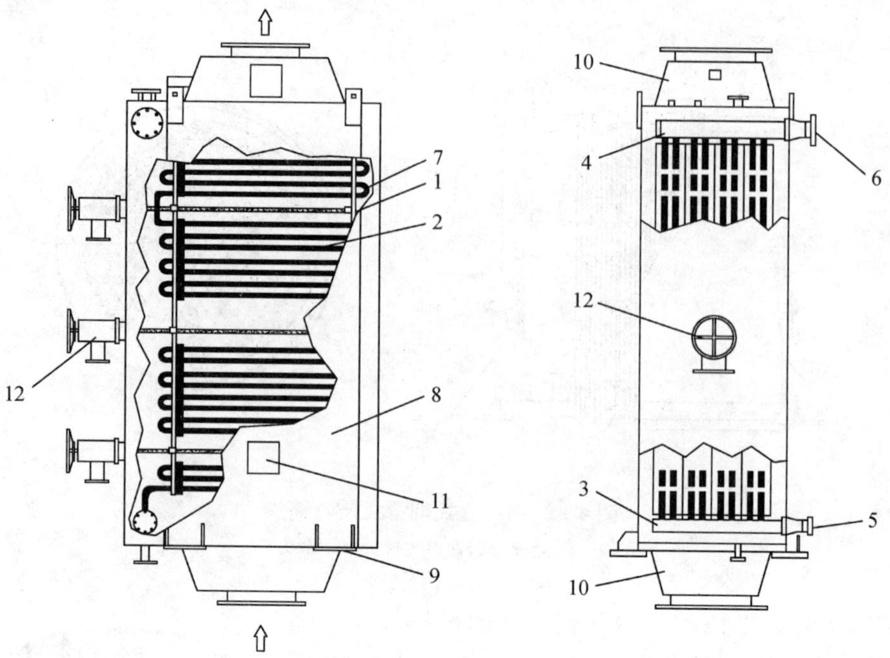

图 4-2-8 翅片管式废气锅炉结构

1—本体;2—翅片管;3—进口联箱;4—出口联箱;5—进口接头;6—出口接头;7—弯管;8—外罩;9—钢架;10—废气烟箱;11—道门;12—蒸汽吹灰器

形式由出口联箱汇集,并送回燃油锅炉进行汽水分离。

3. 废气锅炉蒸发量的调节

废气锅炉通常只产生饱和蒸汽,其蒸发量取决于主机的排气量和排气温度,亦即主机的功率。在正常航行时,主机功率是稳定的,而船舶对蒸汽的需要量却随着航区和季节的不同而变化,因此对废气锅炉的蒸发量就须加以调节。在远洋船舶上常用以下方法调节:

(1)烟气旁通法

在废气锅炉进出口间加设一个旁通烟道,如图 4-2-9 所示,并在废气锅炉入口和旁通烟道入口处安装开、闭相互联动的两个调节挡板。当气压升高时,手动或用伺服电机转动挡板使排气经旁通烟道的流量增加,限制气压上升;反之,当气压降低时,改变挡板开度使通过废气锅炉的排气流量增加,限制气压下降。

图 4-2-9 废气锅炉蒸发量调节

(2)改变有效受热面积法

为了适应不同蒸发量的需要,立式烟管废气锅炉可以选择不同的工作水位以改变有效受热面积。

(3)多余蒸汽溢放法

当未能及时改变废气锅炉蒸发量以致供大于求使蒸汽压力偏高时,废气锅炉的多余蒸汽可通过蒸汽压力调节阀向冷凝器泄放。

三、废气锅炉与燃油锅炉的联系

1. 二者独立(图 4 – 2 – 10)

废气锅炉与燃油锅炉有各自的给水管路，由给水泵分别从热水井供水，所产生的蒸汽由各自的蒸汽管道输出，至总蒸汽分配阀箱处才汇集一处。其系统如图 4 – 2 – 10(a)所示。这种方式运行管理方便，故应用较多。不过当废气锅炉水位调节系统失灵时，因其位置较高，航行时的管理就比较麻烦。

2. 废气锅炉为燃油锅炉的一个附加受热面

在这种情况下给水仅送至燃油锅炉，废气锅炉炉水由强制循环水泵抽自燃油锅炉的炉水，加热蒸发后，再将汽水混合物压回燃油锅炉。经汽水分离后，蒸汽由燃油锅炉的蒸汽管输出。这种废气锅炉是强制循环式，其系统如图 4 – 2 – 10(b)所示。当废气锅炉的蒸发量满足不了航行用汽需求时，可与燃油锅炉合作向外供汽，油船即采用此法。这种废气锅炉的水位无须调节，但须多设一台或两台热水循环泵。

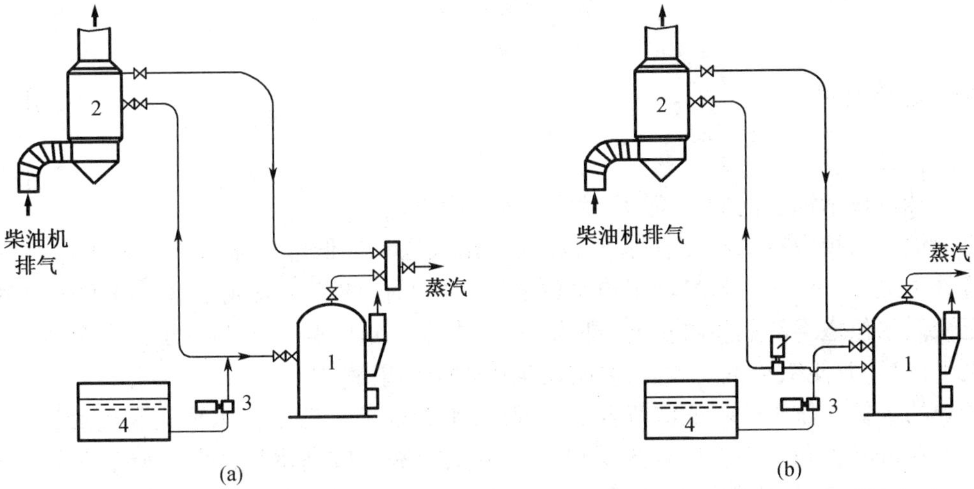

图 4 – 2 – 10　废气锅炉与辅助锅炉的联系

(a)二者独立;(b)废气锅炉为辅助锅炉的一个附加受热面

1—燃油锅炉;2—废气锅炉;3—给水泵;4—热水井;5—热水循环泵

3. 组合式锅炉

组合式锅炉是将废气锅炉与燃油锅炉合为一体，其只能安放在机舱顶部，因此要求有可靠的远距离水位指示和完善的自动调节设备。目前我国远洋船舶上应用的组合式锅炉大致有两种，如图 4 – 2 – 11 所示。其中图(a)为联合式，它既可在航行或停泊时分别用废气或燃油作热源，又可在航行中仅靠排气余热，蒸发量不足时同时以燃油和废气作热源。图(b)为交替式，其不能同时以燃油和废气作热源使用。

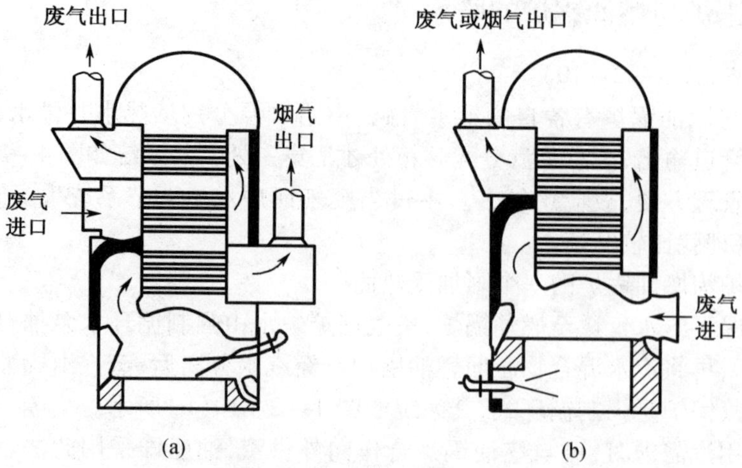

图 4-2-11　组合式锅炉

(a)联合式;(b)交替式

四、锅炉附件

1. 水位计

水位计可显示锅炉内的水位,是锅炉的重要附件之一。

每台锅炉都规定有最高工作水位、最低工作水位和最低危险水位。正常工作时,锅炉水位应处于最高工作水位与最低工作水位之间。如水位调节失灵或给水系统发生故障,水位降至最低水位之下的危险水位时,即为锅炉"失水",这时自动控制系统的危险水位警报器会发出信号,并使锅炉自动熄火,以防发生锅炉干烧事故。

锅炉的最低工作水位一般应符合如下规定:水管锅炉最低工作水位应高出最高受热面不小于 100 mm(汽包下降管应视为受热面);横烟管锅炉应高出燃烧室或烟管顶部不小于 75 mm,多回程的可适当减少;竖烟管锅炉应不低于 1/2 烟管高度;混合式锅炉应高出热水管不小于 50 mm。当船舶横倾 4°时,最低工作水位应仍能符合上述要求。锅炉隔热层外表面与水位表相邻处应设置最高受热面标志。

锅炉上至少装有两只水位计,分别布置在左、右两侧。在船舶摇摆和倾斜时,可通过比较两只水位计中的水位来判断锅炉内的水位情况。若两只水位计均已损坏,锅炉应立即熄火。

(1)玻璃管水位计

玻璃管水位计仅用于低压锅炉,如图 4-2-12 所示。水连通管和汽连通管分别水平地与锅筒的水空间和汽空间相通,在两个连通管之间装有耐热钢化玻璃管 1。玻璃管与连通管的连接处由填料函保证密封。为了防止玻璃管破裂时炉水大量漏出,在水连通管与玻璃管连接处装有止回阀 3。水连通管和汽连通管上分别装有常开的通水阀 4 和通汽阀 2,底部装有常闭的冲洗阀 5。

安装玻璃管水位计时,应注意不要将插入玻璃管处的填料压盖拧得过紧,否则玻璃管容易被挤碎。

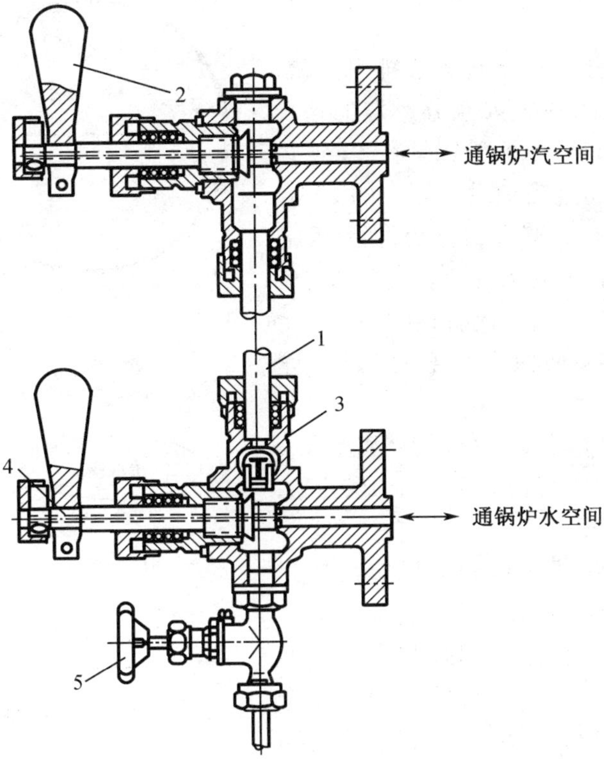

图 4-2-12　玻璃管式水位计

1—玻璃管;2—通汽阀;3—止回阀;4—通水阀;5—冲洗阀

(2)玻璃板式水位计

玻璃板式水位计适用于高压锅炉。图 4-2-13 为玻璃板式水位计,由三层金属板及两层玻璃板所组成。装配玻璃板水位计时,玻璃板与金属框架之间的接触面应研得很平,保证充分贴合。在上紧框架螺钉时,要交叉均匀拧紧,不然玻璃板将会因挠曲变形产生较大的内应力,受热后容易碎裂。压力较高的锅炉可在平板玻璃水位计的平板玻璃靠水一侧加衬云母片,以保护平板玻璃不受炉水腐蚀。

由于水位计中汽、水的流动甚弱,一旦水位计通锅炉的接管被炉水中的污物堵塞,则不能显示真实水位,应及时冲洗。正常情况下,通常每 4 h 至少冲洗一次水位计。为防止玻璃骤然变热而破裂,水位计冲洗时应特别注意通水阀和通汽阀同时关闭的时间要尽量短。另外,在换新玻璃管(板)时,也应先稍开一点通汽阀,让玻璃暖一下,再开大通水阀和通汽阀。

2. 安全阀

当外界对蒸汽的需要量突然减少或炉内燃烧过于强烈时,锅炉气压会上升,若燃烧调节不及时,气压可能会超过额定工作气压较多。为了防止压力过高造成损伤甚至发生爆炸,锅炉一定要装设安全阀。

根据《钢质海船入级规范》,对锅炉安全阀的要求主要有:

(1)每台锅炉本体应设两个安全阀,通常组装在一个阀体内,称为双阀座安全阀。蒸发量小于 1 t/h 的辅锅炉可仅装一只。装有过热器的锅炉,过热器上亦应至少装一只安全阀。

(2)锅炉安全阀的开启压力可大于实际允许工作压力的 5%,但不应超过锅炉设计压力。过热器安全阀的开启压力应低于锅炉安全阀的开启压力。

(3)安全阀开启后应能通畅地排出蒸汽,以保证在停汽阀关闭和炉内充分燃烧的情况下,烟管锅炉在 15 min 内,水管锅炉在 7 min 内气压的升高值应不超过锅炉设计压力的 10%。所以安全阀不但应有足够大的直径,而且开启后应该稳定且具有较大的提升量。安全阀排气管的通流面积对升程在安全阀直径的 1/4 以上者,应不小于安全阀总面积的 2 倍,对其他安全阀应不小于 1.1 倍。

(4)安全阀要动作准确,并保持严密不漏。

(5)任何安全阀的直径应不大于 100 mm,但亦应不小于 25 mm。

安全阀都是经过船舶检验局调定后铅封的,除非经过船检局特许,船员不能随意重调。

安全阀的结构有直接作用式和先导式两种。辅锅炉使用的一般都是直接作用式安全阀。图 4 - 2 - 14 为直接作用式安全阀,它的阀体是由两只安全阀组装成的。

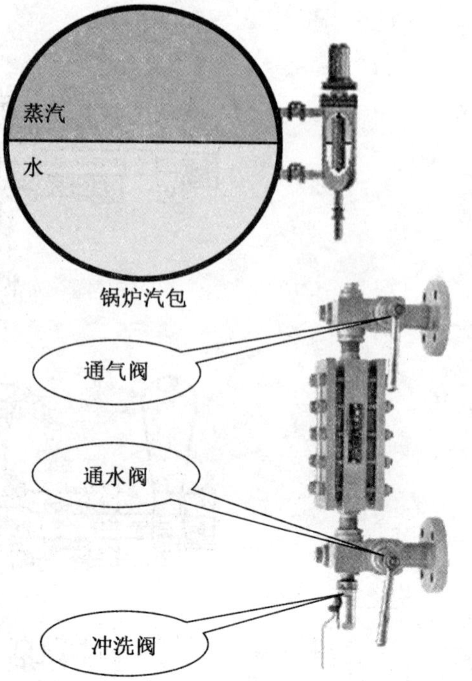

图 4 - 2 - 13　玻璃板式水位计

弹簧 1 压紧阀盘 2,转动调节螺钉 3 即可调节弹簧压板 4 的位置,从而改变弹簧的张力以调整安全阀的开启压力。安全阀阀盘 2 的外缘直径加大形成唇边 5,它的作用是使阀能急速开启,并且维持升程的固定。当气压达到开启压力后,蒸汽作用在阀盘上将阀抬起,蒸汽从阀盘周围溢出,如果没有唇边,气压稍一降低,阀盘很快又关闭,然后由于气压回升阀又开启,这样阀盘将上下不停地跳动。当阀盘有一圈唇边后,就可使阀盘在开启后得到一个附加的上顶力,从而增加了阀盘的升程,阀也不会很快关闭。阀盘上方设有带密封圈的套筒 6,阀开启后阀上方不会受蒸气压力作用。

上述方法虽然保证了安全阀开启稳定,但由于开启后阀盘的蒸汽作用面积已大于开启前的面积,所以即使当锅炉气压恢复至额定气压时,阀盘也不能立即关闭,只有当气压继续下降,直到作用在阀盘和唇边上的蒸汽上顶力小于弹簧向下的作用力时,安全阀才能自动关闭。亦即安全阀的关闭压力要低于开启压力,这一压力差值称为启闭压差,也称为关阀压力降低量。

阀座上装有调节圈 7,调节圈升高时,阀开启后唇边外沿蒸汽通流面积缩小,作用在唇边上的附加上顶力就大,从而使阀的升程和关阀压力降低量加大;反之,调节圈下移时,唇边外沿蒸汽流通面积加大,则阀开启的升程和关阀压力降低量减小。因此,通过转动调节圈,改变其位置,可获得开启稳定,降低量又不太大的工况。

安全阀必须装有手动强开杠杆 10,在锅炉顶部用钢丝绳分别通至机舱底层和上甲板,以便必要时强开安全阀,将危险减至最低。平时一般每月手动强开一次,以防止安全阀长期不起跳而咬死。

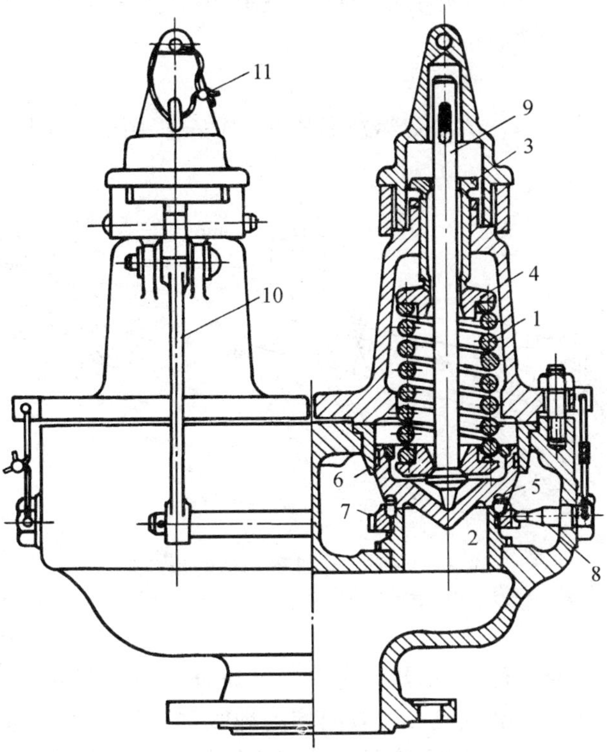

图 4-2-14　直接作用式安全阀

1—弹簧；2—阀盘；3—调节螺钉；4—弹簧；5—唇边；6—套筒；
7—调节圈；8—螺钉；9—阀杆；10—手动强开杠杆；11—铅封

此外，锅炉还装有至少两个压力表和压力表阀、两个给水阀（蒸发量小于 1 t/h 的辅锅炉可仅装一个），以及停汽阀、表面排污阀、底部排污阀、取水样阀、空气阀（设在最高处通大气用，通径一般为 10～15 mm）等。

3. 汽水分离设备

如果由汽包引出的饱和蒸汽带水过多，就会产生不利影响。蒸汽携带的炉水含有的盐分，可能腐蚀汽、水管路和设备；若饱和蒸汽用于驱动蒸汽辅机，带水过多也会引起这些机械的水击；对于装有过热器的锅炉，如蒸汽带水会在过热器中汽化，水中的盐分沉积在过热器的内壁上，会使过热器管子烧坏。因此必须设法控制蒸汽携水量。

影响蒸汽携水的主要因素是汽水分离高度、蒸汽用量和炉水含盐量。汽水分离高度越低重力分离效果越差；蒸汽用量越大蒸汽携水能力越大；炉水含盐量越大泡膜越厚，越容易形成汽水共腾。

控制蒸汽携水量除了要在管理上控制水位高度、蒸汽用量和炉水含盐量外，还需在结构上装设一些汽水分离设备。辅锅炉对蒸汽品质要求不高，一般采用比较简单的汽水分离设备，常用的有水下孔板、集汽管和集汽板。

(1)水下孔板

当汽水混合物由水空间引入汽包时，可利用水下孔板来均衡蒸发平面负荷。水下孔板使蒸汽在上升过程中受到一定的阻力，在孔板下形成气垫，因而蒸汽能比较均匀地从孔板的各个小孔中穿出，并降低了汽水混合物的动能。孔板放置在汽包水空间，一般在最低水位以下 100 ~ 150 mm,通过孔板的蒸汽流速为 3 ~ 4 m/s。为避免蒸汽带入下降管中,一般距下降管进口的距离应大于 300 mm。

(2)集汽管

聚集在汽包顶部的蒸汽一般通过集汽管引出,其结构实例见图 4 - 2 - 15 所示。

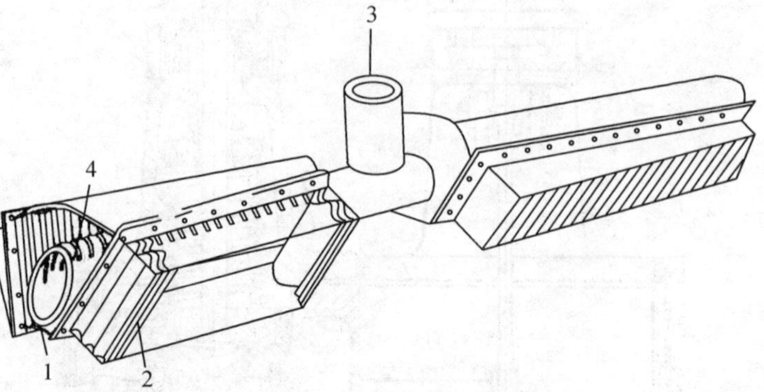

图 4 - 2 - 15　带波形挡板的集汽管

1—集汽管;2—波形百叶窗式挡汽板;3—蒸汽出汽口;4—进汽缺口

集汽管 1 沿汽包纵向布置,顶部开有许多进汽缺口 4,两端封死。饱和蒸汽出汽口 3 可在集汽管中部或一端。为了沿汽包长度方向均匀地收集蒸汽,进汽缺口离出汽口较远处较密,近处较稀。有的集汽管两侧装有波形百叶窗式挡板 2,以增加汽水分离作用。

(3)集汽孔板

集汽孔板结构简单,加工方便,流动阻力较小,用它代替集汽管可以距水面更高,但其分离的效果不如集汽管。

第三节　辅助锅炉的燃烧装置和燃油系统

一、燃油在锅炉中的燃烧

1. 燃油在炉膛中的燃烧过程

燃油在炉膛中的燃烧是以火炬的方式进行的。燃油通过喷油器以雾化状态喷入炉膛,空气通过配风器进入炉膛,沿挡风罩内侧经喷油器根部进入的少量空气(一次风)供点火用,沿挡风罩外侧经固定的斜向叶片进入的大量旋转空气(二次风)供混合油雾和燃烧用。

炉膛中的燃烧过程可分为两个阶段:

(1)准备阶段。雾化的油滴被迅速加热、汽化、与空气相混合,同时进行热分解。

(2)燃烧阶段。油气与空气的混合气体的浓度达到一定数值,并被加热到一定温度,遇明火着火燃烧。

油气和空气混合形成的可燃气被点燃后形成的燃烧带称为着火前沿。它一方面要向喷油器方向扩展,另一方面又随吹入的气流向炉膛内流动,当两者速度相等时,着火前沿便稳定在一定位置。可见,喷油器前的火炬可分为两个区域:准备区和燃烧区。在准备区内进行油雾与空气混合物的加热、汽化和分解。在燃烧区燃烧。

2. 保证燃烧质量的主要因素

综上所述，要使燃油在炉内燃烧得好主要取决于以下因素：

(1)油的雾化质量良好。油液雾化得越细，分布均匀性越好，则油滴的蒸发速度越快，与空气混合也越好。

(2)要有适量的一次风和二次风。一次风量以占总风量的10% ~30%、风速10 ~40 m/s为宜。太小则油雾在着火前就会在高温缺氧条件下裂解，产生大量炭黑，烟囱冒黑烟；太多又会因火炬根部风速过高而着火困难，甚至将火炬吹灭。二次风量大小关系到过剩空气系数合适与否，直接影响不完全燃烧损失和排烟损失。

(3)油雾和空气应该混合均匀，着火前沿的位置和火焰长度应合适。着火前沿如离燃烧器太近，则可能使喷火口和燃烧器过热烧坏；太远又会因气流速度衰减，与油气混合的强烈程度减弱，以致火炬拖长，燃烧不良。

(4)炉膛容积热负荷要合适。太高会使油在炉膛停留时间太短来不及完全燃烧；太低又不能保证足够高的炉膛烟气温度，也不利于完全燃烧。

二、燃烧器

燃烧器是将燃油喷射雾化并与空气良好混合燃烧的装置，主要由喷油器、配风器及点火器等组成，一般装在锅炉前墙或顶部，正对着炉墙上的喷火口。

1. 对燃烧器的基本要求

燃烧器在使用管理中应满足以下基本要求：

(1)点火容易。

(2)雾化良好，燃烧良好。

(3)喷射角度与火焰的长度适当。

(4)油量调整比(即最大喷油量与最小喷油量之比)范围要大。

(5)功耗低。

(6)无漏油的顾虑。

(7)保养检查容易。

2. 喷油器

喷油器(俗称油枪或油头)有两个作用：一是控制喷入炉内燃油的数量；二是将燃油雾化，保证在炉膛内的燃烧质量。

喷油器将油雾化成细小油滴，并使油雾以一定的旋转速度从喷油嘴的喷孔中喷入炉内，形成有一定锥角的空心圆锥。油雾在前进中不断与空气掺混，离喷嘴越远，油雾层厚度越大，而浓度越小。

喷油器的类型很多，常用的有以下几类：

(1)压力式喷油器

压力式喷油器的结构如图4-3-1所示。

喷油器的后端有一个管接头5与输油管相连，其中装有滤网6。管接头用螺纹连接于空心的喷油器筒身4上。后者前端以螺纹连接喷嘴体3，雾化片2被喷嘴帽1用螺纹拧紧在喷嘴体上。

喷油器头部的喷嘴(包括喷嘴体、雾化片和喷嘴帽)对喷油量的大小和雾化质量的好坏起着决定性的作用。其结构如图4-3-2所示。另外，一台锅炉常配备有不同规格的雾化片，喷孔直径从0.5～1.2 mm分为几挡，可根据所采用的燃油品种和锅炉蒸发量选用。雾化片的基本特性用标在其上的型号来表示。例如25－60号雾化片表示其喷油量为25 kg/h，雾化角为60°。

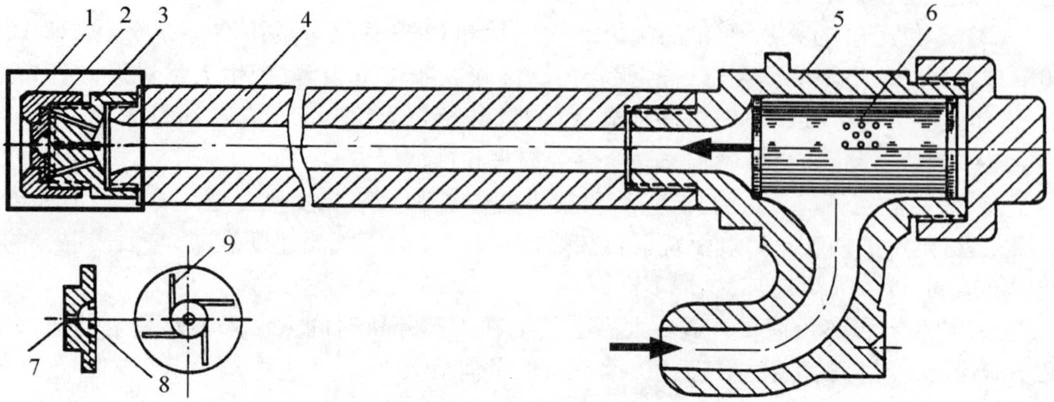

图4－3－1　压力式喷油器

1—喷嘴帽；2—雾化片；3—喷嘴体；4—筒身；5—管接头；6—滤网；7—喷孔；8—旋涡室；9—切向槽

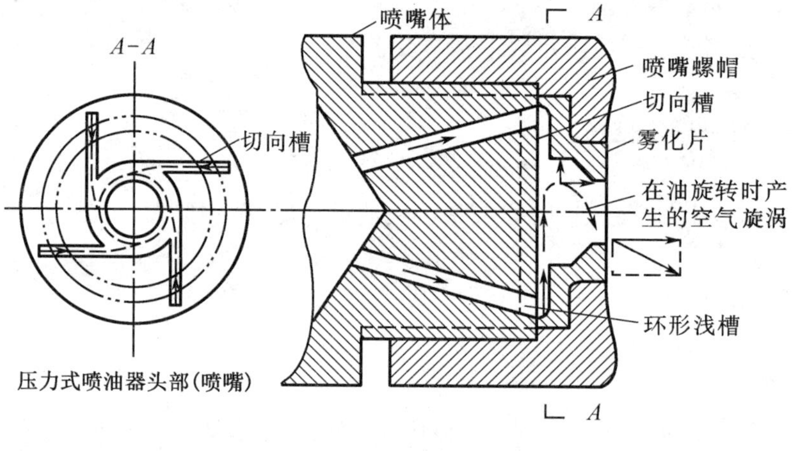

图4－3－2　喷嘴

使用燃油泵把燃油升压后送入喷油器，使油经喷嘴体上6～8个通孔到达前端面的环形浅槽，然后进入雾化片的切向槽9和旋涡室8，形成强烈的旋转运动，再经细小的喷孔7雾化后喷出。旋转越强烈，则雾化角越大。

压力式喷油器的喷油量依油压调整，喷油量与油压的平方根和喷孔的截面积成正比，其调节幅度很少超过2。

压力式喷油器喷油量的调节有三种方法：改变喷油压力；变换使用喷孔直径不同的喷嘴（或喷油器）；改变投入工作的喷嘴（或喷油器）数目。

（2）回油式喷油器

回油式喷油器是在压力式喷油器的基础进行改进的。其结构如图4－3－3所示。

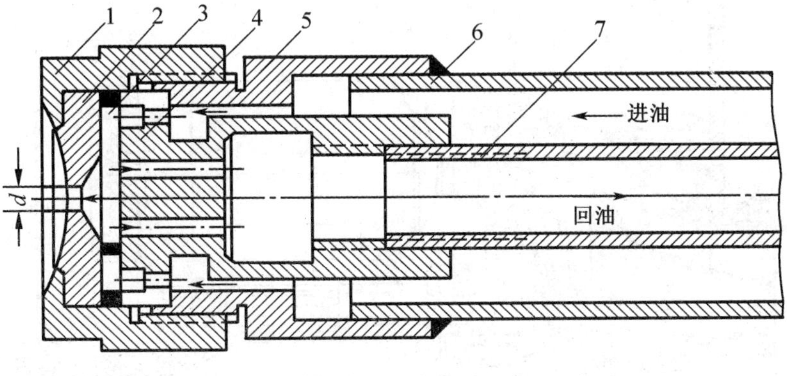

图 4－3－3　回油式喷油器

1—喷嘴帽;2—雾化片;3—旋流片;4—分油嘴;5—喷嘴座;6—进油管;7—回油管

它主要是由雾化片 2、旋流片 3、分油嘴 4、喷嘴座 5、外周进油管 6 和中间回油管 7 所组成。工作时,燃油进入喷油器之后,除喷入炉膛之外,部分燃油经回油管路,再循环使用。喷射压力固定时,喷油量由回油压力来控制,回油压力高则喷油量大。其调节幅度可以达到 3 ~5。

(3)蒸汽式喷油器

图 4－3－4 所示为外部混合式蒸汽式喷油器。蒸汽式喷油器的工作原理相当于喷射器,由高速蒸汽将燃油与蒸汽混合喷出,达到良好雾化的目的。它的雾化质量较好,调节幅度可达 10 以上。冷炉启动时可用压缩空气代替蒸汽工作,缺点是噪声较大且易在烟道形成酸露造成腐蚀。蒸汽式喷油器可分为内部混合式(蒸汽与燃油在喷油器内部的混合室中混合)和外部混合式(蒸汽与燃油在喷油器的喷嘴处才开始混合)两种。

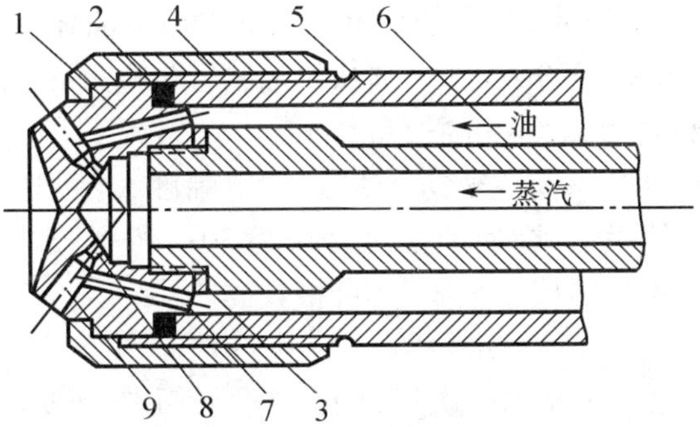

图 4－3－4　蒸汽式喷油器

1—喷嘴头部;2、3—垫圈;4—螺帽;5—外管;6—内管;7—油孔;8—蒸汽孔;9—混合孔

(4)旋杯式喷油器

图 4－3－5 所示为旋杯式喷油器,使用高速旋转的圆筒或圆锥形旋转体,将燃油依靠离心力向外呈放射状飞出,在旋转体的周围供给一次风,使飞出的燃油雾化,一次风约占燃烧所需空气量的 1/10。

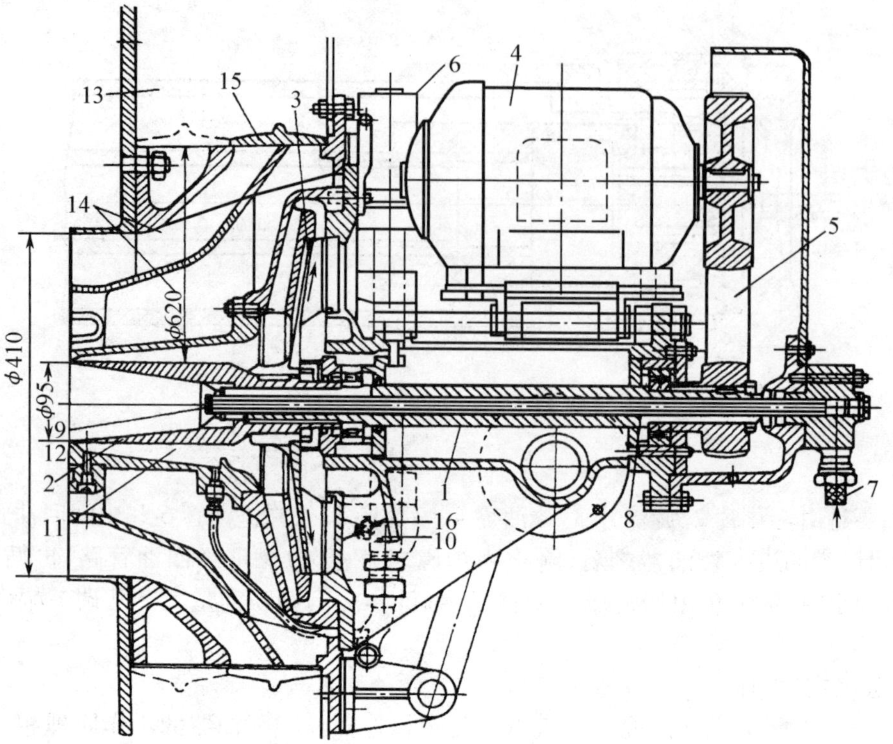

图 4-3-5　旋杯式喷油器

1—中央传动轴;2—油杯;3—雾化风机;4—电动机;5—传动皮带;6—燃油电磁阀;7—供油软管;8—中央油管;9—出油口;10——次风进口;11——次风风道;12——次风出口缝隙;13—二次风风道;14—二次风风口;15—二次风调节门;16——次风调节门

该喷油器的主要部分是油杯2(旋转体)和雾化风机3。油杯和离心式风机由电动机带动同轴旋转,转速为3 000～6 000 r/min。油从供油软管7进入,经空心轴流入油杯,油压为0.07～0.15 MPa。流入的燃油量即为喷燃量。

旋杯式喷油器调节方便(只需改变进油量),调节幅度大(可达10),雾化更好,对油的过滤要求不高,适合用劣质燃油,即使燃油温度仅为30～40 ℃,同样可得到良好的雾化效果,所需油压也低。其缺点是结构比较复杂,价格较高。

3. 配风器

配风器的作用是分配一次风和二次风,创造条件使助燃空气与油雾充分混合,达到完全燃烧的目的,同时使连续提供的空气不会将喷油器前端的火焰吹熄。图4-3-6为叶片固定型旋流式配风器。空气经配风器进入炉膛,被挡风罩或挡风板分为两部分。一部分挡风罩3上的风孔供入,紧贴着喷油器吹出,称为一次风(根部风),这部分空气占总空气量的10%～30%,它的作用是保证油雾一离开喷油器就有一定量的空气与之混合,以减少产生炭黑的可能性,并使喷油器得到冷却;另一部分风从外围沿炉墙喷火口进入炉膛,与油雾良好混合,供给燃烧所需的大部分空气,称为二次风。

二次风可经挡风罩3的斜向叶片1形成与油雾反向旋转的气流,以利于油的蒸发和与空气的混合。旋转气流在离心力作用下向外扩张,形成一定的扩张角。气流旋转越强烈,扩张角越大。这样气流中心便形成低压,吸引炉膛内高温烟气回流,形成回流区。也有的

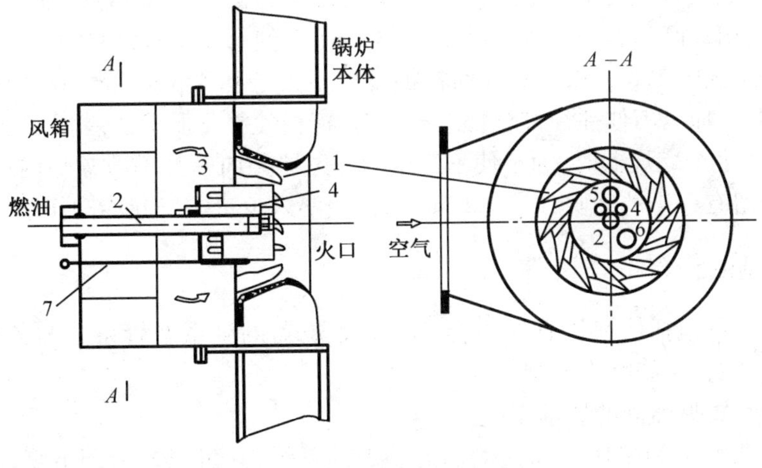

图 4－3－6　旋流式配风器

1—斜向叶片；2—喷油器管架；3—挡风罩；4—电点火器；5—火焰感受器；6—看火孔；7—拉杆

燃烧器采用圆环形挡风板分隔一、二次风，气流并不旋转，只靠挡风板后形成的低压区造成回流。回流区内高温烟气加速了油雾的升温、蒸发、分解和与空气混合，进而着火燃烧。

配风器必须保持合适的空气过剩系数。空气过剩系数可用风门的开度来调节。配风器的设计必须尽量减少风压损失。

4. 点火器

点火器多为电火花发生器。它是由两根耐热铬镍金属丝电极组成的，两极端部离开一定距离（3.5～4 mm），当通入 5 000～10 000 V 的高压电时，间隙处便产生电火花。电压越高或铬镍丝直径越细，则两极间的距离可越大。在开始喷油的同时，使电点火器通电，电火花即能将油点燃。电点火器所用高压电由点火变压器供给。电点火器顶端发火部分伸至喷油器前方稍偏一些（2～4 mm），并注意防止油雾喷到点火电极上，同时也应防止电火花跳到喷油器和挡风罩上。

除了喷油器、配风器、电点火器之外，自动化的燃烧器还设有火焰感受器（光电元件）5，另外通常还设有看火孔（可兼作人工点火孔）6，参见图 4－3－6。

5. 燃烧器使用管理要点

（1）安装燃烧器时应使喷油器中心线与喷火口轴线一致。

（2）防止喷油器漏油。漏油可以从炉膛底部积油量来判断。压力式喷油器可能是因为喷油阀关闭不严，也可能是雾化片平面精度不够或喷嘴帽未拧紧，工作时部分燃油未经过雾化片而直接流出；回油式喷油器还可能是停用时回油阀漏油。

（3）防止喷孔结焦。喷孔结焦可从燃烧火炬不对称或其中有黑色条纹来发现，这时应将喷油器取下，拆出雾化片浸在轻柴油内，待结焦泡软后用硬木片或竹片刮去。不能用刮刀、锯条、钢丝刷等工具清除雾化片上的结焦。

（4）修复或更换磨损的雾化片。喷油器使用一段时间后（一般 500 h 以上），应拆下，在专门的试验台上检查其喷油量、雾化角和喷出的油雾圆锥是否变形。喷油量超过额定值约 10% 时，应将雾化片更换或研磨减薄，减少其切向槽的深度，使喷油量减少。若各槽磨损不均匀，会使喷出的油雾圆锥形状歪斜。雾化片磨损严重时应予更换。

(5)雾化片备件应充足。雾化片大多用耐高温耐磨的合金钢做成,加工要求很高。加工既费时间,费用又高。若喷孔直径相差0.01 mm,会使每小时喷油量改变若干千克。喷孔表面粗糙度应不大于1.6 μm,而贴合面粗糙度应不大于0.4 μm。此外切向槽进入旋涡室处要求平滑相切,加工不佳往往接合处形成一台阶,会使雾化质量变差。

(6)在装备多个燃烧器时,为了使不工作的配风器导向叶片不致被炉内火焰烤坏变形,风门关闭时应留有一定的间隙(0.5 ~2 mm),以便漏入少量空气起冷却作用。

三、燃油系统

锅炉燃油系统包括从锅炉日用油柜至锅炉燃烧器的管系及管系中的各种设备。使用不同形式的燃烧器,系统略有不同。

1.采用回油式喷油器的燃油系统

图4-3-7所示为采用回油式喷油器的燃油系统,它可以连续调节喷油量,一般无须停炉。

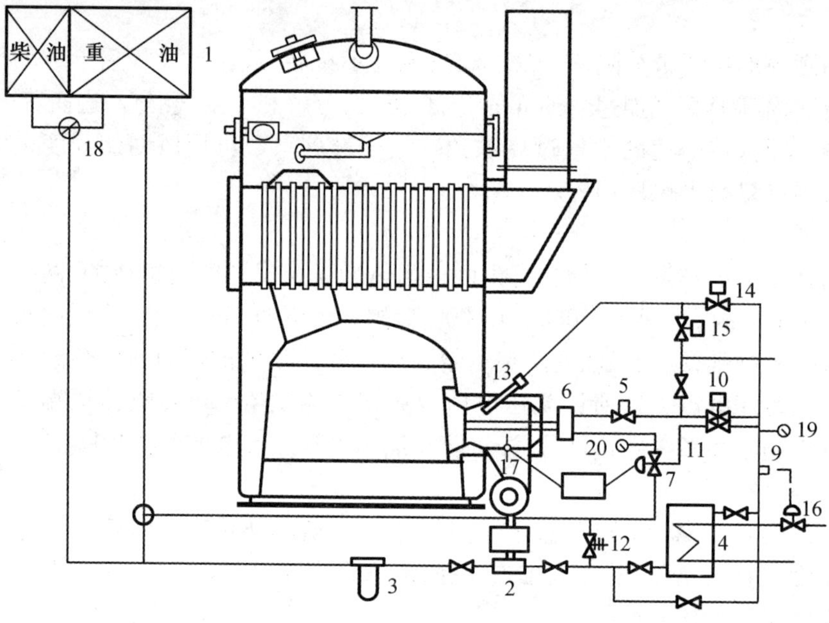

图4-3-7　辅助锅炉典型燃油系统

1—锅炉日用油柜;2—燃油泵;3—油滤器;4—燃油加热器;5—手动速闭阀;6—主喷油器;7—回油调节阀;8—比例调节阀;9—燃油感温包;10—主电磁阀;11—旁通管路;12—安全阀;13—点火喷油器;14—辅电磁阀;15—压缩空气电磁阀;16—温度调节器;17—风道挡板;18—换油旋塞;19—燃油压力表;20—回油压力表

燃油由燃油泵2(常用齿轮泵)从日用油柜1经滤器3吸出后送至燃油加热器4,加热温度由直接作用式温度调节器16控制加热蒸汽流量来予以调节(用柴油时可不加热)。燃油预热后再经速闭阀5送往回油式喷油器6喷入炉膛点火燃烧。部分油液经回油阀7流回日用油柜。但是,加热后的燃油如温度不符合要求,主电磁三通阀断电,燃油从该电磁阀经旁通管11返回油泵进口(或日用油柜)或循环加热。在紧急情况下可用速闭阀迅速切断供油,该阀也可用钢丝绳在甲板走廊远距离切断燃油。另外,当燃油系统由于某种原因造成油压过高时，燃油即能顶开安全阀 12 溢流至油柜。

为满足冷炉点火需要，应转换三通阀 18，使锅炉燃油泵与柴油柜接通。在长时间停炉之前也需改烧柴油，以防停炉后重油在燃油系统管道内凝结，造成下次启动困难。另外，燃油管系中尚设有吹扫喷油嘴的压缩空气管，用来在停止喷油时自动吹扫，防止喷油嘴因有残油而结焦堵塞。

回油式喷油器的喷油量可通过回油调节阀 7 的开度调节。该阀由比例调节器 8 根据蒸汽压力自动控制。当蒸汽压力超过额定工作压力时，自动使回油调节阀 7 开大，回油压力（由回油压力表 20 显示）降低，喷油量即可减小；同时联动操作使风道挡板 17 关小，以保证过剩空气系数合适。

点火喷油器 13 每小时喷油量与最低蒸汽用量相适应。当蒸汽用量少，气压达到上限时，辅电磁阀 14 开启，点火喷油器开始喷油，由炉内火焰点燃，然后主电磁阀断电，这样炉内可维持始终不断火。当用汽量增加，气压降到下限时，主电磁阀通电，主喷油器就靠点火喷油器的火焰点燃，然后电磁阀 14 关闭，点火喷油器停止工作。只有在完全停炉后重新点火时，才由电火花使点火喷油器点火，这时使用柴油。

2. 采用转杯式喷油器的燃油系统

图 4－3－8 所示为采用转杯式喷油器的锅炉燃油系统图。燃油从重油日用油柜 2 经滤器 3 被燃油泵 4 吸出后，送至燃油加热器 5 加热。当双主电磁阀 7 断电关闭时，加热后的燃油经燃油调节三通阀 6 返回油泵进口（或日用油柜 2）。当燃油温度加热至符合要求时，主电磁阀 7 即可通电，使燃油送往转杯式喷油器 13 燃烧。在紧急情况下可用速闭阀 8 迅速切断供油，该阀也可用钢丝绳在甲板走廊远距离切断燃油。

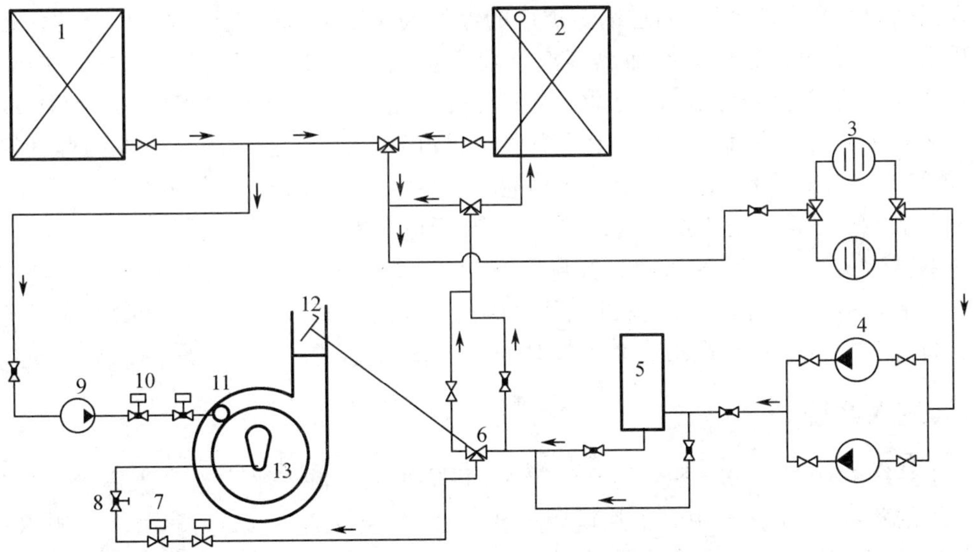

图 4－3－8　转杯式喷油器的锅炉燃油系统图

1—柴油日用柜；2—重油日用柜；3—油滤器；4—燃油泵；5—燃油加热器；6—燃油调节阀；7—主电磁阀；8—速闭阀；9—点火油泵；10—辅电磁阀；11—点火喷油器；12—风道挡板；13—主喷油器

喷油器的喷油量可通过燃油调节三通阀6调节。该阀由比例调节器根据蒸汽压力自动控制。当蒸汽压力超过额定工作压力时，自动使回油量加大，喷油量即可减小；同时联动操作使风道挡板12关小，以保证过剩空气系数合适。当气压上升到上限，或水位低至危险水位、油压过低、风压过低（有的锅炉包括油温过低）以及运行时突然熄火或点火时未能将油点燃，都可通过安全保护系统使主电磁阀断电，燃油即停止喷入炉内。

在冷炉点火时如燃油由蒸汽加热，则重油因无蒸汽而无法预热，这时只得燃用柴油。此时，锅炉燃油泵应与柴油日用柜1接通，只有当重油预热至要求温度时才能予以转换。此外，燃用重油时，在较长时间停炉之前几分钟，也需改烧柴油，以防停炉后整个燃油管系统充满重油。

第四节　船舶辅助锅炉的汽水系统

一个完整的锅炉装置，除具有锅炉机组本身以及有关的附属设备外，还需要有给水系统、蒸汽系统、凝水系统等，才能正常工作。辅锅炉和废气锅炉所产生的蒸汽，通过管道输送至各用汽处。绝大部分蒸汽在工作之后变成凝水，由凝水系统流回热水井，再由给水泵经给水系统送回锅炉。另外，锅筒还需要进行表面排污和底部排污。现结合图4-4-1所示的某柴油机船的组合锅炉的蒸汽、凝水、给水和排污系统，说明锅炉汽水系统的组成和工作情况。

一、蒸汽系统

蒸汽系统的任务是将锅炉产生的蒸汽按不同压力的需要，送至各用汽设备。燃油辅锅炉和废气锅炉所产生的蒸汽，通过锅炉顶部的停汽阀1沿蒸汽管送至蒸汽总分配联箱。经此总联箱，一部分蒸汽送至油舱加热蒸汽分配联箱，然后分送至各油舱、油柜供加热用，另一部分蒸汽则经减压阀减压后送至低压蒸汽分配联箱，然后送至空调装置、热水柜，或供厨房和其他生活杂用。蒸汽分配联箱上应有接岸供汽管，与位于上甲板左右舷的标准接头相通，以备修船时若锅炉停汽，可由岸上或其他船舶供汽。蒸汽分配联箱底部装有泄水管，用于在刚开始供汽暖管时泄放凝结水，以免通汽时管道发生水击。

如果燃油辅锅炉和废气锅炉是各自独立、并联供汽的，则蒸汽分配联箱通各自的蒸汽管路应设单向阀（可以是停汽阀），以免蒸汽倒流。在通废气锅炉的蒸汽管路上应设蒸汽压力调节阀2，当废气锅炉产汽量供大于求时，向大气冷凝器泄放多余蒸汽。

二、凝水系统

凝水系统的任务是回收各处的蒸汽凝水，并防止油污混入水中被带入锅炉。加热油、水和空气的蒸汽，在加热管中放出热量后凝结成水，并经各加热设备回水管上的阻汽器（图4-4-2）流回。阻汽器又称疏水器，是利用蒸汽和水的温度差异作为信号的一个开关，遇水打开，遇蒸汽关闭。但仍可能会有一些蒸汽漏过阻汽器，并且当凝水流出阻汽器时，因压力降低，也可能产生二次蒸汽。所以，一般冷凝水在经阻汽器流出后先经大气冷凝器冷凝后再流入热水井。

在加热油的蒸汽凝水中，万一因加热管或接头不严而有油漏入，可能会把油带进锅炉中。炉水中有油对锅炉是很危险的，因为导热性很差的油会黏附在锅炉受热面上或渗入水

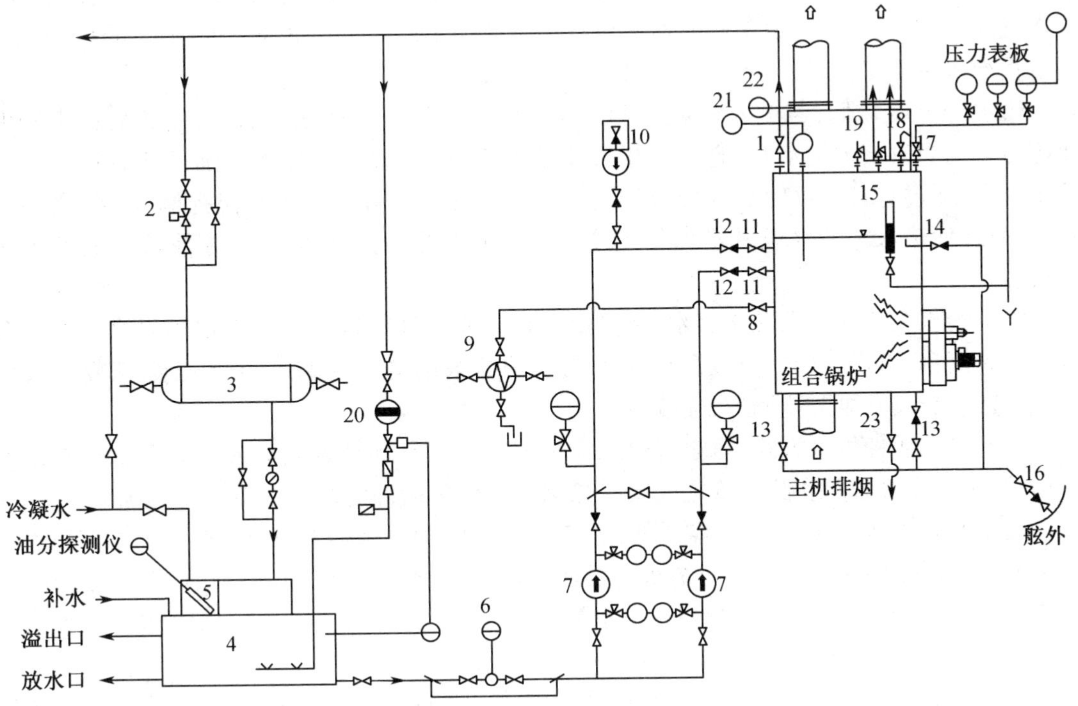

图 4－4－1　组合锅炉汽、水系统图

1—主停汽阀；2—蒸汽压力调节阀；3—大气冷凝器；4—热水井；5—油分检测传感器；6—盐度计；7—给水泵；8—取样阀；9—水样冷却器；10—给水投药泵；11—给水截止阀；12—给水截止止回阀；13—下排污截止止回阀；14—上排污截止止回阀；15—左(右)舷水位计；16—舷旁通海阀；17—压力表显示板截止阀；18—空气阀；19—安全阀；20—热水井温度控制器；21—远程水位指示器；22—排烟温度报警器；23—泄放阀

垢中，妨碍炉水对受热面的有效冷却，致使受热面管子变形或爆裂。为了尽量降低油污进入锅炉的可能性，应使加热油舱(柜)的蒸汽凝水首先进入凝水柜。若通过凝水柜的观察窗发现观察柜中水面有油，则需将回水放入舱底，待查明原因予以消除之后，重新清洗凝水柜，才允许新的干净凝水进入热水井。本系统安装有油分探测仪 5，它随时监测凝水中的含油量。

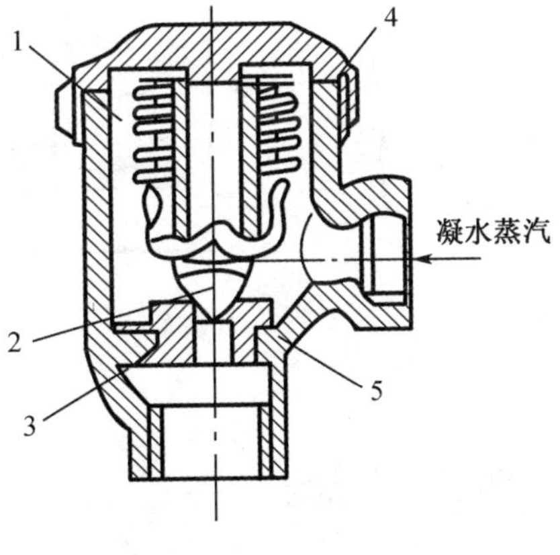

图 4－4－2　阻汽器

1—波纹管；2—阀；3—阀座；4—调节压盖螺母；5—阀体

三、给水系统

给水系统的任务是向锅炉供给数量足够、品质符合要求的给水。为了可靠起见，每台锅炉都要有两条给水管，其中一条作为备用。如图 4－4－1 所示每条给水管紧靠锅炉处装有一个截止阀 11 和一个截止止回阀 12。截止阀 11 必须装在锅炉与截止止回阀 12 之间，以便在修理给水管路和设备时将锅炉隔断。其安装方向应注意能在必要时将其关闭更换阀杆填料，而炉水不至溢出，即将阀盘下侧空间与锅炉相通。不允许用截止阀 11 对给水量进行节流调节，且此阀在正常情况下均保持全开，以免阀盘遭水流冲蚀而关闭不严。装设截止止回阀 12 的目的是为了防止给水泵不工作时，炉水沿给水管向炉外回流。

给水的温度较低，若进入锅炉后聚集在某处或直接与受热面接触，会使该处产生较大热应力。锅筒设有内给水管，它是一根位于锅炉工作水面之下，在下半圆处开有很多小孔的水平管，通过它补水可使给水分布均匀。本系统在热水井上设置水温控制器 20，它通过蒸汽加热，使热水井的水温基本保持不变，这样可以减少水的含氧量，并使给水温度不至过低。

锅炉给水泵 7 从热水井 4 吸水，通过给水管路向燃油辅锅炉或废气锅炉供水。给水泵至少设有两台，以供备用。蒸发量较小的辅锅炉多采用电动旋涡泵间断供水；蒸发量大的锅炉可选多级离心泵节流调节，连续供水。

不论采用哪种供水方式，每小时供入锅炉内的给水量和从各处流回的凝水量也常是不平衡的，所以凝水管路和给水管之间要有热水井 4 作为缓冲的存水容器。

热水井除作为缓冲的存水容器外，还有过滤水中固体杂质和油污、加入补充水和投放炉水处理药剂等用途。本系统对炉水的投药处理是在给水管路进入锅炉前，设置专门的投药泵 10，按照一定流量连续进行。在给水泵吸入口，还设置盐度计 6，它随时监测给水的含盐量，以防万一大气冷凝器的海水管路泄漏海水进入锅炉。

热水井的基本结构如图 4－4－3 所示。有过滤匣 1（内装丝瓜筋）、过滤篮 2（内装丝瓜筋或焦炭）和裹以毛巾布的许多过滤筒 3 等三道过滤吸附设备。在各分隔空间，水均是从底部流入，使油污容易漂在水面上不被带到后面去。焦炭、丝瓜筋和毛巾布对油污的黏附能力有限，当黏附至一定量时即失去过滤吸附作用，需定期清洗和更换。

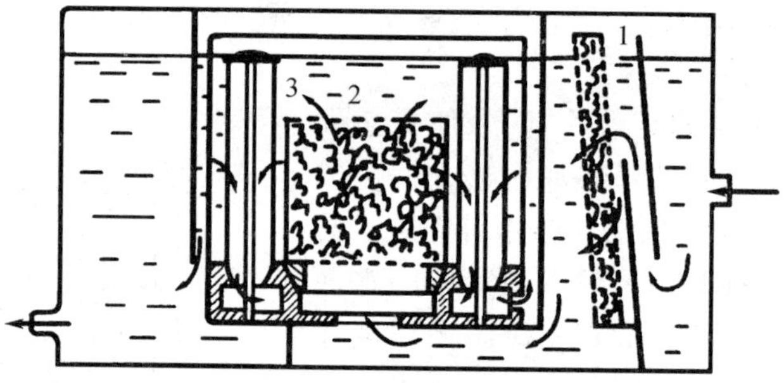

4－4－3　热水井

1—过滤闸；2—过滤篮；3—过滤筒

四、排污系统

锅炉工作一段时间之后底部可能聚集泥渣，投放除垢药物后也会产生沉淀物，因此锅炉底部设有底部排污阀 13（图 4－4－1）。下排污可定期在投放除垢药物后过一段时间进行。通常要求在熄火半小时后或锅炉负荷较低、压力降至 0.4～0.5 MPa 时进行，因为此时炉水比较平静，有更多的泥渣沉积在底部。水管锅炉为防止从底部放走大量炉水破坏正常的水循环，所以不允许在锅炉正常工作时进行下排污。每次排污时间不能过长，一般阀全开时间不超过 30 s，每次排污量为 1/3～1/2 水位表高度。

此外，若发现炉水含盐量或碱度过高，发生汽水共腾，或者大修后初次使用，漂浮在水面上的泡沫和悬浮物太多，或者炉水进油，则可通过锅筒上部的上排污阀 14（图 4－4－1）进行排污。

上排污漏斗设在高于锅筒最低水位 25 mm 处，水经上排污漏斗沿内部接管和上排污阀泄出。漏斗的数目和安装位置应便于将全部液面上的污物排除。

上排污的排水量和排污次数视炉水化验结果而定，可在需要时随时进行，但一般应在投药前，以免药物在起作用前损失；24 h 内可排污 1～2 次，每次排污时间不应超过 30～60 s。上排污前应先将炉水加至接近最高水位，排污时注意水位变化，水位降至浮渣盘即停。如果认为一次排水量不够，可重复上述操作。若含盐量太高，靠上排污难以符合要求，应停炉换水。废气锅炉也要进行排污（强制循环水管锅炉除外）。

排污阀的通径一般为 20～40 mm。如需调节排污流量，应在管道上另装一调节阀。排污时，应先打开舷旁通海阀 16（图 4－4－1），以防开启排污阀时管内发生水击；再全开排污阀，最后开调节阀。停止排污时，先关调节阀，再关排污阀和通海阀，以防它们遭水流冲蚀而密封性变差。

五、汽、水系统常见故障

1. 失水

锅炉水位低于最低工作水位时称为失水。失水是锅炉的一种严重事故，可能使上部受热面失去炉水冷却而烧坏。发现失水时要冷静处理，如关闭水位计上通汽阀仍能"叫水"进入水位计，则表明水位仍在水位计通水接管之上，可迅速加大给水；如"叫水"不来，千万不能向炉内补水，以防赤热的受热面突遇冷水而爆裂，甚至招致锅炉爆炸。这时应立即停炉，待冷却后进一步检查受热面损坏程度，并查明和排除给水不足的原因。

2. 满水

水位超过最高工作水位称为满水。满水会使所供蒸汽大量携水，导致水击、腐蚀管路设备等危害。发现满水应立即停止送汽，进行上排污，直到水位恢复正常；同时开启蒸汽管路和设备上的泄水阀泄水；然后查明水位自动控制系统故障，予以排除。

3. 受热面管子破裂

因结垢严重、水循环不良等导致管壁过热或腐蚀严重，都可能引起受热面管子破裂。它会使水位、气压迅速降低，烟囱冒"白烟"（水雾），有时能听到异常声音（往往被舱内噪声掩盖）。有的锅炉结构可从烟箱的泄放阀中放出水来。

如裂缝不太严重，仅为微小渗水，可暂时监视使用，谨防裂缝扩大。如水位下降较快，应立即停炉。但除已严重失水者外，在受热面温度降低前应继续给水，保持锅炉的正常水位，以防受热面因大量失水而被烧坏。停炉待锅炉冷却后，即可将其中的水放尽，进入炉内堵管。水管锅炉管子破裂多发生在靠近炉膛热负荷高的水管，比较容易发觉。如破裂管在中间，则较难寻找。应在锅炉尚有气压时先观察漏水破管的大约部位，待停炉放水后，再用木塞堵住管子下端，从上端灌水寻找。

受热面管破裂如暂时不能换管，可临时堵管使用。堵塞水管锅炉的水管钢塞应具有一定锥度，涂上白铅油后，塞在破管的两端，然后用手褪敲紧，再借助于工作蒸汽的压力，即可保证一定的严密性。

如果发现针形管泄漏，应按照下面的方法进行临时性修理：首先停炉，使锅炉自然冷却并降至常压，放空炉水。然后进入锅炉烟箱在相关的针形管外管侧面切割一个透气孔，如图 4－4－4 所示。用钢丝刷清洁针形管外管内侧，选用和烟管等厚度的钢板，切割一块直径和针形管外管一样的圆形钢板，并把上边缘倒角 30°，按图示位置焊接上密封板。然后进入炉膛，用上述同样的方法，钻孔、焊接下密封板。这种临时性修理方法只允许密封泄漏针形管的数量在 10% 以下，否则必须进船厂进行永久性修理，而且相应的蒸发量也要减少。

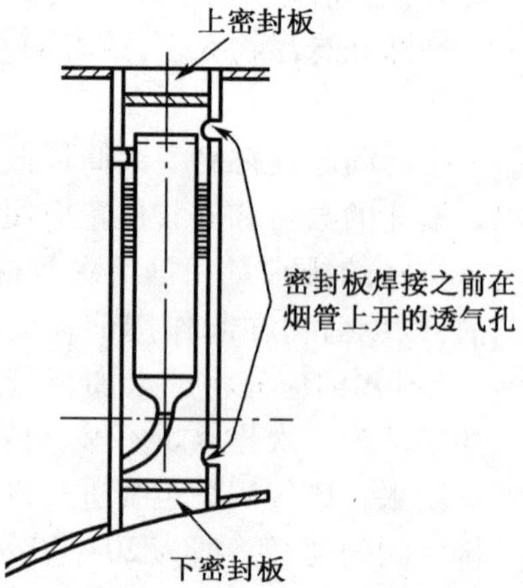

图 4－4－4　针形管的临时修理

烟管锅炉，可用两端带螺纹和盖板的堵棒将破裂管堵死。堵管时，在堵棒的盖板和管板之间垫上石棉垫，收紧螺帽即可。堵管的数目不宜过多，以免影响加热的均匀性。堵管后应进行水压试验，证实不漏后才能再点火升汽。

4. 炉水异常减少

在正常的给水条件下，产生异常低的水位，原因是水位计通水阀和通汽阀开关有误；吹灰器、安全阀及锅炉受热面管子漏泄；给水泵、阀及自动给水装置发生故障。

5. 水位计玻璃破损

玻璃因炉水的腐蚀而变薄，安装时有内应力，温度剧变或震动剧烈等都可使玻璃破损。安装新玻璃管时，先使下侧的金属轻轻接触玻璃管，后装上侧。安装新玻璃板时，注意板框螺钉要对称均匀上紧，升压后再紧一次，以免膨胀不均顶坏玻璃板。

第五节　船舶辅助锅炉维护

锅炉是一个高温高压的容器，它的安全可靠是至关重要的。良好的维护保养不仅可以提高锅炉的使用寿命也可以增加使用时的安全可靠性。因此，维护管理人员应有高度的责任感，严格按照锅炉维护保养方面的规定及要求行事，决不疏忽大意。

一、停用锅炉的保养

停用封存锅炉的保养有干燥保养与满水保养两种方式，主要目的是不使锅炉内的空气（氧）与水同时存在，以防氧化腐蚀。

1. 干燥保养

干燥保养分为普通密闭保养和干燥剂密闭保养两种。普通密闭保养可以维持 2～3 个月，方法是将锅炉内部清洁并吹干，将人孔盖和联箱的手孔盖密封前，放置燃烧着的木炭，并立即封闭人孔盖和手孔盖，燃烧的木炭消耗锅炉内的氧气，并保持干燥，所有与外部连接的阀门、管路等必须密封，切勿使空气漏入。使用干燥剂密闭保养可以维持半年以上。若用无水氯化钙，用量约为 1 kg/m^3；或用硅胶，用量为 4 kg/m^3。干燥剂应盛在开口容器内，不得与锅炉钢板直接接触，因为有的干燥剂吸湿后对钢板有腐蚀作用。

2. 满水保养

满水保养是为了避免空气存在而产生氧化腐蚀。

满水保养时应打开锅炉上的空气阀，向锅炉（包括经济器、过热器）泵送加碱性药物的蒸馏水或冷凝水。为了使药剂混合均匀和排除水中的氧，水加满前点燃一个燃烧器，将炉水加热至沸腾，使水中溶解的氧气量减少，同时利用产生的蒸汽将锅炉中的空气从空气阀驱出。待空气驱尽，空气阀中连续冒出蒸汽时熄火，然后用给水泵将水加满，再关闭空气阀，在锅炉中建立0.3～0.5 MPa的水压。炉水冷却后，压力可降至0.18～0.35 MPa，能保证空气不漏入锅炉内。

碱性药剂可用氢氧化钠和碳酸钠，保持碱度为300 mg/L（NaOH），相当于7.5 mmol/L^{-3}；也可用磷酸钠，使炉水的磷酸根含量保持在100～200 mg/L。磷酸钠最好在水垢已经清除的条件下使用，否则它会与水垢反应使炉水充满悬浮的泥渣，并且使磷酸根含量下降。

如果满水保养已超过一个月仍需延长，可放掉部分水再加热驱氧，然后重新补水。补水前可化验炉水碱度或磷酸根含量，决定补水时是否要加药。

满水保养在冬季或寒冷地区可能发生冻裂的危险，所以应当放弃而改用干燥保养。使用满水保养时，需要特别注意防止各接头及阀门等处漏水。附有过热器的锅炉，过热器中也应当同时做满水保养。

二、锅炉的清洗

锅炉运行一段时间后必须停炉清洗。其目的一是清除水垢、泥渣和烟灰；二是检查锅炉内各处有何腐蚀、裂纹和变形。这种内部检查每年至少应进行两次。

1. 水垢的清洗

水垢清洗的方法有机械清洗法、碱洗法和酸洗法。

（1）机械清洗法

如炉内水垢较薄，可用刮刀、钢丝刷、管刷和电动（气动）铣刀等清垢。清洗应在锅炉刚冷时进行，如冷却过久，水垢会变硬，遇硬垢时，切勿用工具硬敲，以免损伤金属的平滑表面，降低使用寿命。机械清洗法劳动强度大，目前已很少采用。

（2）碱洗法

当水垢坚硬不易刮除时，可碱煮后机械清洗。对于较厚水垢，可用碳酸钠（8～12 kg/t炉水）和苛性钠（0.4～0.6 kg/t炉水）混合投入炉内。炉内水位保持在最高水位，加热升压至0.3 MPa，然后慢慢降至零，又升至0.3 MPa，再降至零。如此每隔1～2 h交替升降一次，以松动附着的水垢。每当压力降至0.1 MPa时进行一次表面排污，并补水至原位。碱洗完毕，进行最后一次表面排污，然后停火并使锅炉自行冷却。当压力降至0.05～0.1 MPa时，开启底部排污阀，放去碱水以及松脱的水垢。如水垢不多，则可用磷酸钠碱洗（1～2 kg/t炉水），但在排污后补充给水时，需补入磷酸钠（0.75～1 kg/t炉水）。

碱洗时间需1～1.5天，以炉水中碱度不再下降为准。此外，碱液对铜有腐蚀，所以洗前应拆除相应的铜阀。

（3）酸洗法

酸洗除垢最彻底，但对金属具有极强的腐蚀性，只在不得已时才用。如盘香管锅炉，因内部空间小，又必须清洗时才采用而复洗法。自从研究出腐蚀的抑制剂（Inhibitor）之后，酸洗法才被广泛采用为清洁锅炉的最佳方法。

酸洗是用热盐酸（或柠檬酸）水溶液来溶解水垢。酸的浓度视水垢厚度和性质而定。如水垢成分主要为碳酸盐，则盐酸浓度为2%，温度为20～40 ℃；如水垢成分主要为硫酸盐和硅酸盐时，浓度可大些，但不应超过10%。如果浓度为10%的盐酸还不能溶解水垢，则可在每吨水中投入氟化钠(NaF)和氢氟酸(HF)20~30 kg，但此时盐酸浓度不得超过2%。为了保护金属不受酸的侵蚀，水中需要加入阻滞剂，如甲醛(福尔马林)、乌特洛平等。

酸洗时最好采用泵强制循环酸溶液，可提高酸洗效果。酸洗时若酸度不断下降，说明正在除垢，必须适量补充盐酸以恢复浓度，补充原则是宁少不多。当酸度不变时，表示酸洗已近结束，该过程为8~10 h。

酸洗后酸溶液应全部收集到防酸塑料容器中妥善处置，严禁直排放到舱底或金属容器中或排入海中，以防污染和腐蚀。然后仍利用酸洗循环系统，先用淡水冲洗锅炉，再用浓度超过酸液浓度2%~3%的热碱水(80~90 ℃)，循环洗锅6~8 h，中和残余酸液，最后再用热淡水清洗一遍。

酸洗时不能用原有锅炉汽水管路系统，必须另设一套酸洗循环系统，锅上铜质附件应拆除或隔开。锅炉有不严密处、裂缝和腐蚀损坏部位则不允许进行酸洗，以免造成不良后果。

2. 烟灰的清洗

烟管锅炉可以在停炉后打开检查门，人工清除烟管中烟灰。水管锅炉可以在运行中用吹灰器除灰，也可在停炉后进行。吹灰一般采用锅炉的蒸汽，也可用压缩空气。用吹灰器很难彻底清除积灰和灰渣，所以仍须定期用机械方法和水洗方法除灰。

(1)吹灰器除灰

使用吹灰器除灰应注意以下几个问题：

①吹灰器耗汽量很大，故吹灰前应改为手动燃烧，加强通风和燃烧，保持较高的蒸汽压力，以免开吹灰器后气压突降，影响正常的水循环；同时避免引起炉膛温度下降，燃烧恶化，以至大量未燃尽的可燃物沉积在受热面管壁，或堆积在烟道的某些烟气滞留区。

②开始吹灰作业时，先要开启停汽阀暖管并泄水，因为带水的蒸汽吹扫受热面可能引起损坏。

③使用吹灰器吹除受热面积灰时，应力求吹扫全面，应按烟气流动方向逐个地开启吹灰器蒸汽阀，每个吹灰器吹扫一个来回约1 min，必要时重复一个周期。避免局部地区未被吹扫而造成受热面各管束传热不均，引起水循环不良。

④吹灰完成后，关闭停汽阀，开启泄放阀。吹灰器的蒸汽阀要关严，避免蒸汽漏入烟道。

⑤在停炉后检查所有吹过灰的管子的吹灰效果和表面状况。吹灰不当也可能引起管子腐蚀或刷蚀，这是因为吹灰气压和流速过高，气体中有凝水或吹灰过于频繁。

另外，吹灰尽量选择甲板上的风向和风速适宜时进行，避免吹出的烟灰掉落在甲板上。吹灰器有多喷嘴式和单喷嘴式两种，其布置的区域不同。

多喷嘴吹灰器多用在烟气温度较低的蒸发受热面烟道中，通常固定在烟道中的受热面管束间，喷嘴沿管束宽度均匀分布，喷出的蒸汽可以吹扫整个管束，并能用炉外的手轮控制360°旋转。吹灰器的数量和在管束中的布置可由锅炉的大小及受热面管子数目的多少而定。单喷嘴吹灰器用于吹扫水冷壁等烟气温度较高的受热面，它不需要360°旋转，但可用手轮控制做轴向移动，依次吹扫受热管束；并能够在不工作时将喷嘴缩回炉外，以防喷嘴长期受到高温烟气的烧烤而损坏。

(2)机械法除灰

机械法除灰是用小锤、凿子、刮刀等工具来清除积灰,也可以用压缩空气喷枪将吹灰器吹扫不到的区域的浮灰吹掉。对于非常坚硬的灰渣,不宜用工具过分地敲击,特别是老锅炉,钢材均有脆化倾向,只能用水洗法来清除。

(3)水洗法除灰

燃油锅炉灰渣的表面物质是溶于水的,当用温水冲洗时灰渣有可能剥落,如果在水洗时加入碱性化合物效果会更好。由于水洗要消耗大量淡水,水漏入耐火砖墙还容易使砖墙损坏,而且溶解灰渣后的水呈酸性,可能对管子和锅筒造成酸性腐蚀。水洗时锅炉周围和底部的电气设备和线路也须严加保护,因此只有当其他方法无效时才采用水洗。

水洗可用特殊的水枪,或者借助吹灰器。水枪用水省,不易弄湿锅炉和耐火砖墙,缺点是不能喷洗到所有的管子。

水洗的水温可控制在 65 ~ 90 ℃,水压为 0.2 ~ 0.3 MPa。因为污水对钢材有腐蚀作用,故水洗时间不宜持续太久,也不要中途停止,否则湿润的灰渣干燥后变得更坚硬,以后清洗起来更加困难。在水洗时,应在炉膛的耐火砖上罩以帆布,防止砖墙过分潮湿,同时用炉膛底部的泄水阀及时将污水泄放。

水洗后锅炉应点火进行干燥,这时应每隔 15 min 交替地进行点火和熄火,干燥约需 5 h,让炉膛中的耐火砖墙缓慢烘干。

(4)除灰剂除灰

除灰剂分为硝酸盐和铵盐两大类。硝酸盐除灰的机理如下:

①在高温下它会分解析出氧气,并能降低可燃性烟灰的着火点,促使大量烟灰氧化烧掉;

②硝酸盐和灰分中的金属盐类生成低熔点共晶体,使硬质灰垢变得疏松干燥,易于脱落,使其能随废气通过烟道或由烟灰吹出过程将其消除;

③硝酸盐在高温下分解出来的亚硝酸盐对钢材有一定的钝化作用,减缓锅炉的腐蚀。

铵盐除灰的机理是,它在高温时会放出 NH_3,使烟气中的有害物质氧化成 N_2 和 H_2O。

除灰剂中的碱金属盐类在高温下产生的碱金属阳离子,附在灰粒表面上使灰粒不凝聚,扩大烟灰氧化表面使其完全燃烧。

锅炉除灰剂操作简便:炉膛呈负压的锅炉,可将棒状除灰剂从点火孔或前检查孔直接投入正在燃烧的炉膛内即可;炉膛呈正压的锅炉或因结构因素不便投放时,可用喷枪,以压缩空气使粉状药剂呈雾状喷入炉膛的火焰中。投药后应燃烧 20 ~ 30 min 才可停炉,投药时炉膛温度要高于 1 000 ℃,否则达不到应有的效果。在正常情况下,除灰剂用量为每天燃油耗量的 1/10 000,初次投药可为正常时的 2 ~ 3 倍。

废气锅炉的烟气侧除灰可用低温烟灰清除剂,通常经由一套添加设备缓慢地加入废气管路中。它的低温(200 ℃)催化作用能有效地消除废气锅炉烟气侧表面上的沉积物。

三、锅炉的检验

锅炉检验的内容不但包括锅炉本体及其主要部件,而且还包括主要的附件和指示仪表,例如水位计、安全阀、压力表等。检验的目的不仅是找出可能存在的腐蚀、变形、裂纹等损坏处,确定是否要修理和修理的范围,而且还要研究其产生的原因和以后如何改善管理。根据《钢质海船入级规范》(2005 修改通报)的锅炉检验规定(2005 年 8 月 1 日起执行),工作压力超过 0.35 MPa 或(和)受热面积超过 4.5 m^2 的锅炉要进行各种检验。其中内部检验每 5 年内不少于 2 次，最大间隔期应不超过 3 年；外部总体检验在船舶的每次年度检验时进行。检验由专职的验船师进行，轮机人员也要熟悉。

1. 内部检查前的准备

进入锅炉内部应按船舶安全管理体系中有关进入密闭空间的程序进行。主要应注意以下几点：

(1) 必须按程序要求获得船长或轮机长的批准。

(2) 做好个人安全防护工作，如工作服、工作鞋、工作手套、安全帽、安全绳、防爆电筒和电压不准超过 24 V 的防爆安全灯等。

(3) 做好油、水、汽、电的隔离工作，如必须将通往该锅炉的一切有压管路（如并联锅炉的给水管路、蒸汽管路等）上的阀门关闭，并设法锁死，能泄压的都要泄压。将锅炉电源关闭。

(4) 在关键部位挂告示牌。如在上述关键的阀门和开关上挂"正在检修，严禁使用"的告示牌，以防他人误操作。告示牌必须谁挂谁撤，他人不得擅动。

(5) 充分通风。锅内必须有足够的空气，无积油和油气。经测氧测爆符合规定要求。

(6) 物品控制。必须带进炉内使用的物品和工具必须用可靠容器存放，进出锅炉前后要对登记进行核对，严防炉内遗留物品。易燃易爆和无关物品不准带入。

(7) 至少双人作业。作业时，锅炉外必须留人照应。

进行锅筒内部检查时，内部附件，例如汽水分离设备、给水管、排污管等若有碍检查的可暂时拆卸。

2. 内部检查的主要内容

(1) 水垢和水处理状况

炉水处理良好则金属表面仅附有薄而稀松的水垢，用钢丝刷就可刷掉。如果水垢呈结晶状，厚度超过 2 mm，牢固地附在金属表面，则说明炉水硬度太高，过剩磷酸根不足，钙、镁离子没有完全转变为泥渣。如果水垢厚而不紧密，是略带半透明的大晶粒，放在淡水中 2 ~ 3 h 后极易破碎，则是由易溶盐构成，是炉水含盐量过大所致，可能是排污不够或有海水漏入给水系统。如果水垢是坚硬光滑呈薄瓷片状，则说明炉水含有硅盐，这种水垢的导热性很差，最危险。如果锅筒水位线附近壁上黏附有油污，则由油污区的宽度和油污层的厚度可以判断出进入锅炉的油污量，应予清洗，并查明原因予以解决。如果在锅筒水位线以上壁面黏附有泥渣，则说明炉水可能发生了汽水共腾，应加强上排污，降低炉水的含盐量。若底部堆积泥渣很多，可能是下排污不足或下排污管布置不合理。

(2) 腐蚀与管子变形

检查锅炉内部的腐蚀和裂纹，应在清除水垢之前进行，因为有些腐蚀裂纹能在水垢表面显示，除垢后反而不易觉察。对检查的结果应做记号并记录。细微的裂纹会使该处水垢的颜色呈现深红色或深褐色的条纹，而其余地方则为均匀的淡黄色。如果是局部腐蚀，那么腐蚀区域的水垢会因含有氧化铁成分而颜色局部变深。如果腐蚀处于活化阶段，则水垢呈褐色，轻轻一敲即掉下来，水垢下层有黑色氧化铁；如果水垢牢固地贴附在麻点上，颜色也较淡，则是已停止腐蚀的老麻点。

检查先从锅筒的蒸汽空间开始，首先检查安装附件的孔口边缘和人孔边缘的内侧，因为这些地方最容易出现裂纹。然后检查人孔盖及其横梁上的孔有无变形，如果有则是由于过度拧紧螺母所致。蒸汽空间筒壁的腐蚀比较少见，但应检查水位波动的地方，这个区域是容易遭到腐蚀的。应特别注意腐蚀的深度和范围的大小，如发现深度较大，应测量其深度。对进行补焊的地方必须用手锤敲击检查，因为该处容易出现强烈的腐蚀和裂纹。应注意检查锅筒封头弯角处以及给水管与锅筒连接处是否有裂纹。对于管端，可用电灯照射和放大镜观察来确定有无腐蚀和裂纹。如果发现有裂纹的管子应更换。

受热面管子要检查是否有鼓疙、变形和腐蚀麻点。管子的鼓疙和变形可以从管外检查。腐蚀麻点则可能发生在管子的内部和外部，所以除了从表面观察外，还应从锅筒管口处的腐蚀情况，间接地判断管子内部的腐蚀。如果腐蚀麻点的深度达到管壁厚度的一半，就要考虑是否需要将这些管子切割一部分进行检查，以确定是否需要换管。受热面管子最容易损坏的是靠近炉膛的几排管子和水冷壁管子，这些管子的外部损坏可以在炉膛中观察到。管子变形的允许值为管子下垂量不超过管径的 2 倍，管距变化不超过 25% ~35%。还应检查管端扩接处有无漏泄，这可从烟气侧有无盐渍来判断。如发现有漏泄，可以再次扩管。如果漏泄严重或再扩管仍无效，则需换管。

测量局部腐蚀麻点深度的方法常用的有两种：

①压铅法。将软铅合金压入麻点内，用手锤敲平，然后取出测量其厚度。

②金属浇铸法。将低熔点的金属（如焊锡）熔化后注入麻点中，凝固后取出，并测量其厚度。大面积的均匀腐蚀可用测厚仪测定受热面现存的壁厚。

锅筒、联箱等厚度普遍减薄超过原厚度 10% 以上时，应重新验算强度，必要时降压使用。如因腐蚀减薄量不超过原厚度 30%（弯边处不超过 20%），堆焊修补，但面积不允许超过 2 500 cm^2。个别腐蚀凹坑最大直径不超过 3 倍厚度，相邻凹坑距离不少于 120 mm。减薄量超过上述规定也可焊补。所有焊补应采取相应的工艺预热工件或焊后保温，以防骤冷硬化，增加应力。

(3) 裂纹

除了腐蚀，裂纹的检查也要特别仔细，因为裂纹的位置不易发现，而且出现裂纹后会造成严重的后果。在应力集中、冷热变形较剧烈的地方以及管端扩管处容易出现裂纹。裂纹有表面裂纹和穿透裂纹两种。

是否有裂纹的判别方法：

①观察法。可从水垢的颜色间接地显示裂纹。

②煤油白粉法。先用 14% 的硫酸溶液侵蚀需要检查处，然后用煤油浸湿，待 25 min 后擦干，再涂上白粉，如有裂纹，则煤油会透过白粉显示出裂纹的轮廓。

③超声波探伤法。超声波探伤仪用来发现平行于锅筒表面的内在裂纹。因为，裂纹对应力特别敏感，因此原则上不允许有裂纹存在。如发现仅是少数几处有裂纹且未穿透筒壁，征得验船师同意后可用补焊方法修理，焊补前应将原裂缝处铲除。若多处出现裂纹而且其深度又大，或裂纹发生在管板管孔间，则应考虑予以更换。

3. 锅炉的水压试验

使用的锅炉在每次大修后，或在检验时发现有必要，以及长期停用后，都要进行水压试验，检验其结构强度和水密性。水压试验压力通常为 1.25 倍锅炉设计压力，损坏后经过重大修理的锅炉为 1.5 倍锅炉设计压力。

水压试验前应取下所有不能承受试验压力的零件和仪表，安全阀要用专用夹具锁紧，以免被水压顶开。不允许用加大弹簧张力的方法来关紧安全阀，因为过度压缩弹簧对其有害。试验时先打开空气阀，以手摇泵向锅筒内充水，待空气阀溢水后将其关闭，再加压至试验压力，确认排污阀和泄放阀等无泄漏，保压 5 min，如果压力不下降则为合格。

工作温度不超过 450 ℃的蒸汽管，从锅炉的制造或安装之日起 10 年后，每 5 年对直径大于 76 mm 管子应拆开进行内部检验和 1.5 倍工作压力的液压试验。

复习思考题

1. 辅助锅炉在船上有何用途？辅助锅炉可分为哪几类？
2. 保证锅炉水循环良好的措施有哪些？
3. 辅锅炉有哪些主要性能参数，含义分别是什么？
4. 水管锅炉与烟管锅炉相比，有何特点？
5. 废气锅炉蒸发量如何调节？
6. 废气锅炉与燃油辅锅炉的连接有哪几种方式？
7.《钢质海船入级规范》对锅炉安全阀有何要求？锅炉安全阀为什么应有适当的关阀压力降低量，这是如何实现的？该关阀压力降低量太小或太大对安全阀的工作有何影响？
8. 提高蒸汽品质有哪些管理和结构上的措施？
9. 采用回流式机械喷油嘴有何好处？
10. 压力式机械喷油嘴是怎样工作的？
11. 如何进行针形管的临时修理？
12. 何谓失水，何谓满水，各有何危害？
13. 为何锅炉给水温度不能太低？怎样提高锅炉的给水温度？
14. 安全阀阀盘上的唇边、套筒和阀座上的调节圈有什么作用？
15. 热水井有何功用？
16. 在燃油辅锅炉上一般设置有哪些附件？
17. 锅炉停用时的保养方式有哪几种？
18. 如何进行锅炉酸洗？
19. 使用吹灰器吹灰应注意哪些问题？
20. 锅炉检验有什么要求，都包含哪些项目？

第五章　液压甲板机械

第一节　液压甲板机械基础知识

甲板机械是指装置在机舱以外，与主推进系统无关的动力传动机械。而液压甲板机械是指以液压能作为执行机构驱动能源的一类甲板机械。此外，还有蒸汽甲板机械和电动甲板机械。现代化船舶上液压甲板机械应用最为广泛，这也是本篇加以着重介绍的主要原因。液压甲板机械主要包括以下几种：

(1)液压起货机；

(2)液压绞缆机和锚机；

(3)液压舱口盖启闭装置；

(4)液压舵机等。

一、液压传动系统的基本工作原理和组成

液压传动系统的种类不同，功用不同，其液压系统的复杂程度也会有所不同，但它们的基本组成原理是相同的：都是利用液压传动原理。

如图 5-1-1 所示，如小活塞的面积 A_1 与大活塞的面积 A_2 之比为 1∶10，在小活塞上施加 1 kN 的力，则在大活塞上就有 10 kN 的向上推力。至于速度和行程，小活塞要比大活塞分别高出 10 倍。

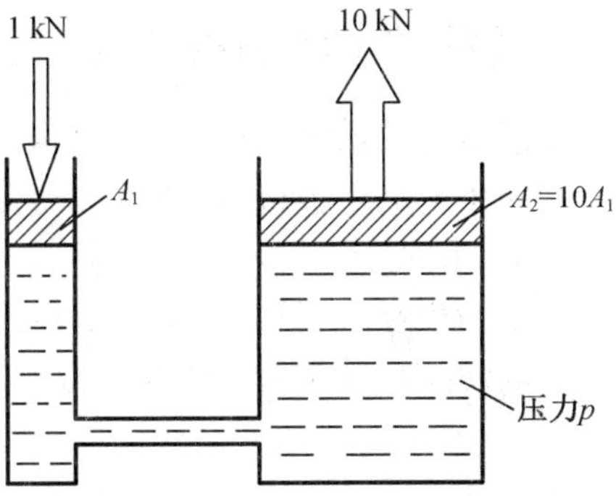

图 5-1-1　液压传动原理示意图

液压系统种类不同，功用就不同，复杂程度相差很大，但系统都是由四部分组成的，下面我们以液压千斤顶为例加以分析。图 5-1-2 为运用液压传动原理制成的液压千斤顶的液压系统结构简图，由图可知，液压系统由四部分组成：

1. 动力元件

其功用是将原动机的机械能转换成液体的压力能，如各类液压泵。图 5-1-2 为手动活塞泵 2。

2. 执行元件

其功用是将液体的压力能转换为机械能以驱动工作部件运动。如各类液压缸和液压马达。图 5-1-2 中为液压缸 9。

3. 控制元件

其功用是调节与控制液压系统中油流的压力、流量和方向，以满足工作机械所需的力（力矩）、速度（转速）和运动方向（运动循环）的要求。如各种压力阀、流量阀和换向阀。图 5-1-2 中为 4，7，11。

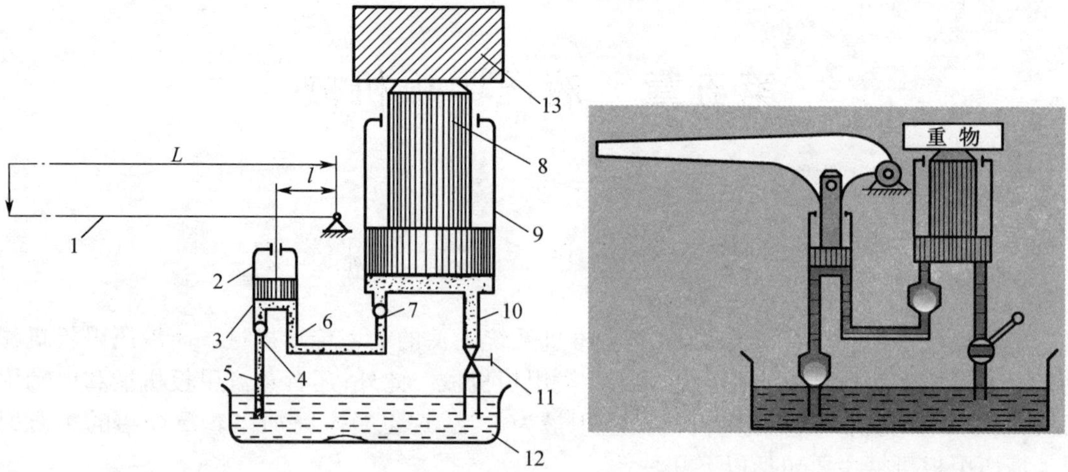

图 5－1－2　液压千斤顶结构简图

1—手柄;2—手动活塞泵;3—小活塞;4—单向阀;5—吸油管;6—排油管;7—单向阀;8—大活塞;9—液压缸;10—回油管;11—截止阀;12—油箱;13—重物

4. 辅助元件

其功用是协助组成液压系统,保证液压系统工作的可靠性和稳定性。上述三项组成部分之外的其他元件都称辅助元件,包括油箱、油管、管接头、滤油器、蓄能器、压力表、热交换器等。

工作介质通常是矿物油。其功用是传递能量、冷却、润滑、防锈、减振和净化。

二、液压传动系统的特点

1. 液压传动系统的优点

相对于电动甲板机械,液压传动系统有以下优点:

(1)体积质量

系统结构紧凑,单位功率质量小,无须变速装置;液压执行元件体积小,质量小,例如同样功率的液压电动机质量仅为电动机和减速装置的 1/6 左右。

(2)负荷与运动形式

执行元件与动力元件分开布置,能输出很大的力或力矩,可实现多种运动形式,如转动、摆动或直线运动。

(3)启动性能

液压油具有润滑能力和吸振能力,因而启动平稳,冲击很小,启动转矩大(最高可达 98% 的额定负荷),便于带负荷启动。

(4)换向调速

换向方便,惯性小,换向频率高,动作灵敏;调速范围广,可实现无级调速;最低稳定转速低,可实现微速运动。

(5)自动控制与安全保护

便于实现遥控、自控和过载保护等控制与保护,管理得当的话,使用寿命较长。

2. 液压传动系统的缺点

当然，相对于电动甲板机械，液压传动系统也有一些缺点：

(1)制造安装和管理

虽然元件易实现通用化、标准化与集成化，体积小，但结构复杂，加工精密，维护保护要求很高，要求轮机管理人员具有较高理论分析水平和实践经验。

(2)油液

为保证系统正常工作，要求油液清洁无污染；油液的可压缩性和泄漏影响到高压系统的传动精度，因而多用于传动精度要求不高的中大功率低转速场合；不适用于需定比传动的场合。同时，漏泄还会造成环境污染，产生火灾隐患。油温变化对工作性能也会产生影响，故不宜在油温过高或过低的情况下工作。

第二节　液　压　泵

一、液压泵的作用、要求、分类与符号

1. 作用

液压泵是向液压系统提供足够流量和足够压力的液压油，在液压系统中属于动力元件。

2. 要求

能够产生较高的工作油压，流量不受工作油压变化的影响；流量均匀，密封性好；体积小，寿命长。

3. 分类和符号

按排量可否改变，分为定量泵和变量泵。

按排向可否改变(转向不变条件下)，分为定向泵和变向泵。

根据泵是否变量和变向，其符号如图5－2－1所示。

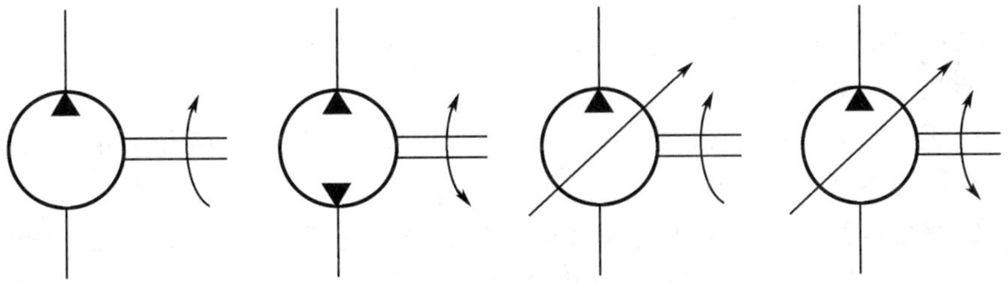

(a)　(b)　(c)　(d)

图5－2－1　液压泵职能符号

(a)单向定量液压泵；(b)变向定量液压泵；(c)单向变量液压泵；(d)变向变量液压泵

按结构形式分类，液压泵分为齿轮泵、叶片泵、螺杆泵、柱塞泵(轴向式、径向式)。其中柱塞泵是液压泵中最专门化、技术含量最高和最贵的一类泵，是液压泵中的贵族，这类泵罕见用于非液压系统。而我们前面所学的齿轮泵、螺杆泵除可用于液压系统外，也常用于其他场合，故已在船用泵中做了介绍，此处不再重复。

柱塞泵也属于容积式泵，它与普通的往复式柱塞泵在结构上显著的不同之处在于，采用多作用的回转式油缸形式，属于回转式泵；取消了泵阀，从而在性能上取得了突破，满足了提高转速、均匀供液和减小体积的要求，并可做成变向变量泵。

柱塞泵按其柱塞布置方式的不同而分为径向式和轴向式两大类，后者又有斜盘式和斜轴式之分，下面分别介绍。

二、径向柱塞泵

图5-2-2为径向柱塞泵的工作原理简图。径向柱塞泵的主要部件为柱塞1、浮动环2、缸体3、配油轴5等。柱塞1径向安装于在缸体3中。泵轴(驱动轴)与缸体的一端相连接，配油轴从缸体的另一端插入缸体中心的衬套中。工作时，配油轴固定不动，缸体和柱塞在泵轴的带动下一起旋转。柱塞靠离心力的作用(或低压油的作用)紧贴定子浮动环的内壁。浮动环中心与缸体中心的偏心距可通过左右移动浮动环来调节。浮动环在柱塞摩擦力带动下转动，以减轻柱塞头部的磨损。该泵的吸入、排出和变量原理如下：

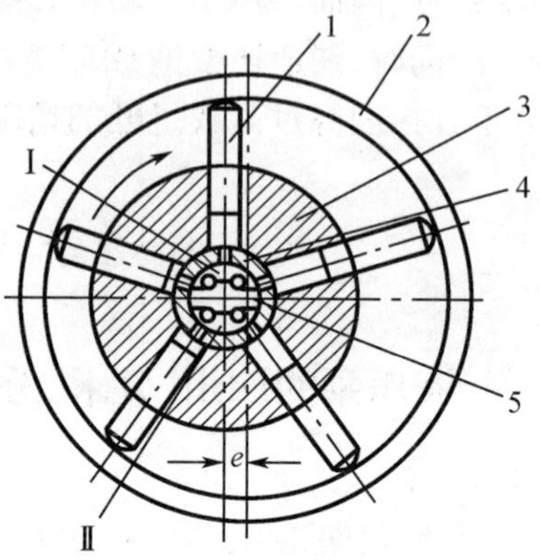

图5-2-2　径向柱塞泵工作原理

1—柱塞；2—浮动环；3—缸体；4—衬套；5—配油轴

1. 吸入过程

当缸体按图示方向旋转时，由于浮动环与缸体间有偏心距 e，柱塞转到上半周时向外伸出，柱塞底部的工作腔容积逐渐增大，形成部分真空；油液经衬套4上的油孔，从配油轴5的吸油口I吸入。

2. 排出过程

当柱塞转到下半周时，浮动环内壁将柱塞向里推，工作腔容积逐渐减小，油压升高，向配油轴的压油口Ⅱ压油。当缸体旋转一周时，每个柱塞吸、排油各一次。只要缸体连续不断运行，泵就可连续不断地吸排油。

3. 变量方法

当泵的转速一定时，改变偏心距 e 的大小或方向就可改变泵的吸排油量的大小或方向。故径向柱塞泵可以做成变向变量泵。

从径向柱塞泵的结构原理可以看出，径向柱塞泵存在着一个难以克服的配油机械问题：由于配油轴与缸体间有相对运动，因此必须有间隙，而配油轴上的密封区(吸、压油区)的尺寸又必须很小，否则会产生困油现象。配油轴一侧承受高压，另一侧承受低压，产生较大的径向负荷，配油轴产生变形，轴承负荷增加。同时，为了使受力变形配油轴和缸体(或缸体上的衬套)不致咬死，其间的间隙还不宜过小，这就会在压力差作用下，使泵的泄漏量增加，容积效率降低，一般在0.85～0.95之间。为了减少配油轴上的径向负荷，径向泵的工作油压一般限制在20 MPa以内。另外，径向柱塞泵的径向尺寸大，摩擦副过多，泵的机械效率低。

由于上述原因，径向柱塞泵的使用受到了一定限制，现已基本被轴向柱塞泵所替代。轴向柱塞泵具有结构较简单、效率高、径向尺寸小、转动惯量小、自吸性能好、受力条件好等优点，目前在船舶液压机械中广泛使用。

三、斜盘式轴向柱塞泵

图 5－2－3 为斜盘式轴向柱塞泵的工作原理，该泵主要由传动轴 1、配油盘 2、缸体 3、柱塞 4、斜盘 5、泵壳 9 等零部件组成。斜盘 5 和配油盘 2 是不转动的，传动轴 1 带动缸体 3、柱塞 4 一起转动，柱塞 4 靠机械装置或在低压油作用下压紧在斜盘上。其吸入、排出和变量原理如下：

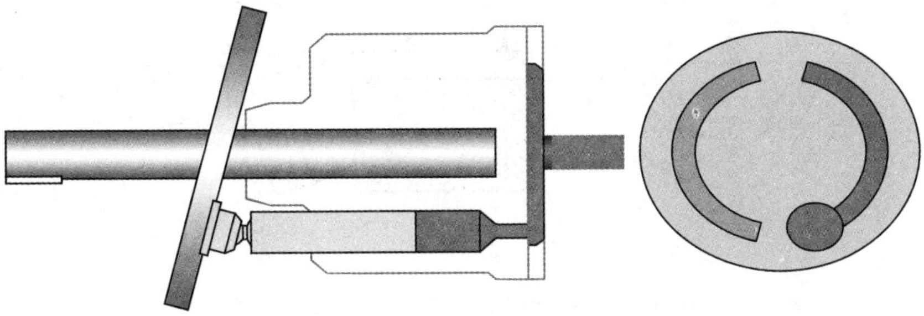

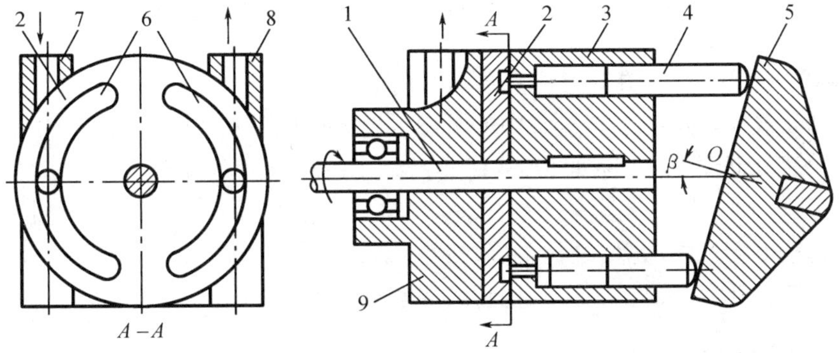

图 5－2－3　斜盘式轴向柱塞泵工作原理

1—传动轴；2—配油盘；3—缸体；4—柱塞；5—斜盘；6—配油窗口；7，8—吸排油口；9—泵壳

1. 吸入过程

当传动轴按图示方向旋转时，柱塞 4 在其自下而上回转的半周内逐渐向外伸出，使柱塞孔底部工作腔容积不断增加，压力降低，吸入管路油液经配油盘 2 上的配油窗口进入泵内。

2. 排出过程

柱塞在其自上而下回转的半周内又逐渐向里推入，使工作腔容积不断减小，油压升高，油液经配油盘窗口压到排出管路。缸体每转一周，每个柱塞往复运动一次，完成一次吸油和排油。

3. 变量方法

当泵的转速一定时，改变斜盘的倾角 β 的大小和方向，就可以改变泵的排量大小和方向。倾角 $\beta=0$ 时，排量 $Q=0$。故轴向柱塞泵可以做成变向变量泵。

四、斜轴式轴向柱塞泵

图 5－2－4 为斜轴式柱塞泵的工作原理图。其中，缸体 3 的轴线与传动轴 5 的轴线夹

角为 γ，连杆 4 两端采用球铰；传动轴旋转，通过端部圆盘，带动连杆旋转，从而驱动柱塞和缸体转动，柱塞底部工作空间的容积发生周期性变化，实现油液吸排。显然，改变缸体倾角 γ 大小和倾斜方向，可以改变泵的油流量和流向。

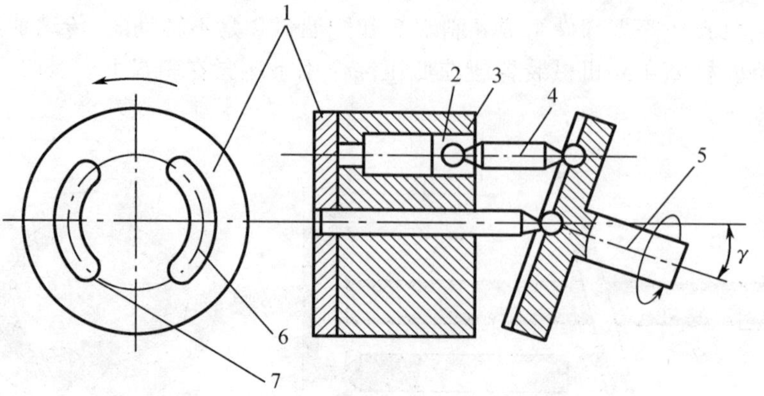

图 5-2-4　斜轴式柱塞泵的工作原理图

1—配流盘；2—柱塞；3—缸体；4—连杆；5—传动轴；6，7—配油窗口

与斜盘式柱塞泵相比，斜轴式柱塞泵具有以下特点：

(1)以传动盘铰接代替了斜盘泵中的滑履，结构强度和抗冲击性更好。

(2)缸体摆角范围大，可达到 40°~45°(斜盘式柱塞泵斜盘倾角不大于 20°)，所以变量范围大。

(3)驱动轴不穿过配油盘，缸径小，质量小。

(4)滤油精度低，一般为 25 μm，斜盘式柱塞泵为 10~15 μm。

五、柱塞泵的变量控制方式

柱塞泵的排量和排向是可以通过变量机构进行控制的，控制的方式有多种，常见的变量控制方式有手动变量式、液压伺服变量式、恒功率变量式等。

1. 手动变量式

指通过螺杆机构依靠人力来改变和固定斜盘倾角大小和方向，从而改变排量与排向的方式。

2. 液压伺服变量式

指通过液压伺服机构依靠液压力来改变和固定斜盘倾角大小和方向，从而改变排量与排向的方式。

3. 限压变量式

属于自动变量的方式，根据排出压力来控制流量(斜盘的倾角 β 大小)，从而控制排出压力不超过限定值。变量机构见图 5-2-5。当外负荷增加导致排出压力升高时，该压力作用在变量柱塞 8 上，推动倾斜盘向减小排量方向转动一个角度，从而限制了油压的进一步上升。

4. 恒压变量式

属于自动变量的方式，与限压变量方式基本相同，只是变量目标是保持压力基体恒定。

该方式能在正常工作负荷范围内,根据排出压力的细微变化,连续调节流量,从而控制排出压力基本稳定。

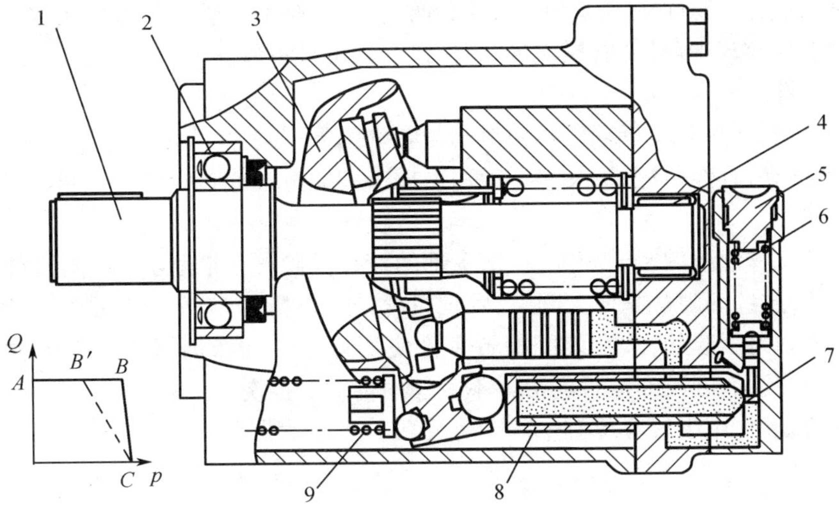

图 5-2-5 限压式变量泵

1—传动轴;2,4—轴承;3—斜盘;5—调节螺栓;6—压力补偿器弹簧;
7—压力补偿阀芯;8—变量柱塞;9—斜盘复位弹簧

5. 恒功率变量式

属于自动变量的方式,与恒压变量方式基本相同,只是变量目标是保持功率基本稳定。该方式能在正常工作负荷范围内,通过自动变量机构根据排出压力的细微变化,连续调节流量(斜盘的倾角 β 大小),排出压力高时降低排油量,排出压力低时提高排油量,从而使油泵功率($P = pQ$)基本保持不变,从而控制排出压力基本稳定。

六、柱塞式液压泵的使用和管理要点

柱塞式液压泵是液压泵中的贵族,在使用和管理中除应遵守容积泵使用与管理的一般原则外,还应特别注意柱塞泵的特殊性。

1. 油

油品应按规定选用,不得随意改换和掺用。油质应保持高度清洁,油质不良和受污染是液压泵及系统的故障之源,会产生堵、卡、磨等故障。

油位应正常,平时应保持各润滑部件充分润滑,启动前必须检查泵壳及油箱内油位,检修后务必记住要灌油。为保证泵壳内油位适当,安装时,应使泵壳回油管的位置高于轴承。

油温应符合规定,过高和过低都会影响泵的正常工作和寿命。

2. 压力

吸入压力不能过低。吸油高度一般应小于 125 ~ 500 mm,对有的型号(如 ZB_1227)不允许自吸,故吸入管上不应加设滤器。如果吸入压力过低,不仅容易产生气穴现象,而且因轴向柱塞泵的柱塞要全靠铰接端强行从缸中拉出,易造成损坏,因此,有的轴向柱塞泵(如 CY14 - 1B)推荐采用辅泵供油。

排出压力不能超出规定。绝不能关阀启停，否则排出压力过高而损坏泵。

泄油背压不能高。对于油经泵壳强制循环冷却的泵或在泵壳回油管上加设滤器时，必须注意泵壳内的油压，通常不得大于0.2 MPa，以保证泵壳的密封和变量机构的正常工作。

零位时泵不宜长时间运转。因为泵空转时不产生排出压力，各摩擦面也因此得不到泄漏油液的润滑与冷却，容易使磨损增加，并使泵壳内的油液发热。

3. 重要部件

柱塞偶件、配油盘和变量伺服机构滑阀与差动活塞是应特别关注的部件。这些部件多经淬火，硬度很高，且经研配，拆装时不应用力捶击和撬拨，严防划伤密封面和换错偶件。

4. 重要间隙

主要为柱塞与油缸的径向间隙、柱塞头部的铰接间隙、配油盘与油缸体的轴向间隙、滑阀与阀套间隙，这些间隙都是研配间隙，发现过松（过度磨损）应按规定更换，过紧通常是配合面不清洁或划毛引起的，故在装配前各零件应用挥发性洗涤剂清洗并吹干，然后边装边在配合面涂布清洁的液压油进行润滑。不宜使用棉纱等擦洗。

泵检修装复后，用手转动泵轴，应转动灵活。手感为既无卡阻也不松动时，说明间隙正常。

七、叶片泵

叶片泵根据泵轴每转一转的排出（或吸入）次数，可分为单作用式和双作用式，如图5－2－6和图5－2－7所示。下面分别加以介绍。

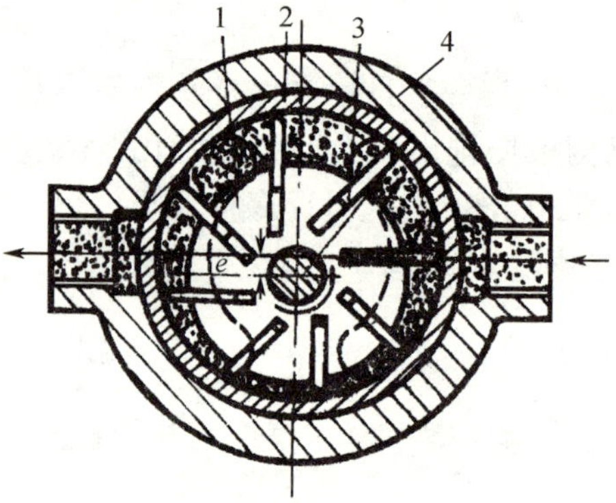

图5－2－6　单作用叶片泵

1—转子；2—定子；3—叶片；4—泵体

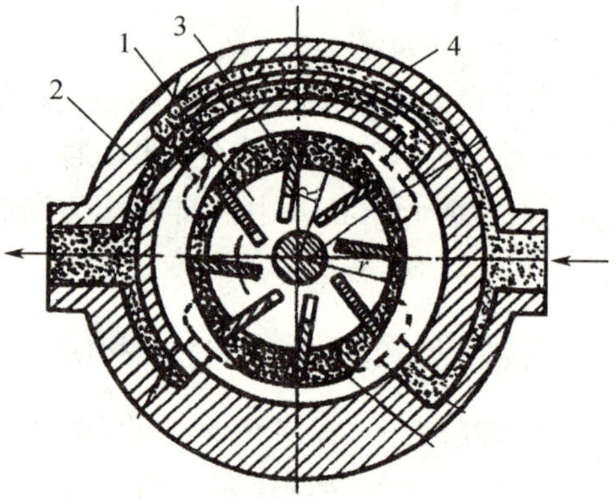

图5－2－7　双作用叶片泵

1—转子；2—定子；3—叶片；4—泵体

1. 单作用叶片泵

(1)结构

如图5－2－6所示，单作用叶片泵主要由传动轴、转子、定子、叶片、配油盘和泵体组成。定子内壁呈圆形，定子和转子之间有一偏心距 e，转子上有均匀分布的径向狭槽，槽内装有可做径向滑动的叶片，叶片的宽度与转子的宽度相同。转子与叶片两端面各有配油盘与之紧密贴合，配油盘上开有吸、排油窗口。为便于叶片外伸，叶片的结构和安装特点是后倾后倒角。

(2)工作原理

当泵轴带动转子1旋转时,叶片3在离心力及叶片底部的油压力作用下由槽内伸出,使叶片顶部始终紧贴在定子2的内壁上。由于转子与定子的偏心,在转子、定子和配油盘间形成了月牙形腔室,并被叶片分隔成若干个封闭的容积。当转子逆时针回转时,两叶片间的工作空间在右半转容积不断增大,而转到左半转则容积不断减小;因此,能分别从配油盘上相应的配油口吸入和排出。

(3)困油现象——有

当泵的每两相邻叶片转到吸、排油口间的密封区时,所接触的定子曲线不是与转子同心的圆弧。因此,相邻叶片在密封区内转动时,叶间工作容积会先大后小,而产生困油现象,但不太严重,可通过在配油盘上的排出口边缘(运转时,叶片进入的一侧)开三角形卸荷槽以使困油空间的油液能从排出口泄出的方法解决。该泵的流量不太均匀。

(4)径向力——不平衡

由于转子两侧分别作用着吸入压力和排出压力,故泵在工作时定子、转子和轴承将承受不平衡的径向液压力(因此,也称单作用叶片泵为非卸荷式叶片泵),故工作压力不宜太高,应用不很广泛。

2. 双作用叶片泵

(1)结构

如图5-2-7所示,双作用叶片泵与单作用泵结构上的主要不同点在于定子内表面形状与偏心距。双作用泵的定子2内腔型线是由两段长半径尺圆弧和两段短半径r圆弧以及连接它们的四段过渡曲线组成。转子1和定子2的中心相重合,即偏心距恒为零。

(2)工作原理

当转子旋转时,叶片受离心力及液压力(叶片底部空间一般由排出腔引入压力油)作用,向外顶紧在定子内壁上,并可随定子内壁离转子中心距离的改变而在槽内往复滑动,从而使两叶片间的密封腔容积发生变化,进行吸、排油工作。显然,此泵转子每转一周,每个密封腔容积完成两次吸、排油,因此是双作用泵。

(3)困油现象——无

当泵的每两相邻叶片转到吸、排油口间的密封区时,因叶片顶端与定子的圆弧部分接触并转子和定子同心,故旋转时两叶片间的容积不变,不会产生困油问题。

(4)径向力——平衡

由于双作用叶片泵两个吸入口和两个排出口是对称布置的,所以作用在定子及转子上的液压力是完全平衡的(因此,也称其为卸荷式叶片泵),故工作压力较高。

3. 典型的双作用叶片泵

典型的双作用叶片泵如图5-2-8所示。

该双作用泵的定子和左、右配油盘2和7通过定位销固定在左、右泵体6和9上。右配油盘背后有槽e与排油腔相通,左泵体6的下面有吸油口。转子4通过花键由传动轴3带动旋转,传动轴由滚针轴承1和球轴承8支承。下面将此泵结构上的主要特点加以说明。

(1)定子、转子和叶片

定子内侧大、小圆弧间的过渡曲线必须设计成使叶片在叶槽中移动速度的变化尽可能小,以免产生太大的惯性力,导致叶片与定子的脱离或冲击。目前采用较多的定子过渡曲线是由前半段等加速曲线和后半段等减速曲线组合而成。

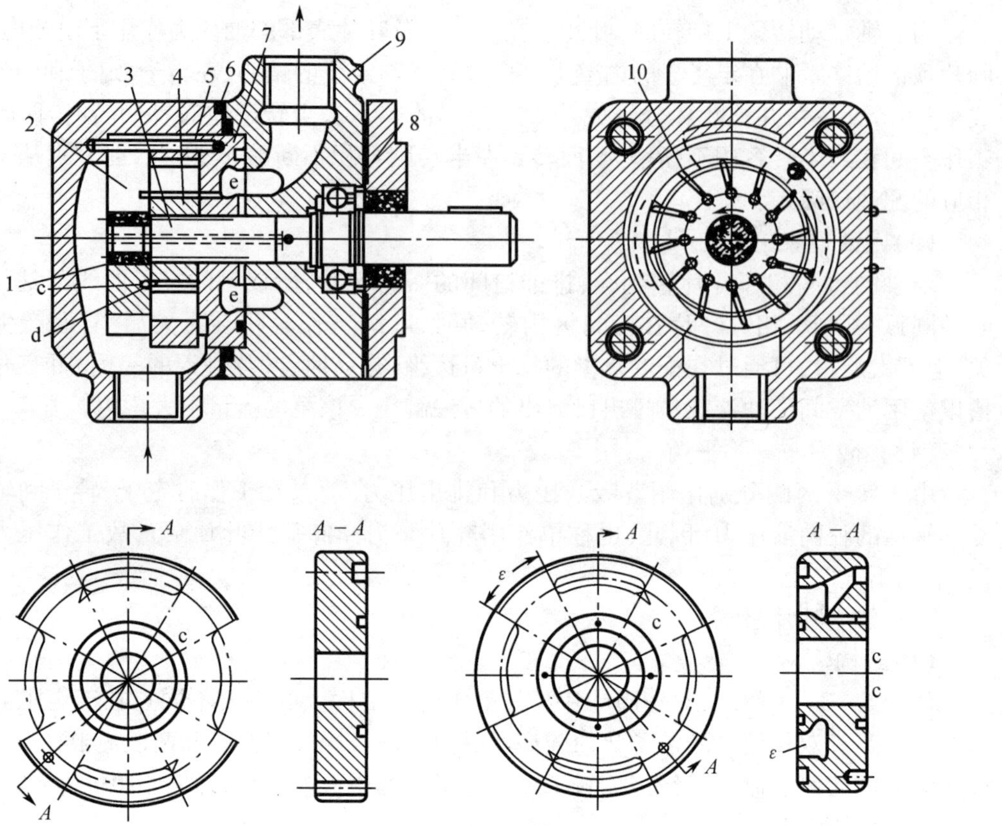

图 5-2-8　典型双作用叶片泵的结构

1—滚针轴承;2—左配油盘;3—传动轴;4—转子;5—定子;
6—左泵体;7—右配油盘;8—球轴承;9—右泵体;10—叶片

双作用叶片泵一般为使叶片在吸入区能紧贴定子,而使叶片底部与排出油腔相通。为此,配油盘端面开有环槽 c,通过小孔与排出腔相通,引入压力油。这样,在吸入区,叶片底部的排出油压可帮助叶片离心力克服惯性力和摩擦力,使叶片迅速伸出贴紧定子。在排出区,叶片两端同受排出油压的作用,但此时叶片的摩擦力和离心力都指向定子,所以即使在滑移后期叶片出现指向槽底的惯性力,也不致使叶片脱离定子。

单作用叶片泵由于叶片在转过吸入区时向外伸出的加速度较小,单靠离心力即足以保证叶片贴紧定子。为了避免叶片顶部对定子产生过大的压力,而将配油盘上与叶片底部叶槽相通的环槽分成长短不一的两段,长的一段与排出腔相通,短的一段则与吸入腔相通。

双作用叶片泵的叶片数应取偶数,以保证转子所受的径向力平衡。通常叶片数为 12;但当工作压力超过 10 MPa 时,为提高转子强度,则多为 10。

(2)配油盘

配油盘吸油口的油流速度不能过高,一般为 4 ~5 m/s,最高不应超过 6 m/s。为了降低吸油口油的流速,可以从两侧配油盘同时吸油。排油是从右侧配油盘排油口排出,但左侧配油盘上相应位置上的排油口则是盲孔 b,不通排油腔,其目的是为了使叶片两侧所受的轴向液压力得以平衡。

配油盘上的吸、排油口之间夹角 ε 称为油封角。油封角应稍大于或等于两相邻叶片之间的夹角 $2\pi/Z$（Z 为叶片数），否则会使吸排油口沟通，造成泄漏。定子圆弧部分夹角应大于或等于配油盘上油封角，以免产生困油和气穴现象。

配油盘的排出口在叶片从密封区进入端的边缘处开有三角形的节流槽。它可使相邻叶片间的工作空间在从密封区转入排出区时，能逐渐地与排出口相沟通，以免造成液压冲击和噪声，并引起瞬时流量的脉动。

(3)叶片的倾角和倒角

如图 5-2-9 所示，双作用叶片泵的叶片采用前倾角后倒角。前倾角为 θ，是指叶片顶部顺转向前倾的角度，一般 $\theta=10°\sim14°$；后倒角是指在叶片逆转向一侧开的倒角。

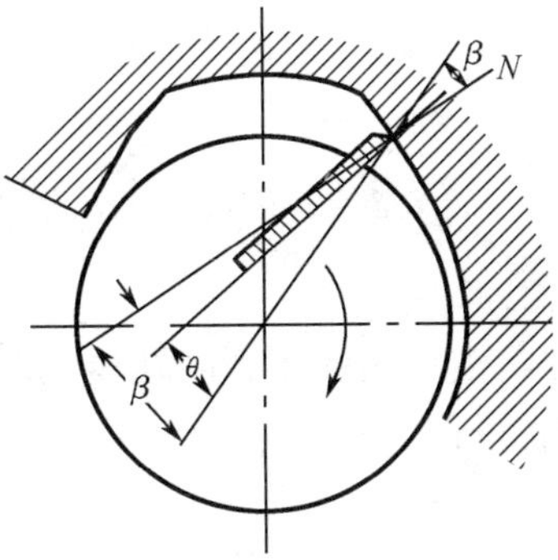

图 5-2-9　双作用叶片泵叶片的倾角和倒角

叶片前倾安装的目的是减小压力角，从而减小侧向力 T，减轻磨损，防止叶片在排油区段需内缩时被卡住、折断。叶片径向安装时的压力角为 β，前倾 θ 角后的压力角减小为 α（$\alpha=\beta-\theta$）显然叶片前倾后的侧向力减小为 $T=N\sin\alpha$（N 为定子对叶片的法向力）。

叶片后倒角的目的是使叶片在吸油区段需外伸时，其顶部有相当部分的面积只受吸入压力的作用，从而有助于叶片顶部贴紧定子内壁。

单作用泵与双作用泵不同，叶片采用后倾角后倒角，即叶槽顺旋转方向朝后倾斜 20°～30°的后倾角。这是因为单作用叶片泵定子内表面是正圆形，且偏心距较小，叶片外伸较短，压力角问题不突出。但单作用叶片泵在吸油区，叶片是靠离心力向外伸出，为使其外伸容易，并紧贴定子内壁，采用叶片槽向后倾斜是有利的。

4. 叶片泵的检修维护要点

(1)转向与连接

检修时应注意电动机接线不要接错，因受吸排方向、叶片倾角和倒角等因素限制，转向必须与标定转向一致。泵和电动机应保持良好对中。

(2)重要部件

重要部件包括叶片、转子、定子、配油盘、机械轴封。

叶片、转子、配油盘的安装要注意转向，不得装反，在拆装过程中应保持清洁，防止工作表面划伤；在叶片泵工作一段时间后，叶片与槽的磨损各不相同，拆修时不宜随便更换叶片与槽的配合关系；叶片顶部磨损时，可把叶片底部磨出 1×45°角或磨成圆弧，然后颠倒使用；但必须保证叶片顶部与两侧端面的垂直度；配油盘与定子的相对位置要用定位销正确定位；定子内表面吸入区部分最易磨损，必要时可先将磨损表面用细砂布磨光，然后将定子翻转后定位安装，以使原吸入区变为排出区而继续使用。

(3)重要间隙

主要为叶槽间隙和轴向间隙。叶片与叶槽间隙应适当，太大会使漏泄增加；太小则叶片不能自由伸缩，会导致工作失常。因此，叶片与叶槽都是经过选配的，属于精密偶件。叶片与叶糟的装配间隙一般为0.015～0.03 mm，当工作油液黏度在 21 mm^2/s(3°E)左右时，以在工作油液中能靠叶片自重缓速落入槽底为宜。

轴向间隙对容积效率影响很大，转子端面和配油盘的轴向间隙通常都取 0.015 ~ 0.03 mm（小型泵）或 0.02 ~ 0.045 mm（中型泵）。当转子与配油盘接触面有严重擦伤时可重新研磨；但叶片也应同时研磨，并使其轴向宽度始终比转子宽度小 0.005 ~ 0.01 mm；此外，定子端面也应研磨，以保证合适的轴向间隙。

泵检修装复后，用手转动泵轴，应转动灵活。手感为既无卡阻也不松动时，说明轴向间隙正常。

第三节　液压马达

一、液压马达的作用、要求、分类与符号

1. 作用

将液压油的压力能转换为驱动机械设备的机械能。液压马达和液压缸都属于液压系统的执行机构。

2. 要求

能产生足够大的转矩和适当的转速，转矩均匀，启动转矩大，低速稳定性好，效率高，体积小。

3. 分类

船舶机械中使用的液压马达主要分为两类：

（1）低速大扭矩液压马达（$n \leqslant 500$ r/min）主要有活塞连杆式、静力平衡式、内曲线式、叶片式等形式。低速大扭矩液压马达的特点是输出扭矩大，转速低，可不经减速机构而直接与工作机构连接。低速大扭矩液压马达的每转排量很大，故外形尺寸也很大。它适用于各种低速、大负载的机械，如起货机、锚机、绞缆机和滚装船的甲板绞车等。本节将做重点介绍。

（2）高速小扭矩液压马达（$n > 500$ r/min）主要为轴向柱塞式，需与紧凑型减速器配套使用。

4. 符号

液压马达的常用符号如图 5 – 3 – 1 所示。一般都要求油马达能双向回转。

图 5 – 3 – 1　液压马达符号

二、液压马达的性能及参数

如果将压力油供入可逆转的轴向柱塞泵，在压力油的驱动下，将压力油具有的能量转换成泵运动部件的机械能，“油泵”就转动起来，成为油马达。液压马达结构形式虽多，但比较它们性能的参数主要有以下几个：

1. 液压马达的转速

油马达转速取决于供油量 Q_M、油马达每转排量 q_M 和容积效率 η_v。要改变油马达转速，可以采用变量油泵或变量油马达，通过改变油泵流量或油马达每转排量，来调节油马达的转速，这种调速方法被称为容积调速；对于定量泵和定量油马达组成的系统，可以调节系统油路上的流量控制阀，改变供入油马达的油流量实现调速，这种调速方法被称为节流调速。

2. 液压马达的输入输出功率

油马达工作中存在的摩擦损失、液力损失等，导致油马达的实际转矩 M 小于理论转矩 M_f，二者比值称为机械效率 η_m；油马达工作时存在泄漏，导致实际转速 n 小于理论转速 η_t，即实际的角速度 ω 小于理论角速度 ω_t；

油马达的实际输出功率 P 取决于实际输出转矩和转速。如果工作负载增加，油马达实际转矩增大，最好降低油马达实际转速，油马达才不会超负荷，原动机才不会过载，这就是通常说的"重载低速"。反之，工作负荷减小，油马达实际转矩减小，最好提高油马达转速，提高工作效率，保证装置的功率利用率，这就是通常所说的"轻载高速"。

3. 液压马达的转矩

由于存在摩擦损失、液力损失等，油马达的实际转矩 M 小于理论转矩 M_f，油马达实际输出转矩 M 取决于油马达每转排量、工作油压差和容积效率。油马达低压油管路压力较小且变化不大，近似看成零，所以油马达工作油压力（高压）约等于工作油压差。对定量油马达而言，负载增加，油马达输出转矩增大，油马达工作油压增加；当负载增大到一定数值时，高压油管路安全阀开启。因此，对于由定量油马达组成的系统，油马达实际转矩和工作油压取决于负载大小；最大负载取决于安全阀的启发压力。对于变量油马达，可以在负载增加时，增加油马达每转排量，这样油马达工作油压可以少升高或不升高；供油量 M 不变，油马达转速降低，这样油马达功率受到限制或实现衡功率控制。

三、活塞连杆式液压马达

油马达输出轴带动负载，必须满足两个条件：一是作用在输出轴上的力始终不平衡，二是不平衡力相对于输出轴轴线始终存在力臂。

1. 工作原理

活塞连杆式径向液压马达的工作原理如图 5－3－2 所示。在壳体 1 的圆周沿径向均布 5 个缸，缸中的活塞 2 通过球铰与连杆 3 连接，连杆端部的圆柱面与偏心轮 4 的表面接触。偏心轮的一端是输出轴，另一端通过十字接头与配油轴连接，配油轴上的隔板两侧分别为进油腔和回油腔。图示位置为 1 号、2 号缸处于进油位置，3 号缸处于过渡位置，4 号、5 号缸处于回油位置。

高压油经配油轴的轴向孔和缸体上的流道进入 1 号、2 号缸中，作用在活塞顶部的压力油产生一个作用力，通过连杆传递到偏心轮上，指向偏心轮的中心 O_1。由于 3 号缸处于过渡位置，偏心轮的中心 O_1 上作用着由 1 号、2 号缸产生的作用力 F_1，F_2，其合力为 F。力 F 对输出轴中心 O_2 产生力矩，推动液压马达转动，输出扭矩。配油轴随偏心轮一起旋转，进油腔和排油腔分别依次与各缸接通，从而保证合力 F 相对于输出轴力臂始终不为零，输出转矩始终存在，偏心轮连续旋转。改变进出液压马达的油流方向，可以实现液压马达的反转。由于液压马达转一周，工作腔容积变化一次，故该液压马达为单作用式。

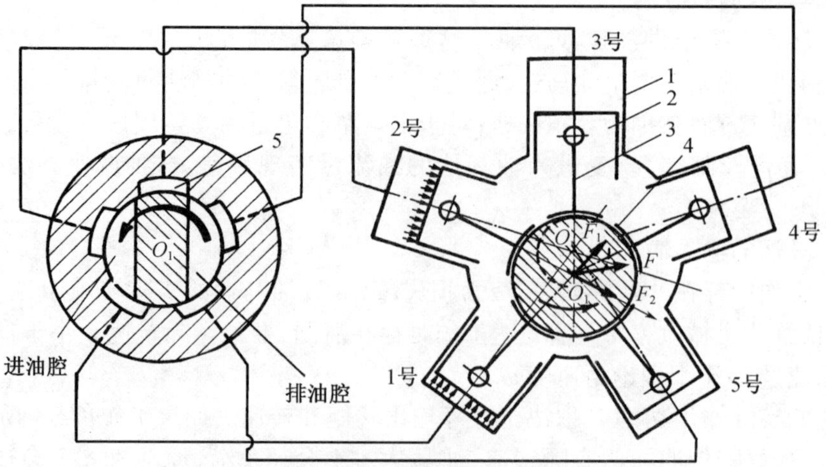

图 5-3-2　活塞连杆式液压马达工作原理

1—壳体;2—活塞;3—连杆;4—偏心轮;5—配油轴

2. 典型结构

活塞连杆式液压马达是一种应用较早的液压马达,国外称斯达法(Staffa)马达,国内型号为 CLJM 型。

CLJM 型液压马达如图 5-3-3 所示,外形呈五星状的马达壳体 5 有五个沿径向均匀布置 5 个油缸,每个油缸中装有活塞 18,它与连杆 16 的球头铰接;连杆大端做成凹形圆弧面,紧贴在偏心轮上,并用两个抱环 6 箍住。

曲轴两侧的主轴颈分别由锥形轴承 3 和 7 支撑,定位于壳体 5 及壳体盖 4 的座孔中。曲轴一端外伸,即为输出轴;另一端通过十字形滑块 9 与配油轴 11 连接,使配油轴与偏心轮同步转动。

CLJM 型液压马达与早期的连杆式马达相比,主要做了如下改进:

(1)连杆大小端采用静压支承,支承用油由活塞中心孔引至球铰,再经连杆中心油道引至大端,在连杆中心油道中设置了阻尼器。采用静压支承后,液压马达的机械效率有较大提高,低速稳定性也大有改善。

(2)配油轴以静压支承法取代滚针轴承。

(3)配油轴密封环 14 和活塞的密封环 21 由过去的 O 形圈改为活塞环。采用新结构液压马达,容积效率、机械效率均有较大的提高,最低稳定转速降低到 3 r/min 左右,目前在船舶机械中使用的活塞连杆液压马达以新结构为多,但采用新结构后,对油液的清洁度要求较高。

连杆式油马达也可以做成偏心距可变的变量油马达。将控制油引入大控制活塞或小控制活塞,推动偏心环向减小或增大偏心距的方向移动,从而改变油马达每转排量。

四、液压马达注意要点

1. 转向与连接

输出轴与被动机械的同心度误差不得超过规定值,或者采用挠性接。轴上承受的径向负荷不能超过规定数值。液压马达可以双向转动,故安装时对转向没有要求。

2. 重要部件

活塞连杆式液压马达的连杆与活塞、偏心轮、配油轴，静力平衡式的柱塞、油缸、压力环、五星轮、配油轴，内曲线式的柱塞、油缸、壳体(导轨)、配油轴等部件在检修中应特别注意，不应用力捶击和撬拨，严防划伤密封面和换错偶件。

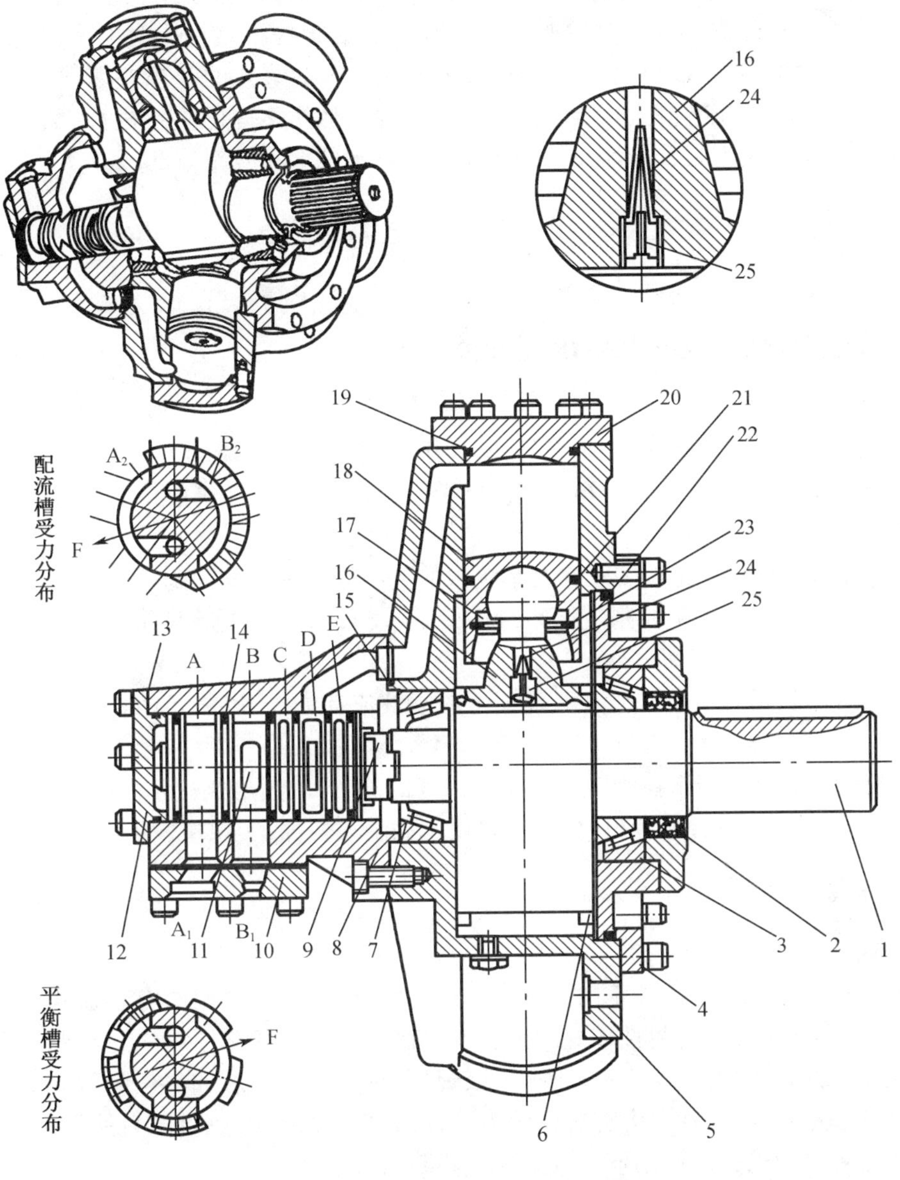

图 5-3-3　CLJM 型连杆式液压马达结构图

1—曲轴;2—油封;3、7—轴承;4—壳体盖;5—壳体;6—抱环;5—配油轴壳体;9—十字滑块;10—法兰连接板;11—配油轴;12—端盖;13—调整垫片;14—密封环;15—调整环垫;16—连杆;17—球轴承;15—活塞;19,22—密封圈;20—缸盖;21—活塞环;23—弹性挡圈;24—过滤帽;25—节流器

3. 重要间隙

柱塞的配合间隙、配油轴的配合间隙以及其他密封间隙应符合规定，内曲线式液压马达配油轴的配合间隙为0.02～0.04 mm。发现过松（过度磨损），应按规定更换；发现过紧，通常是配合面不清洁或划毛引起的，故在装配前严防划伤并应用挥发性洗涤剂清洗并吹干各零件，然后边装边在配合面涂布清洁的液压油进行润滑。不宜使用棉纱等擦洗。间隙过松会严重影响容积效率。必要时可脱开液压马达泄油管检测其工作时的漏泄量。正常时连杆式液压马达的容积效率约为96.8%，五星轮式和内曲线式的容积效率约为95%，叶片式约为90%。由于上述漏泄量不包括液压马达内高、低压之间的直接内漏，故实际的容积效率值要比按上述漏泄量和液压马达的理论流量求出的容积效率值低。

第四节　液压控制阀

一、液压控制阀的功用、要求与分类

1. 功用

液压控制阀是液压系统的控制元件，其功用是控制油液的流动方向、压力和流量，以满足执行元件所需运动方向、力、力矩和速度的要求，使整个液压系统能按要求进行工作。

2. 分类

液压阀的各类很多，通常按照它在系统中的功用分为三大类。

（1）方向控制阀　用来控制液压系统中的油液流动方向，以满足执行元件的运动方向要求。

（2）压力控制阀　用来控制液压系统中的油液流动方向，以满足执行元件所需力或力矩的要求。

（3）流量控制阀　用来控制液压系统中油液的流量，以满足执行元件运动速度的要求。

上述三类阀又可组合成各种复合阀，以便于插装或叠加，实现模块化设计。

二、方向控制阀

1. 单向阀

单向阀的功用是允许油液正向通过，禁止油液反向流动。单向阀有直通式和直角式之分，阀芯多采用导向性和密封性较好的锥阀，小流量也可采用球阀。

结构及职能符号如图5－4－1所示。该阀主要由阀体、阀芯和复位弹簧等组成。当压力油正向通过单向阀时，油压力克服弹簧力，阀芯开启，油流通过；当压力油反向流动时，阀芯在油压与弹簧力的共同作用下，迅速关闭，截断油流通道。

单向阀的弹簧的刚度一般较小，以尽量减小油流正向通过时的压力损失，正向最小开启压力（单向阀的性能指标）为0.03～0.05 MPa。

单向阀有时也装在回油管中作背压阀使用，以使保持一定的回油压力；还可以与细滤器等附件并联以便在滤器堵塞时能够自动地起到旁通作用。在这些场合，单向阀被当成压力控制阀使用，要选用较硬的弹簧；背压阀开启压力为0.2～0.6 MPa，细滤器的安全旁通阀开启压力一般不超过0.35 MPa。

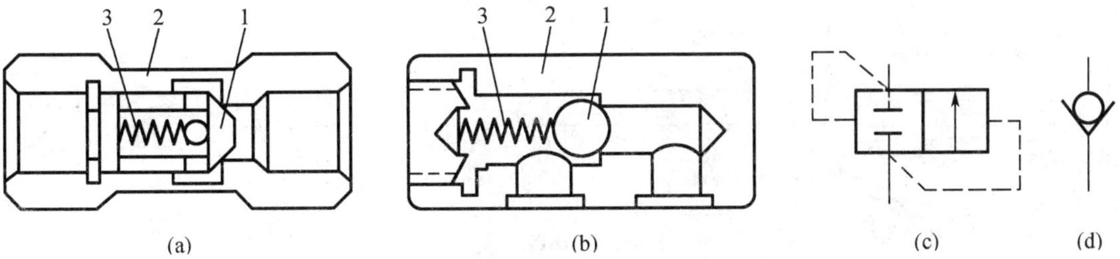

图 5－4－1　单向阀结构简图及其图形符号

(a)直通式锥阀结构；(b)直角式球阀结构；(c)详细图形符号；(d)简化图形符号

1—阀芯；2—阀体；3—弹簧

2. 液控单向阀

液控单向阀的功用是无条件地允许油液正向通过，有条件地允许油液反向通过。

结构和职能符号如图 5－4－2 所示。它在正向过油时，不需控制油压，与变通单向阀一样动作；当需要油液反向通过时，接通控制油，顶杆上升打开主阀芯，让油液反向流出。

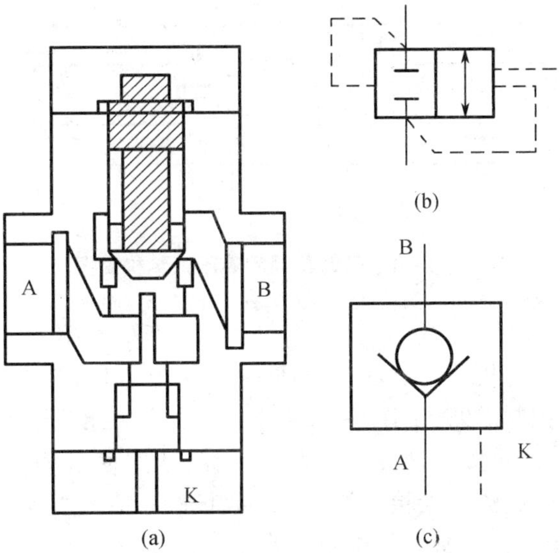

图 5－4－2　液控单向阀结构简图和图形符号

(a)结构简图；(b)详细图形符号；(c)简化图形符号

图 5－4－3 所示为德国 Rexroth 公司生产的液控单向阀。

在图 5－4－3 中，如图(a)所示，B 油口进油时，作用在主阀芯的进油压力与弹簧力方向相同，控制活塞需要产生较大的推力才能打开主阀，控制油压相对较高，这称为非卸荷式；如图(b)所示，B 油口进油时，只要控制活塞将卸荷阀芯 2 顶开，B 油口的压力油就可以经过主阀芯上的小孔向 A 油口泄压，从而使顶开主阀芯所需的控制油压相对较小，这称为卸荷式。如图(c)所示，控制活塞右侧泄油腔经外接泄油口 Y 直通油箱，称为外泄式；如图(a)和图(b)所示，控制活塞右侧泄油腔与油口 A 相通，称为内泄式，通常泄油背压较高。

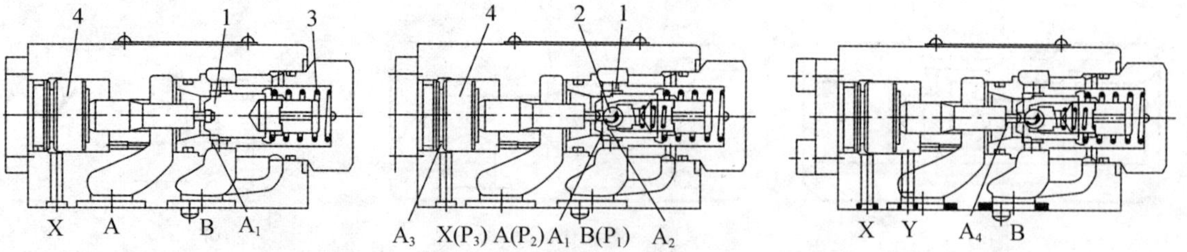

图 5-4-3　德国 Rexroth 液控单向阀

(a)非卸荷式(内泄);(b)卸荷式(内泄);(c)卸荷式(外泄)

1—主阀芯;2—卸荷阀芯;3—主弹簧;4—控制活塞

3. 液压锁

如图 5-4-4 所示为带卸荷阀的液压锁(hydraulic lock)的典型结构简图,P_1,P_2,P_3,P_4 分别为液压锁的连接油口,根据液压锁的结构简图,试分析其动作原理。

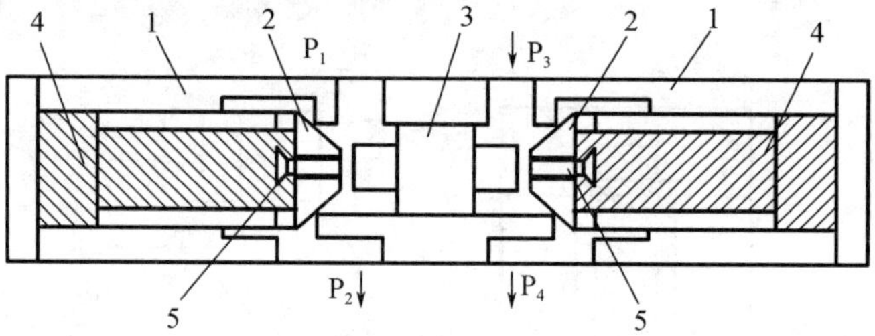

图 5-4-4　带卸荷阀的液压锁结构简图

1—阀体;2—阀芯;3—控制活塞;4—弹簧;5—卸荷阀芯

由液压锁的结构简图分析可知,该阀左右两侧各相当于 1 个液控单向阀,中间的控制活塞相当于液控单向阀的控制活塞;工作时,如果 P_1 进油,油压顶开左侧的阀芯,左侧单向阀导通,油从 P_1 向 P_2 流过,同时,推动控制活塞 3 右移,依次使右侧的卸载阀芯和主阀芯开启,右侧单向阀打开,油液回流至油箱。如果 P_3 油口进油,情况类同。当 P_1 和 P_3 油口都无压力油进入时,两侧单向阀在弹簧力的作用下关闭,油路锁闭。

由上分析可知,液压锁实际上为布置在同一阀体中的双联液控单向阀,其卸荷阀芯同样起到减轻液压冲击的作用。液压锁的图形符号如图 5-4-5 所示。

4. 换向阀

换向阀的功用是利用阀芯和阀体的相对移动来改变阀内油路的沟通情况。换向阀的种类很多,根据控制方式的不同,换向阀有手动式、机动式、电磁式、液动式和电液式之分;按阀芯工作位置和控制油路的数目来分,有二位、三位和二通、三通、四通等。

(1)手动换向阀

图 5-4-6(a)所示为三位四通自动复位式手动换向阀的结构图和职能符号,通常规定用 P 表示通压力油的接口(简称进油口),A,B 分别表示通往执行机构(液压缸或液压马达)工作油腔的接口(简称工作油口),T 表示通往油箱的接口(简称回油口)。

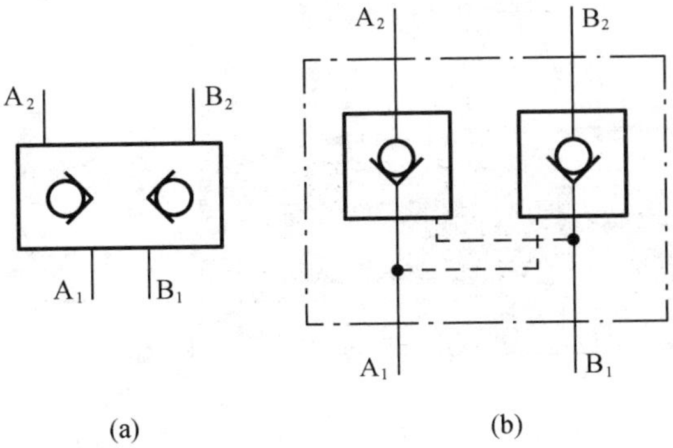

图 5-4-5　液压锁图形符号

(a)简化符号;(b)详细符号

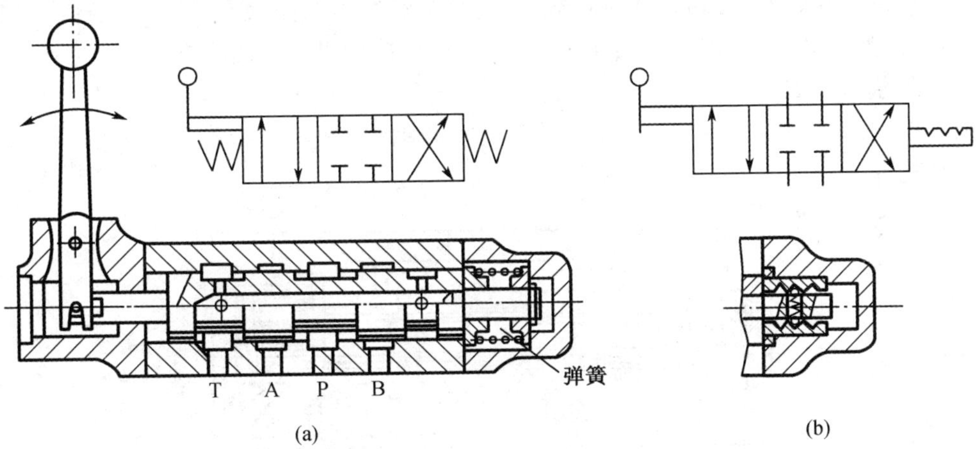

图 5-4-6　手动换向阀与职能符号

当手柄向右扳时,阀芯左移,P 和 A 接通,B 和 T 接通;当手柄向左推时,阀芯右移,这时 P 和 B 接通,A 和 T 接通,实现了换向。放松手柄时,换向阀的阀芯在对中弹簧的作用下回到中位。

如果要换向阀芯在三个位置上都能定位,可以将右端的弹簧部分改为如图 5-4-6(b)所示的定位式结构。在阀芯右端的一个径向孔中装有一个弹簧和两个钢球,可以在三个位置上实现定位。

为了便于分析,我们通常把三位四通换向阀在中位时的油路沟通情况,称为中位机能。中位时,A 与 B 相通(如 Y,H 型),则执行元件在外力作用下可以移动,即处在"浮动状态";反之,A 与 B 不通(如 J,O 型),执行元件不能移动,处在"锁闭状态"。中位时,P 与 O 相通(如 H,M 型),则油泵卸荷;反之,P 与 O 不通(如 O,Y 型),油泵不能卸荷。

(2)电磁换向阀

以三位四通电磁换向阀为例,其结构和主要部件如图 5-4-7 所示。

当电磁铁断电时,两边的对中弹簧使阀芯处在中间位置,阀芯工作在中位,油路沟通情况如符号中框所示,各油口 P,A,B,O 互不相通;

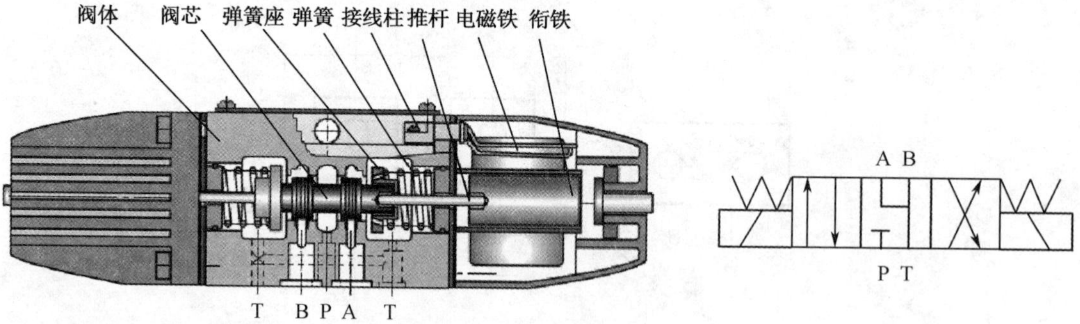

图 5-4-7　电磁换向阀与职能符号

当右边电磁铁通电时，衔铁通过推杆将阀芯推向左端，阀芯右侧处在工作状态，油路沟通情况如符号右框所示，即油口 P 与 A 相通，B 与 T 相通；

当左边电磁铁通电时，阀芯推向右端，使阀芯左侧处于工作状态，油路沟通情况如符号左框所示，即油口 P 与 B 相通，A 与 T 相通，于是通往执行机构的油流方向也随之改变。

（3）液动换向阀

液动换向阀是靠压力油来改变阀芯位置的换向阀。图 5-4-8 所示为三位四通液动换向阀的结构。

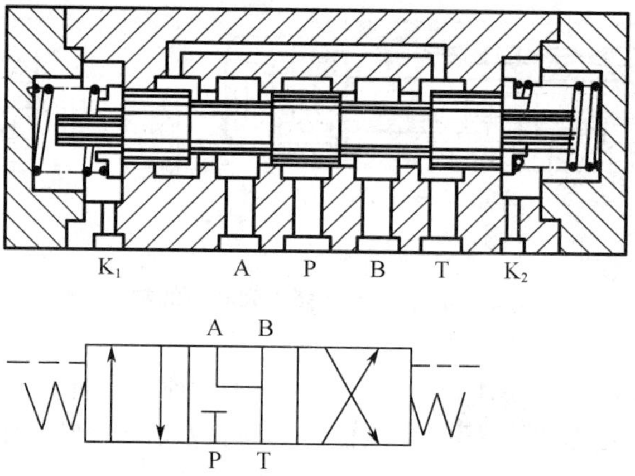

图 5-4-8　液动换向阀与职能符号

当控制油路的压力油从阀右边的油口 K_2 进入滑阀右腔时，阀芯被向左推，符号右框为工作位，油口 P 与 B 相通，A 与 T 相通。

当控制油路的压力油从阀的左边的油口 K_1 进入滑阀左腔时，阀芯被向右推，符号左框为工作位，油口 P 与 A 相通，B 与 T 相通，从而实现了油路的换向。

当两个控制压力油口都不通压力油时，阀芯在两端弹簧作用下恢复到中间位置。

为减缓液动换向阀的阀芯移动速度，减小换向冲击，提高换向性能，可在液动换向阀两端的控制油路中装设可调单向节流阀，参见图 5-4-8。

(4)电液换向阀

电磁换向阀电磁力有限,滑阀尺寸不能过大,允许流量不超过 120 L/min;如果流量更大,则要选用电液换向阀。电液换向阀由电磁换向阀和液动换向阀叠加而成。电磁换向阀作为导阀,用来控制主阀阀芯的位置。

电液换向阀常用的形式较多。图 5 -4 -9 所示为一种三位四通弹簧对中型电液换向阀结构与职能符号。当导阀右端线圈通电时,导阀阀芯左移,控制油经阻尼器(单向节流阀)的单向阀进入主阀芯的右腔,将主阀芯向左推,这时主阀芯左端的油经阻尼器节流阀和电磁阀流回油箱,主阀芯克服弹簧力和摩擦阻力被推倒左端,使油口 P 与 B 相通,A 与 T 相通。反之,电磁阀左端线圈通电时,主阀移到右端,主油路换向,使油口 P 与 A 相通,B 与 T 相通。

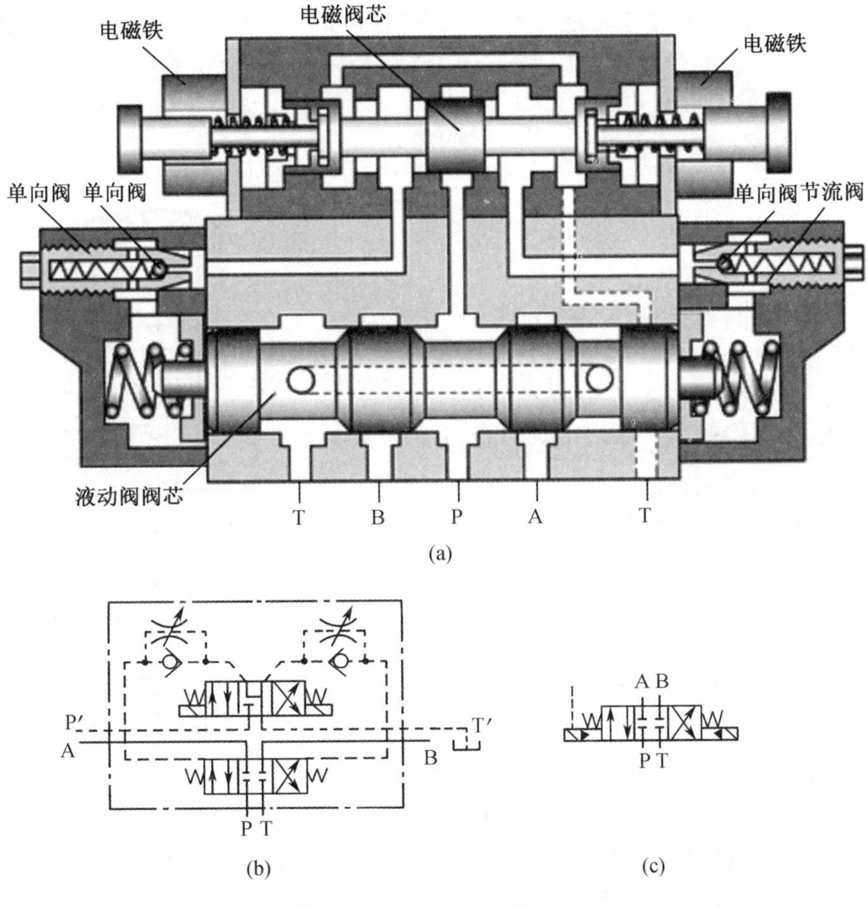

图 5 -4 -9　电液三位四通换向阀结构简图及其图形符号

当两个电磁线圈都断电时,对中弹簧可使主阀芯移动到中间位置。弹簧对中型电液换向阀的导阀中位机能常采用 Y 型,以便导阀断电回中时,主阀两端的控制油得以泄回油箱,主阀在弹簧力的作用下回中。弹簧对中型电液换向阀主阀靠弹簧回中,故弹簧较硬,控制油压较高。

主阀芯向左或向右的移动速度可以分别用两端回油路上阻尼器上的节流阀来调节,这样既可控制执行元件的换向时间，又可使换向平稳，改善电液换向阀性能。

电液换向阀的控制油压有两种供油方式：外部控制和内部控制。外部控制（简称外控）是指外接油管将辅泵或主油路减压后的控制油引入导阀；内部控制（简称内控）是指主阀P油口的压力油经阀体内通道引入导阀，为控制压力和流量，通常需在阀体内设置减压阀或阻尼器。对采用内控的电液换向阀，若主阀中位机能为卸载式，为使阀芯在中位时能保持控制油压，可在回油管路或通道中设置背压阀。

此外，导阀的泄油如果经阀内油道通向主阀的回油口，称为内泄；如果主阀的回油背压太高，导阀泄油应从独立的泄油管通油箱，称为外泄。

三、压力控制阀

1. 溢流阀

溢流阀的功用是在阀前系统油压超过整定值时泄放油液。工作时，有两种情况：一种是系统正常工作时常闭，仅仅在油压超过调定值时开启，即用作安全阀；另外一种是系统工作时常开，但开度随时调整，以保证阀前压力基本稳定，即作为定压阀使用。根据工作原理的差别，可以分为直动式和先导式。

（1）直动式溢流阀

图5－4－10所示为直动式溢流阀的结构及功能符号。

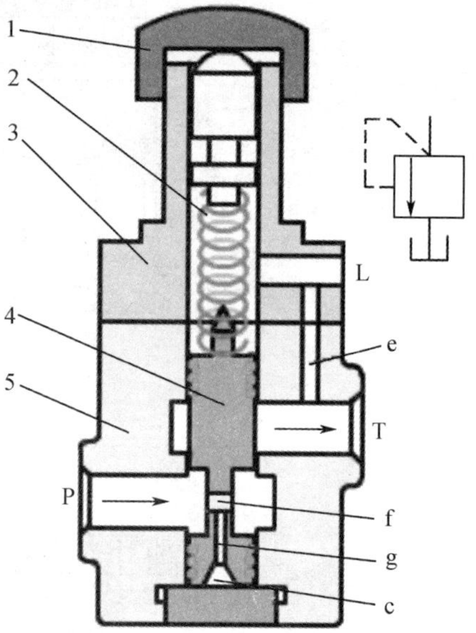

图5－4－10　直动式溢流阀

1—调节螺帽；2—弹簧；3—阀盖；4—阀芯；5—阀体；g—阻尼孔

直动式溢流阀由阀芯、阀体、弹簧、上盖、调节杆、调节螺母等零件组成。液压油从P口进入，出口T直接回油箱。在阀芯的下端设有阻尼活塞，活塞下底面通过一中心钻孔——阻尼孔g，和进油腔相通，可提高阀的稳定性。

直动式溢流阀是作用在阀芯上的主油路液压力与调压弹簧力直接相平衡的溢流阀，当液压作用力低于调定弹簧力时，阀口关闭，阀芯在弹簧力的作用下压紧在阀座上，溢流口无液体溢出；当液压作用力超过弹簧力时，阀芯开启，液体溢流，弹簧力随着开口量的增大而增大，直至与液压作用力相平衡。旋转调节螺帽1，可以调节弹簧2的预紧力来改变调定压力。

直动式溢流阀结构简单，灵敏度高，但多数适用于小流量中低压场合。因为在高压大流量工作时，阀的弹簧较硬较粗，阀前系统的压力随溢流量的变化较大。

P是进油口，T是溢油口，进口压力油作用在锥阀阀芯4底部端面上，形成的启阀作用力为F_0，弹簧2作用在阀芯上部端面上，形成的关阀作用力为F_s。

当进油压力较小，$F_0<F_s$时，阀芯在弹簧2的作用下处于关闭状态，将油口P和T隔断。

当进油压力升高，$F_0>F_s$时，阀芯移开阀座，阀打开，油口P和T接通，将多余的油排回油箱。

当油压力超过调定值越多，启阀力越大，阀芯升程越大，弹簧压缩量越大，泄往油箱的油就越多，直到启阀力与关阀力达到新的平衡（$F_0 = F_s$）时，阀的开度和泄油量不再增加。同理油压越低，阀的开度越小，直至关闭，从而抑制油压的进一步降低。

(2)先导式溢流阀

先导式溢流阀的结构和主要组成部件如图 5－4－11 所示。

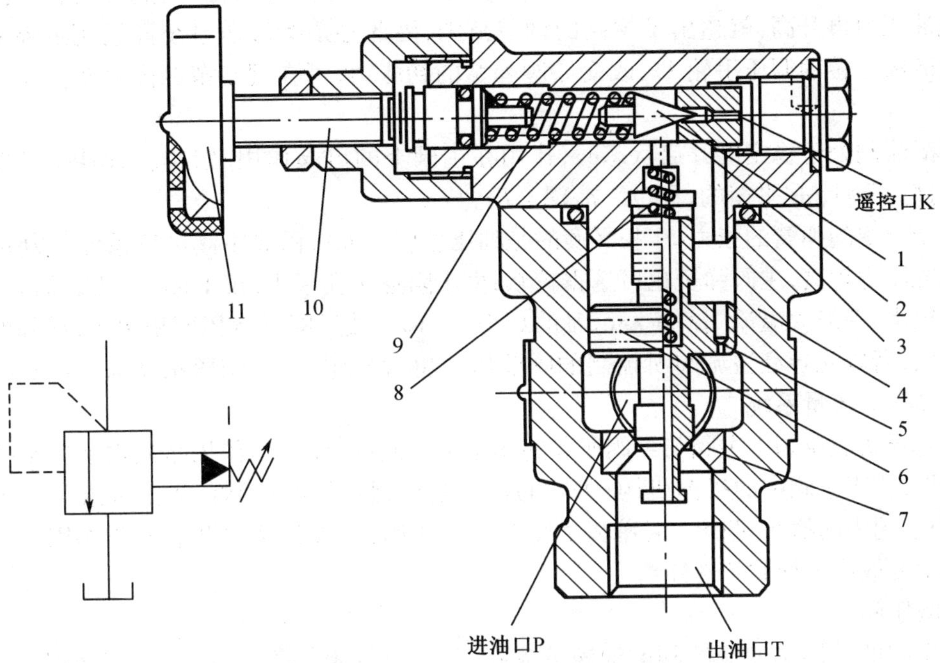

图 5－4－11 先导式溢流阀与职能符号

1—导阀芯；2—导阀座；3—导阀体（主阀盖）；4—主阀体；5—阻尼孔；6—主阀芯；7—主阀座；8—主阀弹簧；9—调压弹簧；10—调压螺钉；11—调压手轮

该阀由先导阀和主阀两部分组成。先导阀实际上是一个小流量直动式溢流阀，其锥形阀芯 1 在调压弹簧 9 的作用下压在阀座 2 上，拧动螺钉 10 可以调节系统的工作压力。

主阀芯 6 的下部锥形阀面与主阀座 7 相配合，中部圆柱面（又称平衡活塞）与主阀体 4 相配合，上部圆柱面与导阀体（又称主阀盖）3 相配合，此三处均起密封作用。主弹簧 8 作用在主阀芯的上方，将主阀芯往下压，形成关阀作用力 F_s（即弹簧张力）。

工作时压力油从进油口 P 进入主阀下腔室，并经主阀芯上的阻尼孔 5 进入上腔室，再经通道 a 和缓冲小孔进入先导阀前腔。

当进油压力 p 低于导阀的开启压力 p_0 时，先导阀关闭，阀内无油流动。此时，主阀上、下腔和先导阀前腔的压力均等于进油压力 p，又由于主阀上、下腔的承压面积 A 大小相等，所以主阀芯在弹簧力的作用下压在阀座上，主阀也与导阀一样处于关闭状态。

当进油压力 p 超过导阀的开启压力 p_0 时，导阀即被顶开，使少量油液经导阀座 2 和主阀中心孔流到回油口 T。由于阻尼孔 5 的孔径很小（一般为 0.8～1.2 mm），有节流作用，使主阀上腔压力 p_1 小于下腔压力（即进油压力）p，主阀在这个压力差（$p - p_1$）的作用下便产生一个向上的启阀作用力 F_0（$=(p - p_1)A$）。随着阀前油压力的继续升高，导阀开度增加，主阀上、下腔的压力差$(p-p_1)$也增加，主阀启阀作用力F_0也增加。当启阀作用力大到足以克服主阀重力、摩擦力和主弹簧张力F_s时，主阀口就开启溢流。此后，只要主阀进口压力稍有增加，导阀的开度和流量就增加，主阀上、下腔的压力差就增加，主阀溢流口的开度就增加，主阀溢流量增加；同理，当主阀进口压力稍有减小，导阀开度就减小，主阀开度也随之减小，主阀溢流量减小，从而保持主阀进口的系统油压基本稳定。

由于主阀的开度是有限的，当主阀已经达到最大开度（即最大溢流量）时，若主阀进口的系统油压力再升高，就超出了主阀的调节范围，因此必须为液压系统配置额定溢流量足够的溢流阀。转动调压手轮 11，改变导阀弹簧的初张力，可在规定范围内改变溢流阀的整定压力。

当溢流阀处于稳定的开启状态时，作用在主阀上的启阀作用力和关阀作用力（忽略重力和摩擦力不计）是平衡的，即$(p-p_1)A=F_s$。

由于与主阀弹簧的张力F_s相平衡的是油压差$(p-p_1)$，而非主阀进口系统压力p，所以即使系统压力较高，主阀弹簧也可选得较软；由于阻尼小孔很小，仅 1 mm 左右，通过导阀的流量也很小，一般为溢流阀额定溢流量的 0.5% ~1%，故导阀的承压面积很小，导阀的弹簧也比较软，所以先导型溢流阀所控制的阀前压力也就变化不大，调压精度高，压力变化小，适用于高压大流量系统。

在先导式溢流阀中主阀与导阀所起的作用是不同的，导阀的作用是根据油压来控制主阀的动作，相当于阀中的指挥机构；主阀的作用是根据导阀的控制信号开大或关小主溢流口，相当于阀中的执行机构。主弹簧主要起复位作用，导阀弹簧主要起调压作用。所以调压性能主要取决于导阀的性能。

2. 减压阀

减压阀的功用是使流经阀的油液节流降压，并保持阀后压力或压差基本恒定，以便从系统中分出油压较低的支路。

减压阀主要有定值输出和定差输出两种。定值减压阀能根据阀出口压力的变化改变阀的开度，以使阀后油流减压并保持压力稳定。定差减压阀能根据阀的进、出口压力差的变化改变阀的开度，以使阀后油流减压并保持压差稳定。定值减压阀最为常用，故通常就将其简称为减压阀。下面将介绍性能好、应用广的先导式减压阀。

（1）先导式减压阀的工作原理

先导式减压阀的结构、组成部件和职能符号见图 5－4－12。

先导式减压阀是由直动式减压阀和直动式溢流阀两部分组合而成。直动式溢流阀为导阀，导阀阀芯、导阀弹簧和手轮组合在导阀阀壳中，并形成减压阀的阀盖；主阀由阀芯、阀体以及主阀弹簧组成；液压油从进油口 P_1 进入，经主阀芯和阀座之间的减压口节流降压后，从出油口 P_2 输出；主阀阀芯下部中心设有阻尼孔 f，出油口油通过阀体和底盖中的通孔引入主阀芯底部，并和阻尼孔 f 相通。导阀上除设有外控口 K 外，还设有一泄油口。

工作时，从进口来的压力为p_1（一次压力）的高压油流经主阀的减压口节流后，压力降为p_2（二次压力），由出口流出。

为感受出口油压和控制主阀芯的动作，出口油液的一部分经阀内通道被引到主阀下方的油腔，再经主阀中心的阻尼孔 f，到达主阀上方的油腔和导阀的右腔，这两个油腔的油压都为p_3。

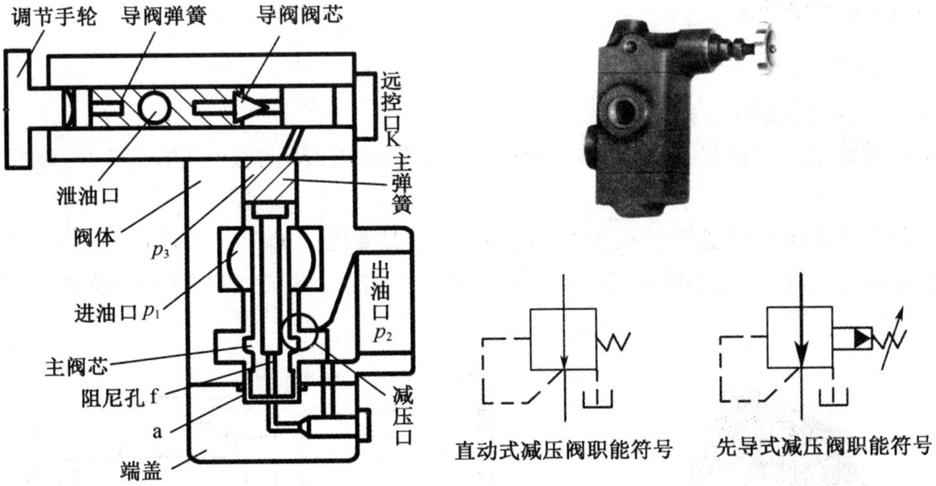

图 5－4－12　先导式减压阀结构简图及图形符号

正常工作时，压力 p_3 大于导阀开启压力，导阀被顶开，少量油液经阻尼孔 9 和导阀 3 向泄油口泄油。由于阻尼孔的节流作用，主阀下腔的油压 p_2 高于上腔油压 p_3。由于导阀较小，其导阀弹簧较弱，故 p_3 的压力变化量很小。如果 p_2 升高，主阀上下的油压差（p_2-p_3）随之增大，主阀就会克服弹簧 10 的张力而关小，以阻止 p_2 增加；反之，如果 p_2 降低，则主阀就会开大，以阻止 p_2 的降低。主阀弹簧仅需帮助主阀克服移动阻力，而无须与液压力平衡，故刚度也不大。这样，依靠主阀自动调整节流口的开度，即可使出口压力基本稳定在调定压力附近。

转动手轮，改变导阀弹簧的张力，即可改变减压阀的整定压力。当然，如果阀后的压力 p_2 过低，致使导阀关闭，则主阀上下腔油压相等，主阀也就会在本身弹簧的作用下处于最下端，使减压口全开，这时也就超出了阀的调节范围，因而也就无法维持阀出口压力的稳定。

减压阀的泄油口须直通油箱（外泄），这与溢流阀（内泄）不同，减压阀工作时导阀的外泄流量一般小于 1.5 L/min。先导式减压阀也有外控口 K 可实现远程控制。

从上例分析可知，减压阀的功用是使流经阀的油液节流降压，并保持阀后压力或压差基本恒定，以便从系统中分出油压较低的支路。

减压阀主要有定值输出和定差输出两种。定值减压阀能根据阀出口压力的变化改变阀的开度，以使阀后油流减压并保持压力稳定。定差减压阀能根据阀的进、出口压力差的变化改变阀的开度，以使阀后油流减压并保持压差稳定。定值减压阀最为常用，故通常就将其简称为减压阀。

（2）减压阀的应用

减压阀主要用于需一泵提供多种压力的油路中，例如在泵控型液压舵机中，泵的控制油路需较高压力，而补油油路则需要较低的压力，这就需要在油路中安装减压阀来获得所需的补油压力。

四、流量控制阀

1. 节流阀

(1)节流阀的结构与工作原理

节流阀是靠移动或转动阀芯改变阀口的通流面积,从而改变油流阻力,以控制油流流量。

节流阀的结构与职能符号见图 5 - 4 - 13。该阀节流口的形式采用的是轴向三角沟式。油从进油口流入,经阀芯左端的节流沟槽从出油口流出。调节阀芯的轴向位置可以调节节流程度。

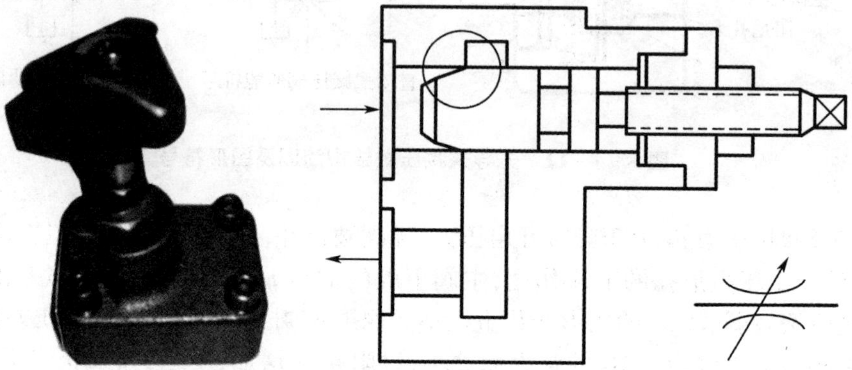

图 5 - 4 - 13　节流阀实物、结构简图及图形符号

节流阀只有装在定压液压源后面的油路中或定量液压源的分支油路上才能起流量调节作用。禁止将节流阀装在定量液压源的总管上,因为那样不仅不能调节流量,而且导致阀前油压超高而损坏设备和管路。

在液压起货机中还会用到一种板式结构的不可调节流器。这种节流器实际上就是在板上钻一个适当的小孔,装在管路的接头处,其作用是分配液流量,建立背压,滤除压力波动,增加系统的阻尼来提高其工作的稳定性。

有时为能单方向调节流量,可将节流阀与单向阀并联,组成单向节流阀。

用节流阀调节流量简单方便,但负载变化时,节流阀前后压差变化,流经节流阀的油流量随之改变,执行元件的运行速度改变,速度稳定性较差。因此,对于速度稳定性要求较高的系统,就必须采用具有压力补偿功能的流量控制阀,负载变化时,使控制阀进出口压差基本不变。常用方法是把定差减压阀与节流阀串联,或定差溢流阀与节流阀并联。

2. 普通调速阀

普通调速阀,简称调速阀,是由定差减压阀和节流阀串联而成的。普通调速阀必须与定压液压源配合使用。其原理图和职能符号见图 5 - 4 - 14。

图中定量泵和并联的溢流阀组成定压油源,来自定压液压源压力恒为 p_1 的油液,先经减压阀节流降压至 p_2,然后再经节流阀降压至 p_3。在此过程中,利用定差减压阀阀芯的自动调节,使节流阀前后的压差($p_2 - p_3$)基本保持恒定,从而使节流阀的流量也大体保持稳定。

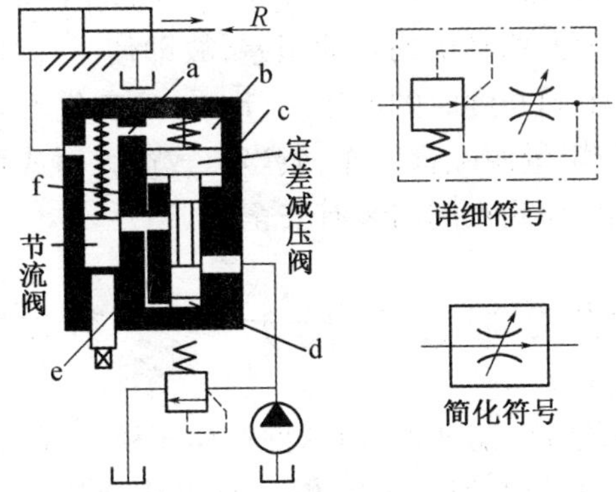

图 5-4-14　普通调速阀原理及图形符号

定差减压阀的工作原理是，减压阀阀芯上端的油腔 b 经通道 a 与节流阀后的油液相通，压力为 p_3；减压阀阀芯下端油腔 c 和油腔 d 经通道 f 和 e 与节流阀前的油液相通，压力为 p_2。当载荷增大时，压力 p_3 也增大，这时 p_3 通过通道 a 作用在减压阀阀芯上端的作用力增大，使阀芯下移，减压阀的开口加大，压力降减小，因此 p_2 也增大，结果保持节流阀前后的压力差 p_2-p_3 基本不变。相反地，如果载荷减小，则 p_3 减小，阀芯上部的油压减小，于是阀芯在油腔 c 和 d 中的压力油（压力为 p_2）的作用下上移，使减压阀的开口减小，压力降增大，p_2 减小，所以仍能保持 p_2-p_3 基本不变。

3. 溢流节流阀（溢流节流阀）

溢流节流阀，也称旁通型节流阀，由定差溢流阀与节流阀并联组成。溢流节流阀必须与定量液压源配合使用。图 5-4-15 是溢流节流阀的工作原理图与职能符号。

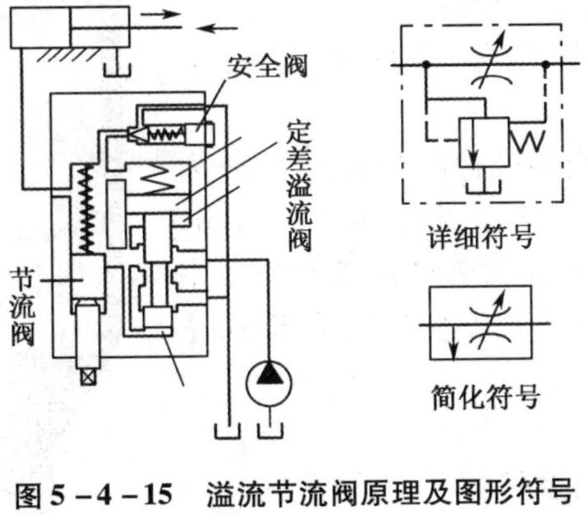

图 5-4-15　溢流节流阀原理及图形符号

溢流节流阀的工作原理是，来自定量液压源的压力为 p_1 的油液，进阀后分成二路。一路经节流阀降压至 p_2 后进入执行机构；另一路经溢流阀的溢流口泄回油箱。在此过程中，定差溢流阀根据节流阀前后的压力差（p_1-p_2）来控制溢流阀阀芯的动作，自动调节溢流量，以保持节流阀前后的压差基本恒定，从而保持节流阀的流量基本恒定。

定差溢流阀的工作原理是，溢流阀阀芯上腔 c 与节流阀的出口相通，油压为 p_2；下腔 a 和 b 与节流阀的进口相通，油压为 p_1。当 p_2 因负载增加而升高时，会将溢流阀阀芯往下压，使溢流口减小，从而使节流阀前压力 p_1 增加，从而使节流阀前后压差（p_2-p_1）保持基本恒定。反之,当 p_2减小时,溢流口增大,p_1也减小,$(p_2 - p_1)$仍保持基本恒定。

由上可知,与溢流阀弹簧力相平衡的是油压差,故即使工作压力较高,溢流阀弹簧力也不太高,所以溢流阀阀芯在不同开度时的油压差$(p_2 - p_1)$变化不大。

由于溢流节流阀必须与定量源配合工作,故当负载过大时或排出管堵塞时,p_1和 p_2可能会升得很高而危及设备安全,为此在阀内装有安全阀。

第五节　液压辅助元件及系统类型

油箱、油管及管接头、蓄能器、滤油器、密封件等属于液压系统的辅助元件,就其在液压系统中所起的作用而言,它们只起辅助作用,但又是组成液压系统与确保系统工作可靠性所不可缺少的元件。因此,掌握好、管理好和使用好这些辅助元件十分重要。

一、蓄能器

蓄能器的基本工作原理都是利用弹性元件的压缩来储能压力或流量,在系统需要时,利用弹性元件的膨胀向系统中释放压力或流量。

1. 功用

蓄能器在液压系统中的主要功用是储存能量、吸收脉动压力、吸收冲击等。

2. 类型

按产生液体压力的方式不同,蓄能器有弹簧式、重力式和充气式三种类型。充气式最常用,它利用气体的压缩和膨胀储存、释放压力能,在蓄能器中气体和油液被隔开;而根据隔离的方式不同,充气式又分为活塞式、气囊式和隔膜式等三种。

气囊式蓄能器及蓄能器的图形符号见图5-5-1。

气囊式蓄能器内有一个耐油橡胶制成的气囊,内部常充以的氮气。下部有一个弹簧控制的菌形阀。正常工作时,菌形阀常开,利用气囊的压缩与膨胀来存入与放出油液。当油液排空时则菌形阀关闭,防止气囊被挤出。

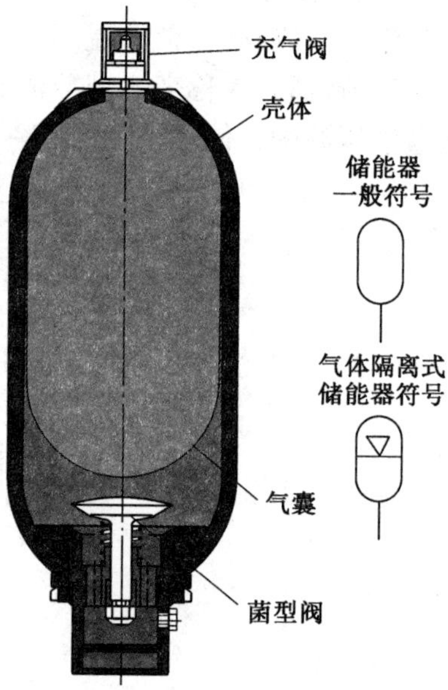

图5-5-1　气囊式储能器

3. 使用注意事项

(1)安装位置　总是与系统并联,其位置因功用不同而不同。用于吸收冲击时,尽量装在靠近液压冲击源(脉动源)旁;用于补油保压时,尽量靠近相应元件旁。蓄能器的安装姿态以油口向下垂直安装为宜。

(2)防止振动　安装在管路上的蓄能器要用支架固定。

(3)防止油泵逆流　在蓄能器与泵之间要装单向阀,以防泵停转时蓄能器内的压力油向泵倒灌。

(4)便于隔离　蓄能器与管路之间应安装截止阀,以便系统长期停用以及充气或检修时将其隔离。

(5)注意适用压力与温度　许用压力与温度应符合说明书规定(气囊式的许用压力为3.5～32 MPa,许用温度为－20～70 ℃)。

二、滤油器

1. 功用

滤油器的功用是在工作中不断滤除流经的液压油中的固体杂质,降低油液污染度,提高液压装置工作的可靠性和耐用性。常见类型的滤油器图形符号如图5－5－2所示。

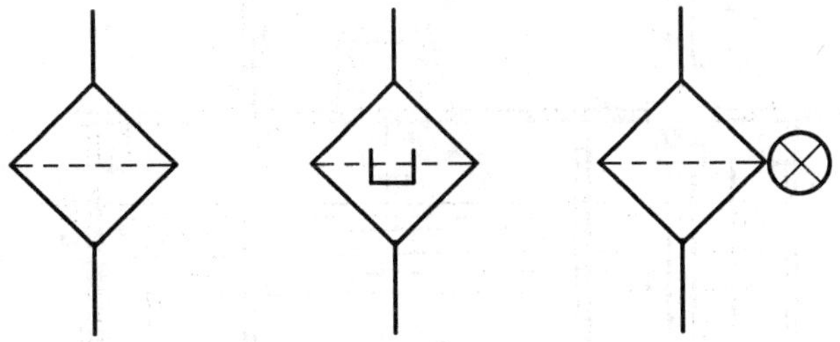

图5－5－2　滤油器图形符号

(a)一般符号;(b)带磁性滤器符号;(c)带污染指示过滤器符号

2. 类型

按滤芯的过滤机理,滤油器可分为表面型过滤器、深度型过滤器和磁性过滤器。

(1)表面型过滤器

表面型过滤器的过滤是由一个多孔的面实现的。具有均匀标定小孔的滤芯,能将大于小孔的圆形杂质颗粒截留在滤芯的一侧。由于污染粒子积聚在滤芯表面,小孔易于堵塞。该类型过滤器有网式、缝隙式和片式等。

(2)深度型过滤器

深度型过滤器的滤芯为多孔可透性材料。内部有曲折迂回的通道,杂质粒子不但可被拦截在表面,而且在材料内部也逐步被吸附、拦截。这种过滤器过滤效果好,但清洗困难,有不锈钢烧结纤维毡,烧结金属、陶瓷、纸类和纤维毡类等。

(3)磁性过滤器

磁性过滤器是采用永磁性材料,将油液中的铁质微粒不断吸附到上面。它常与其他形式的滤芯一起制成复合式过滤器,特别适用于加工钢铁件的机床液压系统。

3. 使用注意事项

滤油器是保证液压油清洁度的基本保证,除在系统中设置必要的滤油器外,正常的维护工作不可缺少。在正常情况下每500工作小时应清洁或更换滤芯一次,清洁或更换滤芯时,应对滤壳内部进行仔细的清洁。当系统进行大修后,或液压油遭受污染后可视情况缩短滤芯的清洁和更新周期。在日常管理中要时常注意滤油器进出口压差,或滤油器上的压差指示器工作状况,检查压差指示器的工作状况一定要在系统正常运行时进行,原则上吸油滤器压力降不大于0.015 MPa,压力油路上的滤油器的压力降不大于0.03 MPa。低温工况下运行时,应旁通滤油器以防阻力过大损坏滤芯和其他液压元件。

三、油箱

1. 油箱的功用

油箱的主要功用是储油、散热、逸气、纳垢。因此，油箱应有足够的容量、较大的表面积，且液体在油箱内流动应平缓，以分离气泡和沉淀杂质。其结构如图 5－5－3 所示。

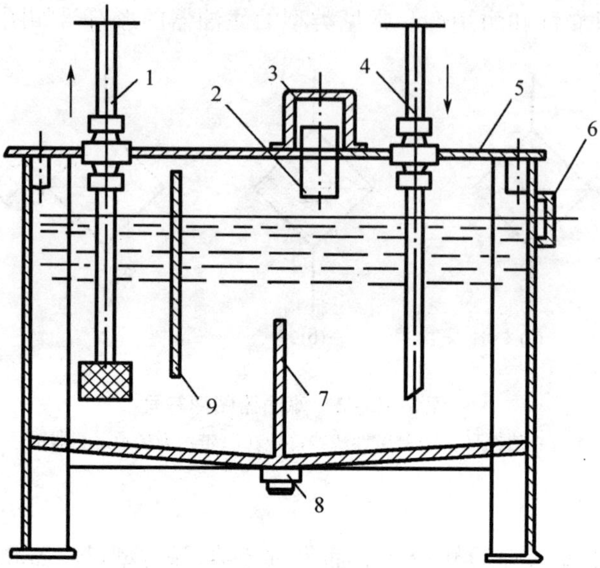

图 5－5－3　油箱结构原理图

2. 油箱的类型

按照油箱内压力状态的不同，油箱可以分为开式油箱和闭式油箱（又称加压油箱）两种。

开式油箱盖上安装空气滤清器，使液面既与大气相通又防止油液受灰尘等污染。

闭式油箱内部通入低压压缩空气（一般为 0.05 MPa 左右），以提高液压泵的吸入口压力。

3. 使用注意事项

（1）注意透气孔处空气滤器的清洁。

（2）定期或在启动系统前打开油箱底部的放残阀放去残液。

（3）每年彻底清洗油箱一次。在有条件时，在清洗油箱的同时，应对箱内油液进行一次外过滤。

四、常见液压系统的类型

船舶上常见的液压系统的组成与功用差别较大，种类较多，但按额定工作压力、循环方式、负载特点、换向控制元件的不同可以分为下列几类：

1. 按其额定压力（亦称公称压力）划分

（1）低压系统　额定压力为 6.3 MPa 以下；

（2）中压系统　额定压力为 6.3 ~ 10 MPa 之间；

(3)中高压系统　额定压力为 10 ~ 20 MPa 之间；
(4)高压系统　额定压力为 20 MPa 及以上。

2. 按系统油循环的形式划分

(1)开式液压系统

开式液压系统是指液压系统中的油液循环必须经过油箱的系统，如图 5 – 5 – 4 所示。开式液压系统的优缺点如下：

①油泵类型　定向定量泵，结构简单，造价低。
②调速与换向　采用节流调速，换向阀换向，油液发热大，能量损失大。
③限速与制动　采用能耗限速与制动，消耗能量，经济性差。
④冷却与散热　因为有油箱，散热条件好。
⑤补油　无须专设补油机构，系统简单。
⑥初置费用　较低。
⑦技术要求　较低。
⑧适用场合　适合功率较小的场合。

(2)闭式液压系统

闭式液压系统是指液压系统的油液循环不经过油箱的系统，如图 5 – 5 – 5 所示。

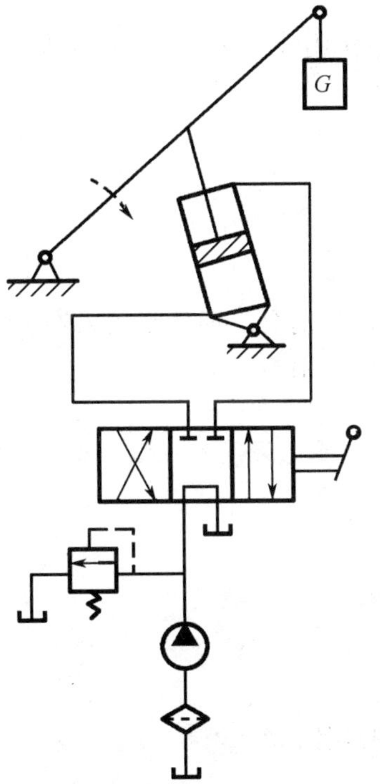

图 5 – 5 – 4　开式液压系统

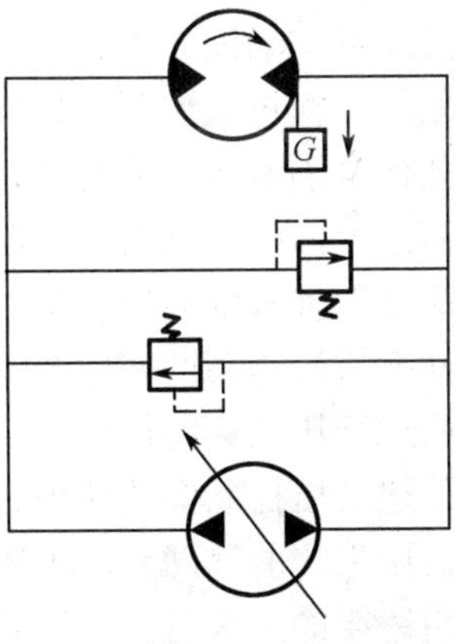

图 5 – 5 – 5　闭式液压系统

闭式液压系统的优缺点如下：

①油泵类型　采用变向变量泵，结构复杂，造价高。
②调速与换向　采用容积调速，油液发热轻，能量损失小。
③限速与制动　再生限速与制动，经济性好。例如，在下降时货物能带动液压电动机

转动呈液压泵工况，将液压泵呈液压马达工况，反过来驱动电动机回转，从而使下降速度受到限制，并得以回收（再生）能量。

④冷却与散热　冷却散热条件差，需专门冷却机构。

⑤补油与自吸　需专设辅泵补油或重力油柜补油，主泵吸入条件较好，对主泵的自吸要求不高。系统复杂。

⑥初置费用　较高。

⑦技术要求　较高。

⑧适用场合　适合功率较大的系统。

（3）半闭式系统

半闭式系统是指液压系统的油液循环不经过油箱，但为了便于冷却而让一部分油液得到油箱油液的连续替换和冷却的系统。半闭式液压系统是闭式液压系统的改进型，所以仍可将之归为闭式液压系统。如图5－5－6所示。

复习思考题

1. 液压系统由哪几部分组成？
2. 相对于电动传动系统，液压系统具有哪些优缺点？
3. 为什么双作用叶片泵的叶片要前倾后倒角？而单作用叶片泵的叶片要后倾后倒角？
4. 径向柱塞泵与轴向柱塞泵工作原理的区别有哪些？
5. 柱塞泵的变量控制方式有哪些
6. 油马达有哪些主要性能参数？
7. 油马达有哪两种调速方法，如何实现？
8. 液压阀件的分类有哪些？
9. 先导式溢流阀和先导式减压阀上的阻尼孔堵塞后，分别会出现什么后果？
10. 液压系统辅助元件有哪些？在系统中各起到什么作用？
11. 船舶甲板机械主要包括哪些设备？
12. 如何区别液压泵分类和符号？
13. 简述径向柱塞泵的工作原理。
14. 简述斜轴式轴向柱塞泵的工作原理。
15. 柱塞式液压泵的使用和管理要点主要包括哪些？
16. 简述液压马达的作用、要求、分类与符号。
17. 简述液压控制阀的功用、要求与分类。
18. 液压系统的辅助元件主要包括哪些，其各自作用是什么？
19. 简述船舶上常见的液压系统的组成与功用。
20. 简述开式液压系统和闭式液压系统。

第六章　舵　　机

第一节　舵的作用原理和对舵机的要求

操舵装置的功用是保证船舶按照人的意图航行在给定的航线上，是保证船舶安全航行的重要设备。操舵装置包括使舵转动的动力设备、转舵机构和向舵杆施加转矩的部件。严格地讲，舵机是指使舵转动的动力设备，但习惯上笼统地将整个操舵装置简称为舵机。

一、舵设备的组成和舵的类型

舵垂直安装在螺旋桨的后方。除小船采用平板舵外，为了提高舵效和推进效率，大船大多采用由钢板焊接而成的空心舵，称为复板舵。这种舵由于水平截面呈对称机翼形，故又称流线型复板舵。

如图 6-1-1 所示，舵机经舵柄 1 将扭矩传递到舵杆 3 上。舵杆 3 由舵承支承，它穿过船体上的舵杆套筒 4 带动舵叶 7 偏转。舵承固定在船体上，由滑动或滚动轴承及密封填料等组成。此外，舵叶 7 经舵销 5 支承在舵托 9 和舵钮 6 上。

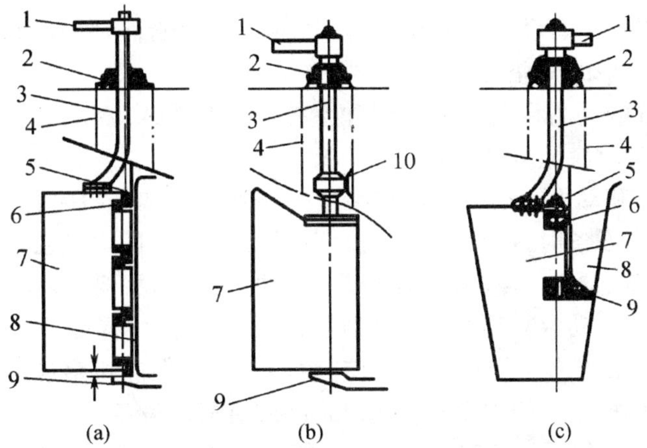

图 6-1-1　几种舵的示意图

1—舵柄；2—上舵承；3—舵杆；4—舵杆套筒；5—舵销；6—舵扭；7—舵叶；8—舵柱；9—舵托；10—舵承

(a)不平衡舵；(b)平衡舵；(c)半平衡舵

舵的类型很多，图 6-1-1 示出了 3 种典型的海船用舵。舵杆轴线紧靠舵叶前缘的舵，称为不平衡舵(图 6-1-1(a))；舵杆轴线位于舵叶前缘后面一定位置的舵称为平衡舵(图 6-1-1(b))；而仅于下半部做成平衡式的舵即称为半平衡舵(图 6-1-1(c))。后两种舵在舵杆轴线之前有一定的舵叶面积，转舵时水流作用在它上面产生的扭矩可以抵消轴线后一部分舵叶面积上的扭矩，从而减轻舵机的转舵扭矩。由于舵叶导边与螺旋桨之间距离在某个值时舵效有个最佳值，因此不平衡舵的舵杆与螺旋桨之间的距离较小。

二、对舵机的基本技术要求

我国《钢质海船入级与建造规范》根据 ISO 的《国际海上人命安全公约》（SOLAS 公约）的规定，对舵机提出了明确的要求，其基本精神就是要求舵机必须具有足够的转舵扭矩和转舵速度，并且在某一部分万一发生故障时，应能迅速采取替代措施，以确保操舵能力。基本技术要求如下：

（1）必须具有一套主操舵装置和一套辅操舵装置；或主操舵装置有两套以上的动力设备，当其中一套失效时，另一套应能迅速投入工作。

主操舵装置应具有足够的强度并能在船舶处于最深航海吃水并以最大营运航速前进时将舵自任一舷 35°转至另一舷的 35°，并且于相同的条件下自一舷的 35°转至另一舷的 30°所需的时间不超过 28 s。此外，在船以最大速度后退时应不致损坏。

辅操舵装置应具有足够的强度和足以在可驾驶航速下操纵船舶，且能在应急情况下迅速投入工作。应能在船舶处于最深航海吃水，并以最大营运航速的一半但不小于 7 kn 前进时，能在 60 s 内将舵自任一舷的 15°转至另一舷的 15°。当舵杆直径大于 230 mm（不包括航行冰区加强）时，应由动力操作。

在主操舵装置备有两套以上相同的动力设备并符合下列条件时，也可不设辅操舵装置：

①当管系或一台动力设备发生单项故障时应能将缺陷隔离，以使操舵能力能够保持或迅速恢复；

②对于客船，当任一套动力设备不工作时，或对于货船，当所有动力设备都工作时，主操舵装置具有前述要求的操舵能力。

主、辅操舵装置的动力设备应能从驾驶室控制使其投入工作，动力设备的动力源发生故障后恢复动力供应时应能自动再启动。

（2）主操舵装置和动力驱动的辅操舵装置应在驾驶台和舵机室都设有控制器；当主操舵装置设置两套动力设备时，应设有两套独立的控制系统，且均能在驾驶室控制。但如果采用液压遥控系统，除 1 万总吨（载重吨）以上的油船、化学品船、液化气船外，不必设置第二套独立的控制系统。动力驱动的辅操舵装置，应有独立于主操舵装置的控制系统。

主、辅操舵控制系统均应能在驾驶室使其投入工作，在舵机室应能脱开驾驶室对正在运转的操舵装置进行控制。驾驶室与舵机室之间应有通信设备。

（3）对舵柄处舵杆直径大于 230 mm（不包括航行冰区加强）的船应设有能在 45 s 内向操舵装置提供的替代动力源。这种动力源应为应急电源或位于舵机室内的独立动力源，其容量至少应能向符合辅操舵装置要求的一套动力设备及其控制系统和舵角指示器提供足够的能源。此独立动力源只准专用于上述目的。对 1 万总吨以上的船舶，它应至少可供工作 30 min，对其他船舶为不小于 10 min。

（4）操舵装置应设有有效的舵角限位器。以动力转舵的操舵装置，应装设限位开关或类似设备，使舵在到达舵角限位器前停住。装设的限位开关或类似设备应与转舵机构本身同步而不应与舵机的控制相同步。

舵装置应有保持舵位不动的制动装置。

应能在舵机室内看到舵角指示；驾驶室应有舵角显示。舵角显示装置应独立于操舵装置的控制系统。

(5)液压系统能被隔断的任何部分,以及由于动力源或外力作用能产生压力的任何部分均应设置安全阀。安全阀开启压力应不小于1.25倍最大工作压力;安全阀的排量应不小于液压泵总流量的110%,在此情况下,计及在预定外界环境温度下对液压油黏度的影响后,压力的升高不应超过开启压力的10%,且不应超过设计压力值。

(6)液压系统应设有保持液压油清洁的设备;循环油箱应设低液位报警器;应设一个固定储油柜,其容量应足以使一套动力转舵系统(包括循环油箱)再充液,固定储油柜设有液位器。

液压系统必要时应设有放气装置。

非双套设置的液压舵机的油缸体上与各管路连接处应设隔离阀。

(7)发生以下故障时,应能在主机处所或集控室内明显位置、驾驶室内,给出声、光报警信号:

①动力设备或控制系统的动力故障;

②自动舵装置故障;

③电路或电动机断相及过载;

④液压油柜油位过低;

⑤液压油油温过高;

⑥液压油滤油器压差大;

⑦由单一故障引起的可能导致操舵失灵的液压阻塞。

(8)附加要求

①对1万总吨(载重吨)以上的油船、化学品船、液化气体运输船和7万总吨(载重吨)以上其他船,其主操舵装置应设两套或两套以上符合第(1)项要求的动力设备;

②1万总吨(载重吨)以上的油船、化学品船、液化气体运输船当主操舵装置的一套动力转舵系统的任何部分(舵柄、舵扇损坏或转舵机构卡住除外)发生单项故障而丧失操舵能力时,应能在45 s内重新获得操舵能力。因此,操舵装置应由两个均能满足主操舵装置要求的独立与分开的动力转舵系统组成;或至少有两套相同的动力转舵系统,在正常运行时能满足主操舵装置的要求,任一系统中液压油丧失时应能被发现,有缺陷的应能自动隔离,使其他动力转舵系统保持安全运行。

只有一个执行器的舵机(如单式转叶油缸),对设计时的应力分析(包括疲劳分析和断裂分析)和对所用的材料、密封装置的安装、试验、检查以及有效的维护规定等予以特别考虑,可用于1万总吨(载重吨)以上但小于10万总吨(载重吨)的油船、化学品船和液化气体运输船。这种操舵装置的管路或一套动力设备的任何部分(舵柄、舵扇损坏或转舵机构卡住除外)发生单项故障而丧失操舵能力时,应能在45 s内重新获得操舵能力。

第二节 液压舵机的工作原理和基本组成

电动舵机仅用于一些小型船舶上。目前稍大一些的船舶,几乎全部采用液压舵机。液压舵机可分为泵控型和阀控型两类,现分述如下。

一、泵控型液压舵机

图 6 - 2 - 1 示出泵控型液压舵机的工作原理图。泵控型液压舵机采用双向变量液压泵和闭式液压系统。双向变量油泵 2 设于舵机室，由电动机 1 驱动做单向持续回转，而油泵的流量和吸排方向，则通过与浮动杆 5 的 C 相连接的控制杆 4 控制，即依靠油泵控制 C 偏离中位的方向和距离，来决定泵的吸排方向和流量。

图 6 - 2 - 1 所示舵机采用往复式转舵机构。它由固定在机座上的油缸 14 和可在油缸中往复运动的撞杆 9 等所组成。当油泵按图示吸排方向工作时，泵就会通过油管从右侧油缸吸油，排向左侧油缸。这样，撞杆 9 就会在油压的作用下向右运动。撞杆通过中央的滑动接头与舵柄 7 连接，而舵柄 7 的一端又用键固定在舵杆 10 的上端，因此，撞杆 9 的往复运动就可转变为舵叶的偏转。显然，改变油泵的吸排方向，则撞杆和舵叶的运动方向也就随之而变。

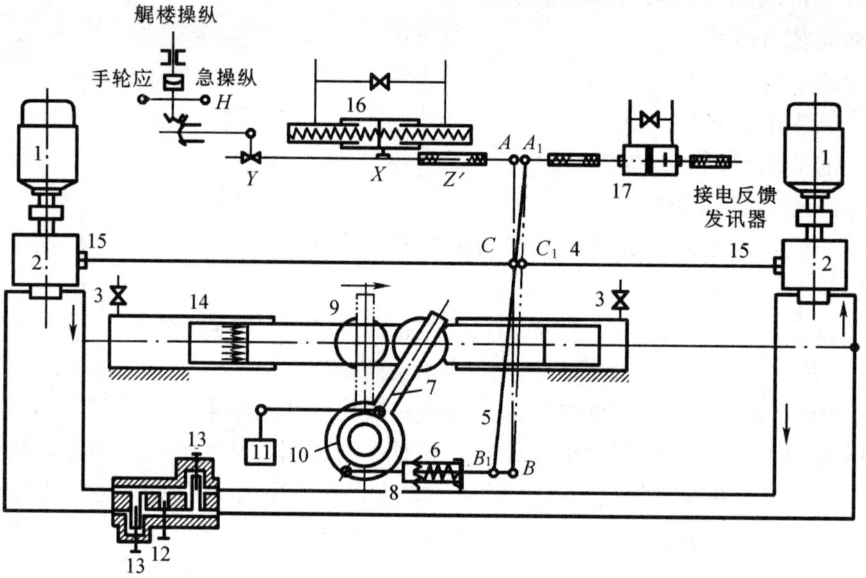

图 6 - 2 - 1　泵控型液压舵机原理图

1—电动机；2—双向变量泵；3—放气阀；4—变量泵控制杆；5—浮动杆；6—储能弹簧；7—舵柄；8—反馈杆；9—撞杆；10—舵杆；11—舵角指示器的发送器；12—旁通阀；13—安全阀；14—转舵油缸；15—调节螺母；16—液压遥控受动器；17—电气遥控伺服油缸

对转舵机构尺寸既定的舵机来说，转舵速度主要取决于油泵的流量，而与舵杆上的扭矩负荷基本无关。因为舵机油泵都采用容积式泵，当转舵扭矩变化时，虽然工作油压也随之变化，但泵的流量基本不变（漏泄量随工作油压的变化一般不大），故对转舵速度变化的影响并不明显。所以，进出港和窄水道航行时，用双泵并联，转舵速度几乎可提高 1 倍。

泵控型液压舵机较多采用浮动杆式追随机构（图 6 - 2 - 1、图 6 - 2 - 2）。浮动杆的控制点 A 是由驾驶台通过遥控系统来控制，但如把 X 孔的插销转插到 Y 孔之中，则也可在舵机室用手轮来控制。浮动杆上的控泵点 C 与变量泵的控制杆相连；反馈点 B 经反馈杆与舵柄相连。当舵叶和驾驶台上的舵轮都处于中位时，浮动杆即处在图 6 - 2 - 2 中 ACB 所表示

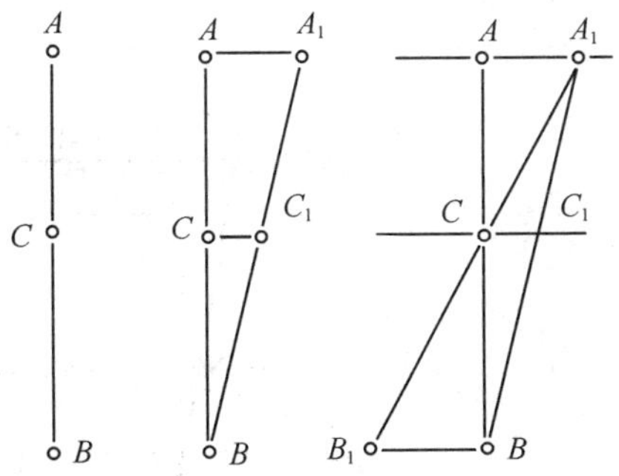

图 6－2－2　浮动杆式追随机构工作原理图

的位置,C 点恰使变量机构居于中位,故油泵空转,舵保持中位不动。如果驾驶台给出某一舵角指令,那么,通过遥控系统,就会使 A 点移至 A_1,由于 B 点在舵叶转动以前并不移动,所以 C 点将移到 C_1,于是,油泵按图示箭头方向吸排,舵叶开始偏转,通过反馈杆带动 B 点向左方向移动。当舵叶转到与 A_1 位置所给出的指令舵角相符时,B 也移到 B_1,使 C 点重又回到中位,于是油泵停止排油,舵就停止在所要求的舵角上。这时,浮动杆的位置如图 6－2－2 中的实线 A_1CB_1 所示。实际上,浮动杆的动作并不是分步进行的,而是在 A 点带动 C 点偏离中位后,由于油泵排油,推动舵叶,B 点就移动,只是 A,C 动作领先,舵叶和 B 点追随其后而已。

当驾驶台发出回舵指令时,A 点又会从 A_1 位置移回中位,于是 C 点也偏离中位向左移动,使油泵反向吸排,舵叶也就向中位偏转,使 B 点从 B_1 位置向中位移动。直到舵叶转到由 A 点位置所确定的指令舵角时,C 点重新回中,油泵停止排油,舵叶也就停转。

有的浮动杆追随机构加设了副杠杆,它起机械放大作用,可缩小浮动杆及其操纵机构尺寸而保持小舵角操纵的灵敏度。图 6－2－3 中,在主杠杆上点 A 为操纵点,B 点为追随点;在副杠杆上,点 C 为舵机油泵的控制点,E 点为固定支点;D 点为主、副杠杆的铰接点。当驾驶台进行操舵并使 A 点移动时,此时 B 点固定不动,主杠杆 AB 便以 B 点为中心摆动。由于主杠杆 AB 和副杠杆 EC 在 D 点相铰接,所以使副杠杆 EC 绕 E 点摆动。在 A 点行程为 SA 时,与舵机油泵变量机构相连的 C 点移动的行程为 SC。如图 6－2－3 中所示,假如没有副杠杆而 C 点直接连在主杠杆 AB 相应的位置上,则 C 点的行程只相当于 S。在操小舵角时,可能会由于 S 过小而使油泵供油量太小,反而转舵很慢。显然 SC 大于 S,起到了放大作用,加大了供油量,提高了小舵角操纵的灵敏度。

图 6－2－4 中,所谓储存弹簧,是一根装设在浮动杆中并能在无论是拉或是压浮动杆的过程中,它都能受到压缩作用的弹簧。它的初张力应足以克服推动油泵变量机构时所受到的反力。因此,在油泵变量机构达到最大行程之前,储存弹簧并不会因受压而缩短,此时的浮动杆和储存弹簧就像普通的刚性杆件一样参与工作,如图 6－2－4(a)所示。当操舵过程在油泵柱塞达到最大行程后仍然继续进行时,此时的控制点 C 就会受到油泵最大行程限制器的抵挡而无法继续前移,浮动杆这时却因尚未追随或追随较慢,所以 B 点受到的拉力将增大,致使弹簧因受压而变形缩短,如图 6－2－4(b)所示。这样就给 A 点以连续运动的可能,从而使操舵运动得以继续进行。当操舵到达最大舵角时,弹簧就会因为舵叶转动的实际舵角的落后而被压缩了一定的长度,这一长度正好给舵柄继续追随运动预留了一段行程。在弹簧长度恢复到原有的安装长度之前,由舵叶转动所造成的追随运动,将会被弹簧的伸长所补偿,而不会对油泵变量机构所处的最大行程位置有所影响,即 C 点仍保持不动。因此,在这一段时间内,油泵便一直保持在最大排量下工作。可见,利用储存弹簧不仅可以使操舵工作得以顺畅地连续进行,而且更重要的是保证了油泵的最大供油量在操小舵角时就已达到,且在操大舵角时,能有较长一段时间油泵一直在最大排量下工作,从而有利于缩短转舵时间。

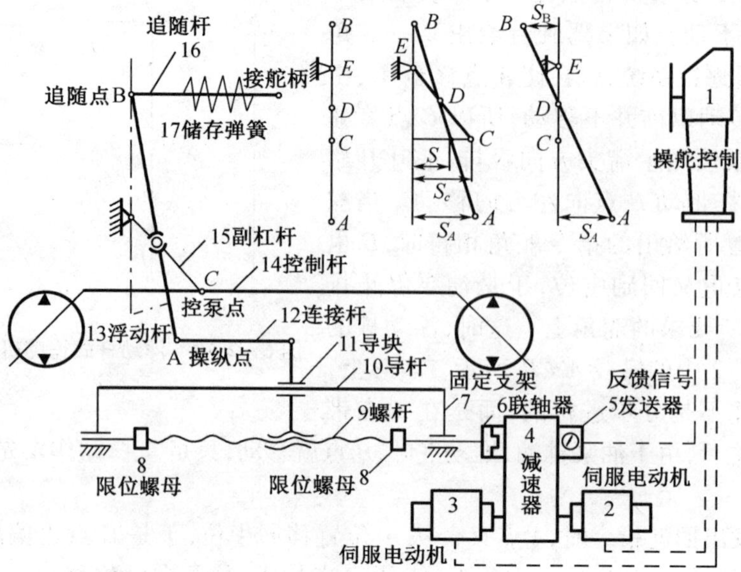

图 6-2-3　带有副杠杆时的追随过程图

储存弹簧除上述作用外，在稳舵期间，舵受到风浪冲击时，还能起到让舵作用。此时虽然 *A* 点没有移动，但由于舵叶受外界影响而发生偏转，迫使浮动杆带动油泵变量机构移动，使油泵投入工作。当 *C* 点移动到达油泵变量机构极限位置后，若此时舵叶因受风浪影响还继续偏转的话，就会通过浮动杆压缩储存弹簧，起到安全保护作用，如图 6-2-4(c)所示。可见，此时若没有储存弹簧的缓冲作用，由于 *A* 点不动，*C* 点也已达极限位置，而 *B* 点的移动就势必造成刚性杆件的逼死现象，引起破坏。在风浪过去后，由于这时油泵排油量仍处于最大位置，可以使舵叶尽快地向相反方向转动回复到原来的舵角位置，储存弹簧也伸长恢复到原来的安装长度。

由上可知，储能弹簧的刚度必须适当，若弹簧太软，则可能使 *B* 点先于 *C* 点而移动，小舵角操舵也就无法进行；但如弹簧太硬，则大舵角操舵所需的操舵力又会太大，如无法达到，则反馈杆实际上相当于一刚性杆，储能弹簧不起作用，大舵角操舵就难于一次完成。

由于浮动杆式追随机构能使油泵在开始和停止排油时流量逐渐增大和减小，因而即可减轻液压系统的冲击。但并非所有泵控型舵机都采用浮动杆追随机构，有的是靠电气遥控系统使主泵流量逐渐增大和减小的。如图 6-2-1 所示，为了防止海浪或冰块等冲击舵叶时，造成舵杆上的负荷过大、系统油压过高和使电机过载，在油路系统中装设了安全阀 13(亦称防浪阀)。当舵叶受到冲击以致任一侧管路的油压超过安全阀的整定压力时，安全阀就会开启，使油泵的两侧管路旁通。当舵上的冲击负荷消失后，安全阀关闭，舵叶在油泵的作用下又会返回原位。

二、阀控型液压舵机

阀控型液压舵机使用单向定量油泵，其吸排方向不变，油液进出转舵油缸的方向由驾驶台遥控的换向阀来控制，以达改变转舵方向的目的。当换向阀处于中位时，油泵的排油将经换向阀旁通而直接返回油泵的进口(闭式系统)或回油箱(开式系统)；而转舵油缸的油路就会锁闭而稳舵。图 6－2－5 所示为阀控型液压舵机原理图。

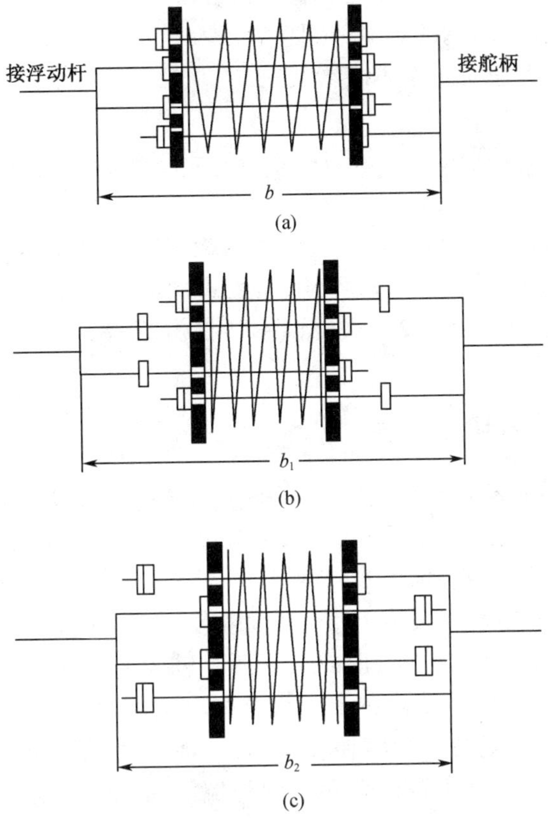

图 6－2－4　储存弹簧工作原理

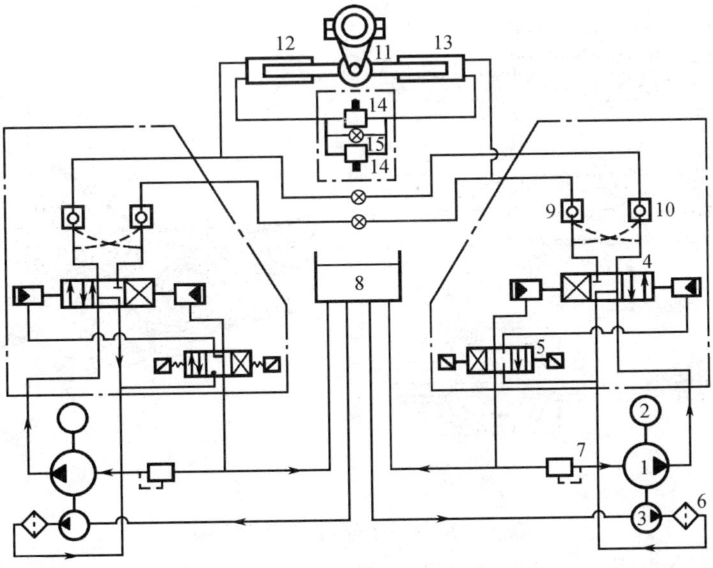

图 6－2－5　阀控型液压舵机原理图

1—主油泵；2—电动机；3—辅油泵；4，5—电磁换向阀；6—滤器；7—溢流阀；8—油箱；9，10—液控单向阀；11—撞杆；12，13—油缸；14—防浪阀；15—手动旁通阀阀控型舵机的油泵和系统比较简单，造价相对较低；缺点是用换向阀换向，换向时液压冲击较大；另外，阀控型舵机在停止转舵时，主泵仍以最大流量排油，故油液发热较多，经济性较差。所以，阀控型舵机适用的功率范围一般比泵控型小。但是，随着系统设计的改进，阀控型舵机的适用功率范围也正在不断增大。

第三节　液压舵机的转舵机构

在液压舵机中，转舵机构为执行元件，用来将油泵供给的液压能变为转动舵杆的机械能，以推动舵叶偏转。根据动作方式的不同，转舵机构可分为往复式和回转式两大类。往复式转舵机构主要有十字头式、拨叉式、滚轮式、摆缸式等；回转式转舵机构主要有转叶式等。

一、十字头式转舵机构

十字头式转舵机构主要由转舵油缸、插入油缸中的撞杆，以及与舵柄相连接的十字形滑动接头等所组成。当转舵扭矩较小时，常采用双缸单撞杆的形式；而当转舵扭矩较大时，则大多采用四缸、双撞杆的结构，如图 6 - 3 - 1(a) 所示。为了将撞杆的往复运动转变为舵的转动，在撞杆与舵柄的连接处，设有十字形滑动接头，如图 6 - 3 - 1(b) 所示。两撞杆 3 通过自己的叉形端部，用螺栓连在一起，形成上下两个轴承。两轴承环抱着十字头的两个耳轴 7；而舵柄 8 则与耳轴垂直，并横插在十字头的中央轴承中。因此，当撞杆 3 在油压推动下移离中央位置时，十字头就会一面随撞杆移动，一面带动舵柄偏转，继而带动舵杆转动。显然，随着舵角 α 的增加，十字头将在舵柄上向外端滑移，而舵柄的有效工作长度，即舵杆中心到十字头中心的距离 R，也随 α 的增大而增大。

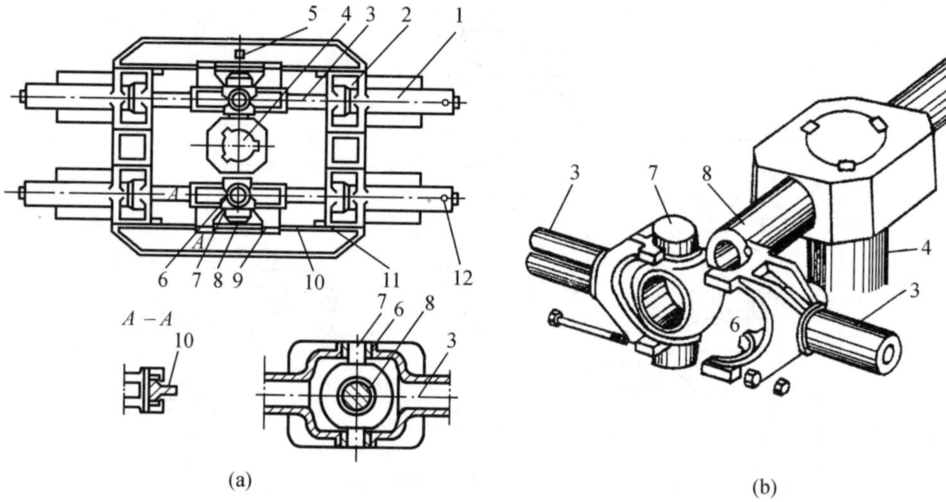

图 6 - 3 - 1　十字头式转舵机构

1—油缸；2—底座；3—撞杆；4—舵杆；5—机械式舵角指示器；6—十字头轴承；7—十字头耳轴；8—舵柄；9—滑块；10—导板；11—撞杆行程限制器；12—放气阀

撞杆的极限行程由行程限制器(挡块)11 加以限制,它能在舵角超过最大舵角 1.5°±0.5°时限制撞杆继续移动。这时油缸底部的空隙应不小于 10 mm。在导板的一侧还设有舵角指针 5,用以指示撞杆在不同位置时所对应的舵角,此舵角称为实际舵角。此外,在每个转舵油缸的上部还设有放气阀,以便驱放油缸中的空气。

二、拨叉式转舵机构

在往复式转舵机构中,拨叉式也得到了广泛的应用。如图 6-3-2 所示,它使用整根的撞杆,并在拉杆的中部带有圆柱销,销外套有方形(或圆形)滑块。撞杆移动时,滑块一面绕圆柱销转动,一面在舵柄的叉形滑槽内滑动(或滚动)。

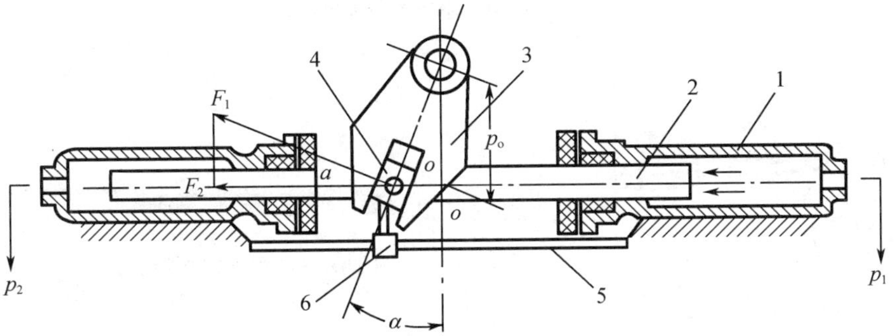

图 6-3-2　拨叉式转舵机构

1—油缸;2—柱塞;3—叉杆式舵柄;4—滑块;5—导向杆;6—叉式滑履

与十字头式转舵机构相比,拨叉式与其转矩特性相同,但使用拨叉式时,侧推力可直接由撞杆本身承受而无须导板,故结构简单,加工及拆装都较方便;此外,当公称扭矩较小时,由于以拨叉代替十字头,撞杆轴线至舵杆轴间的距离 R_0就可缩减 26%,撞杆的最大行程也因而得以减小,所以,在公称转舵扭矩和最大工作油压相同的情况下,拨叉式的占地面积将可比十字头式减少 10% ~15%,质量亦相应减轻 10% 左右。现在拨叉式转舵机构在柱塞侧也设有导杆来承受侧推力,公称扭矩大为提高,已达 9 810 kN · m。新建船舶拨叉式转舵机构已经基本取代了十字头式。

通常将十字头式与拨叉式转舵机构称为滑式转舵机构。

三、滚轮式转舵机构

如图 6-3-3 所示,滚轮式转舵机构的结构特点是用装在舵柄端部的滚轮代替滑式机构中的十字头或拨叉。工作时受油压推动的撞杆,以其顶部直接顶动滚轮,迫使舵柄转动。

这种转舵机构不论舵角 α 如何变化,通过撞杆端面与滚轮表面的接触线作用到舵柄上的推力 P,始终垂直于拉杆端面,而不会产生侧推力。

四、摆缸式转舵机构

摆缸式转舵机构如图 6-3-4 所示。它采用了与支架相铰接的两个摆动式油缸 1 和双作用的活塞 2(也可用单作用的活塞)。活塞在油压作用下所产生的往复运动,通过与活塞杆铰接的舵柄,推动舵叶偏转。由于转舵时缸体做相应的摆动,故油缸两端的油管必须采用有挠性的高压软管。

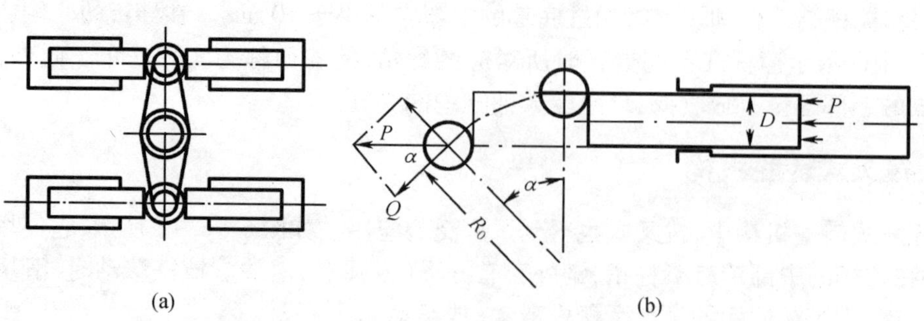

图 6-3-3 滚轮式转舵机构

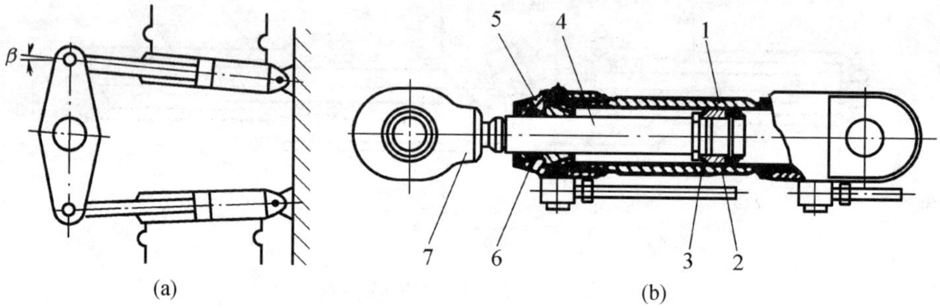

图 6-3-4 摆缸式转舵机构

1—油缸；2—活塞；3—活塞环；4—活塞杆；5—端盖；6—密封环；7—接头

由图 6-3-4 可见，摆缸式机构转舵时，油缸摆角 β（油缸中心线与舵柄中心线在同一平面的垂直线间的夹角）将随舵转角 α 而变。中舵时 β 最大，而最大舵角时 β 为零或接近于零。但不论舵角 α 如何，β 角总是很小的，如将其忽略不计，则摆缸式与滚轮式的扭矩特性基本相同。

五、转叶式转舵机构

转叶式转舵机构有三叶式与双叶式两种。图 6-3-5 所示为三叶式转舵机构的原理图。该机构内部装有三个定叶 5 的油缸 2，通过橡皮缓冲器安装在船体上。而用键与舵杆上端相固接的转子 3，则镶装着三个转叶 4。由于转叶与缸体内壁及上、下端盖之间，以及定叶与转毂外缘和上、下端盖之间，均设法保持密封，故借转叶和定叶即将油缸内部分隔成为六个小室。当油泵如图中箭头所示那样，经油管 6 分别从三个小室吸油，并把油排入另外三个室，则转叶就会在液压作用下通过轮毂带动舵杆和舵叶偏转。

转叶式机构的内部密封是其薄弱环节，以往所用的工作油压都不超过 4 MPa，曾限制了它在大扭矩舵机中的使用。近年来，随着密封材料和密封形式的不断改进，最大工作油压已可达 10～15 MPa，转舵扭矩也提高到 6 000 kN · m 左右，其密封件使用寿命已超过 10 年。然而，普通单缸转叶式机构，一旦当内部密封损坏或发生其他故障丧失操舵能力时，无法在 45 s 内将故障部分隔离而迅速恢复操舵能力；若用于 1 万总吨以上的油船、化学品船、液化气运输船，有的在舵柄上、下叠加两个独立与分开的转叶式转舵油缸。目前已经成功地应用于 30 万吨油船的舵机。

图 6-3-6 为 AEG 型转叶式油缸，翻边端盖与空心转子 3 制成一体，然后用 V 形密封圈 9 和压盖 8 防止油外漏。这种结构的端盖能够承受较高的油压而不易变形，同时又可避免转叶和端盖间的泄漏。而用球墨铸铁制造的转叶 4 和定叶 5，则用由高强度钢制成的定位销和内六角螺钉分别固定在铸钢的转子 3 和缸体 2 上，并用在背后装有 O 形橡胶条的钢制密封条 7 来保证各工作腔室间的密封。所以，该型结构的耐压能力较强，工作油压一般可用到 10 MPa或更高，同时可保持 96% ~ 98% 的容积效率。

整个转子的重力完全由舵杆轴承来承担，而油缸本体 2 则通过螺栓 12 和橡皮缓冲器 13 支撑于两个缓冲架 10 上，同时在上、下主油路，缸体凸缘的内侧与固定支架的顶部与底部之间预留一定的间隙（一般上下共约 38 mm），以便吸收油缸在工作中可能产生的微量窜动和横向振动。

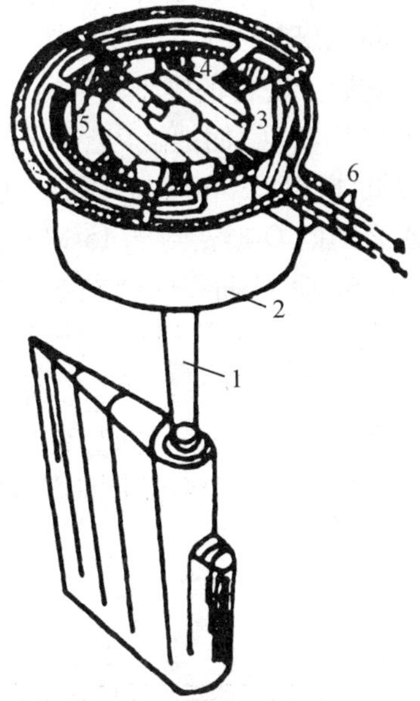

图 6-3-5　三转叶式转舵机构原理图

1—舵杆；2—缸体；3—转子；4—转叶；5—定叶；6—油管

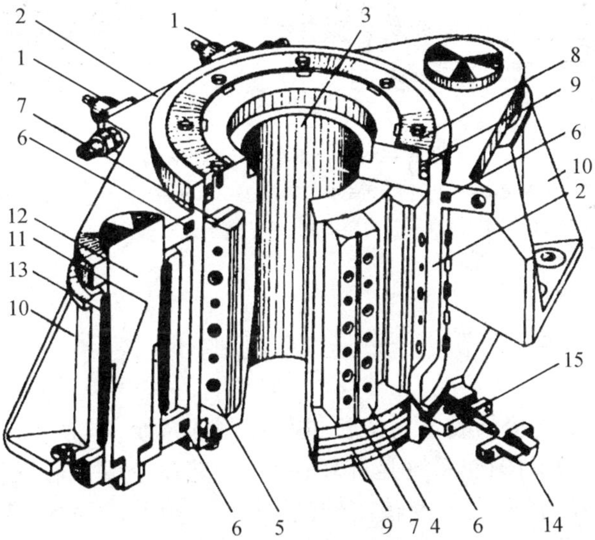

图 6-3-6　AEG 型转叶式油缸

1—截止阀；2—缸体；3—空心转子；4—转叶；5—定叶；6—上、下主油路；7—钢钢制密封条；8—压盖；9—密封圈；10—缓冲架；11—套筒；12—螺栓；13—缓冲橡皮；14—截止阀壳体；15—阀杆

图 6-3-7 示出了弗利登波(FRYDENBO)双转叶油缸的结构。缸体 2 在下部法兰处用螺栓固定于基座上,上部由螺栓连接的缸盖 3 封闭。装在缸体内的转子 12 借专用液压上紧工具安装于舵杆的锥形头部并用螺帽锁紧。缸体内和转子上分别对称装有两个定叶 10 和两个转叶 13,它们把缸内空间分隔成四个腔室。密封件包括:定叶与转子外圆柱面之间、转叶与缸体的底面和内圆柱面之间以及与缸盖之间的密封条 9,转子上、下端面与缸体底面和端盖之间的 O 形密封圈 15 以及缸体与缸盖之间的 O 形圈 6。相对的每两个腔室经转子内的通道连通,从而将四个腔室分为两组工作腔室,它们经油路锁闭阀(双联液控单向阀)14 分别与两根主油管相连。转子的重力由舵杆轴承支承。在缸体底部设有承压环 1 对转子提供辅助支承,防止转子与缸体底面的磨损。转子上、下两端有上、下衬套 4 和 8 对其进行径向支承,衬套外端分别装有两道密封圈,它们分别由上、下压盖 5 和 7 适当压紧,保持转子两端的轴向密封。转角限制器 11 限制转子的最大转角,可按不同的最大舵角限制要求进行设置。

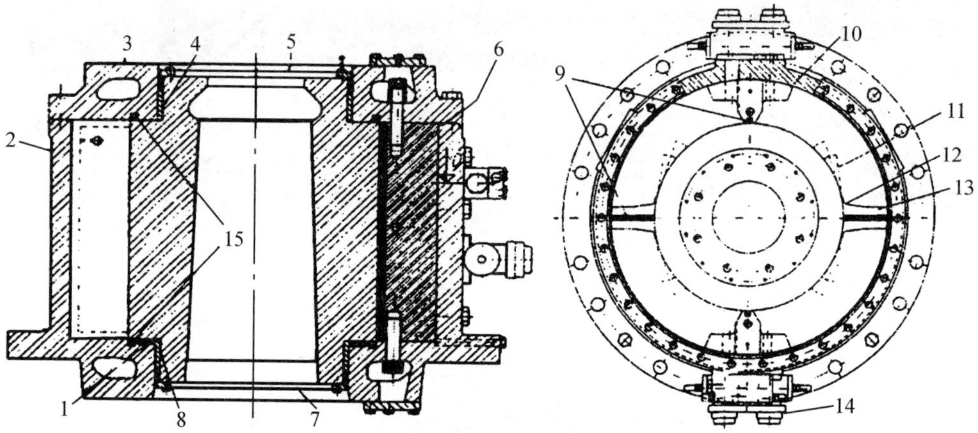

图 6-3-7　双转叶油缸结构

1—承压环;2—缸体;3—缸盖;4—上衬套;5—上填料压盖;6,15—O 形圈;7—下填料压盖;8—下衬套;9—密封条;10—定叶;11—转角限制器;12—转子;13—转叶;14—油路锁闭阀

第四节　液压舵机的遥控系统

舵机的遥控系统是指从驾驶室对舵机进行控制的系统,包括单动操舵系统、随动操舵系统、自动操舵系统。单动操舵系统是开环控制,转舵命令发出后,舵按指令方向转动,当舵转到要求舵角时,操舵者需发出停转信号,舵才停止转动;当稳舵期间,因安全阀开启等原因跑舵后,舵不会自动返回到要求舵角。单动操舵系统主要用于应急操舵、检修、调试舵机时用,既可在驾驶台操纵,也可在舵机室操纵。所谓随动操舵系统,是指在操舵者发出舵角指令后,不仅可使舵按指定方向转动,而且在舵转到指令舵角后还能自动停止操舵的系统。当稳舵期间,因安全阀开启等原因跑舵后,舵会自动返回到要求舵角。而自动操舵系统,则是在船舶长时间沿指定航向航行时使用,它能在船因风、流及螺旋桨的不对称作用等造成偏航时,靠罗经测知并自动发出信号,使操舵装置改变舵角,以使船舶能够自动地保持既定的航向。现代船舶的舵机,绝大多数都装有随动操舵系统和自动操舵系统。

根据从驾驶台到舵机室传递操舵信号方法的不同,舵机的遥控系统可分为机械式、液压式和电气式等几种。现代船舶大多采用电气遥控系统。

一、液压式远操机构

液压式远操机构是利用液体不可压缩的基本原理,来传递操纵运动的一种机构。系统原理如图 6-4-1 所示,主要由位于驾驶台的舵令发信器和位于舵机房的舵令受信器以及两者之间的连接管路等组成。操舵时,舵轮的回转通过齿轮齿条机构转变为发信器活塞的往复运动,使受信器中的活塞(或油缸)也相应动作,并将该动作传给比较环节的指令舵角信号输入端(如三点式浮动杠杆的 A 点),从而实现远距传递操舵信号的功能。这种远操系统工作较为安全可靠,但操舵者劳动强度大,如果因密封不好产生漏泄,会造成操舵偏差,因而其应用受到限制,有些场合只作为备用远操系统。

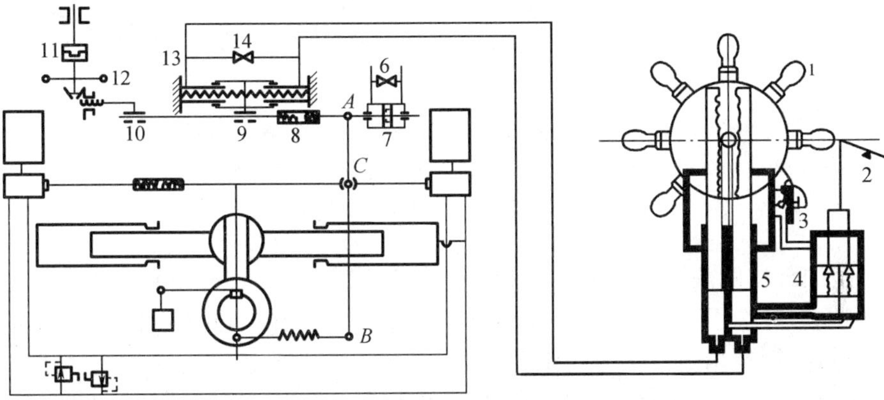

图 6-4-1　液压式远操机构基本原理

1—舵轮;2—手柄;3—截止阀;4—油液平衡装置;5—发送器液压缸;6—旁通阀;7—电气遥控用液压缸;8—双头调节螺母;9,10—插销孔;11—联轴器;12—应急操纵手轮;13—受动器液压缸;14—旁通阀

二、伺服油缸式遥控系统

这种遥控系统用于带浮动杆追随机构的泵控型舵机。

本装置启动后(图 6-4-2),叶片泵 7 定向定量地排出压力油,压力油经单向阀 6、旁通型调速阀 4 至电磁换向阀 3。电磁换向阀 3 的阀芯位置取决于由驾驶台经电气遥控系统控制的电磁线圈 S_1 和 S_2 的通电情况(必要时也可用手动应急控制),压力油经 $P \to A$ 或 $P \to B$ 导入伺服油缸的相应空间,使伺服活塞向相应方向移动。伺服活塞杆的一端经浮动杆及追随机构操纵舵机变量油泵,活塞杆的另一端与电反馈装置(自整角机)相连,随时将活塞位置的信号反馈到驾驶台的操舵设备。此外,在活塞杆的相应部位还设有最大操舵角的机械限位器。

当阀芯处于中位时,P,T 相通,油泵卸载,A,B 油口锁闭,油路不通,伺服活塞不动。

当驾驶台发出的指令舵角,与伺服活塞位置所代表的操舵角相比偏右舷时,需向右操舵。这时,电磁线圈 S_1 通电,换向阀 3 的阀芯被推至极左位置,来自油泵的压力油经 $P \to B$ 供入油路锁闭阀 2 右端,顶开右端锥阀,进入油缸 1 的右侧,同时还使油路锁闭阀的左端锥

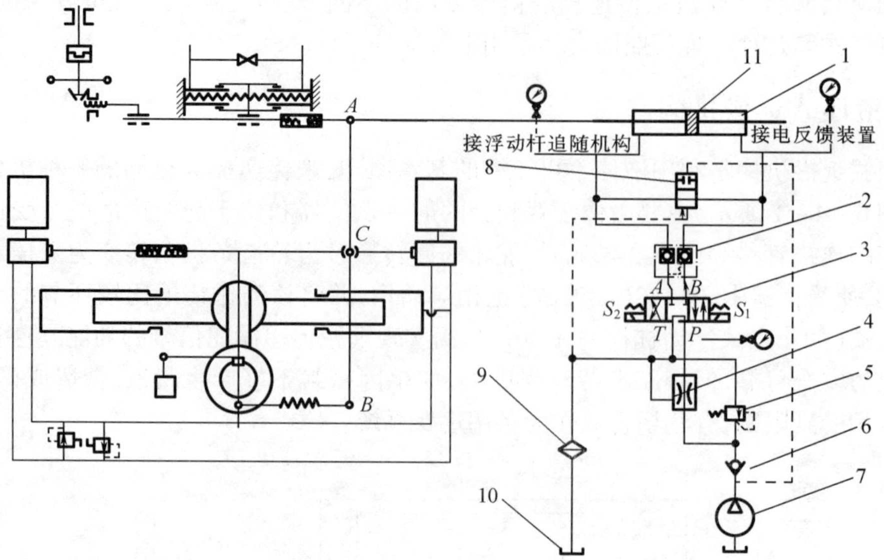

图 6-4-2　伺服油缸式遥控系统

1—伺服油缸;2—油路锁闭阀;3—电磁换向阀;4—旁通型调速阀;5—安全阀;6—单向阀;7—油泵;8—液控旁通阀;9—滤器;10—油箱;11—伺服活塞

阀被顶开,使油缸左侧油液经锁闭阀 2 和换向阀 3 的 $A \rightarrow T$ 油路,回到油箱 10。这样,伺服活塞在两侧油压差作用下左移,一方面操纵舵机油泵使舵向右偏转,另一方面则输出电反馈信号。当活塞行至相当于指令舵角的位置时,由于电反馈装置送回的信号正好与舵角指令信号相抵消,电磁线圈 S_1 断电,换向阀 3 的阀芯回中,阀 2 的两锥阀关闭,形成液压锁,将伺服活塞 11 锁住。于是,舵叶在浮动杆追随机构的作用下,将自动地把舵转到并稳定在与指令舵角一致的舵角上。

如果要求向左操舵(包括转左舵和从右舵回中),则电磁线圈 S_2 通电,油路 $P \rightarrow A$ 及 $B \rightarrow T$,伺服活塞右移。

系统中一些阀件的作用如下:

(1)液压泵　提供足够的液压能。

(2)电磁换向阀　实现左舵、右舵、稳舵的控制。

(3)单向阀　启阀压力不小于 0.6 MPa。保证工作时即使换向阀在中位,单向阀前的油压仍能使液控旁通阀截断。

(4)安全阀　当油泵排出压力超过整定值时,将油泄入油箱,防止油泵过载。

(5)旁通型调速阀　控制输往伺服油缸的流量,使伺服活塞有合适的移动速度。

(6)油路锁闭阀　当伺服活塞位置与指令舵角相对应时换向阀回中,阀锁闭伺服油缸油路(换向阀中位密封可能不够严密),防止浮动杆传来的反力使活塞移动。在装有两套使用同一伺服油缸的遥控系统的装置中,它能把备用系统的换向阀和油缸隔断,减少换向阀漏泄对工作的影响。

(7)液控旁通阀　它靠油泵排油压力截断油缸旁通通路使之投入工作。因此,当改用其他控制方式(例如机旁控制)操纵浮动杆时,则因泵停止排油,油缸通过阀旁通,柱塞即可自由移动,不致妨碍其他控制机构的工作。

三、伺服电机式遥控系统

以伺服电动机为执行元件的舵机遥控系统可以采用直流伺服电机，也可采用交流伺服电机。图 6-4-3 示出用平衡电桥控制的直流伺服电机式遥控系统的原理图。它也用于带浮动杆追随机构的泵控型舵机。

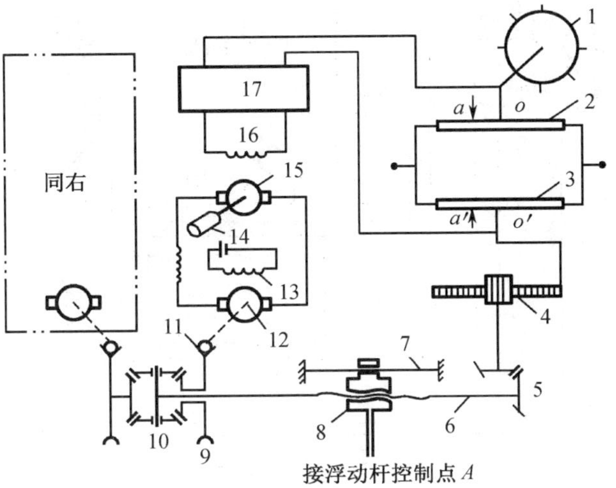

图 6-4-3 直流伺服电机式遥控系统原理图

1—舵轮；2—操舵电位计；3—反馈电位计；4—齿轮齿条机构；5—锥齿轮副；6—丝杆；7—导杆；8—滑块螺母；9—蜗轮；10—行星齿轮；11—蜗杆；12—直流伺服电动机；13—直流电动机激磁绕组；14—交流电动机；15—直流发电机；16—直流发电机激磁绕组；17—放大器

舵机室设有交流机组：交流电动机 14 驱动直流发电机 15，发出直流电，再去驱动直流伺服电动机 12。伺服电动机 12 经蜗杆 11、蜗轮 9 及行星齿轮 10 带动丝杆 6 转动。丝杆上所套滑块螺母 8 因受导杆 7 的限制不能转动，但可在丝杆上移动，从而拉动浮动杆的操纵点 *A*（见图 6-2-1），控制变量泵，使其向相应方向排油转舵。与此同时，丝杆 6 的转动还经锥齿轮副 5 和齿轮齿条机构 4 使反馈电位计 3 的触点移动，向遥控系统送出电反馈信号。

当操舵电位计 2 和反馈电位计 3 的触点处于相应的位置（例如中位 *o* 与 *o′*）时，直流发电机的激磁绕组 16 没有电流通过，输出电压为零，伺服电动机 12 不动。当舵轮 1 转动某一角度，给出相应的指令舵角时，操舵电计上滑动触点从 *o* 移到 *a* 点，电桥失去平衡，*a* 与 *o′* 之间出现电位差，此偏差信号经放大器 17 放大，使发电机激磁绕组 16 流过一定方向的电流，直流发电机 15 产生一定方向的电压，于是伺服电动机 12 转动，并移动浮动杆操纵点 *A*。当 *A* 点移动到与指令舵角相应的位置时，反馈机构带动反馈电位计 3 的滑动触点从 *o′* 移到 *a′*。因为 *a′* 与 *a* 是等电位点，电桥重新平衡，偏差信号消除，电动机 12 因励磁消失而停止转动。另外，浮动杆机械追随机构将使舵叶转到与 *A* 点位置相应的舵角上。

当舵轮带动操舵电位计触点反向移动时，绕组 16 的激磁电流方向相反，电动机 12 将接受发电机 15 产生的反向电压而反转，带动 *A* 点做与上述操舵方向相反的运动。操纵点 *A* 偏离中位的方向和大小，始终准确地与舵轮给出的指令舵角的方向和大小相对应，再通过浮动杆机械追随机构将舵转到与指令舵角相应的舵角，这就是直流伺服电机遥控系统的工作原理。

四、力矩马达式舵机遥控系统

图 6－4－4 示出了一种力矩马达式舵机电气遥控系统的原理图。

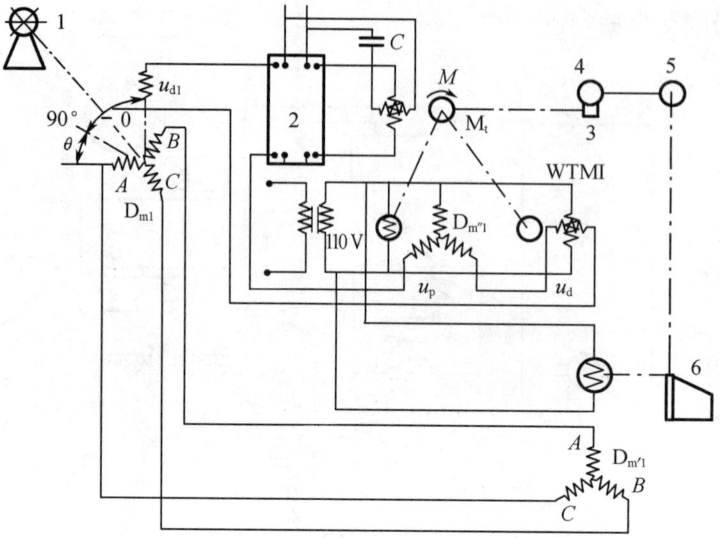

图 6－4－4　力矩马达式舵机还控系统原理图

1—舵轮；2—相敏整流放大器；3—变量机构；4—双向变量泵；5—转舵机构；6—舵叶；
D_{m1}—发信自整角机；$D_{m'1}$—舵角反馈自整角机；M_t—力矩马达；$D_{m''1}$—自整角变压器；WTMI—测速发电机

当操纵驾驶室的舵轮，带动发信自整角机 D_{m1} 的转子向某方向转到指令舵角 θ 时，若实际舵角 θ' 与指令舵角 θ 不同，则 D_{m1} 的单相绕组会感生一个与舵角偏差（$\theta-\theta'$）的方向和大小相对应的信号电压 u_{d1}。这一信号电压经相敏整流器 2 整流放大，加在力矩马达 M_t 的控制绕组上，使马达输出轴产生大小与 u_{d1} 成比例、方向与之对应的转矩 M，克服回中弹簧的张力，使泵 4 的变量机构 3 偏离中位，泵则以相应方向供油转舵。一般不太大的舵角偏差就会使泵达到最大排量。

舵转动的同时，转舵机构 5 会通过反馈杆带反馈自整角机 $D_{m'1}$ 转动。当舵角偏差减小到不太大时，力矩马达的输出转矩也不大，回中弹簧会推动力矩马达的转子及其所控制的泵的变量机构减小排量。当 $\theta'=\theta$ 时，变量泵停止供油，舵便停在指令舵角上。

为了改善操舵性能，力矩马达偏转时还带动一个自整角变压器 $D_{m''1}$ 和一个测速发电机 WTMI。前者产生的负反馈电压 u_p 与力矩马达的偏转角成比例，偏转角大则偏转力矩减小；后者产生的负反馈电压 u_d 与力矩马达的转动角速度成正比，转速快则偏转力矩减小，从而可增加系统的稳定性。

第五节　液压舵机的管理

一、舵机液压系统的清洗和充油

舵机安装前必须对油箱、管路和元件进行彻底的清洗。安装后对整个系统还必须进行串油冲洗，以清除污染物。使用中的液压系统若发现油液污染超标，或换用不相容的液压油时，除对油箱等进行清洗外，还必须对整个系统进行串油冲洗。

1. 清洗舵机液压系统的注意事项

(1)最好用 30 ~ 40 ℃黏度为(13 ~ 25) $\times 10^{-6}$ m^2/s 的环烷基油进行清洗。也可使用舵机液压系统使用的液压油。清洗油黏度应足够低，对脏物有较强的冲洗能力。如清洗油不易从系统中放尽，则需在其中添加防锈剂和抗氧化剂，并注意它与液压油的相容性。

(2)用热的清洗液对系统循环冲洗，水基液加热温度小于 50 ℃，液压油则小于 60 ℃。

(3)系统清洗时应使用临时的清洗泵和油箱及专门的滤油器。清洗泵应大流量工作，使清洗液呈紊流状态对整个系统进行串洗(大的、复杂的系统应分段串洗)；滤器的过滤精度不得低于系统元件最高过滤要求，直至滤器不再滤出污染物为止。

(4)清洗油箱时不得使用容易破碎的泡沫塑料和容易残留纤维的织物来擦洗，油箱的内壁也不得涂敷可能脱落的油漆，可使用喷涂塑料层防锈。

2. 系统充油的步骤

系统的充油，主要是应耐心地驱逐系统中的空气。根据不同舵机的具体情况，按说明书的要求来进行。一般步骤如下：

(1)开启系统中各放气阀(或松开压力表接头)、旁通阀及其他各截止阀。

(2)经滤油器将工作油加入补油箱(闭式系统)或循环油箱(开式系统)，使达最高油位。如油泵是初次使用，也必须向泵内灌注洁净的工作油。当系统设有手摇泵时，应用其向系统充油；也可同时拆开油缸顶部的适当接头，经滤器向系统灌油，以加快充油的速度；需要时也可启动主泵(如是变量泵应尽量采用小流量)进行充油，但应随时注意向油箱补油。

(3)关闭转舵油缸的旁通阀，在机旁操纵主泵，间断地轮流向左、右两侧转舵(变量泵应尽量采用小流量)，并反复开启压力侧的放气阀，尽可能放尽系统中残留的空气，直至舵机转动平稳且不存在异常噪声为止。

在系统空气排尽以前，不要让泵长时间地连续排油，以免将空气搅入油液，那样将很难再将空气放尽。

在充油后以 1.25 倍的设计压力进行密封性试验。新装或更新系统管路、元件的舵机，以 1.5 倍设计压力试压 5 min 不泄漏，无永久变形。

二、舵机的试验和调整

每次开航前应会同值班驾驶员分别在舵机室和驾驶台一起试舵。试舵时，在驾驶台用遥控按钮启动一套油泵机组，用遥控系统先后向一舷及另一舷做 5°，15°，25°，35°的操舵试验，判断舵机及其遥控系统、舵角指示器是否能可靠地工作，然后换用另一套油泵机组做同样的试验。如有备用遥控系统，也应试验。

《液压舵机通用技术条件》(CB 3129—82)对舵的控制及舵角指示、限位有以下要求：

(1)电气舵角指示器的指示舵角与实际舵角之间的偏差应不大于 ±1°,且正舵时须无偏差;

(2)采用随动方式操舵时,操舵器的指示舵角与舵停住后的实际舵角之间的偏差应不大于 ±1°,而且正舵时须无偏差;

(3)不论舵处于任何位置,均不应有明显跑舵(稳舵时舵偏离所停舵角)现象。在台架试验中,当舵杆扭矩达到公称值时,往复式液压舵机的跑舵速度不得超过 0.5°/min;转叶式液压舵机应不超过 4°/min;

(4)采用液压或机械方式操纵的舵机,滞舵(舵的转动滞后于操舵动作)时间应不大于 1 s,操舵手轮的空转不得超过半圈,手轮上的最大操纵力应不超过 0.1 kN;

(5)电气和机械的舵角限位必须可靠。实际的限位舵角与规定值之差不得大于 ±0.5°。

如随动舵的实际舵角与指令舵角零位不符,舵角偏差超过 ±1°,需对操纵系统进行调整。

对于不设浮动杆式追随机构的电气遥控系统,应检查和调节系统的各个环节。当舵轮处在零位时,操舵信号发送器的输出即应调整为零;当舵叶在零位时,反馈信号发送器的输出也应调整为零;而在操舵轮位于其他舵角时,只有当舵叶转至相应舵角时反馈信号才应与操舵信号发送器给出的电信号抵消,这时电路中各相敏整流电路及放大器的输出也应该为零。

对于设有浮动杆机构的控制系统,则应首先使遥控系统在舵机室的执行元件、变量油泵和舵叶三者同时处于中位。具体调整步骤如下:

(1)停用驾驶台的遥控机构,采用机旁操舵,使遥控系统在舵机室的执行元件处于中位;

(2)启动左舷油泵,如舵停止时并不处于零位,则应松开左泵变量机构拉杆的锁紧螺帽,然后转动调节螺套,使主泵变量机构动作,直至舵叶能够停在零位时为止;

(3)换用右舷油泵,如舵不能停在零位时,则用同样的方法调节变量机构的拉杆(注意保持左泵与拉杆的相对位置不变)直至舵能停在零位时为止;

(4)将锁紧螺帽锁紧,再次验证两泵的工作,直至确认无误为止。

浮动杠杆追随机构的调整方法:

(1)转为机旁操纵,使执行元件处于中位;

(2)启动左舷泵,若舵停止并不在零位,松开泵变量机构拉杆的锁紧螺帽,转动调节螺套,使变量机构动作,舵叶停在零位。

(3)换用右舷泵,用与(2)同样的方法调整;

(4)锁紧螺帽锁紧,再次验证;

(5)调整限位螺帽并固定,然后调整电气部分。

三、安全阀的整定

(1)启动一台油泵,移开舵角限位,机旁操纵转舵,如主泵是变量泵,接近最大舵角时小流量;

(2)舵转到机械极限舵角位置,使油压继续升高,接近整定压力,安全阀应开启;

(3)如读数与规定值不符,调整安全阀调节螺帽。

复习思考题

1. 液压舵机的基本组成有哪些？
2. 采用平衡舵有何好处？
3. 对舵机有哪些基本要求？
4. 简要说明舵机浮动杆追随机构及其储能弹簧的工作原理。
5. 现代船舶转舵机构有哪些类型？
6. 试画出阀控型舵机工作原理简图。
7. 试画出泵控型舵机工作原理简图。
8. 试比较泵控型和阀控型舵机的主要优缺点。
9. 试述舵机遥控系统的作用，并说明有哪些类型。
10. 液压舵机油液变质后如何更换新油？
11. 操舵装置的功用是什么？
12. 船舶舵的类型有哪几种？
13. 舵机的遥控系统作用是什么，它主要由哪些系统组成？
14. 清洗舵机液压系统时应注意哪些事项？

第七章　船舶起货机

第一节　船用起货机的主要类型和技术要求

一、船用起货机的主要类型

船舶起货机是船舶自行装卸货物的主要设备。船舶运载货物的装卸虽然可用港口的起货设备来进行，但并非所有港口都具有足够的吊货机械及装卸能力，同时也需考虑船舶在开阔水面过驳及吊运物料、备件等的需要，因此，在一般干货船上仍需安装起货机。

对大多数的杂货船、散货船来说，船上起货机的可靠性和工作效率对缩短港泊时间、加快周转、降低运输成本都具有重要的意义。

船用起货机按所用动力分主要有电动起货机和液压起货机，本节主要介绍液压起货机。

起货机工作时一般需完成以下几个动作：

(1)将货物从某处吊起；

(2)在空中将货物从某处移至另一处；

(3)将货物从空中放到某另一处。

将货物吊起或放下，通常由起重绞车的起货(正转)与落货(倒转)来完成；吊起的货物在空中移动找位置，一般可以通过摆杆绞车与变幅绞车(单吊杆起货机)或者由回转机构与行走机构(克令吊)等来完成。

起货机按起货设备分主要有单吊杆起货机、双吊杆起货机和回转起货机(又称为克令吊)。

1. 双吊杆起货机

双吊杆起货机如图 7－1－1 所示。作业时吊杆位置不动，一根吊杆 3 放在货舱口上方，另一根 4 则伸出舷外。两根吊货索 7,8 各由绞车 1,2 控制，均与吊货钩相连。由两人配合操作两部绞车，相应收、放两根吊货索，即可在船舱与码头之间装卸货物。

2. 单吊杆起货机

单吊杆起货机有三部绞车，如图 7－1－2 所示。回转绞车 2 装有绕绳方向相反的两个卷筒，分别卷绕着两根支索 4，绞车转动时两根支索分别卷起或放出，从而使吊杆 5 回转。吊杆的俯仰(变幅)则由变幅绞车 3 控制顶牵索 6 的收、放来实现。吊钩则由另一台起吊绞车 1 控制。单吊杆起货机只需一人操作；作业前准备工作较简单，且可随时调整作业范围，能两舷轮流装卸；而且在吊杆受力相同的条件下，工作负载大约为前者的 2 倍。缺点是吊杆在作业中需要回转，每吊周期比双吊杆长；货物在空中易摆动，落点定位不容易准确。目前这种吊杆最大负荷可达 40 t，回转角度约为 65°。如果改变支索边滑轮在舷墙上的安装位置，则吊杆的回转角度还可进一步增加到 90°左右。专门设计的重型吊杆最大起重能力已超过 600 t，而双吊杆多用于负载小于 5 t 的场合。

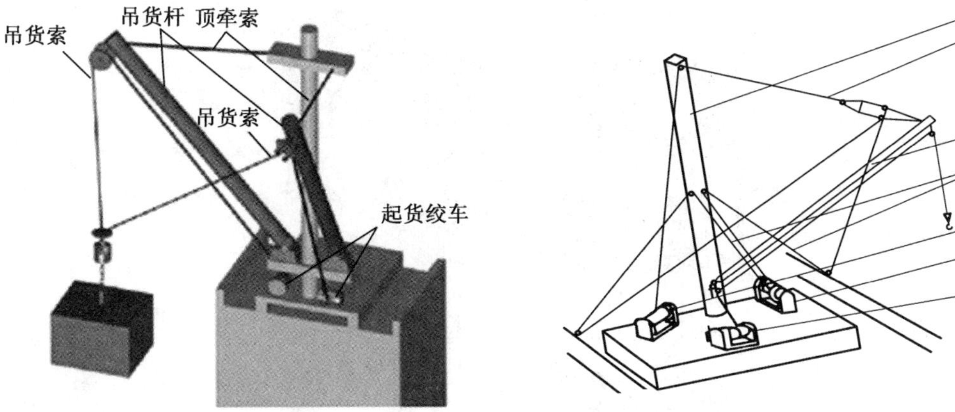

图 7－1－1　双吊杆起货机

1,2,3—起吊、回转、变幅绞车;4—支索;5—吊杆;6—变幅索;7—起货柱

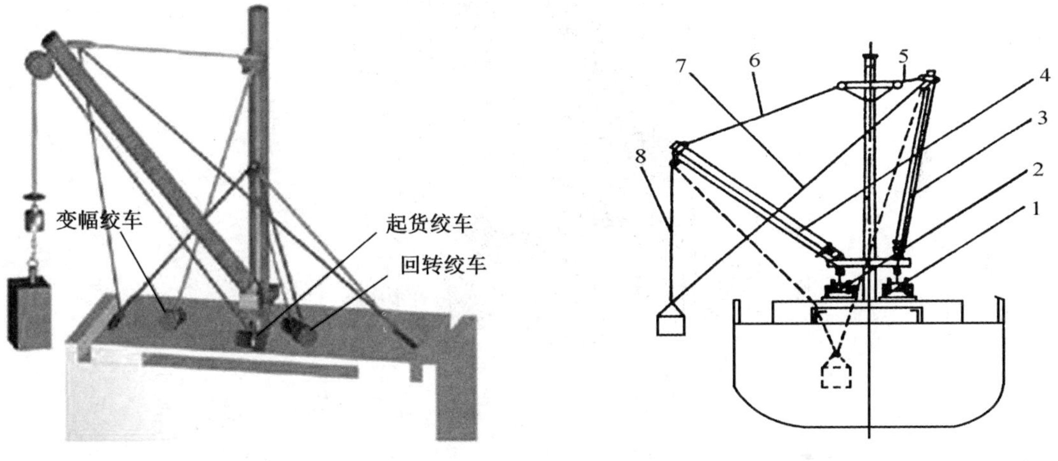

图 7－1－2　单吊杆式起货机

1,2—绞车;3,4—吊杆;5,6—顶牵索;7,8—吊索

3. 回转式起货机

回转式起货机如图 7－1－3 所示。操纵室 5 和起绞车 15、变幅绞车 13、回转马达 1,以及吊臂 2 和索具等已被组装在共同的回转座台 17 上。图中示出的起吊绞车 15 和变幅绞车 13 分别卷动钢丝绳控制吊货钩 7 和吊臂 2;另一立式布置的回转马达 1 则控制一个小齿轮在与起货柱 7 相连的固定平台的大齿圈(内齿圈)上转动,从而带动整个回转座台 360°回转。

与吊杆式相比,克令吊具有占用甲板面积少,操作灵活,可 360°旋转,能为前、后舱服务,装卸效率较高,能准确地把货物放到货舱的指定地点,并能迅速地投入工作等优点;但它结构复杂,管理要求高,价格比吊杆式起货机高 30% ~ 40%。一般认为当船舶经常到港和起重量超过 5 t 时,采用克令吊是合适的。目前,船用克令吊工作负载多在 25 t 左右,最大的已发展到 60 t。

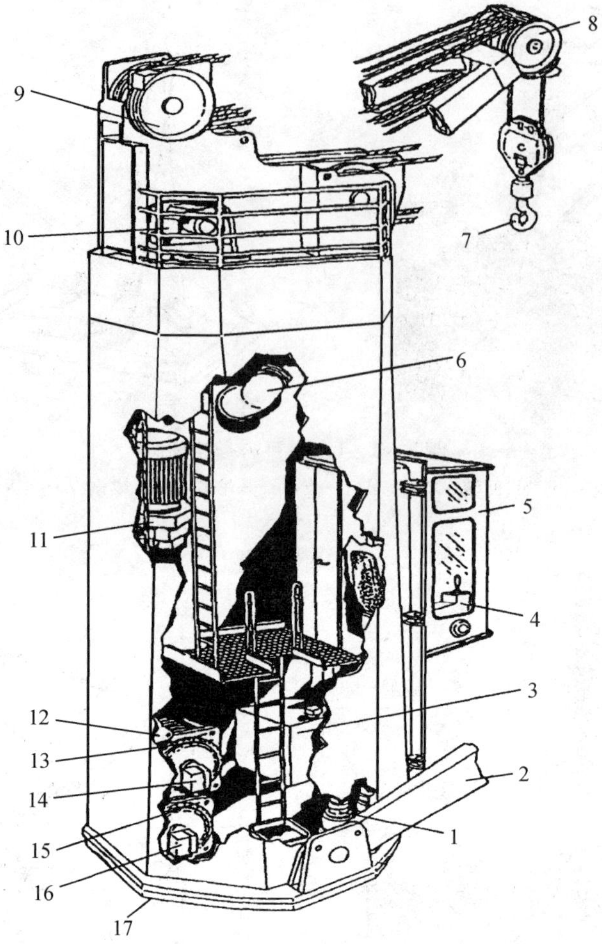

图 7 -1 -3　回转式起货机

1—回转马达;2—吊臂;3—油箱;4—操纵台;5—操纵室;6—通风扇;7 - 吊勾;
8—吊臂滑轮组;9—顶滑轮组;10—油冷却器;11—液压泵;12—松绳保护装置;
13—变幅绞车;14,16—限位开关;15—起重绞车;17—回转座台

克令吊常设有多种安全保护装置,主要有:

(1)机械限位保护

吊钩高位保护:吊钩离吊臂前端某段距离时起升吊钩或下放吊臂的操作就无法进行。

吊货索终端保护:吊货索卷满滚筒时吊钩停止提升,在滚筒上只剩 3 圈时停止落钩。

吊臂高位和低位保护:吊臂用油缸控制时无须设高位保护。吊臂低位保护常设在水平线以上仰角 25°处,吊货工作时不允许吊臂仰角低于此限制。工作结束,需要放平吊臂时,必须按下专设按钮。

有些舱位的克令吊在必要时还设有回转限位保护。

(2)设备连锁保护

即通风门连锁保护、油冷却器连锁保护。上述设备不开,主电机无法启动。

(3)液压油工作状况保护

低油压保护(即补油低压保护、控制油低压保护)、高油压保护、高油温保护、低油位保护等。此外,电气系统还有过电流保护、短路保护等。

二、对船用起货机的基本技术要求

(1)能以额定的起货速度吊起额定负荷,即具有足够的功率。

(2)能依操作者的要求,方便灵敏地起、落货物,即必须具有正、反转换向工作的能力。

(3)能依据起吊货轻重、空钩或货物着地等不同情况,在较广的范围内调节运行速度;即能够调速和限速。

(4)不论在起货或落货的过程中,都能根据需要随时停止,并握持货物,即能可靠地制动。同时,起货机都必须相应设置常闭式制动设备和某种机械性的固锁装置,以便有效制动和锁紧,从而确保安全。

根据我国船检局的《起重设备法定检验技术规则》(1999)规定,对回转式起货机(克令吊)和吊杆式起货机试验的主要要求如下:

(1)每台克令吊或每根吊杆应按规定的试验负荷进行试验,试验程序应经船检部门同意。吊臂应放在设计图纸规定的最大臂幅(吊杆规定仰角)位置。试验应使用具有质量证明的重物,重物吊离甲板后悬挂时间不少于 5 min。液压克令吊如起升全部试验负荷不现实时,可减少试验负荷试验,但应不少于 1.1 倍安全工作负荷。

(2)克令吊与吊杆式起货机应在试验负荷下慢速进行起升,按设计的工作角度变幅,在最低设计幅度下按设计的极限角度回转(吊杆应向左右两舷摆动至尽可能大)的试验,同时还应进行相应动作的制动试验(吊杆仅做升降重物绞车的制动试验)。可行走的克令吊尚应在试验负荷下进行慢速全程行走试验。

(3)不同臂幅相应有不同安全工作负荷的克令吊,一般应在各个不同臂幅进行相应的负荷试验。若经验船部门同意,可减少中间臂幅试验负荷的试验。

(4)双吊杆起货机应检查二起货索连接点的净空高度、起货索夹角和保险稳索位置是否合乎图纸要求。

(5)对超负荷保护装置、超力矩保护装置应进行动作试验,负荷指示器应校核。

第二节　起货机的液压系统

一、起货机液压系统的分类

根据常见液压系统的分类,起货机的液压系统的类型有:低、中低、中高和高压系统;开式、闭式和半闭式系统;泵控型和阀控型系统;单向负荷(起重)和双向负荷(回转和行走)系统。

二、阀控型开式起重机构液压系统

图 7-2-1 示出采用定量泵和定量油马达(或油缸)的阀控型开式起重机构液压系统。其主要工作特点如下:

1. 换向和调速

换向是指执行机构改变运动方向;调速是指调节执行机构的运行速度。

这种系统采用单向定量泵 1,如要求油缸 7 的活塞改换运动方向,使重物起升或下降,就必须手动操纵换向阀3,改换油缸主油管的进油和回油的方向。

系统由定量泵和油缸(或定量油马达)组成时,要调节油缸活塞移动速度(或油马达的转速),必须用节流调速法。为了操纵方便,一般都用换向阀兼作流量控制阀。

2. 限速和制动

限速是指货物下落时限制运动速度;制动即刹车,有液压制动与机械制动两种。

起重机构在起升、下降或停止时始终存在由重力产生的单向静载荷,在下降过程中,重力实际成了油缸活塞的驱动力(或产生油马达的驱动力矩)。因此,下降时的限速和停止时的锁紧是这种液压系统必须考虑的特殊问题。

(1)用单向节流阀限速

如图7-2-1所示,在下降工况的回油管路上设置一个单向节流阀5。在起升工况时它能让压力油自由通过,而在下降工况时能对回油流量进行节流。这时,回油流量(决定活塞的下降速度)取决于重力形成的油缸排出压力 p_2 与节流阀的开度,在节流阀开度一定的情况下,要想加快下降速度,须增加换向阀向右的位移以增加油缸的进油压力 p_1,从而提高油缸回油压力 p_2 和流量。显然,这种限速方法在轻载下降或油温降低时,要想达到一定的下降速度就得加大 p_1,以致油泵的功率增加,经济性差。此法仅适用于那些重力载荷变化不大,以及功率较小或工作不频繁的阀控型开式系统,如舱口盖启闭装置。

(2)用平衡阀限速

如图7-2-2所示,用远控平衡阀限速的开式液压系统。起升时,油泵排油自平衡阀的c口进入,顶开单向阀从b口输往油马达。下降工况,油马达回油自b口进入,不能打开单向阀。从油马达的进油管接来的远控油管与平衡阀的远控油口a相连,因此,只有油马达的进油压力 p_a 达到平衡阀主阀的开启压力时,作用在控制活塞下面的控制油才能将主阀顶起,接通b和c,使油马达的回油通往油箱。因此,重物下降时油马达的回油流量不可能大于由换向阀3控制的进油流量,否则 p_a 立即降低,平衡阀关闭。于是,重物的下降速度由换向阀的开度来控制。

开式液压系统的制动是通过换向阀回中来实现的。这时油缸(或油马达)的两根主油管被封闭,回油压力迅速升高,实现液压制动。当采用油缸作为执行机构时,虽然油缸的密封性一般都很好,但换向阀是靠阀芯和阀体间的间隙来密封的,难以十分严密。如系统采用单向节流阀限速(见图7-2-1)而下降工况回油管上没有其他能起锁闭作用的阀件,则重物在空中停留时间稍长,便会由于油液的内漏泄而慢慢下降。若对油缸锁紧的要求较严,就必须在紧靠单向节流阀的管路上加装液控单向阀4,下降时它靠进油压力 p_a 开启,换向阀回中后进油压力迅速降低,阀4即能严密关闭,将油路锁闭。如果系统采用专用的平衡阀限速,则无须再加其他锁闭阀件。

用油马达作执行机构的液压系统,油马达内部一般都有漏泄,无法实现液压锁紧,必须为油马达加设机械制动器。机构制动器又分即时抱闸和延时抱闸两种。延时抱闸制动器只是在换向阀回中而油马达靠液压制动停转后才起锁紧作用,在停转前的减速过程中基本上不参与制动工作,这样可避免制动器磨损太快。为此,在图7-2-2所示系统中,要求在机械制动器7的管路上,装设单向节流阀8。当换向阀离开中位时,油泵所排压力油经阀8自由通入制动器油缸,克服弹簧力,使制动器立即松闸;而换向阀回中时,制动器油缸的泄油必须经过阀8节流,从而延迟抱闸。有时为缩短制动时间,减少重物下滑距离,即使系统能实现液压制动,也希望使用即时抱闸制动器,在油马达完全停住之前就抱闸,以帮助减速,为此,可将此单向节流阀 8 取消。

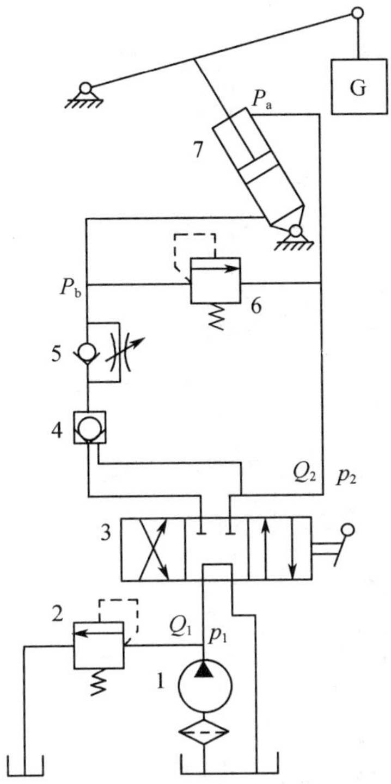

图 7-2-1　阀控型开式变幅系统

1—单向定量泵;2—安全阀;3—手动换向节流阀;4—液控单向阀;5—单向节流阀;6—制动阀;7—油缸

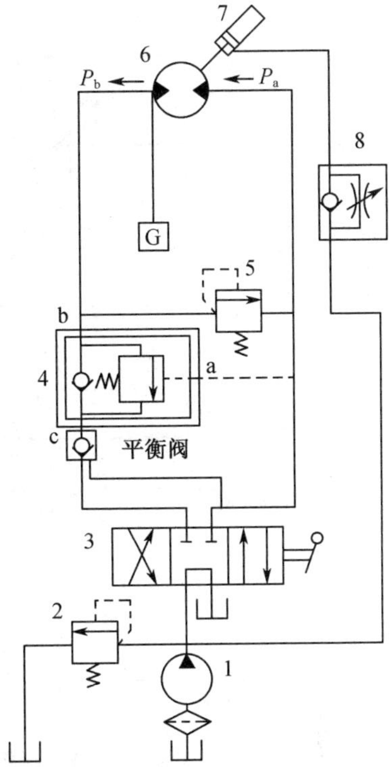

图 7-2-2　用平衡阀限速的开式系统

1—定量油泵;2—安全阀;3—手动换向阀;4—远控平衡阀;5—制动阀;6—油马达;7—制动器;8—单向节流阀

如起重机构运动部分惯性较大,在下降工况中突然进行液压制动时(如换向阀回中太快),油马达(油缸)回油管路压力急剧升高,有可能导致事故。为此,系统中设有作为制动阀用的溢流阀(图 7-2-1 中的 6),制动时用它限制制动油压。

3. 限压保护

除了制动阀在下降工况制动时起限压保护作用外,在油泵出口还装有作为安全阀的溢流阀(图 7-2-1 中的 2),以防超负荷工作时油泵排出压力过高而使电动机过载或损坏装置。

三、泵控型闭式起重机构液压系统

如图 7-2-3 所示,该系统中油泵 1 为变量变向泵,转动调节手柄可改变油泵的流量和流向。油马达 9 为定量变向泵,其转速的大小和转向,由供给的油流大小和流向控制,即改变变量泵油量的大小和方向,即可改变油马达的转速和转向,属于容积调速。油马达 9 的回油,直接返回油泵 1 的入口,属于闭式系统。为了补充系统漏油,该系统设有补油用辅泵 2,经单向阀 16,17 向系统补油。为了冷却系统油液温度,该系统把部分油通过低压选择阀 13 和背压阀 4 引至冷却器 14 进行冷却,所以该系统属于半闭式系统。该系统油马达左右回转时都要承受装置的摩擦阻力,属于双向负载型。

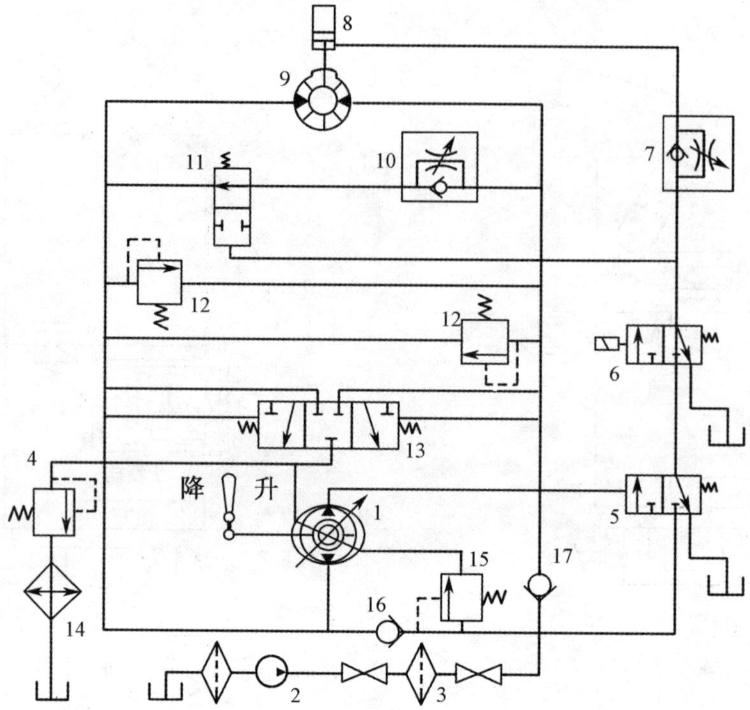

图 7-2-3　泵控型半闭式系统回转机构系统原理图

1—主油泵；2—辅油泵；3—细滤器；4—背压阀；5—失压保护阀；6—二位三通电磁阀；7—单向节流阀；8—制动器；9—油马达；11—中位阀；12—安全阀；13—低压选择阀；14—冷却器；15—溢流阀；16，17—单向阀（补油阀）

1. 换向和调速

系统采用变向变量泵作主油泵，它是通过改变油泵的吸排方向（即油马达进、回油方向）改变转向。由于变向变量泵在改变排油方向的过程中，流量总是先逐渐减小为零，然后再向反方向逐渐增大，故液压冲击小，工作平稳。

泵控型系统调速采用改变主油泵流量的办法（为容积调速法）。如不计容积损失，则可认为闭式系统油泵流量全部通过马达，改变油泵排量，油马达转速随之而变，并实现无级调速。

2. 限速和制动

该系统为回转机构，一般无须限速和制动，但若考虑船舶倾斜时对其影响，则要求双侧油路都要设置限速和制动措施。

泵控型闭式系统，其限制速度的方法与开式系统有本质的不同。当机构由于船舶倾斜有较大的回转的趋势时，油马达被倾斜造成的转矩驱动，实际接近油泵工况运行，其排油供入油泵（而不是回油箱）驱动泵回转，使油泵进油压力大于其排油压力，工况相当于油马达。这时油泵不仅不消耗电能，反而能从压力油的输入中得到液压能。如果同轴带有其他油泵，则可驱动其回转，不然油泵转速可能超过电动机转速，使电动机呈发电机工况而向电网反馈电能。调节变量泵的排量 q_P，能控制油马达转速。

在闭式系统中，当变量油泵回到中位时，泵的排量 q_p 为零，油马达转速也应为零，原则上可实现液压制动。然而,当油泵变量机构采用机械式操纵机构时,各传动杆件间难免有间隙,并出现传动误差,以致在操纵手柄回中时变量泵往往不能刚好回到中位,这样油马达就会停不住。为了解决油泵不能可靠回中的问题,在系统中装设一个中位阀 11,并在制动器 8 的控制油路中设有正好与图 7－2－2 所示系统相反的单向节流阀 7,使之成为即时抱闸制动器。每当油泵操纵手柄回到中位时,电磁阀 6 断电,中位阀 11 控制油泄入油箱,在弹簧作用下中位阀使主油路旁通,主泵卸荷。而当操纵手柄离开中位时,电磁阀 6 通电,控制油通过阀 6 后,一路去推动中位阀,使主油路旁通管隔断,另一路经单向节流阀 7 的节流进入制动器油缸。这里的节流作用是为了减缓进油流量,让中位阀先隔断,待主油路建立起油压后再松闸(即延时松闸),以免重物发生瞬间下坠。

3. 安全保护

(1)限压保护

双向负载机构两侧油管都有可能承受高压,本系统设了双向安全阀 12 来保护两侧管路不受高压冲击。单向负载特性的起重机构,无论在起升或下降时,只有油马达在起升工况的进油管路(如图 7－2－2 中左边主油管)才承受高压,而下降工况的进油管路始终只承受低压。为防止超载导致油压过高,原则上只要求在高压管路上设置安全阀,但为了防止意外,现在许多系统中也设置有双向安全阀,但保护高压油路的安全阀的调定压力值可调得比保护另一侧低压油路的安全阀高。

若采用变量油泵的闭式系统不装中位阀,即可以靠主泵回中来液压制动。这时上述安全阀又可兼作制动阀。

(2)失压和失电保护

电磁阀 6 除起中位油泵卸荷的控制功能外,还能在意外失电时动作,使主油路经中位阀旁通而使制动器抱闸,以防货物坠落。

回转系统应无坠货危险,一般不设失压保护(如图 7－2－3 中失压保护阀 5 不需要)。而在起重系统中,若管路高压侧破裂则可能造成货物坠落,为此需设有失压保护阀。如图 7－2－3中,我们假设该系统为起货机的吊货系统,系统右侧管路始终承受高压,当系统正常工作时,右侧管路的压力油作用于阀 5 的左端控制口,阀 5 工作于左位,辅泵油进入制动器油缸,制动器松闸,系统正常工作。当管路破裂等原因使右侧管路失压,阀 5 在弹簧作用下回到右工作位,制动器油缸油泄回油箱,制动器立即抱闸,防止坠货。

4. 补油和散热

为补偿油液外漏,必须向低压侧管路补油,保证低压管路中不致出现真空。此外,油液在闭式系统中循环,发热在所难免,还必须考虑如何散热,以免油温过高。

工作频繁和负载较大的机构,采用闭式系统油液发热比较严重,故常在工作时使一部分油液连续泄放,经冷却器回到油箱,同时不断地向系统低压管路补油,这种系统称为半闭式系统。系统中装设了低压选择阀 13,工作时,它在两根主管路油压差的作用下推向一端,低压侧管路中的部分油液能经背压阀 4 和冷却器 14 泄回油箱,系统中返回油箱的冷却油量大小由背压阀 4 调定,一般为系统总油量的 1/3。而冷却油则由辅泵 2 经滤器 3、单向阀 16 和 17 不断补入低压侧。系统的补油压力由辅泵溢流阀 15 调定。

辅泵的供油量一般大于冷却油量,多余的油量一方面向系统的中位阀、制动器等供应控制油,另一方面经溢流阀 15 进入油泵腔壳中润滑和冷却油泵,经冷却器 14 返回油箱。

复习思考题

1. 对船用起货机有哪些基本要求？

2. 克令吊应设置哪些安全保护？

3. 根据油路循环方式，液压系统可分为哪几种类型？

4. 在液压起货机系统中，为防止重物突然下落的方法有哪些？

5. 液压起货机的起升系统应该具备哪些功能？

6. 船用起货机主要分为哪几种类型？

7. 克令吊常设有多种安全保护装置，主要包括哪些功能？

8. 根据我国船检局规定，对回转式起货机（克令吊）和吊杆式起货机试验的主要要求有哪些？

9. 根据常见液压系统的分类，起货机的液压系统的类型有哪些？

10. 简述液压起货机失压和失电保护的作用。

第八章　锚机和绞缆机

第一节　锚　　机

一、锚设备的功用和组成

船舶在港口停泊时，以克服作用在船体上的水流力、风力和船舶纵倾、横倾时所产生的惯性力，保持船位不变，就需设置锚设备；此外，锚设备还是操纵船舶的辅助设备，如靠离码头、系离浮筒、狭水道调头或需紧急减刹船速等，都要用到锚设备。

锚设备及其在船首的布置如图 8－1－1 所示。锚设备主要由锚 1、锚链 5、止链器 3 和锚机 6 所组成。锚机是用来收放锚和锚链的机械。

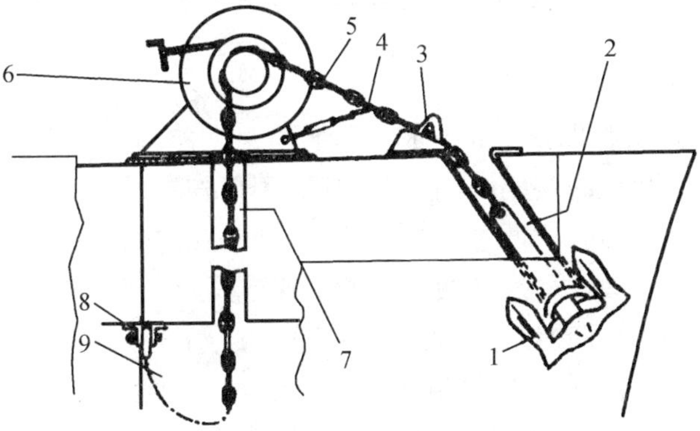

图 8－1－1　锚设备在船首的布置

1—锚；2—锚链筒；3—止链器；4—掣链钩；5—锚链；6—锚机；
7—锚链管；8—弃锚器；9—锚链舱

锚机根据所用动力的不同，目前主要有电动锚机和液压锚机；按链轮轴轴线布置的不同，又可分为卧式锚机和立式锚机。

二、液压锚机系统的工作原理

船用液压锚机的类型很多，下面以采用定量叶片泵和二级变量叶片式油马达的阀控型闭式系统的液压锚机为例，说明其液压系统的组成和工作原理，如图 8－1－2 所示。

该系统油泵采用双作用定量叶片泵，最大工作压力为 6.86 MPa。油泵设有安全阀 f，泵吸入侧设有磁性滤器 F。油马达 M 采用双作用叶片式二级变量油马达，结构与双作用叶片泵类似，也是由定子、转子和叶片等所组成的。在转子上均匀分布的 8 个叶片槽中设置有叶片，为使叶片能紧贴在定子的内表面上，在转子端面的弧形槽中，每两个叶片之间，设有矩形截面的弧形推杆。工作时，叶片在压力油的作用下，带动转子在定子中转动。由于转子是用键与轴相连，所以当转子转动时，即可直接带动锚链轮回转，从而完成起锚或抛锚任务。

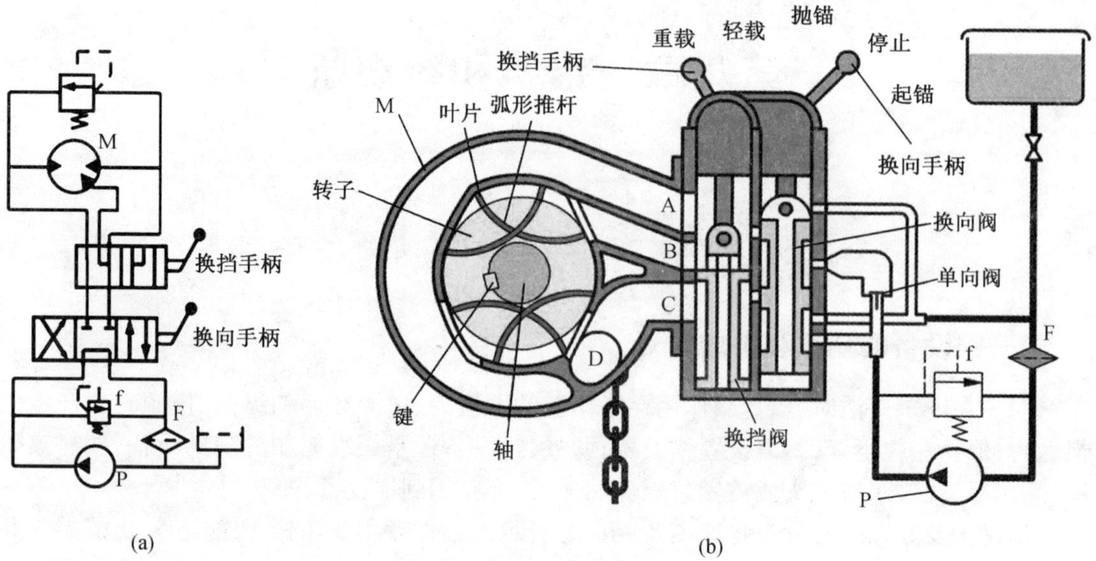

图 8－1－2　液压锚机系统原理图

(a)系统原理图;(b)结构示意图

为了结构紧凑和降低管路破裂的风险,系统的两个控制阀组合在液压马达上,其具有两个阀腔:一个是换向阀腔,内装换向阀和单向阀,用以控制油马达的正转、反转或停转;同时,它又是一个开式过渡滑阀,可通过并联节流,对油马达进行节流调速。另一个是换挡阀腔,内装换挡阀,通过换挡阀即可控制油马达的低速或高速工况。

如图 8－1－2(b)所示,将换向手柄置于中央位置,则换向阀处于中位,并打开旁通孔,于是自油泵来的压力油经换向阀的下部直接返回油泵,系统不能建立起足够的油压,单向阀处在关闭状态,压力油不能进油马达,则油马达停止不动。

如图 8－1－3(a)所示,将换向手柄向后扳(起锚),这时换向阀上移,逐渐将旁通孔 13 遮蔽,于是油泵的排油压力升高,油就会顶开单向阀,经换向阀腔和换挡阀腔进油马达,进行起锚,这时油马达的 A,B 两个腔室同时工作,故为重载低速工况。假如扳动换挡阀手柄,使换挡阀关闭油道 B,则压力油将仅能从油道 A 进油马达,而油道 B 则与油口相通,亦即油马达只有一个腔室工作,此时即为轻载高速工况,如图 8－1－3(b)所示。这时,最大输出拉力仅为重载工况的 1/2,但速度却较前者增加一倍。显然,改变换向手柄的操纵角度,控制压力油进入油马达的流量,即可对油马达进行节流调速。

如图 8－1－4(a)所示,将换向手柄向前扳(抛锚),这时换向阀下移,于是,自油泵来的压力油,就会经油道 C 进入油马达,使油马达反向转动,进行抛锚。图示情况为重载低速工况。同理,若通过手柄 9 使换挡阀上移,则油道 B 与 C 相通,油马达就会获得轻载高速工况,如图 8－1－4(b)所示。并同样可通过控制换向手柄 8 的操纵角度而使油马达实现节流调速。

高置油箱中的液压油依靠重力产生的静压保持油泵的吸入压力,并对系统进行补油。这种锚机的限速除闭式系统本身能再生限速(向油泵反馈能量)外,靠控制换向手柄节流也可进行能耗限速。起、抛锚过程将手柄回中则可进行液压制动,油马达的安全阀即相当于制动溢流阀。此外,还设有手动的刹车手柄,借以控制锚链轮旁的带式机械制动器。

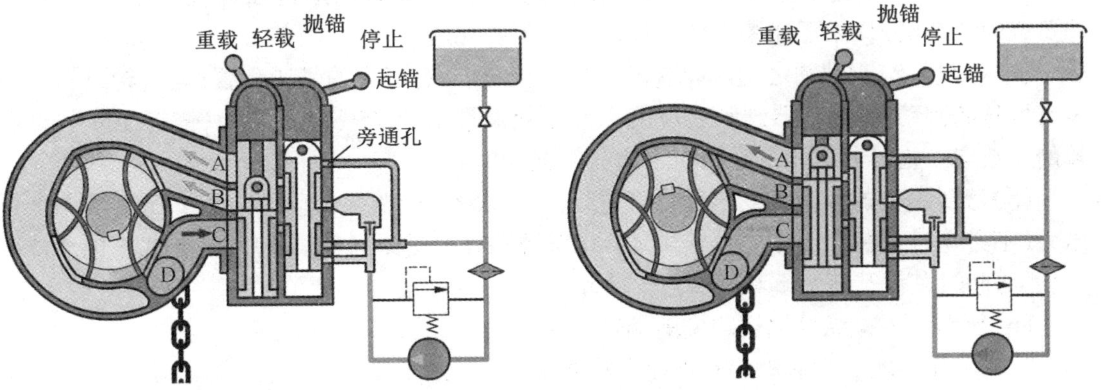

(a)　　　　(b)

图 8-1-3　液压锚机起锚工况

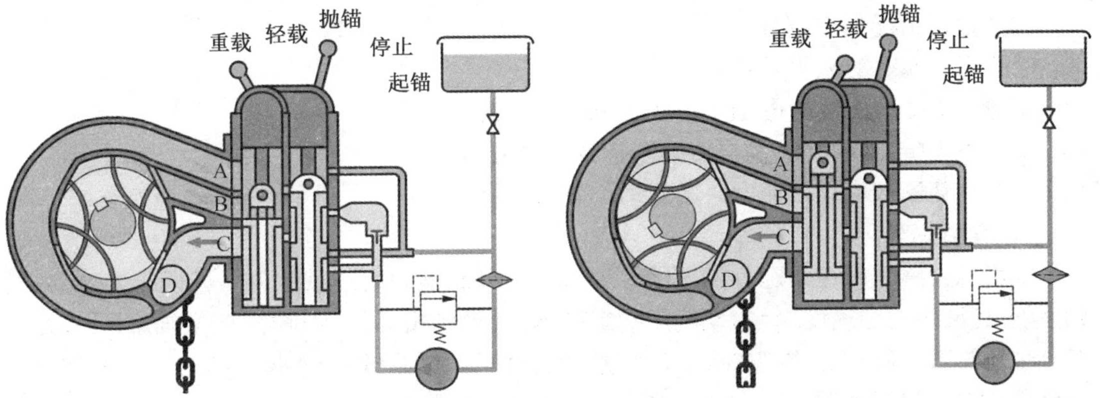

(a)　　　　(b)

图 8-1-4　液压锚机抛锚工况

三、对锚机的要求

锚机在起锚过程中拉力是不断变化的。起单锚时的最大拉力通常发生在拔锚破土时。但规范规定抛锚深度不超过 80 m 时，锚机还应在单锚破土后能绞起双锚；在抛锚深度超过 60 m 时，最大负荷可能出现在绞起双锚时。

由于锚机工作时拉力变化很大，因此负荷变化也很大，电动锚机通常采用双速或三速交流异步电动机；而液压锚机常采用有级变量液压马达来限制功率，也可采用恒功率液压泵或液压马达。

1.《钢质海船入级规范》对锚机的基本要求

(1)必须由独立的原动机或电动机驱动。对于液压锚机，其液压管路如果与其他的甲板机械的管路连接时，应保证锚机的正常工作不受影响。

(2)在船上试验时，锚机应能以平均速度不小于 9 m/min 将 1 只锚从水深 82.5 m 处(3 节锚链入水)拉起至 27.5 m 处(1 节锚链入水)。此速度为锚机的公称速度。

(3)在满足公称速度和额定拉力时,应能连续工作 30 min;应能在过载拉力(不小于工作负载的 1.5 倍)作用下连续工作 2 min,此时不要求速度。

(4)锚链轮与驱动轴之间应装有离合器,离合器应有可靠的锁紧装置;锚链轮或卷筒应装有可靠的制动器,制动器刹紧后应能承受锚链断裂负荷 45% 的静拉力;锚链必须装设有效的止链器。止链器应能承受相当于锚链的试验负荷。

(5)液压锚机的系统和受压部件应进行液压试验。液压泵试验压力为 1.5 倍最大工作压力(不必超过其最大工作压力 6.9 MPa);系统和其他受压部件试验压力为 1.25 倍设计压力(不必超过其设计压力 6.9 MPa)。

(6)所有动力操纵的锚机均应能倒转。

2. 我国相关规范对锚机的检查性试验要求

(1)空载运转试验

电动锚机以高速挡正、倒车空载连续运转各 15 min;在 30 min 内做 25 次启动;其他挡次正倒车各运行 5 min。

液压锚机正、倒车空载全速运转 1 h;试验正、倒车每隔 3 ~ 4 min 变换 1 次。

检查运转情况是否正常:

①有无外漏、发热、异常声响;

②电气系统热态绝缘电阻不小于 2 MΩ;

③检查锚链轮制动器、离合器动作是否正确可靠;

④应急切断和应急接通电路装置动作是否可靠。

(2)负载试验

锚机以公称速度在额定负载下进行 30 min 运转试验。在过载拉力下进行连续 2 min 过载性能试验,不规定速度(但电动机用额定转速)。原动机控制制动器和锚链轮制动器必须符合规定要求。对卷筒,以 100%,125% 卷筒负载进行负载试验,并按要求进行卷筒制动器静负载试验。试验中检查工作是否正常,包括电动机的电流、电压、温升和转速,液压马达的油压、油温和转速,以及起锚和系缆的速度。若装有安全离合器,需按设计要求单独试验。

(3)抛锚、起锚试验

脱开离合器,将每个锚分别抛出。下抛时锚链轮制动器做刹车 2 ~ 3 次试验,然后将锚升起。做 2 ~ 3 次停止,再启动试验。检查各设备是否正常、可靠运行。

(4)航行锚泊试验

试验水域的深度海船为 82.5 ~ 90 m;江船为 41.5 ~ 45 m。每个锚单独进行抛锚、起锚试验。机动抛锚,主锚没入水下后手动控制抛锚。抛出半节锚链时,操作制动器刹车,允许锚链滑移不超过 2 m;抛出 1 节后再刹车,允许锚链滑移 3 ~ 4 m;再抛出 1 节后再刹车,允许锚链滑移 4 ~ 5 m。

起锚时,应在锚链处于自由悬挂状态下测量起锚公称速度。

第二节 绞 缆 机

一、绞缆机的功用及基本要求

系缆设备是船舶为停靠码头、系带浮筒、旁靠他船和进出船坞等所使用的机械设备。主要由系缆索、带缆桩、导缆装置(导缆孔、导缆钳或导缆滚轮等)、绞缆机,以及绳车、碰垫等所组成。利用绞缆机收绞缆索,即可使船舶系靠。在船首,系缆卷筒通常和锚机一起,用同一动力驱动,并可以通过离合器啮合或脱开;有的起货机也同时带有系缆卷筒;在船尾则大多设置独立的绞缆机。

对绞缆机的基本要求是:应能保证船舶在受到6级风以下作用时(风向垂直于船体中心线)仍能系住船舶。其拉力大小应该根据船舶的尺寸,按《钢质海船入级与建造规范》所推荐的数字选取。额定负荷时的绞缆速度一般为15～25 m/min,空载绞缆速度多在30 m/min以上。

绞缆机按所用动力的不同可分为电动绞缆机和液压绞缆机。

图8-2-1所示为绞缆机的结构简图。电动机2(或液压马达)通过齿轮减速机构3带动主卷筒(mooring drum)4及副卷筒(warping drum)6转动。主卷筒在卷绞的同时还能储绳,它既能绞缆,又能靠手动刹紧带式刹车5来系缆,缆绳张力太大时允许刹车打滑松缆,以免拉断。若是自动绞缆机则系缆时无须刹紧刹车。副卷筒只能卷绞缆绳,收储缆绳需靠另设的人力控制的绳车。

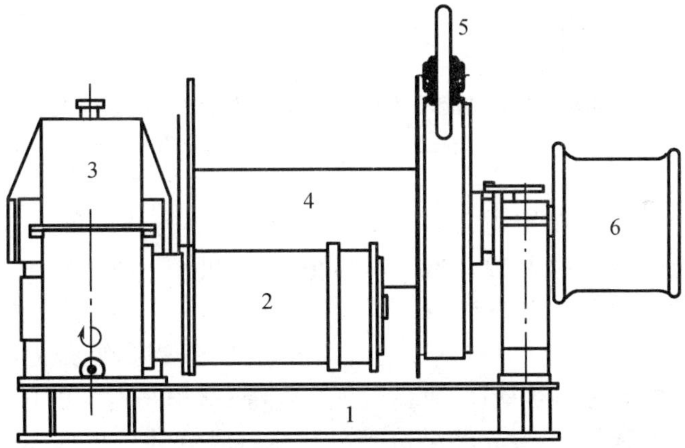

图8-2-1 绞缆机的结构简图

1—底座;2—电动机(或液压马达);3—减速机构;4—主卷筒;
5—手控带式刹车;6—副卷筒

二、自动绞缆机的工作原理

在停泊期间,随着潮汐涨落或船舶吃水变化,普通绞缆机必须采用人工收紧或松开缆绳,避免缆绳过紧而拉断或缆绳松弛失去系缆作用,以保证船舶可靠系泊。然而,由于船舶装卸及潮汐涨落频繁,采用人工操作绞缆机不仅工作量太大,而且稍有操作不当,因受力不均会导致缆绳拉断;而且大型船舶缆绳粗重,采用人工操作非常困难。因此,目前新建船舶普遍采用自动绞缆机,它能使拉紧缆绳的张力保持在设定范围内,缆绳所受拉力过大则自动放松缆绳,而缆绳松弛时又能自动收紧。

对于采用定量油马达的绞缆机而言,作用在绞缆机上的扭矩与工作油压成正比,因此,作用在绞缆机上的载荷大小也就是系缆张力,就与作用在油马达上的工作油压成正比,只要实现对作用在油马达的工作油压进行控制,就能控制油马达的扭矩,即自动控制系缆张力。目前实现的具体方法主要有用压力调节器控制的定量泵或变量泵式,以及带压力伺服器或压力继电器和蓄压器的定量泵式或变量泵式等几种。

1. 溢流阀控制的定量泵自动绞缆机

如图 8-2-2 所示,该系统主要由定量泵 1 和 5、溢流阀 2、油马达 3 和卷筒等组成。卷筒由油马达 3 驱动。系缆期间由溢流阀 2 控制液压马达 3 收缆进油侧的工作油压,溢流阀 2 常开,作定压阀用。

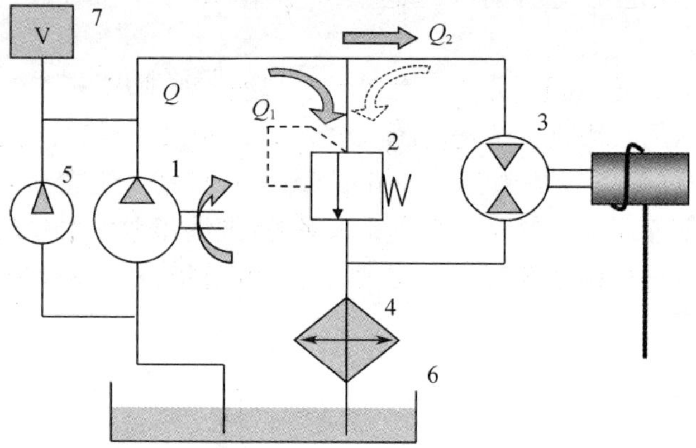

图 8-2-2　溢流阀控制的定量泵自动绞缆机原理图

1、5—油泵;2—溢流阀;3—油马达;4—冷却器;6—油箱;7—压力继电器

(1)当缆绳张力未达到调定时,油压未达到溢流阀 2 的开启值,溢流阀 2 处于关闭状态,泵 1 的流量 Q 全部经马达 3、冷却器 4 回油箱,绞缆机处于收缆状态;

(2)当缆绳拉紧达到调定张力时,油压升高使溢流阀 2 开启,泵 1 的流量 Q,除少量 Q_2 经马达 3 漏泄外,其余的排油($Q-Q_2$)经溢流阀进口油箱;当缆绳张力过大时,马达负荷扭矩超过调定范围,缆绳张力拉动马达 3 反转,松出缆绳;这时马达 3 的排油流量 QM(图中虚线箭头所示)将和泵的流量 Q 一起经溢流阀 2 溢流。溢流的功率损失转变为热量,会使油温升高,故在回油管上需设油冷却器 4。

(3)由于风浪等影响,当缆绳变松张力突然减少时,工作油压迅速下降,溢流阀 2 关闭,泵 1 的流量 Q 全部经马达 3、冷却器 4 回油箱,绞缆机又重新收紧缆绳。

自动系缆机油泵所需的功率一般较小,但油泵的工作时间却较长,为了减轻油泵的发热,常设大小两个液压泵,小流量的辅泵 5 专供自动系缆工况用,收缆工况时,大小泵同时工作。

这种自动系缆机结构简单,但工作时必须使大量的高压油液流经压力调节阀,压力骤减而温度升高,故需要充分冷却。同时,压力调节阀的工作条件不够稳定,工作时也需要给予充分注意。此外,油泵总在大流量下工作,很不经济,因此只适用于功率较小的场合。

2. 带蓄压器的定量泵式自动系缆机

如图 8 - 2 - 3 所示，1 是蓄压器，用以缓冲系统因负荷变化而引起的冲击，9 是压力继电器，当蓄压器 1 中的油压降低到压力继电器 9 的低压调定值时，油泵 7 启动，向蓄压器补油，直至蓄压器中的油压降低到压力继电器的高压值时，油泵又断电停止，这样利用蓄压器和压力继电器，即可实现油泵的间歇工作，从而使自动系缆机的功耗得以减小。

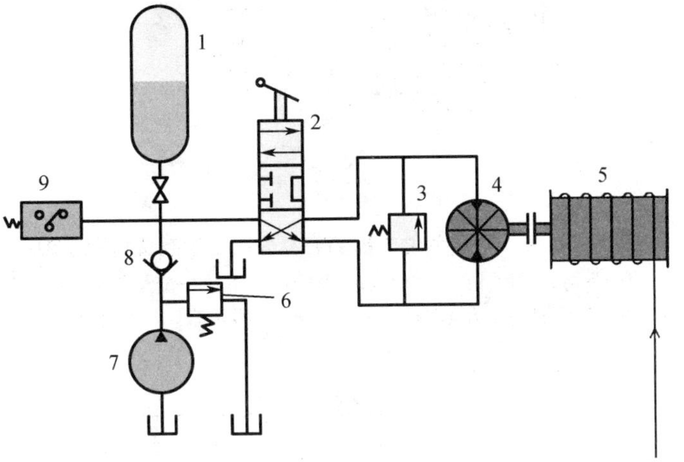

图 8 - 2 - 3　带蓄压器的定量泵式自动系缆机原理图

1—蓄能器；2—换向阀；3—溢流阀；4—油马达；5—卷筒；6—溢流阀；
7—油泵；8—单向阀；9—压力继电器

3. 带压力继电器的变量泵式自动系缆机

如图 8 - 2 - 4 所示，变量泵 6 的流量由压力继电器 7 进行双位调节，当缆绳张力小于压力继电器 7 的调定值时，因系统油压较低，压力继电器 7 处于接通状态，电磁阀 4 有电，泵以最大流量工作，快速卷入缆绳。随着缆绳的卷入，张力逐渐增加，当张力增加至调定值时，压力继电器动作，使电磁阀 4 断电，变量机构油缸两侧进排油方向发生改变，泵的流量降至最低，此时，油马达停止转动，处于平衡状态，而从油泵来的油，经压力调节阀 8、膨胀油箱 10 返回油箱 3。假如缆绳的张力进一步增加，则油马达 2 就会反转，变成油泵工况，这时系统油压升高，使压力调节阀 8 进一步开大，于是系缆机自动放出缆绳。

三、液压恒张力系缆机实例

图 8 - 2 - 5 所示为奈尔 - 三菱重工恒张力系缆机液压系统，它在手动收缆工况下采用的是泵控式张力自动控制方式，在自动张力调节工况下采用的是阀控式张力自动调节方式。现将有关情况介绍如下：

(1) 主油泵 1

恒功率控制轴向柱塞式定向变量泵，工作压力 13.7 MPa，排量范围 0 ~ 389 L/min。手动操纵缆机和锚机时用，起恒功率供油作用。

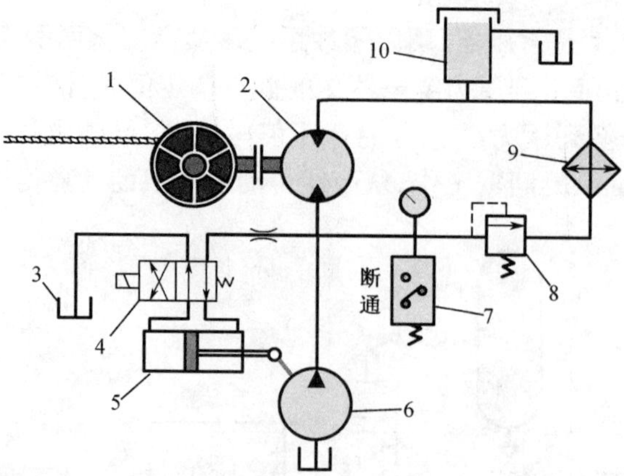

图 8-2-4　带压力继电器的变量泵式自动系缆机原理图

1—卷筒;2—油马达;3—油箱;4—电磁换向阀;5—变量机构油缸;6—油泵;7—压力继电器;8—溢流阀;9—冷却器;10—膨胀油箱

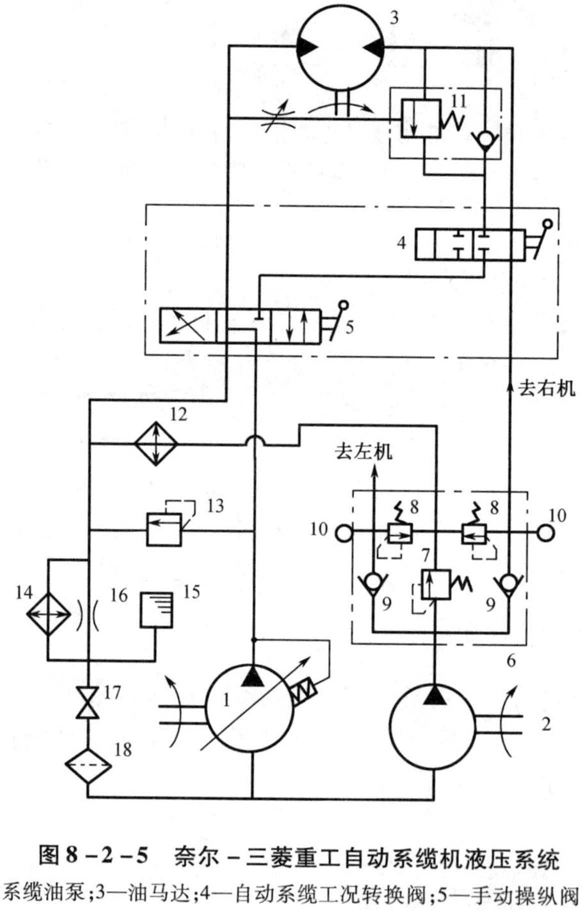

图 8-2-5　奈尔-三菱重工自动系缆机液压系统

1—主油泵;2—自动系缆油泵;3—油马达;4—自动系缆工况转换阀;5—手动操纵阀;6—系缆张力自动调节块;7—低压溢流阀;8—高压溢流阀;9—单向阀;10—压力表;11—平衡阀;12—冷却器;13—主泵溢流阀;14—冷却器;15—高置油箱;16—节流阀;17—截止阀;18—滤器

(2)辅油泵 2

高压小排量内齿轮式定量泵,工作压力为 13.7 MPa,排量为 54.5 L/min。恒张力控制,起供油作用。

(3)液压马达 3

既驱动锚机又驱动系缆机,为活塞连杆式,转速范围为 0 ~ 111 r/min,起锚时工作油压为 10.8 MPa,系缆时工作油压为 13.7 MPa。起执行机构作用。

(4)工况转换阀 4

为手动二位四通换向阀,起手动操纵工况和恒张力控制工况转换作用。

(5)手动操纵阀 5

为手动 K 型三位四通换向阀。起换向与调速作用。

(6)张力自动调节块 6

起恒压补油和超压泄油作用,起恒张力控制作用,调定最大收放缆张力。

复习思考题

1. 对锚机有哪些技术要求?
2. 我国相关规范对锚机的检查性试验有哪些要求?
3. 锚机主要由哪些部件组成?
4. 对绞缆机有哪些基本技术要求?
5. 船停泊期间采用自动绞缆机有哪些好处?
6. 自动绞缆机的工作原理是怎样的?
7. 简述锚设备的功用和组成。
8. 简述液压锚机系统的工作原理。

第九章　船舶制冷装置

第一节　概　　述

一、制冷在船舶上的应用

远洋船舶上由于航程长，需要大量的食物储备，而这些食物，如果放置在自然环境条件下，由于气温较高，会很快腐败变质。为了解决这一问题，远洋船舶一般装有两套制冷机组，为多个伙食冷库制冷并保持合适的低温，只要将食物储存其中即可大大延长保存时间。而沿海船舶或近洋船舶，由于航程短经常有机会靠港补充食物，有时不设冷库，仅配备 2～3 个大容量冰箱。尽管伙食冷库和冰箱的结构尺寸差别很大，但其工作的基本原理却基本相同；他们都是通过低温冷剂来移除需要冷藏或冷冻空间的热量。

为了能向旅客和船员提供适宜的生活条件和工作环境，现代船舶都装有空气调节装置。制冷装置为空气调节提供了必需的冷源。对于冷藏船、冷藏集装箱船舶还设有专门的制冷装置，用于冷藏货物的储藏。

二、食品储藏的条件

1. 合适的温度

低温是食品冷藏最重要的条件。低温可以抑制微生物的活动，并抑制水果、蔬菜等的呼吸，延缓其成熟。储藏冻结的肉、鱼类食品的船舶伙食冷库习惯称为低温库。长航线航行的船舶低温库储藏温度以 −20～−18 ℃为宜，肉类能较长时间（半年以上）保存；短航线冷冻食物保存期不超过 2～3 个月，库温控制在 −12～−10 ℃较为经济。库温保持在 0 以上的船舶伙食冷库习惯称为高温库，其中菜库温度多保持在 0～5 ℃，粮库可选择为15 ℃左右。

2. 合适的湿度

相对湿度过低会使未包装的食品因水分散失而干缩；而湿度过高又使霉菌容易繁殖，但对冷冻食物影响不大。因此，高温库适宜的相对湿度为 85%～90%，低温库可保持在 90%～95%。冷库一般在降温过程中能保持适宜的湿度，不需要专门调节。

食品在冷藏期间会发生干缩。这是因为食品在降温过程中温度比库温高，其表面的水蒸气分压力高于冷库内的水蒸气分压力，因而食品的水分不断散失。食品干缩速度不仅取决于库内空气的含湿量，还与库内空气流速及食品的性质、外形和包装方式有关。侵入库内的热量越多，制冷装置工作的时间越长，则食品的水分转移到制冷蒸发器表面的霜、露就越多。

3. 合适的 CO_2 和 O_2 浓度

蔬菜和水果在储存期间的呼吸作用将不断消耗氧气，并使 CO_2 的浓度增高。适当减少 O_2 和增加 CO_2 的浓度，能抑制水果、蔬菜呼吸和微生物的活动，可减少水分的散失，储藏期是普通冷藏库的1.5～2倍，但如果CO_2浓度过高呼吸就会过弱，蔬菜、水果反而更快变质腐烂。蔬菜、水果库一般以CO_2浓度控制在5%～8%（大气中含量约为0.4%）、O_2浓度控制在2%～5%为宜。

船舶冷库采用适当的通风换气来保持合适的气体成分。所谓舱室的换气次数是指更换了相当于多少个舱室容积的新鲜空气量。果蔬类冷藏舱或冷藏集装箱的换气次数以每昼夜2～4次为宜。船上菜库由于每天开门存取食品，一般无须特意换气。

在上述条件中，温度条件是最主要的，其他条件并不是所有冷库都具有的。

三、食品冷藏的原理

食品变质的原因，主要是由外部的微生物（细菌、霉菌、酵母菌）和内部的酶引起的。在一定的范围内，利用低温抑制微生物的繁殖和降低酶的活性而使食品能保存较长时间不致变质，这就是食品冷藏的基本原理。

对于植物性食品，腐烂的主要原因是呼吸作用的影响，例如水果和蔬菜在采收后贮藏时，虽然不再继续生长，但它们仍然是有生命的机体，具有呼吸作用，而呼吸作用能抵抗微生物的入侵。如呼吸过程中的氧化作用，能把微生物分泌的水解酶氧化成无害物质，使水果和蔬菜的细胞不受其害，从而阻止微生物的入侵。因此呼吸作用能控制机体内酶的作用，防止外界微生物的入侵而引起食品的发酵和腐败。但是，呼吸作用要消耗体内物质，使活体逐渐衰老和干枯。因此，要长期贮藏植物性食品，必须维持它们的活体状态，又要减弱呼吸作用。低温能减弱水果和蔬菜类食品的呼吸作用，延长贮藏期限；但温度过低，会使它们冻死，这就要求有合适的冷藏温度。

鱼、肉、禽等动物性食品在储藏时是无生命的，构成物体的细胞都已死亡，所以不能控制引起食品变质的酶的作用，也不能抵抗引起食品腐败的微生物作用。低温可以抑制酶的作用，也能阻止微生物的繁殖和生长，使食品内部的化学变化变慢，在较长的时间内能维持新鲜状态。因此，动物性食品的储藏温度越低，保存的时间就越长。但是在冻结温度以上是不能取得明显效果的，因此必须在冰点以下储藏才有效。

第二节　蒸气压缩式制冷的工作原理

船舶制冷技术广泛采用的是液体汽化吸热的制冷方法，此方法也称蒸气制冷。蒸气制冷分为蒸气压缩式制冷、蒸气喷射式制冷和吸收式制冷三种，其中以蒸气压缩式制冷的应用最为普遍。

一、蒸气压缩式制冷装置组成原理

制冷装置由压缩机、冷凝器、节流阀和蒸发器四个基本设备组成的封闭系统。如图9－2－1所示。

制冷装置的四大基本设备和管系组成一个完整的封闭系统，制冷剂在系统中不断地循环。制冷剂流过节流阀时，制冷剂的压力降低，温度降低，使得制冷剂进入蒸发器后吸取冷库内空气的热量而汽化；压缩机将此低温低压的制冷剂气体吸入并对其进行压缩，使制冷剂的压力升高，温度升高，排至冷凝器；冷凝器利用来自舷外海水或中央冷却系统的低温淡水将制冷剂气体从冷库中带来的热量和压缩机压缩功转换的热量放出，使制冷剂气体冷却冷凝而液化;制冷剂液体再次经节流阀节流降压降温进入蒸发器汽化吸热,如此循环,以实现连续不断的制冷。

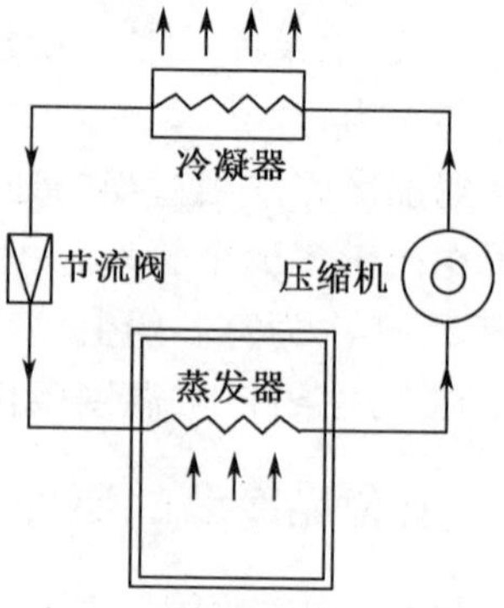

图 9-2-1　蒸汽压缩式制冷原理图

制冷工程中,常用的术语有:

(1)蒸发温度　在一定压力下,液体制冷剂在蒸发器中吸热汽化的温度。

(2)蒸发压力　制冷剂液体在蒸发器中汽化时的压力,即蒸发温度下的饱和压力。

(3)吸气过热度　相同压力下,压缩机进口处气体制冷剂的温度与蒸气温度的差值。

(4)冷凝温度　在一定压力下,气体制冷剂在冷凝器中放热冷凝的温度。

(5)冷凝压力　制冷剂气体在冷凝器中液化时的压力,即冷凝温度下的饱和压力。

(6)供液过冷度　相同压力下,冷凝温度与节流阀进口处液体制冷剂的温度的差值。

(7)吸气温度　压缩机吸入口处的气体制冷剂的温度。

(8)吸气压力　压缩机吸入口处的气体制冷剂的压力。可近似看作蒸发压力。

(9)排气温度　压缩机排出口处的气体制冷剂的温度。

(10)排气压力　压缩机排出口处的气体制冷剂的压力。可近似看作冷凝压力。

在制冷循环中,从节流阀后至压缩机进口为系统的低压部分,因为吸气管的流动阻力不大,可近似地认为蒸发器中的蒸发压力等于压缩机的吸入压力(可从压缩机吸入压力表读得),等于低压系统的压力。蒸发压力的大小,主要取决于蒸发器的单位时间蒸发量和压缩机的单位时间吸气量的动态平衡。从压缩机出口到节流阀前为系统的高压部分,因为排气管的流动阻力不大,可近似地认为冷凝器中的冷凝压力等于压缩机的排出压力(可从压缩机排出压力表读得),等于高压系统的压力。冷凝压力的大小,主要取决于冷凝器的单位时间冷凝量和压缩机的单位时间排气量的动态平衡。

综上所述,蒸气压缩式制冷的工作原理是:通过一种低沸点的制冷剂相态变化过程所发生的吸放热现象,借助于压缩机的抽吸压缩、冷凝器的放热冷凝、节流阀的节流降压、蒸发器的吸热汽化的不停循环过程,达到使被冷对象温度下降目的。

二、影响工况的因素

1. 影响冷凝温度和蒸发温度的因素

冷凝压力的大小,主要取决于冷凝器的单位时间冷凝量和压缩机的单位时间排气量的动态平衡。如果冷凝器换热能力差(取决于冷却水量、传热面积、传热温差和传热系数),则冷凝量减少,冷凝压力升高;另一方面压缩机质量流量增大,排气量多,则冷凝压力升高;另外,如果吸气压力太高,导致压缩机质量流量增大,则冷凝压力升高。一般是通过调节冷却水量来调节冷凝温度和冷凝压力。

蒸发压力的大小,主要取决于蒸发器的单位时间蒸发量和压缩机的单位时间吸气量的动态平衡。如果蒸发器换热能力差(取决于制冷剂供液量、传热面积、传热温差和传热系数),则蒸发量减少,蒸发压力降低;另一方面压缩机质量流量增大,吸气量多,则蒸发压力降低;另外,如果冷凝压力太低,可能会因节流阀前后压差明显下降而导致制冷剂流量不足,则蒸发压力降低。一般是通过压缩机的容量调节(低温库)和背压阀(高温库)来调节蒸发温度和蒸发压力。

2. 影响供液过冷度和吸气过热度的因素

在实际制冷循环中,提高供液过冷度可以避免闪气,防止制冷量降低,但是,依靠增加冷凝器换热面积来提高过冷度是有限的,一般为 3 ~5 ℃,这就需要保证冷凝器到节流阀这段液管因流阻及管路上行导致的压降不宜超过 40 ~70 kPa;同时,压缩机吸入具有一定过热度的冷剂蒸气,可避免压缩机产生"液击"冲缸现象。显然,采用过热循环的目的,如上面分析,主要不是为了提高制冷量,而是减小有害过热,实现"干压"避免"液击"。因此,为了提高供液过冷度和吸气过热度,常采用回热循环或蒸发式过冷器的过冷循环。

(1)回热循环

使冷凝器流出的制冷剂液体与刚离开蒸发器的制冷剂蒸气换热,使液体进一步过冷、气体进一步过热,是用来提高制冷剂供液过冷度的常用方法之一,这样的制冷循环称为回热循环。回热器是用来实现回热循环的气液换热器。其装置简图如图 9 -2 -2 所示。有的装置用让吸气管穿过储液器的办法来实现回热循环;更简单的是直接使吸气管贴紧液管,外面包以隔热材料。

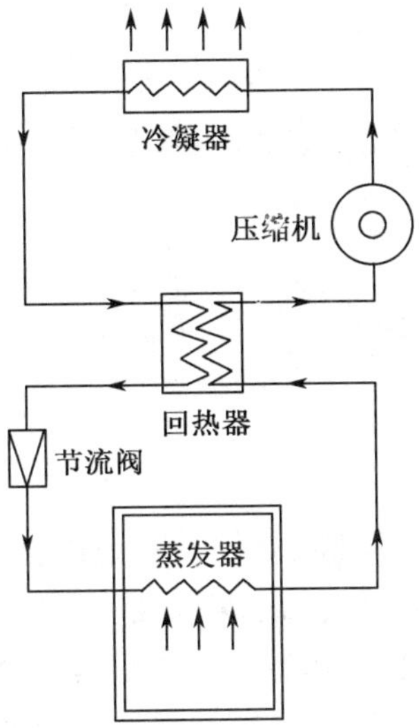

图 9 -2 -2　回热循环装置及回热循环简图

若不计回热器与周围环境之间换热,根据传热是平衡的,而由于液体的比热容比蒸气的大,故液体的温降小于蒸气的温升。例如制冷剂是 R134a,则液体温降约为蒸气温升的 55%。

若制冷装置节流阀前液管的压降较大,为防止"闪气"可采用回热循环;这同时还可以减少吸气管的有害过热和降低压缩机吸入液体的可能性(但这些问题不是主要的,也可以用加强吸气管隔热和设气液分离器的办法解决)。但有的 R22 制冷装置所用工况的排气温度较高,采用回热循环可能使吸、排气温度和滑油温度更加偏高,会增加吸气预热损失,并降低滑油密封、润滑性能和使用寿命。为此,在 R22 制冷装置液管压降较大需提高液体过冷度,又要防止吸排气和滑油温度过高的情况下,可采用设蒸发式过冷器的过冷循环。

(2)采用蒸发式过冷器的过冷循环

其装置如图9-2-3所示。质量流量为G的制冷剂中的大部分流量经节流阀1流过蒸发器参与制冷;少部分流量的制冷剂经小型节流阀2节流降压后供入过冷器,在其中汽化吸热而使液态制冷剂过冷。

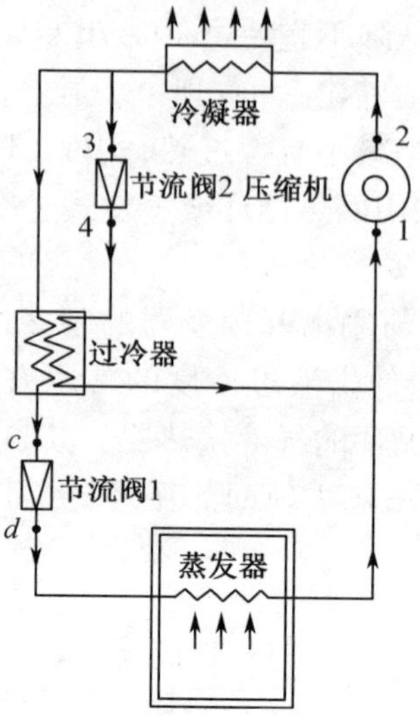

图9-2-3 采用蒸发式过冷器的装置及过冷循环简图

第三节 制冷剂及冷冻机油

一、制冷剂的要求

制冷剂是在封闭的制冷系统中不断循环流动,通过自身热力状态变化与外界发生热量交换的介质。制冷剂在蒸发器和冷凝器内,主要是物态变化;制冷剂在压缩机、节流阀内,主要是热力参数的变化。制冷剂作为制冷装置中完成制冷循环的工质,应根据所用制冷机的类型和要求的制冷温度来选择。压缩式制冷装置所用制冷剂的热力性质和理化性质应能满足以下要求:

(1)用环境温度的水或空气冷却时,冷凝压力不太高,对设备和管路耐压要求不高。

(2)在标准大气压下的标准沸点比蒸发温度低,从而使蒸发压力高于大气压,空气不易漏入系统。

(3)压缩机的排、吸气压力比不太高,从而输气系数不致过低。

(4)汽化潜热大,气体比体积小,因而单位容积制冷量大,制冷量既定时制冷剂的容积流量较小,可使容积式压缩机和管路的尺寸减小。

(5)压缩终温不太高,以免降低滑油的性能和使用寿命。

(6)热导率较大,可减小换热器尺寸。

(7)黏度较低,管路流动的阻力损失小。

(8)临界温度(一般为标准沸点的1.4~1.6倍)适当提高。太低,则制冷剂节流降压的闪发损失大，制冷系数低，甚至在环境温度下无论压力多高都无法冷凝；太高，则制冷剂蒸气在既定蒸发压力的比体积较大，单位容积制冷量较低。

(9)化学稳定性和安全性好，与所用材料相容。

(10)对大气臭氧层的损耗作用和温室效应轻微。

目前广泛使用的冷剂是饱和烃的卤化物，统称氟利昂，人们所说的非氟利昂的 R134a、R410A 及 R407C 等其实都是氟利昂。氟利昂能够破坏臭氧层是因为制冷剂中有 Cl 元素，而且随着 Cl 原子数量的增加，对臭氧层破坏能力增加，随着 H 元素含量的增加，对臭氧层破坏能力降低；造成温室效应主要是因为制冷剂在缓慢氧化分解过程中，生成大量的温室气体，如 CO_2 等。

二、制冷剂的种类和编号

目前使用的制冷剂主要有以下各类：

1. 无机化合物

无机化合物的编号为 R7x x。R 为英文单词 Refrigerant(制冷剂)的字头，其后 x x 表示的数字是化合物的分子量。例如水的编号是 R718，氨是 R717，CO_2是 R744。

2. 卤代烃

氟利昂分子式是 $C_mH_nF_xCl_yBr_z(n+x+y+z=2m+2)$，其编号为 $R(m-1)(n+1)x$(a, b, …)Bz，其中异构体依不对称程度不同依次加 a, b, …区分。z 是溴分子数，z 为 0 时 B 可省略。

用于制冷行业的氟利昂制冷剂有 R11($CFCl_3$)，R12(CF_2Cl_2)，R22(CHF_2Cl)，R32(CH_2F_2)，R113($C_2F_3Cl_3$)，R114($C_2F_4Cl_2$)，R115(C_2F_5Cl)，R123($C_2HF_3Cl_2$)，R125(CHF_2CF_3)，R134a(CH_2FCF_3)，R143a(CH_3CF_3)，R141b(CCl_2FCH_3)，R142b($H_3C_2F_2Cl$)，R152(CH_3CHF_2)，R404A(44% 的 R125 和 52% 的 R143a 及 4% 的 134a)，R407C(23% 的 R32 和 25% 的 R125 及 52% 的 R134a)，R410A(50% 的 R32 和 50% 的 R125)，R500(73.8% 的 R12 和 26.2% 的 R152)，R502(48.8% 的 R22 和 51.2% 的 R115)等。

根据氟利昂制冷剂的分子结构，大致可以分为以下 3 类：

(1)氯氟烃类　简称 CFC，主要包括 R11，R12，R113，R114，R115，R500，R502 等，由于对臭氧层的破坏作用以及最大，被《蒙特利尔议定书》列为一类受控物质。此类物质目前已禁止使用。

(2)氢氯氟烃　简称 HCFC，主要包括 R22，R123，R141b，R142b 等，臭氧层破坏系数仅仅是 R11 的百分之几，因此，目前 HCFC 类物质被视为 CFC 类物质的最重要的过渡性替代物质。在《蒙特利尔议定书》中 R22 被限定 2020 年淘汰，发展中国家可以推迟 10 年。

(3)氢氟烃类　简称 HFC，主要包括 R134a，R125，R32，R407C，R410A，R152 等，臭氧层破坏系数为 0，但是气候变暖潜能值很高。在《蒙特利尔议定书》没有规定其使用期限，在《联合国气候变化框架公约》京都议定书中定性为温室气体。

3. 非共沸混合物

非共沸混合物是由两种或两种以上的制冷剂按一定的比例混合而成。在既定压力下蒸发或冷凝时，各组分在气相和液相中的质量分数不同，且一直在变化，相应温度也在改变。

图 9-3-1 所示为二元非共沸混合物的相态图。A 代表沸点较低、饱和蒸气压力较高

的易挥发物质，B 代表沸点较高、饱和蒸气压力较低的难挥发物质，横坐标表示混合物中组元 B 的质量分数。

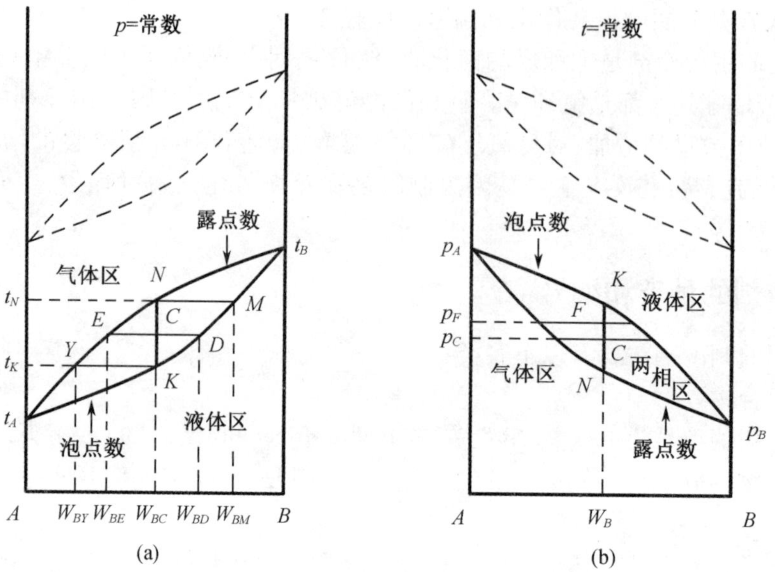

图 9－3－1　二元非共沸混合物的相态图

由图 9－3－1(a)所示，质量分数为 W_{BC} 的液态混合物在定压吸热过程中，当温度升至泡点 K 时开始出现气泡；继续吸热温度不断升高，到露点 N 时全部汽化；再吸热升温则成过热蒸气。反之，过热蒸气定压放热温度降至露点温度 t_N 则开始有液滴析出，降至泡点温度 t_K 则全部液化，再降温则成过冷液体。露点和泡点的温度差称为温度漂移。

在相变过程中，混合工质处于两相区内某点 C 时，气相和液相的质量比为 CD/CE；其中气相的质量分数为 W_{BE}，含难挥发的组分较少；液相的质量分数为 W_{BD}，含难挥发的组分较多。汽化过程中气相的质量组分由 W_{BY} 向 $W_{BN}(=W_{BC})$ 变化，液相的质量组分由 $W_{BK}(=W_{BC})$ 向 W_{BM} 变化，冷凝过程则变化方向相反。

组分的质量分数不同时相应的泡、露点温度不同，可连接成泡点线和露点线。当压力升高时，各组分的沸点 t_A，t_B 和相应的泡、露点线都相应升高，如图中虚线所示。

由图 9－3－1(b)所示，定温条件下装在封闭容器中的共沸混合物若液体多(如图中 F 点与 C 点相比)，则压力 $p_F > p_C$，当温度升高时，各组分的饱和压力和泡、露点线相应升高，如图中虚线所示，这时若液、气体的质量比变化不大，容器中的压力也升高。

非共沸混合物制冷剂几乎都是由两或三种氟利昂以既定的质量比混合而成的，它的编号是依开始使用的先后顺序从 R400 起编排，如有组分相同但各组分质量分数不同的制冷剂，则后面加大写字母 A，B，C，…区分。

使用非共沸制冷剂的系统如果在只有气体(例如吸、排气管)或只有液体(例如液管)的地方发生漏泄，冷剂的组成不会发生变化。但在停机期间或工作时，在制冷剂两相同时存在的地方(冷凝器、蒸发器)，如果发生气体或液体漏泄，则系统中制冷剂组分的质量比就会改变，装置的性能(制冷量和效率等)就会有某种程度的变化。

如果由沸点相近的物质组成混合物，则露点线和泡点线很接近，在定压相变过程中温度漂移小(<1℃),则可称为近共沸混合物,其气、液相中各组分的质量分数相近。实验证明,使用近共沸制冷剂的装置,即使多次漏泄和补充制冷剂,性能几乎不变。

4. 共沸混合物

共沸混合物是由两种或两种以上的制冷剂按一定的比例混合而成。在既定压力下蒸发或冷凝时,各组分在气相和液相中的质量分数始终保持相同,发生相变时对应的温度保持不变。

如图 9 - 3 - 2 所示,有些二元混合物以特定的质量比组合时(图中 W_{BA})泡、露点合一,称为共沸点,这时的混合物称为共沸混合物。共沸混合物在相变过程中,液、气相物质组分的质量分数始终不变,饱和蒸汽的压力与温度有既定的相应关系,就和单一物质一样。严格来说,在不同压力(温度) 时共沸点会有变化,但所导致的各组分的质量分数变化不大,可以忽略。

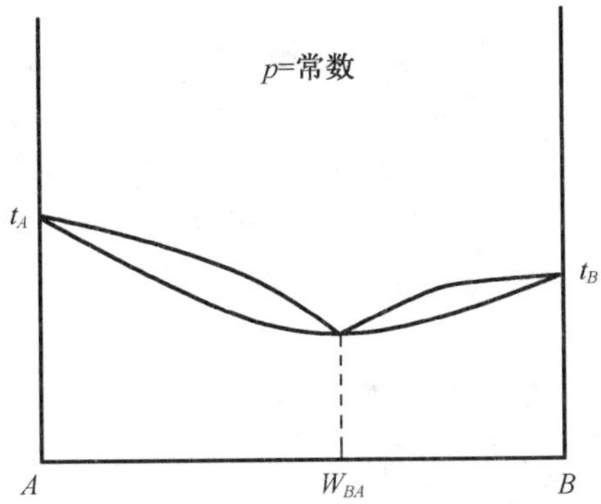

图 9 - 3 - 2　二元共沸相态图

许多共沸混合物的标准沸点比其各组分更低,因而适用更低的蒸发温度;同时在既定蒸发温度时其蒸发压力比各组分高,密度更大,因而单位容积制冷量更大。

目前,共沸混合物制冷剂都是由两种氟利昂混合而成的,它的编号是依开始使用的先后顺序从 R500 起编排,用质量分数表示其组成时,各组分按沸点由低至高排列。例如 R502 (标准沸点 - 45.6 ℃),组分是 R22/R115(48,8/51,2),因 R115 属 CFCs,已经禁用;现又开发出由未禁用的 HFCs 组成的共沸混合物制冷剂如 R507(标准沸点 - 47 ℃),其组分是 R125/R143a(50/50),与 R502 的性能相近,在欧洲用于超市的冷冻设备。

5. 碳氢化合物

它们是价廉的自然工质,ODP 为零,GWP 也很低,不腐蚀金属,难溶于水,与水不发生作用;主要缺点是易燃,与空气混合后有爆炸危险,但小型制冷装置充剂不多,应无大碍。

碳原子数≤3 的烷烃和烯烃类命名法与氟利昂相同,差别是烯烃类在 R 后要加 1。例如丙烷是 R290,丙烯是 R1270。异丁烷是例外,用 R600a 表示,可用在冰箱中作 R12 的替代制冷剂。

三、常用制冷剂的性质

1. R12

R12 曾经是广泛使用的制冷剂，因其属于 CFC，1996 年起已被禁用。

2. R717

R717 价格低廉，黏度比氟利昂低，热导率比氟利昂大，与大多数材料相容（除铜及磷青铜以外的铜合金）。其主要缺点是有强烈的刺激性气味，在空气中容积含量达 0.5% ~ 0.6% 时对人的呼吸器官和黏膜就会有刺激作用，人在其中停留半小时以上就会中毒，含量达 11% ~14% 时可燃，16% ~25% 时爆炸。氨作为制冷剂目前主要用于陆地冷库和某些水产品加工船。

3. R22（二氟一氯甲烷 CHClF2）

标准沸点 -40,8 ℃，排气压力适中，适合船舶冷库和空调制冷装置使用，是目前船上使用最广泛的制冷剂。属 HCFC，今后需由新的制冷剂取代。无毒、不燃、不爆，单独存在时即使温度超过 500 ℃仍然稳定。R22 使用中应注意以下问题：

（1）与火焰（800 ℃以上）接触时会分解产生微量有毒光气（$COCl_2$），故应避免接触明火；容易漏泄又不易察觉，而且比空气重得多，不易散发，若在狭窄闭塞空间内装置严重漏泄以至在空气中浓度太大，人停留过久会缺氧窒息；操作中应严防其液体溅到人体造成严重冻伤。

（2）微溶于水。水在液态的 R22 中的溶解度是 30 ℃时为 1470 mg/kg，-30 ℃时为 180 mg/kg。R22 含水时会慢慢发生水解反应生成酸，会腐蚀金属、油位镜及封闭式、半封闭式压缩机的电机绕组，并使滑油变质沉淀，为此 R22 允许的含水量应为 60 ~ 80 mg/kg。另外，含水较多时若经过膨胀阀后降温至 0 ℃以下，水的溶解度急剧下降，游离出来的水就会结冰，在流道狭窄处形成“冰塞”，严重妨碍制冷工作正常进行。

（3）条件性溶油。在温度高于 8 ℃的场合（如曲轴箱、冷凝器、液管），R22 与冷冻机油互溶性强，温度低于 -8 ℃互溶性则急剧降低。因此流过膨胀阀降压降温后，溶有少量 R22 的滑油和溶有微量油的 R22 液体会形成分层。

滑油和制冷剂互溶的好处是可随之渗透到压缩机各摩擦部位有助润滑，同时在冷凝器换热面上不会形成妨碍换热的油膜。带来的问题是若长时间停用前未将曲轴箱抽空并关排气阀，则高压侧制冷剂漏入曲轴箱会溶入滑油中较多，下次启动时曲轴箱压力迅速降低，油中就会逸出许多氟利昂泡沫而涌起，俗称“奔油”，会使油泵建立不起油压，甚至油被吸入气缸产生“液击”。制冷剂溶入滑油还会使油黏度降低，故氟利昂制冷装置应选用黏度较高的滑油。

冷凝器中的氟利昂液体若溶解滑油太多，进入蒸发器后多少会妨碍蒸发，使蒸发压力降低，制冷量减少；而且在膨胀阀后滑油和制冷剂会分层，因此在设计、安装蒸发器和吸气管时，应特别考虑保证足够高的流速及吸气管适当向压缩机倾斜，以利于随制冷剂进入系统的滑油返回压缩机。

（4）R22 会使天然橡胶浸润膨胀，需要时应选用丁基橡胶或氯丁橡胶。此外，还会腐蚀镁和含镁超过 2% 的合金。

（5）电绝缘性较差，而且会使聚乙烯纤维变软，引起绝缘电阻下降。R22 的封闭、半封闭式压缩机的电机绝缘需用丙烯腈树脂。

(6)渗漏性很强,对装置的气密性要求高。

4. R134a(四氟乙烷 CH2FCF3)

属于 HFC,ODP=0,是 R12 的代用品。其单位容积制冷量与 R12 相近,制冷量相同时压缩机的容积流量比用 R22 大 50%以上,较适合螺杆式和离心式压缩机。它的排气温度较低,标准沸点为 -26.5 ℃,用于船舶伙食冷库制冷装置不够低,可用于空调制冷装置。它在应用方面有以下特点:

(1)分子较小,渗漏性很强,因不含氯而不能用检漏灯检漏,可使用电子检漏仪。

(2)溶解水的能力是 R12 的 20 多倍,但比 R22 低。所用干燥剂为避免吸附 R134a 分子,要求孔隙更小,不宜用硅胶,应采用分子筛 XH-7,XH-9 等。

(3)会使普通橡胶浸润膨胀,应选用氢化丁腈橡胶或氯丁橡胶。

(4)与矿物油不相溶,应采用脂类油 POE,某些场合也有用聚二醇类油 PAG,这些滑油价格都比较高。前者吸水性约为矿物油的 10 倍,后者为 100 倍,使用和保管时应特别注意防潮。

5. R410A(44%的 R125 和 52%的 R143a 及 4%的 134a)

R410A 是一种新型环保制冷剂,不破坏臭氧层,工作压力为普通 R22 空调的 1.6 倍左右,制冷(暖)效率更高。R410A 主要由氢、氟和碳元素组成,属于 HFC,具有稳定、无毒、性能优越等特点。同时由于不含氯元素,故不会与臭氧发生反应,即不会破坏臭氧层。另外,采用 R410A 的制冷装置在性能方面也有一定的提高,是目前为止国际公认的用来替代 R22 最合适的制冷剂,并在欧美、日本等国家和地压得到普及。

第四节　船舶制冷系统

实际应用的压缩式制冷装置,应包括制冷系统、电气系统和冷库(或是冷媒箱)。其中,制冷系统除压缩机、冷凝器、蒸发器、节流阀等基本设备外,还包括许多辅助设备、自动控制设备。图 9-4-1 所示为比较典型的伙食冷库制冷系统。

一、基本设备

1. 压缩机

抽吸制冷剂带走热量,维持蒸发器低温;压缩制冷剂提高压力,促进制冷剂循环。

2. 冷凝器

使高压高温气态制冷剂放热冷凝成液态。

3. 节流阀

节流降压制冷剂,制造蒸发器低温。

4. 蒸发器

使低压低温液态制冷剂吸热汽化成气态。

二、辅助设备

1. 分离设备

滑油分离器(分离制冷剂蒸气中的微小油粒)、气液分离器(防止压缩机吸入的制冷剂蒸气中含有过多的液滴)。

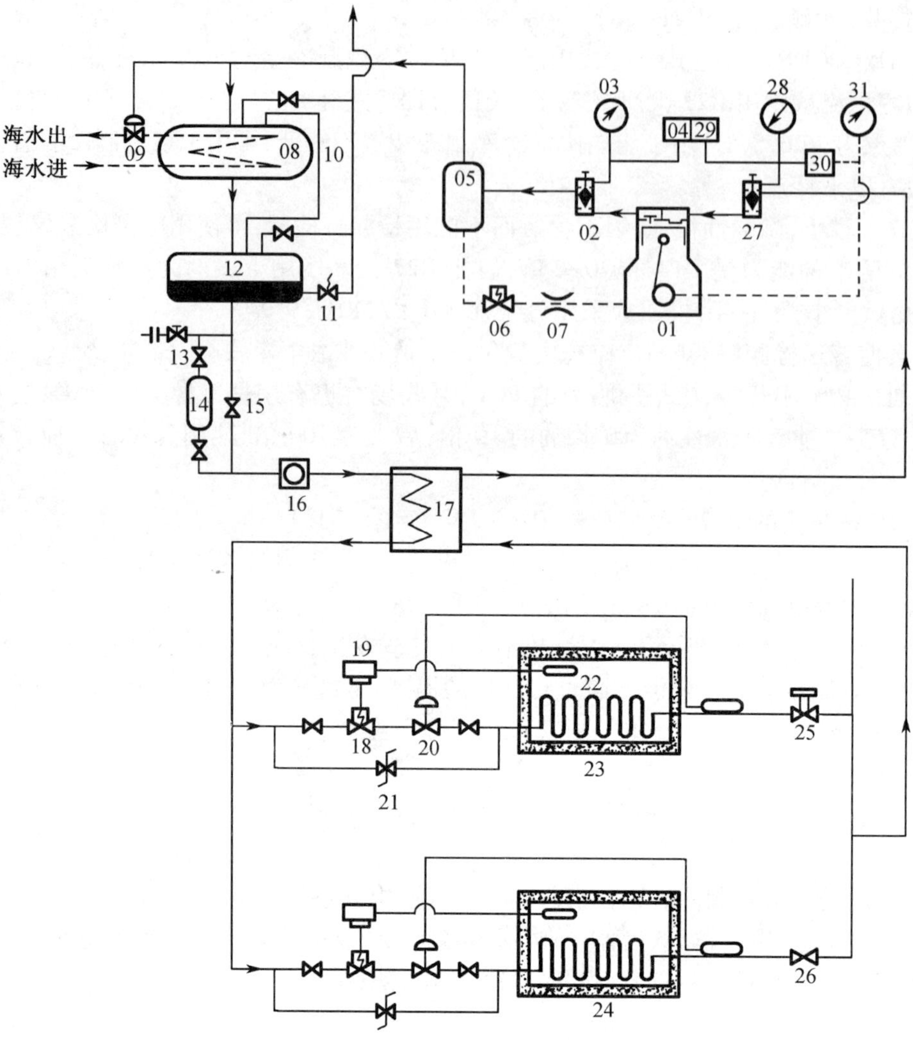

图 9-4-1　典型的伙食冷库制冷系统

01—制冷压缩机;02—排出截止阀;03—排出压力表;04—高压控制器;05—滑油分离器;06—电磁阀;07—节流孔板;08—冷凝器;09—冷却水量调节阀;10—平衡管;11—安全阀;12—储液器;13—充注阀;14—过滤干燥器;15—旁通阀;16—液流指示器;17—回热器;18—供液电磁阀;19—温度控制器;20—热力膨胀阀;21—手动膨胀阀;22—蒸发器;23—高温库;24—低温库;25—蒸发压力调节阀;26—止回阀;27—吸入截止阀;28—低压压力表;29—低压控制器;30—油压差控制器;31—油压表

2. 储存设备

储液器(贮存制冷剂、液封与污物沉淀)。

3. 防护设备

过滤干燥器(过滤杂质、去除水分)、安全阀(保证制冷设备在规定压力下安全工作)。

4. 换热设备

回热器。它使低温气态制冷剂过热,防止液击;使高温液态制冷剂过冷,防止闪气。

5. 指示设备

液面指示器、液流指示器、温度计、压力表。

三、自控设备

1. 油压差控制器

当油压差小于调定值时延时后停车。

2. 低压控制器

以吸入压力为信号启停压缩机。

3. 高压控制器

当排压过高时实现保护性停车。

4. 冷却水量调节阀

控制冷却水量保证冷凝压力在合适范围内。

5. 供液电磁阀

配合温度继电器控制对蒸发器的供液。

6. 温度控制器

根据库温上下限启闭供液电磁阀。

7. 蒸发压力调节阀

保证高温库的蒸发压力在合适范围内。

8. 止回阀

防止低温库蒸发器发生倒冲现象。

第五节　制冷压缩机

制冷压缩机是制冷装置的心脏，对装置的制冷量、性能系数和使用寿命有决定性的影响。制冷压缩机有活塞式、螺杆式、离心式、涡旋式等类型。

活塞式压缩机使用广泛，其制造、管理和维修的经验都比较成熟。因其流量受转速限制，一般适用制冷量的范围是≤200 kW，是船舶制冷装置采用的主要机型。

螺杆式压缩机转速高，输气量较大，但需要装设大容量油分离器，一般适用制冷量的范围是 150 ~ 1 500 kW，在船上主要用于冷藏舱制冷装置。经不断改进，目前在某些大型船舶的空调装置中，其已取代活塞式压缩机。

离心式压缩机转速高，输气量很大，但需要配置工艺要求高的增速齿轮箱、复杂的润滑油系统和密封系统等。一般适用制冷量的范围是≥350 kW（尤其是 >1 500 kW）主要用于大型客船空调制冷装置。

涡旋式压缩机一般制冷量≤11 kW，在船上主要见于冷藏集装箱。

本节主要介绍活塞式和螺杆式制冷压缩机。

一、活塞式制冷压缩机

船用活塞式制冷压缩机多为单级多缸（2，3，4，6，8）。其按气缸中心线布置方式分，有立式、V 形、W 形、S（扇）形。按壳体结构又可分为如下几种：

开启式——如图 9－5－1(a)所示,压缩机曲轴通过轴封伸出机体之外,再由原动机驱动。轴封或多或少会有制冷剂泄漏。较大的压缩机采用开启式。我国国标 GB/T 10079—2001(活塞式单级制冷压缩机)规定的开启式压缩机缸径有 100 mm,125 mm,170 mm。

(a)　(b)

图 9－5－1　活塞压缩机

半闭式——如图 9－5－1(b)所示,电动机和压缩机共用一根主轴,装在同一机体内,没有轴封;有可拆卸的缸盖、端盖以便换修气阀、油泵等易损件,采用垫片静密封,使制冷剂泄漏机会显著减少。其电动机可由制冷剂吸气冷却,所用绝缘材料等必须耐油、耐制冷剂。我国国标规定的半封闭压缩机缸径≤70 mm。

闭式——采用同一主轴的电动机和压缩机装在一个焊死的薄壁机壳内,没有任何可拆卸的部件。这种压缩机要求可靠性高、使用寿命长,同时也要求系统清洁、密封好,在使用期内一般可免维修。全封闭压缩机主要用于冰箱、小型空调装置等。

1. 开启式活塞制冷压缩机的结构

图 9－5－2 所示为 810F70G 制冷压缩机,缸数为 8,缸径 100 mm,行程 70 mm,转速 1 440 r/min。F 表示制冷剂为氟利昂(A 表示氨),G 表示高冷凝压力(低冷凝压力不用文字表示)。气缸从轴向看呈扇形布置,相邻气缸中心线夹角 45°,轴向每两缸成一列。采用 R22 时,标准制冷量为 156. 3 kW,属中型压缩机。

(1)机体

该机机体如图 9－5－3 所示,它由高强度铸铁整体浇铸而成,上有缸盖,下有底板前后轴承盖,构成一个封闭的空间。机体内空间被上下隔板分成上、中、下三个部分,隔板上膛有 8 个气缸孔,装有 8 个气缸套 8。上隔板以上空间为排气腔,缸套组件用螺栓固定在上隔板,缸套上部凸缘和上隔板间设有垫片,以防隔板上下空间(吸排气腔)漏气。该垫片厚度影响气缸余隙容积,不可随意变动。余隙高度一般为 0. 5 ~ 1. 5 mm。下隔板 9 上部是吸气腔 3,下部是曲轴箱腔,下隔板上开有均压孔 30,使吸气腔与曲轴箱相通。

均压孔的作用是:

①使经活塞环漏入曲轴箱的冷剂能经吸气腔抽走;

②让吸气从系统中带回的滑油流向曲轴箱;

③必要时能用压缩机本身抽空曲轴箱,回收其中冷剂或抽除其中空气。

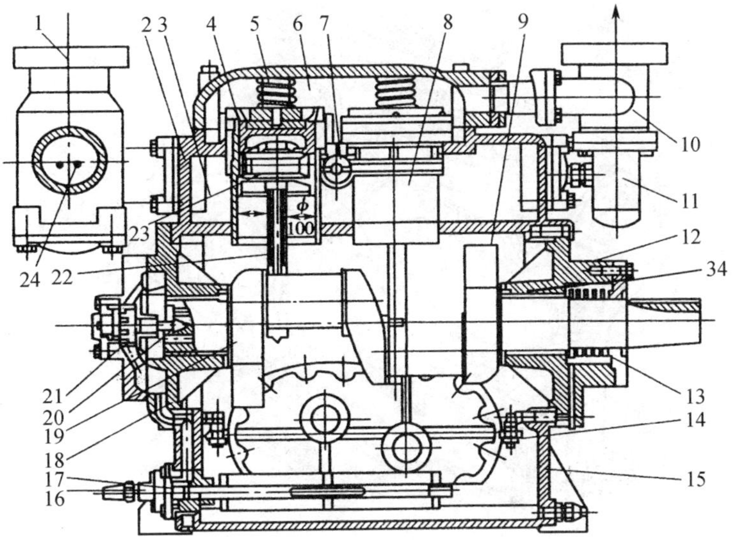

(a)

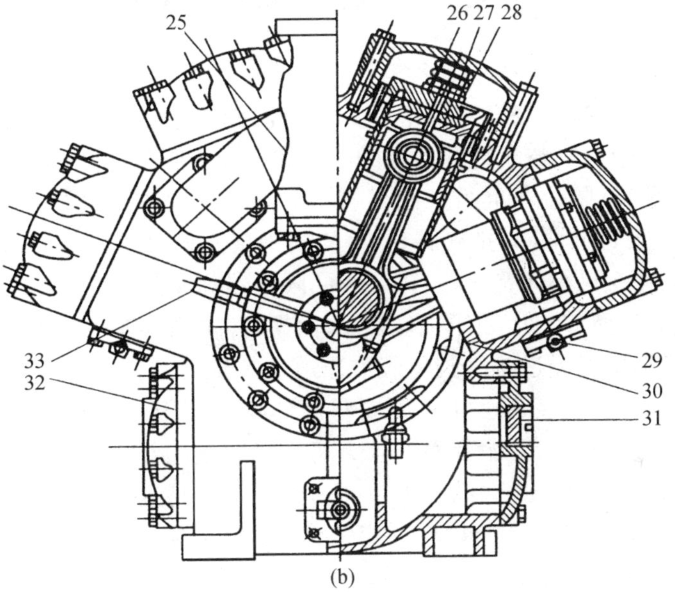

(b)

图 9－5－2　810F70G 制冷压缩机

1—吸气接管；2—气缸体；3—吸气腔；4—缸头气阀组件；5—气缸盖；6—排气腔；7—能量调节机构；8—气缸套；9—下隔板；10—排气集管；11—安全阀；12—轴承座；13—轴封；14—滑油管；15—曲轴箱；16—滑油三通阀；17—吸入滤油器；18—轴承座；19—曲轴；20—油泵传动机构；21—油泵；22—连杆；23—活塞销；24—吸气滤网；25—吸气集管；26—假盖弹簧；27—活塞；28—假盖；29—卸载油缸；30—回油均压孔；31—视油镜；32—曲轴箱侧盖；33—油压调压阀

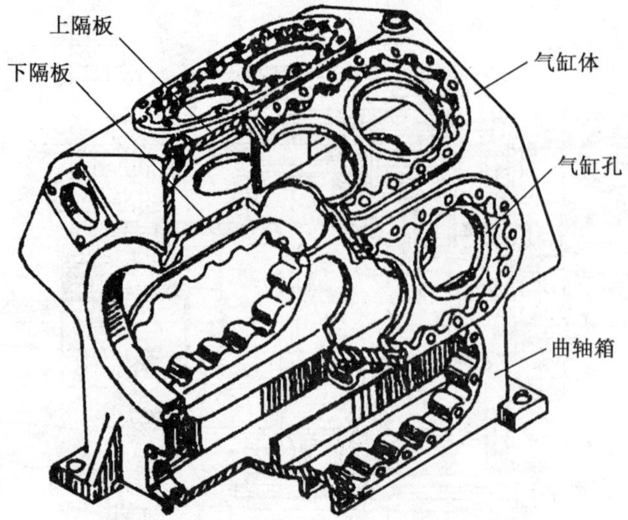

图 9-5-3 810F70G 制冷压缩机机体结构

(2)气缸套和气阀组件

如图 9-5-4 所示。在气缸套 6 的上端面上有两圈阀座线,阀座线间钻有 24 个吸气孔,6 个顶杆孔,吸气孔使气缸与气缸套外围的吸气腔相通。吸气阀片(环阀)位于两圈阀座线上,阀片上是限位器 18,限位器上吸气阀弹簧将吸气阀片紧压在气缸套端面的吸气阀座上。排气阀(环阀)位于气缸顶部,排气阀片 15 的阀座 5 分为内外两部分,并且均与假盖密贴,排气阀也是环阀,用6 只小弹簧压住,排气阀的限位器称作假盖,假盖上有通道与排气腔相通,假盖上有弹簧。导圈 17、吸气阀限位器 18,由螺钉 14 固定在缸套 6 上,当气缸内排气时,排气环阀顶开,冷剂蒸气经过排气阀及假盖通道进入排气腔,当缸内吸入过多液态制冷剂或滑油时,活塞在排出行程接近上止点时要将液体从升程很小的排气阀排出困难,这时缸内压力迅速超过排气腔压力,克服弹簧的张力将排气阀连同其内阀座和升程限位器一同顶起,以免连杆轴承和主轴承受过大的冲击负荷。国内习惯将这种可被顶起的排气阀升程限位器称为“假盖”。这时导圈 17 起导向和定位作用,在缸内压力降低时帮助假盖落回原来位置,恢复正常工作状态。

(3)传动机构

压缩机曲轴 19 是两个互成 180°的双拐曲轴,球墨铸铁制造。前后主轴承均为钢套,内浇巴氏合金,并在其中开有油孔和油槽。曲轴伸出曲轴箱处设有摩擦环式机械轴封装置,防止曲轴箱冷剂和滑油外漏,并防止空气漏入曲轴箱,我国国标规定轴封处油渗漏应不超过 0.5 mL/h;曲轴另一端设有一个小型滑油泵(内啮合的齿轮泵)作为滑油系统的动力件。

每个曲柄销上配有 4 套连杆活塞,连杆 22 由可锻铸铁制成,断面为工字形,大端采用锡基合金薄壁瓦,小端采用磷青铜衬套。

筒状活塞 27 上装有三道密封环和一道刮油环。为减小质量,高速制冷压缩机活塞常由铝合金制成,由于铝合金活塞的热胀系数比钢制的活塞稍大,故冷态时二者是过盈配合。拆装活塞销时应先将活塞在热油中或铁板上加热至 70 ℃左右。

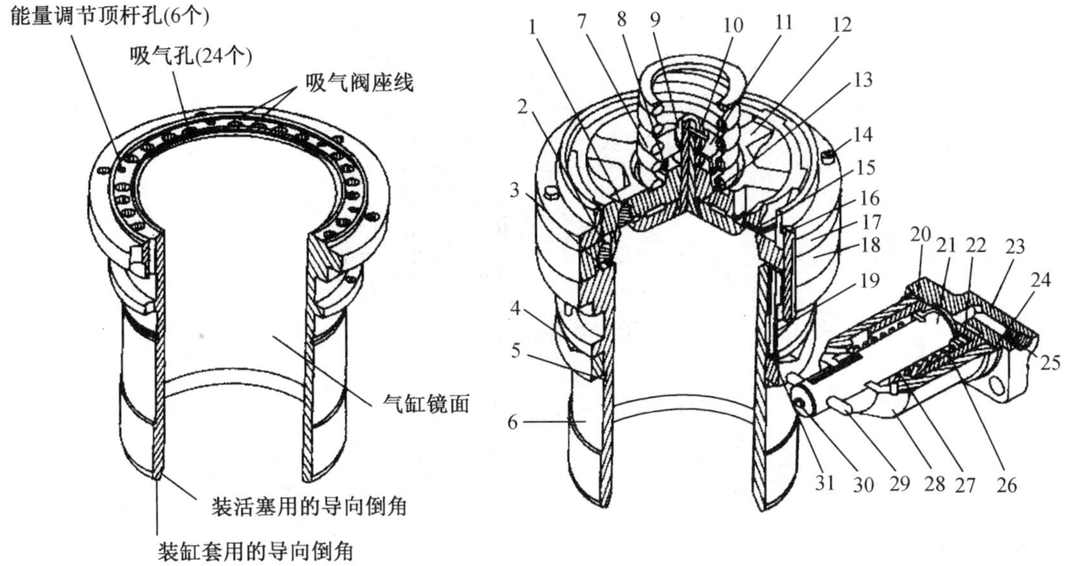

图9-5-4　气缸套和气阀组件

1—排气阀弹簧;2—吸气阀弹簧;3—吸气阀片;4—转环;5—卡环;6—气缸套;7—假盖弹簧;8,24—垫片;9-阀座螺栓;10—开口销;11—铁皮套圈;12—假盖(排气阀片限位器);13—排气阀座芯;14—内六角螺钉;15—排气阀片;16—螺栓;17—假盖导圈;18—吸气阀片限位器;19—顶杆弹簧;20—挡圈;21—卸载活塞杆;22—调整垫片;23—卸载油缸盖;25—油管接孔;26—卸载活塞;27—弹簧;28—卸载油缸;29—横销;30—制动螺钉;31—启阀顶杆

(4)滑油系统

如图9-5-5所示,810F70G型压缩机采用压力润滑。曲轴箱中的滑油经过网式滤油器1和装放油阀2被滑油泵3吸入,油泵排出的压力油一路经手动能量调节阀4,分送到卸载油缸6,同时通油压表5和油压差继电器;另一路由设在曲轴内的油管送到机械轴封的油腔8中,再由曲轴9中的油孔将滑油送到主轴承和连杆大端轴承,并经连杆上的油孔送至连杆小端轴承。滑油从各轴承间隙溢回曲轴箱。为调节滑油工作压力在油泵端还设有压力调节阀10,最大工作压力由此阀调定,有效润滑压力由油压差控制器限定,油压差定为0.15~0.30 MPa。

装放油阀2,实际上是一只二通阀,其手柄置于“工作”位置,则使曲轴箱与油泵吸口相通;置于“放油”位置,则使曲轴箱与通机处的外接管相通;置于“加油”位置,则使外接管与油泵吸口相通。

功率小于5 kW的压缩机常采用更简单的飞溅润滑或离心式润滑。后者是用曲轴自由端所设的甩油盘将油甩入曲轴端部的油槽,再经曲轴中心的钻孔,由轴旋转产生的离心力吸入,供至各摩擦面。

氟利昂易溶于油,压力愈高、温度愈低,溶解量就大,当压缩机启动时,可能产生“奔油”,通常可采用关闭吸入阀后进行“点”启动,来使油中氟利昂析出,也可在启动前开启曲轴箱内的电加热器,将油加热到30 ℃左右,使氟利昂析出,润滑油正常工作温度30~50 ℃,最高不应高于76 ℃。

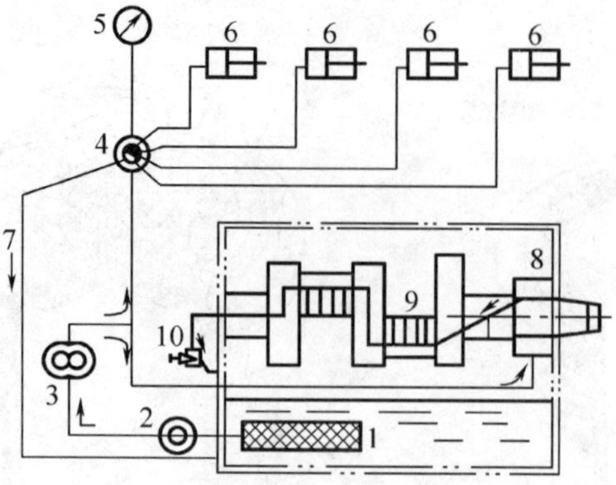

图 9－5－5　制冷压缩机滑油系统

1—网式滤油器；2—装放油阀；3—滑油泵；4—手动能量调节阀；5—油压表；
6—卸载油缸；7—回油管；8—轴封油腔；9—曲轴；10—压力调节阀

(5)双阀座截止阀

如图 9－5－6 所示。吸气管和排气管上分别装有吸气截止阀和排气阀。双阀座截止阀为双阀座结构，设有常接通道（接压力表、压力继电器）和多用通道（用于充、抽冷剂，添加滑油，充气、排气）。当阀杆朝里旋进，阀处于关闭位置，压缩机与系统截止，与多用通道相通；若将阀杆退足，主阀全开，压缩机与系统相通，与多用通道截止；若阀杆退足又反过来旋进一圈，则压缩机与多用通道稍微相通，与系统几乎全通。常接通道不受主阀位置的影响，与压缩机常通。

(6)安全阀

机体上的气缸体与缸盖之间为共用排气腔 6，并经排气集管 10 与排气截止阀连接。机体上的气缸孔装有的气缸套的外围为共用的吸气腔 3，并经吸气接管 1 与吸入截止阀连接。吸排气接管之间装有安全阀 11（功率不超过 10 kW 可不设）。《钢质海船入级规范》规定，安全阀在冷剂压力过高时开启或爆破，使冷剂回流至吸入侧。其开启或爆破压力应不大于表9－5－1中规定的高压侧设计压力。安全阀由工厂调定后加以铅封。万一压缩机排压升高而高压控制器未能停车时开启，使排气向曲轴箱（通吸气腔）回流。安全阀外面壳体上通大气的小孔不应被堵死。

表 9－5－1　制冷压缩机设计压力

制冷剂	低压侧设计压力/MPa	高压侧设计压力/MPa
R22	1.7	2.2
R134a	1.1	1.4

其他制冷剂高、低压侧设计压力应分别不低于 56 ℃和 46 ℃时的饱和蒸气压力。若热气融霜等操作可能使低压侧处于高压，则应按高压侧同样要求。

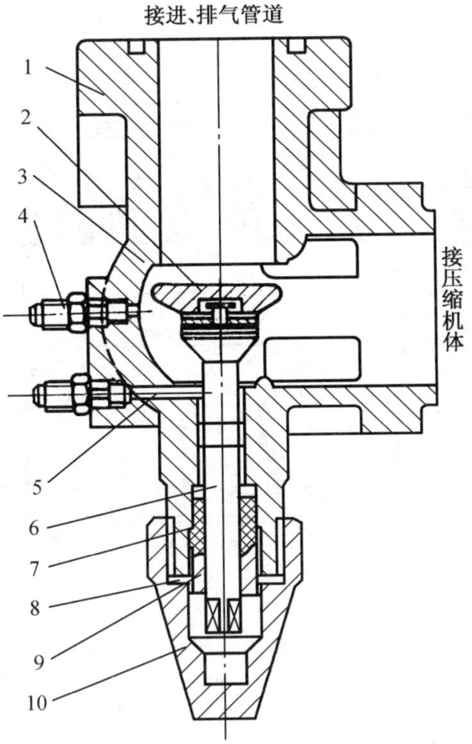

图 9-5-6　双阀座截止阀

1—阀罩;2—填料压盖;3—垫片;4—填料;5—阀杆;6—阀座;7—多用通道;
8—常接通道;9—主阀座;10—阀盘;11—阀体

2. 半封闭式活塞制冷压缩机的结构

图 9-5-7 所示为日本三菱 MR 型半封闭式活塞制冷压缩机,缸径 70 mm,有 4 缸 V 形及 6 缸 W 形两种;行程各有 56 mm,63 mm,70 mm 三种;转速根据交流电频率不同,分别为 1 450 r/min 或 1 730 r/min。

来自蒸发器的低温制冷剂蒸气经吸气滤网 4 吸入,流经并冷却内置电动机 2。内有 L 形隔板的缸盖安装在阀板上,在轴向的大部分按轴线左右将缸头空间分隔成吸、排气腔,而在靠排气端的小部分全被排气腔所占。有两块圆形的气阀组件 13 安装在阀板的两缸顶部处,阀组件的上面靠排气侧和下面靠吸气侧,分别设有排气和吸气簧片阀。簧片阀的阀片用弹性薄钢片制成,一端固定在阀座上,另一端是自由的。工作中阀片像乐器的簧片那样启闭,使制冷剂气体吸入和排出气缸。排气经排气管 12 排出。

前述开启式活塞压缩机实例所用的环片阀简单可靠,应用广泛,但质量较大,且与导向面有摩擦,启闭不够迅速及时,在高转速时尤为突出。簧片阀很轻,余隙空间小,缺点是通道面积小,适合小型高速压缩机。实际使用中还有其他的气阀形式,如条状阀、塞状阀、网状阀等。

曲轴带动的滑油泵 10 经吸油滤网 9 吸油,对各摩擦面提供压力润滑。有平衡管通过曲轴中的钻孔使机体 5 的曲轴箱和电机室相通,使两者压力保持平衡,以便吸气带回的滑油能迅速经单向阀 7 返回曲轴箱。曲轴箱内另设有 180 W 的滑油电加热器。

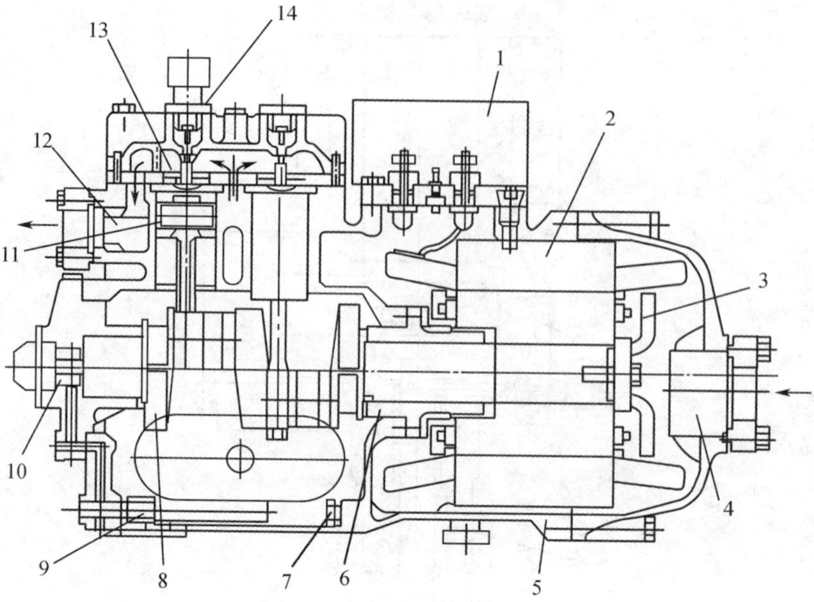

图 9-5-7　MR 型半封闭式活塞制冷压缩机

1—接线箱;2—电动机;3—定位器;4—吸气滤网;5—机体;6—主轴承;7—单向阀;8—曲轴;9—吸油滤网;10—滑油泵;11—活塞连杆组件;12—排气管;13—气阀组件;14—卸载机构

本机型设有电磁阀控制的吸气回流式气动卸载机构 14,工作原理如图 9-5-8 所示。

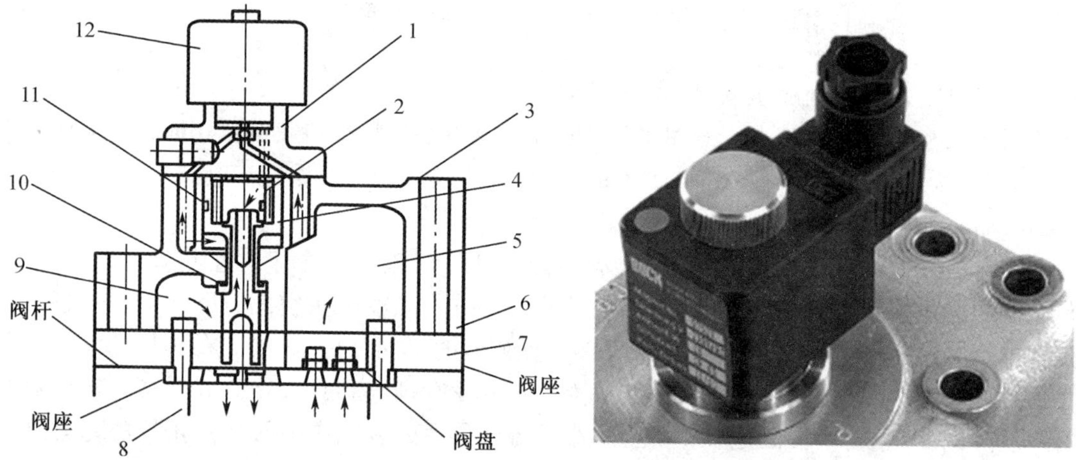

图 9-5-8　MR 型压缩机的吸气回流式气动卸载机构

1—三通电磁阀;2—弹簧;3—气缸盖;4—卸载活塞;5—排气腔;6—垫片;7—气阀组件;8—机体;9—吸气腔;10—叉杆;11—活塞环;12—电磁线圈

同列相邻两缸共用一个气缸盖 3，上面设有一个三通电磁阀 1，当其线圈 12 通电时，衔铁被吸上，缸盖的排气腔 5 内的高压气体顶开电磁阀的球阀进入卸载活塞 4 的下方，克服弹簧 2 的张力将卸载活塞顶起，于是抬起叉杆 10，使气阀组件 7 的吸气阀片能自由工作，这一对缸即可加载。反之，当电磁线圈断电，其衔铁在弹簧作用下落下，压球阀关闭通排气腔的通道，同时开启连通卸载活塞上、下方的通道，于是该活塞被弹簧 2 压下，叉杆 10 将吸气阀片强开，使这一对缸卸载。

3. 活塞制冷压缩机的卸载启动和容量调节

压缩机启动时需要克服运动部件的惯性力，如果同时还要压送气体，则启动功率会比正常运转功率大得多。较大的压缩机带负荷启动对电网冲击大，而且需选配价格较高的大功率电动机，正常运转后电机又会因低负荷工作而效率较低。

另外，制冷压缩机的制冷量是根据装置设计时所确定的最大热负荷选配的，而空调和伙食冷库制冷装置的热负荷都可能变化较大，压缩机的制冷量最好也能相应调节。否则当热负荷较低时，压缩机的制冷量（输气量）如不能相应减小，吸入压力和蒸发温度就会太低，不仅影响运行的经济性，压缩机还可能因低压控制器断电而停车，以致启停频繁。

国标规定缸径≥70 mm、缸数≥4 的活塞式制冷压缩机气缸应设制冷量调节机构和卸载启动机构，它们通常是同一套机构。压缩机的制冷量调节就是输气量调节，即容量调节或能量调节。

容量调节一般都以吸入压力为被调参数，它测取方便，反应较快。吸入压力增高表明压缩机的制冷量（输气量）不能满足热负荷的要求，应该增大；反之，吸入压力降低则需要减小压缩机的输气量。容量自动调节机构的动力可采用滑油泵的排出压力或压缩机的排气压力或直接用电磁力。

活塞式制冷压缩机容量调节的方法主要有以下几类：

（1）吸气节流法

控制顶杆升程以限制吸气阀的开度，或另设吸气节流阀。吸气阻力增大则输气系数降低，输气量减小。这种方法比较简单，但会使压缩机的指示效率降低，经济性变差，仅用于不宜停用其中一缸的双缸压缩机。

（2）排气回流法

使压缩机排气侧的高压气体通过容量调节阀，有控制地节流回到低压侧，降低压缩机的有效输气量。为了不致因热气回流而使压缩机吸、排气温度过高，有的改从冷凝器后的储液器顶部引高压饱和蒸汽回流，或在排气温度过高时将冷凝器（或储液器）的液态制冷剂经喷液阀节流喷至吸气管。但是，这两种办法都不能解决低负荷时蒸发器制冷剂流量太低所导致的回油困难，更好的办法是将排气引回至蒸发器的中部或进口。

排气回流法不要求压缩机本身有容量调节机构，但比吸气节流法显然更不经济。

（3）变速调节法

改变压缩机的转速来改变输气量。这种方法经济性最好；但交流电动机所用变频调速器价格较贵，而且活塞压缩机低速运转还要考虑能否保证良好润滑。目前变频调速除用于家用空调器外，船上已用于冷藏集装箱的涡旋式压缩机。

（4）吸气回流法

通常是将调节缸的吸气阀片强行全开。

(5)截断吸气法

将调节缸的吸气通道关闭。

以上后两种方法被调缸空转而不输气,耗功很低,故经济性较好,是目前多缸活塞式制冷压缩机应用最普遍的容量调节方法。

二、螺杆式制冷压缩机

双螺杆式压缩机是在20世纪50年推出的。螺杆式压缩机转速高,输气量较大,但需要装设大容量油分离器,在船上主要用于冷藏舱制冷装置。如图9-5-9所示。

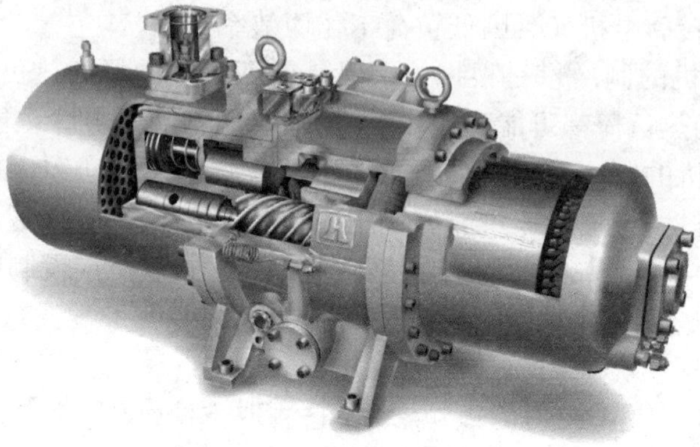

图9-5-9 螺杆式压缩机

1. 工作原理

螺杆式压缩机的主要运动部件是设在机体气缸内的一对互相啮合的螺旋式转子。其中齿凸起的称阳转,齿槽凹进的称阴转子,齿数多为4:6,5:6或5:7,如图9-5-10所示。一般阳转子是主动转子,工作时阴转子是被所压缩的气体驱动反向旋转,而不是靠阳转子机械接触所驱动。两转子的每一对相通的齿槽和与转子贴合的缸壁圆柱面及两头端盖之间形成的容积称为基元容积,其容积和位置随转子转动而变化。

在工作中,相继形成的每个基元容积都要相继经历吸气、压缩、排气三个过程,只是在同一时刻,各基元容积处于不同的阶段而已。

2. 容量调节

螺杆式压缩机属容积式压缩机,其输气量取决于转子的几何尺寸和转速。下面介绍两种常用的吸气回流式容量调节机构,它们同时能使压缩机卸载启动。

为了适应制冷量变化的需要,BITZER CS系列半封闭式螺杆压缩机采用滑阀容量调节机构,它同时能使压缩机卸载启动。

图9-5-10 阴阳转子及滑阀

滑阀装在转子啮合部位的下方,与两螺杆的外圆柱面贴合,如图9-5-10所示。若滑阀向排气口方向左移，打开回气口，则基元容积刚开始减小时其中气体从回气口回流，则开始压缩的位置后移，螺杆的有效工作长度减短，输气量减少。

根据控制滑阀的方法不同，可使输气量在 25% ~100% 范围内无级调节，也可以实现 100%，75%，50%，25% 的有级调节。图 9－5－11 所示为容量调节机构的原理图。滑阀由一个液压活塞控制，如果电磁阀 CR4 通电开启，压力液压腔中的油压提高，滑阀向吸气侧移动，制冷量加大。有级容量调节时，电磁阀 CR4 间断通电，通电 10 s，断电 10 s，向液压活塞提供控制油；如果电磁阀 CR1，CR2，CR3 通电开启，液压活塞的液面降低，排气将滑阀压向排气侧，制冷量依次减小为 75%，50%，25%。

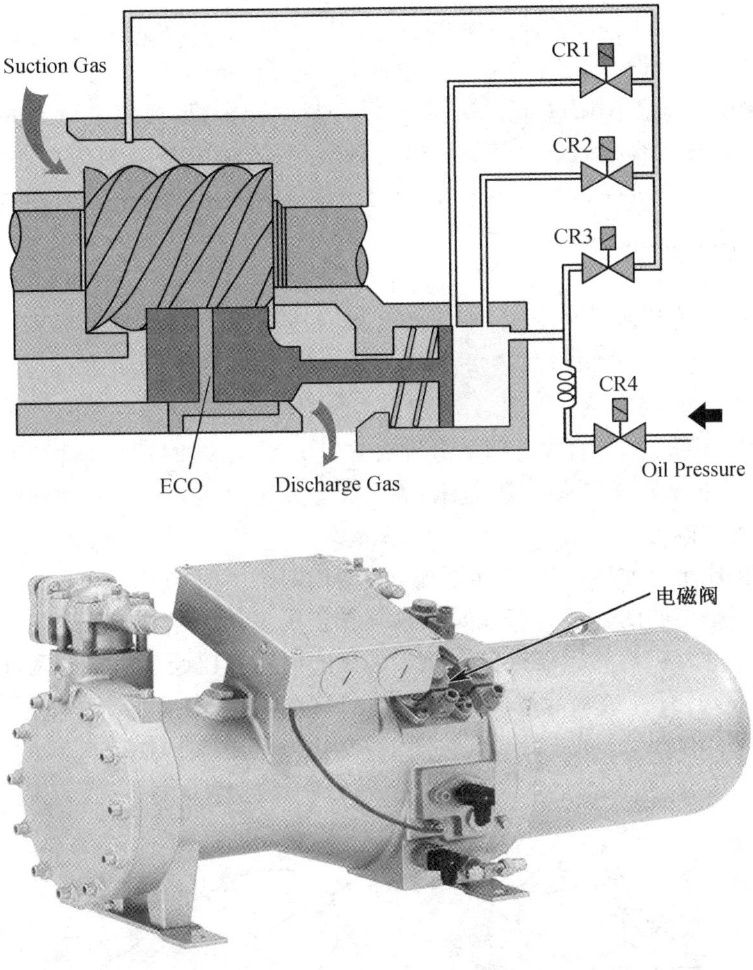

图 9－5－11　滑阀式容量调节机构

停车期间，电磁阀 CR3 要求处于开启状态（通电），压力腔的压力释放，弹簧将滑阀推向排气侧，使压缩机实现卸载启动。启动后，根据需要，CR4 通电，使滑阀向吸气侧移动，通过 CR1，CR2 通电使压缩机制冷量增加到需要值。

对系统的控制精度要求较高的地方，可以实现无级容量调节。但监控值（比如压缩机吸气压力）在设定控制范围内变化时，对制冷量的要求保持不变，滑阀无须移动。当监控值超过设定值上限，要求增大制冷量，则电磁阀 CR4 脉冲通电动作，直到监控值在设定范围内为止，压缩机在增大的制冷量下运行。如果监控值低于设定值下限，要求制冷量减小，电磁阀 CR3 脉冲动作，直到监控值又回到设定范围之内，压缩机在减小的制冷量下运行。通过电磁阀 CR3 和 CR4，制冷量控制在 100% 至 25% 之间；通过电磁阀 CR2 和 CR4，制冷量控制在 100% 至 50% 之间。

小型螺杆压缩机为了缩短轴向尺寸，可采用更简单的柱塞阀进行有级容量调节，在转子座上，沿螺杆轴向开设有旁通通道。在轴向特定位置，径向地设有两对前端面呈圆柱面的柱塞，每对分别对应于阴阳转子，前端面与螺杆紧密配合，形成气缸壁面的一部分。当一对柱塞阀开启后，基元容积内部分气体即旁通到吸气口，输气量减为 75%；另一对柱塞阀 2 开启，则输气量进一步减为 50%。柱塞阀的启闭是靠滑油泵的油压驱动，由电磁阀控制。

三、内容积比调节

螺杆式压缩机的几何尺寸既定，则压缩开始及压缩终了时的基元容积 V_1，V_2 和内容积比 $V_i = V_1/V_2$ 也即确定。若制冷剂既定，则基元容积在压缩终了时的压力 p_2 由压缩开始时的压力 p_1（≈吸入压力 p_s）和内容积比 V_i 决定；而排出压力 p_d≈冷凝压力 p_k。$p_2 < p_d$ 称为欠压缩，$p_2 > p_d$ 称为过压缩，欠压缩或过压缩分别会在基元容积接通排气口时发生气体倒灌或膨胀，都会增加功率损失。为了使内压力比 p_2/p_1 接近外压力比 p_d/p_s，最好能根据不同的工况相应改变压缩机的内容积比。

调节内容积比是靠改变排气口的大小来改变压缩终了时的基元容积 V_2，这可以通过采用更换排气口大小不同的容量调节滑阀或排气端盖的办法来解决。但若工况经常改变，则采用有内容积比调节机构的压缩机更方便。常见的内容积比调节机构有两种：

（1）无级调节。有容量调节滑阀的使其轴向移动，改变径向排气口的大小（改变 V_2），如图 9-5-12 所示；回气口前面部分（称“内容积比调节滑阀”）做成可同步移动，保持回气口的启闭或开度不变（V_1 不变）。

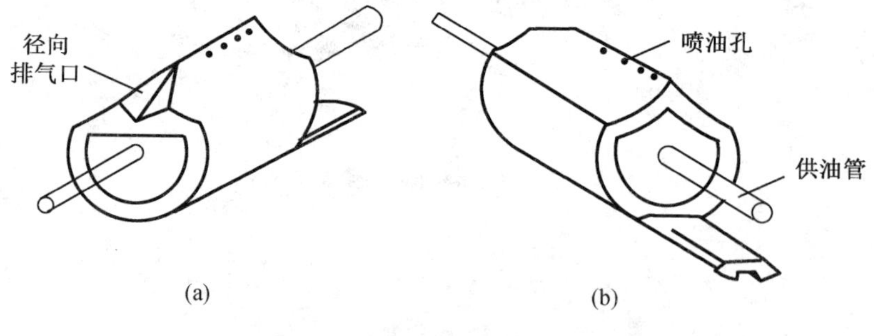

图 9-5-12　滑阀径向排气口和喷油孔

(a)排气端；(b)吸气端

(2)也可通过控制滑阀的极限位置实现内容积比的两级调节(属于有级调节)。

四、润滑与冷却

螺杆式压缩机的转子之间及转子与气缸壁之间都有微小间隙,运转时不会直接摩擦,但会发生气体漏泄。螺杆压缩机对气体中含有液体的湿行程不敏感,故工作时通常向转子啮合部位喷油以形成油膜。喷油可以保证良好的润滑和气密;同时可冷却被压缩的气体,降低排气温度和防止机件变形;并可减轻噪声。但喷油式压缩机喷油量较大,以容积计通常占输气量的0.8% ~1%,系统需增设体积较大的油分离器和油冷却器,使机组变得笨重庞大。

目前开发的喷液式螺杆压缩机,工作中排气温度过高时将制冷剂液体在压缩机的适当部位喷入啮合的转子(与滑油混合或分别喷入),吸收压缩热并冷却滑油。喷液或螺杆压缩机的润滑和密封效果不如喷油,故不能完全代替喷油;但冷却效果好,可将以容积计的喷油量显著减少至输气量的0.03%。喷液不影响螺杆压缩机的吸气量,制冷量降低不足5%,轴功率增加也不会超过5% ~7%,但可以减小油分离器的体积,并取消油冷却器,使系统显著简化。

与活塞式相比,螺杆式制冷压缩机有以下特点:

(1)无往复运动惯性力,工作平稳,又没有气阀,因而可采用较高转速(常用3 000 ~4 400 r/min),所以单位制冷量尺寸小、质量轻。

(2)没有气阀、活塞环等易损件,磨损轻微,故运行可靠,检修周期可长达3万~5万小时。

(3)无余隙容积,吸气阻力和预热损失小,且对气态工质带液体的湿行程不敏感,可喷油或喷液冷却和改善密封性,故高压力比时仍可采用单级压缩,输气系数仍较高,排气温度不超过100 ℃。

(4)性能系数不及往复式,尤其是在高压力比及发生欠压缩或过压缩时。

(5)螺杆式压缩机的转子加工难度大,价格较高。另外,开启式机型的噪声较大,耗油量也大,油路和辅助系统较复杂,但是这些在采用半封闭式机型后可以得到改善。

第六节　其他制冷设备

一、滑油分离器

滑油分离器装在压缩机排出端,用来分离排气带出的滑油,使之返回压缩机曲轴箱(或吸气管),能避免压缩机排气将过多的滑油带入系统。虽然制冷系统设计上要求能让滑油随制冷剂一起返回压缩机,但滑油进蒸发器太多会使制冷量降低。油分离器并不能将油全部分离出来,仍会有少量滑油随制冷剂一起循环,因此,有些小型伙食冷库制冷装置或空调制冷装置由于系统管路不长,一般省去油分离器。

滑油分离器按分离原理分主要有:撞击式、过滤式(氟利昂)、洗涤式(氨)。

如图9-6-1所示,氟利昂系统所用的滑油分离器,是利用油滴和气体的密度不同,由于流道面积突然扩大,流速降低并且流向转折向下,较大油滴被壁面、滤网等拦截,落至筒体的底部。气体经滤网折回向上,由顶部出气管流出到冷凝器,筒底积油油位达到一定高度时，将使浮球升起，与浮球杆连在一起的自动回油阀失灵时，筒内积油过多，被气体大量带入系统，还设有备用的手动回油阀可定期开启。回油管中设有电磁阀和节流孔板。电磁阀靠延时继电器控制，在压缩机启动 20 ~ 30 min 后开启，以免刚启动时分出的油不多，气态制冷剂向压缩机回流；而压缩机停车时电磁阀同步关闭。节流孔板用于控制回油速度，防止回油过快，使部分排气冲入曲轴箱，同时可防止回油过快对浮球阀造成冲蚀。常用机型选用的孔径是 0.6 mm。

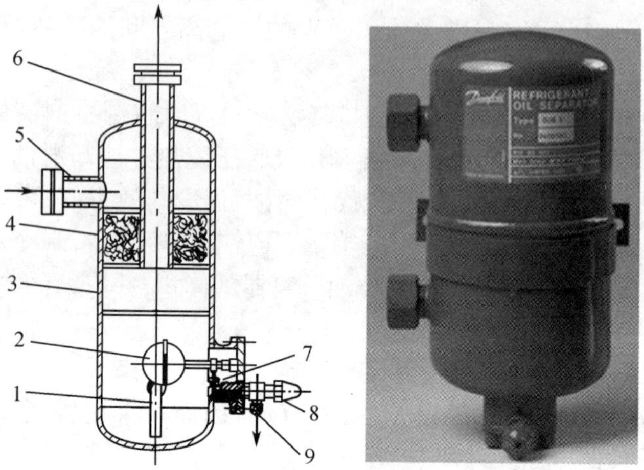

图 9 -6 -1　氟利昂系统滑油分离器

1—手动回油管；2—浮球；3—壳体；4—滤网；5—进气管；6—出气管；
7—自动回油管；8—截止阀；9—接头

正常工作时，自动回油是间隔进行（至少 1 h 以上），对应的自动回油管应是时热时温。因此：

（1）回油阀卡死在关闭位置，此时回油管始终不发热，同时曲轴箱滑油位有不断下降现象，大量滑油被带入系统；

（2）回油阀不能关闭或关闭不严，会造成高压排气窜回曲轴箱和吸气腔，使压缩机排气量下降，排气温度升高，并使压缩机频繁启停不止，此时回油管始终是热的。

二、冷凝器

冷凝器是气体制冷剂与冷却介质（水或空气）进行热量传递的热交换器。在其中，热量传递包括三个过程：过热制冷剂蒸气等压冷却为饱和蒸汽、饱和蒸汽冷凝为饱和液体、饱和液体进一步冷却为过冷液体。

1. 结构和特点

按冷却介质不同，冷凝器可分为水冷式、空冷式和蒸发式三种。

如图 9 -6 -2 所示，船舶制冷装置大都采用卧式壳管式冷凝器。壳管式冷凝器中，制冷剂在管外冷凝，冷却水在管内流动而将热量带走，壳体一般采用锅炉钢板卷制焊接而成。壳体两端板之间排列着许多无缝钢管，以电焊固定在端板上，两端封盖内侧铸有限水筋条，以增加冷却水流程和流速，冷却水进出口设在端盖上，从下面流进，上面流出。两侧的端盖 2 内装有防蚀锌棒，或内表面涂有防蚀涂层。冷凝器上通常装有如下装置：

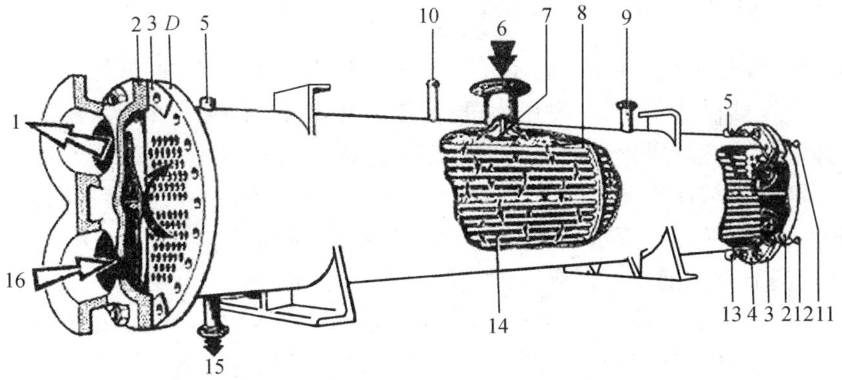

图 9-6-2　冷凝器

1—冷却水出口;2—端盖;3—垫片;4—管板;5—放气阀接头;6—气态制冷剂进口;7—挡气板;8—管架;9—平衡管接头;10—安全阀接头;11—水室放气旋塞;12—水室泄水旋塞;13—泄放阀接头;14—冷却管;15—液态制冷剂出口;16—冷却水进口

(1)安全阀

它装在冷凝器顶部(与接头 10 相接)。《钢质海船入级规范》规定制冷系统的所有压力容器均应装设串联安装的安全膜片和安全阀,其爆破或开启压力应不大于规定的设计压力(但应比设在压缩机排出侧的安全阀高),压力意外升高时可将排出物引至甲板安全地点排往大气。氟利昂制冷系统中上述容器的容量在 100 L 以下者,可用熔点为 65 ℃的易熔塞来代替安全阀或安全膜。

(2)放气阀

它装在冷凝器顶部两端处(与接头 5 相接),用来泄放不凝性气体。

(3)平衡管

它从冷凝器的顶部(接头 9 处)引出,与后面的储液气相通,使彼此压力平衡,便于冷凝器中的液体流入储液器。如连接两者的管路短而粗,也可省去平衡管。

(4)水室放气旋塞和放水旋塞

它们装在无外接水管的端盖的最高处及最低处。前者用来泄放水腔的空气,防止形成气囊,妨碍传热;后者用来在检修前放空存水,或冬季停用时放水防冻。

此外,冷凝器兼作储液器使用时在下部还装有液位镜或液位计。

壳管式冷凝器的优点是:传热系数大,结构紧凑,体积小,在船舶机舱易于布置;其缺点是冷却管易腐蚀,污垢排出较困难。

2. 工作正常的标志

(1)冷却水进出口温差 2 ~4 ℃;

(2)冷凝温度比冷却水进口温度高 5 ~9 ℃;

(3)冷凝器进口温差与出口温差之比常小于 3;

(4)制冷剂流出冷凝器时有 3 ~5 ℃的过冷度;

(5)冷凝能力为制冷装置制冷量 Q_0 的 1.2 ~1.4 倍。

三、冷却水量调节阀

制冷装置的冷却水温较低时，若不及时关小冷却水量调节阀，调低流量，冷凝压力就会太低，可能使蒸发器供液不足，蒸发压力过低，制冷量减小；而关小冷却水阀后，若水温升高未能及时将阀开大，冷凝压力又会过高而停车。远洋船舶航区变化较快，水温经常变化，为了免去人工调节，通常在冷凝器的出水管上装设冷却水量调节阀，它能根据冷凝压力变化自动改变开度，调节冷却水流量，使冷凝压力保持在调定的范围内。

冷却水量调节阀按工作原理有直动式和伺服式之分。

如图 9-6-3 所示，船舶伙食冷库制冷量一般不很大，冷凝器的冷却水管口径不大，大多选用直动式。WVFX 型直动式冷却水量调节阀的冷凝器侧的最大工作压力是2.64 MPa，最大试验压力是 2.9 MPa，关闭压力调定范围有 0.4 ~ 2.3 MPa 和 0.35 ~ 1.6 MPa 两种。阀座和阀体是用不锈钢制成的。阀盘 8 由青铜制成，带有由特种橡胶碱化而成的密封层。工作时，冷凝压力信号被引至波纹管 10 外，通过推力块 9、导杆 3 和阀杆、下弹簧座 4 等，克服弹簧的张力，使阀盘向上开启。当冷凝压力低于调定值时，阀在弹簧作用下关闭。上、下的橡皮膜片 7 起水密作用，可防止调节部件和波纹管被海水腐蚀。上、下导杆 3 可在导套 6 中滑动，以保持阀盘启、闭时不致偏移。导杆上装有 O 形密封圈 5。铝制的弹簧罩壳 2 开有导向槽，上弹簧座 11 的延伸部分形成指针嵌在槽中，罩壳上铆有指示牌。转动调节手轮 1 则上弹簧座上下移动，可改变弹簧的张力，调节冷凝压力。若阀被污物堵塞，可用螺丝刀插入下弹簧座 4 的下面用力使之抬起，迫使阀全开让水冲洗。

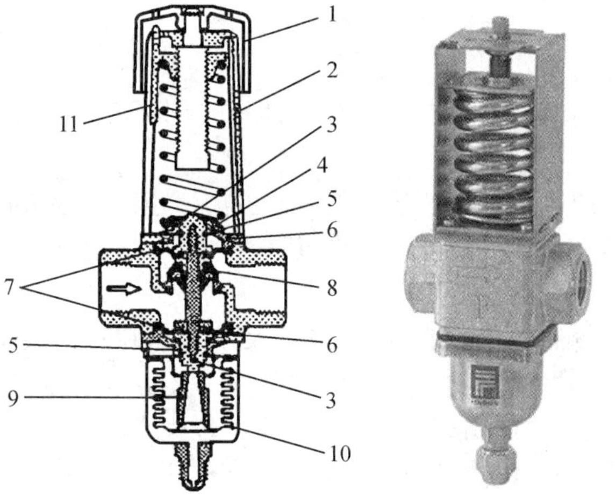

图 9-6-3　冷却水量调节阀

1—调节手轮；2—弹簧罩壳；3—导杆；4—下弹簧座；5—密封圈；6—导套；7—膜片；8—阀盘；9—推力块；10—波纹管；11—上弹簧座

有的制冷装置冷凝器的冷却水进水管上还装有水压控制器，它是靠水压控制的压力继电器。当冷却水中断时电开关断开，压缩机无法启动，起安全保护作用。

四、储液器

储液器是装在冷凝器后用来储存液态制冷剂的容器。其作用是：

(1)在制冷系统中储备制冷剂。当热负荷减小，蒸发压力降低时，蒸发器等低压管路中制冷剂量减少，可防止冷凝器中液位太高而妨碍气体冷凝，以致排气压力过高；而当系统中制冷剂有所损失，或热负荷增大，蒸发压力升高，低压管路中制冷剂量增加时，可防止膨胀阀供液不足。

(2)装置检修或长期停用时收存系统中的制冷剂，减少漏失。

(3)对供液管起“液封”作用。小型装置可不设储液器而以冷凝器兼之。

如图9－6－4所示，储液器的进液管5不长，不设平衡管。船用储液器底部做成“存液井”，让出液管2插入其中，以便船摇晃时能更好地保持“液封”，同时进行污物沉淀。壳体上、下设有观察镜4，用手电筒从下镜照射可由上镜观察液位。在壳体下侧装有易熔塞9。

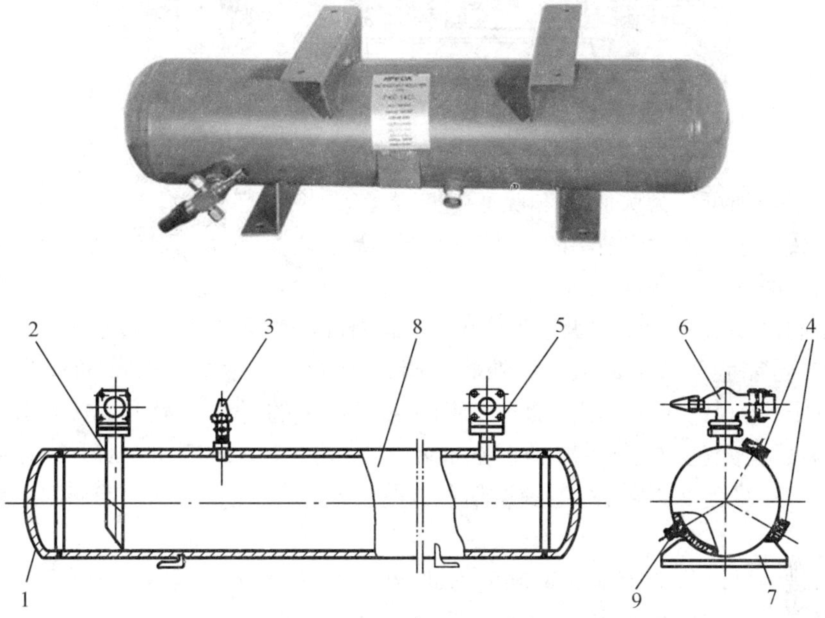

图9－6－4　储液器

1—封头；2—出液管；3—压力表阀；4—观察镜；5—进液管；6—出液阀；7—支座；8—壳体；9—易熔塞

储液器应有足够的容积。储液器内正常的液位控制在1/3～1/2处，装置中全部制冷剂储入后不超过容积的80%。储液器不允许完全充满液体，否则当温度升高时会有压力过高的危险。

五、过滤干燥器

过滤器用以阻挡铁屑、焊渣和污物等固体物体，以免堵塞通道；干燥器内存干燥剂，用来吸收制冷剂中混入的水分，防止造成节流阀和通道狭窄处发生“冰塞”，阻碍甚至完全停止冷剂的循环。因此，《钢质海船入级规范》规定氟利昂制冷系统中均应装设干燥器，其布置应使其能旁通并关断,以便在拆开时不妨碍系统的运行。同时还规定应在压缩机的吸入管路(常设在压缩机吸入口)和节流阀的制冷剂管路上设过滤器。现在通常将过滤器和干燥器做成一体装在液管上,构成过滤干燥器。

图 9－6－5 所示是其一种常见的过滤干燥器的结构形式。它设有 100～120 目的金属滤网,滤网内装满干燥剂。

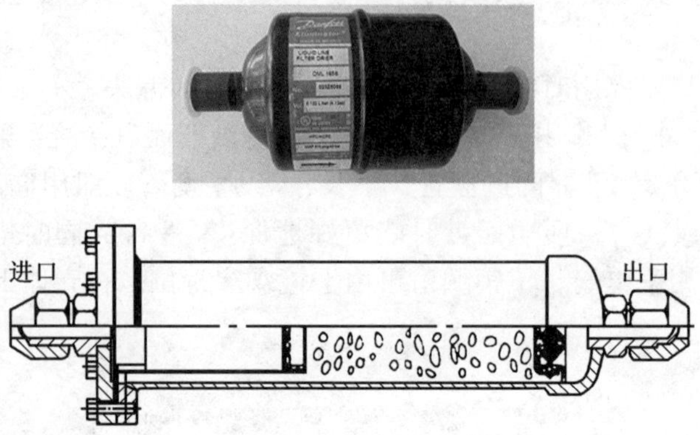

图 9－6－5　过滤干燥器

常用的干燥剂可分为吸收性和吸附性两类。前者如无水氧化钙、氧化钙等,能将水吸收成结晶水或与水发生化学作用。它们价格低、吸水能力较强,但吸水后易溶解成糨糊状,只宜短时间临时使用。例如无水氧化钙接入系统时间不宜超过 6～8 h。

氟利昂制冷装置一般使用吸附性干燥剂,靠内部的许多细孔吸附水分子。最常用的干燥剂是硅胶,通常呈 3～7 mm 大小的块状树脂状,内部有许多 2～3 nm 的细孔,能吸附制冷剂中的水分子(直径约 3.2 nm),而不能吸附分子较大的滑油和氟利昂。硅胶常加有染色剂,吸足水分后会变色(根据所加染色剂而不同),硅胶吸水前后的颜色变化为:白色变黄色,棕色变蓝色,绿色变无色,红色变淡粉色,深蓝黑变桃红色等。硅胶在温度高于 30 ℃后吸水性变差。

分子筛是一种理想的吸附性干燥剂,其吸水能力比硅胶、无水氯化钙都强,特别在水分浓度低时仍有很高的吸水能力,但价格较贵。R134a 的分子较小,容易被硅胶吸附,只能用分子筛做干燥剂。

为避免干燥剂颗粒在液体冷剂的冲击下,互相摩擦而产生粉末被带出,填充干燥剂时,应墩压结实,安装时应使液流方向与干燥过滤器上箭头的方向一致,以保证让出口端的毡垫阻止干燥剂的粉末进入系统。

六、液流指示镜

液流指示镜是用来指示液管中液体流动的情况。如图 9－6－6 所示。工作正常时应看到稳定的液流;若见到许多气泡,则表明系统中制冷剂在液管中的压降太大,出现“闪气”,或是制冷剂不足。

氟利昂制冷装置用的液流指示镜还常兼水分指示器,其中装有浸透金属盐指示剂的纸芯,当制冷剂含水量不同时,金属盐生成的水化物能显示不同颜色。例如 Danfoss 公司的 SGI 水分指示器在温度 20～40 ℃时,金属盐对 R22 液体含水质量分数的颜色反应是:

<60 mg/L呈绿色;60 ~ 125 mg/L 呈无色; >125 mg/L 呈黄色。R22 允许含水的质量分数为 60 mg/L,故水分指示器纸芯呈无色时应及时更换干燥剂。在有回热器的系统中,这种指示器应装在回热器之前,因为制冷剂液体温度较高,金属盐对水的反应更迅速。

七、回热器

回热器结构如图 9 -6 -7 所示。来自储液器的温度较高的液态冷剂在管内流动,管外是来自蒸发器温度相对较低的气态制冷剂,两者通过管壁进行热交换,同时获得过冷过热。某些小型制冷装置,不设专门回热器,只将液管与吸气管紧匝在一起,外扎隔热材料。

图 9 -6 -6　示液镜

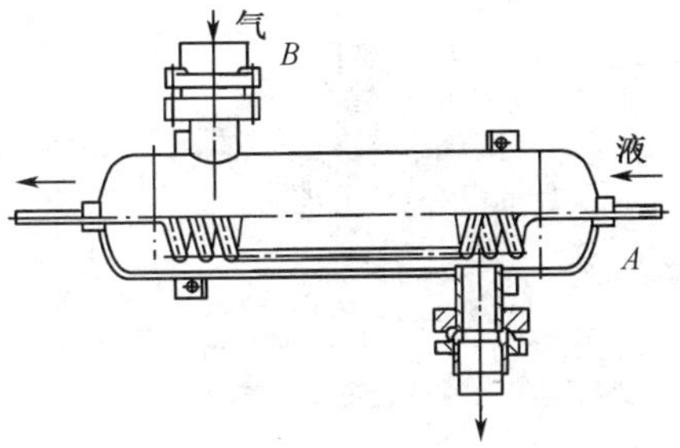

图 9 -6 -7　回热器

八、供液电磁阀

电磁阀是由电磁力控制启闭的阀。在制冷装置中它常装在热力膨胀阀前的液管上,由冷库的温度控制器控制,作为决定向蒸发器供给制冷剂液体与否的供液电磁阀。

电磁阀按工作原理不同分为直动式与伺服式(亦称先导式)。

图 9 -6 -8 所示为 EVR2 型直动式电磁阀。当电磁线圈 8 断电时,衔铁 6 在重力、弹簧力和工质进出口压力差作用下使阀盘 5 落在阀座 2 上,将阀关闭;线圈 8 通电则产生电磁力,克服上述诸力将衔铁吸起,直接提起阀盘开阀。

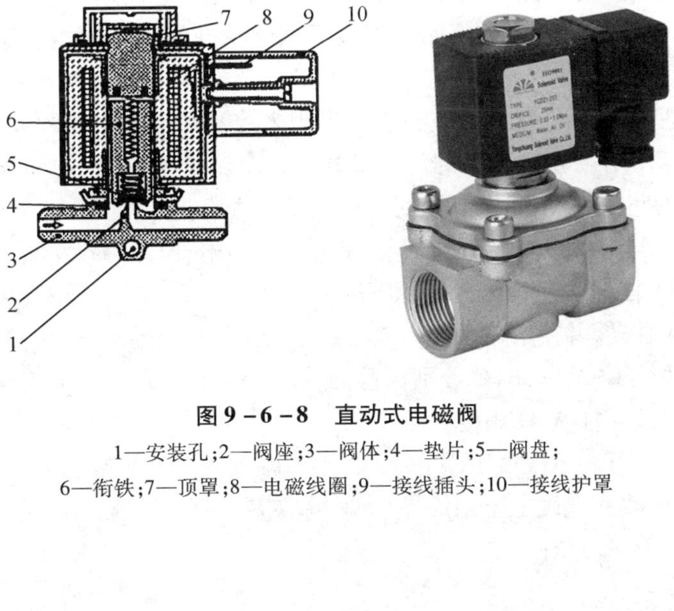

图 9 -6 -8　直动式电磁阀

1—安装孔;2—阀座;3—阀体;4—垫片;5—阀盘;
6—衔铁;7—顶罩;8—电磁线圈;9—接线插头;10—接线护罩

图 9－6－9 所示为 EVR6 型伺服式电磁阀。主阀 3 为膜片阀（更大型的可以是活塞阀），其中央开有导阀口 7，边上开有小平衡孔 5。导阀 8 装在衔铁 9 的底部。当电磁线圈 10 通电时，电磁力克服重力、弹簧力和工质进出口压差将衔铁吸起，开启导阀；这时主阀上方经导阀口与主阀的出口端相通，压力迅速下降，于是主阀膜片在下方和上方的冷剂压差的作用下被顶开。当电磁线圈断电时，衔铁落下将导阀关闭，主阀上方的压力因平衡孔的沟通又逐渐升高到阀进口端的压力，这时主阀上方承压面积比下方大，在上下冷剂压力差的作用下，主阀关闭在阀座 4 上。由此可见伺服式主阀只有在进出口冷剂具有一定压差时才能开启，膜片式最小压差是 0.005 MPa，活塞式是 0.02 MPa。

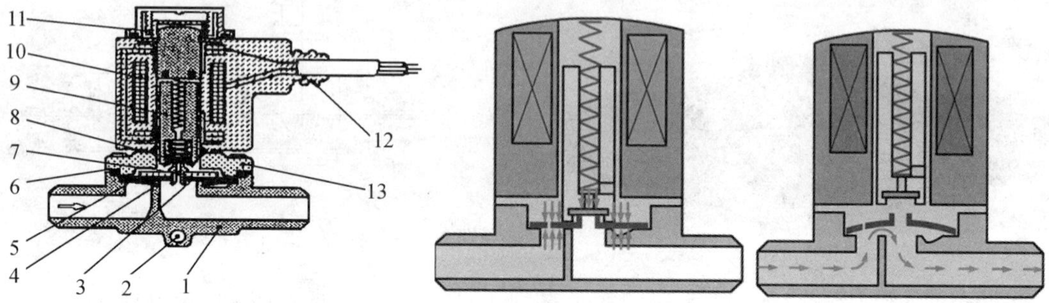

图 9－6－9　间接式电磁阀

1—阀体；2—安装孔；3—主阀；4—主阀座；5—平衡孔；6—阀座垫片；
7—导阀口；8—导阀；9—衔铁；10—电磁线圈；11—顶罩；12—电线接头；13—阀盖

电磁阀损坏主要发生在线圈烧断、阀芯卡阻和芯铁剩磁三个方面。线圈通电时可用锯条感知磁力。可用手动开关检查阀芯有无动作声响来判断其开关是否正常。剩磁过大可取出芯铁加热或摔打。

九、温度控制器

温度控制器是以温度为控制信号的电开关，即温度继电器，亦称温度开关。它常被用来控制供液电磁阀通电与否，以使冷库的库温得以保持在给定范围内。也有用温度控制器直接控制压缩机启停的。

图 9－6－10 所示为 KP 型温度控制器。当用来控制库温时，感温包 17 置于冷库内，其中压力通过毛细管作用在波纹管 9 内。当库温升高至调定上限时，温包压力升高到能克服主弹簧 7 的张力，使主杠杆 3 绕支点顺时针偏转，拨动翻转元件 16，并使静触头 12 在与动触头 11 断开的同时与动触头 10 接通，使供液电磁阀通电开启。蒸发器制冷后，温包压力随库温下降而降低，主杠杆在弹簧张力作用下逆时针偏转，至调定下限时，克服幅差弹簧 8 的拉力，拨动元件 16 翻转，并使静触头 12 与动触头 10 断开，与动触头 11 接通，这时供液电磁阀断电关闭。接线柱 13 的 A，B，C 分别与静触头 12 和动触头 11，10 相连，显然，供液电磁阀的控制电路应与接线柱 A，C 相接。

转动主调螺杆 1 可调节温度上限和下限，不受幅差弹簧 8 影响；转动幅差调节螺杆 2 则只改变温度下限，即改变温度上下限之差（称幅差或差动值）。通常温度可控制为设计库温 ±1.5 ℃，即幅差为 3 ℃左右。

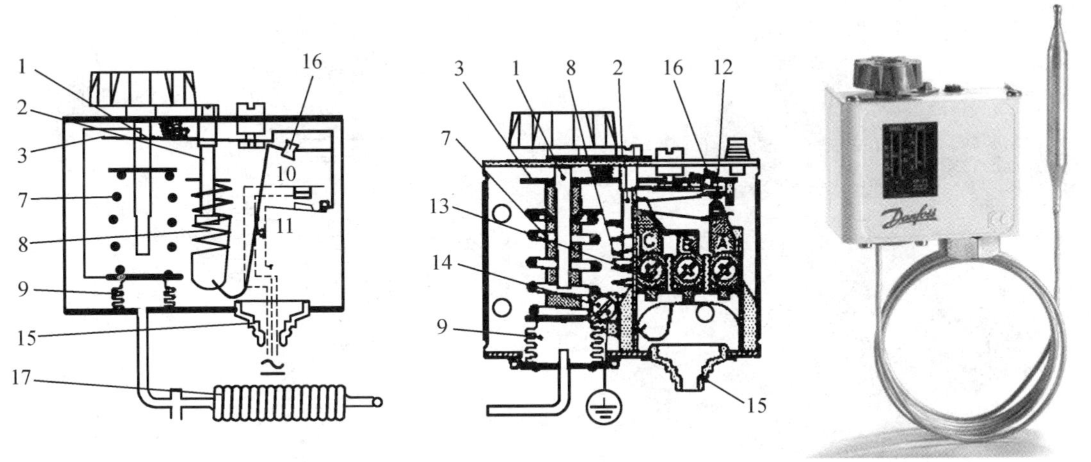

图 9-6-10　温度继电器

1—主调螺杆;2—幅差调节螺杆;3—主杠杆;7—主弹簧;8—幅差弹簧;9—波纹管;10,11—动触头;12—静触头;13—接线柱;14—接地柱;15—进线孔;16—翻转元件;17—感温包

KP 型温度控制器的温包的充注方式有蒸气式和吸附式两种。蒸气式温包必须放在比温度控制器主体和毛细管温度低的地方,这样可防止温包中“液面迁移”,导致温包压力不由温包温度所决定。吸附式温包里面有固体吸附剂和能被吸附的气体,温度越低吸附剂的吸附能力越强,则气体压力越低,其温包置放处的温度不受前述限制,广泛用于融霜保护。

温度控制器用来控制库温时的使用注意事项如下:

(1)温包应放在空气流通和能代表库温的地方。如蒸发器是冷风机,温包应放在回风区,而不宜放在直接被出风所吹到的地方或太靠近库门。

(2)采用蒸气式温包的控制器本体不能放在环境温度比温包所控温度更低处,毛细管也不应接触比被控库温更低的温度。

(3)由于温包感温迟滞等因素,实际控制的库温可能和控制器标示的不一样,调定时应以实际库温为准。

(4)更换温度控制器时应注意其适用温度范围,不要搞错接线方式。

温度继电器的常见故障:

(1)温包内充剂泄漏,使触点无法闭合,应更换。

(2)触点烧毛或烧毁,使触点接触不良或接不通,可用细砂纸擦平或更换。

十、膨胀阀

制冷装置所采用的节流阀有毛细管、手动膨胀阀和自动膨胀阀(如热力膨胀阀、电子膨胀阀)等。膨胀阀的主要功用是节流降压,并根据冷库热负荷变化调节进入蒸发器冷剂流量,保持蒸发器出口过热度一定,防止压缩机液击。

1. 热力膨胀阀结构类型

热力膨胀阀可分为外平衡式和内平衡式两类。图 9-6-11 所示为内平衡式热力膨胀阀。

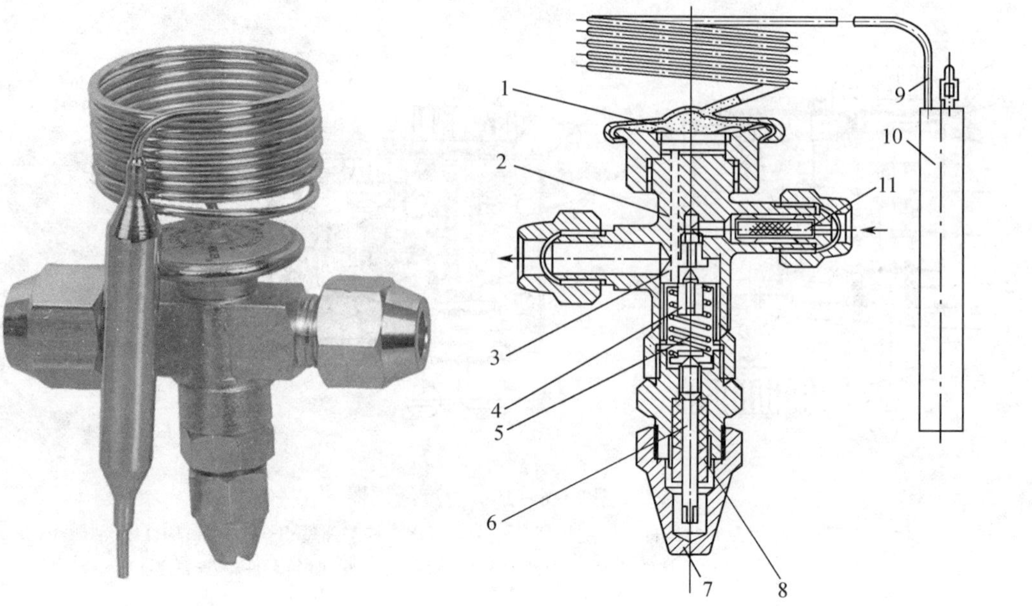

图 9－6－11　内平衡式膨胀阀

1—动力头；2—顶杆；3—阀座；4—阀芯；5—调节弹簧；6—调节螺杆；7—阀帽；
8—填料压盖；9—毛细管；10—感温包；11—进口滤器

热力膨胀阀的主要组成部件有感温包、动力头 1、阀芯和阀座、过热度调节弹簧等。热力膨胀阀的感温包（简称温包）常用的是蒸汽式，其内部充有一部分易挥发的液体，其蒸汽压力随温度升高而升高。温包由导热良好的黄铜制成，外面有一面成凹形，安装时紧贴在蒸发器的出口管壁上。温包的蒸汽压力通过内径 0.1～0.2 mm 的紫铜毛细管传递到动力头，本实例动力头的弹性元件是用 0.1～0.2 mm 厚的特种不锈钢片制成的膜片。较大的阀可采用由不锈钢或磷青铜制成的波纹管，以得到更大的行程。动力头弹性元件在蒸汽压力作用下克服调节机构的弹簧张力，产生向下的位移。阀体上开有制冷剂的进口和出口，进口内设有可拆洗的小滤网。拆开进口滤网都可更换节流组件。每种阀体可换用节流孔口径不同的节流组件，以改变阀的容量（制冷量）。节流组件的阀座和阀芯由抗蚀耐磨的金属制成。

外平衡式膨胀阀如图 9－6－12 所示。内平衡式和外平衡式的主要区别是：前者动力头的下方承受的是蒸发器进口处的压力；后者动力头的下方通过平衡管与蒸发器的出口相通，承受的是蒸发器出口处的压力。

2. 热力膨胀阀原理

图 9－6－13 所示为外平衡式热力膨胀阀的工作原理。供入热力膨胀阀的液态制冷剂经开度可变的阀口节流降压后进入蒸发器，在进口 A 处蒸发压力为 p_0（相应蒸发温度为 t_0）；当制冷剂流到接近蒸发器出口 B 处时汽化完毕，成为饱和蒸汽，这时压力降为 p_0'，（相应蒸发温度降为 t_0'）；制冷剂流到蒸发器出口 C 处时成为过热蒸汽，压力仍近似为 p_0'，温度升为 t_1，过热度为 Δt（$\Delta t = t_1 - t_0'$）。蒸发器出口处的压力 p_0'被平衡管引至动力头弹性元件的下方，同时作用在弹性元件下方的还有弹簧张力 p_s；弹性元件上方作用的是温包压力 p_1。

当蒸发器出口的过热度 Δt 越大，弹性元件上下方的压力差($p_1 - p_0'$)越大，直至与单位面积的弹簧张力 p_s 相平衡，阀的开度才保持稳定。即：阀的开度对应于弹性元件上下气体压力差($p_1 - p_0'$)，对应于蒸发器出口过热度 Δt。因此，热力膨胀阀能根据过热度变化自动开大或关小阀口，控制供液量，保持过热度稳定。注意，热力膨胀阀接受的信息(或者说输入热力膨胀阀的信息)是过热度，不是温度，热负荷的变化是通过蒸发器出口的过热度来反映的，热负荷增大，蒸发器管路的蒸发段变短，过热段变长，过热度增加。

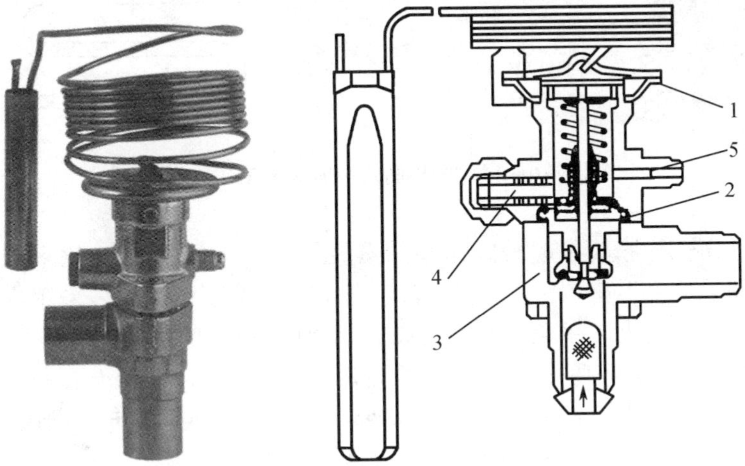

图 9-6-12　外平衡式膨胀阀

1—动力头；2—节流组件；3—阀体；4—过热度调节机构；5—平衡管接头

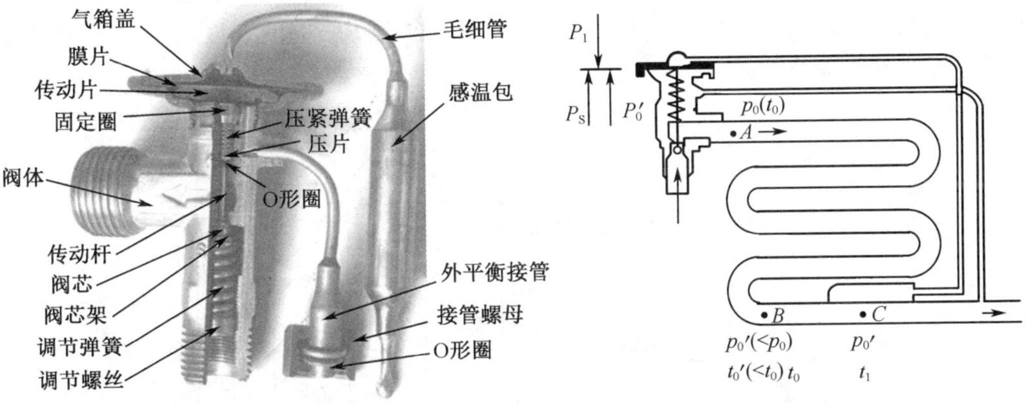

图 9-6-13　外平衡式热力膨胀阀及工作原理

可见，蒸发器出口过热度 Δt 越大，弹性膜片上下的气体压力差($p_1 - p_0'$)越大，从而使热力膨胀阀的开度越大，使进入蒸发器冷剂越多，抑制过热度进一步增大。

若蒸发器进出口的压降较小，相应的蒸发温度降($t_0 - t_0$) <1 ℃左右，可选用内平衡式热力膨胀阀，省去平衡管(当然，结构略有差别。)。这时弹性元件下方作用的是蒸发器进口压力 p_0，阀的开度与压差($p_1 - p_0$)成正比，而此压差只能反映($t_1 - t_0$)，不能反映蒸发器出口过热度($t_1 - t_0'$)，但误差不大。如图 9-6-14 所示。

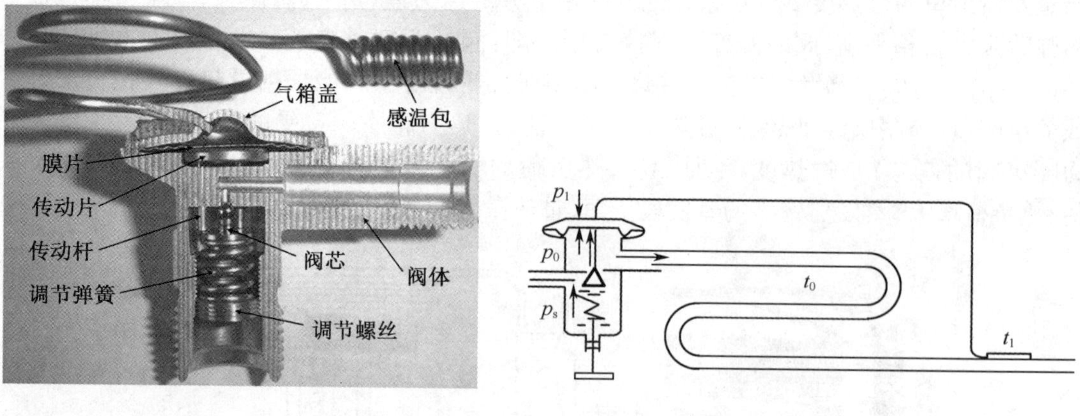

图 9-6-14　内平衡式膨胀阀及工作原理图

由于在内平衡式膨胀阀中起关阀作用的蒸发器入口处的压力 p_0 比采用外平衡式膨胀阀时起关阀作用的蒸发器出口处的压力 p_0' 大，故在同一制冷系统中，采用内平衡式膨胀阀时蒸发器出口过热度将大于采用外平衡式膨胀阀时的过热度，蒸发器流阻越大，误差越大。

所以，内平衡式热力膨胀阀只适用于蒸发温度不太低，容量不大和制冷剂流阻不大的盘管式蒸发器。小型冷库采用排管式蒸发器的一般阻力不大，常可采用内平衡式膨胀阀。而使用冷风机为蒸发器时，其分液器和分液管的压降都比较大，一般多选用外平衡式膨胀阀。外平衡式若用内平衡式代替，必然使阀的开度变小，蒸发器出口过热度太大，过热度的提高会造成蒸发器的过热段过长，换热面积利用率降低，制冷能力下降，供液量不足，装置运行的经济性变差。

从工作原理可知，热力膨胀阀是一种近似的比例调节元件，其在稳态时的开度与蒸发器出口的制冷剂过热度成正比。图 9-6-15 所示为热力膨胀阀的开度与蒸发器出口处制冷剂过热度之间的关系曲线。

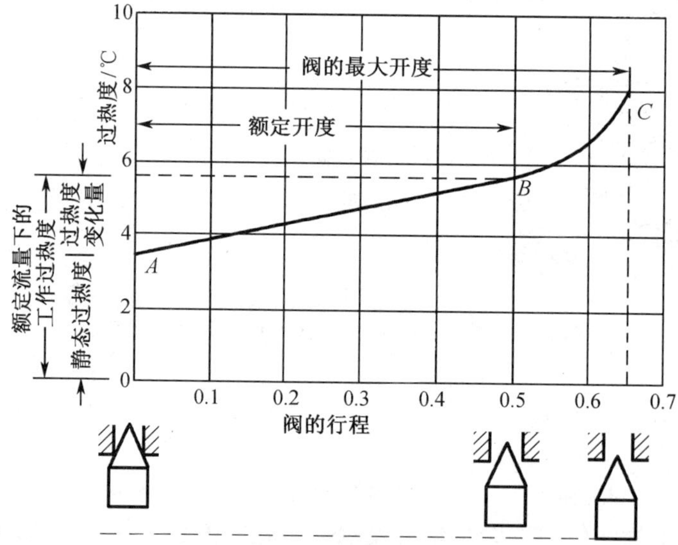

图 9-6-15　热力膨胀阀开度与蒸发器出口过热度的关系曲线

阀关闭时，弹簧应有一定的预紧力，以保持阀关闭严密，故蒸发器出口过热度需要达到一定值时热力膨胀阀才开始开启，该值称为“静态过热度”。蒸发器出口过热度越大，阀的开度也越大。阀在开启状态时的蒸发器出口过热度称为“工作过热度”。在阀的开度超过一定限度（额定开度）前，它与过热度的关系曲线（*AB* 段）大致是向上倾斜的直线；超过此限度后，过热度增加时阀的开度增加得越来越小（大约还可增加不少于 20%），曲线的 *BC* 段越来越陡，这是因为动力头的弹性元件变形受到限制。一般应尽量使热力膨胀阀工作在关系曲线的直线段，以斜率即将明显改变处（*B* 点）的开度作为膨胀阀的额定开度。膨胀阀达到额定开度时的工作过热度与静态过热度之差称为“过热度变化量”。我国标准 JB 3548—83（热力膨胀阀）将过热度变化量 4 ℃（Danfoss 热力膨胀阀定为 6 ℃）时的开度定为热力膨胀阀的额定开度。

调节热力膨胀阀的弹簧预紧力可以改变其控制的过热度，即使曲线 *ABC* 上下平行移动。静态过热度一般可在 2 ~ 8 ℃范围内调节。

3. 电子膨胀阀

电子膨胀阀是一种新型的控制元件，它是制冷系统智能化的重要环节，已经被应用在越来越多的制冷空调领域中。电子膨胀阀由控制器、执行器和传感器三部分组成，如图 9 - 6 - 16 所示为 Donfoss 电子膨胀阀系统，其中 AKS 为温度和压力传感器，EKC/EVD 为控制器，图中左侧为电子膨胀阀，ETS 即执行器和阀体。温度传感器负责检测压缩机吸气温度，将温度信号转换成电阻值送到控制器；压力传感器负责检测蒸发压力，并将蒸发压力值转变成 4 ~ 20 mA 的电流信号送到控制器。控制器是该系统的核心器件，作用类似于人体大脑。控制器接受压力传感器送来的 4 ~ 20 mA 电流信号和温度传感器的电阻值信号，并根据这些信号，通过内部的计算发出脉冲号，来控制电子膨胀阀的开度，保证向蒸发器提供合适的供液量，使蒸发器出口保持过热度。正常运转时，控制器显示系统的实际过热度。

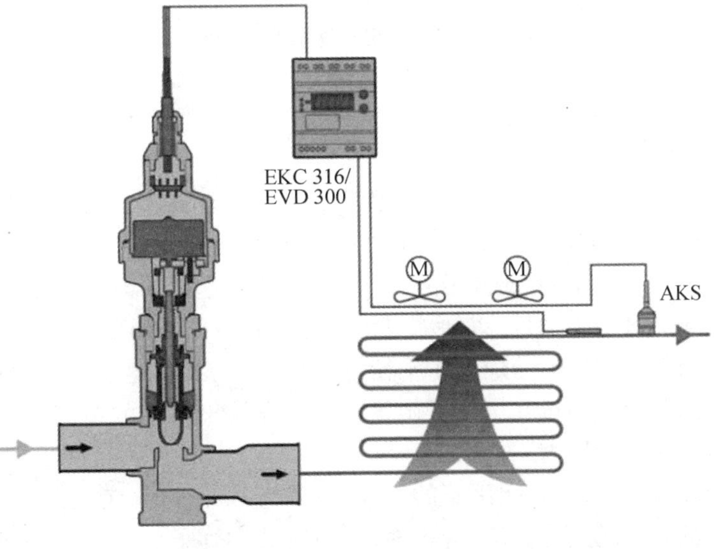

图 9 - 6 - 16　电子膨胀阀控制系统

电子膨胀阀主要有电磁比例膨胀阀和电动式膨胀阀。电磁比例膨胀阀在电磁阀通电前,针阀处于打开位置;通过改变线圈上施加电压的大小,控制针阀开度,从而调节膨胀阀流量。该阀动作响应快,但在制冷系统工作时需要一直供电。

电动式膨胀阀即步进电机驱动电子膨胀阀,它通过给电机驱动施加一定逻辑关系的数字信号,使步进电机通过螺纹驱动阀芯向上或向下运动,从而改变膨胀阀开度,调节冷剂流量。电动式膨胀阀又有直动型和减速型两种。直动型是步进电机直接带动阀芯动作,减速型是步进电机通过减速齿轮组带动阀芯动作,可产生较大推力,是常用的一种驱动方式。

图 9－6－17 是上海 Goldair 公司 SEV－250/400 电子膨胀阀的结构组成图及其控制器。SEV 电子膨胀阀由步进电机驱动,而步进电机接受驱动模块的脉冲电流。当线圈中没有脉冲电流时电机将保持原位。工作时:旋转方向取决于电脉冲的相位;旋转角度的大小(即阀的开度)取决于脉冲的数量。

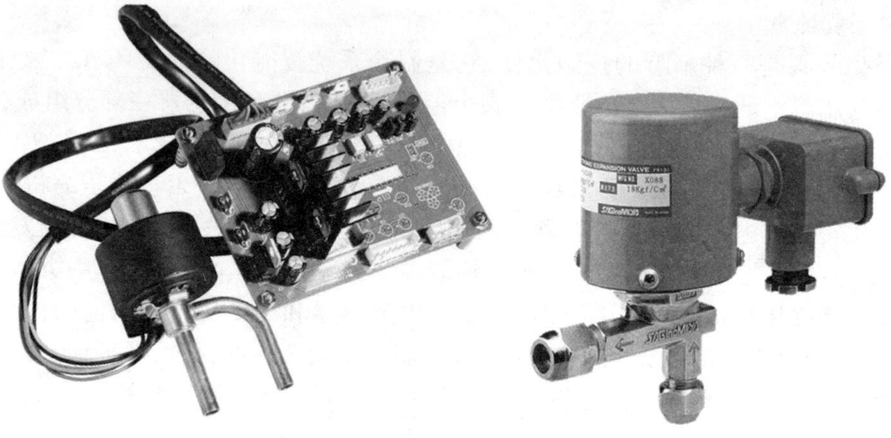

图 9－6－17　电子膨胀阀及控制器

4. 热力膨胀阀的安装和调试

(1)热力膨胀阀的安装

阀体直立安装在蒸发器进口的水平管上,尽量靠近蒸发器,进出口不要接错。如离蒸发器较远,二者间管路应适当加粗,冷库外面的管路应包隔热材料。

蒸发器出口的管路若上行,通常设有集油弯。温包应装在集油弯上游的水平段,不应靠近质量较大的阀或其他金属件,以便能灵敏地感受制冷剂的温度。

外平衡式热力膨胀阀的温包应置于平衡管的接点之前,以免万一有少量液态制冷剂漏入平衡管时影响温包感受的过热度。平衡管应从蒸发器出口管的顶部引出,以免管底部有液体或积油时影响引出的压力。

管径 <21 mm 时,温包放在水平管的顶部;管径 >21 mm 时,考虑到管顶部蒸汽可能已过热而下部仍含液滴,而管底部又可能积油,温包应放在管子的侧面或侧下方,管径越大越向下放,但不宜低到离管底 45°以下。温包处的毛细管应向上,以免液体从温包中流出。

应清除放温包处的管壁外部的油漆和铁锈,并涂以银粉漆。温包应与管壁贴紧,用薄钢片夹箍固定,外面妥善地包以隔热材料,使其两端超出温包适当长度。

应防止以下情况:毛细管被压扁不能正常工作;温包或毛细管漏泄使阀无法开启;温包

脱开蒸发器出口管使阀开度过大。外平衡式平衡管结霜则表明阀内密封不良，有制冷剂从阀后漏入平衡管，绕过蒸发器直接流到出口，这会导致压缩机吸入液体。

(2)热力膨胀阀的调试

热力膨胀阀配合干式蒸发器工作时，蒸发器出口过热度的调节应适当。过热度太大则蒸发器后部过热段太长，制冷量会降低；过热度太小则压缩机可能会吸入湿蒸汽，吸入管和缸头会结霜，可能使滑油温度太低，严重时会发生液击。实践证明，使用热力膨胀阀时蒸发器出口应保持某最小稳定过热度，如过热度低于该值，装置启动时或热负荷变化较快时，由于阀调节的滞后，压缩机就可能吸入液体。一般认为膨胀阀以调到蒸发器出口过热度3～6 ℃为宜。当装置有回热器时，最小稳定过热度可稍许减小。

当蒸发器出口装有温度表和压力表时，温度表读数与压力所对应的饱和温度（蒸发温度）之差即为过热度。但一般装置只在压缩机吸口有温度表和压力表。如果吸气管上没有温度表，便只能按管壁结霜或结露的情况来粗略估计过热温度：

①有回热器的低温库的吸气管、空调制冷装置的吸气管、高温库的蒸发器表面应发凉并结露；

②无回热器的低温库的吸气管、低温库的蒸发器表面应冰冷粘手或均匀结薄霜。

调试热力膨胀阀时应注意：

①热力膨胀阀的调试应在装置运转且工况基本稳定时进行。调试前应检查验证：制冷剂应充足，冷凝压力应在合适范围，阀状况良好并安装正确，阀及管路没有堵塞，蒸发器结霜不太厚，蒸发器若为冷风机则应通风良好。

②热力膨胀阀每次调节量不宜过大，以转动调节螺杆1/4～1/2圈为宜。调后反应较慢，要等15～30 min才能看出效果，故每次调节应间隔30 min以上。

5. 电子膨胀阀及控制系统安装

(1)电子膨胀阀的安装

电子膨胀阀：安装之前必须参考厂家说明书的要求，在此我们以Donfoss电子膨胀阀为例，说明其安装和调试要点。每一个Donfoss电子膨胀阀包装里都有一份安装指南。注意4根电线的颜色和对应连接。

控制器：按说明书要求连接对应电线，尤其注意电源符合要求(24 V交流)。

压力传感器：压力传感器接线必须牢固，压力接口最好在水平铜管的上方，以免杂质堵塞。如果使用过渡铜管连接压力接口，过渡铜管的长度应当尽量短。保证压力传感器固定牢固，以免运输震动损坏传感器。

温度传感器：温度传感器必须牢固地紧贴管壁，并用保温层可靠包裹，同时使用卡箍固定。温度传感器应当仅仅感受吸气温度。温度传感器自身的长度如果不够，续接的导线长度不得超过3 m。

(2)电子膨胀阀的调试

①检查各个线路的连接是否符合对应文件的要求；

②检查各个部件固定是否正确，电源是否符合要求；

③给机组上电；

④检查控制器开机必须设定的参数；

⑤经检查上述参数合乎技术要求，可以开机，显示机组部分参数。

(3)电子膨胀阀维修时的注意事项

①电子膨胀阀故障,首先尝试更换线圈;

②传感器问题会导致膨胀阀控制不准确;

③拔掉电子膨胀阀接线,膨胀阀开度维持不变;

④充冷剂尽量在开机后 3 ~ 8 min 内进行。

十一、蒸发器

蒸发器是使液体制冷剂汽化吸热,被冷物体或冷媒放热降温,实现热量传递的热交换器。

1. 结构和特点

蒸发器按其冷却介质不同,可分为冷却空气的直接冷却式蒸发器和冷却淡水、盐水或其他载冷剂的间接冷却式蒸发器两大类。间接冷却一般用于氨系统与大型制冷装置。直接冷却式蒸发器又分为盘管式和表面式(空气冷却器)两种。

盘管式蒸发器如图 9 - 6 - 18 所示,常称为蒸发盘管,布置于冷库四壁和顶部,靠库内空气自然对流使空气和贮藏物被冷却。这种传热形式的特点是:传热效果差、管径粗、长度大、充剂量多、库温不均匀、检漏不方便、易受船体振动变形影响而损坏造成泄漏,一般用于小型伙食低温库。

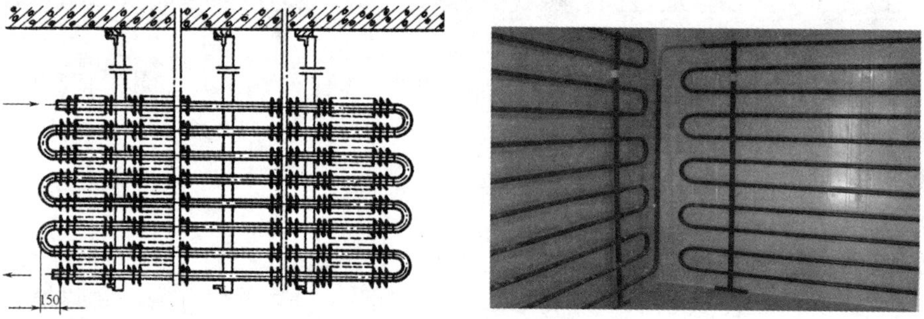

图 9 - 6 - 18　盘管式蒸发器

空气冷却器式蒸发器如图 9 - 6 - 19 所示,由多路并列蛇行盘管集合成多层盘管簇,周围用外罩围成一方形箱并配有风机,强制空气对流,故也称为冷风机。冷风机位于冷库内一处,库内空气以一定风速强制通过管簇循环,被管内制冷剂吸热而冷却。其特点为:

(1)采用空气强迫对流传热,传热效果比盘管式大 4 ~ 6 倍;

(2)尺寸小,充剂量少;

(3)库温均匀;

(4)除湿效果好,但食品易脱水;

(5)风机耗电使冷库热负荷增加;

(6)易于采用电热融霜;

(7)蓄冷能力小。

2. 工作正常的标志

(1)蒸发温度比库温低 5 ~ 15 ℃;

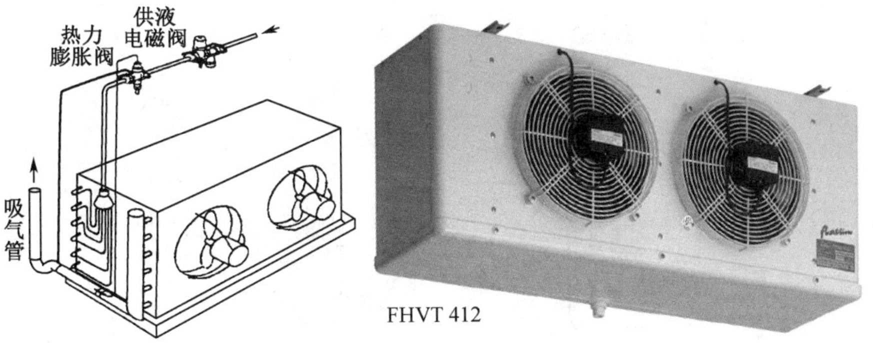

图 9－6－19　冷风机式蒸发器

（2）蒸发器的设计制冷量为装置制冷量的 1.1～1.2 倍。

十二、蒸发压力调节阀

蒸发压力调节阀亦称背压阀，装在高温库蒸发器出口管路上，能在阀前的蒸发压力变动时自动调节阀的开度，使蒸发压力大致限定于调定值。船舶伙食冷库制冷装置常常是由一台压缩机控制几个要求不同库温的冷库，若不设蒸发压力调节阀，则各库蒸发压力会相同，高温库的蒸发压力（温度）就可能太低；还会使高温库蒸发器结霜加重，库内湿度降低，增加食品干耗；而在高温库制冷时低温库不易达到足够低的蒸发温度，使低温库库温难以下降。因此，通常在高温库蒸发器出口管上设蒸发压力调节阀，使之保持适当高的蒸发压力和蒸发温度。

蒸发压力调节阀按工作原理可分为直动式和伺服式。

图 9－6－20 所示为在船舶冷库普遍使用的 KVP 型直动式蒸发压力调节阀。由蒸发器来的制冷剂蒸气从阀的进口流入，克服弹簧 4 的张力，推动阀盘 7 上移。蒸发压力 p_0 稍有增大，则阀开大，可避免 p_0 明显升高；而当 p_0 降到调定值，阀就关闭。平衡波纹管 6 既能防止制冷剂漏泄，又能产生与阀出口侧制冷剂作用在阀盘背面压力相等而方向相反的平衡力，避免出口压力对阀的开度产生影响。阻尼器 9 可减轻阀在调节过程中产生的振荡。

直动式蒸发压力调节阀是比例调节元件，不能使蒸发压力（温度）完全恒定，只是将其控制在一定范围内。KVP 型阀从全开到关闭的压力变化量是 0.17 MPa 和 0.28 MPa。由于阀在所要求的工作压力（温度）下工作时开度一般未达最大，故调压偏差（工作压力与最低工作压力之差）比上述压力变化量低。蒸发器管路口径较大（≥28～35 mm）的可选用带先导阀的伺服式，其调压偏差很小，亦称恒压阀。

蒸发压力的调整是通过调节螺钉 3 改变主弹簧 4 的张力来实现的。调节步骤如下：

（1）按要求保持的库温减去设计传热温差（一般 5～10 ℃）确定蒸发温度，再求其对应的饱和压力即为要求的蒸发压力；

（2）拆下压力表接头 10 的保护罩 11，接入压力表（自动顶开单向阀 13）；

（3）拆下保护罩 1，在所调库电磁阀开启、蒸发器在制冷时，慢慢地转动调节螺钉 3，调节后让蒸发压力有一个稳定过程，直至压力表指示到所选定的蒸发压力为止。

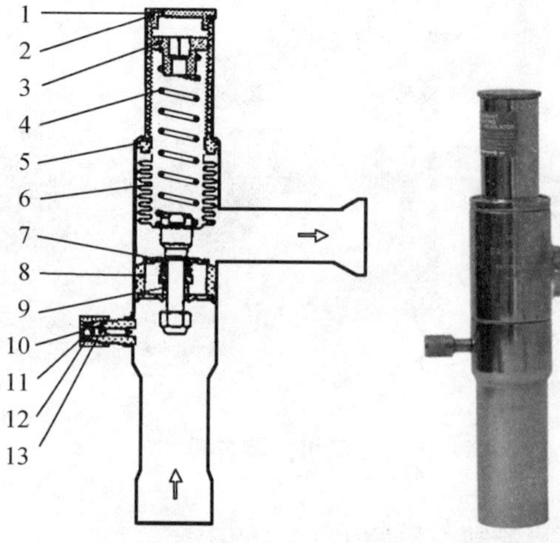

图 9-6-20　KVP 型直动式蒸发压力调节阀

1,11—保护罩;2,12—垫片;3—调节螺钉;4—主弹簧;5—阀体;
6—平衡波纹管;7—阀盘;8—阀座;9—阻尼器;10—压力表接头;13—单向阀

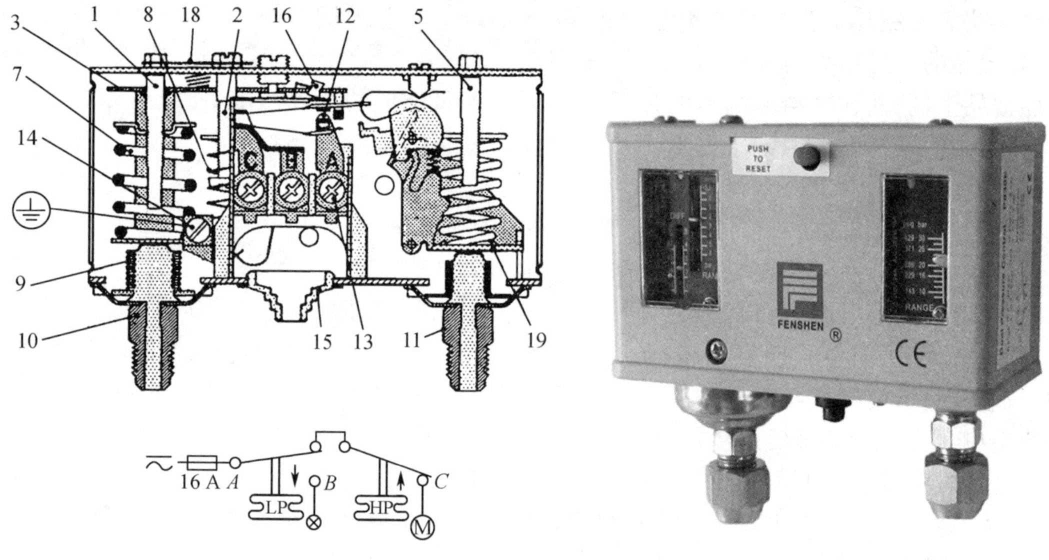

图 9-6-21　KP 型高低压控制器

1—低压主调螺杆;2—低压幅差调节螺杆;3—主杠杆;5—高压幅差调节螺杆;7—低压主弹簧;8—低压幅差弹簧;9—低压波纹管;10—低压接头;11—高压接头;12—电开关接头;13—接线柱;14—接地柱;15—进线孔;16—翻转元件;18—锁定板;19—摇臂

蒸发压力调节阀也可装在单机单库装置(例如冷藏集装箱)的蒸发器回气管上,维持要求的蒸发压力(温度),这时它可起到吸气节流调节压缩机制冷量的作用。

十三、止回阀

止回阀装在低温库蒸发器出口管路上,是使制冷剂气体正向通过,反向截断的自动控制元件。船舶伙食冷库制冷装置常常是由一台压缩机控制几个要求不同库温的冷库，若在低温库蒸发器出口不设止回阀，则高温库热负荷较大时压缩机吸入压力较高，当高于低温库库温所对应的制冷剂饱和压力时，则高温库产生的制冷剂蒸气就会倒流进入低温库蒸发器冷凝放热。

止回阀主要由阀体、阀芯和复位弹簧等组成。当制冷剂气体正向通过止回阀时，只需克服弹簧力，阻力很小；而当制冷剂气体企图反向流动时，阀芯在气体压力与弹簧力的联合作用下被紧压在阀座上，截断制冷剂气体通道。

止回阀的弹簧的刚度一般较小，以尽量减小气体正向通过时的压力损失，正向最小开启压力为0.03~0.05 MPa。

十四、压力控制器

压力控制器是以压力为控制信号的电开关，即压力继电器，亦称压力开关。制冷装置一般都设有高压和低压控制器。高压控制器感受压缩机排出压力，当其高于调定值时，即切断压缩机控制电路，实现保护性停车。低压控制器以压缩机吸入压力为信号，控制压缩机启停，既可使压缩机根据制冷的需要自动间断地工作，又可当吸入压力过低时实现保护性停车，防止空气漏入系统。多库共用一台压缩机的伙食冷库制冷装置，当各库库温先后到达调定下限而温度控制器陆续断电后，供液电磁阀全部关闭，吸入压力很快降到调定下限，低压控制器即断电使压缩机停车；当某库库温回升到上限，温度控制器通电使供液电磁阀开启，制冷剂进入蒸发器，吸入压力回升到调定上限值时，低压控制器又通电，使压缩机重新启动。有时只剩个别冷库还在制冷，如果该库热负荷设计时就很低，或蒸发器不能充分发挥效能（例如结霜太厚、制冷剂流量不足等），吸入压力有可能会低于调定下限，压缩机也会保护性停车。当然，这种情况不太合适，因为仍有供液电磁阀开启，吸入压力不久就会回升，压缩机可能启停过于频繁，故热负荷变动大的伙食制冷装置宜采用有容量调节的压缩机。

也有的伙食制冷装置采用的自动控制方案是当各库库温均达下限，各温度控制器都断电时，直接使压缩机断电停车；只要有一个库的温度控制器接通，压缩机便通电启动。这样低压控制器仅在吸气压力过低时断电停车起保护作用。这种方案压缩机不会因气阀等漏泄使吸入压力回升较快而启停频繁，但停车时不能将吸入侧（包括曲轴箱）压力尽量抽低，因而停车期间制冷剂溶入滑油中的量可能会多（可设油加热器来防止）。

图9-6-21所示为较常用的组合式KP型高低压控制器。图中左半部为低压控制器，接头10直接通压缩机吸入口感受吸气压力。当吸入压力达到上限时，A，C通电，控制压缩机启动；而吸入压力降至下限时，A，C断电，压缩机停车。图示右半部为高压控制器，接头11通压缩机排出口。当排出压力达到调定上限时，克服高压主弹簧的张力，通过摇臂19等传动件使A，C所控制的触头断电，压缩机停车。制冷装置使用的高压控制器通常有自锁机构，一旦断开后需按动复位按钮解除自锁，才能在排出压力降低故障后重新启动压缩机。

取下锁定板18，转动主调螺杆1可调节低压上限，低压下限同时改变。转动幅差调节螺杆2则只改变低压下限，即改变低压下限与上限之幅差。高、低压控制器的调定值可按制冷装置说明书提供的数据进行。缺少数据时可参考以下方法选定：

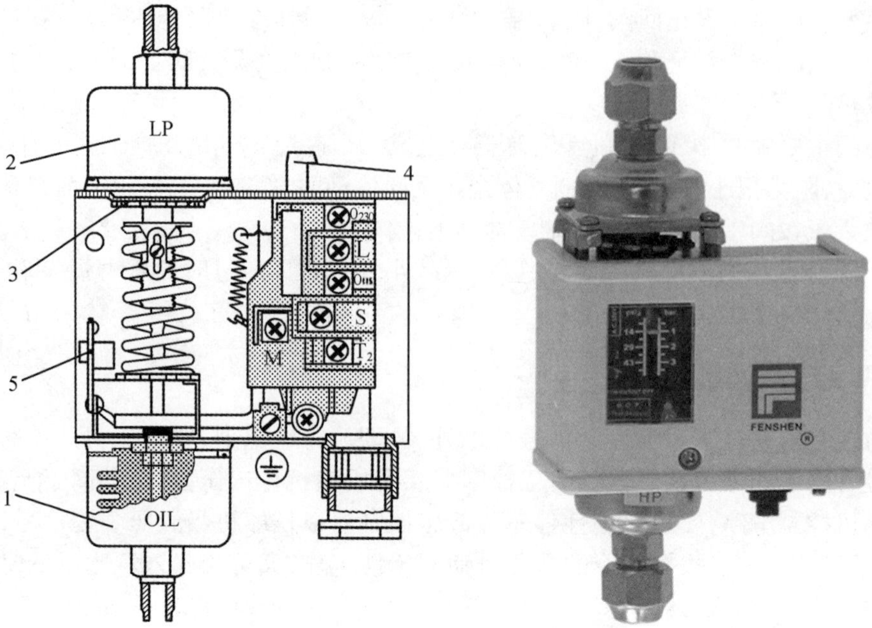

图 9-6-22　M55 型油压差控制器

1—油压波纹管;2—低压波纹管;3—调节轮;4—复位按钮;5—试验扳手

高压断电压力(上限):一般 R22 制冷装置多选为表压 1.7 ~ 1.9 MPa(相当于 t_k = 46 ~ 51 ℃);R134a 可选为 1.2 MPa(t_k = 50 ℃)。

高压通电压力(下限):高压控制器一般采用手动复位,通常做成固定幅差。若幅差是可调的,取为 0.2 ~ 0.3 MPa 即可。

低压断电压力(下限):可取设计蒸发温度减去 5 ℃后所对应的制冷剂饱和压力,但一般应不低于表压 0.01 MPa。设计的蒸发温度由被冷却介质(空气、水或其他载冷剂)所要求的制冷温度减去设计传热温差(5 ~ 10 ℃)而得。实际上,采用直接冷却方式的伙食冷库制冷装置以低压侧不致漏入空气为原则,可适当取低些。这样,既可起到防止出现真空的保护作用,而且对以低压控制器控制压缩机启停的装置来说,还可以降低个别库仍在进液而停车的可能性,可减轻压缩机启停频繁的程度。空调制冷装置的低压控制器应能防止蒸发温度过低而使管壁结霜,以免空气冷却器通风不畅,一般取蒸发温度 -3 ℃对应的冷剂饱和压力为低压控制器的断电压力,也有建议取更低的(肋片不结霜即可)。

低压通电压力(上限):适当提高低压通电压力(增大幅差),可减轻压缩机启停频繁的程度。但低压通电压力所对应的制冷剂饱和温度应适当低于库温上限,否则库温升至上限,供液电磁阀开启后,吸入压力仍不能迅速达到闭合压力,要等到库温升至高于低压开关调定的上限所对应的制冷剂饱和温度,压缩机方可能启动。低压开关的调节幅差对 R22 来说一般为 0.1 ~ 0.2 MPa。

压力控制器调定值的标示刻度不太精确,实际动作值应以调试测得值为准。测试低压控制器时应慢慢关小压缩机吸入截止阀,注意吸入压力表的指示值,压缩机停车和重新启动时的指示值即为低压控制器的下限和上限。试验高压控制器可慢慢关小压缩机排出截止阀,读出排出压力表在压缩机停车时的读数,即为高压断开压力。试验前要证实压力表可靠;排出阀不应全关,以保安全。

十五、油压差控制器

油压差控制器是以制冷压缩机滑油泵的排油压力与吸气压力之差为控制信号的电开关,即油压差继电器,亦称油压开关。当上述油压差低于调定值时,经过一段时间的延时即自动切断压缩机电路,实现保护性停车。

图 9-6-22 所示为 M55 型油压差控制器。在启动期间,分别通到波纹管 1,2 外的滑油泵排油压力与吸气压力(即曲轴箱压力)之差低于调定值,在主弹簧张力的作用下,油压差开关 T 闭合,延时开关的电加热器通电。在既定的延时时间(有螺钉可调节)内,若油压升高超过了调定压力和固定幅差(不超过 0.02 MPa)之和,则主杠杆克服主弹簧张力偏转,电加热器断电,压缩机正常工作;若在延时时间内油压达不到足够高,或正常工作中油压因故障降到调定值以下的时间超过了既定的延时时间,则电加热器会使一金属片弯曲,导致延时开关开启,压缩机停车,同时油压故障灯亮。压缩机停车的同时曲轴箱电加热器接通,以免油温降低而溶入更多的制冷剂,造成再启动时"奔油"。

开关一旦断电停车即被自锁,必须扳动复位按钮 4 解除自锁才能使之重新闭合,否则无法再启动压缩机。在停车后应等 2 min 左右,让金属片冷却复原后,才能按复位按钮使延时开关闭合,以备重新启动。

拆开前盖板,用螺丝刀拨动调节轮 3 可转动调节螺套,使弹簧座上下移动,改变弹簧张力,可在 0.03～0.45 MPa 范围内改变油压差调定值。不同的机型要求的调定值不同,开启式压缩机最低一般≥0.1～0.15 MPa,设有油压卸载机构的应取高些。

为了检验油压差控制器能否正常工作,可按动试验扳手 5 强行使油压差开关闭合,观察压缩机是否经过延时时间后停车。

十六、气液分离器

在不采用回热器的制冷系统中,为了防止未蒸发完的液态制冷剂或滑油万一大量返回压缩机发生液击,在压缩机吸气管上设有气液分离器。

图 9-6-23 所示气液分离器采用重力分离法,进口管开口向下,与开口向上的 U 形出口管错开。如果吸气中有未蒸发完的制冷剂液体,或者有滑油返回吸气管,由于液体的密度较大,会落到分离器的底部。液态制冷剂会因环境温度较高而蒸发,细微的雾状制冷剂和过多的滑油可经 U 形管上的许多小孔被吸走。因为小孔的总面积不到吸气管通流面积的 10%,故不会过多吸入液体。

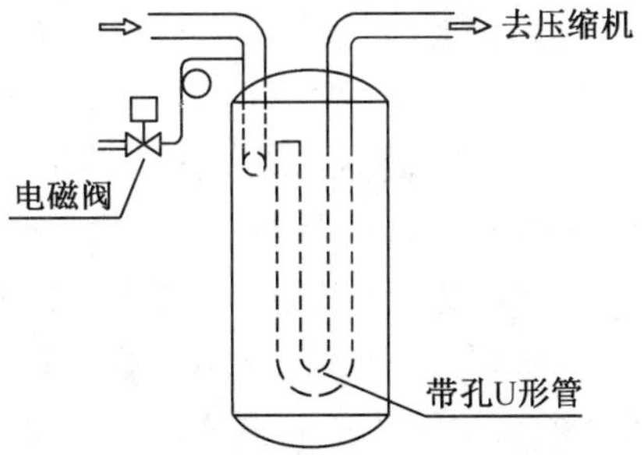

图 9-6-23　气液分离器

第七节　船舶制冷装置的管理

一、制冷装置的验收

新装或大修后装好的制冷装置应该对系统吹除杂质，做气密试验和抽空；为了检查冷库的保温性能，应对其做温度回升试验。

1. 吹污

吹污的目的是防止阀芯受损、气缸镜面拉毛、滤器堵塞。其操作步骤如下：

(1)灌入适量的三氯化乙烯进行溶解油污。

(2)通入0.5～0.6 MPa的空气或氮气。

(3)分段进行，先吹高压管路，后吹低压管路；吹污排口位于系统最低处。

2. 气密试验

气密试验的目的是检查系统密封性。其操作步骤如下：

(1)一般用瓶装氮气或干空气进行。

(2)拆除系统中不能承受试验压力的元件或将其隔离旁通。

(3)关吸排截止阀、滑油分离器回油阀和所有通大气阀；开热力膨胀阀旁通阀及系统内各阀。

(4)充气，逐步加压：先低压管路(R_{22}是1.2 MPa)，后高压管路(R_{22}是1.8 MPa)。

(5)根据规范：承压24 h，前6 h压力降不超过2%，后18 h保持稳定。

(6)用冷凝器放气阀先放气，再取下安全阀的临时堵头，燃后放尽气体。

3. 抽空

抽空的目的是检查密封性；抽除系统中的气体和水分。其步骤如下：

(1)最好用独立的真空泵进行，所需抽的真空度一般为当天当地的大气压力乘上系数0.96。为了防止突然断电泵内滑油和外部空气倒灌进入系统，可在泵与系统之间的接管上装一个随真空泵电动机启停同时启闭的电磁阀。否则，利用制冷压缩机本身来抽空。

(2)关排出截止阀，开多用通道。

(3)先稍开吸入截止阀，压缩机启动后再逐渐增加开度，压缩机以小排量运行。

(4)短接低压继电器和油压差继电器，以免压缩机因吸压和油压过低而自动停机。

(5)放尽冷凝器的冷却水。如能利用蒸发器电热融霜加热器或其他方法对系统适当加温，将有利于加速其中水分的蒸发。环境温度低于5 ℃不宜进行抽空除气。

(6)间断进行，以免抽吸过快，不易抽净，过程一般为18～72 h。

(7)密切注视排温(R_{22}压缩机排气温度一般不超过120 ℃；开启式滑油温度不超过70 ℃，封闭式不超过80 ℃)；滑油压力与吸入压力之差不得低于0.027 MPa(调低油压控制器断电值)。

(8)规范：系统内压力降到5.33 kPa(720 mmHg)以下时，在8 h内压力的回升不超过1.33 kPa(10 mmHg)。

4. 冷库温度回升试验

制冷装置能正常工作后，应对冷库进行温度回升试验，其目的是了解冷库隔热性能是否满足要求。

(1)冷库无载：降温(降至设计所要求的最低值)；保温(16 h 以上)；停止运行。

(2)规范：库内外温差为 25 ℃，6 h 库温回升值应小于 6 ℃，隔热层质量合格。当库内外温差不是 25 ℃时，其 6 h 库温允许回升值可由表 9-7-1 算出。

表 9-7-1　冷库温度回升试验温度条件规定

库温与环境初温差/℃	15+5X	X=0,1,2,3,4,5,6,7,8,9
6 h 内允许库温回升值/℃	3.6+1.2X	

(3)冷库温度回升试验最好每年在适当的时候进行一次。

图 9-7-1 所示为船舶伙食冷库隔热结构图。其隔热层结构一般为底层(防腐漆)+隔热层(隔热材料)+防气/潮层(沥青+油毡纸)+保护层(铁皮等)+识别层(不同颜色油漆)。其中，最重要的部分是由热导率很小的隔热材料构成的隔热层。隔热材料有有机质材料和矿物质材料，如：软木板、稻壳、泡沫塑料(聚氨酯、聚苯乙烯)、玻璃纤维、炉渣等。

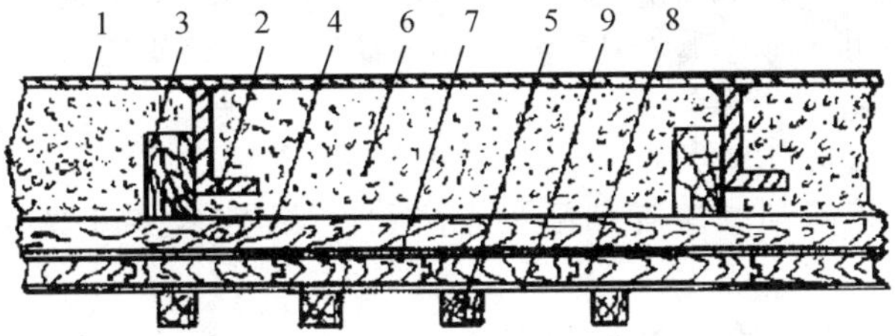

图 9-7-1　船舶伙食冷库隔热结构图

1—船体钢板；2—船体肋骨；3—衬木；4—木方条；5—护木；
6—隔热层；7—防潮层；8—木铺板；9—镀锌铁皮

应该指出的是，即使隔热结构的隔热性能完全相同，不同大小、形状的冷库温度回升试验的结果也是不一样的。《钢质海船入级规范》规定新设计的货物冷藏装置要做热平衡试验——即在库温达到设计温度的稳定工况下求得装置的制冷量，将其减去舱内设备热即为渗入热，由此算出隔热结构的平均传热系数[通常为 0.47～0.52 W/(m^2·℃)]，核对其是否合乎设计要求。

二、制冷装置的维护

1. 制冷剂的充注

(1)制冷剂不足的判断

①储液器液位偏低(低于 1/3)。

②热力膨胀阀夹带较多气体时会发出较明显的"嗞嗞"声。

③液流指示器中见到液流夹有大量气泡。

④开启膨胀阀旁通阀后吸气压力无明显回升。

(2)充注方法

制冷剂的充注可从系统的专用充剂阀处充注，或从低压吸气阀多用通道口处充注。前者属高压侧充注，后者属低压侧充注。

图 9－7－2 所示为由专设的充剂阀充剂的示意图。操作步骤如下：

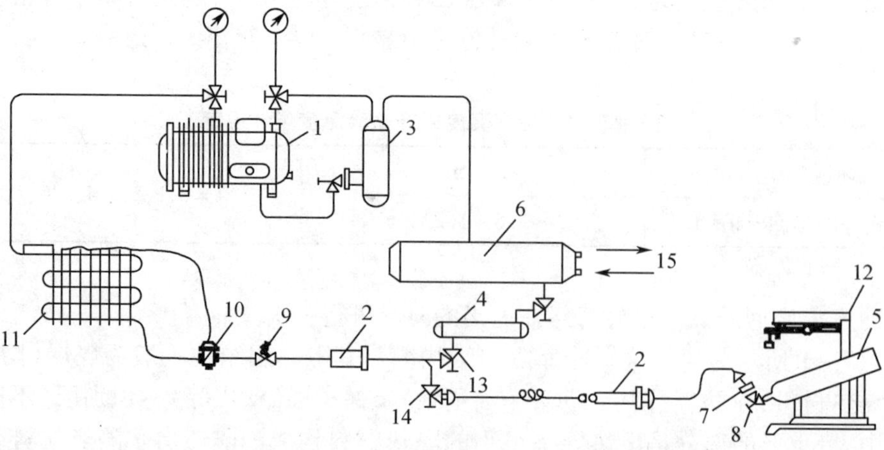

图 9－7－2　专设的充剂阀充剂操作示意图

1—压缩机；2—干燥过滤器；3—滑油分离器；4—储液器；5—氟利昂液罐；6—冷凝器；7—钢瓶接头；8—钢瓶阀；9—供液电磁阀；10—热力膨胀阀；11—蒸发器；12—磅秤；13—出液阀；14—充注阀；15—冷却水

①识别并确认所充冷剂的种类。

②借助充液铜管将氟利昂液罐和系统充注阀连接，拧紧接口螺母前，稍微松开液罐阀门，驱赶管内空气。

③制冷剂必须经干燥过滤器进入系统。

④液罐瓶口朝下，倾斜放置并称重，微开阀门检查配管系统有无泄漏。

⑤关储液器的出液阀，逐渐开启液罐钢瓶阀、充剂阀，启动压缩机向系统充剂。

⑥由磅秤确定算好的充剂量，即可切断充剂阀，打开出液阀，系统正常运转。观察储液器液位变化情况。若充剂量不够再次充剂。

图 9－7－3 所示为由压缩机吸入截止阀多用通道充剂的示意图。

制冷剂充注需借助吸气三通阀将充剂铜管接钢瓶阀上，和以上操作不同的是：

①钢瓶直立放置。

②充剂中随时调整钢瓶阀，控制吸入压力不超 0.2 MPa（表压）。

③如需加速充剂，可用温水淋浇或浸泡。

2. 制冷剂的取出

如果系统中制冷剂过多，液态制冷剂可能过多地浸没冷凝器冷却水管，会使冷凝压力升高，这就需要取出部分制冷剂。有时因装置需要大修或准备长期停用，可能需要取出全部制冷剂。方法如下（图 9－7－4）：

（1）用 T 形管接高压表、紫铜接管和钢瓶接头，并赶气。

（2）钢瓶浸没于水中，接冷却水降低瓶内压力。

（3）开钢瓶阀，压力差使冷剂进入钢瓶。

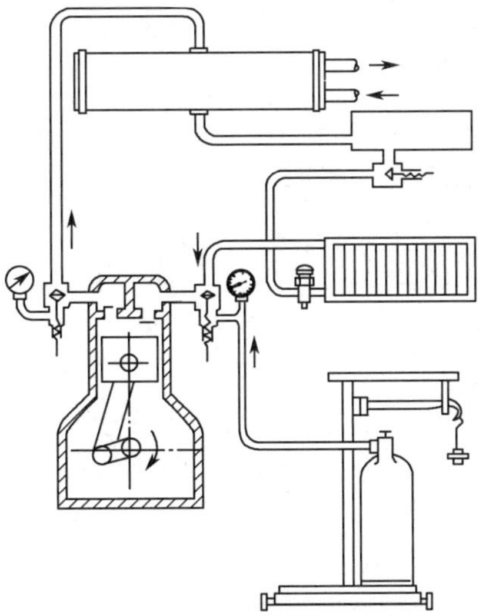

图 9－7－3　从吸入截止阀多用通道充剂操作示意图

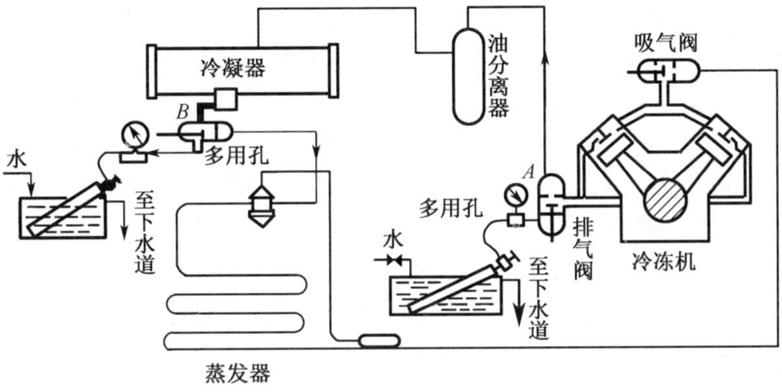

图 9－7－4　冷剂取出操作示意图

(4)启动压缩机以最小容量抽气,并调低油压控制器断电值,关小冷凝器冷却水(提高冷凝压力)。

(5)缓缓关小压缩机的排出截止阀,密切注视压力表,防止排出压力过高。

(6)系统内制冷剂减少,*B* 处取冷剂困难,可换 *A* 处,当系统压力为 0.098 MPa 时,制冷剂基本已抽取完。

(7)停车后,压力表值回升,再开机继续抽取,直至表压值不回升。

3. 冷冻机油的添加

(1)冷冻机油不足的判断

氟利昂制冷装置运转正常情况下,压缩机滑油耗量很小,不会产生缺油现象,如系统短时间内缺油过多(曲轴箱冷冻机油的油位低于 1/3 示液镜),应先检查,确定情况后再进行处理。特别要注意的是:查明原因,避免盲目加入。冷冻机油消耗过快的可能原因有:发生奔油；分离器工作不正常；吸气管布置不当（水平吸气管：向下倾 3° ~5°；上行吸气管：按装置最小制冷量选取内径）；冷冻机油选用不当；系统漏泄严重使冷冻机油损失太多；新加制冷剂会溶解一定量的冷冻机油等。

（2）添加方法

压缩机添加冷冻机油时应注意不要混入不同牌号的油和防止空气进入系统。补油方法因压缩机结构而异，常用方法有：

①油泵吸入端有油三通阀。必须在运行中补油：用软管一端接在油三通阀的外接口，另一端插入油桶内；先将三通阀转至放油位驱除接管内空气，再将三通阀转至加油位，油泵即自行吸油；至油位镜油位达 1/2 时，将三通阀转至工作位即改由曲轴箱吸油。

②曲轴箱有带阀加油接头。在运行中或停机后补油：关小压缩机吸入阀，先将曲轴箱抽成真空（短接低压继电器和油压差继电器），然后再开加油接头的阀吸入要加的冷冻机油。

③曲轴箱只有加油旋塞。必须在停机后补油：在开机时关小吸入截止阀，使曲轴箱内压力下降到零（短接低压继电器和油压差继电器）；然后停机并关吸、排气阀；再拆下加油旋塞用漏斗加油；至油位镜油位达 4/5 后重新堵上加油旋塞，排气，恢复工作。

④无加油接头和旋塞的小型压缩机。必须在停机后补油：关压缩机吸入多用通道，装 T 形接头，接好加油管和真空表，稍开多用通道即关，用机内制冷剂驱除接管内空气，立即用拇指封住接管口；关压缩机吸入截止阀，隔断压缩机与回气管通路；把转换开关置于“手动”位置或短接低压继电器和油压差继电器，点式启动压缩机 2 ~3 次，防止制冷剂将冷冻机油带进气缸“液击”，直至达稳定真空后停机；松开拇指，冷冻机油即经接管、多用通道和回油孔被吸入曲轴箱。若油的吸入量不足，可用拇指封住管口，重复以上操作。

4. 冷冻机油的更换

冷冻机油连续使用一段时间后，当黏度下降 15% 或发现因污浊而颜色变深，应换新油。新组装和解体大修后的压缩机，运转 3 ~4 h，也应更换冷冻机油。方法如下：

（1）关闭吸入截止阀，瞬时启动压缩机抽空曲轴箱后关排出截止阀。

（2）打开放油旋塞和加油塞，放尽脏油。

（3）打开曲轴箱清洗干净（清洗油的黏度比冷冻机油低或用冷冻机油清洗）。

（4）装复后从注油孔注入新冷冻机油至示油镜 4/5 高度（运行中轴位约保持 1/2 高）。

（5）加完油，开排出截止阀上的多用通道，开启压缩机，抽除曲轴箱内的空气，开启吸排截止阀后即可正常运行。

5. 干燥剂的更换

船用制冷装置须定期更换干燥剂，以防制冷剂含水冰塞，方法如下：

（1）将储液器出口的出液阀关上。

（2）启动压缩机，将制冷剂回收入储液器。

（3）关闭干燥器两端截止阀。

（4）拆除干燥器后，用挥发性好的洗涤剂清洗。

（5）填充新的干燥剂，加装时必须充满压实。

（6）更换过程要防止空气进入系统。

6. 空气的排放

系统中的空气一般是在操作不当时从外界进入的。空气的存在会妨碍传热，使排气的压力和温度升高，增加压缩机功耗，降低制冷量，缩短滑油使用寿命，必须设法排除。

如果冷凝器位置比压缩机高，可通过冷凝器的放气阀放气；若冷凝器位置比压缩机低，则可从排出阀多用接头（或排出压力表接头）放气。压缩机运行中不应放空气，否则制冷剂损耗很大。方法如下：

(1)关储液器的出液阀。

(2)开机把系统中的制冷剂连同不凝性气体一起排入冷凝器中，然后停机。

(3)继续向冷凝器供冷却水，使制冷剂充分冷凝，直至冷凝器压力不再下降（需1～2 h）。这时空气比制冷剂轻，聚集在高处。

(4)开放气阀，让气体流出几秒钟即关，稍停再重复。分次操作可减轻扰动，减少制冷剂损失。每次放气后注意排出压力表，放至冷凝器中的压力接近水温所对应的制冷剂饱和压力即应结束放气。如果压力降得太低，降后又渐渐回升，则表明放掉的是制冷剂。

7. 检漏

氟利昂色无味、渗透性强，连接处因振动而松动，阀杆处因填料未压紧，轴封等处均有泄漏可能。检漏是经常性的维护工作。方法如下：

(1)油迹示漏。氟利昂与滑油互溶，只要常使装置各部分保持清洁，一旦出现油迹，则表明该处有漏。

(2)皂液检漏。皂液（加几滴甘油，使泡沫不易破裂）在0 ℃以上环境涂于0.35～0.4 MPa以上系统管路处。微小渗漏查不出。

(3)卤素灯检漏。卤素灯检漏的工作原理是：空气不含氟利昂时检漏灯的火焰呈淡蓝色。而当空气中的氟利昂超过5%并与炽热的铜接触时，氟利昂就会分解产生氯元素，并与铜发生化学反应，生成的化合物使火焰变绿。随着空气中氟利昂浓度的增大，火焰的颜色将由浅绿变为深绿以至亮蓝色，甚至熄灭。

检漏灯可用酒精、丁烷或丙烷作燃料。图9－7－5所示为一种丙烷检漏灯。检漏灯下部装有盛丙烷的一次性塑料筒（或铁罐）1，用完后另换。筒的上部（在调节阀之前）装有止回阀，当丙烷筒拧紧在检漏灯上之后能自动顶开，这时只要打开调节阀，就可在点火孔8处将其点燃。火焰的高度可用调节阀2调节，以恰好在铜片10之下为宜。操作时是用吸气软管在可能泄漏处移动。

操作时应注意：

①检漏前舱室应通风，不抽烟。因为大量氟利昂遇火会产生有毒气体，会被人体吸入，造成中毒。

②喷嘴上方的铜片工作时参与反应，所以必须事先擦净，并且火焰高度应调到正好在铜片之下；为验证效能可先人为地从钢瓶中放出微量冷剂。

③发现火色变绿时说明附近存在泄漏点，应仔细寻找。如果火色变成紫绿色和亮蓝色，说明泄漏严重，此时应关掉检漏灯，换用皂液法等检漏，以免中毒。

④检漏后，熄火关调节阀，不要关太紧，以免冷却后卡死。

⑤卤素检漏灯对不含氯离子的制冷剂（如R134a等无氯制冷剂）无效。

(4)电子仪检漏

如图9－7－6所示，它是利用使气体电离后测其导电性的原理工作的。对卤素的检漏灵敏度极高，能检出0.3～0.5 g/a的微漏；对不含氯的制冷剂（R134a等）灵敏度较低，但可以使用。

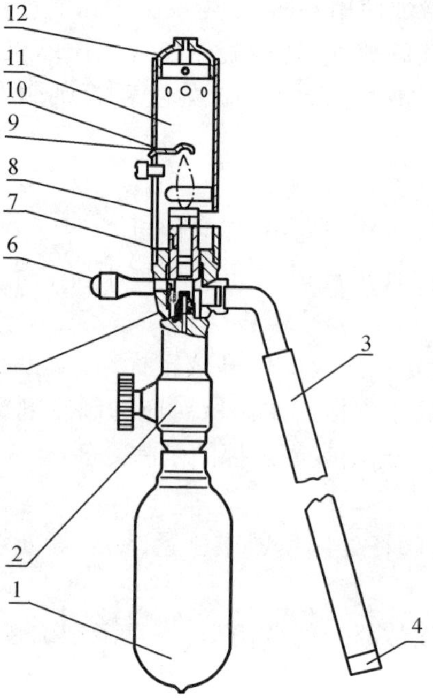

图 9－7－5　丙烷检漏灯

1—丙烷筒；2—调节阀；3—吸气软管；4—滤网；5—喷嘴；6—止动螺钉；7—火口；8—点火孔；9—火焰；10—铜片；11—燃烧筒；12—顶罩

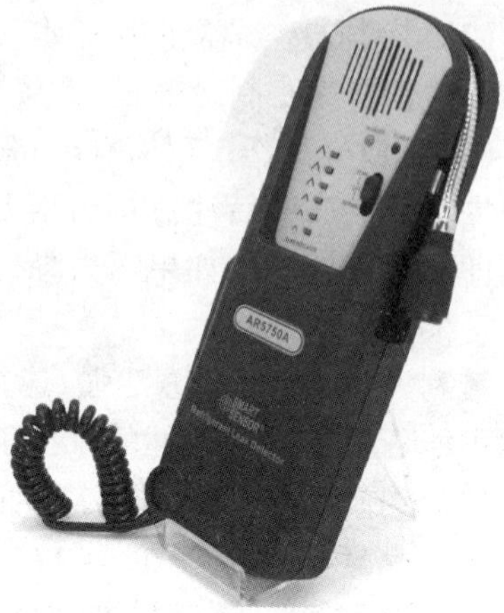

图 9－7－6　AR5750A 型卤素气体电子检测仪

8. 融霜

若蒸发器管外壁温度低于零度，空气中的水蒸气就会在其表面结霜。由于霜层的热导率低，蒸发器结霜后吸热能力显著变差，蒸发量减少，蒸发压力和蒸发温度就会降低，导致装置的制冷量减小，性能下降；冷风机霜层较厚还会堵塞肋片间通道，使通风量减少，影响更严重。所以蒸发器上的霜层达到一定厚度后（盘管霜厚一般不宜超过 3 mm）应融霜。

高温库（例如菜库）若融霜，只需停止供入制冷剂液体，库内温度高于 0 ℃ 即可自然融霜，此法简单易行，但融霜时间长。低温库融霜的方法按热源不同有淋水冲霜、电热融霜和热气融霜等。船上淡水珍贵，主要采用后两种方法。电热融霜是利用电加热器对冷却盘管加热，使霜层融化，此法操作简单方便，易于自动控制，但是需增设电热设备，耗电。热气融霜是指在直接冷却系统中，让某些冷库继续制冷，将压缩机排出的制冷剂高温蒸气引入要融霜的蒸发器中，使之在其中冷凝放热以融化蒸发器表面的霜层。热气融霜比电热融霜经济，对蒸发盘臂和冷风机都适用，但操作较麻烦，实现自动化也不太方便。

复习思考题

1. 良好的食品储藏需要哪些条件？
2. 食品冷藏的原理是什么？
3. 蒸汽压缩式制冷装置基本由哪些设备组成？

4. 蒸汽压缩式制冷的原理是什么?

5. 冷冻机油的作用是什么?

6. 什么是回热循环?

7. 制冷系统的基本设备、辅助设备和自控设备各有哪些?

8. 活塞式制冷压缩机的种类有哪些? 容量调节的方法有哪些?

9. 如何调试热力膨胀阀,应注意哪些问题?

10. 充注制冷剂和回收冷剂时应该怎么操作?

11. 简述制冷工程中常用的术语:蒸发温度、蒸发压力、吸气过热度、冷凝温度、冷凝压力、供液过冷度、吸气温度、吸气压力、排气温度、排气压力。

12. 影响冷凝温度和蒸发温度的因素是什么?

13. 影响供液过冷度和吸气过热度的因素是什么?

14. 压缩式制冷装置所用制冷剂的热力性质和理化性质应能满足哪些要求?

15. 压缩式制冷装置所用制冷剂的种类和编号是什么?

16. 简述常用制冷剂的性质。

17. 实际应用的压缩式制冷装置,应包括哪些基本设备?

18. 压缩式制冷装置滑油分离器的作用是什么?

19. 压缩式制冷装置储液器的作用是什么?

20. 简述热力膨胀阀的结构类型与作用。

第十章　船舶空调装置

第一节　概　　述

船舶航行于各海域,气象条件复杂,气候多变,为了使旅客、船员有一个舒适的生活、工作环境,现代船舶大都设有空调装置。

一、空调的基本要求

船舶空调大多是为满足人们对工作和生活环境舒适和卫生的要求,属于舒适性空调。它与某些生产场所为满足工艺或精密仪器的要求所用的恒温恒湿空调(工艺性空调)不同,对温、湿度等空气条件的要求并不十分严格,允许空气参数在稍大的范围内变动。

船舶空调装置应在舱外空气条件不超过规定参数时,使室内空气符合以下几方面的要求。

1. 合适的空气温度

冬季 19 ~ 22 ℃,夏季 24 ~ 28 ℃,室内外温差不超过 6 ~ 10 ℃,室内垂向温差不超过3 ~ 5 ℃。

2. 合适的空气湿度

冬季相对湿度 30% ~40%,夏季相对湿度 40% ~50%。

3. 合适的空气流动速度

气流速度一般以 0.15 ~0.2 m/h 为宜,最大不超过 0.35 m/h。

4. 合适的空气清新度

空气清新是指空气清洁(含粉尘和有害气体少)和新鲜(有足够的含氧量)。如果只为满足人呼吸对氧气的需要,新鲜空气供给量每人 2.4 m^3/h 即可,要使二氧化碳、烟气等有害气体降到允许值以下,新风量要求每人 30 ~50 m^3/h。

5. 尽量低的噪声

距室内空调出风口 1 m 处,测试的噪声应不大于 55 ~60 dB。

二、空调装置的类型

1. 按照设备集中程度分类

(1)分散式系统

每个房间的空气处理分别由各自的整体式空调器来承担,也称之为单元式空调装,它广泛应用于现代船舶机舱集控室、驾驶台和厨房。如图 10 - 1 - 1 所示为三菱 CB 系列水冷式空调,采用封闭式压缩机,蒸发器采用高效能波浪形翅片,壳管式冷凝器。这种类型的空调装置也广泛应用于家庭,冷却方式采用风冷。

(2)集中式系统

这种系统的所有空气处理设备如风机、加热器、冷却器、加湿器、过滤器等都安装在一个箱体内,通常称之为中央空调器,也称之为组合式空调器,如图 10-1-2 所示。中央空调器放置在空调机房,空调机房内还可能包括 2 套空调制冷系统,为中央空调器提供冷源,而热源则来自锅炉蒸汽系统。

图 10-1-1　单元式空调装置

图 10-1-2　中央空调器

中央空调器设有新风吸口、回风吸口和送风出口。经过集中处理的空气从送风口排出到供风总管,最后送达各个空调舱室的布风器。非空调舱室厕所、浴室、配餐室等和走廊设有抽风口,由抽风口抽出,从高处排入大气;这样,由于非空调舱室中形成一定负压,空调舱室中的空气会自动流入,使之达到一定的空调效果,并避免不良气味散发到其他舱室。

集中式系统各空调舱室的送风参数相同,所以对各舱室空气参数的个别调节就只能靠改变布风器风门的开度,即改变送风量来实现,通常称之为变量调节。

这种系统的特点是:结构简单,尺寸小,造价低;所有舱室供风条件相同,只能进行变量调节,变量调节时相邻舱室相互影响,所以这种系统适合于温热带海域、取暖工况时间不多的船舶。

(3)半集中式系统

半集中式中央空调系统有区域再热空调系统和末端再处理式空调系统两种类型。

在区域再热空调系统中,除在集中式空调器中统一处理供风外,每个舱室布风器上设有加热器,加热方式以电加热最普遍。这种系统的特点是取暖工况可进行变质调节,降温工况只能进行变量调节,适用于无限航区。

在末端再处理式空调系统中,集中式空调器只对空气参数做预处理,取暖工况 15~25 ℃,降温工况 12~16 ℃。每个舱室的诱导式布风器内设换热水管,冬季通热水,夏季通冷水。这种系统的特点是冬夏均采用变质调节,调节质量好,但造价高,管理复杂,常用于空调要求较高的船舶上。

2. 按照风管内空气流速高低分类

(1)高速系统

风管内风速在 20~30 m/s 的空调系统称为高速系统。高速系统中,由于管内风速高,相同风量时,风管尺寸小,但空气在风管内的流阻大,风机风压高,噪声大。

(2)低速系统

主风管风速在 10~12 m/s 以下的空调系统称为低速系统。

(3)中速系统

主风管风速介于以上二者之间的空调系统称为中速系统。

第二节　船舶空调系统及其设备

船舶空调一般采用集中式空调装置,如图 10-2-1 所示。只有某些特殊舱室(机舱集控室)才单设专用的空气调节器。

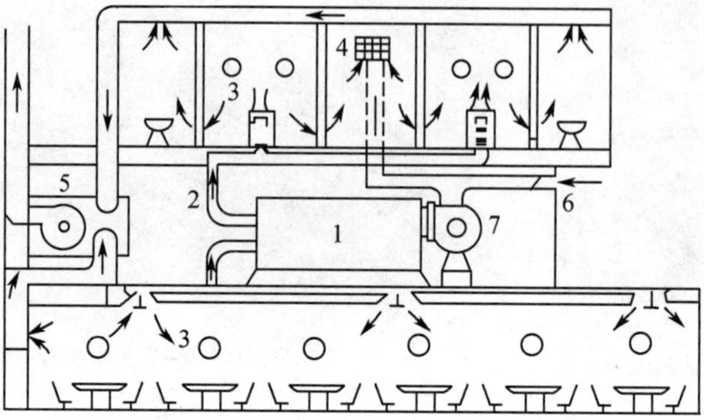

图 10-2-1　船舶集中式空调装置示意图

1—空气调节器;2—主风管;3—布风器;4—回风吸口;5—抽风机;6—新风吸口;7—通风机

通风机从新风吸口 6 及回风口分别吸入新风(外界空气)和回风,两者混合后经空气调节器处理,然后由主风管、支风管送至舱室的布风器,舱室中多余空气通过房门下部的格栅或留出的空隙流入走廊。

非空调舱室,如厕所、浴室、配餐室等和走廊设有抽风口,空气由抽风口抽出,从高处排入大气,这样,由于非空调舱室中形成一定负压,空调舱室中的空气会自动流入,使之达到一定的空调效果,并避免不良气味散发到其他舱室。

二、船舶空调系统的主要设备

1. 中央空调器

中央空调器是集中式和半集中式空调装置对空气进行集中处理的设备。下面以典型的集中式(吸入式)单风管空调系统的中央空调器为例,说明中央空调器的各组成部分及其工作情况。为了便于根据需要进行功能组合,空调器采用分段式结构,如图 10-1-2 所示。

(1)空气的吸入、过滤和消音

这类工作情况适用于降温工况、取暖工况、通风工况。

外界新风和空调舱室的回风分别经新风进口和回风进口被通风机吸入。在新风进口处装有铁丝网或百叶窗,以防吸入较大的异物。新风量和回风量的比例可用手动或电动调风门调节,如图 10-2-2 所示。新风流量和总风量之比称为新风比,设计时已经确定,一般在 30% ~60% 范围内。

空调通风机的静压应能克服空调器和送风系统的阻力。低速空调系统,主风管的设计风速大多在 12 ~16 m/s,全风压一般≤2.5 kPa,大多采用效率较高、噪声较低的后弯叶片离心式通风机，风机常布置在空气冷却器之后，这样空气能比较均匀地流过各换热器，换热效果更好，称之为吸入式空调器；高速空调系统，风速在 20～30 m/s 之间，常用前弯式离心风机，把风机布置在空气冷却器之前，在降温工况时有利于降低送风温度，并提高空气冷却器的传热温差和制冷剂蒸发温度，称为压出式空调器。有的空调器风机设有低速挡，供自然通风工况采用全新风时(送风量较低)使用。离心风机如图 10－2－3 所示。

图 10－2－2　调节风门

图 10－2－3　空调离心风机

空调器中的滤器用于滤除空气中的灰尘，以净化舱室的送风，并保持空气换热器表面的清洁，避免降低换热效果。过滤元件有不同形式。简单的可采用板式；为了增大空气通过面积，降低阻力和增加集尘量，常采用袋式或抽屉式，如图 10－2－4 所示。前者由装在框架上的若干并列直立的滤袋组成，滤袋常用无纺布做成，框架可在轨道上移出。后者是由斜插在滤器架上的可抽出的滤板构成，过滤材料常采用粗孔泡沫塑料或尼龙纤维等，滤层厚度一般为 10～15 mm。无论哪种形式都应该便于取出清洗。

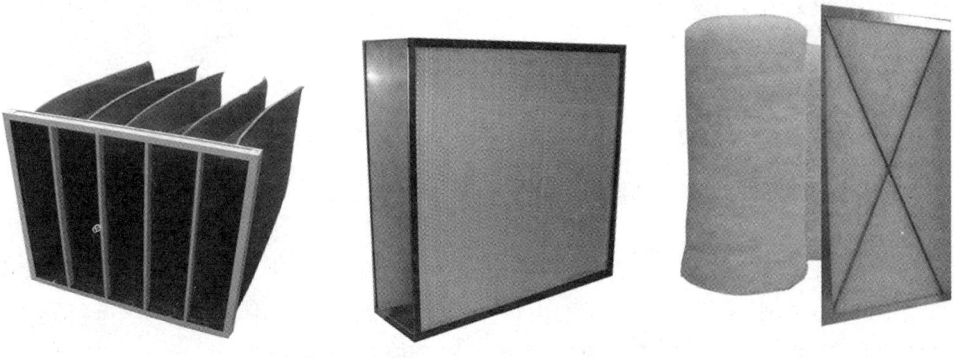

(a)　(b)　(c)

图 10－2－4　空调器中的空气滤器

(a)袋式过滤器；(b)板式过滤器；(c)过滤棉

空调器工作时噪声较大，必须采取消音措施来降低经风管传至空调舱室的噪声。为此，风机出口有消音室，利用其造成风道截面积突然增大，可使气流的低频噪声得以消减；风机所产生的高频噪声，则在空调器内壁贴多孔吸声材料或直接采用多孔板来吸收。

(2)空气的冷却和除湿

这类工作情况适用于降温工况。一般当外界气温高于23～25 ℃时，空调装置的空气冷却器和挡水器对送风进行冷却和除湿。

空气冷却器按管中流过的是制冷剂还是载冷剂而分为直接蒸发式和间接冷却式。如图10－2－5所示为直接蒸发式空气冷却器。

直接蒸发式空气冷却器一般由带铝制肋片的蛇形铜管组成，装在镀锌钢板制的框架中。设计成冷却介质与气流呈逆流，风速多为3.5 m/s左右。空气冷却器的管壁温度一般都低于空气露点，在冷却空气的同时也能除湿。管壁温度越低，对空气的除湿能力就越大。空调装置制冷剂的蒸发温度一般设计为5～10 ℃，空气冷却器管壁温度通常比管内介质高2～4 ℃。空调压缩机的低压控制器常调节成最低蒸发温度不低于－3 ℃左右，使管壁温度不至低于0 ℃而结霜。有些船的空调装置考虑只要空气冷却器肋片不结霜，就不至堵塞风道影响送风，允许低压控制器控制的最低蒸发温度低至－6 ℃(R22表压0.3 MPa)甚至更低。当采用间接冷却方式时，如载冷剂用淡水，则温度一般保持在4～7 ℃，最低不低于2～4 ℃，以防淡水冻结。

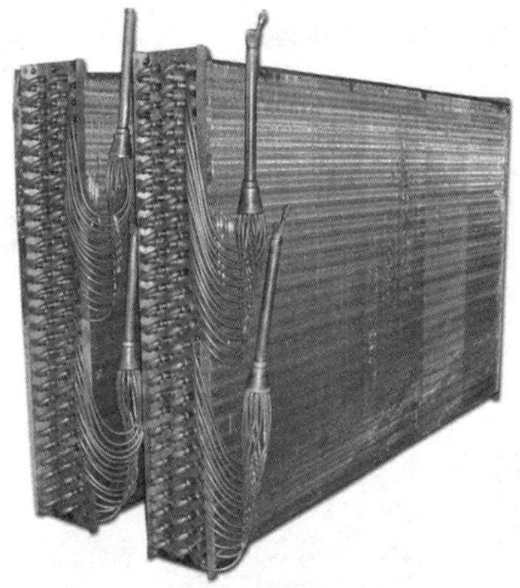

图10－2－5　直接蒸发式空调冷却器

图10－2－6　挡水板

为了防止凝水被气流携入空调器后部和风管中引起金锈蚀，空气冷却器后面常设有挡水器，如图10－2－6所示。挡水器通常由许多薄钢板做成的曲板组成，当空气流过曲板间的曲折缝隙时，气流方向不断改变，携带的水滴就会碰撞到曲板上，然后向下流到承水盘中后泄走。曲板的出口端常弯成挡水沟。通过挡水器的风速不宜过大，否则可能会失去挡水作用。

空气冷却器和挡水器外壁所流下的凝水，汇集在底部的承水盘中，必须用泄水管排走。为了保证吸入式空调器的承水盘在最大负压1 600 Pa(160 mmH_2O)和与泄水口反向倾斜3°时凝水能顺利泄出，安装时必须保持承水盘的泄水口相对泄水管有适当的高度，以便当承水盘中水位达到一定高度时，所产生的静压能将存水器的塑料球阀顶起，从右侧的泄水管泄水；又不至于使承水盘中的凝水放空，以致部分进风绕过空气冷却器而被风机吸入。在进风特别干燥的天气或非降温工况时，承水盘中凝水过少或没有水，塑料球阀还可以防止泄水管中可能有怪味的气体被吸入空调器。为了避免泄水阻力太大，泄水管不能太细，靠近空调器处应设有放气漏斗。也有的承水盘为了避免凝水被泄空，采用的办法是在泄水管上设有足够高度的水封管。

(3)空气的加热和加湿

这类工作情况适用于取暖工况。一般当外界气温在15～20 ℃时，空调装置的空气加热器和加湿器对送风进行加热和加湿。

空气的加热可采用电加热、蒸汽加热或热水加热等方式。除间接冷却式空调系统在取暖工况利用同一换热器以热水加热外，船用集中式空调器多使用蒸汽加热。加热器由带铝肋的蛇形铜管或不锈钢管组成，装在镀锌钢板做的框架中，如图10－2－7所示。加热蒸汽常用表压为≤0.7 MPa的饱和蒸汽。蒸汽调节阀在开度降至10%以下时调节不灵敏，必要时可降低蒸汽温度以保持较大的流量。加热器的凝水经出口处的阻汽器流回热水井。阻汽器只允许凝水流过，若蒸汽尚未凝结，阻汽器会自动关闭。

冬季外界空气的相对湿度虽然很高(常高达90%以上)，但因温度低，所以实际含湿量并不高。例如，要保持舱内温度22 ℃、相对湿度40%，空气的含湿量应为6.5 g/kg左右；而如果外界气温为－18 ℃、相对湿度为95%，则空气的含湿量仅为0.9 g/kg。显然，将这样的空气加热后直接送入舱内，不可能保持室内湿度适宜。故冬季在空调器中除对空气加热外，往往还需要加湿。

船用集中式空调器采用蒸汽加湿的较多，少数也有喷水加湿的。加湿器一般多放在加热器后，此处空气温度较高，相对湿度较小，喷入的蒸汽(或水)容易被空气吸收；同时还可防止加湿器在进风温度太低时冻结。虽然气温高吸湿能力强，但应防止加湿过多而造成舱内温度较低的壁面结露。图10－2－8为带喷嘴的蒸汽加湿器。

图10－2－7　蒸汽加热器

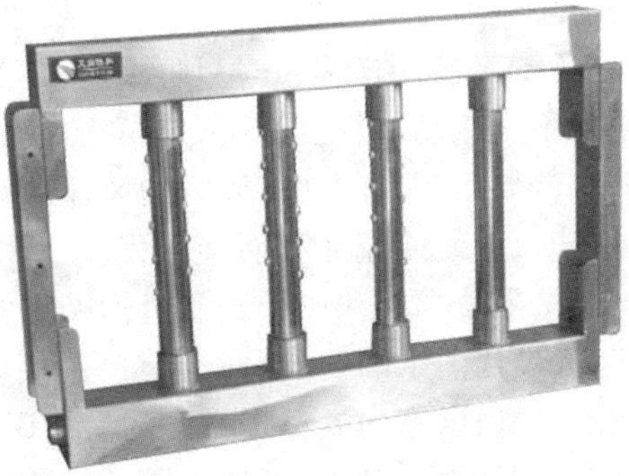

图10－2－8　蒸汽加湿器

2. 供风设备

(1)供风管

供风管由 0.5 ~2 mm 镀锌铁皮制成,设于天花板中,表面有隔热层,以防散热与结露。风管的截面有矩形和圆形两种:矩形管,占据空间的高度小,管路与支路交接方便,常用于中、低速空调系统;圆形管,当流通截面积相同时其圆周最小,摩擦阻力小,制造、安装和维修均方便,常用于高速空调系统。

(2)布风器

布风器是空调系统最末端的装置,装于空调舱室内,其任务是把加工处理后的空气以一定的流速和方向供入舱室,使供风与室内空气混合良好,温度分布均匀,能保持房间内风速适宜。并能对舱室气候进行个别调节,阻力噪声较小,结构紧凑,外形美观,价格低廉。

布风分为直布式和诱导式两类,现代船舶大多采用直布式布风器。

直布式布风器出口风速较低,一般为 2 ~4 m/s,流阻小、噪声低,供风温差不宜过大,一般在 10 ℃以下;常用于低压空调系统。按安装位置不同,布风器又分壁式和顶式两类。船舷空调系统普遍采用顶式,它装在天花板上,不占用舱室地面,如图 10 -2 -9 所示。

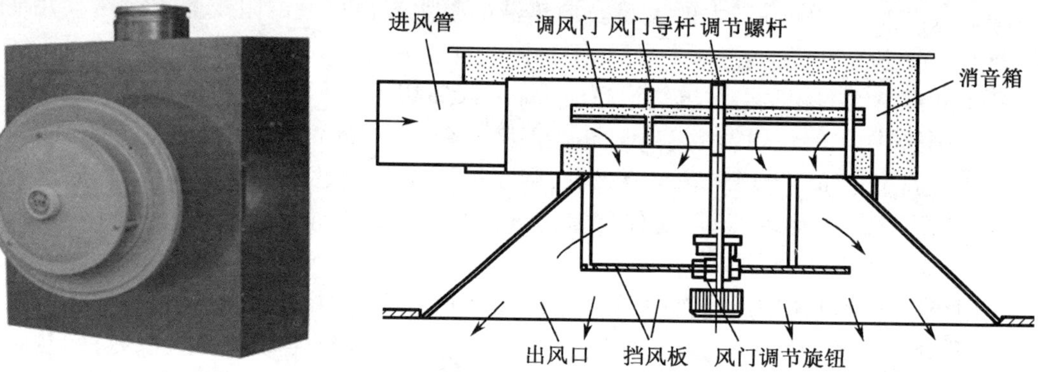

图 10 -2 -9　直布式布风器

这种布风器属锥形扩散式,进风管通入处设有容积较大的、内贴吸声材料的消音箱,然后从锥形的散流器均匀地向四周喷射,形成贴近天花板的射流,而不致直接吹到人身上使人感到不舒适。由于射流不断扩散并卷吸室内空气与之混合,其速度不断降低,以至最终消失。可见射流的流程越长,混合的效果就越好,所以射流最好能达到对面的舱壁;而射流较短(例如在减小送风量时)则会使死区(滞流区)扩大。死区通常出现在房间角落里,该处的空气不大流动,温度偏低(冬)或温、湿度偏高(夏)。而室内气流流向回风口的回流区和受射流诱导而产生的回旋风区的风速适宜,温、湿度也较均匀,所以在选用和布置布风器与回风口时,应使回流区和回旋区发生于人经常活动区域,尽量缩小死区。布风器的风量调节靠风量限位挡板和风量调节机构来完成。前者设在布风器前的风管中,由船厂调试人员调节,按设计图纸的要求分配风量,平衡各送风管阻力;后者是靠调节旋钮,可使风门升降以调节风量,由室内人员按自己的需要调节风量。当装有末端换热器时,还设有调温旋钮。这种布风器的颈部风速可从 2 m/s 直至 10 m/s,对室内空气具有一定的诱导作用,故送风温差可提高到 10 ℃左右。而其阻力在直布式布风器中也属稍大,为 150 ~300 Pa。

第三节　船舶空调系统的自动调节

空调装置的自动调节主要是对降温工况的空气温度进行自动调节；对取暖工况的空气温度、空气湿度进行自动调节。

一、降温工况的自动控制

降温工况用空气冷却器对空调送风进行冷却、除湿，当送风进入舱室后，按舱室的热湿比升温增湿，吸收热负荷和湿负荷，使室内保持合适的空气参数。

降温工况时空调装置的热负荷受外界气候条件的影响较大，为了保持空调舱室合适的温度，必须进行相应的自动调节。这种调节根据空气冷却器是采用直接蒸发式还是间接冷却式而不同。前者是将制冷剂的蒸发温度控制在一定范围内；后者则是控制流经空气冷却器的载冷剂的流量。显然，这样并不能完全阻止送风温度随外界空气温、湿度的增减而升降，故舱室内的温度也会因送风温度和显热负荷的增减而升降，然而降温工况这种室温的浮动是合乎要求的。因为舒适性空调并不要求室温恒定，相反却希望它随外界气温的升降而在一定的范围内浮动，使室内外温差不超过 6 ~ 10 ℃，以免进出舱室感觉不适。

1. 降温工况温度的自动控制

大多数船舶空调系统采用直接蒸发式空气冷却器进行夏季空气冷却和除湿处理。通过热力膨胀阀控制调节供入蒸发器的冷剂流量。当负荷增大时（外界气温升高），冷却器进口空气温度升高，因此，制冷剂在空气冷却器中吸热量增加。热力膨胀阀感受空冷器出口处制冷剂的过热度增加，膨胀阀自动开大，增加供液量，提高空气冷却器的制冷能力。这种控制方式的本质是利用膨胀阀自身特性，调节送风温度，当室外气温变化较大时，控制效果并不理想。

空调冷却器热负荷变化范围较大的情况下，可设有大小两个不同容量的膨胀阀，压缩机采用有级容量调节机构。当空冷器负荷变化时，压缩机感受吸气压力变化，由压力继电器控制压缩机增减缸，同时自动开关相应大小热力膨胀阀前的电磁阀，以使供风温度维持在合适范围，这样可以保证压缩机输气量与需要量相一致。一般地，两个电磁阀都打开，大小膨胀阀都有冷剂流过时，压缩机六缸运行；只有大容量膨胀阀前的电磁阀打开时，压缩机四缸运行；只有小容量膨胀阀前的电磁阀打开时，压缩机两缸运行；两个电磁阀都关闭时，压缩机自动停车，如图 10 - 3 - 1 所示。这种方式的本质是通过压缩机容量调节与膨胀阀流量控制，来共同控制供风温度。

空调装置还可以通过控制回风（或典型舱室）温度的温度控制器和供液电磁阀对制冷装置进行双位调节，如图 10 - 3 - 2 所示。当代表舱室平均温度的回风（或典型舱室）温度太低时，温度控制器 4 就自动关闭供液电磁阀 2，于是制冷装置停止工作。为了防止供液电磁阀频繁开启和压缩机频繁启停，温度控制器设定的上下限差值不能太小，但这也会导致空调舱室温差加大，舒适感下降。

间接冷却式系统则需要调节载冷剂（冷媒）流量，也常以回风温度作为自控信号，自动增减供入空冷器的冷媒流量。以回风温度作为自控信号代表性强，但动态偏差较大。控制方式可采用比例调节、双位调节、双位与比例控制相结合。

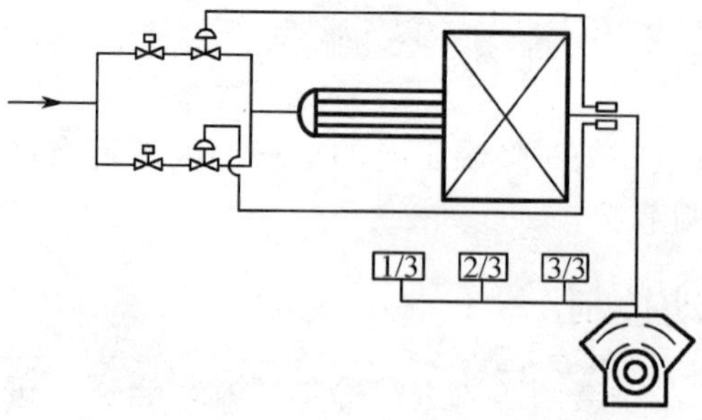

图 10－3－1　制冷压缩装置制冷量调节简图

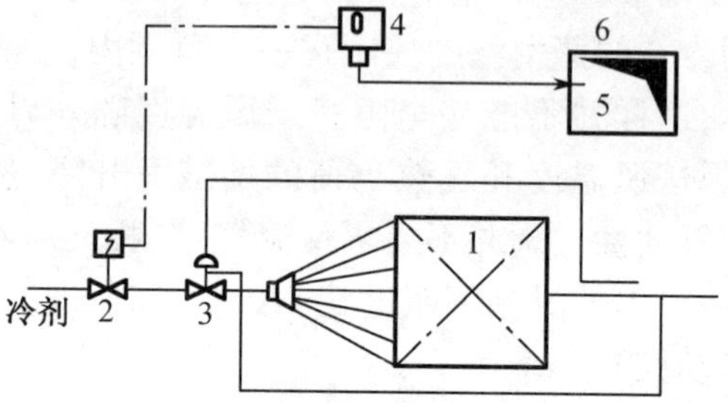

图 10－3－2　降温工况舱室温度的自动调节简图

1—空气冷却;2—电磁阀;3—热力膨胀阀;

4—温度控制器;5—温度控制器温包;6—回风管

2. 降温工况湿度的自动控制

降温工况只要能保持空气冷却器中足够低的制冷剂蒸发温度或载冷剂温度,即可保持足够低的空气冷却器壁面温度,便有足够的除湿效果,能使一般舱室的相对湿度保持在合适的范围内,故降温工况通常都不对送风湿度再作专门调节。

3. 取暖工况的自动控制

(1)取暖工况温度的自动调节

方案一:控制供风温度

控制供风温度是常用的调节方案,其特点是调节滞后时间短,测温点离调节阀近,可采用比较简单的直接作用式温度调节器控制的空调系统。

图 10－3－3 所示是单脉冲供风温度调节系统。

感温元件放在空调器的出口分配室内,感受供风温度,将信号送到调节器。当室外新风温度变化时,供风温度也会随之变化,在供风温度与调节器调定值发生偏差时,调节器发出信号,改变加热工质流量调节阀的开度,使供风温度大致稳定。但是,外界温度变化还使舱室热负荷变化,因此,仅控制供风温度不变是不够的,在对室温要求较高的场合,则使用双脉冲温度调节系统。

图 10－3－4 所示是双脉冲温度调节系统。

双脉冲温度调节系统具有两个感温件:一个位于新风口温包感受新风温度;另一个位于空调器分配室内温包感受送风温度。调节器同时接受两个信号,综合后再产生信号,操纵流量调节阀,这种系统能够补偿外界气候的变化,使室温变动减小,甚至保持室温不变。

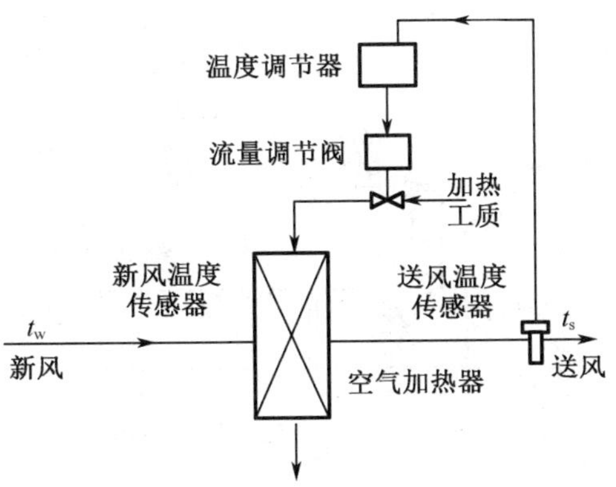

图 10-3-3　单脉冲供风温度调节系统

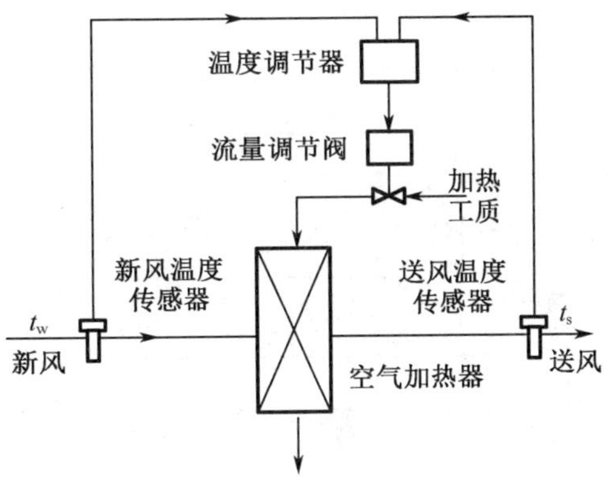

图 10-3-4　双脉冲温度调节系统

供风温度变化量 Δt_s 和室外气温变化量 Δt_w 之比,称为温度补偿率,用 K_T表示。它表示新风温度变化 1 ℃时供风温度的改变量,即 $K_T = \Delta t_s / \Delta t_w$。

双脉冲温度调节器常采用充注甘油之类的液体温包。它利用液体受热膨胀的特性,将温包感受的温度信号转变为压力信号。液体温包的容积都做得较大,这样,毛细管和调节器本体中的液体相对就少得多,从而可减少输出压力受温包以外温度的影响。两个温包有多种规格,温度补偿率的大小与两个温包的容积比有关。若容积相同,则气温每下降 1 ℃,送风温度约升高 1 ℃;若送风温包比新风温包大 1 倍,则气温每下降 2 ℃时大约能使送风温度升高 1 ℃。可见,温度补偿率 K_T,约为新风温包与送风温包容积之比。

方案二:控制回风温度

回风温度可大致反映各舱室的平均温度,因此将感温元件放在回风总管中,当回风温度偏离调定值时,通过改变加热工质流量来改变供风温度,使回风温度(舱室平均温度)大致保持不变。这种方法的测温点也不远,仍可采用直接作用式温度调节器;在采用单脉冲调节时,它比控制供风温度合理,但调节滞后时间较长,动态偏差较大,但因舒适性空调要求低,使用仍较多。

(2)取暖工况湿度的自动调节

取暖工况多用蒸汽加湿,只要控制喷入的蒸汽流量就可保持室内空气的湿度适宜,通常加湿蒸汽流量调节阀由湿度调节器控制。

方案一:控制供风湿度

如图 10-3-5 所示。感湿元件放置在空调器出口的分配室内,用以感受送风的相对湿度,然后将信号送至比例式湿度调节器。当送风的相对湿度偏离整定值时,调节器会使加湿蒸汽调节阀的开度与送风湿度的偏差值成比例地变化,将送风的相对湿度控制在一定的范围内。这种调节滞后,时间短,不宜采用双位调节。

方案二:控制回风或典型舱室湿度

如图 10-3-6 所示。感湿件放在回风口或典型舱室内,当湿度降至下限值时,调节器使加湿电磁阀开启加湿,使舱内湿度增加,当湿度达上限值时,调节器使电磁阀关闭,加湿停止。这种调节滞后,时间长,如果布风器诱导作用不强,送风与室内空气混合不良,室内空气湿度的不均匀性会较大。如果改用比例调节,则可得到改善。

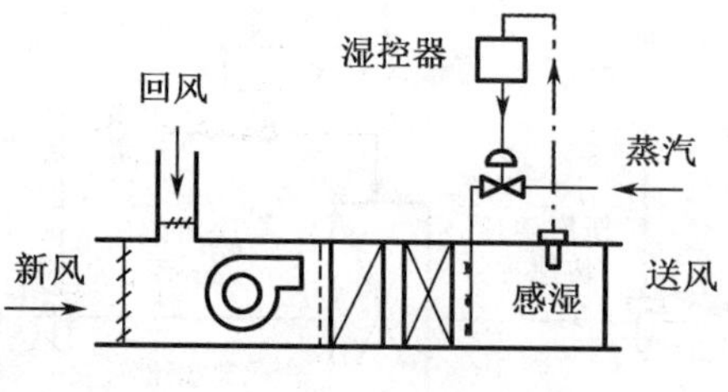

图 10－3－5　控制供风湿度

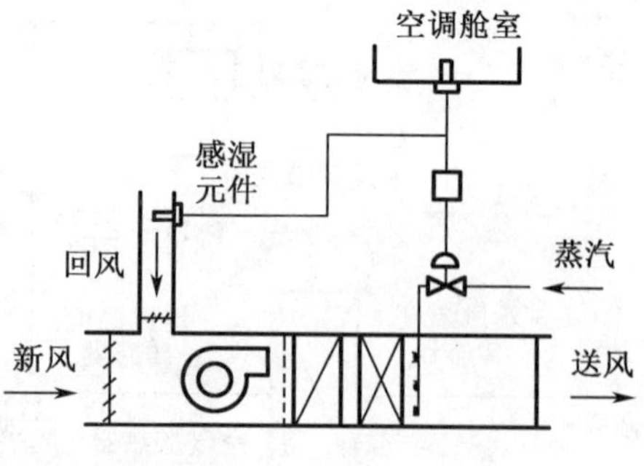

图 10－3－6　控制回风湿度

常用的湿度调节器有气动式、电动式和电子式。按照湿度传感器类型，又可分为干湿球式、毛发式、电子式等。船上选用的毛发式气动湿度调节器，是利用脱脂毛发在不同湿度下的伸缩率不同，以其长度的变化量作为湿度控制信号。

常见的电子式湿敏元件主要有电阻式、电容式两类。湿敏电阻是在基片上覆盖一层用感湿材料制成的膜，当空气中的水蒸气吸附在感湿膜上时，元件的电阻率和电阻值都发生变化，利用这一特性即可测量湿度。湿敏电阻的种类很多，例如金属氧化特湿敏电阻、硅湿敏电阻、陶瓷湿敏电阻、氯化锂电阻等。湿敏电阻的优点是灵敏度高，主要缺点是线性度和产品的互换性差。如图 10－3－7(a)所示为 JCJ100E 风道式温湿度变送器，湿度传感器采用 JUCSAN® 湿敏电阻元件，温度检测采用进口铂电阻 Pt100 作为感温元件。

湿敏电容一般是用高分子薄膜电容制成的，常用的高分子材料有聚苯乙烯、聚酰亚胺、酷酸醋酸纤维等。当环境湿度发生改变时，湿敏电容的介电常数发生变化，使其电容量也发生变化，其电容变化量与相对湿度成正比。湿敏电容的主要优点是灵敏度高、产品互换性好、响应速度快、湿度的滞后量小、便于制造、容易实现小型化和集成化，其精度一般比湿敏电阻要低一些。如图 10－3－7(c)所示为内置 SHT1x 系列芯片的电容式传感器，传感器探头前装有铜烧结防护帽。

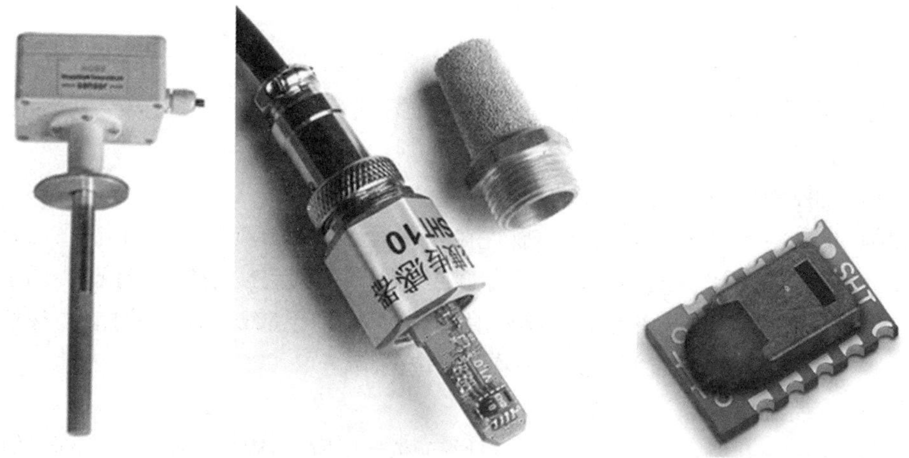

(a)　(b)　(c)

图 10－3－7　电子式湿度传感器

(a)风道式温湿度变送器；(b)防护型温湿度传感器；(c)SHT1x 湿度传感器芯片

第四节　船舶空调装置的管理

一、操作程序

1. 降温工况

(1)启动　先开风机,后开制冷机,再渐开制冷机吸入阀。

(2)停止　短期停用,先停制冷机,后停风机;长期停用,先收制冷剂,再停制冷机,最后停风机。

2. 取暖工况

(1)启动　先开加热器(要渐开供汽阀),再开风机,最后加湿阀。

(2)停止　先关加湿器,半分钟后停风机,再关加热器。

3. 通风工况

开/停通风机。

二、运行调节

空调系统的负荷计算、设备的选择与系统设计计算都是在室外空气处于冬、夏季设计,以及室内负荷为最不利条件下确定的。而全年室外空气多数是按春、夏、秋、冬周期性变化的,所以说在绝大多数时间内,室外空气是处于冬、夏设计参数之间,即使在一天内,室外空气也会有相当大的变化。在这种情况下,如果空调的运行过程中不进行相应的调节,则会使室内空气参数偏离设计要求,而且还会浪费能量。因此,空调系统必须根据室外气候条件和室内热湿负荷的变化,经济合理地进行调节。

经济合理的运行调节是指:

(1)通过调节,使室内的温度在允许的范围内;

(2)在冬季和夏季,为了减少热量和冷量的消耗,应尽量利用室内循环空气;

(3)在过渡季节,应尽量利用室外空气的自然调节能力,做到尽量不用冷、不用热或尽量少用;

(4)尽量少用再热,以免发生冷量和热量相互抵消的现象;

(5)尽可能缩短使用冷冻机的时间。

三、管理要点

1. 降温工况(气温高于25 ℃)的管理要点

(1)运行前先检查曲轴箱油位(1/2),储液器液位(1/2 ~2/3),冷却介质的压力与流量;

(2)蒸发温度一般控制在5 ~10 ℃,膨胀阀不结霜,回汽管结露并有凉手感;

(3)供风温度应维持在11 ~15 ℃,过低的供风温度易使舱室结露或出现气雾现象;

(4)保持回适的回风比,目的是节能;

(5)空调装置长期停用时(1 月以上),应将制冷剂全部收入储液器中。

2. 取暖工况(气温低于15 ℃)的管理要点

(1)释放蒸气管中的残水,蒸气压力控制在0.2 ~0.5 MPa;

(2)供风温度维持在30～40 ℃,舱室湿度为30%左右,供风湿度为10%～15%;

(3)严格控制加湿量。待热平衡后按需(气温低于0 ℃)开启加湿阀,舱室含湿量不大于6.5 g/kg干空气(相当于室温22 ℃时,湿度为40%);当气温高于0 ℃以上时一般不用加湿。

3.通风工况的管理要点

通风工况(环境温度在20～23 ℃)时应全部采用外界新风,若风机具有高、低速挡,应采用低速挡,减少功耗,降低噪声。

四、节能措施

空调系统的运行节能途径很多,如室内温度设定值节能控制;新风量节能控制;动力设备启动节能控制;电力负荷控制;输送系统的变流量、变速度控制等。采用节能控制可获得很大的节能效果,但在实施节能途径的同时,也往往伴随有某些设备、仪器仪表和材料等的投入,因此在选择时,应根据目前的技术经济情况合理选用。

复习思考题

1.船舶空调的基本要求有哪些?
2.布风器的种类有哪些,各有什么特点?
3.调节降温工况的空气温度的方案主要有哪些?
4.调节取暖工况的空气湿度的方案主要有哪些?
5.如何使空调系统节能?
6.船舶空调装置的类型有哪些?
7.船舶空调系统的主要设备有哪些?
8.空气的加热和加湿通常采用哪些方式?
9.降温工况温度的自动控制和取暖工况的自动控制可通过哪些方案实现?
10.简述船舶空调装置管理的操作程序?
11.简述船舶空调装置管理的运行调节?

第十一章　船舶轴系

第一节　船舶推进装置的形式及其特点

船舶推进装置是船舶动力装置的一个重要组成部分，一般由主机、传动设备、轴系和推进器等组成。其作用是将主机发出的功率，通过传动设备和轴系传给推进器，推进器产生的推力传递给船体，以完成推进船舶的使命。

船舶的用途、航区、推进性能的不同，使主机的形式与数目、传动方式、轴系的数目、推进器的类型与数目必然不一，构成了具有不同特点的推进装置。

船舶推进装置形式根据动力传递方法不同，一般可分为直接传动推进装置、间接传动推进装置和特殊传动推进装置三类。

1. 直接传动推进装置

直接传动推进装置是主机直接通过轴系把功率传给螺旋桨的传动方式，如图 11－1－1 所示，在主机与轴系中无其他传动设备，在任何工况下，螺旋桨与主机具有相同的转速与转向。由于螺旋桨在较低转速时有较高的效率，因此直接传动在远洋运输船舶中得到广泛应用。

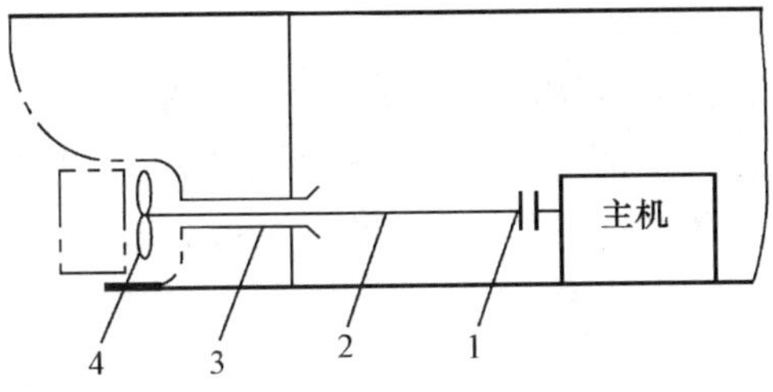

图 11－1－1　单机单桨直接传动推进装置

1—联轴器；2—轴系；3—管系；4—螺旋桨

直接传动推进装置的优点是：结构简单、使用寿命长、燃料费用低、维修保养方便、噪声低、传动损失小、推进效率高等。

但这种推进装置也存在一些缺点：质量与尺寸大、要求主机有可反转性能、其机动性差、非设计工况下运转时经济性差、低速和微速航行受到柴油机最低稳定转速的限制。

因而，这种推进装置适用于工况变化较少、航程较远、采用大功率低速柴油机作为主机的船舶。

2. 间接传动推进装置

间接传动推进装置是通过中间传动设备（齿轮减速器和离合器等），使主机与轴系连接在一起的一种传动方式，如图 11－1－2 所示。齿轮减速器具有降低主机传给螺旋桨转速的作用，以提高螺旋桨的推进效率。离合器用来脱开或接通主机与轴系的连接，有的还担负着倒车的作用。在这种传动装置中，主机转速与螺旋桨转速有差别或保持一定的速比。

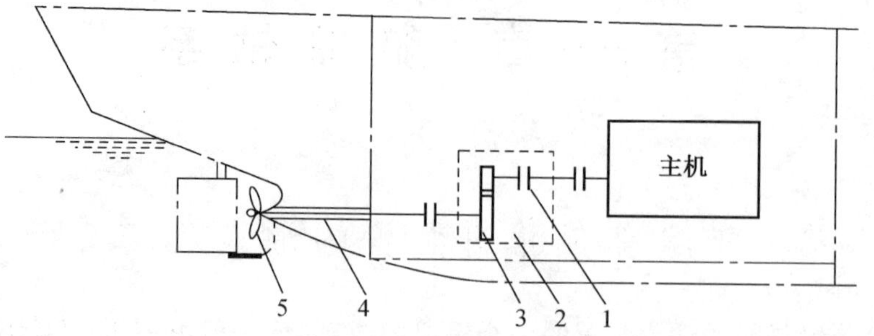

图 11－1－2 间接传动推进装置

1—离合器；2—传动设备；3—齿轮减速器；4—艉轴；5—螺旋桨

间接传动推进装置的优点是：质量与尺寸小、主机的转速不受螺旋桨要求的转速限制；轴系布置方便灵活；带倒顺离合器时可选用不可逆转的主机，主机不用换向，使主机结构简单，工作可靠，管理方便，机动性提高；有利于多机并车、单机分车与轴带发电机布置。

间接传动推进装置存在的缺点是：结构复杂、传动损失大、传动效率低。

间接传动多应用于中小型船舶以及以大功率中速柴油机、燃气轮机为主机的大型船舶上。

3. 特殊传动推进装置

特殊传动推进装置是与直接、间接传动不同的一种传动方式。其形式很多，主要有可调螺距螺旋桨推进装置、Z 型传动推进装置、电力传动推进装置等。

（1）可调螺距螺旋桨推进装置

可调螺距螺旋桨推进装置简称调距桨推进装置，如图 11－1－3 所示。调距桨推进装置是通过改变螺旋桨的螺距达到正倒车或改变船舶航速的传动方式。在这种装置中，螺旋桨的桨叶在桨毂上是可以相对转动的，只要相对转动桨叶，便可改变螺距，从而改变螺旋桨的推力大小及其方向。

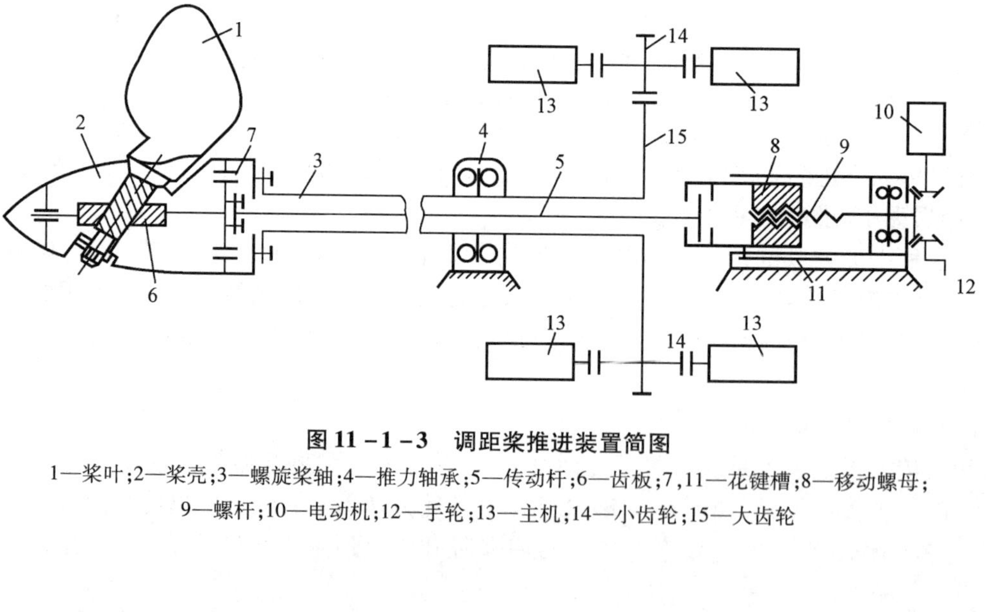

图 11－1－3 调距桨推进装置简图

1—桨叶；2—桨壳；3—螺旋桨轴；4—推力轴承；5—传动杆；6—齿板；7，11—花键槽；8—移动螺母；9—螺杆；10—电动机；12—手轮；13—主机；14—小齿轮；15—大齿轮

优点:在部分负荷下能有较好的经济性,能适应船舶阻力的变化,充分利用主机的性能,主机或减速齿轮箱不必设换向装置,使其结构简化;可提高船舶的机动性和操纵性;有利于驱动辅助负载。

缺点:机构比较复杂,整个装置制造、安装及维修保养困难,造价高;桨毂尺寸较大,在设计工况下效率比定距桨低。

可调螺距螺旋桨推进装置多用于多种航行工况的船舶,以及机动性、操纵性要求高或需超低速航行的船舶。

(2)Z 型传动推进装置

Z 型传动推进装置又称悬挂式螺旋桨推进装置。图 11 -1 -4 为 Z 型传动装置的结构原理图。Z 型传动方式最显著的特点是螺旋桨可绕垂直轴做 360°回转。当启动一个电动机(或液压马达)带动蜗轮蜗杆装置 10 中的蜗杆运动时,蜗轮会带动旋转套筒 16 在支架 17 中回转,从而使螺旋桨 13 绕垂直轴 12 在水平面内做 360°回转,使螺旋桨推力方向在 360°范围内任意改变。

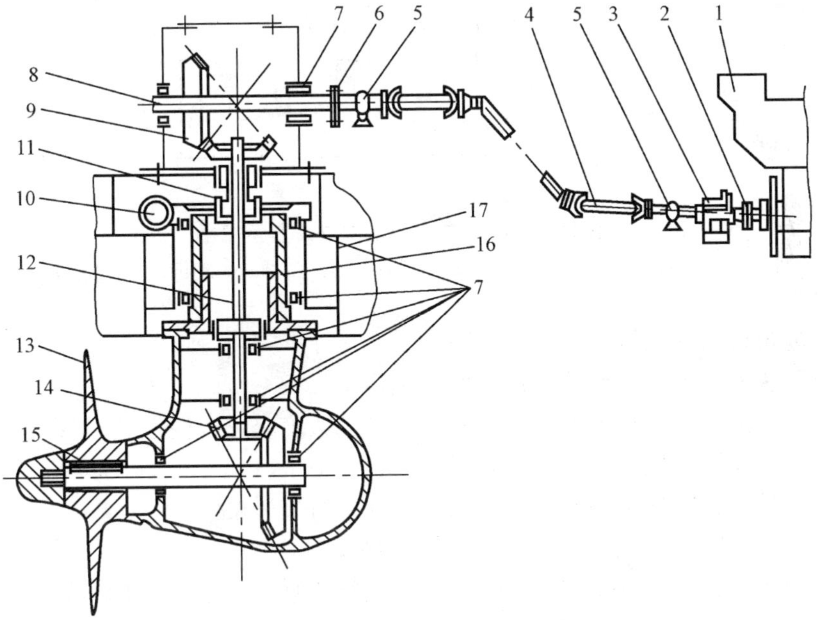

图 11 -1 -4　Z 型传动推进装置的结构原理图

1—主机;2—联轴器;3—离合器;4—带有万向节的传动轴;5—滑动轴承;6—弹性联轴节;7—滚动轴承;8—上水平轴;9—上部螺旋锥齿轮;10—蜗轮蜗杆装置;11—齿式联轴器;12—垂直轴;13—螺旋桨;14—下部螺旋锥齿轮;15—下水平轴;16—旋转套筒;17—支架

它具有以下优点:

①操作性能好。螺旋桨的推力方向可以自由变化,使船舶操作性能优于其他传动方式,特别是采用两台主机,而每台分别带动一个 Z 型传动装置时,可以使船舶原地回转、横向移动、快速进退,以及微速航行等。

②可以省掉舵、艉柱和艉轴管等结构,使船尾结构简单,船体阻力减少。

③可以使用质量、体积小的中、高速柴油机,而不需要单独的减速齿轮装置。

④不需要主机换向,可以延长主机使用寿命。

⑤悬挂式螺旋桨装置可由船尾部甲板开口处吊装，检修不用进坞，可大大缩短检修时间。

存在的缺点：

①结构比较复杂，使传递功率受到一定的限制。

②整个装置制造、安装及维修保养困难，造价高。

③桨毂尺寸大，在设计工况下效率比定距桨低。

Z 型传动仅适用于小型船舶，特别适用于港口作业船舶和在狭窄航道中航行的船舶。

(3)电力传动推进装置

电力传动推进装置一般是主机驱动主发电机发电，所发出的电能并网，经过控制调节装置（配电板）供电给螺旋桨的推进电动机，驱动螺旋桨旋转的一种传动形式。主机和螺旋桨间没有机械联系，机、桨可任意距离布置，图 11 - 1 - 5 所示为电力传动推进装置示意图。

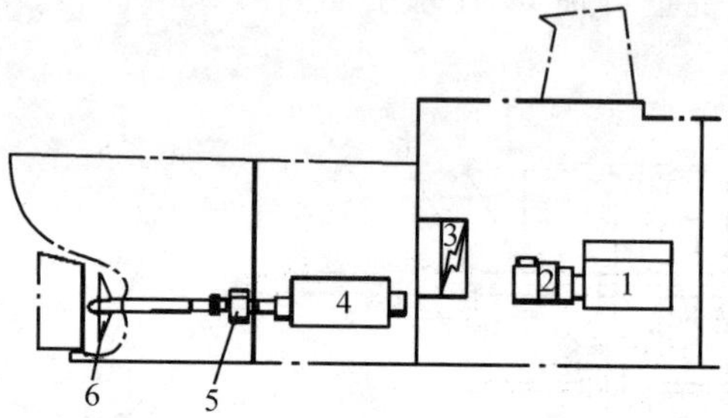

图 11 - 1 - 5　电力传动推进装置示意图

1—原动机；2—主发电机；3—控制调节装置（配电板）；4—螺旋桨推进电动机；5—推力轴系；6—螺旋桨

这种推进装置的优点是：

①机组配置和布置比较灵活、方便，舱室利用率高；

②改变直流电动机的电流方向可使螺旋桨转向改变，便于遥控，机动性与操纵性好；

③发电机转速不受螺旋桨转速的限制；

④正倒车具有相同功率和转速性能，具有良好的拖动性能；

⑤可消除螺旋桨对原动机的振动冲击，船舶振动大大减轻；

⑥在柴油机 - 电力推进装置中，可采用分机组修理的方法，以缩短因船舶修理而造成的停航时间。

其缺点是：

①电力传动要经过两次能量转换，损失大，传动效率低；

②增加了发电机和电动机，传动推进装置总的质量和尺寸较大，造价和维修费用较高。

③控制系统复杂，管理维护难度大。

因此，电力传动推进装置的发展受一定的限制，仅在破冰船、潜艇、调查船和渡船等要求有较好操纵性和机动性的船舶上使用。

目前，随着计算机和大功率半导体电力电子元件及技术的高速发展，变频调速技术在电力推进中得到了广泛的应用。吊舱式电力推进器（也称“动力舵”）的诸多优点更加速了电力推进的发展，增大了电力推进在船舶，尤其在滚装船、拖船、破冰船等上的市场占有率。图 11 - 1 - 6 示出了吊舱式推进器的结构原理。驱动螺旋桨的大型电机装在吊舱内，吊舱可以 360°转动，能产生水平任意方向上的推力，因此船舶的操纵性得到极大的提高。随着环保要求的提高和新型能源(如燃料电池、太阳能等)的快速发展,电力推进很可能在不久的将来代替机械推进成为船舶推进方式的主流。

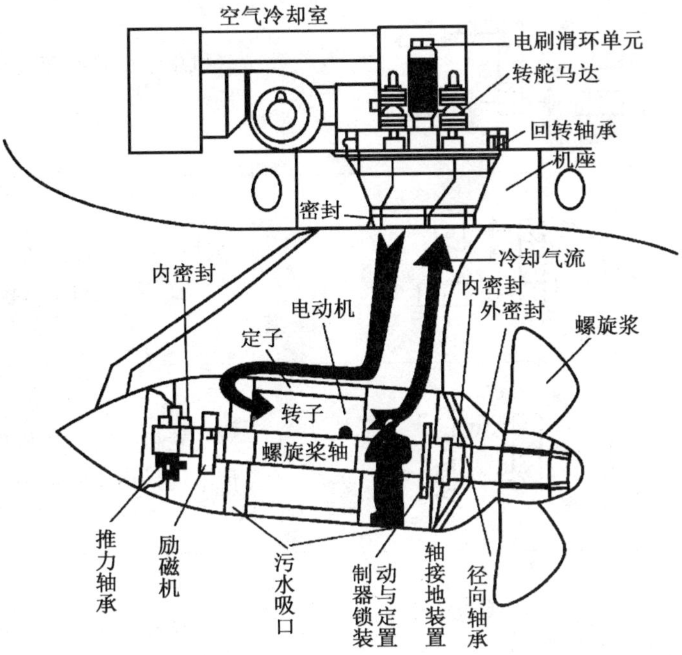

图 11-1-6 吊舱式推进器结构原理

特殊传动推进装置除上述以外,还有喷水推进装置、超导电磁推进装置、表面驱动推进装置等,应用在一些特殊用途的船舶上。

由于船舶主机、传动设备、传动方式及推进器的类型很多,因此它们可以组成多种形式的推进装置,如表 11-1-1 所示。图 11-1-7 所示为常见的柴油机动力装置推进传动方案。

表 11-1-1 船舶推进装置的传动方案

序号	推进装置的传动方案	
1		单机单桨刚性直接传动,定距螺旋桨,主机反转
2		单机单桨刚性直接传动,调距桨,主机不反转
3	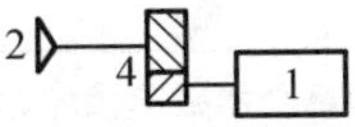	单机单桨齿轮减速传动,定距螺旋桨,双转向齿轮箱,主机不反转
4	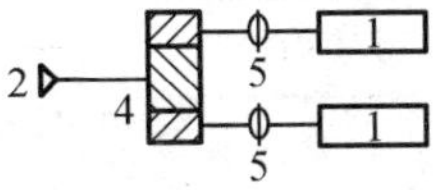	双机单桨齿轮减速传动,定距螺旋桨,主机反转

表 11 –1 –1(续)

序号	推进装置的传动方案	
5	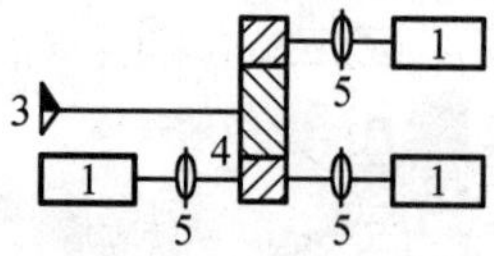	三机单桨齿轮减速传动,调距桨,主机不反转
6	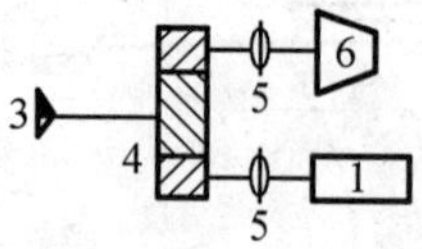	柴油机 – 燃气轮机单桨齿轮减速联合传动,调距桨,主机不反转
7	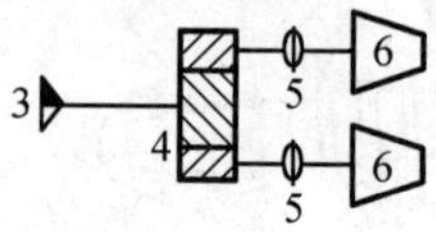	燃气轮机 – 燃气轮机单桨齿轮减速联合传动,调距桨,主机不反转
8	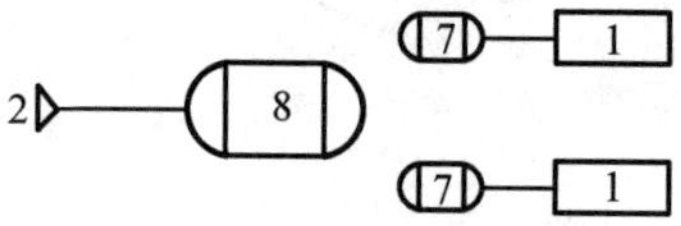	双机单桨电传动,定距螺旋桨,主机不反转
轴系数目	 单桨　双桨　三桨　四桨	

图形上编号表示:1—柴油机;2—定距桨;3—调距桨;4—齿轮减速器;5—离合器;6—燃气轮机;7—发电机;8—电动机

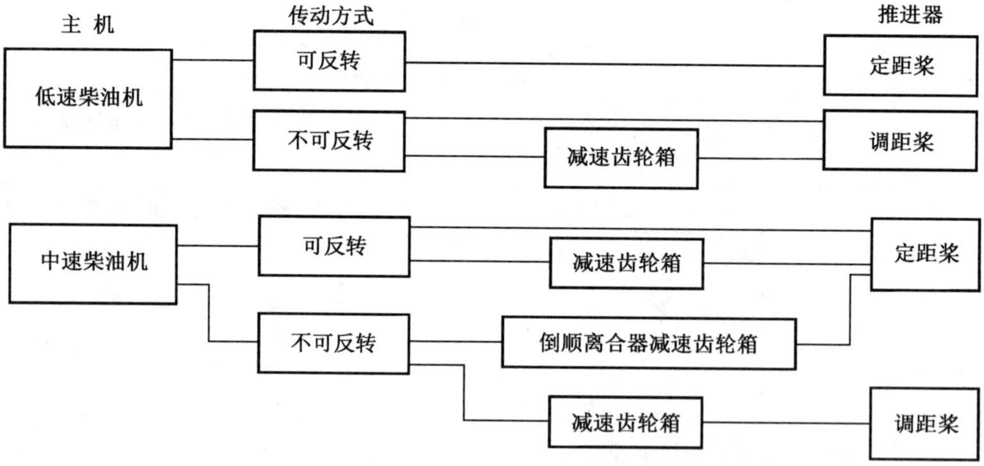

图 11 –1 –7　柴油机动力装置推进传动方案

第二节　船舶轴系的功用及其组成

船舶轴系是船舶动力装置中的重要组成部分。所谓船舶轴系是指从主机的曲轴输出端法兰(或减速齿轮箱末端)至螺旋桨之间的传动轴、轴承以及轴系附件的总称。

船舶轴系的作用:连接主机与螺旋桨,将主机发出的功率传给螺旋桨,同时又将螺旋桨所产生的推力传递给船体,以实现推进船舶的使命。

一、船舶轴系的组成

船舶轴系位于主机的输出法兰和螺旋桨之间,从主机到螺旋桨之间有一定的距离,其间用传动轴加以连接。为了加工、制造、运输、拆装的方便,以及实现不同的功能,往往将传动轴制成许多节,并用联轴器加以连接。各传动轴由相应的轴承支承和定位。

由于船舶动力装置的类型不同,轴系的具体组成也有所不同。

对直接传动的推进装置,船舶轴系的基本组成如图 11－2－1 所示,一般包括以下部件:

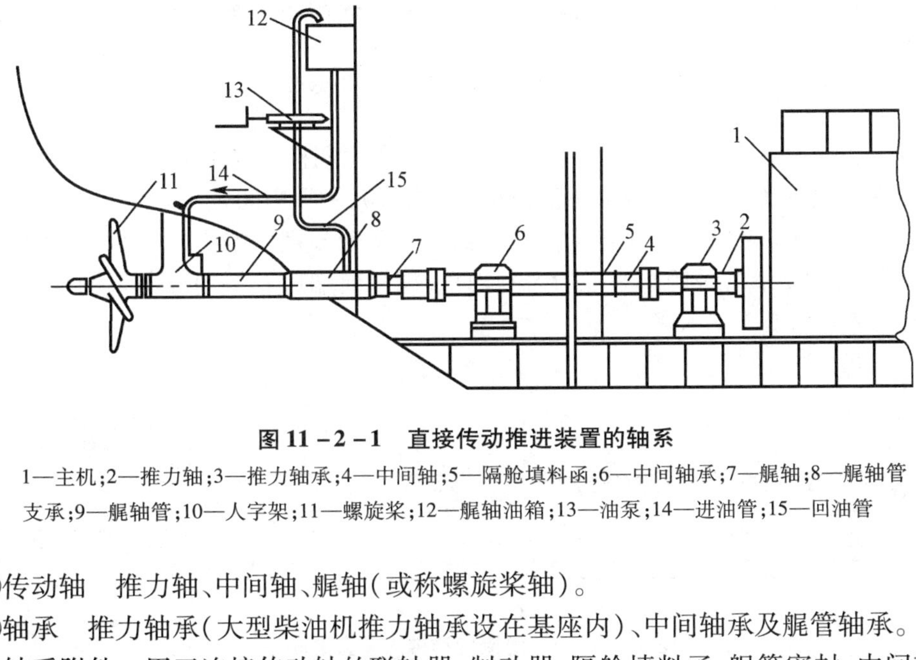

图 11－2－1　直接传动推进装置的轴系

1—主机;2—推力轴;3—推力轴承;4—中间轴;5—隔舱填料函;6—中间轴承;7—艉轴;8—艉轴管支承;9—艉轴管;10—人字架;11—螺旋桨;12—艉轴油箱;13—油泵;14—进油管;15—回油管

①传动轴　推力轴、中间轴、艉轴(或称螺旋桨轴)。

②轴承　推力轴承(大型柴油机推力轴承设在基座内)、中间轴承及艉管轴承。

③轴系附件　用于连接传动轴的联轴器;制动器;隔舱填料函、艉管密封;中间轴承、推力轴承、艉管轴承的润滑与冷却管路;轴接地装置等。

对间接传动的推进装置,船舶轴系除了上述组成以外,还有船用齿轮减速箱、离合器、液力耦合器等传动设备。

图 11－2－2 所示是大型低速柴油机直接传动轴系的组成简图。机舱 18 位于船舶的中后部,柴油机 1 通过推力轴,调整短轴 3 和中间轴 5,8,10,以及艉轴 11 驱动螺旋桨 13。推力轴承 2 给整个轴系轴向定位,推力轴由推力轴承内的径向轴承支承,中间轴由中间轴承 4,7,9 支承。轴承 12 是最后一道位于轴隧内的中间轴承,但其作用是和艉轴管中的艉轴承一同支承艉轴,也称艉轴前轴承。艉轴从艉轴管 14 伸出船尾,曲轴、推力轴、中间轴和艉轴之间通过法兰 6(联轴器的一种类型)用螺栓连接,螺旋桨用键和螺母固定到艉轴上。

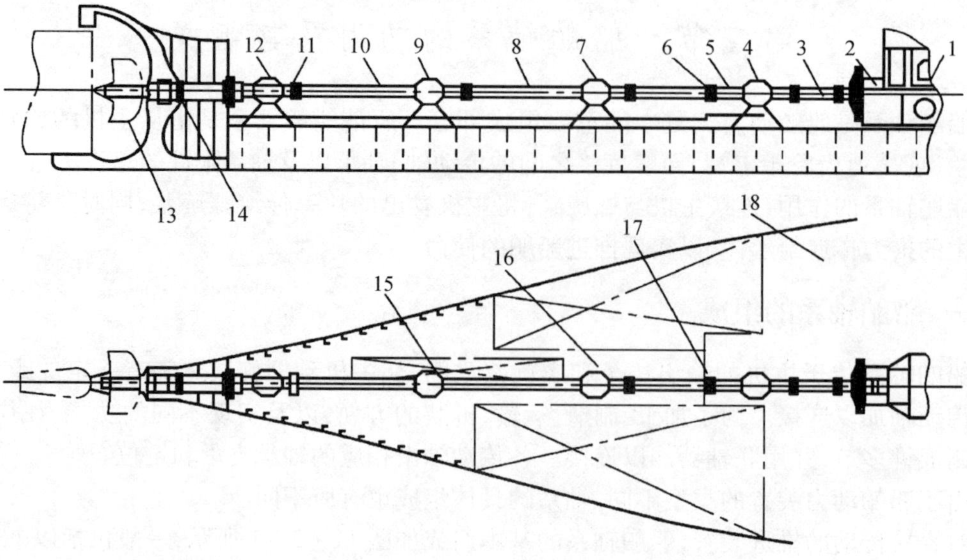

图 11－2－2　大型低速柴油机直接传动轴系的组成简图

1—柴油机；2—推力轴承；3—短轴；4，7，9，12—中间轴承；5，8，10—中间轴；6—法兰联轴器；11—艉轴；13—螺旋桨；14—艉轴管；15—窗口；16—轴隧；17—隔舱填料箱；18—机舱

图 11－2－3 所示为一艘内河航行的小型客船，采用间接传动推进装置的轴系。主机经减速齿轮箱 12 与轴系连接，每条轴系都包括推力轴 10，一根中间轴 7 和艉轴 4。推力轴、中间轴和艉轴之间由法兰联轴器 6 连接。推力轴和中间轴分别由推力轴轴承 11 和中间轴轴承 8 支承，艉轴的支承常采用水润滑的橡胶轴承，艉轴前端用较短的艉轴管轴承 5 支承，而后端采用人字架轴承 3 支承。

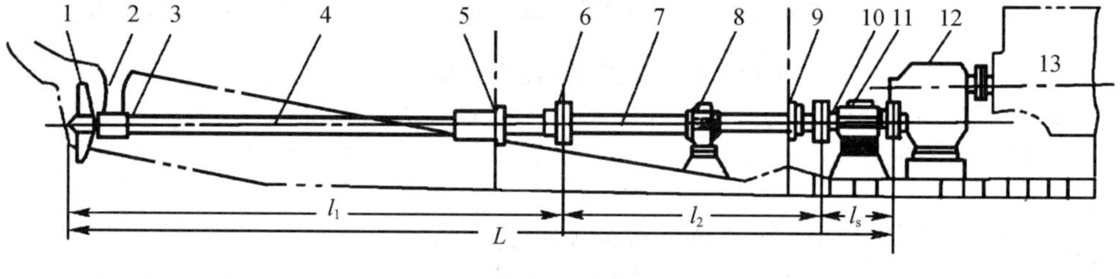

图 11－2－3　间接传动推进装置的轴系

1—螺旋桨；2—人字架；3—人字架轴承；4—艉轴；5—艉轴管前轴承；6—可拆式法兰联轴器；7—中间轴；8—中间轴轴承；9—隔舱壁填料函；10—推力轴；11—推力轴轴承；12—减速齿轮箱

二、船舶轴系的布置

轴线布置主要是指确定轴线的数目、轴线的长度和轴线的位置。轴系的结构种类很多，有常用型螺旋桨推进装置轴系；可调螺距螺旋桨推进装置轴系；正反转螺旋桨推进装置轴系；可回转式螺旋桨推进装置轴系等。它们相互之间区别很大，各不相同。但就目前我国民用船舶来看，除工程船舶与内河某些小船之外，大多数属于常用型螺旋桨推进装置轴系。这里仅介绍常用型螺旋桨推进装置轴系。

1. 轴线的数目

从主机到螺旋桨间的轴系，往往是由几段位于同一直线的轴相互连接起来的，这种位于同一直线上的轴为轴线。轴系根据轴线数目分为单轴系、双轴系和多轴系。轴线数目取决于船舶的类型、航行性能、主机形式及特征，以及推进装置在多种工况下的经济性及其工作可靠性等。

在民用船舶中，通常采用单轴系或双轴系。如大型远洋船舶通常采用单轴系；客船、港作船、集装箱船等特殊要求操纵性好的船舶则一般是双轴系，以提高其快速性、机动性及可靠性。但双轴系船舶的结构复杂，建造的工作量大，成本也高。

对于军用舰船来说，为了提高其航速、生命力和机动性，一般采用双轴系或三轴系，个别的为四轴系。

2. 轴线的长度

轴线的长度是指主机（或离合器或齿轮箱）输出法兰端面中心至螺旋桨桨毂端面中心间的连线，如图 11 - 2 - 4 所示。两端点的距离 L 为轴线的基本长度。

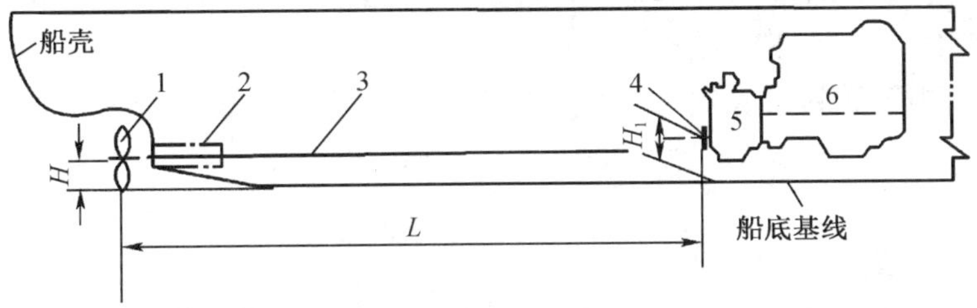

图 11 - 2 - 4　轴线长度及位置图

1—螺旋桨；2—螺旋桨艉轴管；3—轴线；4—齿轮箱输出法兰；5—齿轮箱；6—主机

传动轴的实际长度尚应考虑螺旋桨桨毂端面中心后的轴段长度，即用来安装螺旋桨轴段和螺纹的长度。

轴系根据轴线的长短分为长轴系和短轴系。在船舶总体设计时，机舱可以布置在中部，也可以布置在艉部。当机舱布置在中部时，轴系就比较长；当机舱布置在艉部时，轴系就比较短。一般来说，具有两根或两根以上中间轴的轴系，称为长轴系，中机型的大型船舶的轴系长度有的达 100 m 左右，其中间轴多达十余根。只有一根，其长度可短至 7 ~ 8 m 或者没有中间轴的轴系称为短轴系。长轴系的柔性比较好，比较容易调整，但调整、安装的工作量大。短轴系的刚性比较大，安装的要求也就高一些。双轴系船舶，左右主机回转方向必须相反，当船舶在正车前进时，右舷主机一般为右转，而左舷主机为左转。如果主机回转方向一致，则可通过换向机构来实现。当一台主机驱动左右两套轴系时，也可安装换向机构来使左右轴系反向旋转。

轴线总的长度确定以后，再根据船体尾部线型、各轴承的比压分布情况、工厂的实际加工能力，以及轴系在机舱内的装卸要求，决定螺旋桨轴、各中间轴的长度。

3. 轴线的位置

一般单轴系的轴线，布置在船舶的纵舯剖面上；双轴系的轴线往往对称布置在船舶两舷；而三轴系的轴线，其中一根布置在船舶的纵舯剖面上，其余两根轴线则对称布置在两舷。这是轴线在水平面的布置位置。

理想的轴线位置最好与船体的龙骨线(基线)平行,而在多轴系的轴线应保持与船纵舯剖面对称。但这种理想的轴线有时很难实现,因为它的首尾位置必须服从于主机和螺旋桨的位置。如主机位置比较高而船舶吃水比较浅时,为了保证螺旋桨能浸入水下一定距离,有时使轴线向艉部倾斜一定的角度,这一角度称为轴线的倾斜角,用 α 表示,如图 11-2-5(a)所示。

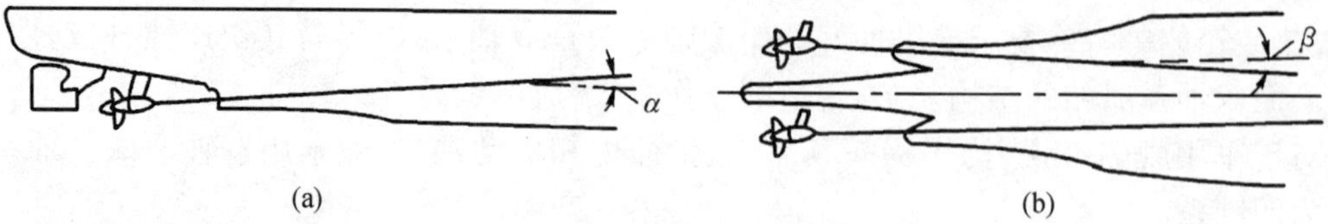

图 11-2-5　轴系的倾斜角 α 和偏斜角 β

有些双桨或多桨船舶的轴系,为了使螺旋桨桨叶的边缘离开船的外板并留有一定的空隙,允许轴线在水平投影面上不与纵舯剖面平行,而偏斜一定角度,这个角度称为偏斜角,用 β 表示,如图 11-2-5(b)所示。

如果轴线出现了倾斜角 α 和偏斜角 β 都会使螺旋桨有效推力下降,其有效推力为

$$T = T_{桨} \cos \alpha \cos \beta \tag{11-2-1}$$

式中　T——螺旋桨的有效推力;

$T_{桨}$——螺旋桨的推力。

为了保证螺旋桨有足够的推力,不会因 α,β 角的过大而推力损失太多,必须对倾斜角 α 及偏斜角 β 加以限制,一般将倾斜角 α 控制在 0°~5°,偏斜角 β 则控制在 0°~3°。但对于高速快艇,由于条件的限制,倾斜角可达到 12°~16°,但很少超过 16°。

三、轴系的工作条件及其要求

由于轴系位于水线以下,一部分轴系长期浸泡在水中,工作条件比较恶劣,受力复杂。轴系工作时,承受着很大的扭矩、推力和由此而产生的扭应力和拉压应力。另外,轴系、螺旋桨以及其他附件的重力作用,使轴系产生弯曲应力;安装误差、船体变形、轴系的扭转振动、横向振动、纵向振动,以及螺旋桨的不均匀水动力作用等还会在轴系中产生附加应力。上述诸力和力矩往往还是周期变化的,这更增加了它们的危害性。另外,轴系在工作中,轴颈与轴承发生摩擦,当用海水作为艉轴承润滑剂时,艉轴管和轴颈还要受到腐蚀的作用。如果轴系设计布置或安装不当往往会使轴发热,磨损剧烈,甚至引起断轴事故,修理时往往不得不进坞,从而造成很大的经济损失。

轴系应满足船舶规范的要求。主要包括以下几个方面:

1. 工作可靠且使用寿命长

轴系传动部件应有足够的强度和刚度,轴系应保证在船舶横倾 15°、横摇 22.5°、纵倾 5°、纵摇 10°时,以及其他不利情况同时发生时能可靠地运行。

2. 结构简化

在满足工作需要的基础上,应力求结构简化,这不仅给制造安装带来方便,还能降低制造成本,提高经济效益。

3. 传动损失小

在轴系设计制造时，正确选择轴承数目、布置位置和润滑方式，以减少传动损失，提高推进效率。

4. 船体变形影响要小

船舶航行中，因受各种因素的影响。变形是不可避免。而船体变形会使轴系各支承点产生位移，这样会产生附加应力，力求这种附加应力尽可能小，不影响轴系正常工作。

5. 具备良好的抗震性能

使轴系在营运转速范围内不产生扭转共振、横向共振及耦合共振。

6. 有良好的抗腐蚀性能及密封性能

采取必要的措施，选择良好性能的密封装置，既要防止海水对艉轴的腐蚀，也要防止滑油外漏而污染海洋环境。

7. 质量、尺寸要小

对民用船舶来讲，缩小轴系的质量及尺寸也就是缩小机舱所占空间，以提高装载货物的空间，增加营运量以提高船舶营运经济性。

第三节　轴系传动轴

一、传动轴的组成及要求

1. 传动轴的组成

传动轴通常由螺旋桨轴、中间轴和推力轴，以及连接这些轴段的联轴器所组成。中机舱型船舶的轴系，一般采用多根中间轴；艉机舱型船舶轴系，传动轴往往只由一根中间轴和一根螺旋桨轴组成。有些以中高速柴油机为主机的船舶推进装置，因其推力轴已放置在减速齿轮箱中或主机自带，所以轴系布置时不再设推力轴。其轴段的数目和配置主要取决于船舶的类型、动力装置的类型和机舱布置。

2. 要求

传动轴位于船舶水线以下，工作条件比较复杂。传动轴工作时，常受到螺旋桨产生的阻力矩及推力作用，使传动轴产生的扭转应力、压缩应力，轴系本身自重产生的弯曲应力，轴系的安装误差、船体变形、轴系振动以及螺旋桨的水动力产生的附加应力等。以上诸力往往周期变性地化作用在传动轴上，在个别时候更为突出。如船舶在紧急刹车、倒航、转向及在恶劣天气航行作业时，传动轴承系受的负荷增大产生发热或损坏。

为了保证传动轴工作安全可靠，使用寿命长，要求传动轴具有足够的强度、刚度，有合理的结构尺寸，并尽量减小其长度与质量，还将有利于制造和管理。

二、传动轴的结构

1. 螺旋桨轴

一般船舶的螺旋桨轴也称艉轴。少数螺旋桨轴伸出船体。过长的多轴线船舶的轴系，为了便于制造与安装方便，往往将螺旋桨轴分成两节，并用联轴器将两段相连，这时与螺旋桨连接的轴段称为螺旋桨轴，通过艉轴管但不安装螺旋桨的轴段（即联轴器前面的轴段）称为艉轴，如图 11 - 3 - 1 所示。由于民用船舶的螺旋桨轴很少分两段，所以通常情况螺旋桨轴与艉轴是同一概念。

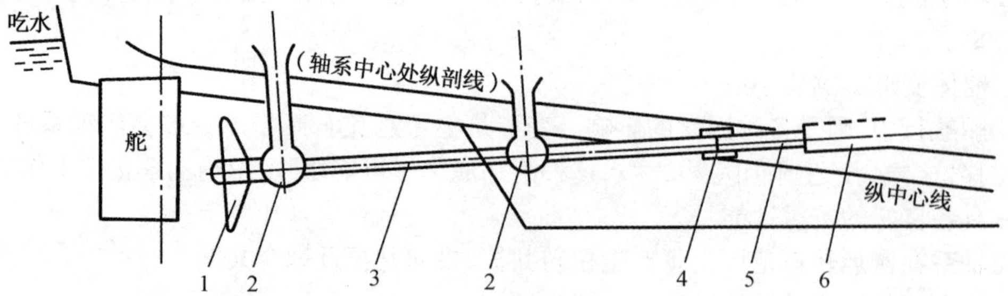

图 11-3-1　螺旋桨轴与艉轴

1—螺旋桨；2—人字架；3—螺旋桨轴；4—夹壳联轴器；5—艉轴；6—艉管

螺旋桨轴是轴系中最末一段轴。它穿过艉轴管而伸出船尾，其首端与中间轴连接，尾端安装螺旋桨。

螺旋桨轴的基本结构如图 11-3-2 所示。其主要由尾部（装螺旋桨的锥形轴和螺柱）、轴干、轴颈和首部（锥形轴、螺柱或法兰）组成。

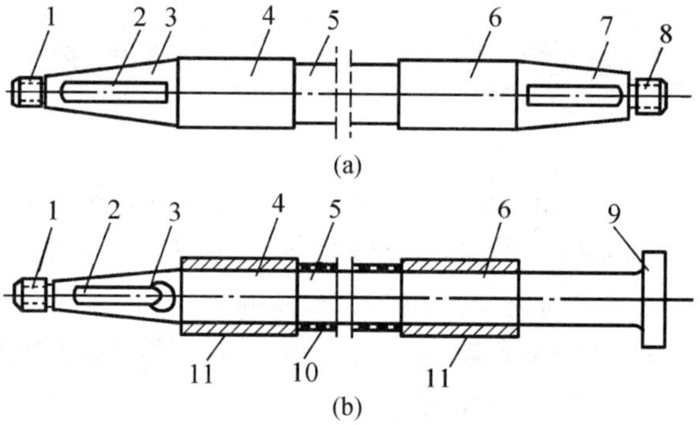

图 11-3-2　螺旋桨轴的基本结构

1—艉螺纹；2—键槽；3—艉锥体；4—后轴颈；5—轴干；6—前轴颈；
7—前锥体；8—前螺纹；9—前连接法兰；10—轴包覆；11—轴套

螺旋桨轴直接与艉轴轴承接触处，或装有轴套的部位称为轴颈，轴颈之间的中间最细的部分为轴干。艉轴的尾部制成锥形轴，供安装螺旋桨所用，其艉轴轴端螺纹部分供装锁紧螺母之用。螺旋桨轴首部结构形式有两种：一种是锥形结构，供装可拆联轴器之用，如图 11-3-3所示，这种结构形式可由船体外向船内安装艉轴；另外一种是法兰式，如图 11-3-2(b)所示，法兰与艉轴制成一体，这种结构形式可由船内向船体外装艉轴，故在船内应有一定的空间，供艉轴吊入船内安装。法兰式艉轴具有质量小、尺寸小等特点，所以在大型船舶应用较多。

(1)轴颈与轴干

轴颈是直接与艉轴承相接处的部分，它主要传递动力，并有摩擦损失。因此轴颈是螺旋桨轴的工作表面。轴颈之间的中间部分为轴干，其两端与轴颈相连，轴干是螺旋桨轴的非工作表面。

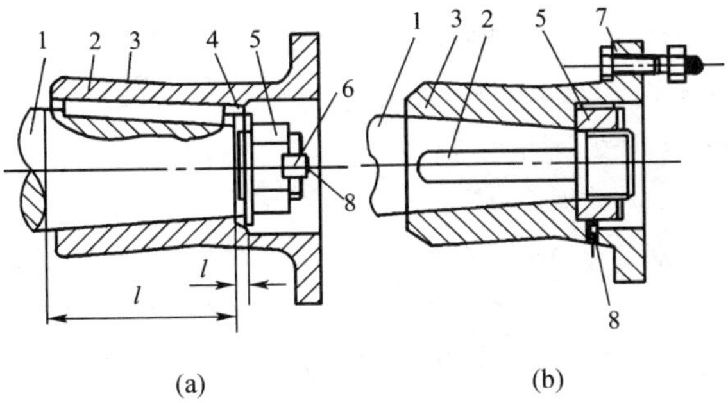

图 11-3-3　首部锥体与可拆联轴器连接

1—螺旋桨轴;2—键;3—联轴器;4—垫片;5—锁紧螺母;
6—止动块;7—连接螺栓;8—止动螺钉

对艉轴轴颈而言,为了使其外圆面在磨损后便于修复,一般其直径比轴干大 5 ~ 30 mm;为了便于安装,桨前后轴颈直径大小略有差异,一般差值为 2 ~ 10 mm。从船外向内安装的艉轴,其首部轴颈直径应略小些。带有整段法兰式的螺旋桨轴,其后部轴的直径应略比首部小。有的小型船舶为节省材料,轴颈与轴干的直径制成一样,轴颈长度应比轴承长度略长,以便在轴系安装或调整产生一些轴向位移时,应能与轴承有良好的接触,以免使其接触长度缩短,接触比压增加。为了避免应力集中,在轴径在轴颈与轴干过渡处应采用锥形或圆弧过渡。为了减小质量,有时也可采用空心轴结构,中孔系数 $m=0.5\sim0.75$(内径与外径之比),对于艉部锥形部分,为保证强度要求,m 值应小些。空心轴内腔应涂红铅丹,两端密封,以防内表面腐蚀。

轴干直径的大小按《钢质海船入级与建造规范》或《内河钢船建造规范》的有关公式计算求得,再按标准化的要求进行选定。轴干的长度是在轴系布置时确定的,它与轴线数、船体线型有关。

(2)轴套与轴干保护层

轴套是套在螺旋桨轴轴颈上的金属圆筒,可用来防止轴颈的擦伤和腐蚀。采用水润滑轴承的海船艉轴轴颈上均装有轴套。

轴套材料一般用锡青铜 QSn10-2,小型内河船舶的轴套材料可采用锰黄铜 HMn58-2。

轴套一般采用热套(红套)法装配在轴上。设计、制造、安装时,轴套和轴颈上应留有适当的过盈量,若过盈量太大,会使轴套和轴颈上产生过高应力,引起轴套胀裂;过盈量过小,则轴套在工作时会发生转动。轴套和轴的配合过盈量可按表 11-3-1 选取。

表 11-3-1　轴套和轴的配合过盈量　　单位:mm

轴颈直径	<120	120 ~ 180	180 ~ 260	260 ~ 360	360 ~ 500	500 ~ 700
过盈量	0.12 ~ 0.14	0.14 ~ 0.20	0.20 ~ 0.26	0.26 ~ 0.32	0.32 ~ 0.40	0.40 ~ 0.50
过盈量百分比/%	0.12 ~ 0.13	0.11 ~ 0.12	0.10 ~ 0.11	0.09 ~ 0.10	0.08 ~ 0.09	0.07 ~ 0.08

轴套套装到螺旋桨轴上，其应力分布是不均匀的，冷却后轴套两端部应力会剧烈增大，严重影响轴和轴套的强度。因此在轴套两端常开有卸荷槽，以减少该处应力集中现象，如图 11－3－4 所示。

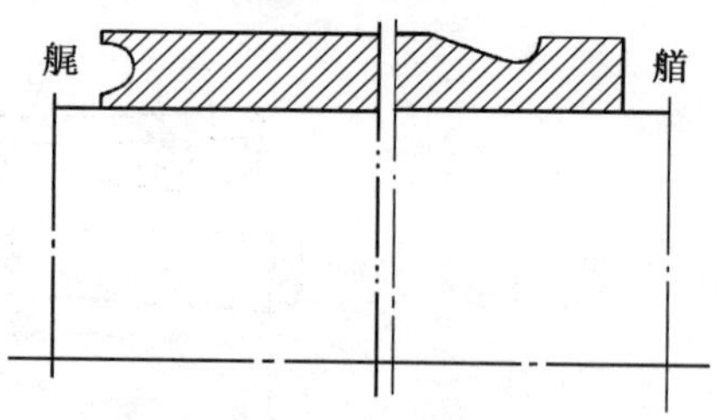

图 11－3－4 轴套上的卸荷槽

轴套的(径向)厚度，对工作轴颈部分轴套的厚度 t_s 根据下式计算：

$$t_s \geqslant 0.03d + 7.5\ \text{mm} \quad (11-3-1)$$

式中，d 为艉轴或螺旋桨轴的基本直径，mm。

轴套非工作轴颈部分的厚度可适当减小，一般为 $0.75t_s$。

轴套修理时，精加工后，其厚度 $t_s \geqslant 0.02d + 5$ mm；极限厚度 $t_s = 0.015d + 3.5$ mm。

轴套的厚度，一般可按表 11－3－2 选取。

表 11－3－2 艉轴或螺旋桨轴的轴套厚度

单位：mm

轴颈直径 d	轴套厚度 t_s	轴颈直径 d	轴套厚度 t_s
100～150	11～12	400～500	20～23
150～300	12～17	500～600	23～26
300～400	17～20		

轴套一般做成整体，当轴套过长时，由于制造困难，可采用分段结构。对其接缝允许用电焊填补，要求焊条材料与轴套材料基本相同。对于非焊接的接缝采用搭接，轴套的接缝制成如图 11－3－5 所示的形式，接缝的口呈 V 形，用焊锡填补，也可用机械滚压法滚压接平，如图 11－3－6 所示，接缝必须密封。接缝填补加工完成后，应做油压试验，检查是否有漏油现象，试验压力为 0.1 MPa，试压合格后将油压试验孔(一个为进油孔，一个为出油孔)用红粉白漆予以捻没，并用螺塞闷死。

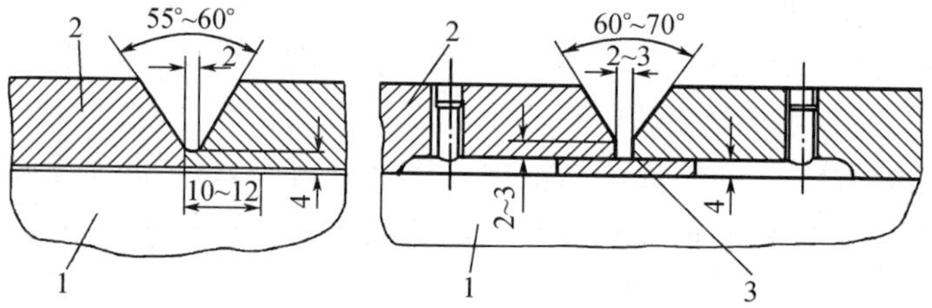

图 11－3－5 轴套的接缝

1—螺旋桨轴；2—轴套；3—垫环

采用红套法将轴套套装在螺旋桨轴，在操作时，如果动作慢一些，冷却一过快，在套到一半时就可能无法再套进，同时也无法拉出，容易造成返工。因此，目前已开始采用环氧树脂胶合法来配合艉轴铜套。这种方法比较先进，它对铜套的配合表面粗糙度要求不高，一般只要求 R_a 达到 6.3～3.2 μm。套合前应先用丙酮擦洗，然后用布或棉纱擦拭干净方可涂上环氧树脂。

由于螺旋轴与轴套、螺旋桨轴与螺旋桨的材料不同，为了防止轴干遭受电化腐蚀和海水的化学腐蚀作用，在海水中运行的螺旋桨轴必须考虑防腐措施，避免机械损伤。因此在艉轴或螺旋桨轴的轴干上有保护层。

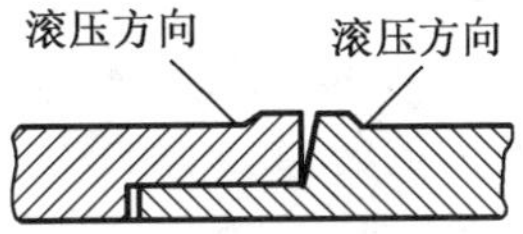

图 11 -3 -6　轴套滚压接缝

对于螺旋桨轴的电化腐蚀常采用“阴极防护法”进行防腐，民用船舶除上述方法外，主要采用“覆盖保护法”进行防腐和防止机械损伤。一般可在轴段表面涂上红丹、防腐油漆、玻璃钢包覆、橡胶覆盖层等方法。目前使用最多的方法是玻璃钢包覆层。玻璃钢主要用材料为黏合剂（环氧树脂、增塑剂、稀释剂及硬化剂）和玻璃布。其包覆工艺是先用丙酮或香蕉水将轴擦洗干净，将配置好的黏合剂在艉轴表面均匀涂抹，再将浸有黏合剂的玻璃布缠绕在轴上，艉轴均匀转动直至黏合剂不流动为止。然后让其自然固化 48 h 后才能使用。

为了保证轴套与玻璃钢包覆层的紧密结合，保持其水密性，在轴套与轴干接触处采取如图 11 -3 -7 所示结构形式。

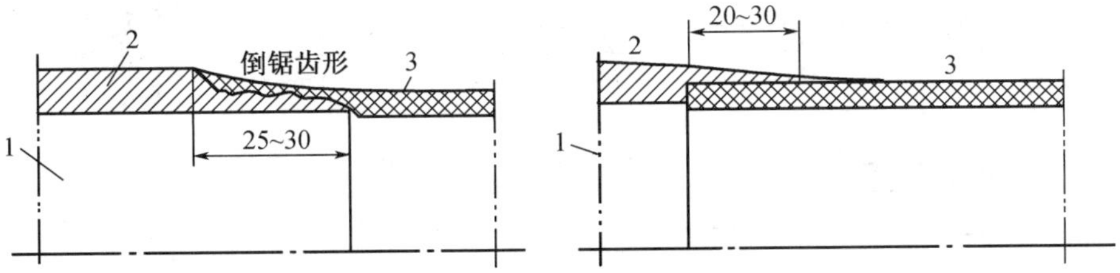

图 11 -3 -7　筒套接触保护层端头形式

1—螺旋桨；2—筒套；3—玻璃钢

(3) 螺旋桨轴的尾部结构

螺旋桨轴的尾部结构如图 11 -3 -8 所示，主要由尾部锥体、锥体键槽、尾部螺柱组成。螺旋桨轴的尾部是用来安装螺旋桨，并传递和承受各种载荷。主机的转矩依靠连接键或液压连接时螺旋桨桨毂锥孔与轴过盈配合锥面的摩擦力传递给螺旋桨。工作时，螺旋桨轴的尾部锥体部分用来承受正车推力；尾部螺柱安装固定螺母承受倒车拉力。螺旋桨轴最末端的螺纹用来安装导流罩，它的作用是减少桨后面的涡流损失以及保持轴末端的水密性。

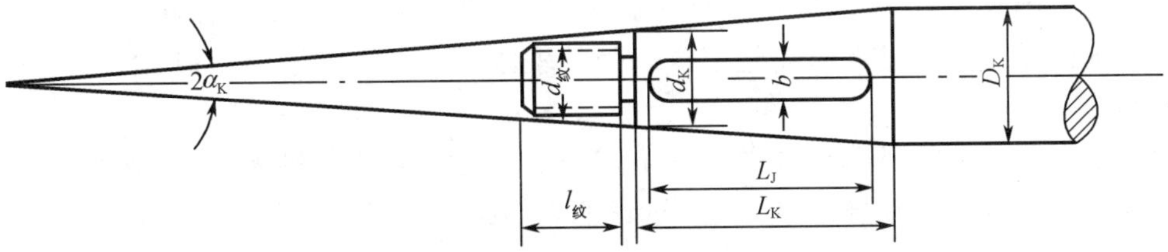

图 11 -3 -8　螺旋桨轴的尾部结构

D_K—锥体大端直径；d_K—锥体小端直径；L_K—锥体长；L_J—锥槽长；b—锥槽宽；

$d_{纹}$—螺纹直径；$L_{纹}$—螺纹长；$2\alpha_K$—锥角

2. 中间轴

中间轴一般设在推力轴与艉轴之间,中间轴的作用是连接推力轴和艉轴,并进行扭矩及推力的传递。有的柴油机的飞轮输出端,要求接一段中间短轴及轴承,用以承受飞轮重量,以免影响曲轴的臂距差,使之满足规范的要求。

(1)中间轴结构

中间轴主要由两端锥体和螺柱或连接法兰、工作轴颈、非工作轴颈所组成。各中间轴用联轴器连接,中间轴上还可以安排轴系接地装置、制动装置、测功仪等附件。

中间轴的结构形式根据中间轴两端的连接件不同,主要有整锻法兰式和可拆法兰式两种,如图 11－3－9 所示。

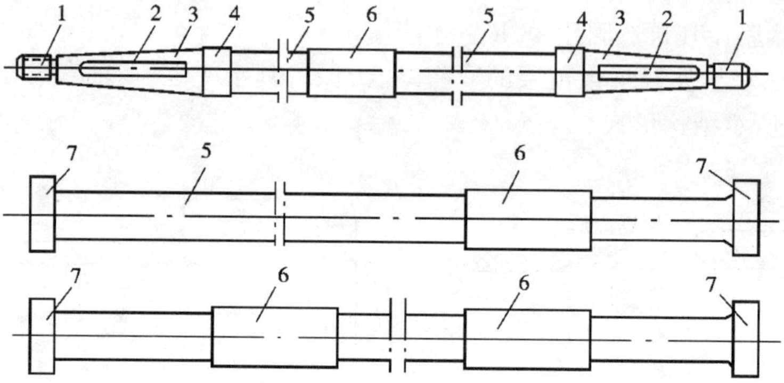

图 11－3－9　中间轴的主要类型

1—螺纹部;2—键槽;3—锥体;4—加粗部;5—轴干;6—轴颈;7—法兰

①整锻法兰式中间轴。目前大中型船舶广泛采用这种形式的中间轴,它具有重量小、尺寸小和安装方便等优点,但需要有锻制整锻法兰的锻压设备进行加工,不过法兰也可采用焊接结构。

②可拆法兰式中间轴。可拆法兰式中间轴即两端为锥体的中间轴,可拆法兰式中间轴用于小型船舶或采用滚动式中间轴承的船舶。由于联轴器可拆,所以重量大、尺寸也相应增大。

(2)中间轴的主要尺寸

工作轴颈的直径较非工作轴颈的直径一般大 5 ~ 20 mm,以便磨损后有足够的精加工余量。轴承处的轴颈或通过水密隔舱填料函处的轴段,都要适当地加粗,轴颈直径系列参照 11－3－3 表。

中间轴的长度和数目由轴系的长度决定。中部机舱的船舶轴系,由于轴线长,中间轴数量可能有几根;而对于尾部机舱,大型远洋船舶轴系一般只有一根中间轴。

3. 推力轴

(1)推力轴的结构

推力轴位于主机与中间轴之间,推力轴的功用是将主机的扭矩传递给中间轴,同时将螺旋桨轴、中间轴传递来的螺旋桨推力传递给船体,对轴系进行轴向定位。

表 11 -3 -3　中间轴轴颈直径系列　　单位:mm

40	(45)	50	(55)	60	(65)	70	(75)	80	(85)
90	(95)	100	(105)	100	(105)	110	(115)	120	130
140	150	160	170	180	190	200	220	250	280
300	320	350	380	400	450	470	500	530	560
600	630	670	710	750	800				

注:①尽可能不采用括号内的尺寸。

②滚动轴承所支承的中间轴及推力轴轴颈直径按 GB 271—310—64 滚动轴承标准。

③中间轴和推力轴的轴颈直径与基本直径之差:

当直径为 150 mm 以下时,应不小于 5 mm;

当直径为 160 mm 以下时,应不小于 10 mm。

推力轴的结构如图 11 -3 -10 所示。在轴的中部设有推力环,在推力环的两侧装有扇形推力块与其配合,用来承受和传递螺旋桨的推力,轴颈放置在推力轴承的径向支承中,为了防漏,在轴颈上还装有甩油环。

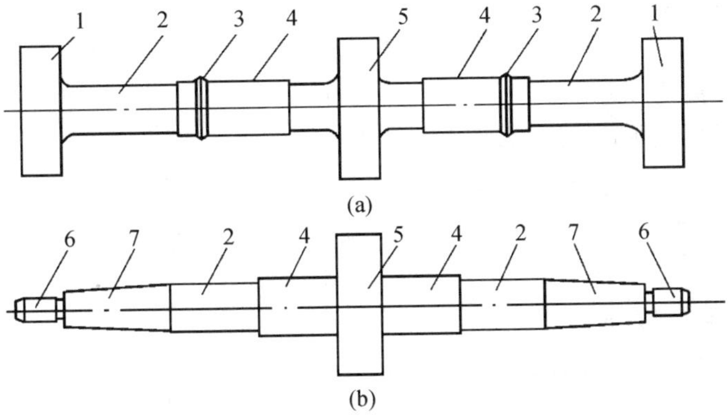

图 11 -3 -10　推力轴

1—整锻法兰;2—轴干;3—甩油环;4—轴颈;5—推力环;6—螺纹部;7—锥体

推力轴两端的连接方式,一般有固定法兰式和可拆联轴节式两种。选用何种形式取决于船舶结构位置、轴系的布置和安装等。一般固定法兰式推力轴应用较多。

(2)推力轴的主要尺寸

①推力轴的轴颈直径

推力轴的轴颈略大于中间轴直径,当中间轴需穿过隔舱壁时,须在设置隔舱填料函的部位布置轴颈。一般轴颈的直径比轴干大 5 ~20 mm。轴颈与轴干的过渡处须采用斜锥或圆弧过渡,以免应力集中。其连接法兰一般布置在靠近支承位置,但又要考虑便于拆装和调整。

推力轴的轴颈直径 d 常见的部分尺寸系列,如表 11 -3 -4 所示。

表 11 -3 -4　推力轴与推力轴承的主要尺寸参数

型号	轴颈直径 d_F/mm	最大使用推力 P_{max}/N	最大使用推力时的转速 n/(r/min)	推力块承压面积 F/cm^2	推力块与推力环之间的总间隙 Δ/mm	推力块数目 Z	推力环直径 D/mm
TZ140	140	60 000	300 ~ 600	390	0.4 ~ 0.6	6	340
TZ160	160	90 000	200 ~ 600	600	0.4 ~ 0.6	6	410
TZ180	180	120 000	200 ~ 600	660	0.5 ~ 0.7	6	430
TZ200	200	160 000	180 ~ 500	750	0.5 ~ 0.7	6	470
TZ220	220	20 000	180 ~ 500	1 005	0.5 ~ 0.7	6	520
TZ280	280	300 000	120 ~ 350	1 530	0.65 ~ 0.8	6	640
TZ250	250	400 000	250 ~ 550	1 665	0.80	8	600
TZ280	280	500 000	250 ~ 550	2 000	0.90	8	670
TZ300	300	600 000	200 ~ 520	2 340	0.90	8	710

②推力轴的轴颈长度

$$L_0 = (0.6 \sim 0.8)d \tag{11-3-2}$$

式中　L_0——轴颈长度,mm;

d——推力轴的轴颈直径,mm。

③推力环的直径,如表 11 -3 -4 所示。

④推力环的厚度

$$B = (0.3 \sim 0.4)d \tag{11-3-3}$$

式中　B——推力环厚度,mm;

d——推力轴的轴颈直径,mm。

三、轴系传动轴材料与锻制的技术要求

船舶轴系中的中间轴、艉管轴、螺旋桨轴等材料一般用优质碳素钢锻制而成(只有小功率的允许用热轧钢圆钢,其直径应不超过 250 mm)。

传动轴锻制应符合如下技术要求:

(1)锻件必须缓慢而均匀地加热。

(2)最终成型比:锻造钢坯 3∶1;轧制钢坯 4∶1。

(3)锻件的中心应和钢坯中心相同,应切除锻件的头尾以保证成品锻件中无缩孔和有害的偏析。

(4)锻件表面不应有夹层、折叠、裂纹、结疤、夹渣和过烧现象等缺陷。

(5)所有锻件应进行热处理以消除内应力,并使锻件在全长度内获得均匀的细结晶粒组织,达到所要求的力学性能。热处理规程按钢材成分和锻件尺寸决定。

(6)无损检验

锻件最终热处理后应在锻件表面做径向和轴向的超声波检验,检验方法与评定标准应经船级社认可,且在验船师在场时进行检验。

(7)锻件缺陷的处理与修正

锻件表面轻微缺陷可用凿削或修磨的方法去除并用磁粉探伤或着色检查证实该缺陷已被完全消除,锻件表面一般不允许用焊接方法修正缺陷。低应力区的微小缺陷验船师同意补焊时,应将补焊的详细情况及检验程序提交船级社审核。

第四节　推力轴承和中间轴承

一、推力轴承

推力轴承的作用是承受螺旋桨产生的轴向推力,并传递给船体,使船舶航行。同时还承担推力轴的径向负荷。有些直接传动的大型低速柴油机主机,往往主机自带推力轴承;带有减速齿轮箱的推进装置,其推力轴承设在其内;对于这类船舶轴系,一般不需要再设推力轴承。但采用中速机作为主机的推进装置要单独配置推力轴承。推力轴承分为滑动式和滚动式两种形式,目前滑动式轴承是有承载力大、工作可靠等优点,为此在大中型船舶中广泛应用,而滚动式推力轴承用于小型船舶上。下面重点介绍滑动式推力轴承,简要介绍滚动式轴承。

1. 滑动式推力轴承

(1)结构原理

如图 11 -4 -1 所示是一种单环式推力轴及推力轴承的结构组成与工作原理简图。推力轴和滑动式推力轴承安装在推力轴承座上,推力轴承座安装在船舶双层底上。这样,螺旋桨推力即可经推力轴上的推力环、推力块、推力轴承座而传给船体,推动船舶。推力轴的左、右两轴颈由推力轴承中的径向轴承支承。

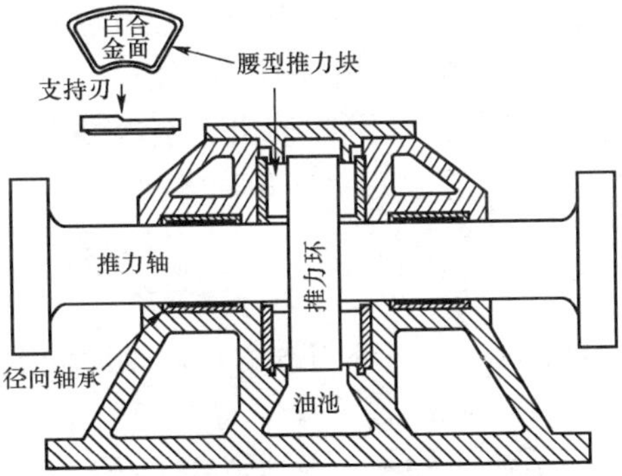

图 11 -4 -1　滑动式推力轴承与推力轴

常见的滑动式推力轴承如图 11 -4 -2 所示。推力轴两端的法兰分别与主机功率输出法兰和中间轴法兰连接。推力轴承中部设有一个推力环,在推力环两侧各安置一组独立的扇形(或称腰形)推力块,用来承受轴向推力,其推力块均匀分布在推力环前、后端圆环端面上,承受螺旋桨的正车推力和倒车推力。每块推力块在与推力环的接触面上都浇有白合金,其背面设有淬硬的顶头,偏心地支承在支撑垫 4 上,使推力块在推力环转动时有一定的浮动能力,以便形成楔形油膜,达到良好的润滑状态从而减少摩擦阻力。在支撑垫 4 的后面装有调整板 7 用来调整推力环与推力块间的间隙大小。轴的左、右两轴颈由推力轴承中的径向轴承支承，上轴瓦 9 和下轴瓦 11 分别放置在上、下轴承座中用来承受径向负荷。冷却水泵 17 用以供给海水来冷却滑油。在正常运行时推力环将滑油带起流往推力块的摩擦面上。在推力轴承两端部则设有挡油盖 10 和 16 并在其中添入主毡环，以防止润滑油的漏出。

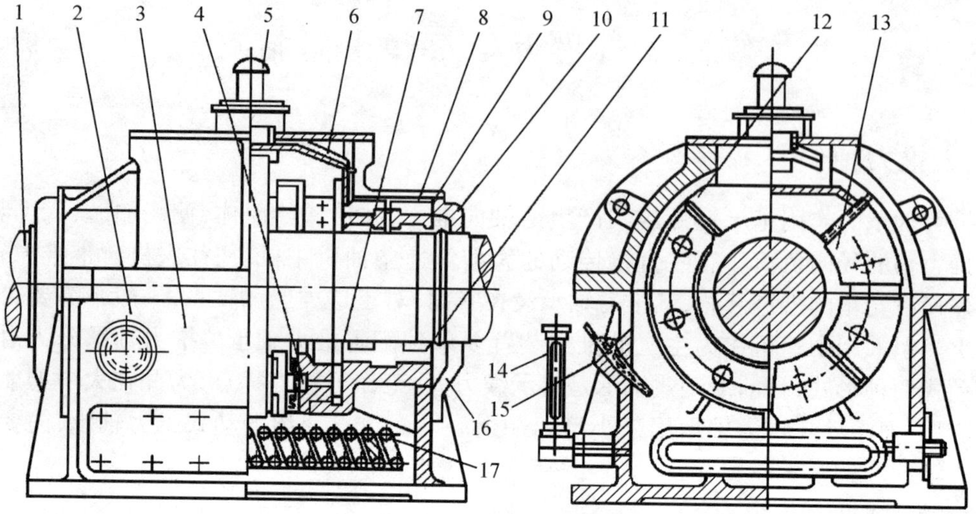

图 11－4－2　滑动式推力轴承

1—推力轴；2—螺塞；3—下壳；4—支撑垫；5—通气罩；6—刮油器；7—调整板；8—上壳；9—上轴瓦；10—上挡油盖；11—下轴瓦；12—压盖；13—推力块；14—油位表；15—油温表；16—下挡油盖；17—冷却水管

(2)推力轴承的润滑

推力轴承的润滑作用是通过推力环和推力块接触表面形成楔形压力油膜，以减小摩擦阻力，降低推力轴功率损耗，减轻磨损，延长推力轴承使用寿命。

推力轴承的润滑方式一般有两种：一种是压力润滑，采用单独的滑油泵或主机滑油泵将滑油打入推力轴承，工作后受热的滑油再被抽出送至冷却器，再至循环油柜；另一种是自然润滑，滑油不进行压力循环，依靠滑油的飞溅和油雾进行润滑，滑油的冷却通过蛇形管用舷外水进行冷却。

(3)推力轴承的间隙

推力轴与支承轴承的径向间隙、推力环与推力块的轴向间隙，如表 11－4－1 所示。

表 11－4－1　推力轴承的间隙

单位：mm

轴径 d	推力轴与支承轴承的径向间隙		推力环与推力块的轴向间隙		推力块轴承合金层极限厚度
	安装间隙	极限间隙	安装间隙	极限间隙	
≤100	0.10～0.15	0.40	0.10～0.20	0.40	1.20
>100～120	0.13～0.18	0.45	0.15～0.25	0.45	1.40
>120～150	0.15～0.20	0.50	0.20～0.30	0.50	1.60

表 11－4－1(续)

轴径 d	推力轴与支承轴承的径向间隙		推力环与推力块的轴向间隙		推力块轴承合金层极限厚度
	安装间隙	极限间隙	安装间隙	极限间隙	
>150～180	0.18～0.23	0.55	0.25～0.35	0.60	1.80
>180～220	0.20～0.25	0.60	0.30～0.40	0.70	2.00
>220～260	0.22～0.30	0.65	0.35～0.48	0.80	2.20
>260～310	0.25～0.33	0.70	0.40～0.55	0.90	2.40
>310～360	0.32～0.40	0.80	0.45～0.60	1.00	2.60
>360～440	0.36～0.45	0.90	0.50～0.70	1.15	2.80
>440～500	0.40～0.50	1.00	0.55～0.75	1.30	3.00
>500～600	0.45～0.55	1.10	0.60～0.80	1.45	3.00
>600～700	0.50～0.60	1.20	0.70～0.90	1.60	3.00

2. 滚动式推力轴承

滚动式推力轴承适用于小功率船舶轴系，图 11－4－3 为常用的一种结构形式。

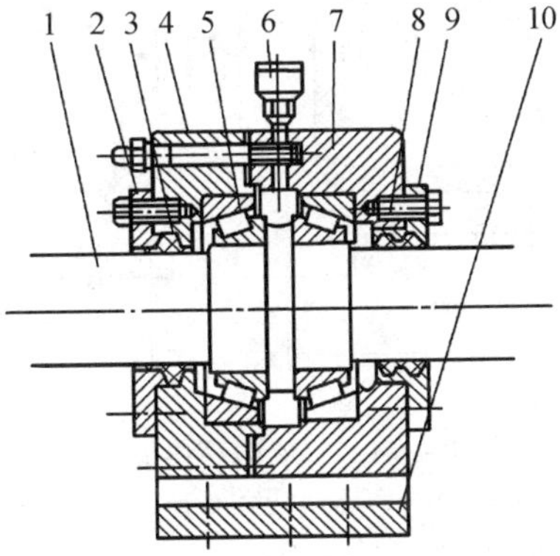

图 11－4－3　滚动式推力轴承

1—推力轴；2—油封压盖；3—油封圈；4—后推力轴承座；5—单列圆锥滚子轴承；6—油杯；7—前推力轴承座；8—油封圈；9—油封压盖；10—推力轴承支座

这种滚动式推力轴承，螺旋桨正、反方向的推力可由推力环，分别由前后两个轴承 5 经后轴承座 4 和前轴承座 7 及推力轴承支座 10 传给船体。

滚动式推力轴承的优点是摩擦损失小，传动效率高，结构紧凑，滑油消耗量少，管理方便。其缺点是承受推力小，而且推力轴的两端要用可拆联轴器，否则无法装卸轴承。

二、中间轴承

中间轴承是为了减少轴系挠度而设置的支承点，它用来承受中间轴本身的重力以及因其运动或变形而产生的径向负荷，从而保证中间轴有一个确定的轴向位置。中间轴承按其基本结构及摩擦形式，可分为滑动轴承和滚动轴承两种。

1. 滑动式中间轴承

(1)滑动式中间轴承基本结构

中间轴的轴颈直接与中间轴承的轴衬(轴瓦)相接触,为此轴瓦上浇有白合金,为了减少轴颈与轴瓦之间的摩擦,必须在两者之间供给一定的润滑油,形成良好的油膜,减缓中间轴对机座的冲击,并起到散热作用。滑动式中间轴承通常制成单独润滑系统并有滑油的冷却设备。滑动式中间轴承按其润滑方式主要有油环式和油盘式两种形式。

①油环式中间轴承

油环式中间轴承根据套在中间轴轴颈上油环数目分为单油环式中间轴承和双油环式中间轴承。

常见的单油环中间轴承的基本结构如图 11－4－4 所示。

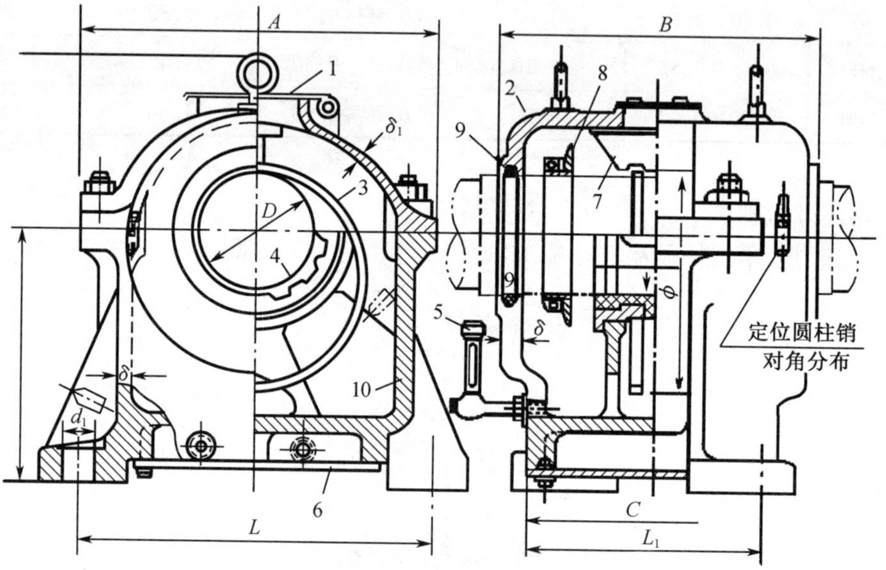

图 11－4－4　单油环中间轴承

1—盖板;2—轴承盖;3—油环;4—轴瓦;5—量油尺;6—水隔层盖;7—挡油片;8—甩油环;9—密封填料;10—轴承座

中间轴承放在轴承座 10 的轴瓦 4 中,轴承盖 2 用螺钉固定在轴承座上,轴承盖上设有盖板 1,加油时可推开盖板,将滑油从其下面的油孔注入,通过此孔可以观察轴承的运行情况,油环 3 的直径比轴颈要大,因油环与中间轴非机械连接,故油环的角速度比中间轴慢。当轴旋转时,油环依靠摩擦力跟随中间轴一起转动,油环的下部浸入底部油池区,油池中的滑油被转动的油环带到轴颈的上部,再由刮油器刮下,并使滑油沿着轴面均匀分布。然后随轴转动,把油带到轴瓦 4 的油槽中,对轴颈与轴瓦的摩擦面进行润滑。两摩擦面间的热滑油,在轴颈载荷的压力作用下,有一部分从轴瓦的两端溢出,流回轴承底座的油池中。

大中型中间轴承的油池底部设有冷却水管,通入舷外水以冷却油池中的热油。为了防止滑油泄漏到轴承座外,在轴瓦两端外侧的中间轴上装有甩油环 8,其作用是使流至它的滑油在回转时的离心力作用下被甩掉,从而大大减少流向轴承座两端的油量。轴承座两端装有密封填料 9,用来阻止滑油的外漏。油池中油液液面的高低由量油尺 5 测量。

这种单油环式中间轴承主要适用于小型船舶。

对于中型船舶，轴承相对较长，为了改善润滑质量，一般采用双油环式。双油环中间轴承的结构如图 11－4－5 所示。其润滑原理与单油环式相同，这里不重复介绍。

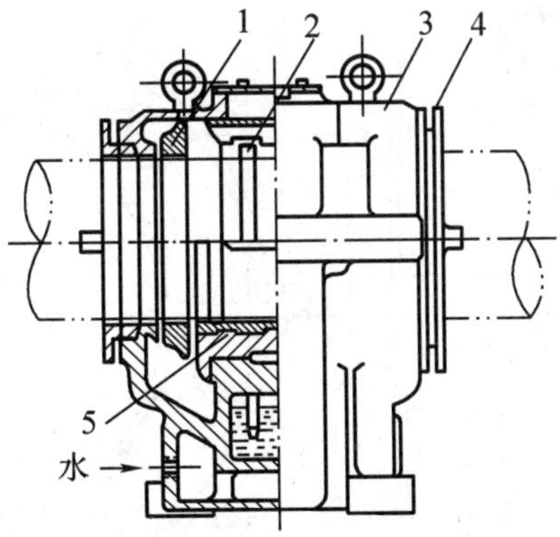

图 11－4－5　双油环中间轴承

1—甩油环；2—油环；3—轴承盖；4—压盖；5—轴瓦

油环式中间轴承，其轴承座与轴承盖、轴瓦、油环及甩油环的结构均采用剖分式，以便拆卸配装。但这种浮动式油环上适用于连续稳定运行的轴系中，当船舶低速航行或港湾作业，工况变化比较频繁时、转速变化较大、油环供油效果较差，特别当转速低于 50～60 r/min 时情况更糟，润滑的可靠性不能保证。所以此种轴承仅适用于中小型船舶，因其轴系的转速较高，可以保证润滑效果。

②油盘式中间轴承

油盘式中间轴承的基本结构如图 11－4－6 所示。它是克服油环式中间轴承在低速运转时油环跟随性差的缺点而设计的一种结构形式，这种轴承在轴瓦的左侧装有供轴承润滑用的固定式油盘 2。运行时，油盘与中间轴一起旋转，将油池中的油带到上面，并靠布置在上部的刮油器 6 刮油，使滑油沿轴向分布在需要润滑的轴颈上。因此这种轴承在轴低速运转时效果良好。一般情况下，油盘装在轴承的船尾侧，且开口方向朝前，主要为了轴系在艉倾时仍有利于从油池中携油，并防止润滑油抛向轴承尾部的填料函处而产生漏油现象。轴承底部的冷却水腔可引入舷外水，供冷却滑油用。

(2)滑动式中间轴承的特点

①滑动轴承的优点

a. 结构简单，工作比较可靠；

b. 制造成本低，安装维修方便；

c. 由于轴颈与轴瓦间具有油膜，故抗震抗冲击性能较强；

d. 所承受载荷较大。

②滑动轴承的缺点

a. 摩擦因数较大，升温较高；

b. 油膜的形成须轴颈与轴承间具有一定间隙存在，因而影响了回转精度的提高；

c. 当转速与载荷过大时难于形成承载油膜。

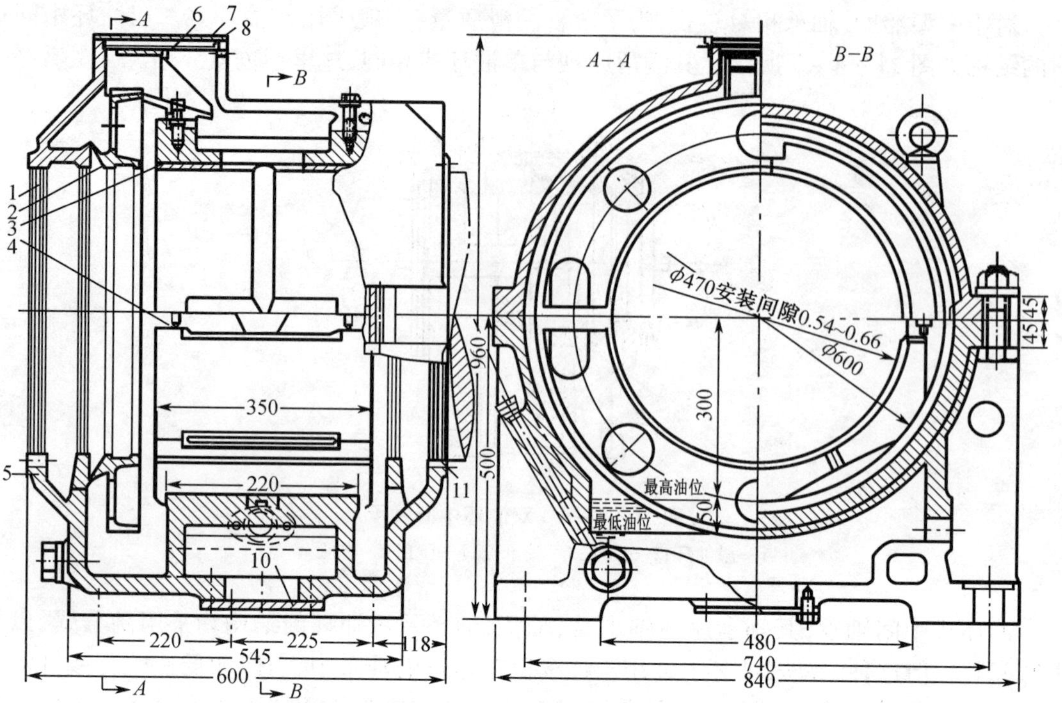

图 11-4-6　油盘式中间轴承

1—轴承盖;2—甩油盘;3—上轴瓦;4—下轴瓦;5—轴承座;6—刮油器;7—观察盖板;8—网格;
9—油尺;10—封板;11—油盖封头

(3)滑动式中间轴主要技术参数的选择

①L/d 值

指轴瓦长度 L 和轴颈的直径 d 的比值大小。轴瓦长度 L 与轴承单位面积的承载能力大小密切相关。一般在满足比压的条件下推荐选取较小的 L 值。若 L 值太大,轴弯曲变形或安装误差较大时,容易致使轴瓦两端过早发生严重磨损;若 L 值过短则承载能力就小些,造成轴承的比压增大。另外滑油易从两端溢出不利于润滑。设计时一般建议取 $L/d = 0.7 \sim 0.8$ 为宜。

②径向配合间隙 δ

轴承孔径 D 与轴颈直径 d 的差值 $\delta = D - d$,通常用相对间隙 $\varphi = (D - d)/d = \delta/d$ 来表示。φ 值对轴承的承载能力、回转精度、温升等影响较大,为此它是滑动轴承的一个重要技术系数。一般情况下 φ 值越小,轴承的承载能力和回转精度越高,但安装精度要求也高。径向间隙 δ 过小的间隙滑油流量小不宜建立良好的油膜,轴承易发热致使油温升高较快;反之,轴承径向间隙 δ 越大,承载能力和回转精度趋于下降,但可增大润滑油流量,降低轴承温度,并可降低安装要求。

船舶轴系滑动式中间轴承国家标准(GB/T 14364—2008),对轴承形式分类、结构和尺寸、表面质量、尺寸公差、材料、性能等做了规定。其中滑动式中间轴承与轴的装配(径向)间隙做了规定,如表 11-4-2 所示。

表 11－4－2　船舶轴系滑动式中间轴承与轴的装配间隙　单位:mm

轴颈直径 d	装配间隙	轴颈直径 d	装配间隙
80～100	0.13～0.18	350～400	0.42～0.52
120～140	0.16～0.21	420～480	0.54～0.64
140～160	0.20～0.25	500～600	0.65～0.75
180～200	0.23～0.30	630～710	0.75～0.86
220～250	0.27～0.35	750～850	0.85～0.96
280～320	0.36～0.44	900～1 000	0.95～1.08

c.轴承工作时的温度

对于转速较高的轴承,除限制其比压外,还必须限制轴承的温度在允许值范围内。船舶轴系滑动式中间轴承国家标准(GB/T 14364—2008)规定:轴承工作时,相关部件的温度为轴瓦工作温度应不大于 70 ℃,或油温应不大于 65 ℃。

滑动式中间轴承在船舶轴系中应用广泛,在选择中间轴承时,参考国家标准,根据轴的粗细、负荷的大小、船舶的结构与要求,按其特点进行选择。

2.滚动式中间轴承

(1)结构形式

滚动式中间轴承的结构形式是随着轴承的型号变化而略有变化。其轴承座与滑动轴承一样,通常用铸铁或铸钢铸造而成。小型的轴承也有用钢板焊接的整体式结构,而大中型轴承座则采用剖分式结构。

滚动式中间轴承的结构如图 11－4－7 所示,该轴承采用双列向心滚柱轴承。轴承的内圈是通过锥形套 5 和调整螺母 4 固定在中间轴的支承轴颈上,并随轴一起转动。轴承的外圈则紧固于轴承座 9 上,在安装滚柱轴承 12 时,应先将轴承装在轴颈上,在自由状态下用千分表测出它的径向间隙。然后逐步旋紧锥形套 5 上的调整螺母 4,由于轴承内圈的内径呈锥形,故内圈逐步被胀大、间隙变小,但间隙减小到 40% 左右时,即可认为安全牢固。这种双列向心滚柱自动调心的滚动轴承,不能承受轴向负荷,因而安装时要特别注意将滚柱轴承装入轴承座壳体的中部,使两端空余尺寸 A_1 和 A_2 相等。另外轴承因其外圈之间允许有 1°～2.5°的偏斜角,加之锥形套沿轴向有移动的可能,故安装比较方便。一般对于轴径小于 ϕ70 mm,特别是负荷小、转速高的小型船舶应用调心滚动轴承。

(2)滚动轴承中间轴承的特点

滚动式中间轴承与滑动式相比具有摩擦阻力小、传动效率高、滑油消耗量小、工作时有自动调心能力等优点;其缺点是工作噪声大,而且为装拆轴承的需要,中间轴必须采用可拆式联轴节,承载能力小,安装工艺要求高。

(3)滚动轴承中间轴承的选择

在选择中间轴承时,要根据轴的粗细、负荷的大小、船舶的结构与要求,按其特点进行选择。

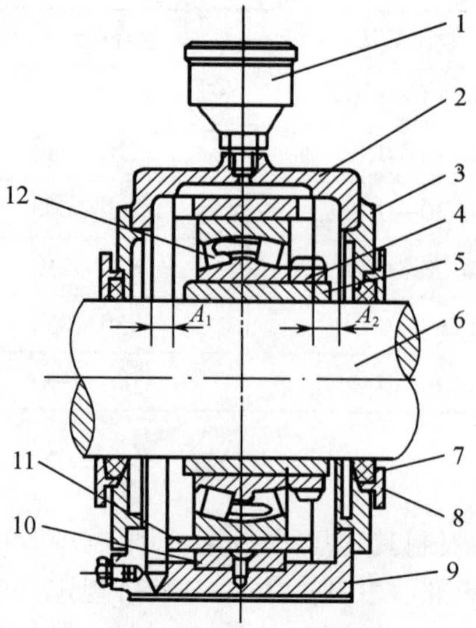

图 11－4－7　双列向心球面滚柱轴承

1—油杯;2—轴承盖;3—端盖;4—螺母;5—锥形套;6—中间轴;7—羊毛毡;8—密封盖;9—轴承座;10—键;11—导向环;12—滚柱轴承;A_1,A_2—轴向移动量

第五节　艉轴管装置

一、概述

艉轴管装置的作用是用来支承艉轴(或螺旋桨轴),并保持船体的水密性,防止舷外水大量漏入船内,亦防止艉轴管装置的润滑系统滑油外泄。因此,艉轴管装置艉管必须具有足够的强度和刚度,在船舶航行时不产生有害的变形;应有良好可靠的密封;在船舶任何航行环境下,能保证艉轴承、密封装置等可靠润滑与冷却;能承受螺旋桨轴的动载荷,工作可靠,寿命长。

艉轴管装置一般由艉管、艉轴承、密封装置以及冷却润滑系统等组成,如图 11－5－1 所示。

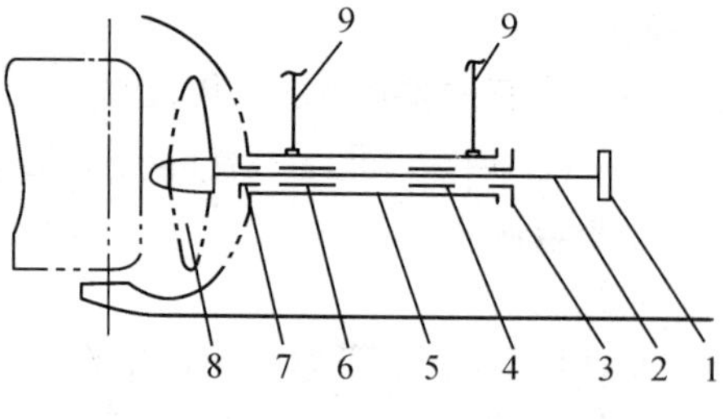

图 11－5－1　船舶螺旋桨轴艉轴管简图

1—联轴器;2—螺旋桨轴;3,7—尾部密封;4—前轴承;5—艉轴管;6—后轴承;8—螺旋桨;9—润滑油管

艉轴管装置的结构按其轴线数目，可分为单轴系和双轴系；按其润滑的方式可分为油润滑和水润滑两种。一般油润滑艉管轴承使用白合金材料，而水润滑的艉管轴承则采用铁梨木、桦木层压板、橡胶等材料。水润滑的艉轴管装置使用舷外水作为润滑冷却剂，为此只需设置首部密封装置。

图 11－5－2 为水润滑单轴系艉轴管装置。螺旋桨轴 6 由前、后木质轴承 13 和 4 所支承。为了防止海水对艉轴的腐蚀，在与轴承相接触处的轴上镶有铜套 14 或其他包覆层，裸露于外面的轴干表面还须包扎玻璃钢等材料。这种装置用水作为润滑冷却剂，靠水压由艉端进入艉管内，完成润滑冷却作用。

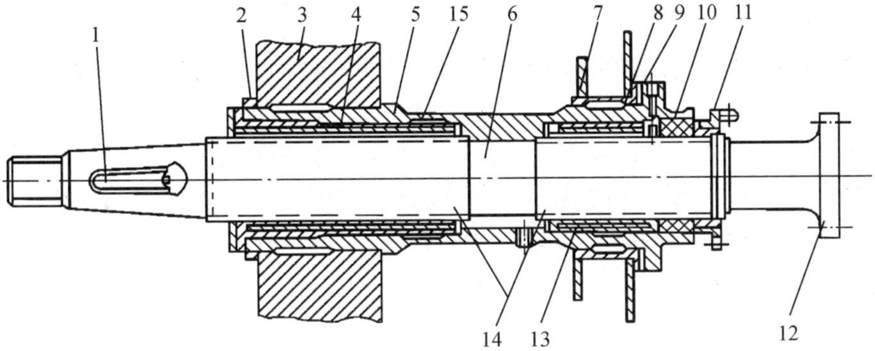

图 11－5－2　水润滑单轴系艉轴管装置

1—螺旋桨键；2—锁紧螺母；3—艉柱；4—艉轴承；5—艉管；6—螺旋桨轴；7—轴承支座；8—隔舱壁；9—垫板；10—密封填料；11—压盖；12—联轴器；13—艉轴承(前)；14—铜套(轴包覆)；15—衬套

图 11－5－3 为油润滑的双轴系艉轴管装置。这种装置用油作为润滑冷却剂，螺旋桨轴由前后白合金轴承 12 和 6 所支承，前、后艉管轴承安置在前支承 13 和人字架毂 7 内，为了防止艉管装置的油外漏，避免舷外水的渗入，在艉轴管的前后端均设有密封装置。

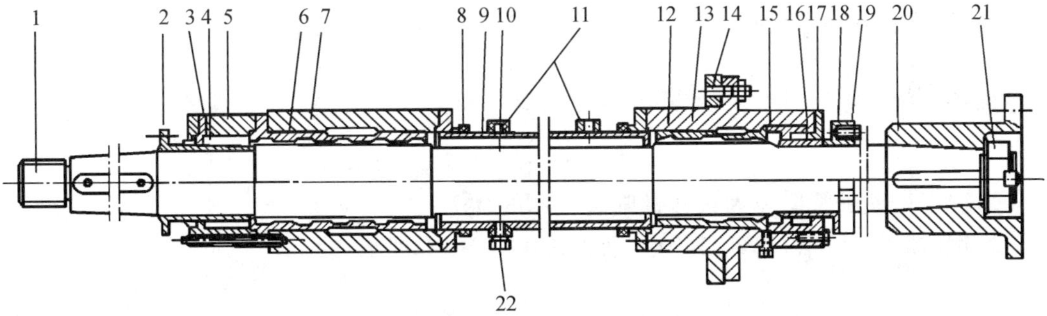

图 11－5－3　油润滑的双轴系艉管装置

1—螺旋桨轴；2—防磨衬套；3—压盖；4—密封填料；5—密封件外壳；6—艉轴承(后)；7—人字架毂；8—锁紧法兰；9—锁紧螺母；10—艉管；11—油管接头；12—艉轴承(前)；13—前支承；14—垫板；15—密封支座；16—密封填料；17—压盖；18—前防磨衬套；19—锁紧环；20—联轴器；21—螺母；22—放油螺塞

二、艉管的结构形式、材料与主要尺寸

1. 结构形式

艉管的结构形式主要有整体式艉管和连接式艉管两种。整体式艉管一般用于单轴系船舶，是支撑艉轴的重要部件。艉管内部装有艉轴承、艉轴、密封装置等构件。艉管一般从舱内向船后安装，使其穿过隔舱壁及艉柱，其末端有外螺纹，用螺母将其固紧。艉管前端设有法兰，将其固定在隔舱壁的焊接座板上，法兰与座板间装有铅质垫片。

连接式艉管由几部分连接而成，这种艉管一般用在双轴系的船舶上。如图 11-5-3 中的 10，它借法兰和螺纹法兰固定于人字架壳和前支承上，起到保护艉轴的作用。

2. 艉管的材料

整体式艉管材料一般用铸钢、铸铁或球墨铸铁；连接式艉管则一般采用钢管或无缝钢管。

3. 艉管的主要尺寸

艉轴管的轴向尺寸，根据轴系布置及所安装轴系附件决定。径向尺寸（壁厚和孔径）按照设计手册及所安装轴系附件相关尺寸确定。

整体式艉管的主要尺寸如图 11-5-4 所示。

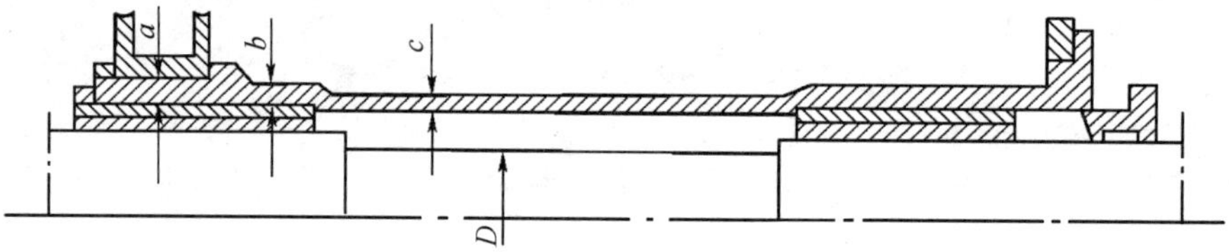

图 11-5-4　整体式艉管的主要尺寸

(1) 灰铸铁艉管壁厚

当轴颈 $d<210$ mm 时，艉管壁厚 $c=\dfrac{D}{12}+12.7$ mm；

当轴颈 $d\geqslant 210$ mm 时，艉管壁厚 $c=\dfrac{D}{20}+20$ mm。

$$a=1.5\sim1.8\ \text{mm};b=1.2\sim1.5\ \text{mm}$$

(2) 球墨铸铁艉管壁厚为灰铸铁艉管壁厚的 0.7～0.8。

(3) 钢质艉管装配衬套处最小厚度，按表 11-5-1 规定选取。

表 11-5-1　艉管壁厚　　单位：mm

轴颈 d	<60	60～120	120～150	150～180	180～260	260～360	360～500	500～700
装衬套处厚度	10	12	14	16	18	20	22	24

三、艉管轴承

艉管轴承设置在艉轴管或人字架中，它除了承受螺旋桨桨轴的重力外，还要承受更为

复杂的负荷。特别是后轴承因承受螺旋桨在水中旋转时的不均匀悬臂负荷，螺旋桨及轴在运转过程中的振动负荷等影响，其工作条件更为恶劣。艉轴承在船舶航行时很难检查，只能在船舶进坞时才能进行检修。为了不致因其故障而影响船舶营运，它应具有可靠和紧固的结构。

艉轴承的润滑分为水润滑和油润滑两种，由于润滑剂的不同所采用的轴承材料也不同。油润滑艉轴承与转轴接触处采用耐磨性很高的白合金材料，小型船舶则使用青铜或铸铁。水润滑的艉轴承采用铁梨木、橡胶、桦木层压板和增强塑料等耐磨材料。水润滑轴承鉴于铁梨木需要进口且价格昂贵，故采用桦木层压板和橡胶轴承较多。下面介绍常见的几种艉轴承。

1. 白合金艉轴承

白合金轴承应用较多，其基本结构如图 11－5－5 所示。白合金浇铸在铸钢、铸铁或球墨铸铁的轴承衬套上，经机械加工后压入艉管中。浇铸白合金的衬套 1 的材料，常用青铜或黄铜制造，但也有的用钢、铸铁或球墨铸铁。

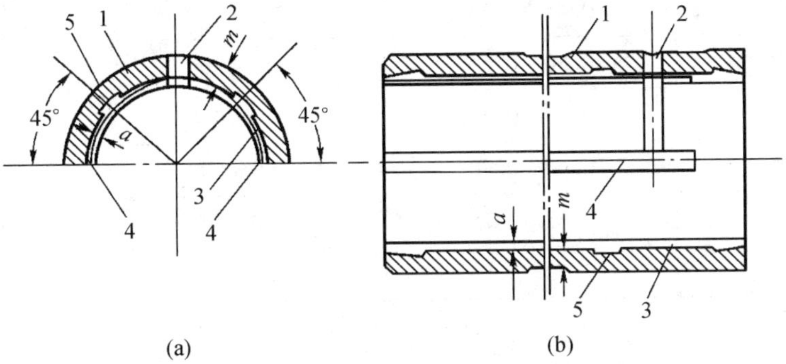

图 11－5－5　白合金艉轴承的断面结构

1—轴承衬套；2—油孔；3—白合金；4—油槽；5—燕尾槽

轴系工作时，白合金将承受剪切摩擦力。为了使白合金不致脱落，一般在轴承衬套 1 上开有纵向和横向的燕尾槽 5，使白合金浇入后，牢固地与衬套结合成一体。白合金浇好后，应在其轴线方向开有油槽（一般有三条），以便更好地分布润滑油。润滑油孔 2 应开在轴承衬套不受压力的一边，并借半圆形油槽与轴向油槽相通。

白合金分为两大类：以锡为主体的锡基合金（其中锡的含量约占 83%）和以铅为主体的铅基合金（其中锡的含量约占 16%），锡基合金性能优越，而铅基合金价格较低。这两种白合金的化学成分和机械性能如表 11－5－2 所示。

表 11－5－2　白合金的化学成分和机械性能

合金种类	化学成分/%				轴承负荷/MPa		P_V
	锑	铜	锡	铅	静负荷	冲击负荷	
锡基合金	10～12	5.5～6.5	其余		<10	<10	当 $V>5$ m/s 时，$P_V=500$
铅基合金	15～17	1.5～2.0	15～17	其余	<10		当 $V>1.5$ m/s 时，$P_V=150$

白合金轴承的特点是耐磨性好，不伤轴颈，抗压强度高，散热快，不易发生摩擦发热而烧轴的事故，使用寿命长。白合金轴承的缺点是制造、修理复杂，价格昂贵。

采用白合金轴承，螺旋桨轴（或艉管轴）轴套可以省去，但艉管应设有良好的密封装置。

白合金轴承使用寿命的长短取决于艉部油封装置的可靠性和艉管结构安装的正确性。一般白合金轴承的使用寿命为 2 ~ 3 年，锡基合金的使用寿命相对长些。

白合金轴承衬套的外圆在安装时与艉管应紧密配合，否则衬套可能随轴转动，引起发热烧坏的后果。前衬套的前端做成凸肩与艉管紧密配合，并用止动螺钉固紧在艉管上；后衬套的后端往往具有法兰，用螺栓紧固于艉管上。

白合金轴承的内径是按艉轴轴颈直径加上安装间隙进行加工的，安装间隙如表 11 - 5 - 3所示。

表 11 - 5 - 3　白合金轴承安装间隙　　单位：mm

轴颈直径 d	安装间隙	轴颈直径 d	安装间隙
<100	0.45 ~ 0.55	260 ~ 310	0.75 ~ 0.85
100 ~ 120	0.50 ~ 0.60	310 ~ 360	0.80 ~ 0.90
120 ~ 150	0.55 ~ 0.65	360 ~ 440	0.35 ~ 0.95
150 ~ 180	0.60 ~ 0.70	400 ~ 500	0.90 ~ 1.00
180 ~ 220	0.65 ~ 0.75	500 ~ 600	1.00 ~ 1.10
220 ~ 260	0.70 ~ 0.80		

白合金艉轴承的安装间隙，也可按以下经验公式计算。

$$\delta = 0.001d + 0.50\ \text{mm} \tag{11-5-1}$$

式中，d 为艉轴在轴承处的轴颈直径，mm。

极限间隙：$\delta_j \approx 4\delta$；

白合金轴承的铜套厚度，可按以下经验公式计算。

钢质海船铜衬厚度：

$$t = 0.03d + 7.5\ \text{mm} \tag{11-5-2}$$

式中　t——铜套厚度，mm；

d——艉轴在轴承处的轴颈直径，mm。

内河船舶铜衬厚度：

$$t = d/32 + 6\ \text{mm} \tag{11-5-3}$$

式中，d 为艉轴在轴承处的轴颈直径，mm。

白合金轴承长度：

钢质海船应不小于所要求螺旋桨轴直径的 2 倍；内河船舶前轴承长度为艉轴直径的1.5倍；后轴承的长度为艉轴承直径的 2.5 倍。

2. 橡胶艉轴承

(1) 结构形式

橡胶艉轴承的结构分为板条式和整体式两种。

板条式橡胶轴承(简称条式橡胶轴承),由多块橡胶板条(类似木板条)构成,每块橡胶板条是由金属衬板(铜板或镀铜钢板)外包橡胶所组成。橡胶板条在压制前先加入金属衬板,以增加其刚性,然后将橡胶在压模上采用硫化方法制成。制成的橡胶板条,一块块地镶嵌入轴承衬套内用沉头螺钉固定。

图 11－5－6 是桶形安装的具有金属衬板的板条式橡胶轴承。为了防止橡胶板条 1 沿着衬套内表面滑动,用沉头螺钉 2 从衬套外面旋入橡胶板条中的金属衬板 4 上,以便把橡胶板条紧固于衬套 3 上。板条式橡胶轴承制造比较方便,橡胶板条在磨损或损坏时,更换比较容易。

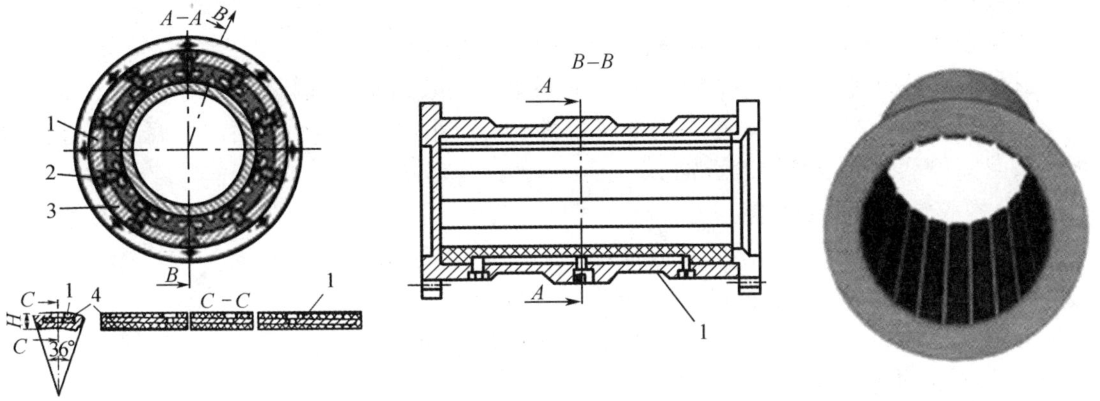

图 11－5－6　板条式的橡胶轴承

1—橡胶板条;2—埋头螺钉;3—衬套;4—金属衬板

板条式橡胶轴承一般应用于大型船舶上,其负荷较高,艉轴直径 >360 mm。

整体式橡胶轴承如图 11－5－7 所示,它是将橡胶通过模具直接硫化于衬套之内。衬套的材料通常采用青铜,对于内河船舶也可以采用铸铁或钢管。橡胶工作表面呈凸形,冷却水槽沿纵向布置,以使橡胶散热及冲走泥沙。整体式因其结构较条式简单,故在中小型船舶上得到广泛应用。

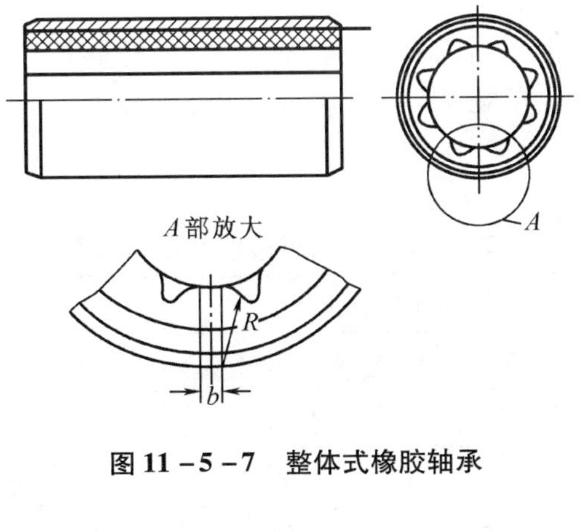

图 11－5－7　整体式橡胶轴承

(2)橡胶轴承的特点

橡胶轴承的优点：

①由于橡胶轴承具有一定的弹性,比其他木质轴承接触面积大,负荷分布比较合理。橡胶轴承能吸收振动,故对轴系的安装误差及其冲击的敏感性较小,轴系的安装和找正比较容易,工作噪声小,工作平稳。

②由于没有后密封装置,结构简化,管理方便,还可以避这部分摩擦功的损失。

③采用水作为润滑冷却剂,故营运成本低且对水域无污染。

④橡胶轴承对水中的泥沙有一定的适应能力。

橡胶轴承的缺点：

①制造比较麻烦,需要加工精确的模具,硫化工艺要求高。

②橡胶传热性差,温度超过 65 ~ 70 ℃时易老化失效,必须采取必要的冷却、散热措施。

③橡胶中含有硫分,对轴有一定的腐蚀性,要求轴与橡胶接触表面用防腐材料进行包覆。长时间停船时要定期转动艉轴。

(3)橡胶轴承的安装间隙

橡胶艉轴承磨损后艉轴承间隙应符合表 11 - 5 - 4 的规定。

板条橡胶艉轴承的安装间隙 δ,根据下式计算：

$$\delta = 0.002d + 0.50 \text{ mm} \tag{11-5-4}$$

式中,d 为艉轴直径,mm。

整体式橡胶艉轴承安装间隙 δ,根据下式计算：

$$\delta = 0.002d + 0.20 \text{ mm} \tag{11-5-5}$$

式中,d 为艉轴直径,mm。

3. 铁梨木艉轴承

(1)物理特性

铁梨木是海船常用的一种艉轴承材料,它木质组织细密坚硬,质量大,具有抗腐蚀性、抗压等优点。铁梨木浸于水中能分泌出一种黏液,是良好的润滑剂;它与青铜的摩擦因数为 0.003 ~ 0.007,耐磨性好。铁梨木在干燥时容易裂开并扭曲变形,所以在制作、修理、加工和安装过程中要使铁犁木处于湿润状态。内河船舶因江河泥沙较多,侵入艉轴管会损坏铁梨木,因而很少使用。

铁梨木内含有 69.4% 的木质,26% 的树脂,2.8% 的树脂精汁,1% 的硬树脂和 0.8% 的苦性精汁。精汁与水能形成乳状液体,具有润滑的作用。在水中泡胀时,体积可增加10% ~ 12% 。

表 11 - 5 - 4　橡胶艉轴承安装间隙　　单位：mm

轴径 d	板条橡胶艉轴承		整体橡胶艉轴承	
	安装间隙	极限间隙	安装间隙	极限间隙
≤100	0.60 ~ 0.70	3.50	0.45 ~ 0.50	3.50
> 100 ~ 120	0.65 ~ 0.75	4.00	0.50 ~ 0.55	4.00
> 120 ~ 150	0.70 ~ 0.80	4.50	0.55 ~ 0.60	4.50

表 11-5-4(续)

轴径 d	板条橡胶艉轴承		整体橡胶艉轴承	
	安装间隙	极限间隙	安装间隙	极限间隙
>150~180	0.75~0.85	5.00	0.60~0.70	5.00
>180~220	0.80~0.95	5.50		
>220~260	0.90~1.05	6.00		
>260~310	1.00~1.15	6.50		
>310~360	1.10~1.25	7.20		
>360~440	1.20~1.35	7.80		
>440~500	1.30~1.50	8.50		
>500~600	1.45~1.70	9.00		
>600~700	1.65~1.90	10.00		

(2)结构形式

铁梨木艉轴承结构是将一条条铁梨木板条沿艉管衬套轴向紧密地镶嵌在艉管衬套的内圆上,呈一桶形,如图 11-5-8 所示。为了防止铁梨木转动和便于安装,对轴承直径较大者,在衬套左右和上部位置共装三根止动条(一般为青铜或黄铜),直径较小者仅在左右位置装两根止动条。止动条的材料与衬套材料基本相同,其长度等于衬套全长,厚度为铁梨木板条厚度的 60%,它用沉头螺钉从外向内固定在衬套上。铁梨木的木条与木条之间开有 V 形水槽,供通入冷却水对轴承进行润滑和冷却。铁梨木以端面(纹路与轴套表面垂直)工作时,比顺着或横着木纤维工作时耐磨性提高几倍。为此,在制造与安装时,轴承下半部负荷较大,铁梨木的纤维方向应与艉轴中心线垂直,以提高它的耐磨性。而上半部分轴承负荷较小,轴承上半部铁梨木的纤维方向可与艉轴中心线平行。

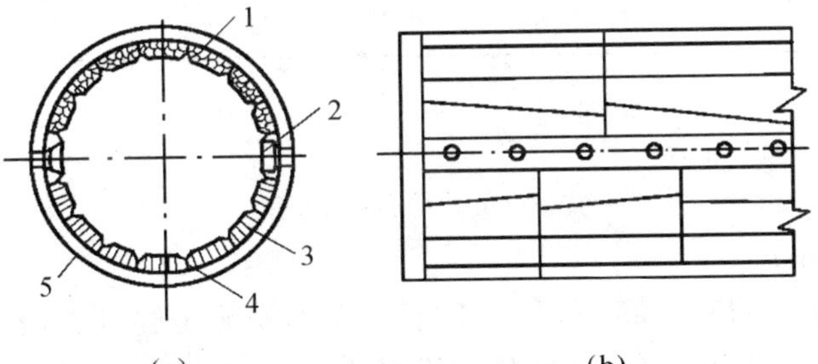

图 11-5-8 铁梨木轴承

1—纵纹板条(上);2—止动条;3—主纹板条;4—流水槽;5—艉管衬套

(3)铁梨木板条的尺寸

铁梨木板条一般长度为 150~300 mm,宽度为 60~80 mm,厚度为 20~35 mm。铁梨木轴承的冷却水槽的形式如图 11-5-9 所示。V 形槽的深度 $T=5\sim7$ mm;U 形槽的宽度 $A=6$ mm;槽深 $b=6\sim10$ mm。

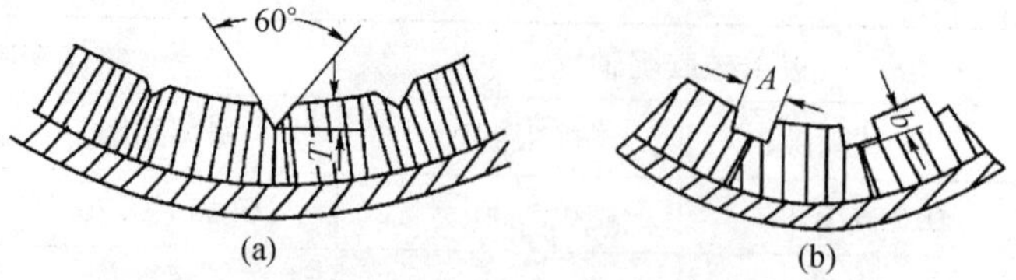

图 11-5-9　铁梨木轴承冷却水槽形式

(3)铁梨木轴承的安装及极限间隙,如表 11-5-5 所示。

表 11-5-5　铁梨木艉管轴承的安装及极限间隙　　单位:mm

轴径 d	安装标准		更换标准
	安装间隙	板条最小厚度	极限间隙
<100	0.90~1.00		3.50
100~120	1.00~1.10		4.00
120~150	1.10~1.20	11.00	4.50
150~180	1.20~1.30	12.00	5.00
180~220	1.30~1.40	12.00	5.50
220~260	1.40~1.50	13.00	6.00
260~310	1.50~1.65	14.00	6.60
310~360	1.65~1.80	15.00	7.30
360~440	1.80~2.00	16.00	8.00
440~500	2.00~2.20	18.00	8.70
500~600	2.20~2.40	20.00	9.50
600~700	2.40~2.60	22.00	10.50

安装间隙也可按下式计算:

$$\delta = 0.003d + 1\text{mm} \tag{11-5-6}$$

式中,d 为轴颈直径,mm。

考虑到铁梨木轴承的安装间隙较大,为了使艉轴安装于艉轴管或人字架轴承中,使其中心线与轴系理论中心线相重合,往往使镗孔的圆心比理论中心线高安装间隙的一半,即 $\delta/2$(δ 为安装间隙),而镗成偏心,如图 11-5-10 所示。

由于铁梨木在干燥后会扭曲和裂开,为此在整个制作、加工和安装过程中,要自始至终地使铁梨木处于湿润状态。制作板条的原材料应在水中浸泡,板条在镶入衬套前应先在水中浸泡 2~3 周,使其胀透,镶好后,应在衬套内孔灌水保护,或用湿木屑塞满其内孔,在加工过程中,应每小时浇两次水,加工完后应灌水或用湿木屑灌满轴承孔,也可用湿草包、湿麻袋塞满,还可以在铁梨木表面涂一层厚牛油保存。

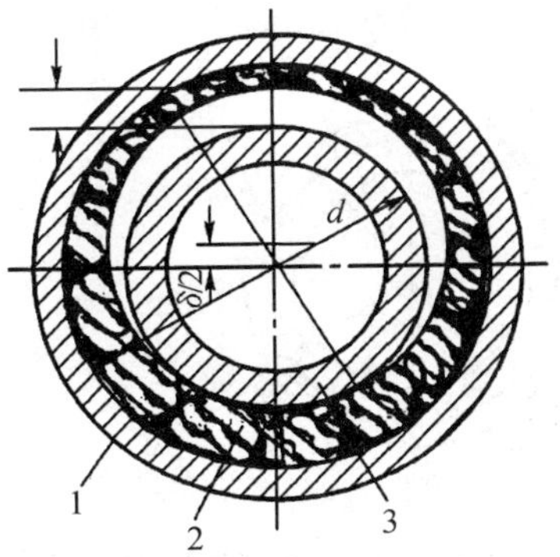

图 11 -5 -10　铁梨木轴承孔镗成偏心示意图

1—衬套;2—铁梨木;3—艉轴

4. 桦木层压板艉轴承

(1)物理特性

桦木层压板是将桦木切成薄单板,经浸渍酚醛树脂后制成板坯,再在高温下压制成材,做成艉轴承。这种层压板材质坚实,强度较高、耐磨、耐腐蚀,成本也较低。但脆性较大,耐磨性也不及铁梨木。

木材是一种多孔性材料。在加压下细胞腔隙缩小,可使材质坚实,强度增加,但吸湿后仍能恢复原状。旋切成薄单板经过酚醛树脂处理,木材吸收了树脂,在加热条件下压缩,树脂缩合固化,使木材塑化,形成耐磨、耐热、绝缘性能较好、稳定的坚实体。它的某些物理机械性能甚至接近或高于某些金属、布质塑料和特种硬质木材,而成为机械、船舶、航空工业采用的一种非金属材料。目前作为船舶轴承使用的桦木层压板的型号为 MCS -2,MCS -2—1 两种。MCS 是牌号的代号,M 代表木材,C 代表层积,S 代表塑料,都取汉语拼音的第一个字母。MCS 后面的数字表示板材单板排列形式和经过不同的物质处理。

胶合板在自由状态下很易吸水而膨胀或挠曲,在压紧状态下其吸水和膨胀就小得多。因此,胶合板镶条在安装之前,必须防止和水分、潮气接触,在自由状态下最多保存 2 ~3 昼夜。

(2)结构形式

桦木层压胶木艉轴承的结构基本与铁梨木艉轴承相同。如图 11 -5 -11 所示为桦木层压板艉轴承的结构形式。将层压胶木制成板条镶于艉轴承衬套中,其上、下板条均采用耐磨性好的立向纤维作为摩擦面。板条之间亦要形成 V 形、U 形或梯形水槽,在下瓦 90°范围内无水槽,冷却水槽设在止动条附近,采用压力水润滑和冷却。

桦木层压板艉轴轴承下部层压板的木层方向与轴中心线垂直,上半部也可与轴中心线平行。

桦木层压板尺寸规格有如下两种:长为 1 000 mm 和 700 mm,宽为 500 mm 和 600 mm,厚度为 15 ~55 mm。轴承支承表面包角在 100° ~110°之间。

在采用层压板作轴承时,艉轴保护套最好使用青铜套。为了不产生擦伤和刮伤层压板轴承,在装入艉轴之前,必须用牛油厚厚地涂在镶条表面。在进坞或上排后,其镶条也应保持在湿润状态中。

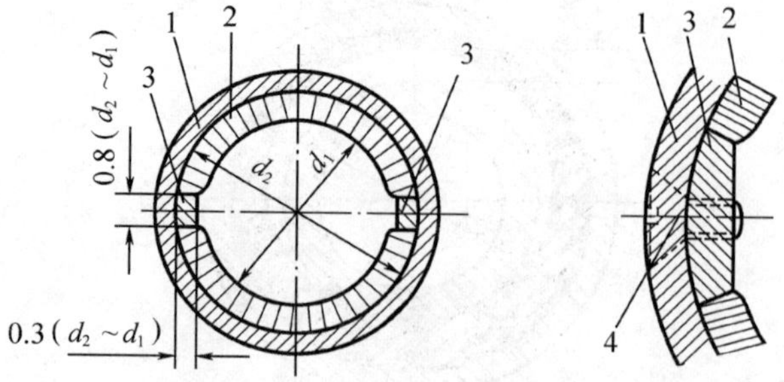

图 11-5-11　桦木层压板艉轴承

1—艉管;2—板条;3—青铜止动条;4—埋头螺钉

(3)桦木层压板轴承的安装间隙及更换间隙

桦木层压板轴承的安装间隙及更换间隙,如表 11-5-6 所示。

表 11-5-6　桦木层压板轴承的安装间隙及极限间隙　单位:mm

轴颈 d	安装标准		更换标准
	安装间隙	板条最小厚度	极限间隙
<80	0.50~0.70	9.00	3.00
80~100	0.70~0.80	9.00	3.50
100~120	0.80~0.90	10.00	4.00
120~150	0.90~1.00	10.00	4.50
150~180	1.00~1.10	11.00	5.00
180~220	1.10~1.20	12.00	5.50
220~260	1.20~1.30	13.00	6.00
260~310	1.30~1.45	14.00	6.60
310~360	1.45~1.60	15.00	7.30
360~440	1.60~1.80	16.00	8.00
440~500	1.80~2.00	17.00	8.70
500~600	2.00~2.20	18.00	9.50
600~700	2.20~2.40	19.00	10.50

注:①层压板艉轴承安装间隙计算公式:

安装间隙:$\delta = 0.003d + 0.50$ mm(d 为艉轴轴颈,mm);极限间隙,$\delta_j = (4 \sim 5)\delta$;

②对舯机型艉轴托架处轴承的极限间隙,应照表中规定值放大 20%,对艉机型艉轴承,其极限间隙应取表中规定值的 75%;

③板条加工最小厚度是非设计厚度,此值仅为船舶在修理加工艉轴承时要求标准,其设计厚度应照此值放厚 50% 左右,根据轴颈大小,板条设计厚度应为 15~30 mm。

铸铜艉管轴承衬套厚度：

$$h = 0.018d + 4.5\ \text{mm} \qquad (11-5-7)$$

式中，d 为艉轴直径，mm。

5. 合成材料艉轴承

近年来，船舶艉管轴承还采用尼龙、赛龙等合成材料，其中，应用赛龙作为艉管轴承材料日益增多。赛龙作为艉管轴承材料已被世界各大船级社认可，如英国劳氏船社（LR）、法国船级社（BV）、美国船级社（ABS）、日本海事协会（NK）和中国船级社（CCS）等。

赛龙（Thordon）材料最早由加拿大赛龙公司研制、开发、生产，因此而得名。

赛龙材料是一种三次交叉结晶热凝性树脂制造而成的均质聚合物，属于一种非金属高分子合成材料。用赛龙材料制成的轴承，称为赛龙轴承。同橡胶轴承一样，赛龙轴承采用水润滑。

（1）赛龙轴承结构

水润滑赛龙轴承有套筒式和板条式两种结构。

如图 11-5-12 为套筒式赛龙轴承结构，其外层为钢套，钢套内孔为赛龙材料制成的轴承，轴承内圈布置有纵向冷却水槽。圆筒式一般用于轴径较小、轴承载荷较低的场合。

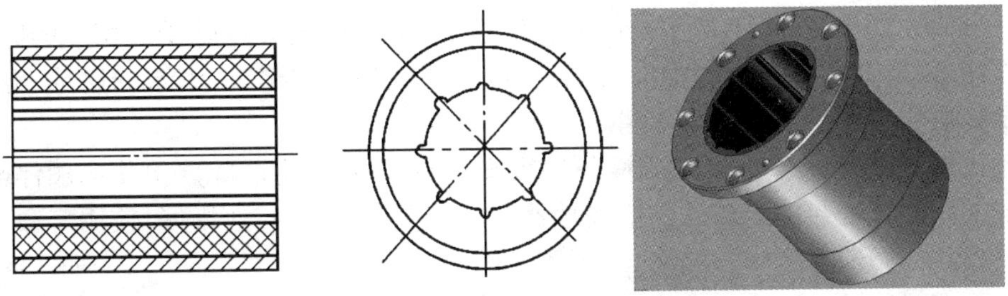

图 11-5-12　套筒式赛龙轴承结构

板条式赛龙艉轴承类似于铁梨木板条式轴承，主要由外层钢套和内层赛龙板条组成，板条安装在钢套内圈。赛龙板条可手工或采用锯、刨削和铣削等方式加工出水槽。板条式适合在轴径较大（轴径 200～800 mm）、载荷较高的情况下使用，取替传统的铁梨木，安装加工更加方便简单。

赛龙轴承与钢套的安装方法有过盈安装法和胶水粘贴法。对直径在 150 mm 以下的可在常温下用压力法压进钢套内孔；对于较大直径用干冰或液氮冷冻法安装，或直接用赛龙专用胶水黏合安装。

（2）赛龙轴承的性能特点

赛龙艉轴承材料的综合性能优于铁梨木、层压板、橡胶和尼龙等艉轴承材料。

其主要特点是：

①耐磨性好。赛龙材料摩擦系数低，水润滑动摩擦系数为 0.01～0.02。在水润滑条件下，其耐磨性是铁梨木的 4 倍以上，是橡胶的 2 倍以上。使用寿命是传统材料的 2 倍以上。

②耐腐蚀能力强。在强酸及大部分腐蚀性溶液中不腐蚀。

③承载能力高。受冲击后可以恢复原状，抗冲击性能比任何一种传统的轴承材料都好。多数船级社认可的艉轴承压为 0.55 MPa，赛龙轴承最大承压可达 70 MPa。

④不老化。储存数十年,性能不发生变化。

⑤加工工艺简单,安装方便。

(3)赛龙轴承的安装间隙及更换间隙

赛龙轴承的安装间隙及更换间隙应符合表 11－5－6 的规定。超过极限间隙时应换新艉轴承。

四、艉管密封装置

为了防止舷外水沿艉轴浸入船内及润滑油的外泄,在艉轴管装置中必须设置艉轴密封装置。艉轴密封装置根据艉轴润滑介质不同分为艉轴油润滑密封装置和艉轴水润滑密封装置两种。根据艉轴密封装置布置的位置不同,分为首部密封装置和尾部密封装置两种,有的简称为前密封装置和后密封装置。

对于油润滑的密封装置,如白合金轴承,其首部密封装置的任务是封油,使润滑油不漏入船舱内,而尾部密封装置担负着既防止油的漏出,又防止舷外水的浸入的双重任务。对于水润滑的艉管装置,如海水润滑的铁梨木或桦木层压板艉管轴承及海淡水润滑的艉管橡胶轴承,只设置首部密封装置,防止舷外水浸入船舱内。

密封装置是由密封元件及其夹持定位部件等组成。

船舶艉轴密封元件的工作条件十分恶劣,在工作时,密封元件除受到剧烈的磨损及摩擦高温作用外,还会承受轴系的径向跳动、正倒车时轴的轴向窜动、海水的腐蚀、泥沙水的磨刷以及螺旋桨不均匀悬臂负荷作用等。

艉轴密封装置处于水线以下工作,拆装维修不便,一旦发生故障要迫使船舶停航检修,影响船舶的正常营运与生产。故在选型时要求它使用可靠,密封效果好,使用寿命长,结构简单,选材容易,制造与维修方便等。

1. 首部密封装置

(1)填料函式首部密封装置

图 11－5－13 为填料函式水密封装置,用于橡胶轴承的首部密封。填料 4 装在艉管 3 中借压盖 6 的压紧力使其与轴紧密接触,达到封水的目的。这种装置均设进水管,以便引入具有一定压力的冷却水对轴承进行润滑、冷却,冲走泥沙。配水环 2 的作用是保证引入水流能均匀地沿着整个艉管的圆周进行分配,防止水流短路及涡流的形成,填料 4 常用渗油的麻索或石棉制品制成。钢质海船其压盖配水环采用青铜或黄铜制成,以避免海水的腐蚀。

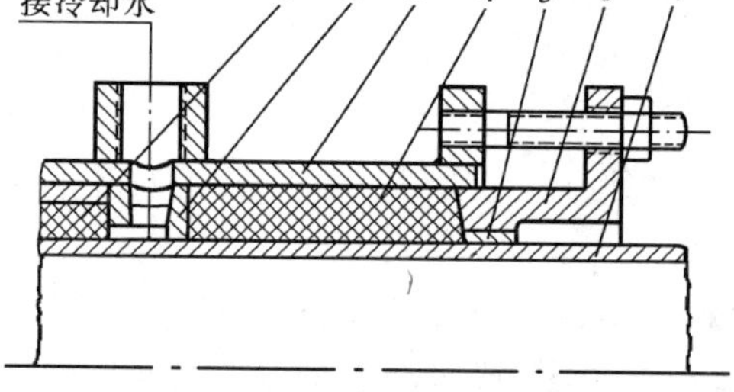

图 11－5－13　填料函式水密封装置

1—橡胶轴承;2—配水环;3—艉管;4—填料;5—压盖衬套;6—压盖;7—轴套

图 11－5－14 为填料函式首部密封装置。它由填料压盖 7、压盖衬套 6、填料 3、分油杯 4 和 5 等组成。用扳手均匀拧紧填料压盖各螺母，使填料压盖通过压盖衬套压紧填料，使之与艉轴贴合，以达到密封的目的。

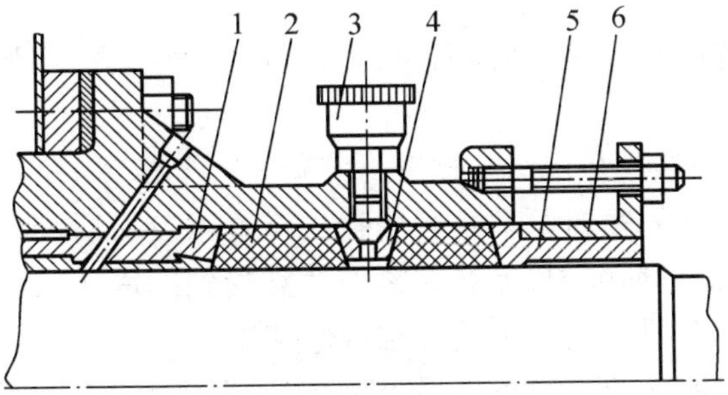

图 11－5－14　填料函式首部密封装置

1—艉管；2—前艉轴承；3—填料；4，5—分油杯；6—压盖衬套；7—填料压盖

这种填料函式首部密封装置，既可用油润滑，也可用水润滑。当用油润滑时，滑油经过油杯和分油环进入填料函进行润滑。当用水润滑轴承时，应将油杯改为冷却水管接，并用分水环（配水环）来代替分油环，使压力水沿轴承截面的整个周长均匀地分配，防止形成涡流。

如果艉轴首端为固定法兰，则为了便于拆装，填料压盖、压盖衬套与分油环等都应由两半组成，其结合面应位于通过中心线的平面上。

填料压盖的材料一般采用铸钢 ZG250、铸铁 HT200－400、HT250－470，压盖衬套和分油环采用黄铜或青铜，软填料采用特制的掺有油脂的麻绳、棉绳或油毡等。

填料函装配时要符合以下要求：

①加装填料时，每圈的长度应使两端刚好接拢，各道填料搭口应相互错开；

②填料压盖前后移动应灵活；

③填料装妥后，压盖法兰与艉管凸缘平面的距离应相等；

④压盖衬套内孔不准与轴有接触，力求上、下、左、右方向的间隙对等；

⑤填料函各部分的装配间隙及极限间隙应符合表 11－5－7 的要求。

表 11－5－7　填料函各部分装配间隙与极限间隙　　单位：mm

轴径直径 d	分油环、分水环、填料压盖与填料函本体的间隙 A	分油环、分水环、填料压盖与轴的装配间隙 B	极限间隙	
			A_j	B_j
<100	0.10～0.15	2.00～2.50	0.80	5.0
100～180	0.15～0.25	2.50～3.00	0.90	6.0
180～260	0.20～0.35	3.00～3.50	1.00	7.0
260～360	0.25～0.40	3.20～3.70	1.10	8.5
360～500	0.30～0.45	3.50～4.20	1.20	10.0
500～600	0.35～0.50	4.00～4.80	1.25	12.0

水润滑填料函，轴承用舷外水润滑时，航行时应将填料放松，以免加剧轴或衬套的磨损，允许有少量水流出，停泊时应将填料压紧。轴承使用极限温度 <60 ℃。油润滑填料函，一般不应漏油，如果有漏油，允许每分钟漏油量不超过 6 ~ 10 滴，轴承使用极限温度 <75 ℃。

填料函式密封装置的特点是：结构简单、工作可靠、修换方便，但消耗摩擦功较大，易使艉轴或轴套磨损。

(2)皮碗式首部密封装置(simplex 型密封装置)

皮碗式首部密封装置的密封原理是利用斜皮碗式橡胶密封圈的唇部，紧套在艉轴或艉轴防蚀衬套上，在橡胶密封环弹力、弹簧夹紧力及其受到的水压或油压的共同作用下，橡胶密封环唇部与艉轴或防磨衬套间紧密接触贴合保持密封。

图 11 -5 -15 是一种艉轴油润滑首部密封装置，主要由皮碗式橡胶密封圈 7、弹簧 8、前压盖 6、前密封座 10 等组成。斜皮碗式橡胶密封圈 7 设两道圈，其唇部紧套在前轴衬套 12 上，前轴衬套是防止艉轴受到腐蚀和磨损的套。密封圈 7 由前本体 11、前密封座及前压盖来夹持和定位。前本体是与艉轴管前端联结匹配的部件。前密封座是用于夹持和定位密封圈的外端部件。前密封座上设有润滑油管接头 2，可由油管加入滑油，在油腔的底部往往开设一个放油孔，必要时可在腔室内使滑油进行循环，以保证具有良好的工作状态。传动夹环 4 是固定在艉轴上并依靠其夹紧力与艉轴产生摩擦力而随之一起转动的剖分式部件，作用是改变和固定前轴衬套的轴向位置。O 形密封圈 5 套在螺旋桨轴上，位于前轴衬套与传动夹环之间，使螺旋桨轴与前轴衬套间密封。

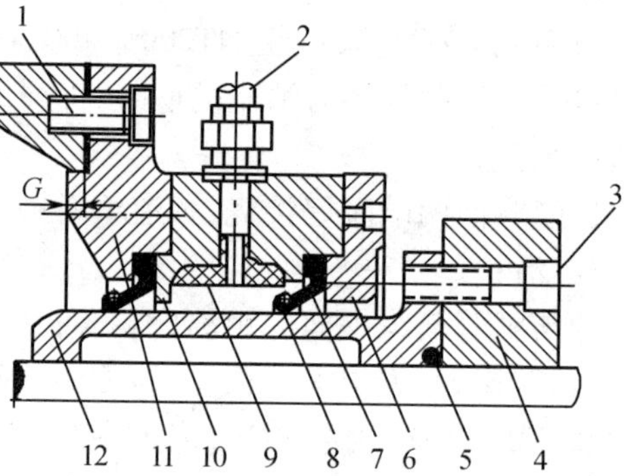

图 11 -5 -15　皮碗式首部密封装置

1—螺栓；2—润滑油管接头；3—螺栓；4—传动夹环；5—O 形密封圈；6—前压盖；
7—皮碗式密封圈；8—弹簧；9—循环器；10—前密封座；11—前本体；12—前轴衬套

皮碗式首部密封装置的主要特点是其密封圈腰部较长，元件的弹性与跟随性较好，唇口的接触宽度小(0.5 ~1 mm)，唇部及弹簧的径向力合适，加之前本体、前密封座及前压盖对密封圈的夹持和护托，可防止其多压变形或翻过，故密封效果良好。

皮碗式首部密封装置，由于它具有良好的密封性能，使用寿命长，摩擦损失少，结构也比较简单，装配、修理和安装较方便等优点，所以广泛应用于各种类型船舶的艉轴管密封装置中。皮碗式首部密封装置的规范，可参考船艉轴油润滑密封装置国家标准 GB 25017—2010。

(3)骨架式首部密封装置

如图 11－5－16 所示为骨架式首部密封装置。J 型骨架式橡胶密封圈 3 置于密封环座 1 中,剖分式压盖 2 及定位螺栓将其夹紧定位,依靠其唇部与转轴间的接触进行阻油。当工作的油封磨损或变形失效后,可拆开压盖 2,剪断并去掉工作油封 3,换上备用油封 6,再装上压盖 2;当耐磨衬套表面受油封摩擦起槽过深时,可松开夹紧环 5,沿轴向移动耐磨衬套位置,使其表面完好处与油封接触,这样可延长其使用寿命。

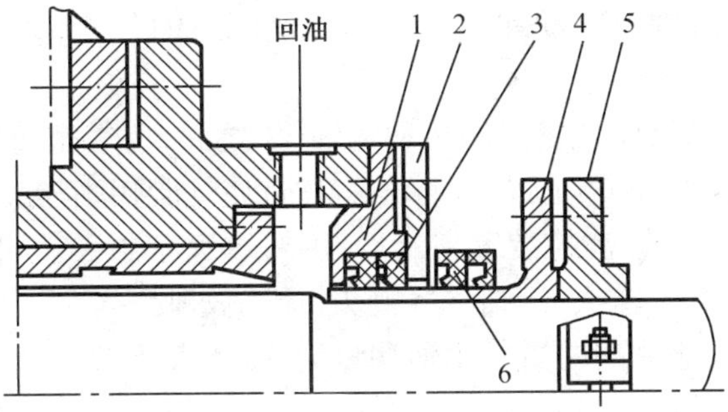

图 11－5－16　骨架式首部橡胶密封装置

1—密封环座;2—剖分式压盖;3—骨架式橡胶密封圈;
4—防磨衬套(一般表面镀铬);5—压紧环;6—备用橡胶密封圈

(4)弹簧片式端面密封装置

图 11－5－17 所示是弹簧片式端面密封装置,采用水润滑。这种密封装置由一个端面密封装置和一个充气密封装置组成,端面密封和充气密封置于同一个壳体内。

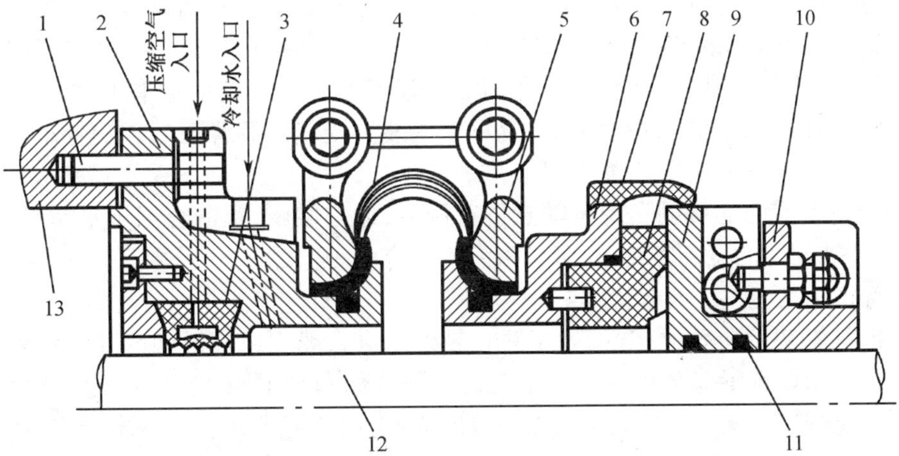

图 11－5－17　弹簧片式端面密封装置

1—连接螺栓;2—气密封座;3—可充气密封气胎;4—“Ω”弹性片;5—主卡圈;6—静环托架;
7—防溅罩;8—静环;9—动环;10—传动夹环;11—密封圈;12—艉轴;13—艉轴管本体

端面密封装置主要由静环 8、动环 9、静环托架 6、传动夹环 10、“Ω”弹簧片 4 及其主卡圈 5 等组成。传动夹环是固定在艉轴上并依靠其夹紧力与艉轴产生摩擦力而随之一起转动的剖分式部件。动环由传动夹环夹持和定位，动环与艉轴结合面之间有密封环 9 进行轴向密封。静环由静环托架 6 承托，主卡圈 5 将“Ω”弹簧片定位在安装底座 2 和静环托架之间，由于“Ω”弹簧片的弹性预紧力将静环压紧在动环的端面上，形成端面径向密封面。“Ω”弹簧片能在位移补偿范围内自动补偿静环、动环密封摩擦端面的磨损和轴系振动与冲击，保证端面密封。静环、动环的端面比压初始为 0.1～0.11 MPa，随吃水深度增加，“Ω”弹性环会自动进行压力调节，对轴向窜动和磨损自动补偿（轴向最大补偿量视轴径大小而定，在 6～20 mm之间）。

充气密封装置的气胎置于气密封座 2 和艉轴 12 之间，由气密封座夹持和定位，在螺旋桨艉轴静止状态下，用压缩空气（压力小于 0.3 MPa）使气胎膨胀与艉轴紧贴形成密封，阻止海水轴向进入。必要时，充气密封装置密封后，可对端面密封装置进行修理或更换。另外在装置上配备相应的冷却水接头、压缩空气接头、透气放泄螺塞。

在轴系静止状态下，水密封装置的水泄漏量为 0。在轴系正常运转状态下，水泄漏量应每 100 mm 轴径每小时不大于 1.5 L。

动环材料一般采用锡青铜，静环材料采用复合材料。

这种端面密封装置耐磨性好、端面密封具有轴向位移补偿功能、可靠性较高，不足之处是工作时，端面密封处，需要对动环和静环进行冷却，有一定量的水泄漏。可用于深水作业的船舶上。其规范可以参考船艉轴水润滑密封装置国家标准（GB 25018—2010）

（5）弹簧式端面密封装置

图 11－5－18 是一种端面密封装置，密封环壳 1 固定于船体，填料环 3 与密封环壳相连，两者间加填料进行密封，密封环 2 受一组弹簧 7 的作用，通过调节机构允许做轴向移动，密封环 2 与调整环 13 接触，表面形成内宽外窄的楔形间隙。在艉轴运转时，来自艉管的润滑油充满这一空隙形成楔形油膜。在离心力的作用下，油楔外圆形成很高的油压防止海水及泥沙的侵入，从而达到密封的效果。另外在调整环与调整环壳间装有 O 形密封圈，使其摩擦面接触时有一定弹性及应变能力。这种密封装置受气温及背压的影响较小，且两摩擦面间的接触压力可随意调节，其适应性较广。

这种密封摩擦面的接触压力可随意进行调节，适应性广，既适合用于水润滑的首部密封，也可用于油润滑的尾部密封，还可供深海密封应用。

2. 尾部密封装置

油润滑艉轴艉管装置的尾部，为了防止舷外水进入船内或润滑油的外泄污染水域，在艉管装置中必须设置尾部密封装置。尾部密封与首部密封不同，它置于船体外，工作环境恶劣，航行无法检查，一旦发生故障后果严重。为此，比首部密封装置要求严格，在设计、制造、安装时必须充分注意。

（1）油圈式尾部密封装置

图 11－5－19 为油圈式尾部密封装置的结构。其主要部件由三道油圈 9、三道油令板 8、压板 6 和 7 及垫板 10 等组成。防腐衬套与艉轴相连，而油圈紧套在防腐衬套上，并随轴转动。压板 6,7 和垫板 10 固定于艉管后轴承 11 上。由于油圈与油令板的轴向和径向间隙很小，滑油通过 Z 形迷宫节流降压，从而防止和减少了滑油的泄漏。在压板 7 内装有橡皮 3 和羊毛毡 4，紧贴在防腐衬套的外圈上，以防止海水和泥沙的侵入。

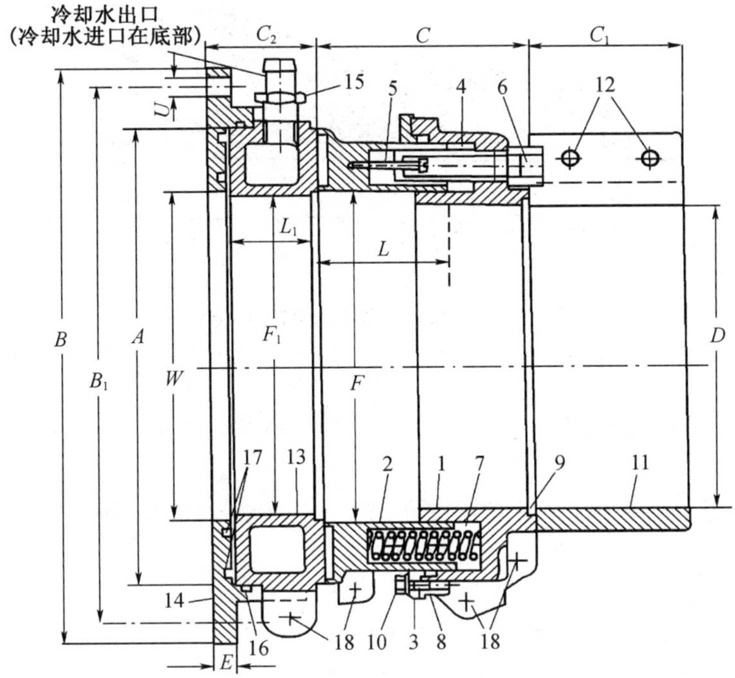

图 11-5-18　艉管前端面密封装置

1—密封环壳;2—密封环;3—填料环;4—传动销;5—装配螺钉;6—旋塞;7—不锈钢螺旋弹簧;8—填料;9—橡皮垫;10—螺钉;11—钢圈;12—螺栓;13—调整环;14—调整环壳;15—软管接;16,17—O 形圈;18—螺钉

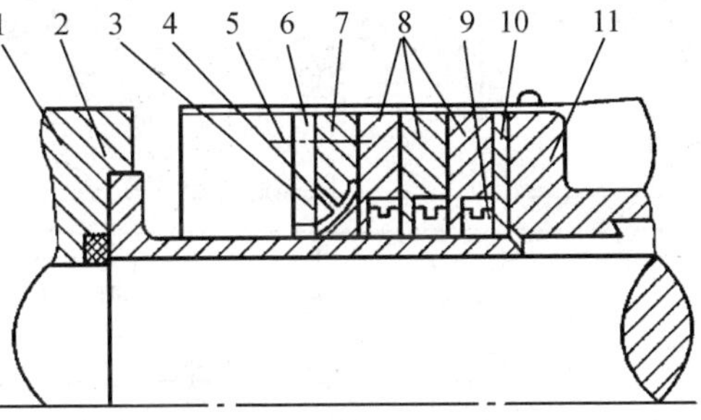

图 11-5-19　油圈式尾部密封装置

1—螺旋桨;2—防磨衬套;3—橡皮;4—羊毛毡;5—螺钉;6,7—压板;8—油令板;9—油圈;10—垫板;11—艉管后轴承

油圈式密封装置结构简单、质量小。但使用时间一长,油圈与油令板间的磨损就会使密封性能变差,易产生漏水、漏油现象,故近年来渐被其他性能较好的油封所取代。

(2)骨架式尾部密封装置

如图 11-5-20 所示为骨架式尾部密封装置。它属接触式密封,为了担负封水、阻油的双重任务,故所用的骨架式橡胶密封圈道数比首部密封装置多,一般用 3~4 道,其中两道向外翻边的 5 和 6 橡胶密封圈,主要用来阻水;向内翻边的 7 和 8 橡胶密封圈则主要用来阻油。另在尾端设一道 O 形橡胶密封圈 2 用来阻水和挡砂,防止对衬套的腐蚀。

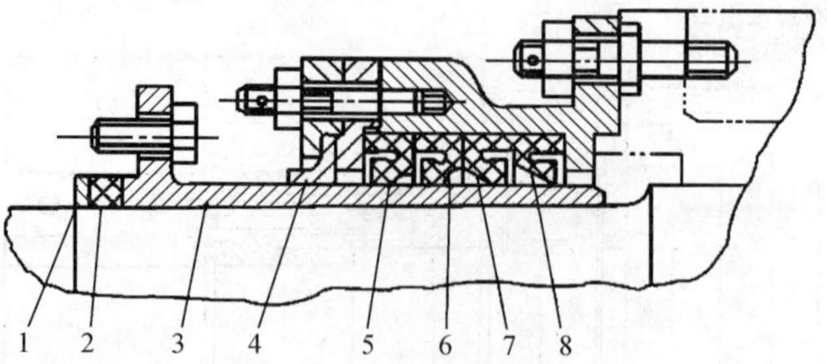

图 11 -5 -20　骨架式尾部密封装置

1—垫板;2—O 形橡胶密封圈;3—防磨衬套;4—翻边橡皮;5,6,7,8—骨架式橡胶密封圈

骨架式密封装置,目前被广泛应用于我国的中、小型船舶上,并已标准化,可供设计建造时选用。

这种密封装置结构简单,油封修换方便,有一定的密封效果。缺点是对艉轴偏心运动或下沉时的跟随性差,使用寿命不长。

(3)simplex 改进型尾部密封装置

图 11 -5 -21 为目前我国制造的 174000DWT 大型油船使用的 simplex 改进型尾部密封装置。它是依靠斜皮碗式密封环的唇部,在受到水压、油压、橡胶弹性及弹簧夹紧力的作用下,与防磨衬套间保持接触进行密封。

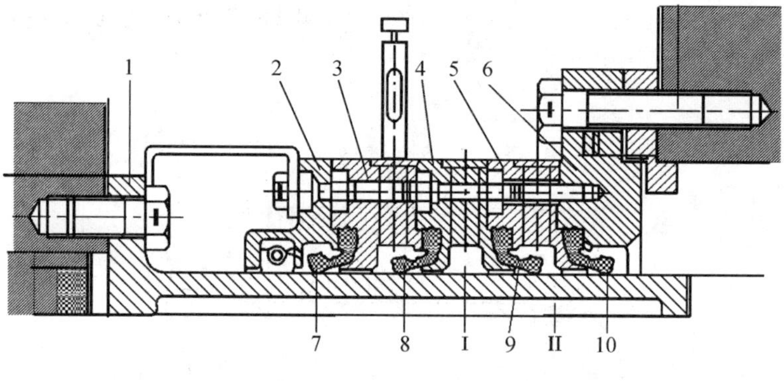

图 11 -5 -21　皮碗式(simplex)改进型尾部密封装置

1—防磨衬套;2—后压盖;3,4,5—中间托环;6—后壳体;7,8,9,10—密封环

Ⅰ—密封油腔;Ⅱ—冷却油腔

其密封元件由四个唇部装有箍紧弹簧的橡胶密封环(圈)7,8,9,10 组成,其中两道向前翻,两道向后翻,其头部分别被夹持在后压盖 2,中间托环 3,4,5 及后壳体 6 中。其中橡胶密封环 7 和 8 用于防止舷外水进入船内,橡胶密封环 9 和 10 用于防止润滑油的外泄污。这种密封装置可以在车间预装,并用后压盖 2 先将其固定于耐磨衬套 1 上,然后再将衬套装置送至实船进行安装。

这种装置对艉轴的跟随性较好,滑油的漏损少,使用寿命较长,拆卸修理较方便,故受到用船部门的普遍欢迎,在大型船舶上广泛应用。

五、艉轴管装置的润滑

艉轴管装置中的艉轴、艉轴承及密封元件的动、静摩擦副间均处于强烈摩擦之中，必须提供足够的滑油或水等润滑剂进行润滑。否则，各摩擦表面形成干摩擦，使轴承发热受损，缩短其使用寿命并影响船舶的正常营运。

1. 油润滑艉轴管装置的润滑

(1) 润滑油系统形式

①重力式自然循环润滑油系统

重力式自然润滑实际上是指重力油柜中滑油依靠自身的重力供油润滑，其组成及原理如图 11 – 5 – 22 所示。滑油自重力油柜 1 进入后艉轴承 5，经艉管 6 流至艉轴前轴承 8，再经回油管 7 回至重力油柜 1。艉轴油泵 12 的任务是在安装和营运时向艉管装置泵油用，泵油时将滑油自重力油柜抽出，沿上述线路将油泵入艉轴轴承等处，当见到回油管有回油时，即表明系统已充满了油，就可终止泵油。图中示出的 12 为手摇泵，对一些大、中型船舶可以一台电动油泵与之并联应用，以节约劳力及泵油时间，图中回油管的功用主要是作透气及泵油时回油之用。目前绝大多数的中、小型船舶均采用这种重力供油的自然润滑方式。

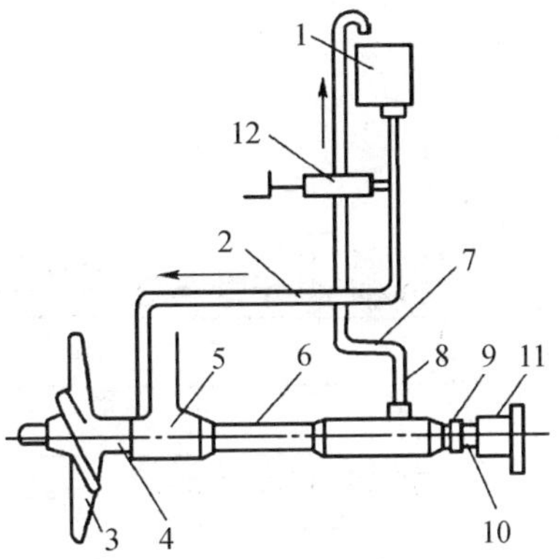

图 11 – 5 – 22　艉管装置的自然循环

1—重力油柜；2—进油管；3—螺旋桨；4—尾部密封；5—后艉轴承；6—艉管；7—回油管；8—艉轴前轴承；9—首部密封；10—螺旋桨轴；11—联轴器；12—后尾油泵

一般中、小型船舶要求其重力油柜的位置高于水线 500 ~ 1 000 mm；对于某些大型船舶，当其满载水线与空载水线差大于 5 m 时，应设置两个油柜，并求其重力油柜的位置高于水线 3 ~ 4 m。

②间歇循环润滑油系统

如图 11 – 5 – 23 所示为某 16 000 吨级多用途船艉管装置的间歇循环润滑系统。该系统的组成及原理是：重力油柜 1 中的滑油经过阀 4 流进艉管及艉轴承 13 和 14 等处，并经阀 15 流入艉轴下油柜 12。当系统的滑油耗损后，一般仍可靠重力油柜补油，系统即成为上述的自然润滑法；操纵阀 15 的开度，可以调节系统循环的速度。当重力油柜的油面低至警戒线时，即启动油泵 7（二者之一），将油从下油柜抽出，并经过滤器 9 打至重力油柜 1 内，这时系统也实行间歇循环。当重力油柜 1 内的油达到一定液面高度时循环泵 7 自动停止。本系统的两只循环油泵可以轮换工作，在抽出滑油时均使其通过过滤器 9 进行滤清，故滑油的质量也得到改善。

另外，油柜 2 和 3 分别为前、后密封件提供润滑油。系统中设置透气管，以便逸出润滑系统中的气体。

③强制循环润滑油系统

强制循环润滑油系统如图 11 – 5 – 24 所示。它由润滑循环油柜 7、循环油泵 4、管路等组成。油泵从润滑循环油柜吸油加压，通过油管将润滑油输送到艉管装置，对螺旋桨轴和轴承进行润滑，润滑后的润滑油返回循环油柜。两只循环油泵可以轮换工作，供油压力通常为船舶艉管装置处吃水压力加 0.02 ~ 0.03 MPa，压力表可显示供油压力。润滑油由过滤器 5 进行滤清，保证滑油质量。这种强制循环润滑油系统工作可靠，润滑效果好。

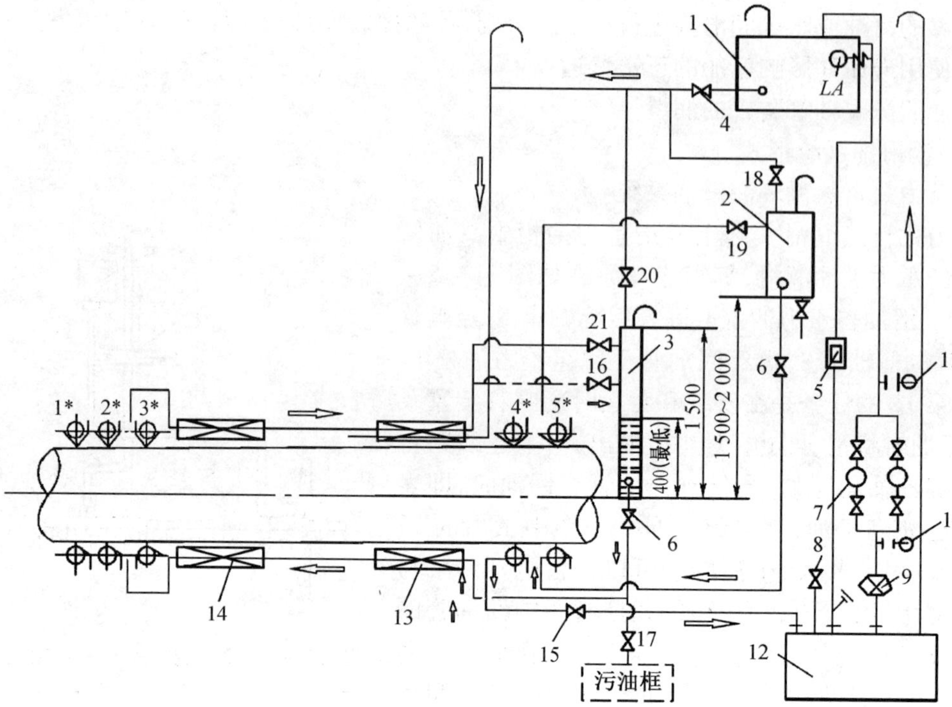

图 11-5-23　间歇循环润滑油系统

1—重力油柜；2—前密封油柜；3—后密封油柜；4—截止阀；5—视流器；6—截止阀；7—循环油泵；8—测深自闭旋塞；9—过滤器；10，11—真空表；12—下油柜；13—前艉轴承；14—后艉轴承；15，16，17，18，19，20，21—截止阀

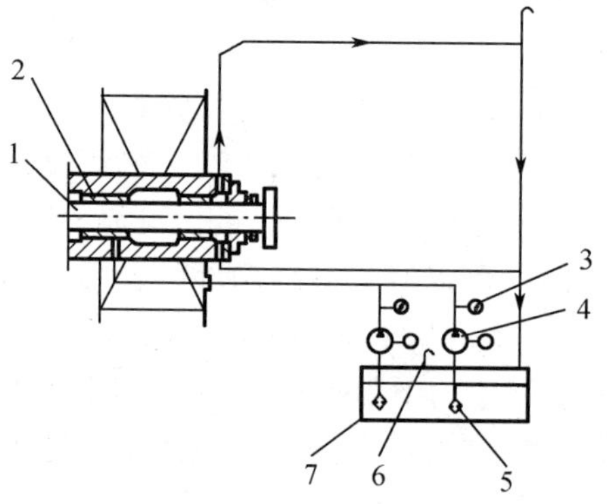

图 11-5-24　强制循环润滑油系统

1—螺旋桨轴；2—艉管轴承；3—压力表；4—循环油泵；5—过滤器；6—透气管；7—循环油柜

(2)润滑油循环器

如图 11 - 5 - 25 所示，在皮碗式首部密封油腔装循环器，该装置设置低位循环油箱及进出油管，将 1 固定在托环上，使其底部与螺旋桨轴上的前防磨衬套外圆留有较小间隙，这样在衬套随螺旋桨轴转动时，油腔中的润滑油按照图中箭头所示方向形成润滑油循环，用来润滑和冷却密封圈唇口。润滑油循环器结构简单，润滑冷却效果好。

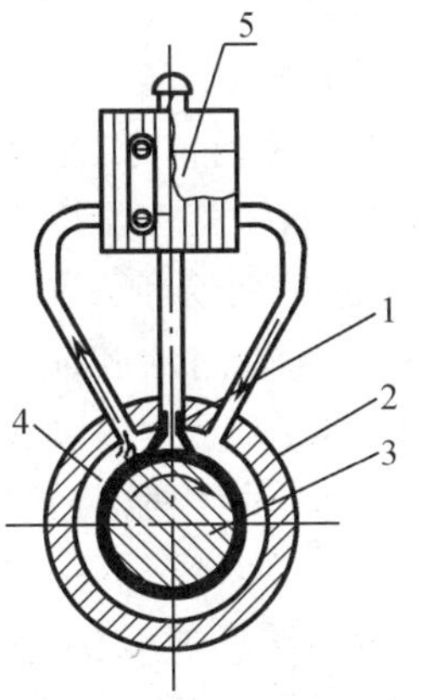

图 11 - 5 - 25　装循环器的润滑油自循环系统

1—循环器；2—前密封座（中间支承环）；3—螺旋桨轴；4—润滑油；5—低位循环油箱

2. 水润滑艉轴管装置的润滑

水润滑的艉管轴承，如铁梨木、桦木层压板、橡胶轴承等均采用舷外水作为冷却润滑剂，对运动摩擦副进行润滑，也可以采用压力水润滑，增强冷却效果。无论采用哪一种方法供水都要求有足够的水量以保证轴承的良好润滑，不致因摩擦温度过高而使部件发生故障或损坏。

铁梨木轴承水量不足时，水温迅速提高，当温度达到 60 ~ 70 ℃时，铁梨木摩擦因数急剧提高，导致轴承发热损坏轴承及轴的包覆层。只能在水温不超过 50 ℃时，铁梨木才能保持抗磨性能。桦木层压板轴承摩擦因数较大，易于发热，故所需水量比铁梨木轴承多。

橡胶轴承工作时，要求按规定的冷却水量连续输入轴承内，若停止供水 1 ~ 5 min，其摩擦因数显著提高引起艉轴和橡胶的发热，甚至把传动轴咬死，所以要求轴系运转前先对轴承供水。

水润滑的艉轴轴承，当船舶航行在浅水或污水区域，轴承工作表面会落入泥沙状杂质。因此，必须在轴承内形成压力水流，这样能保证轴承的润滑以及轴承表面的清洁。

水润滑系统比油润滑系统简单，但水润滑艉管轴承在船舶轴系低转速运行时不能建立全液体润滑，只是半液体润滑，所以实际运转情况比理论运行情况恶劣。另外螺旋桨轴直接与海水接触，由于运行时轴套等容易受损而引起轴腐蚀，所以目前多用油润滑。但随着水润滑轴承材料和轴耐腐蚀技术的不断发展，水润滑系统目前已用到几十万吨超大型油船上。

六、艉轴管装置的冷却

艉轴管装置中艉轴与艉轴承、艉轴与密封装置，工作时会产生摩擦热量，需要进行冷却散热。

1. 油润滑艉管装置的冷却

(1)艉管及艉轴承冷却

螺旋桨轴在艉管轴承中运转所产生的摩擦热，如不及时加以冷却，势必影响滑油的黏度，加剧摩擦副的磨损。对于后部的艉管轴承及密封装置，因是沉浸在水里，故其冷却条件较好，一般不需另加冷却。而对于首端的艉轴承及密封装置，因其冷却条件较差，一些大、中型船舶往往要考虑冷却措施。

图 11 - 5 - 26 所示是艉管的一种冷却方法，图中水套 4 中的水最好采用清水，并可由膨胀水箱 3 供给，此膨胀水箱可使水套中的水受热有膨胀的余地，当水套中的水消耗以后，可

开启截止阀 1 进行补水,也可使截止阀 1 常开,而靠膨胀水箱中设置的液位控制开关 2 自动补水,以保证首部艉管轴承及密封装置的散热与冷却。

(2)密封装置的冷却

由于密封橡胶圈(环)传热性差,受高温作用后会老化变质,缩短其使用寿命,故对密封摩擦副的冷却与散热问题,也必须给予重视。密封装置的主要冷却方法有两种:一是对密封油腔充入滑油,以增强对摩擦副的散热与冷却效果;二是密封油腔里设循环器(图 11 - 5 - 25)。

2. 水润滑艉管装置的冷却

无论是木质轴承还是橡胶轴承,它们的摩擦系数均随其摩擦副接触温度的增高而显著增加。螺旋桨轴在这类艉管轴承中运行时摩擦温度太高,易使其发生故障或损坏,故必须对摩擦副进行冷却和散热,限制其高温(一般使冷却介质的温度不超过 50 ℃)。为了改善摩擦副的散热条件,必须在这类轴承的内圆面开纵向冷却水槽,以便能有效地带走摩擦热。起航时由于螺旋桨轴的转速较低,冷却水量往往供应不足,易烧轴承,应先供入压力水,增强冷却效果;首部的艉轴承冷却条件不如尾部,易形成死水与淤积泥沙,所以要在其前面装有冷却水接管,开航时,供压力水,以便进行冷却,冲走泥沙与杂物。

小型船舶采用这种水润滑轴承密封装置,一般不须另行冷却,而对于中、大型船舶则往往在填料函上做成冷却水夹层,借以通入冷却水对其进行冷却。

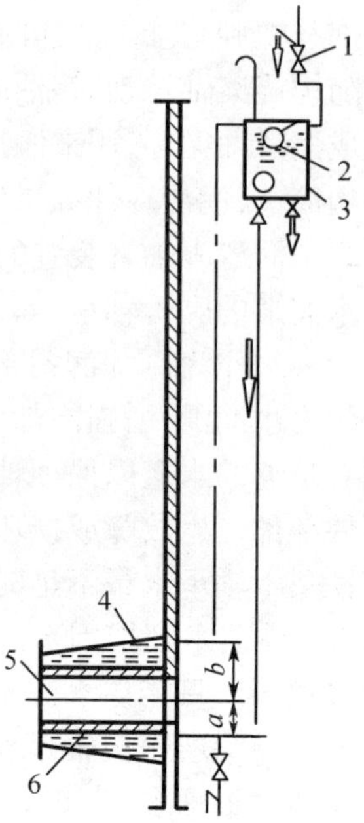

图 11 - 5 - 26　艉管装置的水冷却

1—截止阀;2—液位控制开关;3—膨胀水箱;4—艉管的外包水套;5—艉轴;6—艉轴管及艉轴承;a,b—进出水管接头离轴线的距离

第六节　轴系联轴器

在现代船舶中,由于主机形式、船舶用途以及推进性能上的不同要求,推进装置所采用的传动方式很多,有直接传动、间接传动和特殊传动等。对直接传动的推进装置,主机与螺旋桨之间,除了船舶轴系之外,一般没有其他传动设备。而在间接传动及其特殊传动的船舶推进装置中,从主机到螺旋桨之间除了船舶轴系之外,还配备各种传动设备,这些传动设备为完成各种传动功能而形成的有机组合体,总称为传动设备。推进装置的传动设备有船用齿轮箱、液力耦合器、摩擦离合器、船用联轴器等。

不同的船舶有其不同的特点,传动设备的配置与组成也不一样。要根据船舶的需要组合或分配推进主机的功率、减速或变速、离合、倒顺、自动同步、减振与抗冲击以及满足其他布置上的特殊要求。受篇幅所限,这里主要介绍船用联轴器。

船舶轴系中将两段轴互相连接成整体的传动设备,称为联轴器。发动机、齿轮箱、推力轴、中间轴、艉轴和螺旋桨轴之间必须用联轴器把轴连接起来,以便传递扭矩和推力。

联轴器的形式很多,按照联轴器的不同结构特点,它可分为刚性联轴器、弹性联轴器等。

常见的轴系刚性联轴器，主要有法兰式联轴器、夹壳式联轴器和液压联轴器等三类，它主要用于要求对中严格的轴与轴之间的连接，例如中间轴之间、中间轴与螺旋桨轴、中间轴与推力轴之间的连接等，在船舶动力装置中应用广泛。弹性联轴器用于有微小倾角和位移的两根轴之间的连接，特别是动力机械可能引起振动的轴与轴之间的连接，例如柴油机曲轴与减速齿轮箱输入轴之间的连接，它有着很好的缓冲和吸振能力，主要有金属弹性联轴器和橡胶弹性联轴器两种。这里主要介绍刚性联轴器。

1. 法兰式联轴器

(1) 固定法兰式联轴器（也称凸缘联轴器）。固定法兰式联轴器根据制造方式，主要有整锻式法兰联轴器和焊接式法兰联轴器两种。

法兰盘（凸缘盘）同轴端一起锻制而成的联轴器，称为整锻式法兰联轴器，如图 11-6-1 所示。整锻式法兰联轴器主要尺寸见有关设计手册，结构尺寸必须满足规范要求。

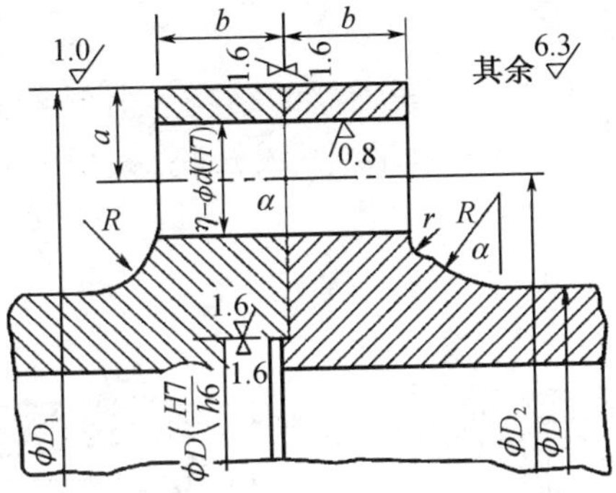

图 11-6-1　整锻法兰式联轴器

焊接式法兰联轴器是法兰盘（凸缘盘）与轴端通过焊接方法制成，如图 11-6-2 所示。主要应用于轴材采用热轧圆钢的中小功率的船舶轴系上。焊接式法兰联轴器结构尺寸必须满足规范要求。

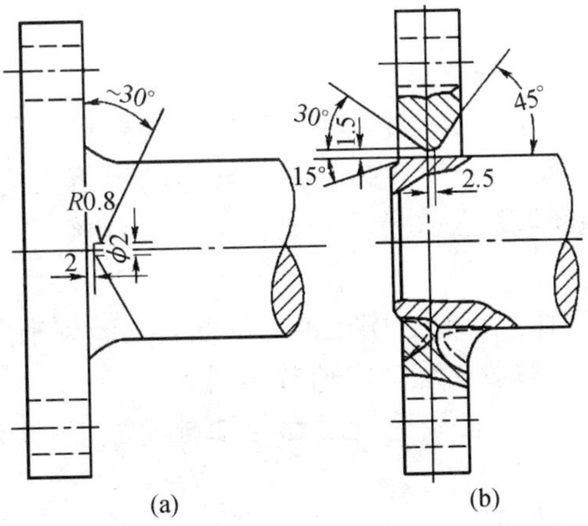

图 11-6-2　焊接式法兰联轴器

对于焊接工艺有如下要求：

①凸缘盘与轴端区在焊接前要进行预热，焊接中严格注意保温，在焊接后采用缓冷措施，降低焊接处的冷却速度；

②焊后必须进行整体或局部退火，以消除内应力；

③焊缝应进行探伤检查，确保焊缝内部焊接质量；

④凸缘盘材质与轴相同，焊剂与焊丝的配合应根据母材的机械性能选定。

法兰联轴器结构简单，制造方便，成本较低，工作可靠，装拆、维护简便，传递转矩较大，能保持两轴具有较高的对中精度。在船舶轴系中应用较多。

(2)可拆法兰式联轴器。艉管里的艉轴要求从艉部舷外抽出，或在轴上须安装滚动轴承等套入式机件时，联轴器就必须制成可拆式。

可拆法兰式联轴器常被用于艉轴与中间轴的连接，它是属于刚性联轴节的一种形式。根据连接法兰上螺栓孔的形状，它又可分为圆柱形螺栓可拆联轴节及圆锥形螺栓可拆联轴节两种。

如图 11－6－3 所示是可拆法兰式联轴器的结构。联轴器的内锥孔与轴锥体通过键连接，借助锁紧螺母锁紧于轴上。为使联轴器不致松脱，锁紧螺母上有开口销或止动螺钉等防松装置。

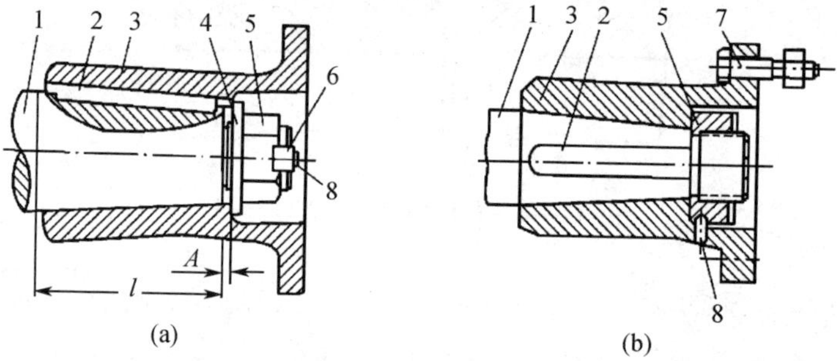

图 11－6－3　法兰可拆联轴器

1—螺旋桨轴；2—键；3—联轴器；4—垫片；5—锁紧螺母；6—止动块；7—连接螺栓；8—止动螺钉

联轴器材料应不低于传动轴材料的机械性能，常用 35 号锻钢或铸钢 ZG30，ZG35。一般联轴器法兰的外圆面要求精加工，因为轴系对中往往要以它作基准面，并要求联轴器的锥孔刮配合套装到轴上，再加工法兰外圆。在联轴器的转折处应以圆弧过渡，以免产生应力集中。其结构参数必须经规范公式计算和必要的强度校核。

加工技术要求：

①联轴器凸缘盘外表面的精加工，应在锥孔刮配后套装到轴上进行。

②其加工技术要求应与整锻式法兰联轴器相同。

③键槽加工的宽度、高度与轴线平行度都与轴键槽加工要求相同，以最终与轴键一起相配质量为验收标准。

联轴节的装配技术要求如下：

①联轴节锥孔与轴锥体接触应良好，接触面积要求在 75% 以上，用色油检查，每 25 mm × 25 mm 内，不得少于三点。塞尺检查锥体大端时，0.03 mm 塞尺插入深度应不超过 3 mm。接触面上允许存在 1 ~ 2 处面积不大的空白区，但总面积应小于锥体表面积的 15%，最大的

长度及宽度不超过该处锥体直径的1/10，且不得分布在同一轴线或圆周线上。

②平键与轴上键槽两侧面的接触面积不少于75%，与联轴节键槽相配合时，在85%长度上应插不进0.05 mm塞尺，其余部分应插不进0.1 mm塞尺。平键与键槽底应接触；接触面不少于30%～40%。

③联轴节法兰螺栓装妥后，在接合面90%的周长上应插不进0.05 mm塞尺，其接触面积不少于75%。

④轴的锥体部分的螺纹，当联轴节装好后应缩进锥孔内一个距离A(图11－6－3)。

$$A = (0.02 \sim 0.05)l \qquad (11-6-1)$$

式中，l为锥体长度。

2. 夹壳联轴器

夹壳形联轴器由两个钢制半圆筒组成，依靠夹壳与轴之间的摩擦力及键来传递力矩。图11－6－4所示是夹壳联轴器的典型结构。它主要由对开的两个半联轴器2组成。这两个半联轴器靠螺栓5将被连接的两根抽1紧紧地夹紧。扭矩靠两个半联轴器与轴表面间的摩擦力及其中的键4传递。轴向力由摩擦力及轴端的环形槽和装入环形槽中的推力卡3环传递。

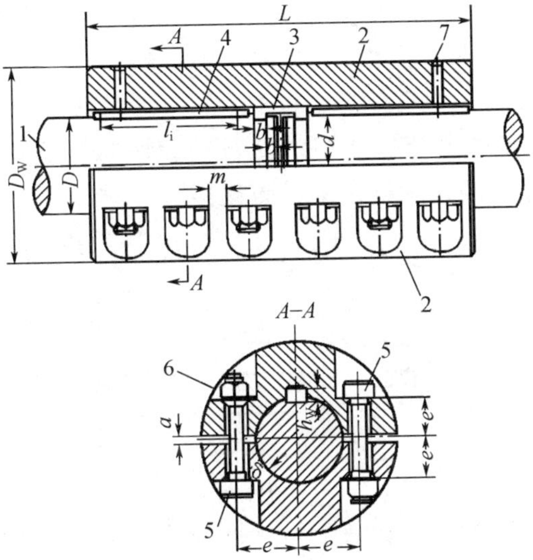

图11－6－4　夹壳联轴器

1—轴；2—半联轴器；3—推力环；4—键；5—螺栓；6—螺母；7—拆卸用螺孔

夹壳式联轴节的径向尺寸很小，但轴向尺寸较大，自重为凸缘联轴器的1.5～2.0倍。拆装方便，不必将轴做轴向移动，径向间隙小，对中性好。因此一般用于空间狭长，中小功率的船舶轴系上。

夹壳式联轴节的材料常采用ZG30，ZG35或锻钢35等。

夹壳形联轴器加工技术要求

①壳体内圆的圆度和圆柱度不应大于如表11－6－1所示的数值规定，但夹壳长度每超出轴径一倍时，范围允许增加0.01 mm。其内圆直径应较轴径大0.04～0.08 mm；两半联轴节的间距应为轴颈的3%～5%。

表 11-6-1　夹壳联轴节内圆的圆度和圆柱度　　单位：mm

内孔直径 d	<80	80～180	180～260	260～360	360～500
圆度与圆柱度	0.02	0.03	0.04	0.05	0.05

②两半壳体的内圆表面粗糙度 Ra 不低于 3.2 mm；

③推力环内圆与轴槽应紧密配合，接触面积在 60% 以上，两侧面与轴槽或壳槽配合应插不进 0.05 mm 塞尺。装配后两半环剖面应接触平齐，推力环外圆与夹壳内孔之间允许 0.20～0.40 mm 的间隙。

3. 液压联轴器

液压联轴器是一种在油压作用下使两个具有锥形接触面的内外套筒产生相对位移，而去掉油压后使内套间在弹性变形的作用下箍紧两连接轴的可拆联轴器。

液压联轴器可用来作为中间轴与螺旋桨轴，中间轴与中间轴的连接，也可作为一般轴系的轴与轴的连接。

液压联轴器的结构，如图 11-6-5 所示。该联轴器主要由内套 1 和外套 2 组成。内套 1 套住两连接轴的轴端，而外套 2 则套住内套 1。内外套的接触面是锥度为 1∶80 的锥面。外套的内表面开有螺旋形的环槽。外套上开有注油孔及油槽。与螺塞 3 相配的油孔和油槽可通入压力油，使内套收缩，外套膨胀。与螺塞 4 相配的油孔和油槽，可通入压力油，使外套向右移动。活塞 5 及螺帽 7 使内外套能在油压的作用下做轴向相对移动。在径向油压和轴向油压的作用下，当外套相对内套移到规定位置后，放掉压力油，外套与轴的弹性变形恢复，迫使内套收缩，使内套与两连接轴产生过盈连接。

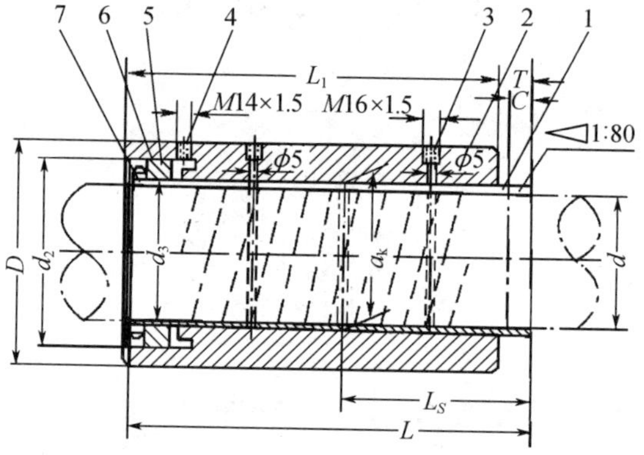

图 11-6-5　液压联轴器

1—内套；2—外套；3—螺塞；4—螺塞；5—活塞；6—O 形圈；7—螺母

这种连接的优点是：装配的两零件间不产生直接摩擦，配合质量好；拆卸时也不致损坏零件及影响第二次装配质量；配合面间取消了键槽，提高了连接强度，简化了加工工序；不用法兰和连接螺栓，改善了轴系结构；拆装比较方便。由于液压联轴器具有这些优点，它在船舶上的应用日渐增多。

液压联轴器的设计主要是根据所需传递的扭矩确定联轴器的主要结构尺寸、内套和外套安装时所需要的油压的大小，外套对内套的轴向推入量 S(mm) 或内套对连接轴的装配过盈量δ(mm)。

液压联轴器结构尺寸等技术参数，根据《大型液压安全联轴器》GB/T 26663—2011 国家标准选择确定，还应满足我国《钢质海船入级与建造规范》的要求。

第七节　船舶轴系安装工艺概述

船舶轴系的安装是船舶动力装置安装工作中的重要内容和组成部分。安装质量的好坏直接影响船舶主机、船舶轴系的运转可靠性和持久性。

由于各类船舶所采用的主机及轴系的结构形式不同，其安装工艺也有所不同。船舶的生产批量、生产厂的技术水平、船台的条件、起吊设备的能力及工艺路线的不同，即使造出同样的船舶，其安装工艺也不尽相同。

轴系的安装工艺对船舶建造周期有很大影响，因此按照不同船舶的结构特点，采用合理的安装工艺，对提高轴系的安装质量，缩短安装周期有很大的意义和作用。

一、轴系安装工艺的主要内容

轴系安装工艺的主要内容有以下几个部分：

(1)确定轴系的理论中心线；

(2)按确定的轴系理论中心线镗艉柱壳孔或人字架壳孔及开隔舱壁填料函孔；

(3)安装艉轴管、艉轴轴承、人字架轴承、艉轴、艉轴密封装置及最后安装螺旋桨；

(4)中间轴的校中、安装与固定；

(5)主机的定位与固定。

二、船舶轴系安装工艺的一般过程

船舶轴系的安装工程，可在船体尾段及机舱分段船台上建造好后，与其他分段的建造同时进行，其基本过程是：

(1)首先确定轴系的艏、艉基准点，艏基准点一般设在主机前 1 ~ 2 m 处；艉基准点一般设在船尾舱系中心线之后 300 ~ 500 mm 处。

(2)按艏、艉基准点确定轴系理论中心线，并做好有关标记，为进一步检查和镗孔，及排轴做出根据。

(3)确定理论中心线后，其他工作可从艉轴端向前，或自主机端向后，也可两端同时进行。

(4)画出轴系各贯通孔(穿过各隔舱壁)的镗孔线，并检查各中间轴承基座在船体的位置。

(5)镗人字架、艉轴管毂孔及各隔舱壁的轴系贯通孔，并加工各中间轴承基座面板(包括推力轴承)。

(6)安装艉轴管总成(艉轴管已在内场加工好且前后艉轴承已加工装好)。

(7)安装艉轴、螺旋桨(艉轴和螺旋桨已在内场拂刮配制完毕)和艉轴管密封装置。

(8)排轴即中间轴和中间轴承就位，且以校中轴系来定位安装。

(9)中间轴及轴承就位前可按直线性或合理校中原则，利用光学仪器法，校中定位各中间轴承；而在中间轴及轴承就位后，可按连接法兰的偏移值和曲折值来校中轴系。

(10)按二次排轴校中定位的中间轴承,需拂刮配制各中间轴承的调整垫块;并钻孔铰孔,配制螺栓。

(11)中间轴承紧固定位,各中间轴连接法兰(内场已镗好螺孔)用紧配合螺栓固定。

(12)轴系与主机相连接,并调整好推力轴承间隙,安装推力轴总成。

(13)安装轴系刹车装置、润滑油管、冷却水管及各填料密封装置。

(14)轴系的试车、交验。

以上各项均可在船台上完成,但最好自第(8)项起以后各项在船下水之后进行。因下水前后船体变形对轴系中心线的影响难以掌握。

第八节 船舶轴系理论中心线的确定

通过主机曲轴中心,同时又通过艉轴管(或人字架)的中心的直线称为轴系理论中心线。它是主机轴系安装的基准。它的首尾两个基准点的空间坐标位置可以从轴系布置图中得到,一般由轴系中心引申到隔舱壁上标出。

为了满足主机曲轴中心线与艉轴管以及轴系同轴度要求,在进行安装前必须测定轴系理论中心线。轴系理论中心线是在船舶设计时所确定的轴系的轴心线。在轴系安装时,人字架轴壳孔和艉柱轴壳孔等的校中和镗削加工,以及确定轴系上各部件的相对位置,都是以轴系理论中心线为基准的。

船体实际变形是绝对的,不变形是相对的,因此在测量轴系中心线时,只能做到船体变形尽量接近在水中变形的情况。为此,在测定轴系中心线之前,应具备下列条件:

(1)影响船体总强度的主要焊接装配工作必须基本结束。

(2)轴系所通过的区域内,船体的主要焊接装配工作应结束,该区内隔舱水密试验也应结束。

(3)应定期检查船体与基线检验点之间的相对位置,龙骨墩。

(4)轴系零件如人字架、轴承座均已焊好。若偏移大于3 mm即应调整楔紧。

(5)建议在阴天或晚上进行测定工作,以防日晒而引起不均匀的船体变形。

(5)保持船内安静,停止敲击、振动的工作。

由于舵系理论中心线和轴系理论中心线的相互位置有一定的要求,因此两者的理论中心线基本上是同时确定的,而且确定它们所用的方法也基本相同,所以将舵系理论中心线的确定也在本节内叙述。

一、基准点的确定

根据船体设计布置图所标注的轴系、舵系理论中心线的坐标来确定基准点的位置。确定轴系理论中心线的方法主要有拉线法和光学法两种。不论采用哪种方法,都是取两个点(基准点)来确定轴系理论中心线的所在位置。

1. 轴系基准点的确定

(1)基准点高度位置的确定

用钢直尺在指定的船体肋位上,从中龙骨或双层底上的船中线和舵斗上的标注线向上量取规定的高度数值,由于不是直接从基线开始量取,所以量取的数值应该分别等于 h_1 减去中龙骨高或基线至双层底上平面的高,h_2 减去舵斗上标注线至基线的高度距离。h_1,h_2

分别是首、尾基准点至基线的距离。

在图纸上轴系基准点高度是指船体基线至首、尾基准点高度。而船台上船体基线则用竖立在船台的基线标志来表示，所以通常以引入船体内的水平仪玻璃管内的水线作为基准点高度来测定（图 11－8－1）。此法比钢直尺量准确性高。基准点的高度位置用连通管水平仪从船台的标高尺上将规定的首、尾基准点高度引入船内，以水平玻璃管内的水线作为基准点的高度标准。在水平船台上，若两基准点等高，则轴系理论中心线为一水平直线，若首基准点高于尾基准点，则轴系理论中心线为一倾斜线，此法比用钢直尺量准确性要高。

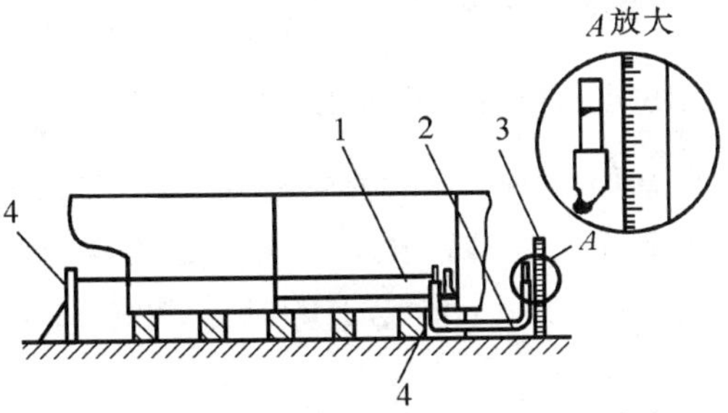

图 11－8－1　用连通管水平仪定基准点的高度位置

1—钢丝线；2—连通管水平仪；3—标尺

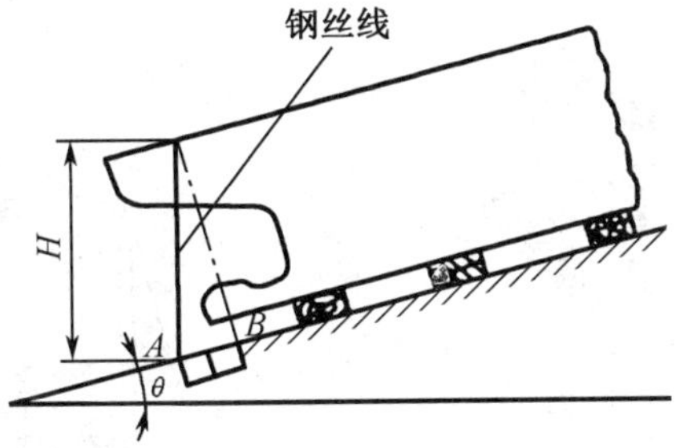

图 11－8－2　在斜船台上确定舵系基准点

（2）基准点左右（水平）位置的确定

基准点的左右位置，对单轴系来讲，在船台上可用吊铅锤对准船舯线来确定，也可用钢尺从两舷左右分中予以确定。如是双轴系，则根据轴系布置图中规定首、尾基准点距船舯线的距离，用吊铅锤的方法确定轴系基准点的左右位置，并在双层底上对基准点打上记号。基准点的纵向位置 I 是按布置图上所指定的肋位确定的。在船首的基准点为首基准点，另一基准点则为尾基准点。一般常将首基准点设在机舱前隔舱壁的肋位上，而尾基准点定在零号肋位上。

对单桨轴系来讲，在船台上可用吊铅锤对准船中线来确定。若是双轴系，则在双层底上和船台上，根据轴系布置图上规定的首、尾基准点距船中线的距离，画出轴系中心线的投影线，然后再用吊铅锤的办法确定基准点的左右位置。船下水后用吊铅锤的办法对中时，必须使船的横倾与纵倾符合规定，否则误差较大。

2. 舵系基准点的确定

单舵的上、下基准点在舵机房甲板的船中线上和下舵承端面（或船台上）的船中线上，按舵系布置图的规定,用钢直尺量取距规定肋位若干距离即得。也可以只量取上基准点,用通过上基准点吊铅锤的办法求得下基准点。在水平船台上,下基准点在铅锤尖上直接取得。在斜船台上,须将铅锤尖在船台的锤尖点 A 沿轴系中心线的投影线(单轴系即为船中线)向前移一定距离 L 至 B 点上,如图 11－8－2 所示,下基准点就在 B 点和上基准点的连线上。L 可由船台斜角 θ 和铅锤线长 H 求得:

$$L = H\sin\theta \tag{11-8-1}$$

如果是双舵或三个舵,则左右边舵的左右位置用直尺从船中线上的规定肋位处(或距某号肋位若干距离处)向左右量取规定距离。

二、用拉钢线的方法确定轴系理论中心线

轴系长度小于 15 m 时,常用拉钢丝线的方法来确定轴系理论中心线,而对于舵系理论中心线大多数是用拉线法来确定。拉线法虽是一种老的方法,但操作简便易行,不需要特殊设备,所以至今仍被沿用,即使在 15 m 以上的轴系,也往往先用它来进行轴系的预先找中。

拉线前,应设置拉线架并在拉线所要通过的舱壁等处预先开出小孔,以便钢丝线穿过小孔使其位置按轴系中心线设计位置(上、下、左、右)大致确定下来。孔径不宜开得过小,一般为成品圆的 1/3 ~ 1/2 即可。拉线架可用角铁或槽钢焊接而成,其上装有拉线工具(图 11－8－3),钢丝夹在夹头上,夹具能使夹头上、下、左、右移动。

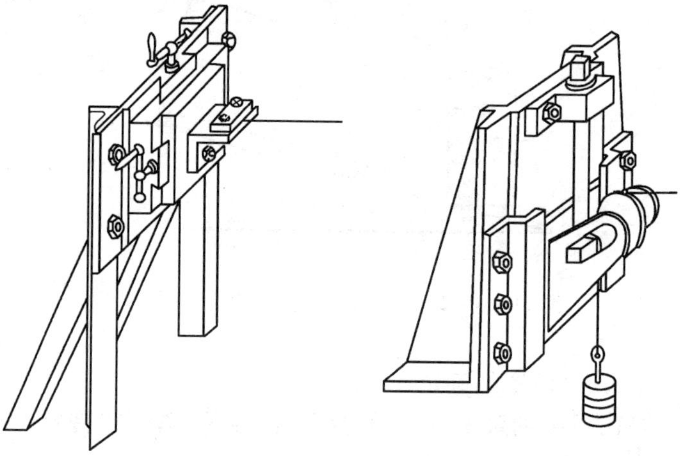

图 11－8－3　拉线工具

它的具体方法是:拉轴系中心线时,在舵系中心线之后和主机前 0.5 ~ 1.0 m 处,或在规定的前、后肋位的前和后 0.5 ~ 1.0 m 处竖两个拉线架,并拉一根直径为 0.5 ~ 1.0 mm 的钢丝,依首、尾基准点调整钢丝的位置,使钢丝通过首、尾基准点,这时钢丝线就代表轴系理论中心线。

拉舵系中心线时,在舵机房的上甲板设一拉线架,在下舵承孔的下端面上也设一拉线架(无舵斗就设在船台上),拉一根直径 0.5 ~ 1.0 mm 的钢丝,调整钢丝的位置,使所拉的钢丝通过上、下基准点,此钢丝就代表舵系理论中心线。

由于钢丝要通过舵机房的上、下甲板,在没有中间舵杆轴承时钢丝还要通过船体尾部

的船壳板，故拉舵线之前，必须先在相应位置预先开孔，孔的位置按舵线的设计位置（前、后、左、右）大致确定，孔的直径亦为成品孔直径的 1/3 ~ 1/2 即可。

拉舵线前将上舵承座大致放到位，拉线时钢丝从其中穿过。

先拉轴系中心线，后拉舵系中心线（反之亦可）。但要注意检查两钢丝线的相互位置是否正确，若不符合要求则应进行调整。

在拉轴系中心线时，为使钢丝线保持直线状态，应给予钢丝尽可能大的拉紧力，一般取拉紧力为钢丝拉断力的 70% ~ 80%。通常拉紧钢丝的办法有两个：一是钢丝的一端挂一重物，其重力等于规定的拉紧力数值；另一办法是用松紧螺旋扣收紧（图 11 - 8 - 4）。钢丝承受拉紧力的大小由弹簧拉力计表示出来。在无拉力计的情况下，只能用手触及钢丝的绷紧程度大致判断。有关钢丝的参数见表 11 - 8 - 1。虽然如此，但因钢丝的自重，仍会产生挠度。因此，以钢丝线代表轴系理论中心线来确定各隔舱壁、人字架轴壳孔等处的理论中心点时，必然有误差存在，这时必须予以修正。

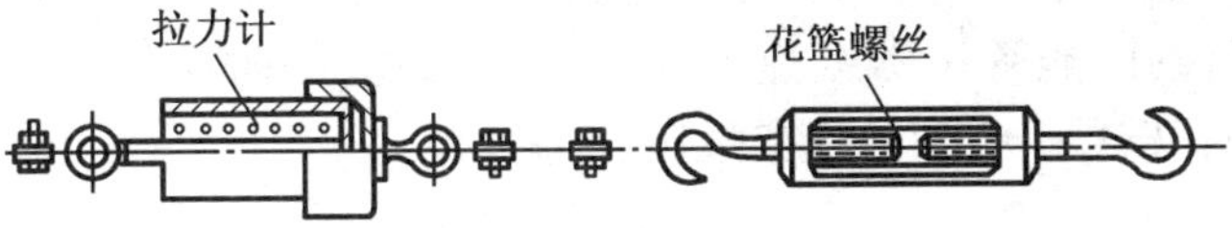

图 11 - 8 - 4　松紧螺旋扣

表 11 - 8 - 1　钢丝直径与拉力的关系

钢丝直径 d /mm	断面积 /mm^2	均布负荷 q /(N/m)	极限应力 P_a /Pa	拉限负荷 /N	推荐拉力 T /N
50	1963	0.156	$1\ 667.2\times10^6$	327.6	196.0 ~ 294.2
60	0.282 7	0.022 2	$1\ 667.2\times10^6$	470.7	294.2 ~ 392.3
0.70	0.384 8	0.030 2	$1\ 569.1\times10^6$	598.2	392.3 ~ 490.4
0.80	0.502 6	0.037 5	$1\ 569.1\times10^6$	784.6	539.4 ~ 637.5
0.90	0.636 1	0.046	$1\ 520.1\times10^6$	970.9	686.5 ~ 784.6
1.00	0.785 4	0.0617	$1\ 520.1\times10^6$	1 196.5	833.6 ~ 931.7

求出需要确定理论中心点处的钢丝挠度，然后将由钢丝定出的中心点垂直升高所求得的相应挠度数值，即为该处理论中心点的位置。

钢丝线在首、尾基准点不同位置处的挠度 y 可由下列公式求出，如图 11 - 8 - 5 所示。

$$y=\frac{qx(L-x)}{0.99\cdot 2T} \qquad (11-8-2)$$

式中　q——钢丝单位长度的重力，N/m；

x——所求挠度处到基准点的距离，m；

L——首、尾基准点间的距离，m；

T——钢丝拉力，N；

0.99——修正系数。

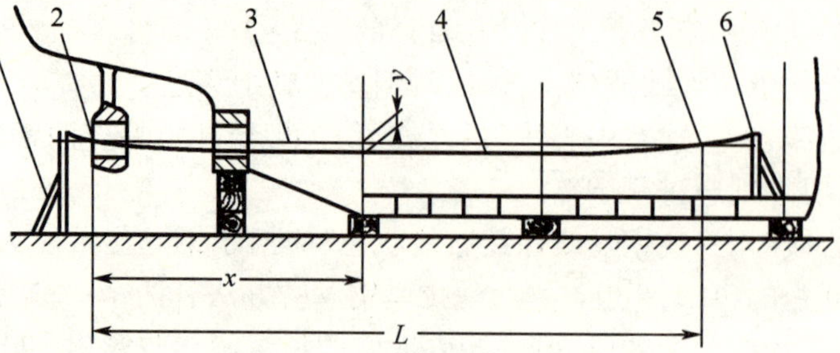

图 11－8－5　用拉线法确定轴系中心线

1,6—拉线架;2—尾基准点;3—轴系理论中心线;4—钢丝线;5—首基准点

轴线拉好后应检查如下施工项目:

(1)检查艉柱轴壳孔、人字架壳孔与通过拉线所得的轴系理论中心线的不同轴度,即要查明如以此中心线镗孔,能否按图纸镗出规定尺寸的孔,同时又要求使轴壳的最小厚度不小于规定数值。壳孔壁厚 t 应满足规范规定:

$$t = 0.33 \sim 0.30d \tag{11-8-3}$$

式中　t——壳孔壁厚,mm;

d——艉轴直径,mm。

对于装有导流罩的船舶,还须检查导流罩最小内径处于轴线的同轴度,偏差不得大于导流罩内径与螺旋桨直径之间隙的 1/4。

(2)检查主机基座面板、中间轴承面板与轴系理论中心线之间的高度尺寸及基座的左右开挡尺寸,以检查安装后的垫片厚度(对铸铁垫片 >20 mm,碳素钢垫片 >10 mm)及基座左右开挡尺寸是否符合验收范围。

(3)拉线验收结束后,即可在人字架轴壳前后端面、艉轴隔舱加强垫板端面、机舱后隔舱壁上画十字线、加工圆线及检验圆线,并打上洋冲孔。以上工艺检查项目可用图 11－8－6 来表示。

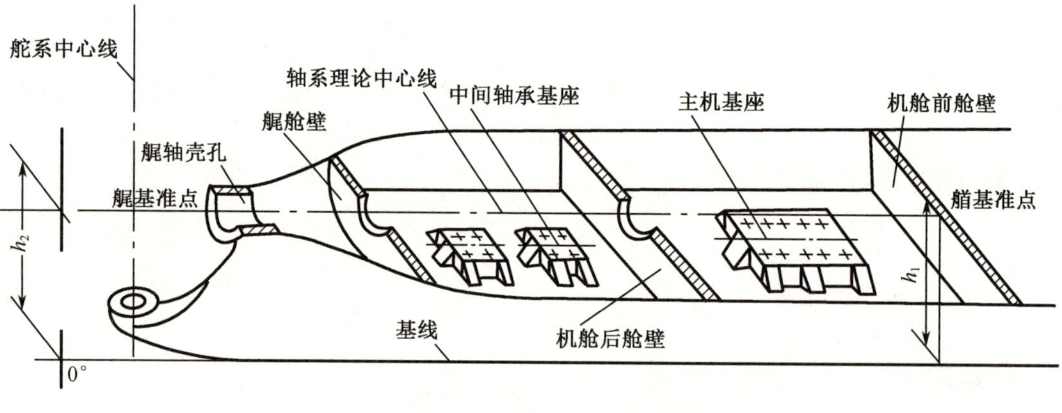

图 11－8－6　轴线拉好后应检查的施工项目

三、用光学仪器法确定轴系理论中心线

拉线法无论在精度上还是生产率上都不能满足现代化造船的要求。因此,日益普遍采用光学仪器法来确定轴系理论中心线,特别在轴系较长时用得更多。

利用光学仪器确定轴系理论中心线是将仪器先按两个基准光靶(光靶的十字线中心在基准点位置上)调好位置,使仪器的主光轴同时通过两基准光靶上的十字线中心,此时仪器主光轴就代表轴系理论中心线。如果还要用光学仪器来确定舵系理论中心线,则可在轴系中心线上的规定位置处,用棱镜将轴系中心线光束折转90°或其他规定的角度(采用特殊的棱镜),所折转的主光轴即代表舵系理论中心线。

光学仪器是由平行光管、望远镜和双平面镜等集合而成。

平行光管的结构如图11-8-7所示,它的主要功能在于发射一束平行光线。在凸透镜3的焦点处,有一块透明的角度光板2,其上刻有十字线,十字线分为数十小格,每一小格代表一个数值,这个数值随仪器而定。光源1发出的光线透过角度光板2,光线连同光板上的十字线便一起投向远方,通过凸透镜3及位移光板4。如光源1处于凸透镜3的焦点上,则发出一束平行光线,如果角度光板焦点之光线透过凸透镜后,则形成与主光轴成θ角的平行光束。

望远镜的结构如图11-8-8所示,它的作用正好和平行光管相反,是接受一平行光束的。在望远镜的最前面为一凸透镜,其后是凹透镜,此凹透镜的位置是可以调整的。不同的凹透镜位置可以使观察距离由数百毫米至无穷远。如将凹透镜调至无穷远位置处,即可接受平行光管射来的平行光束,并使其在成像平面上成像。成像平面上有十字线,可看出望远镜光轴与射来之平行光束之间的夹角大小。如将凹透镜调至某有限距离处,望远镜即可接受远处发出的散射光束,并在成像平面上成像,可看出望远镜光轴与射来的散射光源中心间的位移值。目镜是可以单独调节的,以适应人眼的视力差别。如看不清成像平面上的十字线,可调节目镜处外圈旋钮,直到看清为止。此外在望远镜内还有其他一些透镜,主要用来形成正确的物像,如将倒像变成正像等。

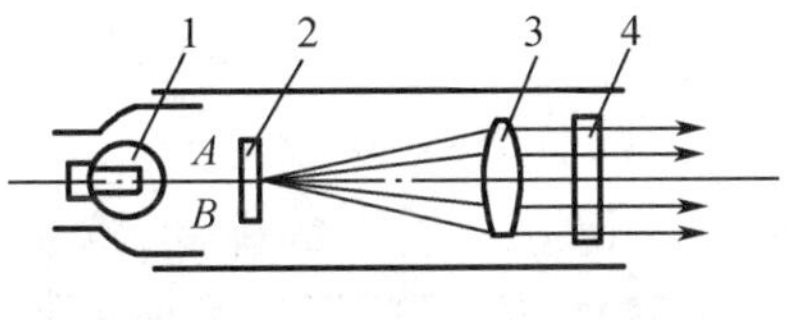

图11-8-7　平行光管的结构原理

1—光源;2—角度光板;3—凸透镜;4—位移光板

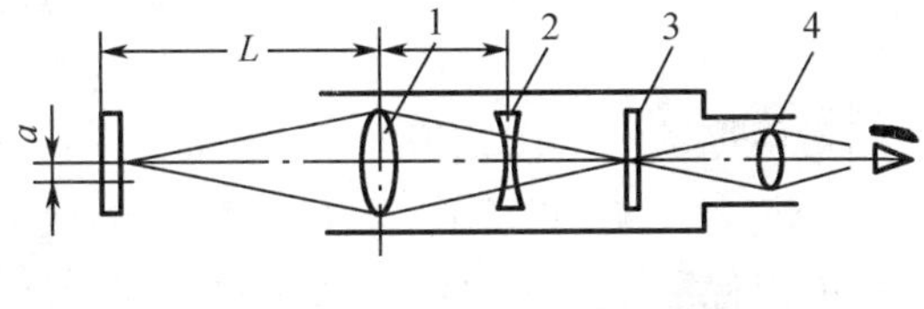

图11-8-8　望远镜的结构原理

1—凸透镜;2—凹透镜;3—成像平面;4—目镜

双平面镜的原理,如图11-8-9所示。平行光管内位移光板之刻度值每格为0.5~1 mm。一般人的视力可看清1/4格即0.10~0.20 mm。这显然是不够精确的,为了把位移值看得更精确,必须在望远镜前面安装双平面镜,安装以后可以看准至0.015~0.020 mm。

双平面镜由两块圆形可倾斜的厚玻璃所组成,两块厚玻璃可倾斜方向互成90°,即一块为左右方向,另一块为前后方向,光线通过倾斜的厚玻璃后,即沿原来的方向平行偏移V值。

$$V=\frac{\delta\sin(\alpha-\beta)}{\cos\beta}\qquad(11-8-4)$$

$$\sin\beta = \frac{\sin\alpha}{n} \qquad (11-8-5)$$

式中 δ——玻璃厚度；

α——倾斜角（即入射角）；

n——玻璃折射系数。

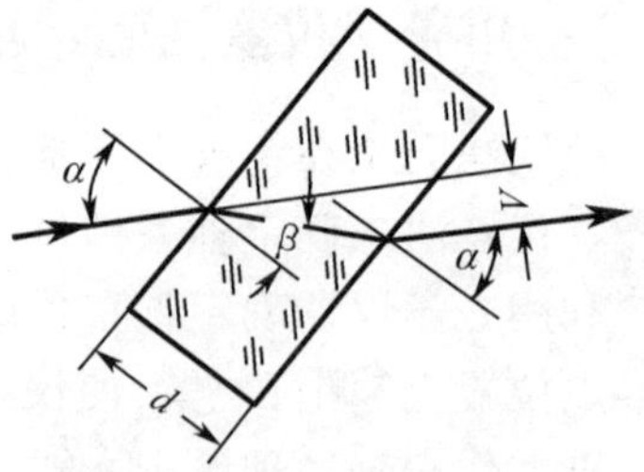

图 11-8-9 双平面镜原理图

δ 和 n 为已知值，知道 α 即可求出 V 值，即为双平面镜外之旋钮刻度 V 的数值。测量时先将平面镜置于中间位置，如观察时，发现被测物中心与望远镜成像面上的十字线有偏移，即调整双平面镜的旋钮，使十字线与被测物中心重合。这时所得 V 值，即为微调值，由于光线通过厚玻璃时仅平行移动，对测量歪斜毫无影响。

根据所使用的光学仪器不同，确定轴系理论中心线的方法有望光法和投射法，前者用准直望远镜或经纬仪等，后者用投射仪。近年来已应用激光技术确定轴系理论中心线。

1. 望光法

(1) 望光仪，望光法所采用的准直望远镜或经纬仪的望远镜都是测量望远镜，其基本结构如图 11-8-10 所示。它主要由物镜组 1，目镜组 5，调焦透镜 3 和十字线分划板 6 等组成，2 是物镜对光螺旋，4 是目镜对光螺旋，7 是从目镜中看到的经过放大后的十字线，OO' 是望远镜的光轴。

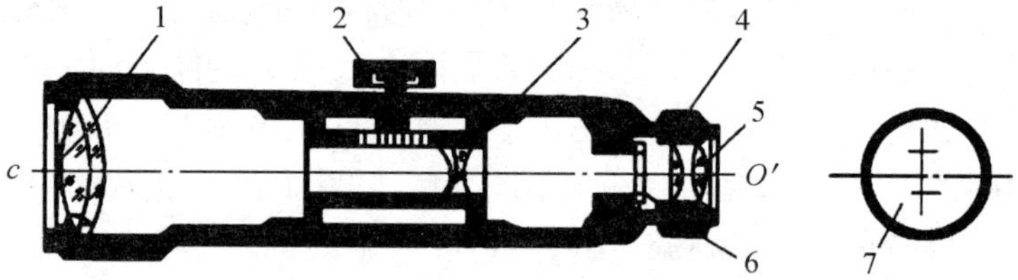

图 11-8-10 准直望远镜

1—物镜；2—物镜对光旋钮；3—调焦透镜；4—目镜对光旋钮；
5—目镜组；6—十字线放大镜；7—目镜中十字线

测量望远镜的工作原理如下：图 11-8-11(a) 所示，由远处目标 M 发出的光线，经物镜，在 m 处成一倒立的实像，通过目镜 4 的放大在 m，处成一倒立并放大的虚像，这是一般望远镜的成像原理。但是测量望远镜除了要求目标成像清楚之外，还必须精确地去瞄准目标和进行读数。因此在望远镜中还装有十字线分划板，如图 11-8-11 中的 3 的位置上和调焦透镜，如图 11-8-11(b) 所示。操作时，首先转动目镜对光螺旋 4，如图 11-8-10，使十字线清晰，然后转动物镜对光螺旋 2，如图 11-8-10，使调焦透镜 3 前后移动以改变物镜组的焦距，使目标的像，n 也随之前后移动，最后落在十字线平面上，这时目标的像也达到最清晰的程度，即可进行观察。如果目标的像 m 不与十字线重合，则通过目镜放大，不可能使十字线与目标同时清晰，同时观察时还会产生视差（观察者的眼睛在目镜前作微小的上下或左右移动，目标像与十字线产生上下或左右的相对移动，这种现象称为视差）。视差的有无说明调焦准确与否，所以调焦至目标像与十字线同时清晰后，还应检查有无视差，如有，应微调调焦透镜的前后位置，直至消除视差为止。

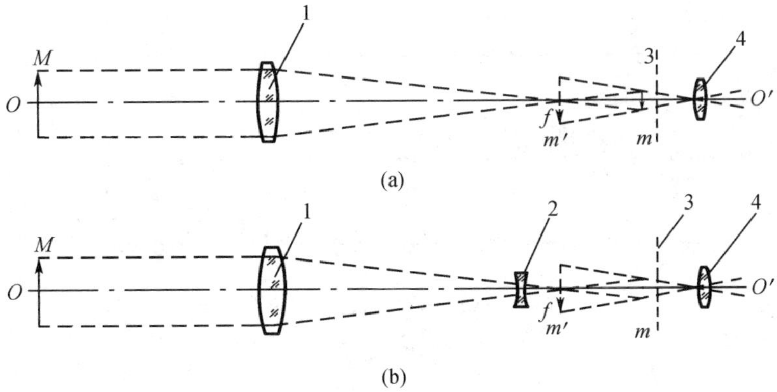

图 11-8-11　望远镜的工作原理

1—物镜;2—调焦透镜;3—十字线分划板;4—目镜

(2)光靶,图 11-8-12 为常用的光靶结构图。整个光靶支撑在各隔舱壁和人字架等处预先开出的孔内,光靶体 2 上的微调螺钉 1 用以调整靶芯架 3 上下、左右的位置,使靶芯 4 上的有机玻璃十字线中心与基准点相重合,即光靶十字线的位置代表基准点的位置。

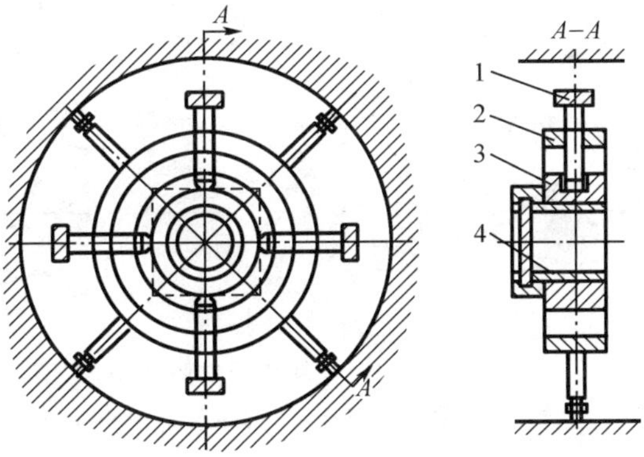

图 11-8-12　光靶结构示意图

1—微调螺钉;2—光靶体;3—靶芯架;4—靶芯

(3)基准光靶的设置及仪器位置的调整,如图 11-8-13 所示。在人字架轴壳孔或艉柱轴壳孔的后端及机舱后(或前)隔舱壁上设两个基准光靶 3,5,将光靶十字线中心调至基准点位置上。在尾光靶之后设仪器架 2(将望远镜 1 装在其上),仪器架应直接设在船台上,与船体及其四周的脚手架不要相连,以减少干扰。

开始调整位置时,先调焦距,使尾光靶十字线能清晰可见,旋转调位螺钉调整仪器位置,使仪器内的十字线中心与尾基准光靶上的十字线中心重合。取下尾基准光靶的靶芯,再依首基准光靶调整仪器位置,使仪器上的十字线中心与首基准光靶的十字线中心重合。然后再装上尾靶芯,用尾基准光靶的十字线中心来校正仪器位置。如此反复进行,直至仪器的十字线中心与首、尾基准光靶的十字线中心都重合,即仪器主光轴 4 通过轴系的首、尾基准点,这时仪器的主光轴即可代表轴系理论中心线。

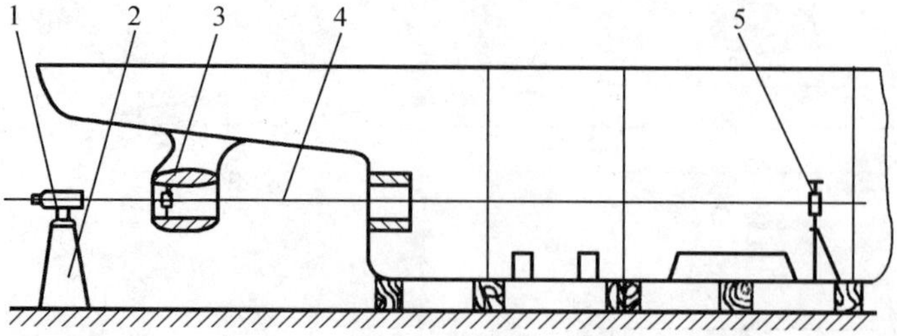

图 11-8-13　安装望远镜及基准光靶

1—望远镜;2—仪器架;3,5—基准光靶;4—主光轴

2. 投射法

投射仪的结构和基本原理如图 11-8-14 所示。在投射仪的本体 1 上有聚光镜 7(收集散失的光能)、带有透镜 3(为消除像差)的活动对光套 2(调节焦距用)、刻有十字线的有机玻璃板 4 和双面凸透镜 5(对光线起会聚作用),利用光源 8 可将有机玻璃 6 上的十字线投射到安装在所需位置上的对光靶上。

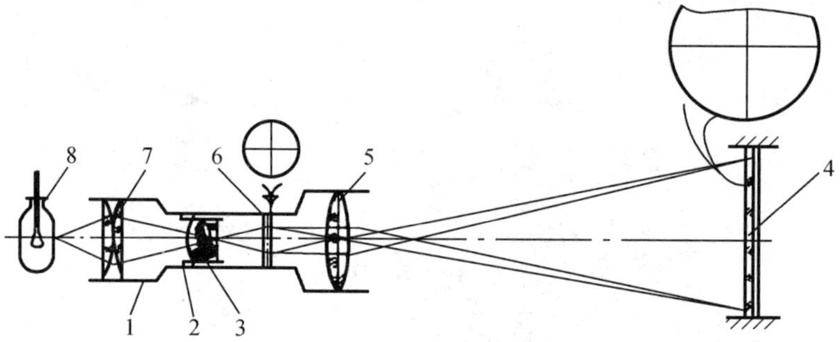

图 11-8-14　光学投射仪原理图

1—本体;2—活动对光套;3—透镜;4—有机玻璃板;5—双面凸透镜;6—有机玻璃板;7—聚光镜;8—光源

普通投射仪在轴系找正中的应用,基本上与望光法相同。首、尾基准光靶的设置,一个在后机舱壁上,另一个在艉柱壳孔后端面处。调整投射仪位置的方法也与望光法类同。投射仪的调整,由在基准光靶处的观察者根据投射在光靶上的十字线中心与基准光靶十字线中心的不重合情况指挥的。当投射出来的十字线中心与首、尾基准光靶的十字线中心相重合,投射仪的主光轴即代表轴系理论中心线。

若在船台上,用一个投射仪校中减速器或主柴油机时,投射仪在减速器或主柴油机上已定位好,并且减速器或柴油机也已按轴系基准点校中,则此时投射仪的主光轴即代表轴系理论中心线。

目前采用的各种投射仪,由于光源的限制,投射出来的光束很不亮,故都需在夜间进行操作。

3. 激光技术的应用

激光准直仪的原理与常用的准直望远镜相似,仅仅是以光电目标代替普通的光靶,以确定轴系理论中心线。

激光是一种性能很高的光。它具有高度的方向性,激光束的发射角很小;能量大,激光束的能量高度集中；单色性异常高，即波长范围很窄，一般小于 1 nm；以及准直距离长，因此把激光应用于准直技术上能得到较高的准直精度。

激光准直仪一般由激光发生器、测量望远镜、波带片或光电接收靶等部分组成，如图 11－8－15所示。

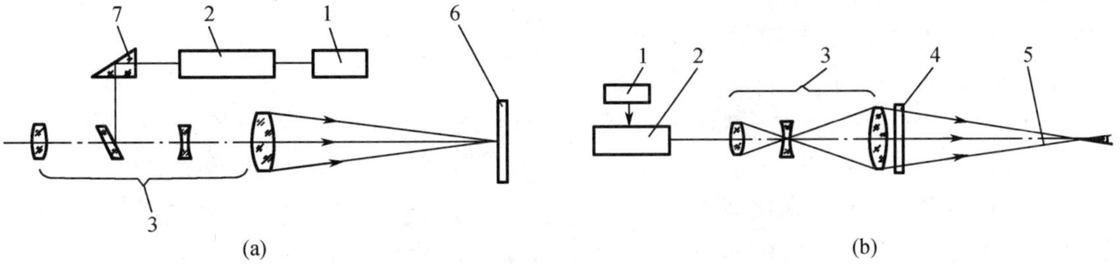

图 11－8－15　激光准直仪原理示意图

1—电源；2—激光发生器；3—望远镜；4—波带片；5—十字线像；6—接收光靶；7—直角棱镜

在激光准直仪中，常采用氦－氖（He－Ne）激光器，它可发射出波长为 632.8 nm，红色且光亮的激光束，此种光束甚至在日光直照之下也能看见。这对于在白天和晚上工作进行观察和调整极为方便。

目前用来确定轴系理论中心线的激光准直仪按其工作原理分，有激光导向准直仪和激光衍射准直仪等。

（1）激光导向准直仪的准直原理

激光发生器 2 发射的激光束经反射镜引入望远镜 3，再由望远镜投射至光电接收靶 6 上，如图 11－8－15（a）所示。当激光束中心与接收靶中心重合时，如图 11－8－16 所示，接收靶 2 内四块光敏电阻接收的激光能量相等，其产生的电压亦相等，此时无差值信号输入运算电路 3，电表 4 的指针指零位（不动）。若接收靶相对于激光束有偏移，各光电池接收的激光能量不一，则产生了不同的电压，这时有差值信号输入运算电路，最后由电表指示出上、下、左、右的偏移数值。

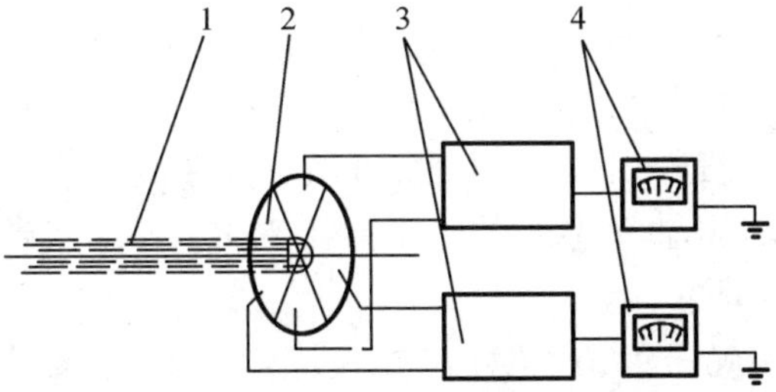

图 11－8－16　光电接收靶原理简图

1—激光束；2—光电接收靶；3—运算电路；4—电表

用激光导向准直仪确定轴系理论中线时，在首、尾基准点位置装两个光电接收光靶，激光导向准直仪装在尾基准点之后 2 ~ 4 m 处或首基准点之前 2 ~ 4 m 处，先大致对准接收靶，启动激光器，等发出激光束之后，先后以此两接收靶各自的两只电表指示的读数，调整导向准直仪的位置，使每个光靶的两只电表的读数都为零，即激光束中心通过两个光靶的中心。然后以仪器光轴为准，在需要确定轴系中线的地方装光电接收靶，调整接收靶中心至光轴中线上(即光靶的两只电表的读数都要为零)即可。

(2)激光衍射准直仪的准直原理

如图 11 - 8 - 15(b)所示，激光衍射准直仪的望远镜 3 前面装有波带片 4，波带片是一种菲涅尔透镜，如图 11 - 8 - 17 所示。图中(a)为圆形波带片，(b)为矩形波带片。当激光束通过望远镜均匀地照射在波带片上，如采用矩形波带片，则在光轴的某一位置会出现红色细十字亮线。调节望远镜的焦距，红色十字线就出现在光轴的不同位置上。

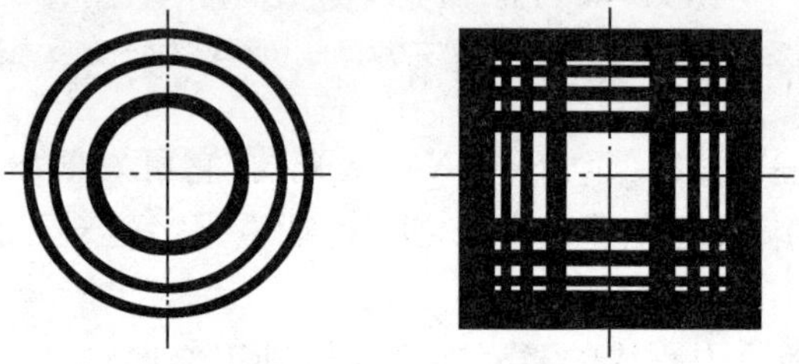

(a)　　(b)

图 11 - 8 - 17　波带片

已应用的激光经纬仪(衍射准直)其光学系统原理见图 11 - 8 - 18。由氦 - 氖激光管 7 输出平行光束，经一直角棱镜引入望远镜至 1∶1 转像系统 2 的 45°反射镜，经前组合透镜将激光束会聚在分划板 3(狭缝)上，再经过调焦透镜 4、物镜组 5 和波带片 6，在仪器 9 前一定距离凸处呈像(红十字线)。由于引入望远镜的光路上设有光阑，当转动光阑的位置时，可将激光束挡住，激光不能进入望远镜。此时望远镜可做经纬仪的常规测量。由于激光经纬仪有上述特点，应用它来确定轴系理论中线更为方便。首先转动光阑，不让激光束进入望远镜。用望光法，依首、尾基准光靶调整望远镜位置，当望远镜中之十字线中心与首、尾基准光靶的十字线中心都重合时，仪器的光束就代表轴系理论中线。然后再转动光阑，使激光束进入望远镜，经波带片投射出去，调焦后，可在不同距离的光靶上形成红色十字线。此后与投射法一样，在需要确定轴系中线的地方装上对光靶，调整光靶十字线中心与仪器发射的红色十字线中心重合即可。

轴系中线和舵系中线确定后，其相互位置应符合规定，主要检查这两条中线是否相交(设计要求是相交的情况下)或相距的距离(设计要求不相交的情况下)。允许偏差 $\delta \leq 0.001\sqrt[3]{L}$ mm，L 为船长，m(指单桨单舵形式，如图 11 - 8 - 19 所示)；检查舵系中线与基线的垂直度，通常是不拉出基线，而用检查舵系中线与轴系中线所成的角度，偏差应不大于 1 mm/m(即角度偏差 < 4′)；检查舵系中线和轴系中线交点至艉柱轴毂后端面的距离，因艉柱轴毂后端面需加工，故此距离尺寸应等于设计尺寸减去端面加工余量。

艉查舵系中线与轴系中线的相互位置可用拉线法拉出两条中线来进行。在轴系中线用光学仪器确定、舵系中线用拉线法确定的情况下，在轴系理论中线确定后，可依尾隔舱加

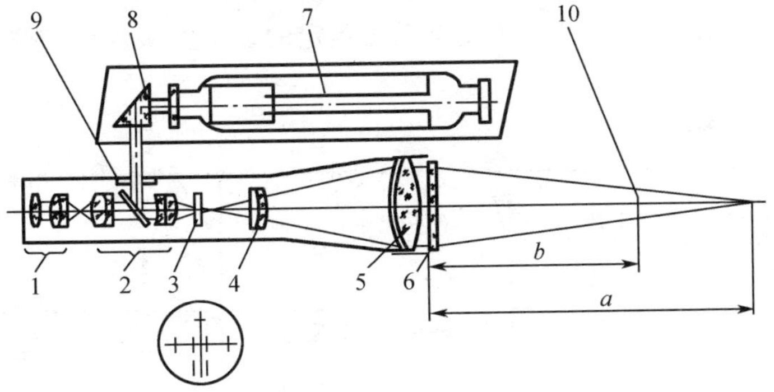

图 11-8-18　激光衍射准直光学系统的原理图

1—目镜;2—1:1 转像系统;3—分划板(狭缝);4—调焦透镜;5—物镜组;6—波带片;7—氦-氖激光管;8—直角棱镜;9—光阑;10—十字线成像截面

强垫板和艉柱轴毂后端面上的检验圆线,或人字架轴毂前、后端面上的检验圆线拉出一钢丝短线代表轴系中线,与拉好的舵系中线进行检查。如检查结果出现超差,一般调整舵系中线使其符合要求。

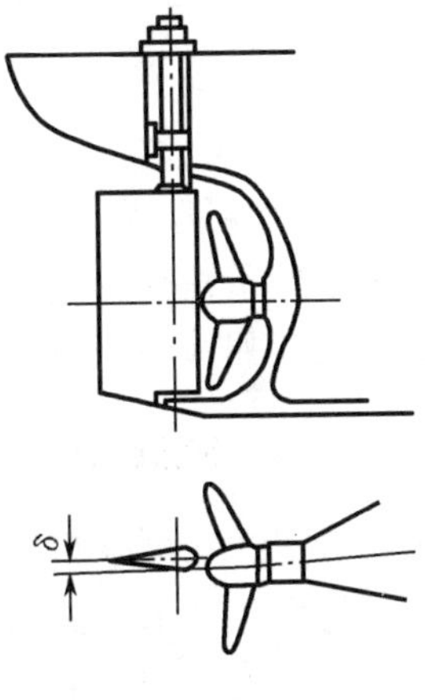

图 11-8-19　舵系中线与轴系中线的偏移

四、确定轴系理论中线中的一些问题

过去较长时间内不少人认为轴系中线应排列为一直线,但大量的实际事例证明,轴系中线在较大的不直度情况下运转仍然良好。这是由于轴系的长度与直径之比较大,因而具有一定韧性的缘故,虽然在此情况下轴系本身承受着一定数值的附加负荷。随着船舶吨位的增加,大型船舶由于装载的不同,船体变形的数值相当大。修造船时轴系中线按直线排列,对轴系运转已非常不利,有的甚至使轴系不能正常工作。为此,轴系安排时采取反变形措施是合理的。如机舱在中部的货船,满载时船体在纵向变为中拱形,如建造时(即在空载情况下)将轴系中线安排成具有一定大小下垂量的下弧线,满载时轴系中线成直线或略为中拱,测得船舶在各种载重情况下轴系所承受的附加负荷都比较小,保持有一定大小安全变形的能力,以保证在大风大浪中仍能正常工作。为使轴系成为下弧线,在确定它的理论中线时,基准点须按计算后得到的坐标位置为准。安装中间轴时亦须根据预定的下弧线要求,分配轴的偏移和曲折值,各对法兰按分配数值进行对中。图 11-8-20 为某中机舱(货舱为前三后二)货轮考虑反变形后的轴系中线定位图,在艉轴管端面处,艉轴管定位中线低 2.1 mm,在机舱后舱壁处主机曲轴定位中线较轴系设计中线低 6.6 mm,在机舱前舱壁处则高 6.5 mm,整个轴系中线安排成下弧线。轴系最前及最后一对法兰的曲折和偏移值安排成零,其他各对法兰都安排成下开口大于上开口,中间一对法兰下开口最大为 0.25 mm。

在确定轴系理论中线和轴系、主机安装时,希望船体不要有变形,为的是不使被确定的中线及轴系校中后的位置发生变化。因此,在轴系安装之前提了一些要求。但在轴系的整个安装过程中仍不能避免船体变形,如有太阳照射时,船体各部分不可能均匀受到照射,船体必然会产生变形；船舶下水后，由于船体在水上的浮力支承与在船台上受木墩、扶架支承的不同，也要产生变形等。因此，为了使轴系按预定的要求安装到位，掌握不同类型船舶各种变形规律就十分必要了。

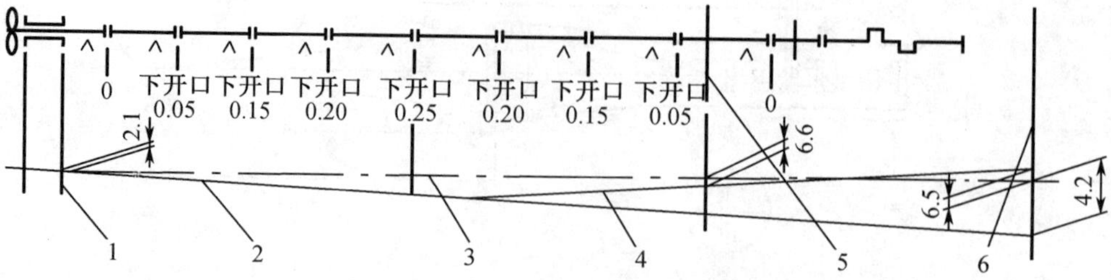

图 11－8－20　某中机舱货轮按反变形原理安排轴系理论中线

1—艉轴管端面；2—艉轴管定位轴心线；3—轴系设计中线；4—主柴油机曲轴定位轴心线；5—机舱后舱壁；6—机舱前舱壁

第九节　轴系孔的镗削

大、中型船舶的人字架轴壳、艉柱轴壳以及艉隔舱加强垫板等，都是将其焊装在船体后就地用镗排来镗孔的。这些孔的加工，是以轴系理论中心线为基准而在该孔端面上所画出的加工圆线和检验圆线来进行的。

一、加工圆线和检验圆线的确定

加工圆线和检验圆线是两个同心圆。加工圆线是为了镗孔时确定其加工线，以便达到所规定的尺寸要求。比加工圆直径稍大（大 20 ~ 30 mm）的是检验圆线，它是作为镗孔和船舶大修检验轴系理论中心线之用。根据用拉线法或光学仪器法确定的轴系理论中心线，加工圆线和检验圆线的画法如下。

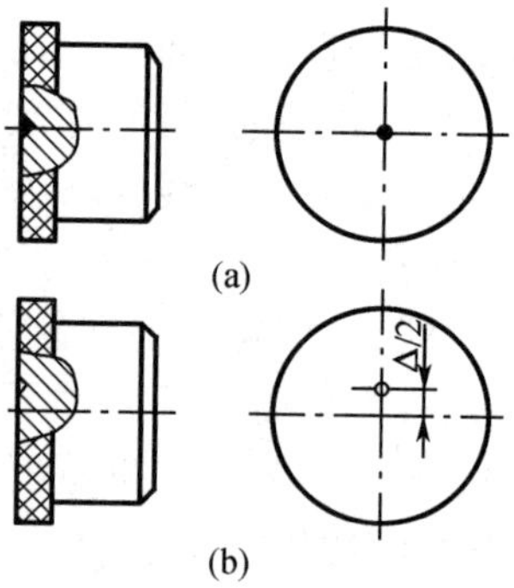

图 11－9－1　钢靶芯

用光学仪器确定轴系理论中心线时，可先后在轴壳孔端及艉隔舱加强垫板的孔内装入光靶，将光靶十字线中心调得与仪器十字线中心重合。取下十字线靶芯，换上带中心孔的钢靶芯，如图 11－9－1 所示，以光靶的中心孔为圆心，用圆规画出加工圆线和检验圆线。由于艉轴支承在艉轴轴承上，艉轴承的轴心线应比艉轴轴心线高出轴承间隙的一半。因此，如果采取将轴壳孔镗得与艉轴同轴（所用的艉轴承的内外圆是偏心的），则艉隔舱加强垫板和艉柱轴壳用的钢靶的中心孔在靶芯的圆心上，如图 11－9－1(a) 所示；如将轴壳孔镗成与艉轴承同轴（所用的艉轴承内外圆是同轴的），则尾隔舱加强垫板和艉柱轴壳用的钢靶芯其中心孔的位置距圆心 $\Delta/2$(mm)，如图 11－9－1(b) 所示，Δ 为艉轴与轴承的间隙 mm）。安装这种钢靶芯时，须使中心孔位置在靶芯圆心的正上方。为此，在靶芯上画有一条通过圆心和中心孔的直径线。装靶芯时，在光靶正面吊一铅垂线，使钢靶芯上的直径线与铅垂线平行，并且使中心孔在圆心之上，如图 11 –9 –2 所示。以此时的中心孔为圆心画出加工圆线和检验圆线。

用拉线法确定轴系理论中心线时，在拉着钢丝时先在各镗孔的端面上画出十字线，而加工圆线和检验圆线通常是在拆除钢丝后按十字线求出理论中心点（圆心）来画出。其具体做法有：在钢丝拉着时，在画十字线的一根线上任意取一点，打上洋冲眼，用独脚卡规量该点（洋冲眼）至钢丝的最小距离，以此时卡钳的长度为准，在其余三根十字线线段上求出与钢丝等距离的三点并打上洋冲眼。然后，拆除钢丝，在孔端嵌入一木条（木条当中钉有一小块白铁皮），以十字线上四个洋冲眼为圆心，取适当的半径（稍大于这四个点组成的圆的半径），用画针在白铁皮上画出四个圆弧，只要画针的半径大小取得合适，就很容易决定四个圆弧包围的千小块面积的中心点。用画针检查中心点与十字线上四个洋冲眼的距离，如距离相等，此中心点就是所要求的理论中心点。在中心点上打洋冲眼，以此点为圆心用圆规画出加工圆线和检验圆线。理论中心点还可以直接根据十字线来确定，即在钢丝拉着时，各镗孔端面上所画十字线应使钢丝的相位一致，例如都在十字线的左上角，如图 11 –9 –3 所示，然后拆除钢丝，在孔端嵌入木条，再将十字线相交，其交点即为理论中心点。这样确定的中心点，仅是将整根轴系理论中心线向同一方向——正右下方移动一个很小的距离（小于钢丝直径），这种方法对轴系理论中心线造成的偏差不予考虑。

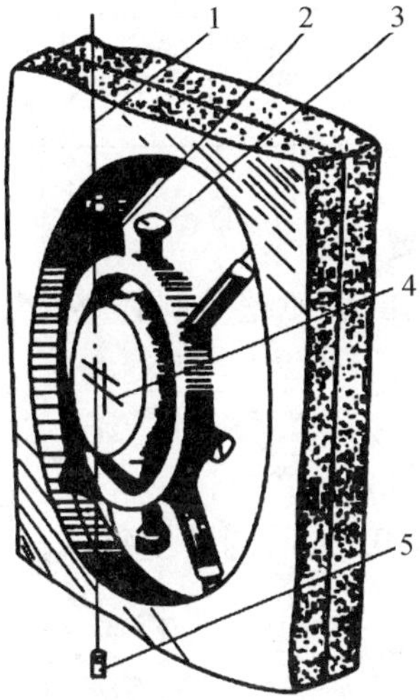

图 11 –9 –2　钢靶芯安装

1—钢丝线；2—支撑螺钉；3—调节螺钉；4—钢靶；5—铅锤

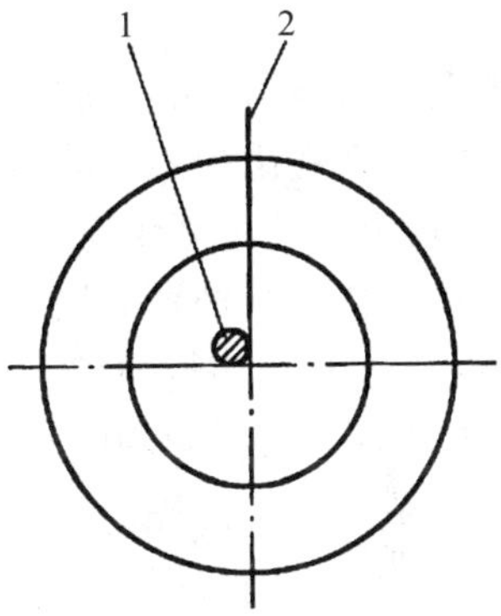

图 11 –9 –3　按钢丝画端面十字线定中心点

1—钢丝；2—十字线

加工圆线和检验圆线也可以在钢丝未拆除时画出。用薄铁皮或硬纸板根据加工圆和检验圆的大小分别做出两块样板，在样板的圆心上钻一小孔，孔径等于或略大于钢丝直径，同时沿半径方向剪一条开口直通圆心上的小孔。通过开口将样板穿在钢丝上，并贴靠在轴壳或隔舱壁端面上，略抬起样板，使样板的中心孔与钢丝之间隙四周基本一致，即可按样板外圆画圆。

加工圆线和检验圆线画出后，在圆线上打洋冲眼。

在镗孔前以及在画加工圆线时，应检查轴壳孔能否按图纸镗出规定尺寸的孔，同时使轴壳的最小厚度不小于规定的数值。这些尺寸的检查可用钢直尺来测量或在轴壳孔内装上光靶，将光靶十字线中心调得与仪器十字线中心重合，再用钢直尺通过光靶十字线中心检查镗孔尺寸以及量出十字线中心至轴壳外圆的最小尺寸，然后减去镗孔半径即可知轴壳最小厚度。若轴壳最小厚度无具体规定，则以艉轴直径的30%作为最小允许厚度。

二、镗孔的技术要求

1. 常规要求

(1)镗削后孔的轴心线与检验圆线中心的偏差应小于0.10 mm。

(2)轴系的人字架轴壳孔，艉柱轴壳孔和艉隔舱孔应同轴，不同轴度不大于0.10 mm。舵系的上、中、下舵承孔应同轴，不同轴度不大于0.20 mm。

(3)孔端面加工后应与孔轴心线垂直，其不垂直度不得超过0.15 mm/m。

(4)孔的圆度与圆柱度不得大于表11－9－1的要求。

(5)加工表面粗糙度的要求，配合面 *Ra* 为3.2 μm；非配合面 *Ra* 为12.5 μm。

表11－9－1　圆度、圆柱度允许值　　单位：mm

孔的直径	≤80	>80~120	>120~180	>180~260	>260~360	>360~500	>500~700
圆度、圆柱度允许值	0.04	0.05	0.06	0.07	0.08	0.09	0.10

2. 大型船舶艉管内孔和艉轴承衬套外圆加工的特殊要求

按测定轴系理论中心线时所画的加工圆线对艉柱毂孔、艉舱壁处艉管座孔加工到所需尺寸，使艉轴承安装中心线与理论中心线一致。

艉轴管内孔及艉轴承的加工技术要求：

(1)镗排中心与测量的理论中心线偏差值校正至0.10 mm之中；

(2)艉柱各台阶孔同轴度小于0.025 mm圆度小于0.03 mm，圆柱度每挡不大于0.01/100，且只许顺圆柱度，粗糙度 *Ra* 达1.6 μm以下；

(3)艉柱与尾座孔应该一次镗出，同心度在0.10 mm之内；

(4)艉柱端面及尾座端面不垂直度小于0.08 mm/m；

(5)艉柱镗削后应做以下测量，并记入表11－9－2中，以便艉轴承衬套外圆加工和保证安装精度；

(6)艉轴承衬套外径与艉柱内孔过盈量为0.01~0.03 mm；

(7)艉轴承外径同内孔中心有偏心，此值为1/2δ(δ为艉轴与艉轴承间隙)；

(8)为确保艉轴承与艉柱过盈量精度不受气温影响，加工艉轴承衬套外径和压装完毕应在一天内完成，而且环境温度要基本相同，并在轴承衬套前后端面上标明“上”“下”标记，便于压装。

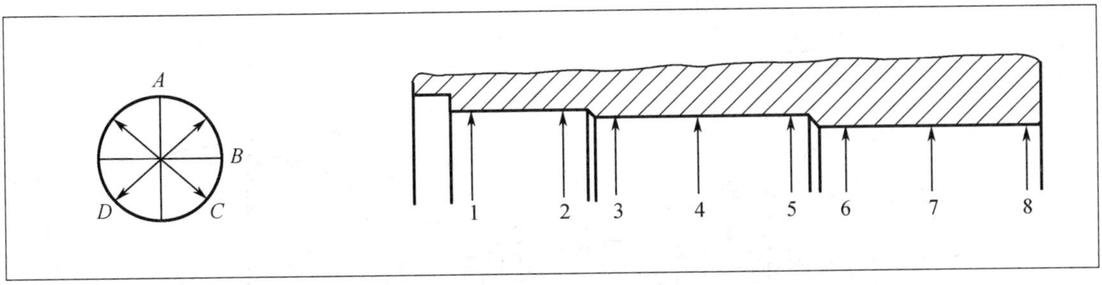

表 11 -9 -2　艉柱毂孔各档尺寸记录　单位:mm

时间	气温	位置	φ_1		φ_2			φ_3		
			1	2	3	4	5	6	7	8
		A								
		B								
		C								
		D								
		$\frac{A+B+C+D}{4}$								

三、镗排装置

1. 对设计制造镗排总的要求

(1)结构简单,便于装拆和运送。

(2)能保证一定的加工精度及粗糙度。

(3)制造成本低,便于维护及保养。通用性强,能加工一定范围内各种孔径及长度尺寸的轴孔。

2. 几种典型镗排装置结构

(1)通用镗排装置

图 11 -9 -4 所示为通用镗排装置示意图。图中前、后轴承架紧固于焊接在艉柱轴壳 7 及艉隔舱壁 10 的支架上,中间轴承 9 支承在艉部肋板上,电动机 11 通过皮带轮 12,13 将动力传至传动机构 2。经齿轮减速后,传动蜗杆蜗轮副,蜗轮通过键使镗杆得到回转运动,刀架 8 通过滑键随镗杆回转,刀架的进给运动是通过进给箱使镗杆内的长丝杠自转得到的。镗孔后,装上平面刀架 6 加工端平面。

平面刀架如图 11 -9 -5 所示,它的导规是与镗杆垂直的,加工平面时,刀具的进给靠平面刀架上的丝杆端的星轮,在支承架的相当部位装一挡块。平面刀架回转一周使星轮碰挡块一次,挡块使星轮自转一个角度,从而使刀具沿导规进行进给运动。

图 11 -9 -6 是一常见的减速传动机构。由电机通过皮带轮带动小齿轮,小齿轮传动大齿轮,再由蜗杆带动蜗轮,实现减速,可达到很高的减速比。

图 11 -9 -7 是一种较为完善的行星式进给机构,它由传动齿轮 1,2,4,5,6,7,齿轮轴 3,内盘 8,滚针 9,外盖 10 和手柄 11,12 组成。

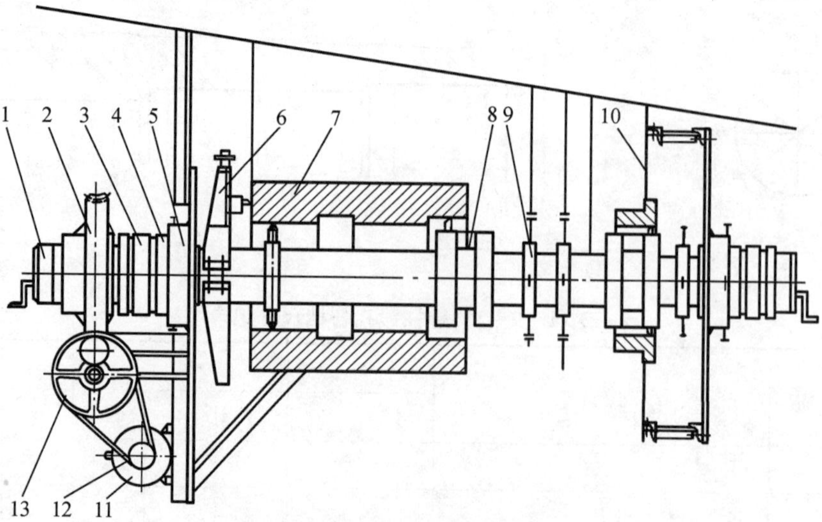

图 11－9－4　通用镗排装置示意图

1—进给箱;2—传动机构;3—止推轴承;4—支承轴承;5—支架;6—平面刀架;7—艉柱轴壳;8—刀架;9—中间轴承;10—艉隔舱壁;11—电动机;12,13—皮带轮

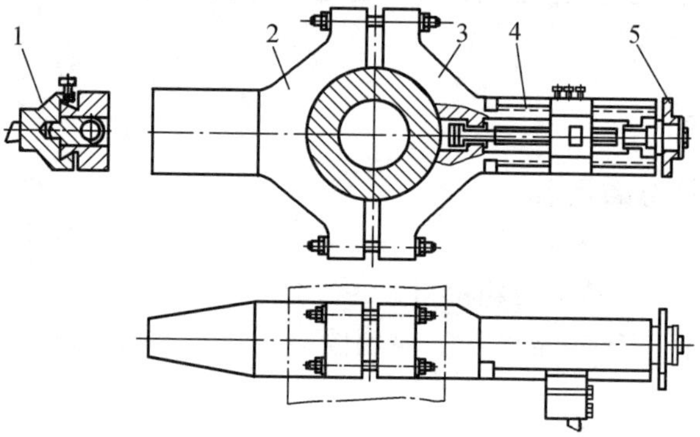

图 11－9－5　平面刀架

1—刀架拖板;2—本体;3—刀架本体;4—丝杆;5—星轮

当镗杆旋转而手柄不固定时,则整个进给机构随镗杆一起旋转,这时齿轮 5 和 6 绕镗杆中心做公转,刀具没有送进运动;当将手柄 11 固定时,则使固定盘 8 处于静止状态,齿轮 6 不再做公转,这样齿轮 7 和齿轮 6 之间就有相对运动,也就是说由齿轮 7 带动齿轮 6 转动,再由齿轮 5 传动空套在齿轮轴 3 上的齿轮 4,再由齿轮 4 传动齿轮 2,齿轮 2 传动齿轮 1 使进给丝杆旋转。手柄 12 是做手动送进或退刀时用。

(2)改进型镗排装置

改进原有镗排设备,加工万吨以上大型船舶艉轴毂孔,使其达到精度 0.03 mm 的要求:

①将镗杆置于平板上,进行同心度检查;

②同时按镗孔时将要支托的位置做模拟测定,控制镗杆挠度的实测值和偏心度。按测定位置调整支承部位,避去偏心处,重新测定并重复调整到可能达到的直线精度,并确定加

装托直支承位置的个数。

经模拟测定可得最佳支托位置如图 11 -9 -8 所示，前、后支承 G 和 F 作为镗杆与孔中心调整用的轴承，还在镗杆中段加装 3 个托直用的支承 A，B，C(在镗杆精度良好的状况下，只需使用托直支承 B 就可以了)，用支承 A，C 可强迫镗杆在直线状况下运转，并相应地降低镗杆的转速(6 ~8 r/min)。支承 A，C 的位置应尽可能靠近镗孔的两端，还应该注意到外圆因弯曲引起跳动的位置。此时轴承间隙为于 0.04 ~0.05 mm，镗杆运转时需注意轴承的润滑。

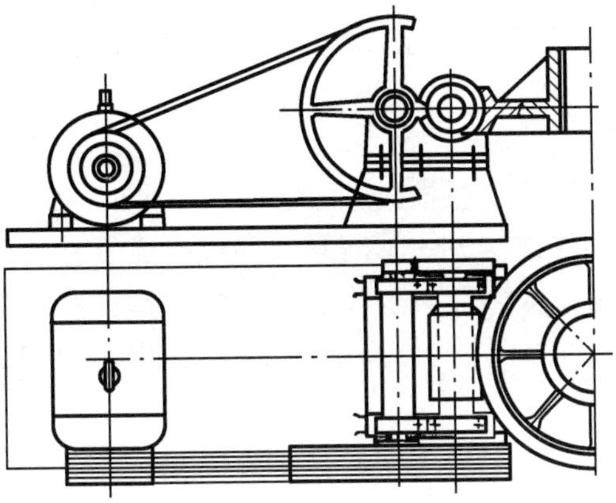

图 11 -9 -6　镗杆减速传动机构

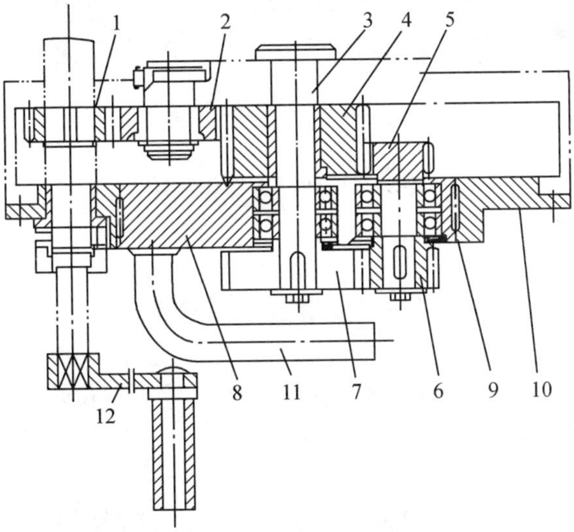

图 11 -9 -7　行星式齿轮进给传动机构

1，2，4，5，6，7—传动齿轮；3—齿轮轴；8—内盘；9—滚针；10—外盖；11，12—手柄

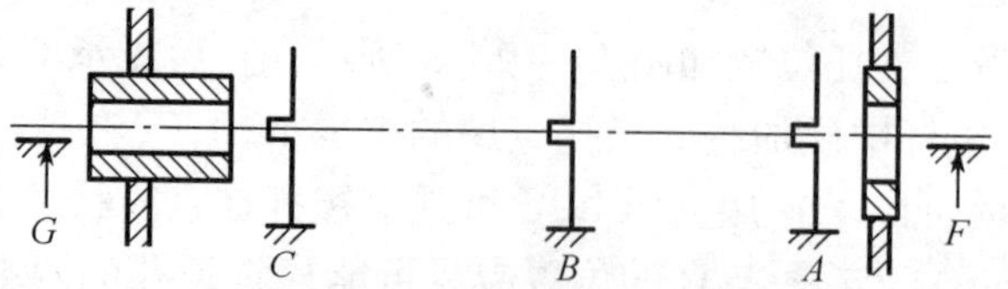

图 11 –9 –8　托直支承最佳位置

由于采用了上述措施，镗削后的各个孔圆度控制在 0.03 mm，圆柱度控制在0.05 mm以内。其次，对传动装置还进行了改造，把原有的减速机构改装成球面蜗轮齿轮减速机构或摆线针轮减速机构。

(3)悬挂式镗排装置

目前，有的船厂已设计制造了悬挂式镗排装置，如图 11 –9 –9 所示。其基本组成部件与前述镗排相似，但其与船体连接方式不同。这种镗排通过它的固定架悬挂在人字架和艉轴壳本体上，因此克服了由于太阳照射引起船体变形对镗孔精度带来的影响。同时由于是悬挂式结构，所以振动大大减小，因而提高了加工精度并降低了表面粗糙度。

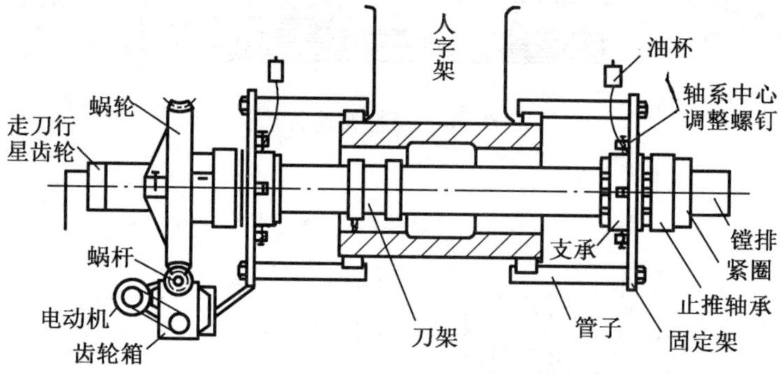

图 11 –9 –9　悬挂式镗杆

(4)空心镗排装置

随着安装工艺技术的发展，另一种空心镗排装置已经在生产中出现，如图 11 –9 –10 所示。在主机曲轴功率输出端安装光学准直仪或激光准直仪，调整仪器，使投出的光束与曲轴中心线的延长线与镗孔中心线相重合。在镗杆主轴承等部位均装有十字光靶(或激光检测器)，调整镗杆位置使光靶上的十字线与投射的十字线对准(如使用激光准直仪，则由激光检测器观察定位)。

这种装置的特点是将轴系理论中心线的找中测定，与镗杆的定位校中工作同时进行。从而提高了镗孔的定位精度，简化了工序，提高了工效。

为保证孔的加工精度和表面粗糙度，提高镗排系统刚性是很重要的。镗排系统刚性包括支架、轴承架的刚性，支承轴承的连接刚性，轴承间距，镗杆与轴承的间隙等。为了提高系统刚性，对上述各部分应分别采取措施。

镗排系统刚性总的说来是比较差的，容易产生振动。为避免振动不得不降低切削用量，这对生产是不利的。为消除振动，除了应设法提高镗排系统的刚性外，还应隔离振源，将电机与镗排的支架分开，将电机安装在与船体不相连的单独架子上。此外，还应改变镗

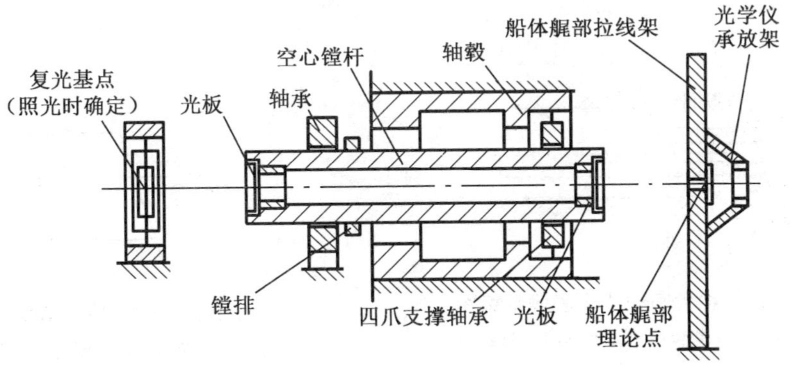

图 11 -9 -10　空心镗排装置示意图

刀的几何角度和镗刀的安装高度等。

四、镗排在船上的安装

镗排在船上的安装，主要是从安装和校中镗杆开始的。镗杆的校中就是使镗杆的轴心线与待镗孔端面上检验圆的中心重合。

校中镗杆的方法有以下两种。

(1)用画针盘校中镗杆。为了减少船体变形对镗杆精度的影响，应将镗杆的支承连接在船体上，即在被加工孔的附近焊架子，再将镗杆轴承架用螺栓与之紧固。在镗杆轴承架上装上轴承与镗杆后，根据孔端的检验圆线，用独脚卡钳或图 11 -9 -11 所示的画针盘调准镗杆的位置(调整镗杆轴承，使其对中)。

(2)用光学仪器校中镗杆。这时镗杆必须是空心的，而且其两端的内孔必须与外圆同轴。其找中过程与空心镗排找中相同。

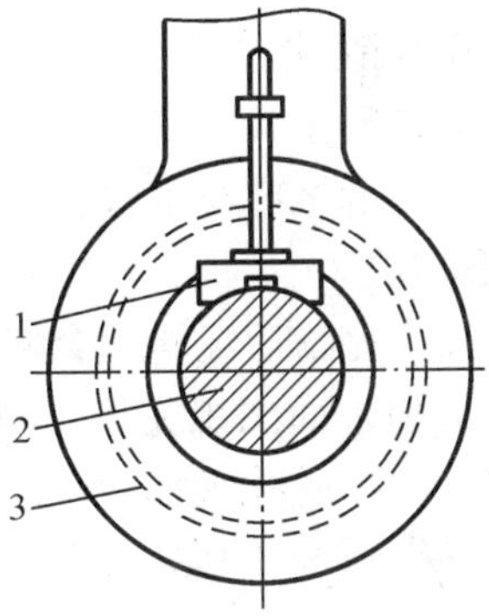

图 11 -9 -11　用画针盘调准镗杆位置

1—划针盘;2—镗杆;3—检查圆心

镗杆校中好后，将镗杆的传动装置安装和紧固好，并再一次检查镗杆的校中情况后，即可进行镗孔。

在空心镗杆上可装一弹力画线工具，如图 11 -9 -12 所示，镗杆定位后，用此工具在各轴毂端面画出加工圆线，即可直接按此镶孔。采用这种工具可以避免由于轴壳装焊歪斜而造成画出的圆(椭圆)不符合要求而使镗孔与轴系理论中心线产生较大的偏斜，如图 11 -9 -13 所示。镗孔完毕后，镗杆不拆下，就可复光检查。

五、镗孔工艺

根据轴毂孔等的加工要求，镗孔必须分粗镗和精镗，按被加工孔径大小推荐切削用量，见表 11 -9 -3。粗加工后须根据检验圆线校验镗杆位置有无移动，经检验无误或经调整位置后方能进行精镗。

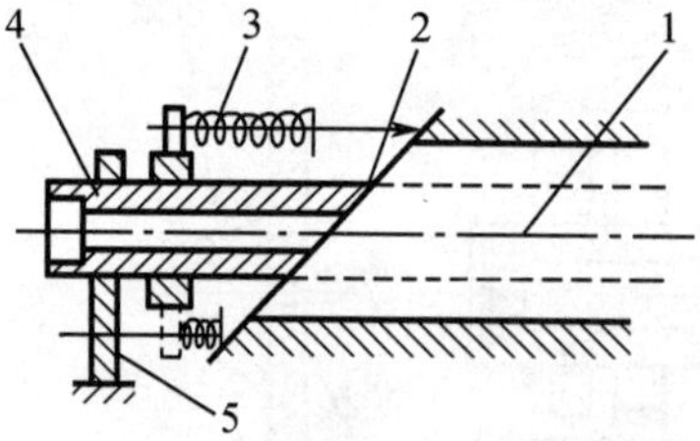

图 11-9-12　弹力画线工具画线示意图
1—轴心线;2—轴毂;3—弹性画线工具;
4—镗排;5—轴承

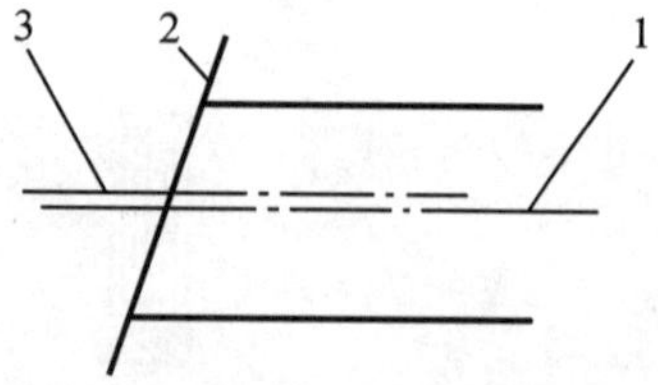

图 11-9-13　轴毂歪斜使镗孔中心线偏离轴系理论中线
1—轴系理论中心线;2—轴毂端面;
3—实际镗孔中心线

表 11-9-3　镗轴毂孔切削用量

切削参数 / 加工方法	切削深度 t/mm	进给量 s/(mm/r)	镗杆速度 v/(r/min)
粗镗	1~5	0.50~1.0	8~15
精镗	0.20~0.50	0.20~0.30	15~30

为避免艉柱轴毂因温度变化而产生变形,影响被加工孔的精度,艉柱轴毂孔精镗的最后一刀应在阴雨天或夜间一次连续完成。最后一刀的走刀方向,最好由首到尾,使得因刀具磨损造成的锥度与艉轴管压入方向一致(锥度小端在毂孔的尾端),以求与艉轴管的安装要求相符合。

孔加工完毕后经检验合格,才能加工端面,因为端面加工后,检验圆线就被切削掉了。

全部加工面加工完毕,经检验合格后,量取艉柱轴毂两配合面内径和艉隔舱加强垫板孔内径,以及艉柱轴毂前后端面的距离和其前端面至加强垫板端面的距离,如图 11-9-14 所示,并做出它们的样棒,交加工车间作为加工艉轴管相应直径和长度的依据。

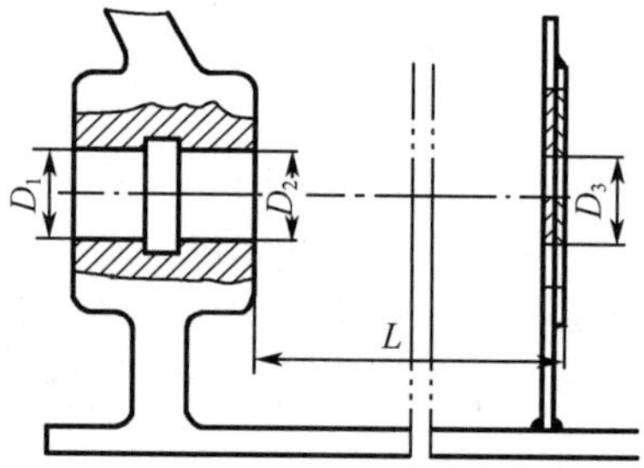

图 11-9-14　艉柱轴毂和艉隔舱加工后的测量

小型船舶为了避免在船上就地镗孔，广泛采用下列工艺：

1. 焊接法

将人字架、艉轴管等事先在车间按尺寸完全加工好，然后用调节螺栓临时装在船上，并按轴系理论中心线（钢丝线）校中艉轴管或其支承座，如图 11－9－15 所示。然后将人字架焊在船体上，而 a 端则采用在 A 部空间填满水泥的方法固定。采用这种工艺时，必须严格控制焊人字架时的变形。其措施是：一方面要掌握变形规律，并采取必要的防止办法（如预加反向变形法、间断焊法等）；另一方面要在发生变形后加以矫正。将艉轴管两端用调节螺钉临时支撑，就有利于在焊接变形时进行矫正。在焊人字架时要完全防止不变形是不可能的，只要变形不超过允许范围（有的船厂定为 ±0.5 mm）则可认为合格。

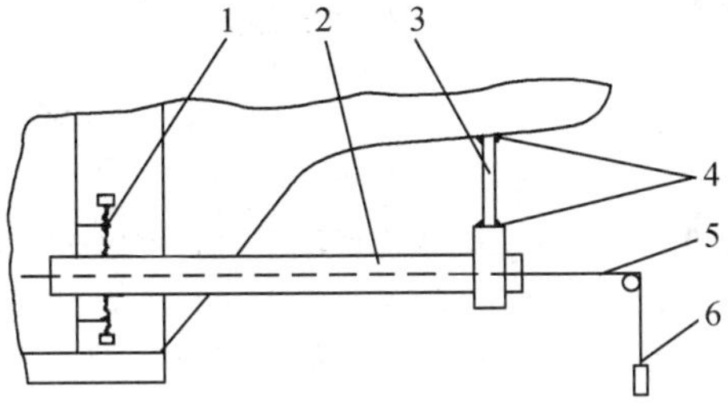

图 11－9－15　电焊法校中人字架示意图

1—调节螺钉；2—艉轴管；3—人字架；4—焊缝；5—轴系理论中心线；6—吊重

2. 胶黏法

将艉轴毂和人字架孔在车间镗好，此孔与艉轴管（或艉轴承）的外圆配合间隙很大（单边达 10 mm）。先将艉轴毂和人字架焊到船体上，在施焊时，人字架可用调节螺钉作支撑，并按轴系理论中心线校中其位置。艉轴毂和人字架焊好后，尽管会有变形，但仍留有间隙。将艉轴管插入。艉轴管装入后，用调节螺钉临时支撑住，再按轴系理论中心线校中其位置，然后在艉轴管与艉轴壳和人字架的配合间隙中填满塑料（如环氧树脂胶黏剂），使艉轴管紧固。为填充环氧树脂胶黏剂，除应将艉轴毂孔适当镗大外，还应在距两端 50 mm 处镗出两条槽子，槽宽约 20 mm，深 2～4 mm，在一条槽的下部钻直径为 20 mm 的圆孔作环氧树脂胶黏剂的进口，在两槽上部各钻直径为 20 mm 圆孔，插入塑料管作为出气孔，如图 11－9－16 所示。

胶黏工艺如下：

（1）将艉轴管 4 的外表面涂一层含 5% 聚苯乙烯的甲苯溶液作为脱膜剂，以便于拆卸艉轴管。

（2）艉轴毂内孔用丙酮清洗以去除油污。

（3）艉轴管装入后用调节螺钉 3 临时支撑住，根据轴系中心线拉钢丝线，校中艉轴管与其同轴后，将钢丝线拆除，最后两端用泡沫塑料板封住，再用压板 6 压好。

（4）盛胶黏剂的容器 9 在艉轴毂旁固定后，接好聚氯乙烯进料管 10 以及压缩空气管路 8。

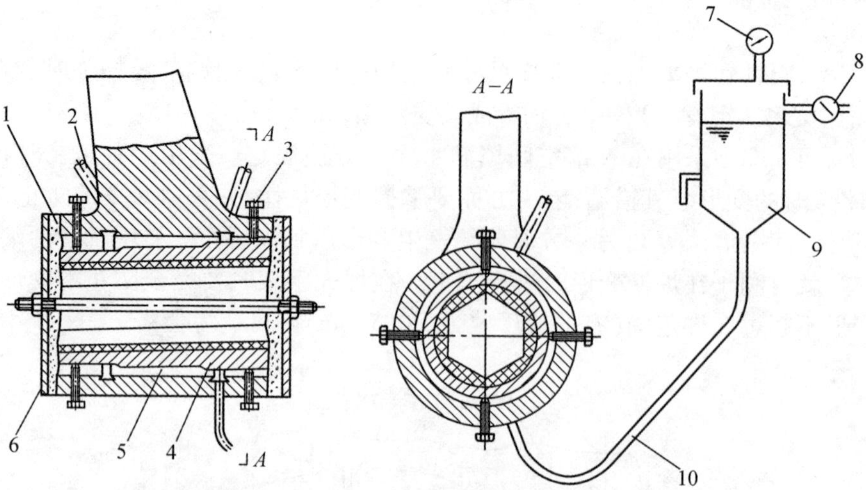

图 11–9–16 艉轴管用环氧树脂胶黏剂安装

1—泡沫塑料板;2—出气孔;3—调节螺钉;4—艉轴管;5—填充胶黏剂空隙;6—压板;7—压力表;8—接压缩空气管路;9—胶黏剂容器;10—进料管管路

(5)配制环氧树脂胶黏剂

环氧树脂胶黏剂配方(质量比)6101 环氧树脂	100
304 聚酯树脂	5
邻苯二甲酸二丁酯	15
炭黑	2

压注入,在上述配方中加入石膏粉、乙二胺,其比例为:

上述混合树脂	100 g
石膏粉	80 g
乙二胺	8 mL(最后加入)

该配方使用期较短,因此调匀后必须立即倒入浇注胶黏剂容器 9 内,并在 5 min 内压入艉轴管与艉轴毂孔之间的空隙内。如果胶黏剂用量较多,则分成几杯同时调制,每杯环氧树脂不宜多于 400 g,否则反应产生的热量将使胶黏剂过早固化。

(6)压注胶黏剂。将调好的胶黏剂倒入容器后,迅速盖好,打开压缩空气控制阀,使压力逐渐上升到 4.9×10^4 Pa 左右。当胶黏剂从出气孔中冒出时关闭压缩空气。

胶黏剂固化后,将进料管 10 及出气管 2 沿艉轴毂表面锯断。拆除艉轴毂两端压板 6 和泡沫塑料板 1。

第十节 艉轴管装置的安装

一、艉轴管的安装

1. 安装前的准备

艉轴管的外径和配合凸肩的间距是按实际尺寸（样棒）配制的。艉轴管上船安装前，应检查配合直径和两配合端面间的长度尺寸等，图 11－10－1 所示是艉轴管结构示意图。

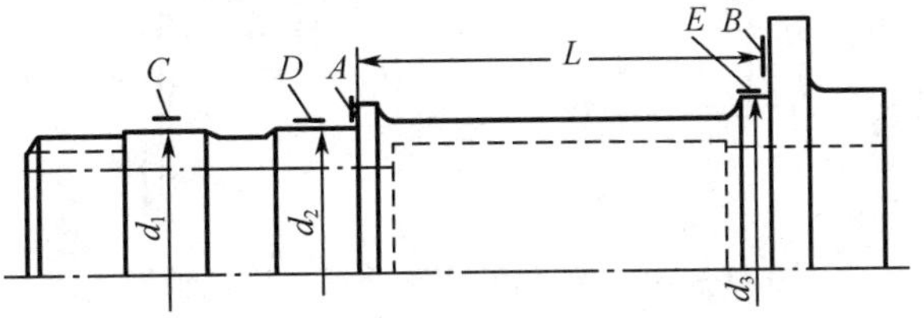

图 11－10－1 艉轴管结构示意图

艉轴管轴承可以在车间装入艉轴管内，也可在艉轴管上船安装之后再装。为了安装方便和减少船台安装工作量，目前大多数在车间把两者装配好，这时需要检查艉轴管上的安装记号是否与艉轴管轴承的上下位置一致。

用棉纱及柴油将艉柱轴毂孔及艉轴管内外清洁干净。将涂有红丹白漆的帆布垫片或铅垫片套到艉轴管外圆 d_3 上。然后在艉轴管的配合外圆涂上黄油白漆，随即可将艉轴管送入艉柱轴壳孔内。

垫片厚度应根据 A，B 面间的实际尺寸 L 与样棒尺寸确定，使安装后 A，B 面和毂孔前端面，加强垫片同时压紧（最后上面的接触压力大于 B 面，使艉轴管传来的力主要由艉柱承受）。一般帆布垫片的厚度不应小于 3 mm，铅垫片厚度不小于 5 mm。

配合面 A 处一般不设垫片，但也有垫紫铜圈或 O 形橡胶圈的。

2. 艉轴管安装

可用起重葫芦把艉轴管送入尾隔舱壁孔和艉柱轴毂孔内，如图 11－10－2 所示。中型船舷的艉轴管较长，采用滑车或小车送进较为合适，大型船舶的艉轴管大而重，用小车送进为好。

送进之前，按艉轴管上的十字线记号将艉轴管摆正，用滑车或小车送进时还须将滑车或小车的导轨调整到与轴毂孔轴心线平行。

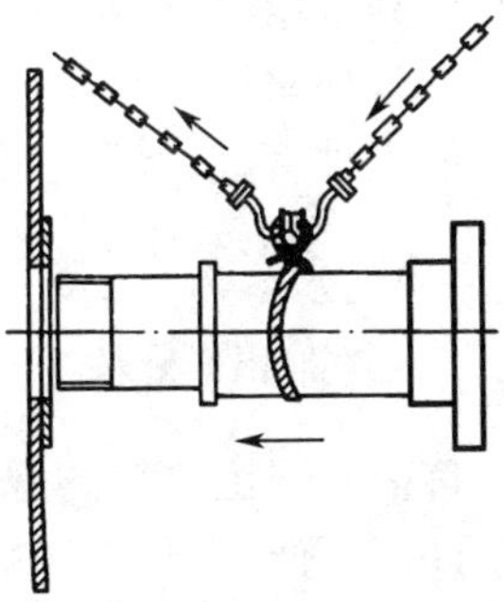

图 11－10－2 用起重葫芦安装艉轴管

艉轴管送进到一定长度后，由于进入部分失去支承，势必造成其尾端向下倾斜，妨碍继续送进，故必须设法保持或恢复艉轴管轴心线位置，使其和轴毂轴心线基本一致。对于小的艉轴管可在船外从轴毂孔中插入一杠棒，将其尾部抬起，也可特制一根一端有法兰的钢管，安装艉轴管前将钢管尾端和艉轴管尾端把紧。当艉轴管送进至还未发生倾斜时，钢管已伸出船外，这时可在船外吊起或托住钢管，使尾轴管在整个送进过程中不发生倾斜。中、大型船舶也可在艉尖舱内用起重葫芦吊着伸入部分，不让其向下倾斜，并继续送进。

当艉轴管送到直径配合面开始接触时，需要加力才能压入。施力的方法可以锤击艉轴管首端端面（须用木枕垫着，不能直接敲在端面上）或用液压千斤顶顶住，如图 11－10－3 所示。前一种方法一般只用于小船艉轴管上。施压前须把艉轴管上的安装记号与尾隔舱加强垫板上的安装记号对准。

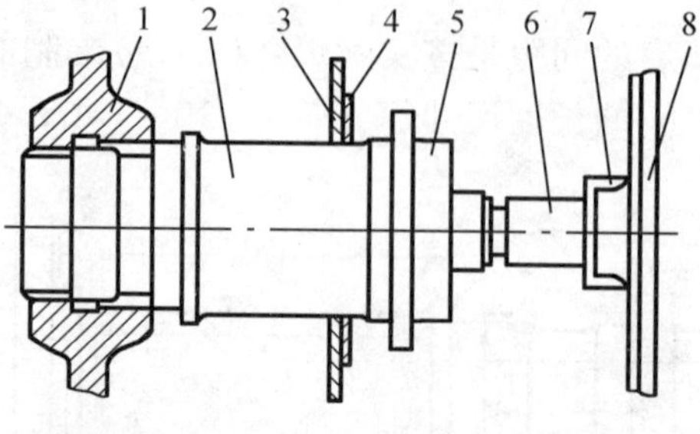

图 11－10－3　用液压千斤顶顶压艉轴管

1—轴毂；2—艉轴管；3—艉隔舱壁；4—加强垫板；
5—垫块；6—液压千斤顶；7—槽钢；8—肋骨

当艉轴管螺纹伸出轴毂孔后端面 3～4 牙后，应立即将艉轴管螺母旋上，上螺母前应检查螺纹是否碰伤，如有损伤可用细锉刀加以修整。在艉轴管压紧的过程中不断旋紧螺母，压紧结束后再上紧。一般用大锤敲击或用撞锤撞击套在螺母上的专用扳手的办法，直至敲撞时扳手不旋进而弹回，并发出清脆的声音为止。然后用塞尺检查艉轴管螺母与轴毂孔端面贴合是否紧密，要求四周用 0.05 mm 塞尺插不进。

艉轴管螺母安装到位后，在艉柱轴毂后端面的相应位置钻孔、攻丝、安装艉轴管螺母止动块。在艉轴管法兰端拧上紧固螺母，并上紧。如双头螺栓在装艉轴管前未装或未装齐，则须沿艉轴管法兰的螺孔钻孔、攻丝、装双头螺栓，再拧上紧固螺母。拧紧螺母时应按对角线逐步予以扳紧，使艉轴管法兰均匀地和加强垫片压紧。

3. 安装附件和尾尖舱水密试验

艉轴管装妥后，即可安装润滑油管、冷却水管和阀等附属装置。然后对尾尖舱灌水做水密试验，以检验艉轴管与轴毂孔前端面和尾隔舱加强垫板间有无泄漏。如有泄漏，则可用水泥或环氧树脂胶黏剂来修补。修补后须做水密试验，至合格为止。

如艉轴管轴承是铁梨木轴承，则艉轴管安装后至下水前都须对铁梨木做润湿保养工作，不让它变形和干裂。

二、艉轴的安装

首端有固定法兰的艉轴必须从船内进行安装。由于船内（轴隧）地位狭窄，给安装工作带来许多不便。对于首端是可拆联轴节的艉轴则都是从船外向船内进行安装的。

1. 安装前的准备

艉轴安装前应按技术要求检查是否合格，若以键相连接，应检查艉轴与螺旋桨锥孔刮配和传动键刮配质量是否合格。对于艉轴与螺旋桨采用液压套合或环氧树脂胶合的安装，应检查加工质量，使其符合技术要求。

用棉纱将艉轴管轴承擦干净，再用压缩空气吹除，以清除铁屑及杂物。然后在艉轴工作轴颈部分和艉轴管轴承内圆面上涂上润滑油（对于铁梨木和层压板轴承则可涂黄油）。对于首端为固定式法兰的艉轴，应将填料函压盖、分水环（分油环）等整体零件先套在艉轴相应位置上。

2. 艉轴安装

艉轴安装与艉轴管的安装方法类同，也是用起重葫芦、滑车（图 11 -10 -4）、小车（图 11 -10 -5）或用可移支架（图 11 -10 -6）把艉轴送入艉轴管轴承内。

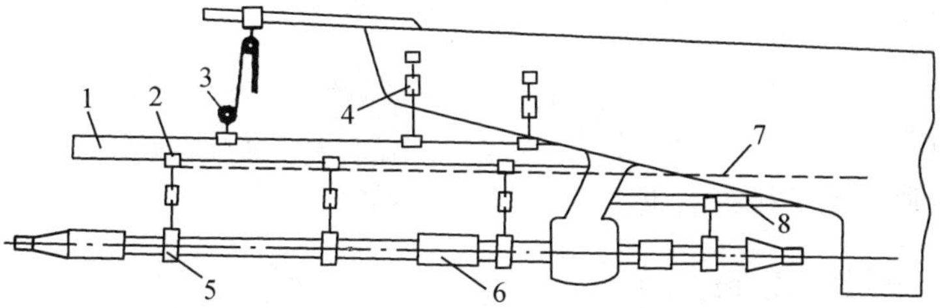

图 11 -10 -4　用滑车从船外向船内安装艉轴

1—长导轨；2—滑车；3—滑轮组；4—松紧螺旋扣；5—紧固环；6—艉轴；7—钢丝绳；8—短导轨

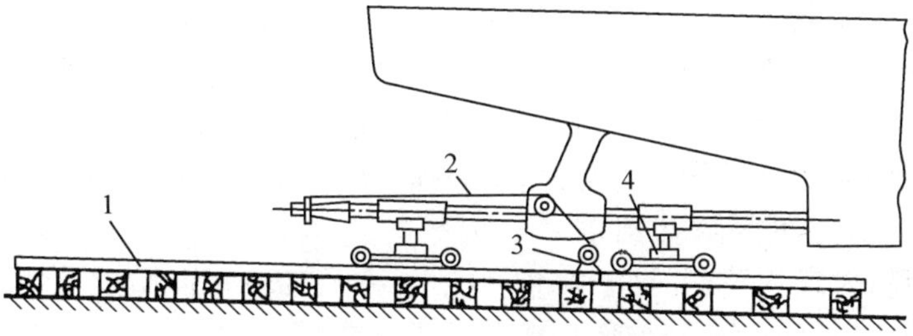

图 11 -10 -5　用小车从船外向船内安装艉轴

1—导轨；2—钢丝绳；3—绞车；4—小车

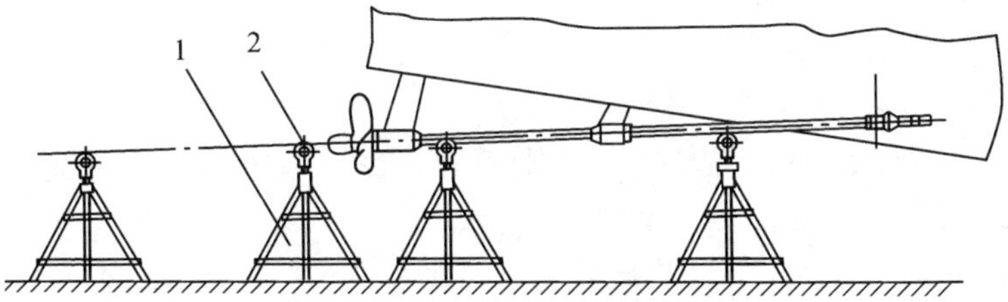

图 11 -10 -6　小艇艉轴的安装

1—支架；2—滚轮

图 11 -10 -4 上长导轨 1 挂在吊索和滑轮组 3 上，其位置应和艉轴在同一垂直面内，用松紧螺旋扣 4 挂在滑车 2 上，滑车 2 应均匀分布，避免细长的艉轴发生弯曲。用钢丝绳 7 将各滑车同时向前拉，使艉轴穿入人字架轴毂内。短导轨 8 的两端焊在人字架及艉轴壳上，待艉轴穿过人字架后用滑车将艉轴继续送入。

图 11 -10 -5 中导轨 1 敷设在墩木上，调整墩木位置使导轨和轴线平行。小车 4 本身

可以调整高低,通过小车座的调节螺钉还可以少量调整小车上支承的左右位置。把艉轴放到小车的支承上,调整支承的高低和左右位置,使艉轴轴心线和人字架轴壳孔轴心线重合,将绞车3上的钢丝绳和艉轴尾端连接好,用小车将艉轴连同车一起沿着导规向前移动。在送进过程中应注意调整艉轴的位置,以免艉轴螺纹和艉轴管轴承相碰。

在小艇上安装艉轴时,如图11-10-6所示,可采用移动式支架1(其上装有木制滚轮2),它可以在横向及高度方向自由调节。由于采用了滚轮,所以安装时可用手推入。工作时应经常观察艉轴轴心线的位置是否有偏斜,如发现有偏斜应停止工作,待调节校正后再进行安装。

艉轴安装到位后,应用长塞尺测量艉轴与艉轴管轴承的左右及下部间隙,要求下部接触处0.05 mm塞尺插不进,左右两端的间隙在直径间隙的40%~60%。测量前应在艉轴的尾端挂一个与螺旋桨质量相当的重物。

三、艉轴管密封装置的安装

1. 首端密封装置安装

(1)艉轴管填料函的安装

艉轴管填料函一般用于艉轴管首部。安装前首先清理填料函内孔及该处的艉轴颈、填料压盖、分油环(或配水环)等。将填料压盖推入并拉出填料函内孔数次,检查移动是否灵活,不得有卡滞现象。用内卡测量填料函内孔和艉轴上下左右四处间隙量是否符合技术要求。

将分油环(或配水环)以及压盖先后推入填料函内,分别测量它们的内孔与艉轴上下左右间隙。密封填料函各处间隙见表11-5-7。

要求左右间隙大致相等,并等于安装间隙的一半,而下部间隙应保证艉轴管轴承磨损到极限间隙时,艉轴也不会与分油环、压盖零件直接摩擦。

将压盖推入填料涵孔一段,测量压盖法兰面与艉轴管端面之间距离,要求上下左右四个位置尺寸基本一致。

上述检查结束后,即可安装填料,每圈填料的下料长度应按艉轴直径换算成周长。使每根填料正好绕艉轴一周,并推入填料函内。为了提高密封效果,安装时应注意将各圈填料的搭口错开。最后通过螺帽将压盖均匀压紧。

(2)橡皮环式和筒式端面密封装置的安装

它们与尾端相应结构的安装方法相同,将在尾端密封装置部分一并叙述。

2. 尾端密封装置的安装

(1)油圈式(或称金属环式)和皮碗式密封装的安装

其结构见图11-5-15和图11-5-17。安装时将防蚀衬套、密封装置等一起套在艉轴上,先将密封装置的壳体法兰用螺栓和艉轴管相连,在O形密封圈和螺旋桨装到艉轴上之后,再将防蚀衬套用螺栓与螺旋桨相连,各法兰上的螺栓拧紧之后,随即安装防松铜丝。

在防蚀衬套与螺旋桨固定时和固定之后,应防止艉轴前后窜动(调整艉轴纵向位置的移动除外),特别是向后窜动,因防蚀衬套随着向后窜动一定距离后会使金属环或橡皮环与防蚀衬套脱离,造成大的返工。

(2)橡皮筒式端面密封装置的安装

该密封如图11-10-7所示,将在车间装配并试验合格的橡皮筒座8、橡皮筒7以及筒摩擦盘 6 作为一体套装在艉轴 1 上,用连接螺栓 9 将橡皮筒座固定于艉轴管 10 或艉轴管衬套上。再将压板 5、橡皮圈 4 和座摩擦盘 3 套到艉轴上,待螺旋桨安装于艉轴之后,将座摩擦盘与螺旋桨 2 固定之。

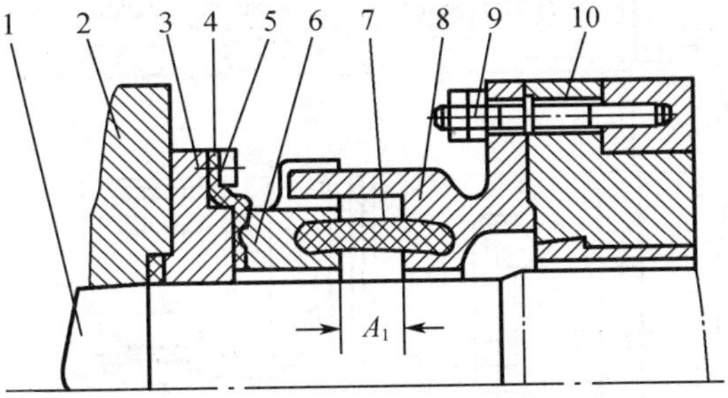

图 11－10－7　橡皮筒式端面密封装置

1—艉轴;2—螺旋桨;3—座摩擦盘;4—橡皮圈;5—压板;6—筒摩擦盘;7—橡皮筒;8—橡皮筒座;9—连接螺栓;10—艉轴管

调整橡皮筒的压缩量,确定艉轴纵向位置:在艉轴前端用起重葫芦把艉轴向前拉,测量橡皮筒座和筒摩擦盘两端面之间的距离 A_1。当 $A_1 = A-(0.3\sim0.7)$ 或 $A_1 = A-(0.5\sim1.0)$ mm,这时的艉轴位置即为要求的轴向位置。式中只是在车间试验开始不漏时此两端面的距离。前面公式的数据适用于在车间装配后做动态模拟试验,而后面公式的数据适用于在车间装配后做静态模拟试验。考虑运转后需要调整橡皮筒的压缩量,届时艉轴的轴向位置将向前移,故安装时须将艉轴再往前拉一段距离 L(L 等于艉轴轴向位置调整垫片的总厚度),检查此时整个装置零件有无相碰等现象。最后把艉轴再移到要求的轴向位置上。如艉轴管首端密封装置是橡皮筒式结构,则应用两半合式夹箱将艉轴夹牢,夹箍再和焊接在船体肋骨上的角钢或槽钢紧固,把艉轴的位置暂时固定下来。作为样棒确定此时艉轴法兰至尾隔舱壁的距离,如图 11－10－8 所示。

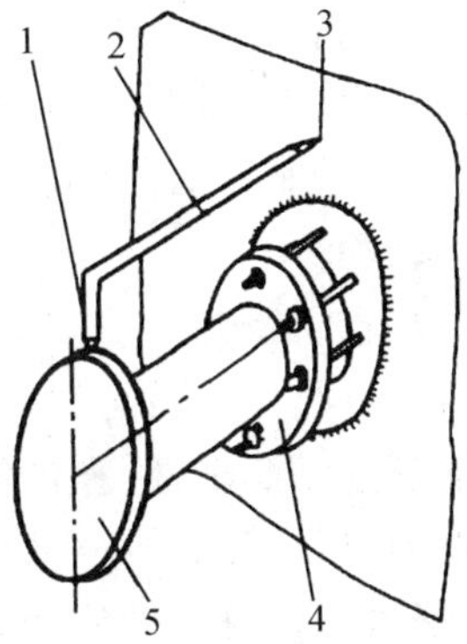

图 11－10－8　用样棒测定尾轴法兰至艉隔舱壁距离

1—法兰上测量点(洋冲眼);2—样棒;3—艉隔舱壁上调量点(洋冲眼);4—填料函压盖;5—艉轴法兰

安装艉轴橡皮筒端面密封装置的同时,应进行首端橡皮筒端面密封装置的安装。调节好尾端密封筒的压缩量之后,再调节首端密封筒的压缩量 A_1。如图 11－10－9 所示,将螺丝圈 4 旋入可调节座摩擦盘 3 内,使可调节座摩擦盘 3 内与筒摩擦盘 2 的摩擦面贴紧,将夹紧套筒 7 对准螺丝圈上的止动螺钉 5,用紧固螺钉 8 将夹紧套筒固定在艉轴上。旋转可调节座摩擦盘,调节橡皮筒的压缩量,使端面间距 A_1' 达到要求的尺寸:$A_1' = A'-(0.3\sim0.7)$ mm 或 $A_1' = A'-(0.5\sim1.0)$ mm,随即用套筒上的紧定螺钉 6 止动。A' 为车间试验不漏时此两端面的距离。如车间装配时,做动态压缩试验,则用前一公式的数据;如做静态压缩试验,则用后一公式的数据。

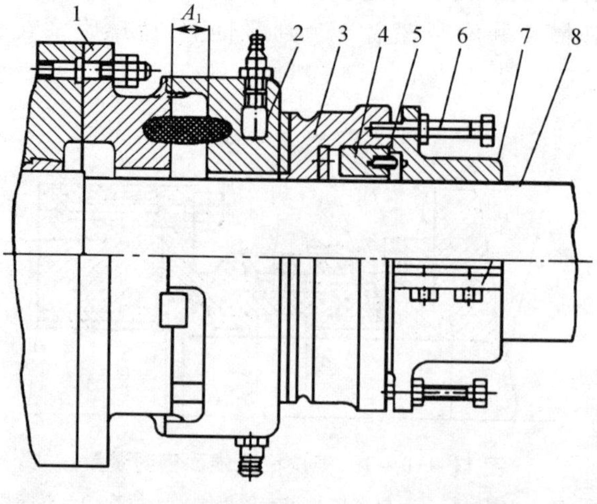

图 11－10－9　艉轴管轴承首端橡皮筒端面密封装置

1—橡皮筒座;2—筒摩擦盘;3—可调节座摩擦盘;4—螺丝圈;
5—止动螺钉;6—紧定螺钉;7—夹紧套筒;8—紧固螺钉

首端橡皮筒的压缩量可取得比尾端小些,这是因为艉轴在首端的振动和跳动量都比尾端小,首端无舷外水进入的问题,而且发现漏油还可以及时予以调整。

3. 泵油试验

首尾端艉轴管密封装置安装完毕后,随即可进行润滑、冷却管路及阀等附件的安装,并与油泵、油箱接通,然后就可以进行油压试验。

将艉轴管灌满润滑油,在油箱内亦注入一定数量的润滑油。回油管出口高度应在船的满载水线以上,在泵油时自油从回油管流出起继续泵油三分钟。与此同时,慢慢转动艉轴,检查首、尾密封装置有无油漏出。如回油管出口高度在水线以下,泵油压力的压头应为船舶轴心线至船舶重载水线间距的 1.5 倍,一般不得大于 9.8×10^4 Pa,其余同上。

第十一节　螺旋桨的安装

一、螺旋桨概述

螺旋桨是船舶普遍采用的推进器。螺旋桨的作用是将船舶主机发出的功率转变为推动船舶运动的推力,实现船舶的航行。

1. 螺旋桨基本结构

螺旋桨由桨叶和桨毂等构成,如图 11－11－1 所示。定距螺旋桨有整体式和组合式之分。整体式是桨叶与桨毂铸成一体;组合式则是分别铸造,加工后用螺栓连接成一体。可调螺距螺旋桨不仅桨叶与桨毂分别制造,且组装成一体后桨叶可相对桨毂转动,以达到改变螺距的目的。

桨叶的数目一般为 3～6 个,中、小型船舶桨叶多为 3～4 个,大型船舶桨叶常为 3～5 个。螺旋桨的直径一般为800～6 000 mm,但目前世界上最大的螺旋桨直径已超8 200 mm。

自船尾面向船头看到的桨叶表面称叶面,或称压力面,它是螺旋面的一部分;桨叶的另一面称叶背，或称吸力面，如图 11－11－2 所示。

当主机正车运转时，桨叶先入水的一边称导边，另一边则称随边。

桨叶与桨毂连接的一端称叶根，另一端则称叶梢。自桨毂中心到桨叶叶梢最外端的距离为螺旋桨半径。

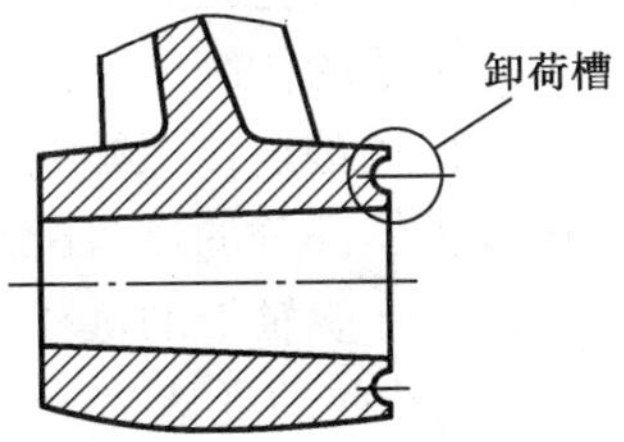

图 11－11－1　螺旋桨推进器

1—桨叶；2—桨毂；3—整流帽

2. 螺旋桨的材料与加工

螺旋桨形状复杂，尺寸和质量均较大，尤其是海船螺旋桨，直径已达 8.2 m，质量已达 82.5 t。海船主要采用铜质螺旋桨，如锰黄铜（ZHMn55－3－1）、铝青铜（ZQAl12－8－3－2）。小型船舶除采用铜质桨外，还采用铸钢（ZG200－400）、灰铸铁（HT200、HT250）、球墨铸铁（QT400－18）和尼龙（尼龙 6、尼龙 10、尼龙 1010），以及复合材料（玻璃钢）等。

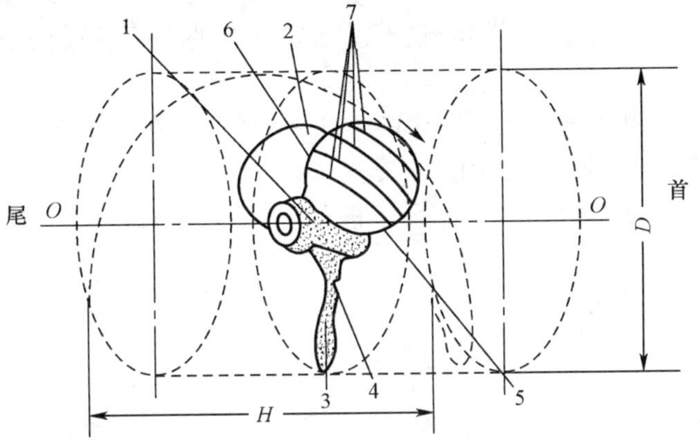

图 11－11－2　三叶螺旋桨

1—桨毂；2—叶片；3—压力面；4—吸力面；5—导边；6—随边；7—各半径处的截面线

桨叶加工制造较为困难。中、小型螺旋桨加工采用专用机床，如仿形机床、数字程序控制机床等；大型螺旋桨桨叶尺寸大且多为单件（或几件）生产，所以主要采用手工画线加工，使用风铲、砂轮、锉刀和刮刀等工具，生产效率低。现在采用铸造成形小余量或无余量加工工艺使螺旋桨生产效率大大提高。

新造螺旋桨，其锥孔经机械加工后，由于精度误差，不可能与艉轴锥体部分配合得很紧密，因此还需要进行钳工刮配。一般在螺旋桨锥孔上部留有可供刮配的余量。

在锥孔与轴锥体的刮配中，通常只刮削锥孔而不刮削锥体，刮配后应保证结合面在全长上均匀贴合，贴合面积要求达到总接触面积的 75% 以上，且尽可能使锥孔大端接触得实些，以避免锥体小端负荷集中。当用色油检查，要求 25 mm × 25 mm 面积内接触点不少于 3 点。

如果锥孔与锥体用环氧胶黏剂安装或用液压套合法安装，则它们可以不刮配，但需满足其他一些技术要求。

二、螺旋桨的连接方法

螺旋桨是通过桨毂与艉轴（螺旋桨轴）连接在一起的，主要有传统安装法、液压安装法、无键胶接法三种连接方式。

1. 螺旋桨的传统安装法

采用传动键连接螺旋桨与艉轴是一种传统的连接方式，沿用至今。通过螺旋桨桨毂锥孔与艉轴锥体部分的过盈配合及传动键来连接，并用螺帽锁紧，以便传递扭矩和承受推力作用。但是在艉轴上的键槽处容易产生应力集中，引起裂纹或断轴事故。

(1)安装前的准备

用传动键连接的螺旋桨与艉轴，将其配合面擦拭干净。移动艉轴至相应的位置并套上O形密封圈。转动艉轴使传动键向上。在螺旋桨锥孔内的非配合表面上涂以黄油，但配合面不得涂黄油。

(2)工艺过程

将螺旋桨吊起，并使螺旋桨锥孔中心对准艉轴中心，把螺旋桨套在艉轴上。当艉轴穿过锥孔伸出螺旋桨端面时，立即装上艉轴螺帽并旋紧。大型螺旋桨螺帽的紧固，一般用大锤敲击专用扳手进行。劳动强度很高，且不易扳紧。有的船厂已采用空气锤进行敲击，效果较好。

螺旋桨的安装也可用小车进行，如图 11－11－3 所示。在小车 5 上装着可调基座 4，利用调节螺钉使螺旋桨和艉轴对准。利用小车送进。

大型螺旋桨的起吊安装还可用高架吊车进行，如图 11－11－4 所示。

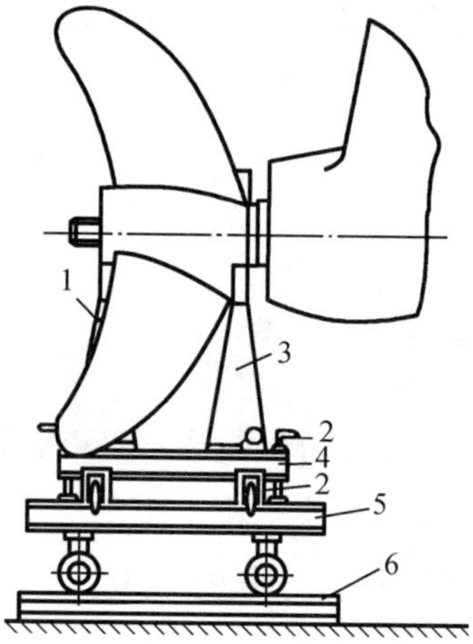

图 11－11－3　用小车安装螺旋桨

1—后支架；2—调节螺钉；3—前支架；4—可调基座；5—小车；6—导轨

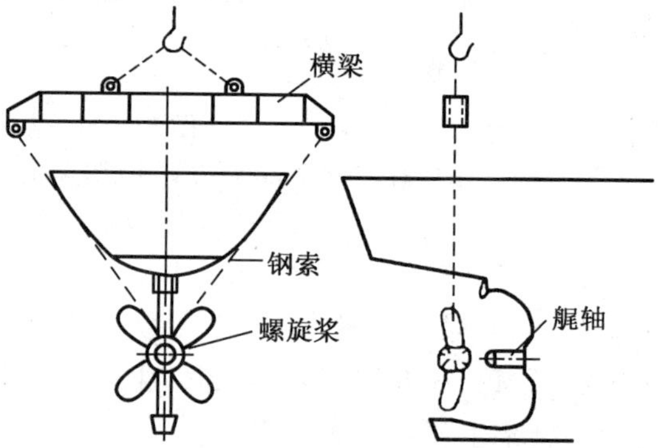

图 11－11－4　用高架吊车吊装螺旋桨

在艉轴螺帽上紧之后，即可钻孔、攻丝，安装止动块，再安装导流帽。最后在导流帽固紧螺钉处涂水泥。小船螺旋桨导流帽在安装前填敷黄油，而大型螺旋桨导流帽则应在安装后将熔融后的石蜡注入，最后用螺塞堵住注入口。

为了防止海水渗入艉轴锥体与螺旋桨锥孔的配合面，在安装螺旋桨时，必须在螺旋桨毂前端面与防蚀套筒后端法兰面之间装上水密胶圈，它应能耐酸、耐油和耐海水腐蚀。水密胶圈如图 11－11－5 所示，图中(a)表示用艉轴防蚀衬套来均匀厚紧胶圈，图中(b)和(c)表示用压紧法兰或仿蚀套筒法兰均匀压紧胶圈的实例。

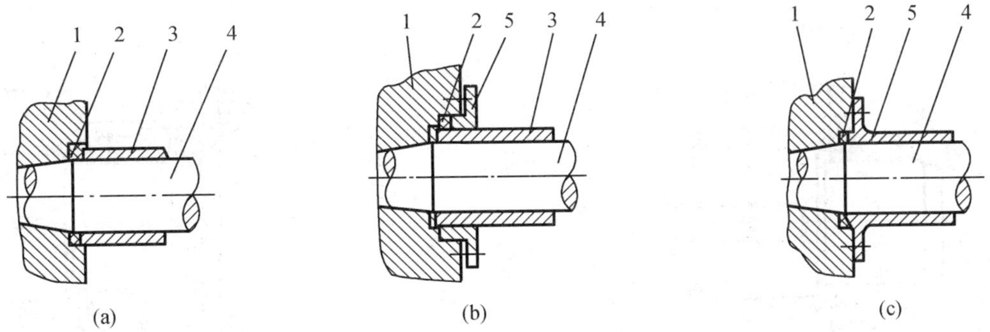

图 11－11－5　艉轴与螺旋桨配合面水密装置的形式

1—螺旋桨；2—橡胶圈；3—保护套；4—艉轴；5—压紧法兰或防蚀套筒本体

2. 螺旋桨的液压安装法

近年来，国内外新造船舶的螺旋桨几乎均采用液压连接方法，这种方法不但提高了螺旋桨的拆装工作效率，而且又可保证质量和避免某些难以预料的事故。

(1) 安装前的准备

对连接锥面要求很好地吻合，它们的实际接触面积应不小于理论接触面积的 70%，兰油接触应均匀，每 25 mm×25 mm 的面积上应不少于 2～4 个接触兰油的色点。螺旋桨液压安装后，其固定配合部位应保证有足够的过盈值。为了顺利液装，还应设计一套工装设备，然后把油箱、油泵、液压螺母、压力表和百分表等连接和安装起来。

在套合之前，应使螺旋桨与轴的温度相等，配合表面应清洁、无油脂。

(2) 工艺过程

螺旋桨液压装拆法是一种新工艺。它有干式和湿式之分。干式液压法的螺旋桨毂内孔与艉轴锥形摩擦面之间为干摩擦，液压仅提供轴向压紧所需推力。湿式液压法是在装拆螺旋桨时在摩擦表面之间形成一层油膜，依靠高压油使桨毂胀大，产生弹性变形，使之易于轴向移动，并减小摩擦面之间的摩擦系数，以减小装拆的轴压力。

①干式液压法装拆螺旋桨

干式液压法有两种：

a. 液压螺帽用于新设计的大型船舶装拆螺旋桨，其结构如图 11－11－6 所示。

在艉轴液压螺帽本体 1 内设有一个环形加压环 2，环形加压环与艉轴螺帽本体之间共有四道 O 形密封圈 3。当安装螺旋桨时，用高压油泵 4 产生高压油注入液压螺帽内，使环形加压环压向螺旋桨，于是螺旋桨产生了轴向位移。由于桨毂孔与艉轴为锥形配合，当螺旋桨产生轴向位移时，桨毂内孔因弹性变形而胀大，与艉轴锥形端产生了过盈配合。当螺旋桨压到所要求的轴向位置时，高压油泵 4 便可卸压，接着液压螺帽拧紧后再顶压一次。

拆卸螺旋桨的操作如下(图 11－11－7)。先把液压螺帽卸下，并倒装在艉轴上，装上工具压板 1 和双头螺栓 3。螺旋桨毂上预先攻好螺孔，以便固定双头螺栓 3。为了防止拆卸时螺旋桨从锥形端弹出，可在桨毂与液压螺帽之间放入一木质垫块 2。准备工作做好后，只要用高压油泵产生的高压油压入螺帽内，就能很方便地将螺旋桨拆下来。

b. 用专用油泵安装螺旋桨时，先把艉轴螺帽旋出相当距离，该距离值，以使专用油泵能嵌入艉轴螺帽和螺旋桨之间为宜，如图 11－11－8 所示。由于这段艉轴螺纹较短，所以油泵

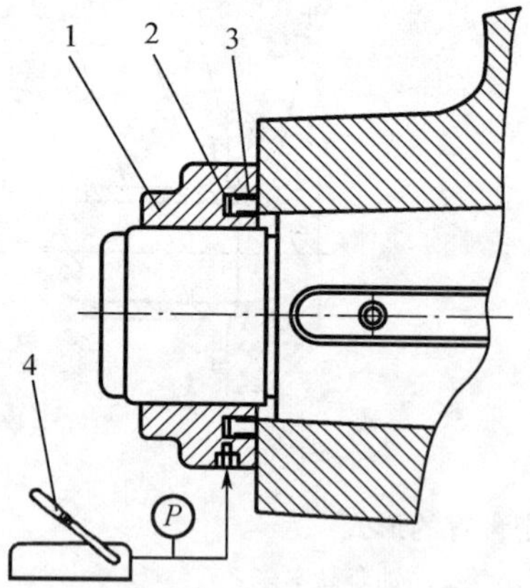

图 11－11－6　液压螺帽安装螺旋桨

1—辉帽本质；2—环形加压环；
3—O 形密封圈；4—高压油泵

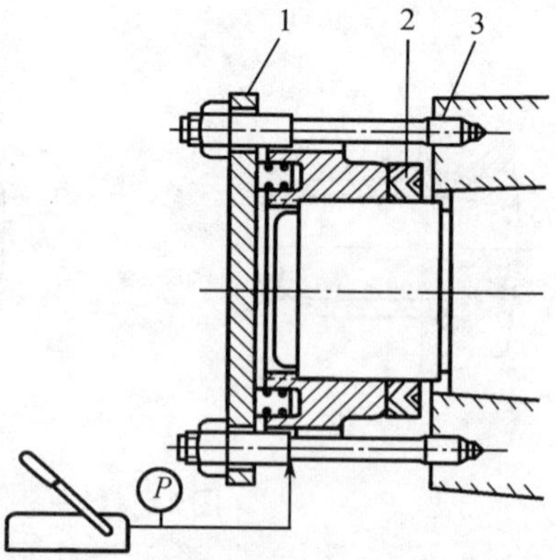

图 11－11－7　液压螺帽拆卸螺旋桨

只能做得很扁。顶压螺旋桨时，专用油泵以艉轴螺帽为止推部件，高压油泵作用后，就能把螺旋桨压入到所需要的位置。必须注意，由于艉轴螺纹螺距较小，而顶压螺旋桨时，特别是当螺旋桨与艉轴产生过盈以后，油泵的顶推力很大，可达数百吨，如艉轴螺帽与艉轴啮合圈数太少，就可能使螺纹遭到破坏。

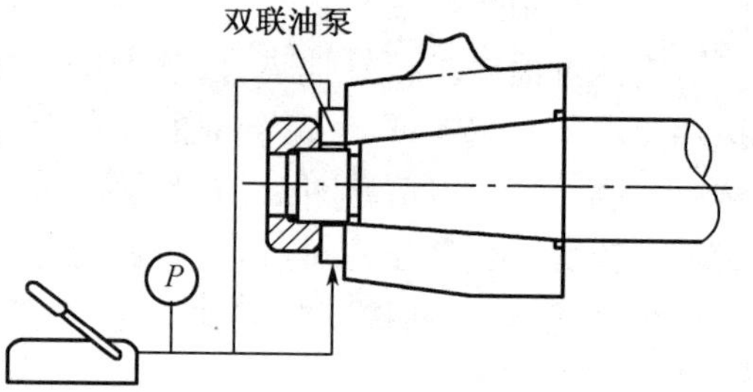

图 11－11－8　专用双联油泵安装螺旋桨

拆卸螺旋桨，可按图 11－11－9 所示将专用油泵 1 嵌在螺旋桨与艉柱之间，同时艉轴法兰需用支架 2 撑牢，当高压油压入专用油泵后，由于艉轴被支撑撑牢不能向尾部轴向移动，这样螺旋桨就被油泵从艉轴上顶压出来了。

②湿式液压法装拆螺旋桨

湿式液压法是用油压将螺旋桨毂胀开，再用油压环状活塞将螺旋桨推到艉轴锥面上。移动的距离是预先计算好的，可以通过千分表进行测量。这种方法是去压后螺旋桨能紧配在艉轴锥面上，产生一个表面压力，这种表面压力保证了所要求的安全系数，一般情况下这个安全系数选 2～3。

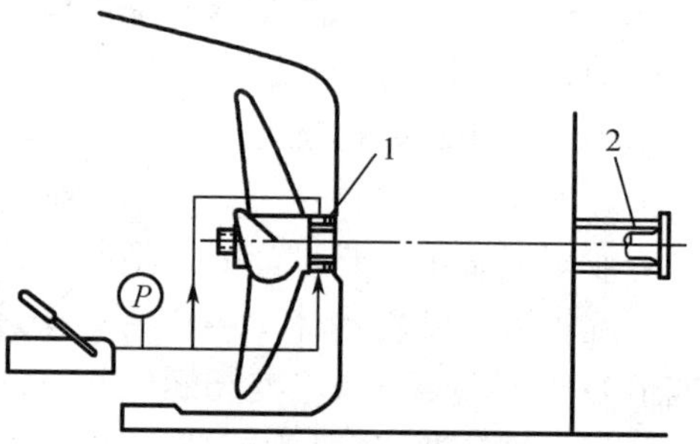

图 11－11－9　专用油泵拆卸螺旋桨

1—专用油泵；2—支架

采用湿式液压法装拆的螺旋桨，必须重新设计。螺旋桨的毂长和毂径尺寸应这样决定：即毂孔部位承受的压力只能达到螺旋桨材料屈服强度的 50%～70%。

安装时还因为毂孔中加油时螺旋桨毂实际上浮悬在一层油膜上，所以安装时所需的轴向推力是很小的。

大型螺旋桨湿式液压安装按下列步骤进行，如图 11－11－10 所示。首先在艉轴锥面上涂油，将螺旋桨自由地套在轴上，然后装上一个带有环状活塞的油压法兰，再用一个特制的螺帽将螺旋桨旋紧，然后用油泵 2 将油注入油压法兰。这样，环状活塞的压力通过油压法兰而作用到螺旋桨毂上，使螺旋桨紧压在艉轴锥面上。

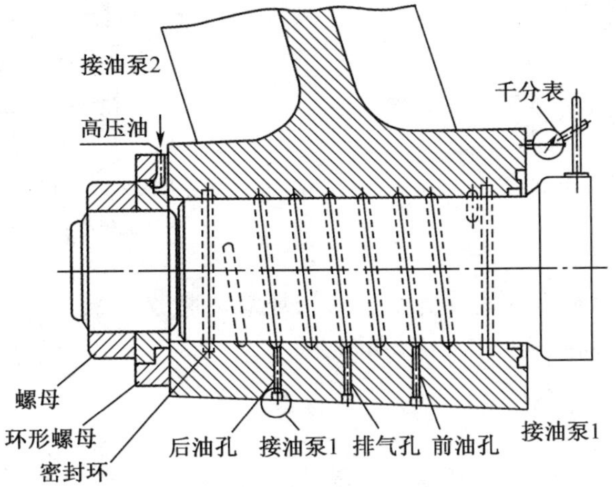

图 11－11－10　大型螺旋桨湿式液压安装

另外两个油泵 1 通过毂孔中的螺纹状的、无出口的油槽将油同时注入并分布到整个锥面上。由此而产生的内压力将螺旋桨毂体胀开，而环状活塞上的压力将螺旋桨推进去，一直推到计算的终点位置。安装百分表来检测这个推移距离。接着油泵 1 降压，则油从锥面经毂上的排出孔及两个油泵上的排出孔排出。在毂孔的卸压过程中，油压法兰的油压还须保持一段时间（约 15 min），待螺旋桨与轴之间的油膜完全消失，安装工作才宣告结束。

在拆卸螺旋桨时使用同样的方法，首先将螺旋桨螺帽松开，松开的距离为原来安装时推移距离再加上 2 mm，然后将油通过毂体上的径向孔道慢慢泵入毂孔与轴锥体，此时螺旋桨毂孔即被胀开，在短时间内油即均匀地分布到毂孔与轴的接触面间的油槽内。

液压连接一般采用锥度为 1∶15 到 1∶30，这样螺旋桨会自动向后松脱，并后滑到止挡的螺旋桨螺帽上。

当毂体胀开时，有少量的油从毂孔两端流出，这是正常现象，这说明螺旋桨已在艉轴锥面的油膜上浮起来。当损耗油量较多时，可采用黏度较大的油。

毂体经油压紧装在轴上后，在前端会形成应力集中区。在动态负荷下会引起破坏作用。在毂的前端面车一圈应力卸荷槽，它会有效地降低棱边的压应力（图 11－11－11）。

3. 螺旋桨的无键胶接法

目前，中小型船舶广泛采用环氧树脂胶黏剂来安装螺旋桨，如图 11－11－12 所示。常用配胶黏剂配方为（质量比）：

E－44 或 E42（即 6101 或 634）环氧树脂∶邻苯二甲酸二丁酯∶乙二胺＝100∶15∶7

在现场配制好胶黏剂后，均匀地涂于艉轴和螺旋桨的配合锥面上，然后迅速将螺旋桨套进艉轴，并旋紧螺母。螺旋桨的两端各有一小段长度与艉轴紧密配合（图 11－11－12），用以保证螺旋桨的正确位置和不让胶黏剂流失，要求前端贴紧时，另一端用 0.05 mm 的塞尺插不进。

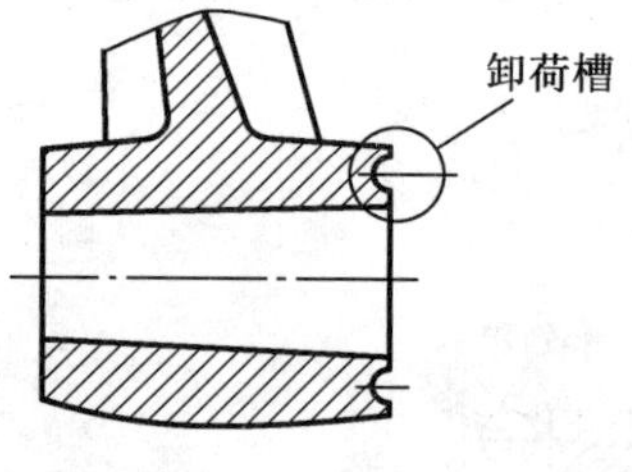

图 11－11－11　桨毂卸荷槽

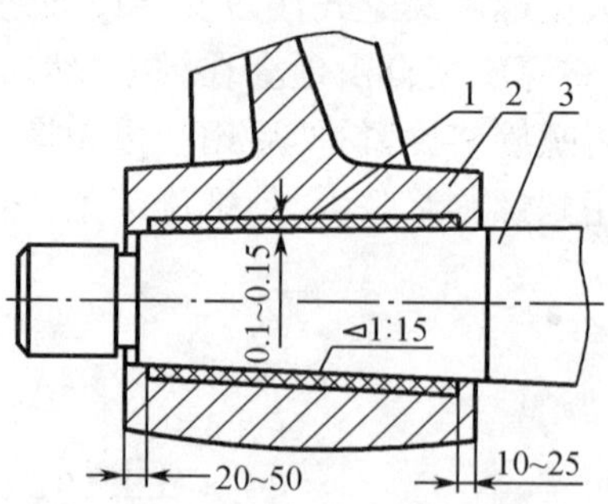

图 11－11－12　螺旋桨胶黏示意图

1—环氧树脂胶黏剂；2—螺旋桨；3—艉轴

由于桨毂锥孔与艉轴锥体间要容纳一薄层环氧树脂胶黏剂，故桨毂锥孔与艉轴锥体之间采用间隙配合，配合间隙为 0.1～0.2 mm。

(1)胶黏剂的调制方法

①将容器和搅棒擦拭干净；

②根据螺旋桨功率大小估计各用剂的需要量，每 73.55 kW(100 马力)用 10 g 的环氧树脂，其他用剂按比例求得；

③将按一定比例称得的增塑剂和稀释剂以及环氧树脂倒在一起，并大致搅拌均匀；

④将固化剂倒入，须立即予以搅匀，这时就可以使用了。

(2)胶合工艺

①将螺旋桨和艉轴螺母与艉轴试装一次。

②清洗胶合表面，可用细砂纸擦去锈渍，用丙酮清洗油污，最后用中性氧乙炔火焰烘干之，并使艉轴与螺旋桨毂保持 30～40 ℃的温度，这对冬季或雨天进行操作是特别重要的措施。至此，应立即进行胶接。

③用清洁的刷子将胶黏剂均匀地涂在桨毂和艉轴的胶合表面上，涂层厚度为 0.30～0.40 mm。涂层不得有气泡、脱落的刷子毛以及砂粒等存在。

④对于螺旋桨锥孔内原有中空的非配合部分，应事先用环氧树脂将其填满，涂好胶黏剂后，应立即将螺旋桨套进艉轴，并上紧艉轴螺母，艉轴螺母用大锤敲到位后再稍敲紧即可。

⑤胶黏剂在常温下经 24 h 即可固化。如欲缩短固化时间，可用氧乙炔火焰或喷灯加热桨毂至 80～100 ℃，经 4 h 即可固化。胶黏剂固化后船舶才能下水。

胶黏操作过程中应戴口罩和手套，尽量少吸入挥发性的气体，严防将胶黏剂溅至皮肤特别是眼睛内。有肾病、肝病者以及哺乳期的妇女不宜参加此项工作。

采用这种胶合工艺，螺旋桨毂锥孔和艉轴锥体的配合面的粗糙度要求不高，要达到 6.3 μm，不需刮配，传动键也可不刮配(松键)，甚至可以取消键，因而可以大大节省工时。

螺旋桨安装完毕以后，须测量桨毂前端面至人字架或艉柱轴毂后端面的距离，如图 11－11－13所示，调节尾毂的轴向位置，使它在设计要求范围内，然后测量艉轴法兰至尾隔舱的距离，并按此距离做样棒，作为检验艉轴轴向位置的标准。对于艉管密封装置采用橡皮筒式装置的，由于安装密封装置时已确定了艉轴法兰至艉隔舱壁的距离，故此时只需测量 a 值，只要 a 值符合设计要求或大于艉轴法兰调整垫片厚度的总和即认为合格。

船舶下水前须将艉轴临时紧固，使艉轴在下水时及下水后不发生转动和移动现象。固定法兰可以与船体肋骨焊牢的一根或两根角钢或槽钢为“靠山”，用垫片和螺栓将艉轴法兰与角钢或槽钢紧固。为防止法兰螺栓孔受到损伤，可在紧固螺栓与法兰螺栓孔间松套一铜套。也可以用其他方法予以固定。

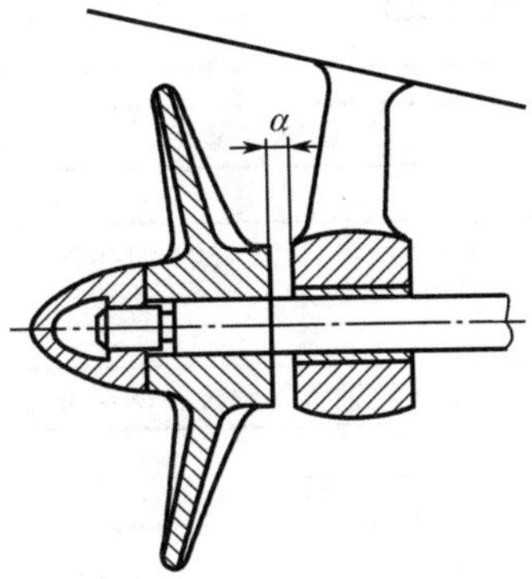

图 11－11－13　螺旋桨毂前端面至人字架后端面间距离的测定

第十二节　轴系的校中

一、中间轴的安装

中间轴（轴系）的安装，就是把全部中间轴最终正确地安装在主机或减速器输出轴和艉轴之间，并使整个轴系的弯曲度不超过允许范围，以保证轴系的正常工作。根据轴系安装方法的不同，中间轴可以这样来进行安装：当艉轴已安装好，中间轴以艉轴为基准逐段进行安装，而主机根据其相邻的中间轴进行安装；若主机与艉轴都安装完毕，则中间轴根据主机和艉轴的实际位置来安装；如果第一根中间轴以理论中线校中安装好，则主机以第一根中间轴为基准进行安装，艉轴根据第一根中间轴轴心线来安装，最后再安装其余中间轴。

中间轴的安装包括两个部分：调整和确定每一根中间轴及其轴承的位置，这部分工作称为校中（亦称对中或找正）；根据已校中好的中间轴及其轴承的位置，配置中筒轴承垫块，钻、铰（镗）螺栓孔，并用紧固螺栓和定位螺栓将中间轴承紧固在基座上，以及将各中间轴连接，将中间轴与主机和艉轴连接固定下来，这部分工作称为固定。

轴系安装质量的好坏和工作的可靠性，主要取决于中间轴校中的质量。而影响轴系校中质量的因素有：传动轴加工误差、轴系安装弯曲、船体变形、轴法兰端下垂、轴系结构设计和轴承跨距等。

如图 11－12－1 所示为新造船舶轴系的安装校中工艺流程。

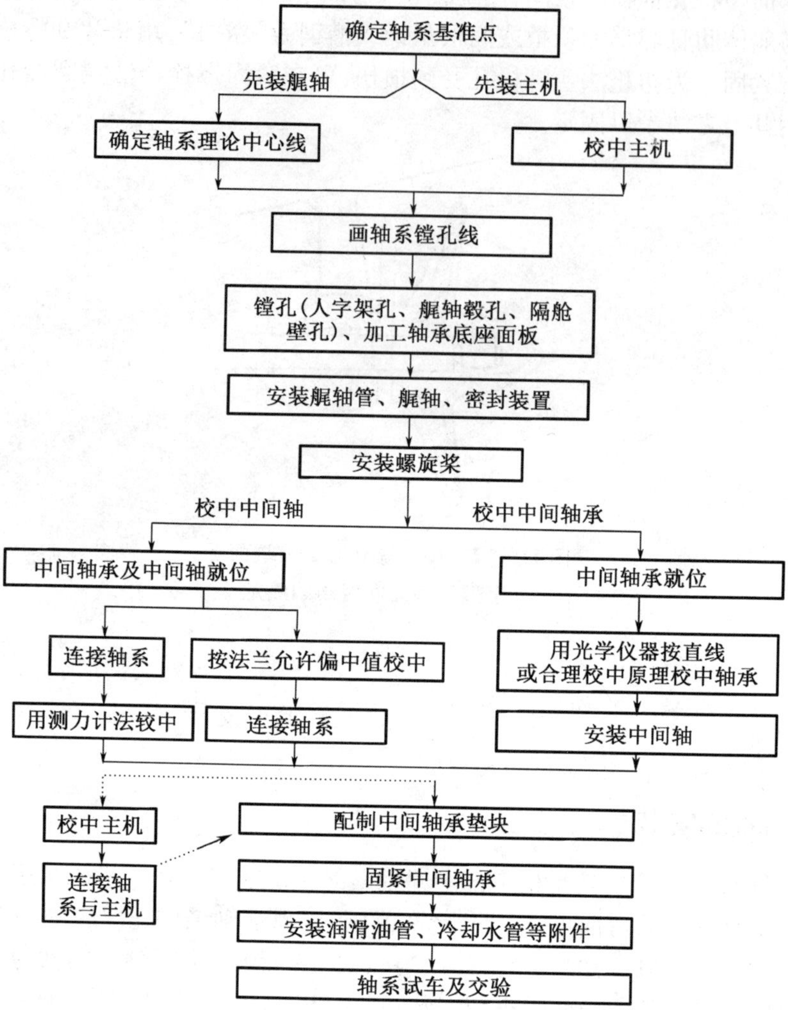

图 11-12-1　新造船舶轴系的安装校中工艺流程

二、轴系的校中

1. 轴系校中的含义及分类

(1)轴系校中的含义

轴系校中就是要按一定的要求和方法把轴系安装成一定的状态,在此种状态下轴系的各轴段内的应力和所有轴承上的负荷,都在允许的范围之内或具有合理的数值,从而使轴系能可靠地运转。轴系校中的实质就是准确地确定主机、传动轴及轴承的位置。船舶轴系是否能可靠地运转,不仅取决于轴系的结构设计、材料和制造,而且更重要的是取决于轴系的安装质量。

轴系校中、安装质量不佳,会造成轴承发热,艉轴承过度磨损、密封装置损坏和轴系振动等。因此,轴系校中是按照一定的原理和方法,将轴系布置成某种轴线状态,使各轴承上的负荷,各轴段内的应力、弯矩、转角等尽可能在允许值的范围内或取得合理的数值,从而保证轴系安全、可靠地运转。

(2)轴系校中的分类

在船舶及舰艇的建造和修理中,轴系校中的方法是多种多样的。但就其校中的原理而论,可划分为如下三类:

①按直线性校中原理校中

a. 按法兰上严格规定的偏中值校中;

b. 按法兰上计算的允许偏中值校中;

c. 按光学仪器校中;

d. 用样轴校中。

②按轴承上允许负荷用测力计校中

③按轴承上合理(或最佳)负荷校中

a. 按轴承合理位置校中;

b. 按法兰上合理偏中值校中。

限于篇幅,这里仅介绍几种轴系校中的方法,其他轴系校中的方法可参考有关书籍。

三、按直线性校中原理校中

根据轴系的理论中心线,将轴系各轴承中心布置成一条直线,这一过程称为直线校中。按此原理的校中方法在生产中采用以下方法进行:

1. 按法兰上严格规定的偏中值校中

(1)校中原理

组成船舶轴系的各轴段,通常是用法兰联轴节连接成整根轴系。由于这些轴在加工时规定其法兰的外圆与轴颈应同轴,法兰端面与轴心线应垂直,故毗邻两根轴以其法兰连接时,如果两轴的连接法兰达到同轴,则此毗邻的两根轴亦同轴(这是把轴作为刚体看待,未考虑轴的挠度及加工误差);反之,若两连接法兰不同轴,即存在偏中,则此毗邻的两根轴亦不同轴。

两连接法兰的偏中,通常用偏移及曲折表示。所谓偏移(常用符号 δ 表示),系指两法兰的轴心线不重合,但平行,如图 11-12-2(a)所示。所谓曲折(常用符号 Φ 表示),系指两法兰的轴心线交叉成一定角度,如图(b)所示。图(c)则示出毗邻两法兰既存在偏移,又存在曲折的情况。

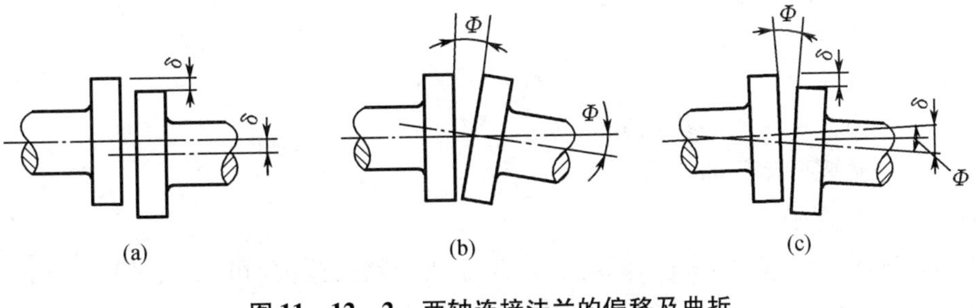

图 11-12-2　两轴连接法兰的偏移及曲折

显然,在进行轴系校中时,只要逐段地调节毗邻两轴的位置,使轴系中每对连接法兰上的偏移及曲折均为零(即 $\delta=0$,$\Phi=0$),这时如忽略法兰因轴端自重下垂的影响,则可认为这样校中好后的轴系具有直线性。

然而，在实际校中时要完全达到各对法兰上的偏移和曲折均为零是较为困难的，甚至是不可能的，故在按直线性校中时也允许法兰上存在很小的偏中值，以保证轴系校中好后基本上仍具有直线性。这样很小的允许偏中值在以往的有关规范或标准中都曾做过严格的规定。

(2)按法兰校中偏移值 δ 和曲折值 Φ 的测量及计算

①用直尺及厚薄规(塞尺)测量偏移、曲折

连接法兰上的偏中值，一般是用直尺和塞尺进行测量，并进行简单的计算而得。为便于测量，在两连接法兰端之间应有 0.5 ~1 mm 的间隙。

偏移值 δ 的测量及计算：

将直尺依次在法兰外圆的上、下、左、右四个部位上紧贴，同时塞尺在每一个部位上测量直尺与另一法兰外圆表面之间的间隙值，并分别用 $z_{上}$、$z_{下}$、$z_{左}$、$z_{右}$ 表示，如图 11 -12 -3 所示。

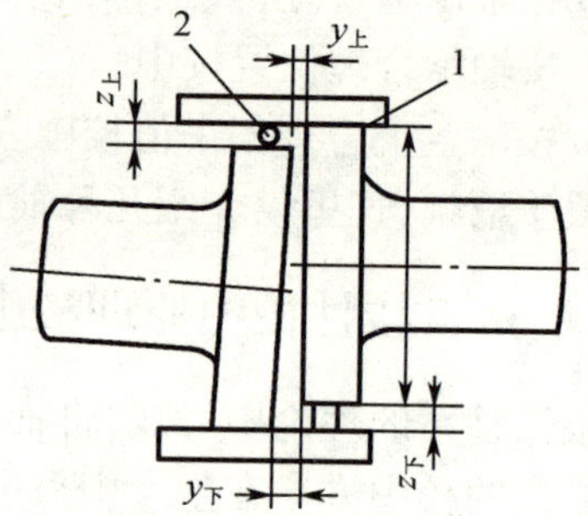

图 11 -12 -3　用直尺和塞尺测量法兰的偏移 δ 和曲折 Φ

1—直尺;2—塞尺

显然，两法兰在垂直平面的偏移值为

$$\delta_{垂} = \frac{z_{上} + z_{下}}{2} \tag{11-12-1}$$

两法兰在水平平面的偏移值为

$$\delta_{水} = \frac{z_{左} + z_{右}}{2} \tag{11-12-2}$$

式中　$\delta_{垂}$——垂直平面的偏移，mm；

$\delta_{水}$——水平平面的偏移，mm。

式中在计算偏移时，采用上、下或左、右两部位上测量值的平均值，则可消除两法兰直径加工误差的影响。

曲折 Φ 的测量及计算：

用塞尺依次在法兰端面的上、下、左、右四个部位上测量两法兰端面之间的间隙值，并分别用 $y_{上}$、$y_{下}$、$y_{左}$、$y_{右}$ 表示。显然，在垂直平面的曲折值为

$$\Phi_{垂} = \frac{y_{上} - y_{下}}{D} \tag{11-12-3}$$

在水平平面的曲折值为

$$\Phi_{水} = \frac{y_{左} - y_{右}}{D} \tag{11-12-4}$$

式中　$\Phi_{垂}$——垂直平面的曲折值，mm/m；

$\Phi_{水}$——水平平面的曲折值，mm/m；

D——法兰直径，m。

当出现曲折时，把轴承抬高(或放低)多少才能调整曲折值，可以通过下列公式计算，见图11 -12 -4。

$$h = \frac{L(y_1 - y_2)}{D} \tag{11-12-5}$$

式中　h——应抬高值，mm；

L——从法兰至轴承中心距离，mm。

②用两对指针测量偏移、曲折法

当出现下列情况之一时，对轴系中心线找中工作就不能采用直尺塞尺法进行：

a. 法兰直径较小（小于 100 mm）、法兰厚度较小，这时用直尺塞尺法测量精度甚差；

b. 齿形及牙嵌式联轴节、弹性联轴节、气胎离合器处的测量工作；

c. 法兰外圆及端面加工不正确或严重腐蚀，表面不平整。

上述三种情况必须用指针法或百分表法进行测量，因指针法与百分表法工艺过程相同，在此只介绍指针法。

在两根轴法兰上装上两对指针（如图 11－12－5 所示），将指针上用作测量的螺钉调整好，使两轴转动时，指针不能相碰，并固定之。用塞尺测量其垂直方向的间隙：$z_{1上}$、$z_{1下}$、$y_{1上}$、$y_{1下}$。然后两根轴同时转 180°，进行第二次测量，其间隙为：$z_{2上}$、$z_{2下}$、$y_{2上}$、$y_{2下}$。

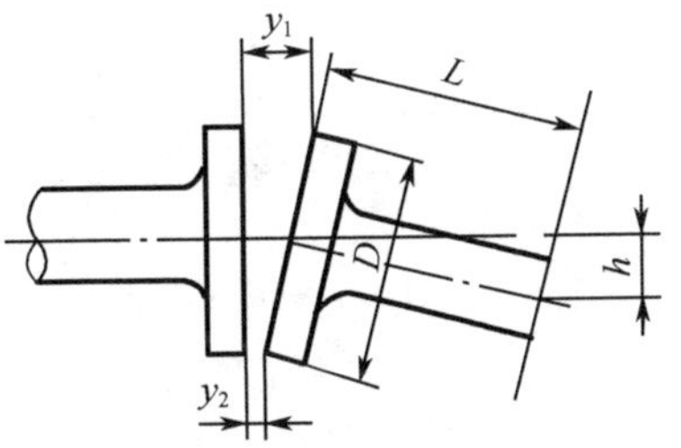

图 11－12－4　轴承抬高（或放低）量计算

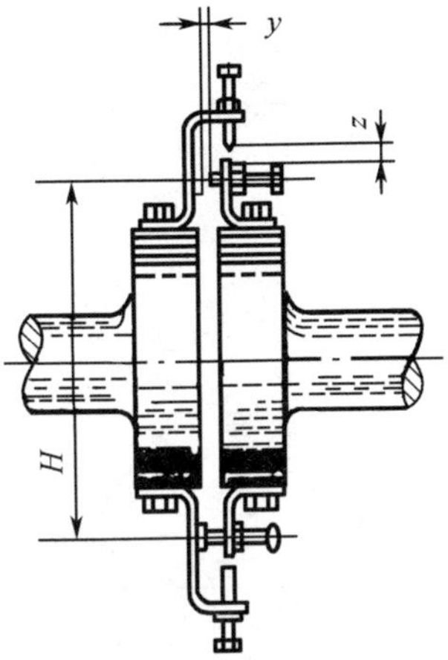

图 11－12－5　轴系指针法测量

根据上面测出的数值代入公式计算垂直方向上的偏移和曲折值

$$\delta_{垂直} = \frac{(z_{1上} + z_{2上}) - (z_{1下} + z_{2下})}{4} \quad (11-12-6)$$

$$\Phi_{垂直} = \frac{(y_{1上} + y_{2上}) - (y_{1下} + y_{2下})}{2H} \quad (11-12-7)$$

式中，H——两只指针之间距离，m。

用同样方法，在两轴同转 90°时，测一次数值 $z_{1左}$、$z_{1右}$、$y_{1左}$、$y_{1右}$；两轴同转 270°时，又测一次数值 $z_{2左}$、$z_{2右}$、$y_{2左}$、$y_{2右}$；用这两次数值代入公式，即得水平方向的偏移 $\delta_{水平}$ 和曲折值 $\Phi_{水平}$。

$$\delta_{水平} = \frac{(z_{1左} + z_{2左}) - (z_{1右} + z_{2右})}{4} \quad (11-12-8)$$

$$\Phi_{水平} = \frac{(y_{1左} + y_{2左}) - (y_{1右} + y_{2右})}{2H} \quad (11-12-9)$$

采用指针法可提高轴系找中精度，在测量过程中，两相邻轴是转动的，而偏移和曲折取其转动前后的平均值，即计算两轴中心线的偏差值，这样可以避免轴法兰机械加工误差对轴系找中精度的影响。

为便于测量和计算，亦可列成表格进行，如表 11－12－1 和表 11－12－2 所示。

表 11 - 12 - 1　偏移值 δ 计算表　　单位：mm

位置	指针		$\sum$	$\Delta=\begin{cases}\sum_{上}-\sum_{下}\\ \sum_{左}-\sum_{右}\end{cases}$	$\delta=\dfrac{\Delta}{4}$	结论
	z_1	z_2				
上			$\sum_{上}=\sum_{1上}+\sum_{2上}$			允许或消除
下			$\sum_{下}=\sum_{1下}+\sum_{2下}$			同上
左			$\sum_{左}=\sum_{1左}+\sum_{2左}$			同上
右			$\sum_{右}=\sum_{1右}+\sum_{2右}$			同上

表 11 - 12 - 2　曲折值计算表　　单位：mm/m

位置	指针		$\sum$	$\Delta=\begin{cases}\sum_{上}-\sum_{下}\\ \sum_{左}-\sum_{右}\end{cases}$	$\Phi=\dfrac{\Delta}{2H}$	结论 允许或消除
	y_1	y_2				
上			$\sum_{上}=y_{1上}+y_{2上}$			$H_{1上下}=\Phi\cdot L_1$
下			$\sum_{下}=y_{1下}+y_{2下}$			$H_{2上下}=\Phi\cdot L_2$
左			$\sum_{左}=y_{1左}+y_{2左}$			$H_{1左右}=\Phi\cdot L_1, H_{2左右}=\Phi\cdot L_2$
右			$\sum_{右}=y_{1右}+y_{2右}$			

(3)按法兰校中偏移 δ 和曲折值 Φ 的严格规定(允许值)

在很长的一段时期内，各国在按直线性校中轴系时，对法兰上的允许偏中值都做过严格的规定，最初对允许的偏中值规定极严，即规定偏移值 $\delta\leqslant0.05$ mm，曲折 $\Phi\leqslant0.05$ mm/m。实践证明，对法兰上的偏中值规定得如此苛刻是没有必要的，不仅在施工中很难达到，而且给轴系校中安装以及检验带来了许多困难。因此，随后对法兰上的允许偏中值的规定逐步有所放宽：一般规定 $\delta\leqslant0.10$mm，$\Phi\leqslant0.15$ mm/m，而有些国家还放宽到 $\delta\leqslant0.30$ mm，$\Phi\leqslant0.30$ mm/m。

(4)按法兰校中方法在生产中的应用及评价

按法兰上严格规定的偏中值校中轴系的方法，由于简便易行，故仍是目前在我国船厂中使用较多的一种校中方法。采用这种方法校中轴系时，通常是将艉轴先按轴系理论中线安装好，再以艉轴的法兰为基准，由船尾向船首方向逐段地调整中间轴及推力轴的位置，使各对连接法兰上的偏移值和曲折值不超过规定的偏中值。最后，以推力轴的前法兰为基准进行主机定位。

在轴系校中好之后，采用垫块及基座螺栓将轴系的各轴承紧固在各自的基座上，用法兰连接螺栓将各轴段连接成一体并与主机连接起来。

按法兰上的偏中值校中轴系时，应计算法兰因轴端下垂所存在的下垂量及偏转度，在计算法兰的偏移值及曲折值时进行修正。

在此必须指出，通过大量的实例证明，对法兰上允许的偏中值做出过高的硬性规定是不符合轴系实际工作情况的。另外，在毫不考虑其结构特点的情况下，对各种轴系法兰上允许的偏中值采取统一的硬性规定不太科学。众所周知，由于轴系的长度直径比一般都很大，而且轴系具有一定的韧性，故在一定的弯曲状态下仍能正常工作。但必须看到，轴系的韧性（刚性的倒数）与其长度直径比有很大的关系。从材料力学可知，轴的弯曲惯性矩 J 与轴的直径 d 的 4 次方成正比，即 $J=\frac{\pi d^4}{64}$；轴的刚性为$\frac{J}{l}$（式中 d 为轴径，J 为轴承跨距）。可见，当轴的直径 d 增大 2 倍时，轴的刚性则要增加 16 倍；而当轴承跨距 J 增大 2 倍时，轴的刚性则降低 2 倍。这说明长径比大的轴系（如长轴系），其韧性比长径比小的轴系（如短轴系）要好得多。

由于轴系具有这种结构特性，它就为我们制定法兰上允许的偏中值标准时提供了一定的科学依据。显然，对允许的偏中值采用既严格又统一的硬性规定，则是没有考虑轴系的这种特性，为此可适当放宽些。目前，这种校中法仍被我国各船厂普遍采用，主要原因是：工艺过程比较熟练，操作简便。

2. 用光学仪校中法

用光学仪器校中轴系时，通常是将仪器装在与轴系连接的减速器大齿轮轴上，或装在主机曲轴的尾法兰上，并预先按轴系中线将减速器或主机校中好。这时光学仪器所投射的十字线就是其后校中轴系各部件的基准。

具有双轴系装置的船舶，其艉轴的尾端用人字架轴承支承，首端用艉轴管前轴承支承，其中间轴用各自中间轴承支承，推力轴用推力轴承中的径向辅承支承。显然，校中后的轴系状态完全由各个轴承的位置所决定。

用光学仪器（光学准直仪或投射仪）按直线性来校中轴系，通常就按作为校中基准的仪器所投射的十字线校准人字架，艉轴管、中间轴承、推力轴承等轴系中这些支承部件的位置，使这些部件上孔的中心线与仪器的主光轴重合（但应考虑油隙的影响）。该法校中部件定位精度高、效率高。多用于成批建造的中、小型船舶。

具体校中方法分述如下：

（1）光学仪器校中人字架

在车间里完全加工好的人字架，利用光学仪器进行校中安装，则可免除在现场用专门镗孔设备就地进行人字架镗孔。这种工艺在建造小吨位船舶时常被采用，其施工过程如下：

将在车间里已最后镗过孔的人字架运到现场，利用专门的安装夹具支撑在船尾安装的部位。在人字架孔中用两个定位圆盘同轴装入一根空心样轴，并在空心样轴两端各装一个光靶，光靶的中心经调节应与样轴的轴心线重合。样轴用座子支持，座子用调节螺栓及滑板安放在底板上，底板用支架临时连接在船体上。

校中时，按基准光学仪器所投射的十字线调节样轴的位置，直到样轴两端光靶的十字线与仪器的十字线同时重合为止，则此人字架可认为已按轴系中线校中好了。这时用点焊将人字架焊在船体上，再用光学仪器校验一次人字架的位置后，将人字架与船尾完全焊牢。在焊接时应采取措施防止人字架移动和变形。

小吨位单轴系船舶的艉柱，在车间内最后镗好安装艉轴管的孔后，亦可采用光学仪器在船体上定位焊接。其工艺如上述人字架安装的工艺大体相同，故不赘述。

大吨位的船舶的人字架及艉柱上安装艉轴管的孔，通常是在车间内只进行粗镗，留下的精加工余量待在船体上装配焊接好之后，再用专门的镗孔机（镗排）在现场就地进行镗孔。这时可按基准光学仪的主光轴进行撞杆的定位，或在所加工孔的端面上画出镗孔线和检验圆线，再按镗孔线进行镗杆的定位。

在人字架、艉柱等部件上的孔的中心线与轴系中线重合的情况下，则可保证装入其中的艉轴管或轴承孔的轴心线与轴系中心线重合。

(2)用光学仪器校中中间轴承

为了将全部中间轴呈直线安装在轴系中线上，可将全部中间轴承按基准光学仪器进行校中。校中时，先在安装中间轴承的基座上装一安装夹具，如图 11 - 12 - 6 中 2 所示。在夹具的两个可调节支架的孔中各装一个光靶，光靶中心经调节应与支架孔中心线重合。调节支架的位置，使其孔中的两个光靶中心均与基准光学仪的主光轴重合。然后从可调支架孔中取出光靶，装入一根空心样轴，此样轴的两端各同轴地安装着一个光靶。将所需校中的中间轴承套在样轴上（用纸垫将轴承上部的油隙压死）所示。然后，再按基准光学仪精确校准样轴的位置，使其两端的光靶中心与仪器主光靶完全重合，则此轴承就达到了按轴系中线定位的目的。

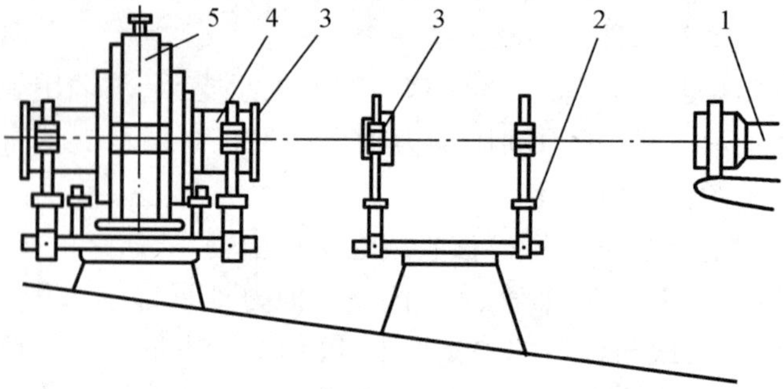

图 11 - 12 - 6　校中中间轴承的安装夹具

1—光学投射仪；2—可调节支架；3—光靶；4—样轴；5—中间轴

按此法将全部中间轴承逐个地校中好，在各轴承下配制垫块和定位螺栓，并用基座螺栓将各轴承紧固在基座上。通常在配好垫块后和用基座螺栓紧固之前再校验一次样轴的位置，然后拆去安装夹具和在基座上紧固轴承。

全部中间轴承校中并紧固之后，就可以将中间轴装入各自的轴承上，并用法兰螺栓连接好整根轴系。

(3)用光学仪器校中中间轴

对于空心的中间轴承，可采用基准光学仪按轴系中线直接校中各段中间轴的校中方法。

校中时对中间轴承用调节螺栓安放在各自的基座上，并按基准光学仪初步地校中一下。然后将距基准光学仪最远的一根中间轴装在自己的中间轴承上，按基准光学仪的主光轴

进行校中。在此中间轴中孔的两端应先同轴地各安装一个光靶。通过调节轴承的位

置，使该轴两端的光靶中心均与基准光学仪的主光轴严格重合。这样就完成了将这根中间轴按轴系中线的校中。往下则由远到近地按此法进行其余各根中间轴的校中。

在现代中、小型船舶上，尤其是在中间轴轴颈小于 200 mm 的长轴系中，有的已用滚动轴承代替滑动轴承，并常用光学仪器法来进行轴承的校中。

在用滚动轴承的轴系中，轴与轴承相比，轴是薄弱环节。因此，在用光学仪器校中轴承时，其轴承相对于轴系中线的允许偏移量 β，即允许的走中量（如图 11－12－7 所示），是根据轴内产生的附加应力来确定的，并按下式进行计算：

$$\beta \leqslant \frac{L_1 L_2}{84 \times 10^2 d} \tag{11-12-10}$$

式中　L_1, L_2——相邻轴承两跨距最小的距离（如图 11－12－8 中的 L_1, L_2），cm；

d——中间轴轴颈，cm。

上式为在水中校中。若在船台上校中，则轴承允许的走中量为 0.5β。

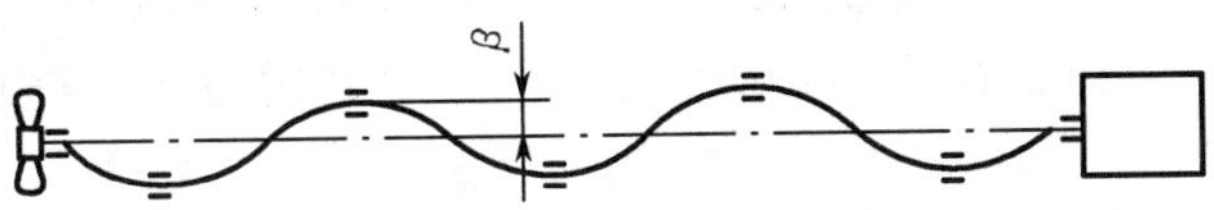

图 11－12－7　轴承相对轴系的偏移

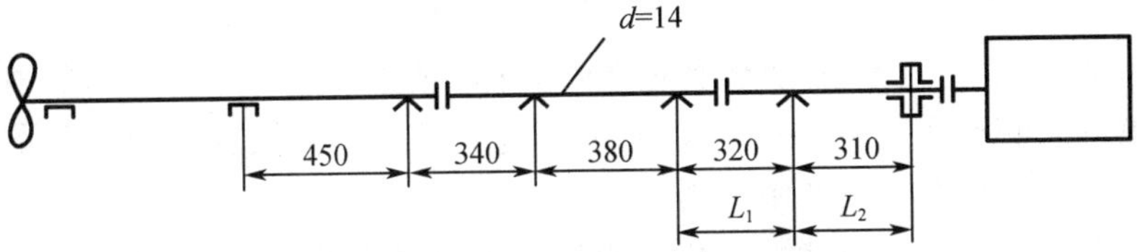

图 11－12－8　最小两跨距示例

上述轴系如果按连接法兰来校中时，连接法兰上所允许的偏差和曲折值是根据轴承允许的走中量来决定的。如图 11－12－9 所示，在(a)中各轴承顺序一上、一下地走中，因此使连接法兰上的偏移量最大，在(b)中各轴承的走中是两端低中间高，从而使连接法兰上产生最大的曲折。根据轴系的结构布置情况，按法兰在水上校中轴系的标准为：

偏移　$|\delta| = 2\beta$

曲折　$|\varphi| = 3\beta$

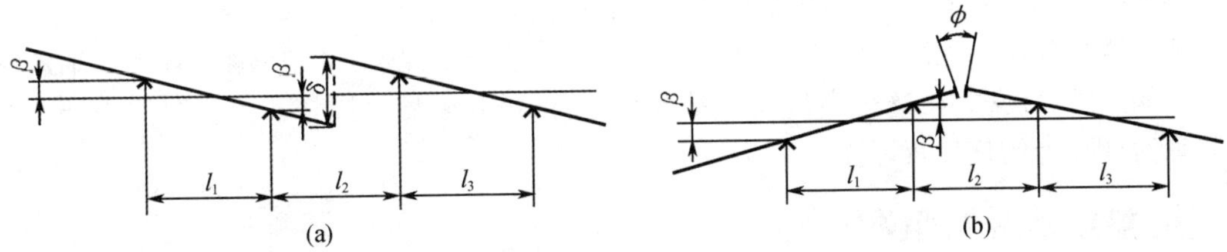

图 11－12－9　相邻法兰的偏移、曲折和轴承走中的关系

若在船台上校中，则应缩小一半。

全部中间轴校中好后，在所有中间轴承下配制垫块，并用定位螺栓将轴承紧固在基座上。最后将轴用法兰联轴节或液压套筒式联轴节连成整体。

(4)用光学仪器校中方法在生产中的应用及评价

由于光学(包括激光)仪在校中时能获得良好的直线性，故目前在船厂中其已较多地用于确定轴系中心线，以代替长期以来船厂中所使用的拉钢丝线法。用光学仪定轴系中心线较之拉线法不仅能提高测量精度，而且还可提高生产效率，这是值得在船厂中普遍推广的工艺方法。

光学仪校中轴系时能获得较按法兰校中、拉钢丝线校中等方法高得多的测量精度，从而提高轴系各部件的定位精度，目前多用于成批建造中、小型船舰时轴系校中工作中，尤其是更多地用于以滚动轴承作为中间轴承的轴系校中工作。这是由于这类轴系易磨损的部件不是轴承而是轴，以避免轴系因安装弯曲而在轴内造成过大的附加弯曲应力。可以说这种校中方法是进行滚动轴承轴系校中最为合适的方法。其主要缺点是按此所校中好的轴系，其各轴承上的实际负荷往往呈不合理的分布。这种状况对于大、中型船舶的滑动轴承轴系来说是不合理的。对于这类轴系来说，则不宜采用这种方法进行校中，但可采用光学仪按合理校中计算所确定的轴承最佳位移进行校中。

四、按轴承上允许负荷用测力计校中

根据轴系的结构特点，确定轴承上允许的负荷的范围，校中时通过调节中间轴承的位置使轴系各轴承上的实际负荷在允许范围之内，这一过程称为按轴系允许负荷校中。校中后轴系中心线呈曲线状态。生产中常用测力计校中法。

测力计校中法是利用测力计测量和调节各中间轴承的实际负荷使之在允许范围之内。测量中间轴承实际负荷的方法有弹簧测力计、电子测力计等。液压千斤顶顶举法是较新的方法。此外还可采用电阻应变片测量轴系弯矩和计算轴承负荷的方法。艉轴承负荷一般采用公式近似求出。

测力校中原理：轴系采用测力计校中法(简称测力校中)，又称按轴承上实际负荷校中法。校中时，通过用装在各中间轴承上的测力计测力，并根据轴承负荷分布状况调节轴承上的实际负荷，使各轴承上的负荷都处在允许值范围之内。按这种方法校中好的轴系不呈直线，而且具有一定的安装弯曲，尽管在轴内会产生一定的弯曲应力，但能确保各轴承上的实际负荷都处在允许范围之内。这对于具有滑动式中间轴承的轴系来说，由于这类轴承的易损伤部件是轴承而不是轴，所以可认为是一种较为合理的校中方法。

测力调整工作往往需要重复多次才能得到较为满意的结果。然后测量各中间轴承座与基座的间隙高度，并按这个高度尺寸配制垫片，钻铰孔配螺栓固定。再拆除测力计并配制装测力计孔处的垫片及螺栓。

五、船舶轴系合理校中

轴系合理校中又称为最佳校中。它是根据船舶轴系的实际结构，按照规定的约束条件，即规定的轴承负荷、应力和转角等的允许范围，通过校中计算确定各轴承的合理位置，把轴系安装成规定的曲线状态，使各轴承的负荷符合要求，分配合理，支承截面上的弯矩和转角在允许范围内。根据原理校中方法有：按轴承合理位置校中法、按法兰上合理偏中值校中法和按轴承合理负荷校中法。

轴系合理校中计算方法主要有三弯矩法、迁移矩阵法和有限元法，并按最优化理论求得上述参数的最佳值，例如利用线性规划法进行优化计算。三弯矩法较为简单，应用较广泛。

在轴系合理校中计算书中，通常提供的主要计算结果有：各轴承的负荷、各轴承的位置和各法兰上的偏中值。

根据轴系校中计算的要求，校中计算的主要内容和步骤可概括如下：

(1)进行轴系各结构要素的处理，建立轴系计算的物理模型；

(2)计算按直线校中时轴系各支座处的弯矩、反力、挠度及截面转角；

(3)计算能表征轴承负荷与位移关系的轴承负荷影响数(必要时也计算弯矩影响数)；

(4)根据给定的约束条件，同线性规划法或试错法确定轴承的最佳位移或合理位移量；

(5)根据轴承位移及轴承负荷影响数求出轴承上的实际负荷；

(6)根据轴承最佳或合理位移量，计算轴系有关连接法兰上允许的偏移、曲折值；

(7)计算当采用顶举法检验轴承负荷时的轴承负荷顶举系数。

这项新技术在我国船厂中也已开始采用。

目前，钢质海船建造时安装轴系广泛采用合理校中法。轴系合理校中的优点是：保证轴承负荷和轴应力不仅符合规定而且各轴承负荷分布均为合理，校中计算时还应考虑螺旋桨、轴承温度以及环境温度等的影响。

第十三节　轴系的固定

一、轴系连接

中间轴之间，以及中间轴与艉轴、发动机轴用法兰连接螺栓连接成一体，视所采用的校中方法不同，有的在轴系校中之前进行(如采用测力计校正法)，有的在轴系校中之后进行(如采用按连接法兰上的偏移、曲折校中法)。

用于连接轴系的法兰螺栓，是预先在车间内进行轴的配对时与法兰螺栓孔进行过盈配，并打有印记。故用法兰螺栓将轴系连接好之后，能保证各轴之间的同轴度。法兰螺栓的装配方法有打入法、压入法和低温冷装法三种。目前，大多数船厂采用打入法。虽然规定$\frac{H7}{K6}$级过盈配合，但实际上，轴与孔的公差一般取零对零，或过盈0.005 mm，有的还松0.01 mm，用20～30 kg大锤打入。压入法和低温冷装法一般最低过盈量为零，通常过盈量为0.01～0.02 mm。使用这两种方法时，压入法需要一套专门工艺装备和固定止推装置才能把螺栓顶进去，而低温冷装法仅需保温瓶及保温箱设备并采用液氮作介质。因此冷装法有效率高、体力劳动减轻和安装方便等优点。

在轴系校中及连接工作完成后，接着进行中间轴轴承在其基座上紧固的工作。

二、中间轴承的紧固

轴系的全部中间轴承在轴系校中后已在各自的基座上准确地进行定位。定位好的轴承，还必须用垫块和基座螺栓紧固在基座上，以保持定位好的位置在轴系连转中不致改变。

中间轴承不是直接紧固在其基座上。通常在轴承座下平面与基座面板之间保持 20 ~ 75 mm 的间距，以保证在进行轴系校中时能方便地调节轴承的位置。轴承定位好之后，应根据轴承座与基座之间的实际间隙配制垫块。所配好的垫块应与轴承座下平面、基座面板紧密贴合。检验时，贴合面之间用 0.05 mm 的塞尺应插不进去。

用于紧固中间轴承的垫块有矩形垫块、双联圆形斜面垫块、螺纹可调式球面垫块、涂胶黏剂的胶结垫块等多种。

图 11－13－1 所示为用双联圆形斜面垫块紧固轴承。这种垫块的内孔直径比紧固螺栓直径 d 要大，故当上块与下块做相对移动时，能根据轴承与基座之间的实际间隙改变垫块的厚度，同时，当上块与下块做相对转动时，还可适应轴承与基座之间不同斜度的要求。

图 11－13－2 所示为用涂胶黏剂的胶结垫块紧固轴承。垫块厚度应比轴承与基座之间的间距小 0.8 ~ 1 mm，以保证在配合垫块时，在垫块上、下配合面上涂有 0.4 ~ 0.5 mm 厚的黏合剂。

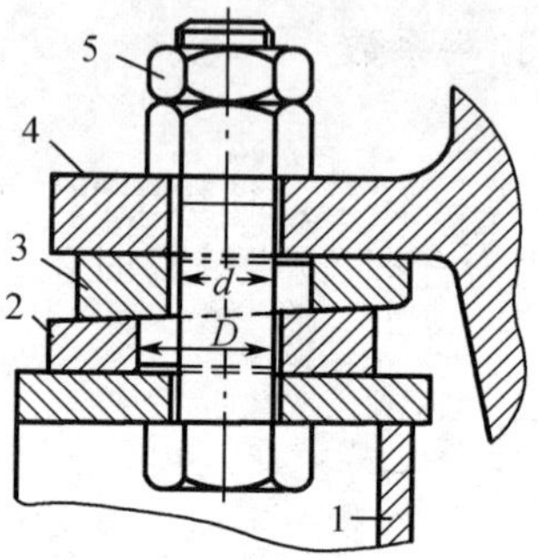

图 11－13－1　用双联圆形斜面垫块紧固轴承

1—基座；2—垫块（下块）；3—垫块（上块）；4—轴承座；5—基座紧固螺栓

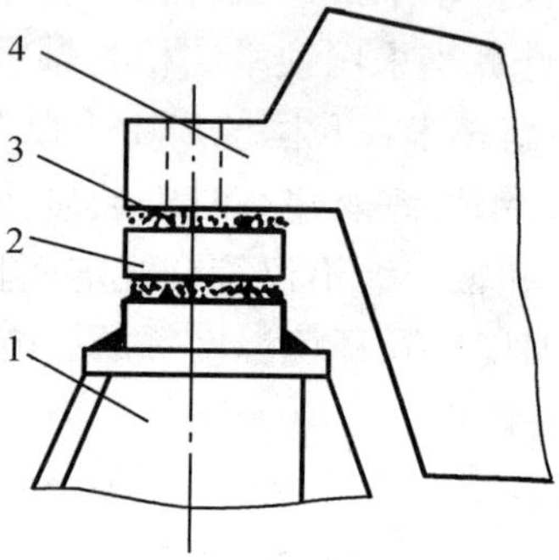

图 11－13－2　用涂胶黏剂的胶结垫块紧固轴承

1—基座；2—垫块；3—黏合剂；4—轴承

采用涂胶黏剂的胶结垫块紧固中间轴承，可免去用于刮配垫块的大量工时，从而大大提高轴系安装工作的效率。

基座上的螺栓孔通常是在轴承定好位和配制好垫块后，按轴承座上的螺栓孔钻出；如基座为紧配螺栓，基座孔及轴承座孔还应一并进行铰孔。近年来已有船厂采用涂胶黏剂的基座螺栓紧固轴承的工艺，这可节省安装工时。

完成上述配制垫块和加工基座螺栓孔的工作后，即可用基座螺栓将轴承紧固在各自的基座上。

三、轴系安装质量的检验

它包括轴系校中质量的检验及各部件装配质量的检验。

轴系校中的质量应按所采用的校中方法的技术要求和标准进行检验。检验工作通常是在校中结束之后且轴承在基座上紧固之前进行，在船台上或坞内进行校中的轴系，除了在校中结束后进行检验之外，船下水后还要再进行一次检验。

轴承部件装配质量检验的项目，包括：轴承下垫块配制质量，法兰连接螺栓及基座紧配螺栓的配合质量（抽查检验）；轴颈与轴承的贴合质量及油隙大小；艉轴管装置的密封元件装配的正确性、密封性及润滑冷却系统工作的可靠性,以及轴系的刹车机构工作的可靠性等。

轴系与主机连接后,还要检验往复式主机曲轴的臂距差是否符合安装标准。

复习思考题

1. 船舶推进装置的任务是什么?
2. 船舶推进装置的传动方式有哪些,各有什么特点?
3. 什么是轴线? 轴系有何作用?
4. 分析轴系的工作条件,轴系应满足哪些要求?
5. 轴系的基本组成有哪些? 简述轴系各组成部分的作用。
6. 螺旋桨与螺旋桨轴联结方式有哪几种?
7. 滑动式中间轴承按其润滑方式分为哪几种?
8. 简述艉轴管的作用、组成及主要结构形式。
9. 简述艉管轴承的作用。艉管轴承根据润滑方式分为哪些类型?
10. 艉轴密封装置的作用是什么? 艉轴密封装置的类型有哪些?
11. 轴系联轴器有何作用,主要类型有哪些?
12. 轴系的安装工艺的主要内容有哪几个部分?
13. 什么是轴系理论中心线? 确定轴系理论中心线的方法主要有哪些?
14. 艉轴管如何安装?
15. 艉轴的安装方法有哪些?
16. 中间轴的安装包括哪些部分?
17. 什么是轴系校中? 轴系校中有哪些方法?
18. 轴系校中质量对船舶质量有何影响?
19. 影响轴系校中质量的因素有哪些?
20. 船舶轴系安装质量的检验包括哪些内容?

参 考 文 献

[1] 刘善平. 船舶动力装置[M]. 北京:人民交通出版社,2014.
[2] 刘善平. 船舶工程导论[M]. 北京:人民交通出版社,2010.
[3] 刘永兴. 船舶动力装置[M]. 北京:人民交通出版社,2006.
[4] 许宝森. 船舶动力装置安装工艺[M]. 北京:人民交通出版社,2007.
[5] 陈立军. 船舶辅机[M]. 北京:人民交通出版社,2002.
[6] 陈立军. 船舶辅机[M]. 大连:大连海事大学出版社,2007.
[7] 中国海事服务中心. 船舶辅机[M]. 大连:大连海事大学出版社,2012.
[8] 郑仲金. 船舶辅机[M]. 北京:人民交通出版社,2009.
[9] 刘晓晨. 船舶辅机[M]. 大连:大连海事大学出版社,2013.
[10] 严永阁. 船舶辅机[M]. 大连:大连海事大学出版社,1990.
[11] 蒲上忠. 船舶辅机[M]. 北京:人民交通出版社,1998.
[12] 费千. 船舶辅机[M]. 大连:大连海事大学出版社,2000.
[13] 郭祖平. 轮机工程基础[M]. 大连:大连海事大学出版社,2000.
[14] 张存有. 船舶辅机[M]. 大连:大连海事大学出版社,2000.
[15] 韩厚德,郑士君,杨万枫,等. 船舶辅机[M]. 北京:人民交通出版社,2001.
[16] 李之义,胡国梁,胡甫才. 船舶辅助机械[M]. 北京:人民交通出版社,2000.
[17] 郑士君,孙永明. 船舶辅机教程[M]. 大连:大连海事大学出版社,2003.
[18] 陈海泉. 船舶辅机[M]. 大连:大连海事大学出版社,2012.